KB118739

한끝 시험 전 한끝

중등 사회

2·2

visang

한끝
한권으로끝내기

시험 전 한끝

중등 사회 ②-2

주제 1 세계의 인구 분포

(1) 세계의 인구 분포

① 반구별: 세계 인구의 90% 이상이 육지가 많은 북반구에 거주함

② 위도별: 북위 20°~40° 지역은 인구 밀도가 높음, 적도 부근과 극지방은 인구 밀도가 낮음

③ 지형별: 해발 고도가 낮은 하천 주변의 평야나 해안 지역은 인구 밀집, 내륙 지역은 인구 희박

④ 대륙별: 아시아와 유럽에 인구 밀집, 오세아니아는 인구가 적게 분포함

(2) 인구 분포에 영향을 미치는 요인

① 자연적 요인: 기후, 지형, 식생, 토양 등

② 인문 · 사회적 요인: 산업, 교통, 정치, 문화 등

③ 인구 밀집 지역과 인구 희박 지역

구분	인구 밀집 지역	인구 희박 지역
자연적 요인	기후가 온화한 지역, 평야가 넓은 지역, 물을 얻기 쉬운 지역 예 동아시아와 남아시아의 벼농사 지역	건조한 지역, 너무 춥거나 더운 지역, 험준한 산지 지역 예 사하라 사막, 캐나다 북부, 아마존강 유역, 알프스산맥 등
인문·사회적 요인	2·3차 산업이 발달하여 일자리가 풍부하고 교통이 편리한 지역 예 서부 유럽, 미국 북동부, 일본 태평양 연안 등	교통이 불편한 지역, 각종 산업 시설과 일자리가 부족한 지역, 전쟁과 분쟁이 자주 발생하는 지역 등

1 ㉠~㉤에 들어갈 내용으로 옳은 것은?

> 세계 인구의 90% 이상은 (㉠)에 거주하며, 특히 온화한 기후가 나타나는 북위 (㉡) 지역에 밀집해 있다. 해발 고도가 (㉢) 하천 주변의 평야나 해안 지역에 집중되어 있으며, 대륙별로는 (㉣)와 유럽에 인구가 많이 분포하며, (㉤)는 인구가 적게 분포한다.

① ㉠ – 남반구　② ㉡ – 20°~40°　③ ㉢ – 높은
④ ㉣ – 오세아니아　⑤ ㉤ – 아시아

2 인구 분포에 영향을 미치는 요인 중 성격이 다른 것은?

① 교통　② 기후　③ 문화　④ 산업　⑤ 정치

3 인구가 밀집한 대표적인 지역을 [보기]에서 골라 기호를 쓰시오.

| 보기 |

ㄱ. 사하라 사막　ㄴ. 아마존강 유역
ㄷ. 일본 태평양 연안　ㄹ. 동아시아와 남아시아의 벼농사 지역

답 1 ② 2 ② 3 ㄷ, ㄹ

주제 2 우리나라의 인구 분포

(1) **산업화 이전(1960년대 이전)**

① 벼농사 중심의 농업 사회: 농업에 적합한 지형과 기후 등 자연적 요인이 인구 분포에 많은 영향을 줌

② 인구 밀집 지역과 인구 희박 지역

인구 밀집 지역	평야가 넓고 기후가 온화하여 벼농사에 유리한 남서부 지역
인구 희박 지역	산지나 고원이 많고 기온이 낮은 북동부 지역

(2) **산업화 이후(1960년대 이후)**

① 산업 사회: 산업화가 진행되면서 인문 · 사회적 요인이 인구 분포에 많은 영향을 줌

② 인구 밀집 지역과 인구 희박 지역

인구 밀집 지역	수도권, 부산 · 인천 · 대구 등의 대도시, 울산 · 광양 · 여수 등의 남동 임해 공업 지역 등
인구 희박 지역	태백산맥과 소백산맥 일대의 산지 지역, 농어촌 지역

1 **산업화 이전과 이후의 우리나라의 인구 분포를 비교한 표이다. ㉠, ㉡에 들어갈 내용을 쓰시오.**

산업화 이전	농업에 적합한 기후, 지형과 같은 (㉠) 요인이 인구 분포에 많은 영향을 줌
산업화 이후	산업화가 진행되면서 (㉡) 요인이 인구 분포에 많은 영향을 줌

2 **밑줄 친 ㉠, ㉡을 옳게 고쳐 쓰시오.**

> 산업화 이전 우리나라는 벼농사 중심의 농업 사회로 기후가 온화하고 평야가 발달한 ㉠ 북동부 지역을 중심으로 인구가 밀집하였다. 반면에 기온이 낮고 산지가 많은 ㉡ 남서부 지역은 인구가 희박하였다.

3 **㉠에 들어갈 용어를 쓰시오.**

> 우리나라는 1960년대 이후 산업화가 본격적으로 이루어지면서 촌락 인구가 도시로 이동하는 (㉠) 현상이 뚜렷하게 나타났다.

4 **밑줄 친 '특정 지역'에 해당하는 지역을 두 가지 쓰시오.**

> 우리나라는 1960년대 이후 산업화가 진행됨에 따라 인문·사회적 요인이 인구 분포에 많은 영향을 주었으며 그 결과 특정 지역에 인구가 밀집하게 되었다.

답 | 1 ㉠ 자연적 ㉡ 인문·사회적 2 ㉠ 남서부 ㉡ 북동부 3 이촌 향도 4 수도권, 남동 임해 공업 지역

주제 3 세계의 인구 이동

(1) 세계 인구의 국제 이동

① 과거의 인구 이동: 종교적 · 강제적 이동의 비중이 큼

자발적 이동	유럽인이 신항로(식민지) 개척을 위해 아메리카와 오스트레일리아로 이동, 중국인들이 일자리를 찾아 동남아시아로 이동
강제적 이동	노예 무역에 의해 아프리카인들이 아메리카로 강제 이주

② 오늘날의 인구 이동: 경제적 · 자발적 이동의 비중이 커짐, 일시적 이동이 증가함

경제적 이동	주로 개발 도상국에서 일자리를 찾아 선진국으로 이동
정치적 이동	내전, 분쟁 등에 따른 난민의 이동 → 주로 이웃한 국가로 이동

(2) 세계 인구의 국내 이동

개발 도상국	일자리를 찾아 촌락 인구가 도시로 이동 → 이촌 향도 현상 발생
선진국	쾌적한 환경을 찾아 도시 인구가 도시 주변 지역이나 촌락으로 이동 → 역도시화 현상 발생

(3) 인구 이동에 따른 지역 변화

구분	인구 유입 지역	인구 유출 지역
긍정적 영향	노동력 유입으로 저임금 노동력 확보 및 문화적 다양성 증가 등	이주민들이 본국으로 송금하는 외화 증가로 경제 활성화
부정적 영향	이주민과 현지인 간의 일자리 경쟁 및 문화적 차이로 갈등 발생	청장년층 인구 및 고급 기술 인력의 해외 유출로 산업 성장 둔화, 국가 발전 침체

1 ㉠, ㉡에 들어갈 용어를 쓰시오.

> 오늘날 개발 도상국에서는 일자리를 찾아 촌락 인구가 도시로 이동하는 (㉠) 현상이, 선진국에서는 쾌적한 환경을 찾아 도시 인구가 촌락으로 이동하는 (㉡) 현상이 나타난다.

2 밑줄 친 ㉠~㉤ 중 옳지 않은 것은?

> ㉠ 인구 유출이 많은 지역은 ㉡ 이주자들이 고국으로 송금하는 외화가 늘어나면서 경제가 활성화되는 긍정적인 효과가 나타난다. 그러나 ㉢ 이주민과 현지인 간의 문화적 차이로 갈등이 발생하기도 한다. 또한 ㉣ 젊고 우수한 노동력이 해외로 빠져나가면서 노동력 부족 문제가 나타나고, 이로 인해 ㉤ 경제 성장이 둔화할 수도 있다.

① ㉠ ② ㉡ ③ ㉢ ④ ㉣ ⑤ ㉤

답 | 1 ㉠ 이촌 향도 ㉡ 역도시화 2 ③

주제 4 우리나라의 인구 이동

(1) 국내 이동

일제 강점기	일자리를 찾아 광공업이 발달한 북부 지방으로 인구 이동
6·25 전쟁	북한에서 월남한 동포들이 남부 지방으로 피난
1960~80년대	산업화에 따른 이촌 향도 현상으로 수도권, 부산·대구 등 대도시와 울산·포항 등 신흥 공업 도시로 인구 집중
1990년대 이후	대도시의 생활 환경 악화로 대도시의 일부 인구가 쾌적한 환경을 찾아 도시 주변 지역이나 촌락으로 이동

(2) 국제 이동

① 우리나라 인구의 국제 이동

일제 강점기	토지를 빼앗기거나 강제적 노동력 동원으로 중국 만주 지역과 구소련의 연해주 지역으로 인구 이동
광복 후	해외 동포들의 귀국
1960년대	일자리를 찾아 미국, 독일 등지로 인구 이동
1970년대	서남아시아, 북부 아프리카 지역으로 건설 기술자들의 이동
1980년대 이후	유학, 고급 인력의 해외 취업 등 일시적 이동 및 이민 증가

② 외국인의 국내 유입

외국인 근로자	일자리를 찾아 중국, 베트남·필리핀 등 동남아시아 등지에서 유입
결혼 이민자	국제결혼의 증가로 다문화 가정이 증가하고 있음

1 각 시기별 우리나라의 인구 이동 모습을 옳게 설명한 것을 [보기]에서 골라 기호를 쓰시오.

| 보기 |

ㄱ. 일제 강점기 – 광공업이 발달한 북부 지방으로 이동
ㄴ. 광복 직후 – 북한 주민의 월남, 남쪽 지방으로의 피난
ㄷ. 1960~80년대 – 산업화에 따른 이촌 향도 현상의 심화
ㄹ. 1990년대 이후 – 촌락 인구가 도시로 이동하는 역도시화 현상 발생

2 우리나라의 인구 이동에 대한 설명으로 옳지 않은 것은?

① 국제결혼이 증가하면서 다문화 사회로 변화하고 있다.
② 우리나라로 유입되는 외국인이 빠르게 증가하고 있다.
③ 1980년대 이후 유학, 취업 등 일시적 이동이 증가하였다.
④ 일제 강점기에는 일자리를 찾아 광공업이 발달한 북부 지방으로 이동하였다.
⑤ 1960년대에는 쾌적한 환경을 찾아 도시를 떠나 촌락으로의 이동이 증가하였다.

답 1 ㄱ, ㄷ 2 ⑤

주제 5 세계의 인구 문제

(1) **세계 인구의 성장:** 산업 혁명 이후 의료 기술 및 생활 수준 향상 → 평균 수명 연장, 영아 사망률 감소로 세계 인구가 증가함

(2) **개발 도상국의 인구 문제**

인구 부양력 부족	· 원인: 인구 부양력이 인구 증가 속도를 따라가지 못함 · 문제: 식량 부족, 기아, 빈곤 문제 등 · 대책: 출산 억제 정책 추진, 인구 부양력을 높이기 위해 농업의 기계화 및 산업화 정책 시행 등
도시 과밀화	· 원인: 촌락 인구의 도시 집중과 도시 자체의 인구 성장 · 문제: 주택 부족, 교통 혼잡, 환경 오염 등 · 대책: 촌락의 생활 환경 개선, 인구의 지방 분산 정책 추진 등
출생 성비 불균형	· 원인: 중국, 인도 등 일부 아시아 국가의 남아 선호 사상 · 문제: 남성이 결혼 적령기에 배우자를 구하기 어려움 · 대책: 남아 선호 사상 타파, 양성평등 문화 정착

(3) **선진국의 인구 문제**

저출산	· 원인: 여성의 사회 참여 증가, 결혼 및 출산에 대한 가치관 변화 · 대책: 출산 장려 정책 시행, 육아 지원 강화 등
고령화	· 원인: 생활 수준과 의료 기술의 향상으로 평균 수명 연장 · 대책: 노인 복지 제도 정비, 정년 연장, 연금 제도 개선 등

1 선진국과 개발 도상국의 인구 구조 그래프를 보고 ㉠~㉤에 들어갈 알맞은 말을 쓰시오.

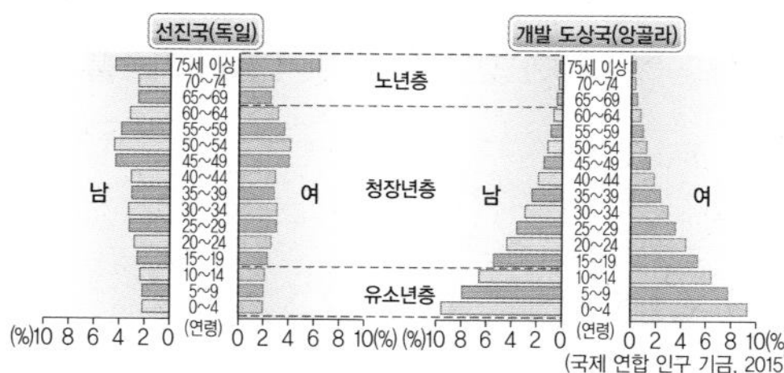

구분	선진국	개발 도상국
출생률	낮다	(㉠)
평균 수명	(㉡)	짧다
인구 증가율	낮다	(㉢)
유소년층 비율	(㉣)	높다
노년층 비율	높다	(㉤)

2 다음에서 설명하는 인구 문제는?

> • 유럽, 북아메리카, 오세아니아 등의 국가에서 주로 발생한다.
> • 출산 장려 정책 시행, 육아 지원 강화 등의 대책이 필요하다.

① 저출산 ② 고령화 ③ 도시 과밀화
④ 인구 부양력 부족 ⑤ 출생 성비 불균형

답 1. ㉠ 높다 ㉡ 길다 ㉢ 높다 ㉣ 낮다 ㉤ 낮다 2. ①

주제 6 우리나라의 인구 문제

(1) 시기별 인구 문제와 인구 정책

시기	내용
6·25 전쟁 이후	사회의 안정화, 사망률의 감소 → 인구 급증
1960~1980년대	정부의 가족계획 사업 추진 → 출생률 감소
1990년대 이후	출생률 감소, 출생 성비 불균형, 저출산 · 고령화 문제 발생
오늘날	고령 사회 진입, 세계 최저 수준의 합계 출산율

(2) 저출산·고령화 문제

구분	저출산	고령화
원인	여성의 사회 참여 증가, 결혼 연령 상승, 결혼 및 가족에 대한 가치관 변화 등	생활 수준의 향상과 의료 기술의 발달로 평균 수명 연장
문제	생산 가능 인구의 감소에 따른 세금 감소, 경제 성장 둔화 등	청장년층의 노년층 부양 부담 증가, 연금과 보험 비용 증가 등
대책	출산 장려 정책 시행, 보육 시설 확충, 남성의 육아 참여 확대 등	노년층 취업 훈련 기회 제공, 사회 보장 제도 정비, 정년 연장 등

1 (가)~(다)는 우리나라의 인구 정책 표어이다. 시기 순으로 옳게 나열하시오.

> (가) 딸·아들 구별 말고 둘만 낳아 잘 기르자.
> (나) 선생님! 착한 일하면 여자 짝꿍 시켜 주나요.
> (다) 아빠! 혼자는 싫어요. 엄마! 저도 동생을 갖고 싶어요.

2 오늘날 우리나라의 인구 문제를 [보기]에서 골라 기호를 쓰시오.

| 보기 |
ㄱ. 고령화 ㄴ. 저출산 ㄷ. 인구 부양력 부족 ㄹ. 출생 성비 불균형

3 오늘날 우리나라에서 나타나는 인구 문제에 대한 대책으로 옳지 않은 것은?

① 정년을 연장한다.
② 가족계획 사업을 실시한다.
③ 사회 보장 제도를 정비한다.
④ 남성의 육아 참여를 확대한다.
⑤ 노년층에게 취업 훈련 기회를 제공한다.

|답| 1. (가)-(나)-(다) 2. ㄱ, ㄴ 3. ②

주제 7 도시의 위치와 특징

(1) 도시의 특징과 기능

특징	· 좁은 지역에 많은 사람들이 모여 살아 인구 밀도가 높음 · 도로나 건축물 등의 인문 경관이 발달함 · 한정된 공간을 효율적으로 이용하기 위해 토지 이용이 집약적임 → 고층 빌딩이 많음 · 2·3차 산업 종사자 비율이 높음 → 다양한 직업과 생활 모습이 나타남
기능	생활 편의 시설과 각종 기능이 집중되어 있음 → 주변 지역의 중심지 역할을 수행함

(2) 세계의 주요 도시

① 세계 주요 도시의 기능적 구분

국제 금융·업무 도시	금융 시장을 기반으로 국제 자본의 연결망을 가진 도시 예 미국 뉴욕, 영국 런던, 일본 도쿄
산업·물류 도시	공업이 발달하거나 항만 등 물류 기능이 발달한 도시 예 중국 상하이, 네덜란드 로테르담 등
환경·생태 도시	인간과 자연이 공존할 수 있는 체계를 갖춘 도시 예 독일 프라이부르크, 브라질 쿠리치바 등
역사·문화 도시	역사 유적이 많고 문화가 발달한 도시 예 이탈리아 로마, 그리스 아테네 등

② 세계 도시: 세계 경제, 문화, 정치의 중심지로 세계적 영향력을 가진 금융 기관, 다국적 기업의 본사가 입지하고 각종 국제기구의 활동이 활발한 도시 예 미국 뉴욕, 영국 런던, 일본 도쿄

1 도시의 특징으로 옳지 않은 것은?

① 인구 밀도가 높다.
② 1차 산업에 종사하는 인구의 비율이 높다.
③ 고층 건물이 많고 토지 이용이 집약적이다.
④ 생활 편의 시설과 각종 기능이 집중되어 있다.
⑤ 주변 지역에 다양한 상품과 서비스를 제공하는 중심지 역할을 한다.

2 ㉠에 들어갈 용어를 쓰시오.

> 브라질의 쿠리치바는 세계적인 (　㉠　)이다. (　㉠　)란 인간과 자연이 조화를 이루며 공생할 수 있는 체계를 갖춘 지속 가능한 도시를 말한다.

3 다음에서 설명하는 도시를 쓰시오.

> • 세계 경제, 문화, 정치의 중심지로, 다양한 국제기구의 활동이 활발함
> • 세계적 영향력을 가진 금융 기관, 다국적 기업의 본사가 입지함

답 | 1. ② 2. 환경·생태 도시 3. 세계 도시

주제 8 도시 내부의 다양한 경관

(1) 도시 내부의 지역 분화

① 원인: 도시 내부 지역별 접근성과 지가의 차이 때문 → 교통이 편리할수록 접근성이 높으며 접근성이 높을수록 지가와 지대가 비쌈

② 과정

집심 현상	비싼 땅값을 지불하고도 이익을 낼 수 있는 중심 업무 기능이나 상업 기능이 도시 중심부로 집중되는 현상 예 기업 본사, 은행 본점, 관공서, 호텔, 백화점 등
이심 현상	비싼 땅값을 지불할 수 없거나 넓은 부지를 필요로 하는 주거 · 공업 기능이 주변 지역으로 빠져나가는 현상 예 주택, 학교, 공장 등

(2) 도시 내부 구조

도심	· 접근성과 지가가 높음 → 집약적 토지 이용(고층 빌딩 밀집) · 대기업 본사, 백화점, 관공서 등이 밀집하여 중심 업무 지구(CBD) 형성 · 인구 공동화 현상이 나타남
부도심	· 도심과 주변 지역을 연결하는 교통이 편리한 지역에 위치 · 도심에 집중된 상업 · 업무 기능을 분담하여 도심의 교통 혼잡을 완화함
중간 지역	도심과 주변 지역 사이에 오래된 주택, 상가, 공장 등이 혼재되어 분포함
주변 지역	지가가 상대적으로 저렴하여 대규모 아파트 단지, 학교, 공업 지역 등이 입지함
개발 제한 구역	도시의 무질서한 팽창을 막고 녹지 공간을 보존하기 위해 설정하는 공간
위성 도시	교통이 편리한 대도시 인근에 있으면서 주거, 공업, 행정 등과 같은 대도시의 일부 기능을 분담하는 도시

1 밑줄 친 ㉠, ㉡을 옳게 고쳐 쓰시오.

> 도시 내부의 지역 분화는 도시 내부 지역별 접근성과 지가의 차이 때문에 나타난다. 교통이 편리한 지역일수록 접근성이 ㉠ 낮으며, 접근성이 높은 지역일수록 지가와 지대가 ㉡ 저렴하다.

2 그림을 보고 A~E의 명칭을 각각 쓰시오.

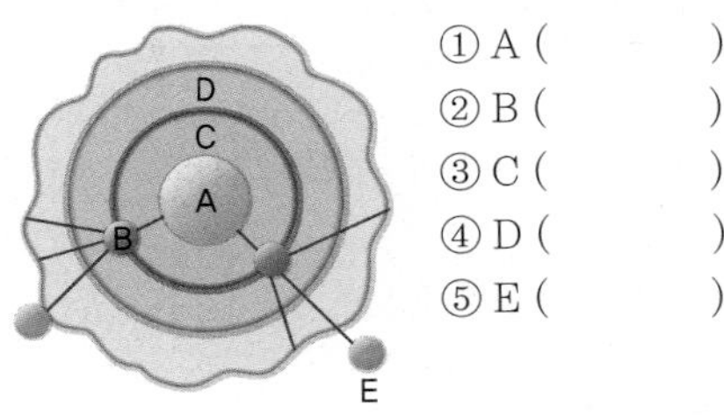

① A (　　　　)
② B (　　　　)
③ C (　　　　)
④ D (　　　　)
⑤ E (　　　　)

|정답| 1 ㉠ 높으며 ㉡ 비싸다 2 ① 도심 ② 부도심 ③ 중간 지역 ④ 주변 지역 ⑤ 위성 도시

주제 9 선진국과 개발 도상국의 도시화와 도시 문제

(1) 선진국과 개발 도상국의 도시화

선진국	· 과정: 18세기 산업 혁명 이후 200여년에 걸쳐 점진적으로 진행 → 대부분 종착 단계에 이름 · 특징: 도시화가 정체되거나 역도시화 현상이 나타남
개발 도상국	· 과정: 20세기 중반 이후 30~40년 정도의 단기간에 급속히 진행 → 대부분 가속화 단계에 속함 · 특징: 청장년층 중심의 이촌 향도 및 도시 인구의 자연적 증가로 도시 인구 급증

(2) 우리나라의 도시화

1960년대	대도시와 공업 도시 중심으로 빠른 도시화 진행
1970년대	우리나라 인구의 절반 이상이 도시에 거주
1990년대	도시화 속도 둔화, 서울 · 부산 등 대도시 주변에 위성 도시 발달
현재	전체 인구의 약 90%가 도시에 거주하는 도시화의 종착 단계

(3) 선진국과 개발 도상국의 도시 문제

구분	선진국	개발 도상국
도시 문제	시설 노후화 및 슬럼 형성, 주거 비용 상승에 따른 인구 유출, 제조업 쇠퇴로 실업률 상승 등	인구 급증에 따른 시설 및 일자리 부족, 불량 주거 지역 형성, 열악한 위생 환경 등
해결 노력	도시 재개발 및 도심 재활성화 추진, 산업 구조 개편을 통한 도시 내 일자리 창출 등	도시 기반 시설 확충, 주거 환경 개선, 선진국의 기술 · 자본 수용을 통한 일자리 창출 등

1 선진국과 개발 도상국의 도시화에 대한 설명으로 옳지 않은 것은?

① 오늘날 도시화율은 개발 도상국보다 선진국이 높다.
② 현재 개발 도상국의 도시화는 가속화 단계에 해당한다.
③ 선진국은 개발 도상국보다 도시화가 더 늦게 시작되었다.
④ 개발 도상국은 선진국에 비해 도시화의 진행 속도가 빠르다.
⑤ 개발 도상국의 도시화는 도시 인구의 자연 증가에 의해 이루어졌다.

2 표는 우리나라의 도시화 과정을 정리한 것이다. ㉠, ㉡에 들어갈 용어를 쓰시오.

1990년대	도시화 속도 둔화, 서울·부산 등 대도시 주변에 (㉠) 발달
현재	전체 인구의 약 90%가 도시에 거주하는 도시화의 (㉡)에 이름

3 개발 도상국에서 주로 발생하는 도시 문제를 [보기]에서 골라 기호를 쓰시오.

| 보기 |

ㄱ. 시설 노후화　　ㄴ. 열악한 위생 환경
ㄷ. 불량 주거 지역 형성　　ㄹ. 제조업 쇠퇴로 실업률 상승

답 | 1 ③ 2 ㉠ 위성 도시 ㉡ 종착 단계 3 ㄴ, ㄷ

주제 ⑩ 살기 좋은 도시

(1) 도시 문제의 발생 원인과 해결 방안

발생 원인	특정 도시로의 인구 및 기능 집중
해결 방안	· 교통 문제: 도로 환경 개선, 대중교통 이용 장려, 혼잡 통행료 부과 · 주택 문제: 대도시 주변에 신도시 조성, 도시 재생 사업 추진 · 환경 문제: 쓰레기 분리수거, 친환경 에너지 사용 · 재활용 정책 추진 · 지역 격차: 지역 균형 발전 정책 추진

(2) 도시 문제 해결을 위한 다양한 노력

쿠리치바	교통 혼잡 문제를 해결하기 위해 굴절 버스, 버스 전용 차선 등을 도입함
울산	오염이 심했던 태화강을 정비하고, 생태 공원을 조성함
빌바오	철강 산업 쇠퇴로 침체된 지역에 구겐하임 미술관을 유치하여 관광 도시로 발전함
벵갈루루	일자리 부족, 빈곤 문제 해결을 위해 소프트웨어 산업 육성 정책 실시

(3) 세계 여러 지역의 살기 좋은 도시

멜버른	다양한 도시 기반 시설 및 문화 시설, 쾌적한 환경을 갖추고 있어 세계에서 가장 살기 좋은 도시로 선정됨
빈	문화 · 예술의 도시, 오페라 하우스 등 문화 시설 발달
밴쿠버	우수한 사회 보장 제도를 갖춘 대표적인 다문화 도시
순천	순천만 정원을 조성하여 대표적인 생태 도시로 인정받고 있음

1 도시 문제가 나타나는 근본적인 원인으로 옳은 것은?

① 지방 중소 도시 육성
② 도심의 주거 기능 약화
③ 산업과 기능의 지방 이전
④ 신도시와 위성 도시 건설
⑤ 인구와 기능의 지나친 집중

2 표는 도시 문제의 해결 방안을 정리한 것이다. ㉠, ㉡에 들어갈 도시 문제를 쓰시오.

(㉠)	도로 환경 개선, 대중교통 이용 장려, 혼잡 통행료 부과
(㉡)	쓰레기 분리수거, 친환경 에너지 사용·재활용 정책 추진

3 다음에서 설명하는 도시는?

> 교통 문제를 해결하기 위해 굴절 버스, 원통형 버스 정류장 등을 도입하여 운영하고 있으며, 도시의 무분별한 확장을 막고 녹지 공원을 조성하여 세계적인 생태 도시로 거듭났다.

① 빌바오 ② 밴쿠버 ③ 멜버른 ④ 쿠리치바 ⑤ 프라이부르크

답 | 1 ⑤ 2 ㉠ 교통 문제 ㉡ 쓰레기 문제 3 ④

주제 11 세계화에 따른 농업 생산의 변화

(1) 농업 생산의 세계화

① 농업 생산의 변화

과거	곡물을 소규모로 재배하여 농가에서 직접 소비하는 자급적 농업
현재	시장에 판매할 목적으로 작물을 재배하거나 가축을 기르는 상업적 농업

② 농업의 세계화: 교통 · 통신의 발달로 지역 간 교류 증가, 생활 수준의 향상, 다양한 농산물에 대한 수요 증가 → 전 세계 시장을 대상으로 농작물의 생산 및 판매가 이루어짐

(2) 농업 생산의 기업화

① 배경: 경제 활동의 세계화, 상업적 농업 발달

② 기업적 농업

특징	다국적 농업 기업이 농작물의 생산 · 가공 · 상품화의 전 과정을 담당 → 세계 농산물 가격 및 농작물 생산 구조와 소비 부문에 큰 영향을 끼침
농업 방식	· 기업적 곡물 농업, 기업적 목축: 미국, 캐나다, 오스트레일리아 등지에서 농기계를 사용하여 대규모로 이루어짐 · 플랜테이션 농장 운영: 개발 도상국에 진출한 다국적 농업 기업이 커피, 카카오, 바나나 등 열대작물을 생산하여 전 세계로 유통함

1 다음과 같은 농업 방식을 [보기]에서 골라 기호를 쓰시오.

| 보기 |
ㄱ. 플랜테이션　　ㄴ. 자급적 농업　　ㄷ. 상업적 농업

① 곡물을 소규모로 재배하여 농가에서 직접 소비한다. (　　　　)
② 시장에 판매할 목적으로 작물을 재배하거나 가축을 기른다. (　　　　)
③ 개발 도상국에 진출한 다국적 농업 기업이 커피, 카카오 등의 열대작물을 생산하여 전 세계로 유통한다. (　　　　)

2 기업적 곡물 농업과 기업적 목축이 이루어지는 지역으로 옳지 않은 것은?

① 미국　② 캐나다　③ 필리핀
④ 아르헨티나　⑤ 오스트레일리아

3 ㉠에 들어갈 내용을 쓰시오.

(　㉠　)은 전 세계에 곡물 생산지를 두고 곡물을 재배하여 판매하는 기업으로, 세계 곡물 시장에서 큰 영향력을 행사하고 있다.

답 | 1. ① ㄴ ② ㄷ ③ ㄱ 2. ③ 3. 다국적 곡물 기업

주제 12 농업 생산의 기업화와 세계화로 인한 지역 변화

(1) 농업 생산 구조와 토지 이용의 변화

상품 작물 재배 증가	소규모 곡물 재배 지역이 기호 작물 재배 지역으로 변화 → 필리핀의 바나나 재배, 베트남의 커피 재배 등
사료 작물 재배 증가	육류 소비의 증가로 가축의 사료 작물 재배를 위한 목초지 확대 → 남아메리카의 열대림이 목초지로 변화하거나 기업적 밀 재배 지역이 옥수수나 콩 재배지로 변화

(2) 농작물 소비 특성의 변화 및 영향

① 농작물 소비 특성의 변화: 채소 · 과일 및 육류 소비량 증가, 패스트푸드를 비롯한 식단의 서구화 → 식량 작물인 쌀의 소비 비중 감소

② 농업의 세계화가 소비 지역에 미친 영향

긍정적 영향	세계 각지에서 생산된 농산물을 쉽고 저렴하게 구매할 수 있음
부정적 영향	농산물 이동 과정에서 사용한 방부제 등의 안전성 문제 제기, 수입 농산물 소비 증가에 따른 식량 자급률 감소, 국내 농산물 수요 감소 등

1 ㉠, ㉡에 들어갈 농작물을 각각 쓰시오.

> 열대 기후 지역에 위치한 베트남은 기온이 높고 강수량이 풍부하여 세계적인 (㉠) 생산국이었다. 그러나 기호 작물의 수요가 증가하면서 (㉡) 생산에 집중하기 시작하였다. 그 결과 2016년 브라질에 이어 세계 2위의 (㉡) 생산국이 되었다.

2 농업 생산의 기업화와 세계화로 인한 변화 및 영향으로 옳지 않은 것은?

① 남아메리카 열대림이 목초지로 바뀌고 있다.
② 과일과 육류, 커피 등의 소비량이 증가하고 있다.
③ 식단의 서구화로 쌀의 소비 비중이 줄어들고 있다.
④ 옥수수 재배 지역이 밀 재배 지역으로 바뀌고 있다.
⑤ 소규모 곡물 재배 지역이 기호 작물 재배 지역으로 바뀌고 있다.

3 표는 농업의 세계화가 소비 지역에 미친 영향을 정리한 것이다. 밑줄 친 ㉠~㉤ 중 옳지 않은 것은?

긍정적 영향	부정적 영향
• ㉠ 다양한 농산물을 쉽게 접할 수 있음 • ㉡ 식탁의 먹을거리가 풍성해짐 • ㉢ 식량 자급률이 높아짐	• ㉣ 수입 농산물에 사용된 방부제 등의 안전성 문제가 제기됨 • ㉤ 국내 농산물 수요가 감소함

① ㉠ ② ㉡ ③ ㉢ ④ ㉣ ⑤ ㉤

답 1 ㉠ 쌀 ㉡ 커피 2 ④ 3 ③

주제 13 경제 활동의 세계화와 다국적 기업

(1) 경제 활동의 세계화

배경	교통 · 통신의 발달로 국가 간 교류가 활발해짐
특징	전 세계를 대상으로 경제 활동을 하게 되었으며, 지역 간 경제적 상호 의존도가 높아짐

(2) 다국적 기업

의미	해외 여러 국가에 판매 지사, 생산 공장 등을 운영하면서 전 세계를 대상으로 생산과 판매 활동을 하는 기업
성장 배경	세계 무역 기구(WTO) 출범과 자유 무역 협정(FTA) 확대 → 국가 간 무역 장벽이 낮아지면서 다국적 기업의 수가 빠르게 증가함
성장 과정	국내 대도시에 공장을 세우고 기업 활동 시작 → 타 지역에 공장을 건설하여 생산 기능 분리 → 해외에 판매 지사를 개설하여 시장 개척 → 해외에 생산 공장을 건설하여 제품을 직접 공급하면서 다국적 기업으로 성장
최근 변화	제조업뿐만 아니라 농산물 생산과 가공, 광물 · 에너지 자원 개발, 유통 · 금융 서비스 제공에 이르기까지 역할과 활동 범위를 확대하고 있음

1 다국적 기업의 성장 배경으로 옳은 것을 [보기]에서 골라 기호를 쓰시오.

보기
ㄱ. 보호 무역 확대
ㄴ. 세계 무역 기구(WTO) 출범
ㄷ. 자유 무역 협정(FTA) 확대
ㄹ. 지역 간 경제적 상호 의존도 감소

2 다음은 다국적 기업의 성장 과정을 나타낸 것이다. (가)~(라)를 순서대로 나열하시오.

(가) 타 지역에 공장을 건설하여 생산 기능 분리
(나) 해외에 판매 지사를 개설함으로써 시장 개척
(다) 국내 대도시에 공장을 세우고 기업 활동 시작
(라) 해외에 생산 공장을 건설하여 제품을 직접 공급

3 다음과 같은 기업에 대한 설명으로 옳지 않은 것은?

기업	A 자동차 기업
본사	프랑스 파리
생산 지역	부산광역시
주요 부품	• 엔진(일본산) • 타이어(한국산) • 강판(일본산)

① 다국적 기업이다.
② 여러 국가에서 생산과 판매 활동을 한다.
③ 기업의 생산 품목은 공산품에 한정되어 있다.
④ 본사와 생산 공장이 공간적으로 분리되어 있다.
⑤ 무역 장벽이 낮아지면서 기업 수가 증가하고 있다.

답| 1 ㄴ, ㄷ 2 (다)-(가)-(나)-(라) 3 ③

주제 14 다국적 기업의 발달과 지역 변화

(1) 다국적 기업의 공간적 분업

① 의미: 기업의 기능을 각각 적합한 지역에 분리하여 배치하는 것

② 기능별 입지 조건

본사	의사 결정에 필요한 정보 수집과 자본 확보에 유리한 선진국에 주로 입지
연구소	기술 수준이 높고 고급 인력이 풍부하며 우수한 교육 시설을 갖춘 선진국에 주로 입지
생산 공장	· 생산 비용 절감을 위해 지가가 낮고 저렴한 노동력이 풍부한 개발 도상국에 주로 입지 · 시장을 확대하고 무역 장벽을 피하기 위해 선진국에 입지하기도 함

(2) 다국적 기업의 진출에 따른 지역 변화

① 생산 공장이 빠져나간 지역: 산업 공동화 현상이 나타남 → 실업자 증가, 지역 경제 침체

② 생산 공장이 들어선 지역

긍정적 영향	· 새로운 산업 단지 조성, 일자리 확대, 자본 유입 → 인구 증가, 지역 경제 활성화, 도시 발달 · 기술 이전으로 관련 산업 발달
부정적 영향	· 유사한 제품을 생산하는 국내 기업의 경쟁력이 약화될 수 있음 · 이윤의 대부분이 다국적 기업의 본사로 흡수되면 경제 발전을 기대하기 어려움 · 생산 공장에서 배출되는 유해 물질로 인한 환경 오염 문제 발생

1 ㉠~㉢에 들어갈 내용을 옳게 연결한 것은?

> 다국적 기업은 주로 의사 결정에 필요한 정보와 자본을 확보하는 데 유리한 지역에 (㉠)를 두며, 기술을 갖춘 고급 인력이 풍부한 지역에 (㉡)를 세운다. 다국적 기업의 생산 공장은 생산 비용을 줄이기 위해 지가와 임금이 싼 (㉢)에 둔다.

	㉠	㉡	㉢
①	본사	연구소	선진국
②	본사	연구소	개발 도상국
③	본사	판매 지사	선진국
④	연구소	본사	선진국
⑤	연구소	본사	개발 도상국

2 표는 다국적 기업의 생산 공장이 빠져나간 지역과 들어선 지역에서 나타나는 변화를 정리한 것이다. 밑줄 친 ㉠~㉤ 중 옳지 않은 것은?

생산 공장이 빠져나간 지역	생산 공장이 들어선 지역
· ㉠ 지역의 산업 기반과 일자리가 없어짐 · ㉡ 산업 공동화로 지역 경제가 침체됨	· ㉢ 실업률이 상승하고 ㉣ 관련 산업이 발달함 · ㉤ 유해 물질의 배출로 환경 오염 문제가 발생함

① ㉠ ② ㉡ ③ ㉢ ④ ㉣ ⑤ ㉤

답 1 ② 2 ③

주제 15 세계화에 따른 서비스업의 변화

(1) 서비스업의 세계화

① 배경: 정보 통신 기술의 발달로 시 · 공간적 제약 완화, 다국적 기업의 활동 확대

② 공간적 분업: 선진국의 기업들은 비용 절감을 위해 업무의 일부를 개발 도상국으로 분산하여 운영

(2) 유통의 세계화

배경	정보 통신 기술의 발달, 전자 상거래 확대
전자 상거래	· 특징: 시 · 공간의 제약 완화, 해외 상점에 쉽게 접속 가능 → 소비 활동의 범위가 전 세계로 확대 · 영향: 택배업 등 유통 산업 성장, 운송이 유리한 지역에 대규모 물류 창고 발달, 오프라인 상점이 쇠퇴하고 배달 위주의 매장 발달

(3) 관광의 세계화

배경	교통과 통신의 발달, 생활 수준 향상, 여가 시간 증대
영향	· 긍정적 영향: 일자리 창출 및 소득 증가, 기반 시설 개선, 지역 이미지 개선 및 홍보 효과 · 부정적 영향: 자연환경 파괴, 지역의 고유문화 쇠퇴 우려
최근 변화	공정 여행 증가, 음악 · 영화 · 드라마 · 축제 등을 이용한 체험 관광 발달

1 서비스업의 세계화에 따른 변화 사례로 적절하지 않은 것은?

① 미국 기업의 24시간 콜센터 운영
② 해외 유명 가수의 원격 공연 감상
③ 인터넷을 통한 해외 상품 직접 구매
④ 스마트폰 앱을 통한 해외 숙박 시설 예약
⑤ 문화 상품권을 이용한 지역 서점에서의 책 구입

2 다음과 같은 상거래 방식에 대한 설명으로 옳은 것은?

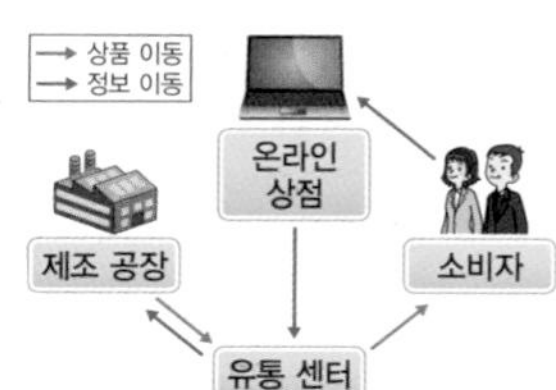

① 이용 시간에 제한이 있다.
② 유통 단계가 비교적 단순하다.
③ 매장 운영에 많은 비용이 든다.
④ 특정 지역 내에서만 거래가 가능하다.
⑤ 구매를 위한 소비자의 이동 거리가 길다.

3 다음과 같은 여행 방식을 무엇이라고 하는지 쓰시오.

- 현지 동식물로 만든 기념품은 사지 않는다.
- 여행지의 종교를 존중하고 문화를 체험한다.
- 현지인이 운영하는 숙소와 음식점을 이용한다.

답 1. ⑤ 2. ② 3. 공정 여행

주제 16 기후 변화의 발생

(1) 기후 변화의 의미와 요인

① 기후 변화: 일정한 지역에서 장기간에 걸쳐 나타나는 기후의 평균적인 상태가 변화하는 것 → 홍수, 가뭄, 폭염 등 비정상적인 기상을 일으킴

② 기후 변화의 요인

자연적 요인	화산 활동에 따른 화산재 분출, 태양의 활동 변화, 태양과 지구의 상대적 위치 변화 등
인위적 요인	화석 연료 사용에 따른 온실가스 배출량 증가, 도시화, 무분별한 토지 및 삼림 개발 등

(2) 지구 온난화의 의미와 요인

① 지구 온난화: 대기 중에 온실가스 농도가 높아져 지구의 평균 기온이 상승하는 현상

② 지구 온난화의 요인: 화석 연료의 사용 증가와 무분별한 삼림 개발로 대기 중 이산화 탄소의 농도 증가 → 온실 효과의 심화로 지구의 평균 기온 상승

1 기후 변화를 일으키는 자연적 요인과 인위적 요인을 [보기]에서 골라 기호를 쓰시오.

| 보기 |

ㄱ. 도시화　　　　ㄴ. 화산재 분출

ㄷ. 화석 연료 사용　　　　ㄹ. 태양의 활동 변화

① 자연적 요인 (　　　)　　　　② 인위적 요인 (　　　)

2 밑줄 친 ㉠~㉤ 중 옳지 않은 것은?

㉠ 기후 변화는 기후의 평균적인 상태가 변화하는 것으로 ㉡ 홍수, 가뭄, 폭염 등 비정상적인 기상을 일으킨다. ㉢ 자연 상태의 지구는 온실 효과에 의해 일정한 기온을 유지하지만, 화석 연료의 사용 증가, ㉣ 열대 우림 조성 사업 등으로 대기 중 온실가스 농도가 높아져 평균 기온이 상승하고 있다. 이렇게 ㉤ 지구의 평균 기온이 높아지는 현상을 지구 온난화라고 한다.

① ㉠　　② ㉡　　③ ㉢　　④ ㉣　　⑤ ㉤

3 ㉠에 들어갈 내용을 쓰시오.

화석 연료를 사용하는 발전소, 공장, 자동차 등에서 발생하는 (　㉠　)는 대표적인 온실가스로, 지구 온난화에 가장 큰 영향을 끼친다.

|답| 1 ① ㄴ, ㄹ ② ㄱ, ㄷ　2 ④　3 이산화 탄소

주제 17 기후 변화의 영향과 해결 노력

(1) 기후 변화의 영향

빙하 감소와 해수면 상승	지구의 평균 기온 상승으로 극지방과 고산 지역의 빙하가 녹아 해수면 상승 → 해안 저지대에 위치한 나라 및 섬나라의 침수 피해, 북극 항로 개발
기상 이변 증가	지구의 기온 상승, 해류의 변화 → 태풍, 홍수, 폭우, 폭설, 가뭄 등 자연재해의 발생 빈도 및 강도 증가, 폭염 및 열대야와 같은 여름철 고온 현상 증가
생태계 변화	바닷물 온도 상승에 따른 해양 생태계 변화, 고산 식물의 분포 범위 축소, 아열대 과일의 재배 면적 확대, 동식물의 서식지 변화, 생태계 교란, 해충 및 전염병 증가 등

(2) 기후 변화 해결을 위한 국제 협약

기후 변화 협약	리우 환경 개발 회의에서 온실가스 감축을 위한 기후 변화 협약을 최초로 채택
교토 의정서	온실가스 감축을 위한 구체적 이행 방안 제시, 주요 선진국에 온실가스 감축 의무 부여
파리 협정	선진국과 개발 도상국 모두에 온실가스 감축 의무 부여

1 세계 곳곳에서 다음과 같은 현상이 발생하게 된 원인으로 가장 적절한 것은?

- 투발루 – 국토의 대부분이 바닷물에 잠길 위기
- 킬리만자로산 – 정상 부근의 눈이 80% 이상 감소

① 사막화 ② 화산 활동 ③ 해양 오염
④ 오존층 파괴 ⑤ 지구 온난화

2 기후 변화로 나타나는 현상으로 옳지 않은 것은?

① 빙하 면적 확대 ② 해충 및 전염병 증가
③ 여름철 열대야 일수 증가 ④ 고산 식물의 분포 범위 축소
⑤ 자연재해의 강도 및 빈도 증가

3 다음 내용에 해당하는 기후 관련 국제 협약을 [보기]에서 골라 기호를 쓰시오.

| 보기 |
ㄱ. 기후 변화 협약 ㄴ. 교토 의정서 ㄷ. 파리 협정

① 주요 선진국에만 온실가스 감축 의무를 부여하였다. ( )
② 온실가스 배출량을 감축하기로 한 최초의 국제 협약이다. ( )
③ 선진국과 개발 도상국 모두에 온실가스 감축 의무를 부여하였다. ( )

답 1 ⑤ 2 ① 3 ① ㄴ ② ㄱ ③ ㄷ

주제 18 환경 문제 유발 산업의 국제적 이동

(1) 공해 유발 산업의 이전

선진국	엄격한 환경 규제 → 공해 유발 산업을 개발 도상국으로 이전
개발 도상국	느슨한 환경 규제 → 환경보다 경제 성장을 우선시하여 공해 유발 산업 유치

(2) 전자 쓰레기의 국제적 이동

선진국	환경 · 경제적 부담을 줄이기 위해 개발 도상국으로 전자 쓰레기 수출
개발 도상국	금속 자원을 채취하기 위해 선진국에서 전자 쓰레기 수입 → 유해 물질 배출에 따른 환경 오염과 생태계 파괴 발생

(3) 농장과 농업 기술의 이전

① 농업의 이전: 선진국에서 탄소 배출 비용 및 인건비 절감을 위해 개발 도상국으로 농장 이전

② 농장 이전의 영향

긍정적 영향	외화 수입 증가, 일자리 창출 등으로 지역 경제 활성화
부정적 영향	토양 황폐화, 관개용수 남용에 따른 물 부족, 농약 사용에 따른 토양 및 식수 오염

1 ㉠, ㉡에 들어갈 내용을 각각 쓰시오.

> 공해 유발 산업은 주로 환경 규제가 엄격한 (㉠)에서 유출되고, 환경 규제가 느슨하고 환경 보전보다는 경제 발전을 중요시하는 (㉡)으로 유입된다.

2 표는 전자 쓰레기의 발생 지역과 유입 지역의 특징을 정리한 것이다. 밑줄 친 ㉠~㉤ 중 옳지 않은 것은?

구분	발생 지역	유입 지역
국가	㉠ 앵글로아메리카, 북서 유럽 지역 등	㉡ 중국, 인도, 이집트, 가나 등
특징	일찍이 산업이 발달해 경제 성장을 이룬 선진국으로, ㉢ 환경 규제가 엄격하여 개발 도상국으로 전자 쓰레기를 수출함	㉣ 경제 성장이 우선인 개발 도상국으로, ㉤ 전자 쓰레기를 안전하게 매립 및 소각할 수 있는 기술을 보유하고 있음

① ㉠ ② ㉡ ③ ㉢ ④ ㉣ ⑤ ㉤

3 선진국의 농장과 농업 기술이 이전되면서 개발 도상국에서 나타나는 변화를 [보기]에서 골라 기호를 쓰시오.

보기
ㄱ. 토양 황폐화
ㄴ. 외화 수입 감소
ㄷ. 지역 경제 침체
ㄹ. 화학 비료와 농약 사용으로 식수 오염

답 | 1. ㉠ 선진국 ㉡ 개발 도상국 2. ⑤ 3. ㄱ, ㄹ

주제 19 환경 문제의 지역적 불평등

(1) 환경 문제의 지역적 불평등

선진국	개발 도상국
· 환경 문제 유발 산업의 유출 지역 · 개발보다는 쾌적한 환경에 대한 요구가 높음 · 개발 도상국의 저임금 노동력을 활용하고, 환경 문제를 해결함	· 환경 문제 유발 산업의 유입 지역 · 환경 보존보다는 경제 성장과 개발을 우선시함 · 환경 오염, 주민들의 건강 악화 등의 문제점이 나타남

(2) 환경 문제의 지역적 불평등을 해결하기 위한 노력

① 선진국의 노력: 기업들은 환경 오염을 최소화하고 안전한 생산 환경을 만들기 위해 노력해야 함

② 개발 도상국의 노력: 경제 개발만 중요시하기보다는 기업에 대한 환경 규제와 감시를 강화해야 함

③ 국제 사회의 노력: 유해 폐기물, 공해 산업 등이 불법적으로 다른 지역에 확산되지 않도록 공동으로 대처해야 함 → 바젤 협약 체결

1 다음 내용이 선진국에 관한 것이면 '선', 개발 도상국에 관한 것이면 '개'라고 쓰시오.

① 환경 규제가 엄격하다. (   )

② 환경 문제 유발 산업의 유출 지역이다. (   )

③ 환경 보존보다는 경제 성장을 우선시한다. (   )

④ 환경 문제 유발 산업이 유입되어 환경 오염, 주민들의 건강 악화 등의 문제점이 나타난다. (   )

2 환경 문제의 지역적 불평등을 해결하기 위한 노력으로 적절하지 않은 것은?

① 선진국의 환경 기준을 완화한다.
② 공해 산업의 불법적 확산을 방지한다.
③ 선진국의 기업들은 안전한 생산 환경을 조성한다.
④ 공해 산업의 유출 지역과 유입 지역이 함께 노력한다.
⑤ 개발 도상국은 기업에 대한 환경 규제와 감시를 강화한다.

3 ㉠에 들어갈 국제 협약으로 옳은 것은?

> 1989년에 체결된 (㉠)은/는 유해 폐기물의 국제적 이동의 통제와 규제를 목적으로 하는 국제 협약이다.

① 파리 협정　② 바젤 협약　③ 람사르 협약
④ 교토 의정서　⑤ 기후 변화 협약

|답| 1 ①선 ②선 ③개 ④개 2 ① 3 ②

주제 20 주요 환경 이슈

(1) 미세 먼지

원인	흙먼지와 식물 꽃가루, 매연, 자동차 배기가스, 쓰레기 소각, 건설 현장의 날림 먼지 등
영향	각종 호흡기 및 뇌 질환 유발, 정밀 산업의 불량률 증가, 항공기 및 여객선 운항 차질 등

(2) 쓰레기 문제

원인	자원 소비 증가, 일회용품과 포장재 사용 증가
영향	쓰레기 처리를 둘러싼 갈등 발생

(3) 유전자 변형 식품(GMO)

의미	본래의 유전자를 변형시켜 새로운 성질의 유전자를 지니도록 개발된 식품이나 농산물
입장	· 긍정적 입장: 농작물의 장기 보관 및 대량 생산 용이, 병충해에 강한 품종 개발 · 부정적 입장: 인체 유해성 및 생태계 교란 여부의 검증 미비

(4) 로컬 푸드 운동

의미	지역에서 생산된 농산물을 지역에서 소비하자는 운동
배경	식품 운송 과정에서 많은 온실가스 배출, 방부제 사용 → 식품의 안전성과 환경에 대한 관심 증대
효과	신선한 먹을거리 제공, 농민 소득 보장, 지역 경제 활성화

1 다음과 같은 생활 수칙을 지켜야 하는 날로 가장 적절한 것은?

> • 장기간 실외 활동 자제　　• 외출 시 마스크 착용

① 열대야가 발생한 날
② 자외선 지수가 높은 날
③ 오존 농도가 높은 날
④ 폭염주의보가 발효된 날
⑤ 미세 먼지 농도가 높은 날

2 표는 유전자 변형 식품에 대한 입장을 정리한 것이다. 밑줄 친 ㉠~㉤ 중 옳지 않은 것은?

긍정적 입장	부정적 입장
㉠ 농작물의 대량 생산 용이, ㉡ 농작물의 부족한 영양분 증대 → ㉢ 세계 식량 부족 문제 해결에 기여	• ㉣ 해충과 질병에 약함 • ㉤ 인체 유해성 및 생태계 교란 여부의 검증 미비

① ㉠　② ㉡　③ ㉢　④ ㉣　⑤ ㉤

3 ㉠에 들어갈 내용을 쓰시오.

> 최근 친환경적이고 안전한 먹을거리에 대한 관심이 높아지면서 지역에서 생산된 농산물을 지역에서 소비하자는 (㉠) 운동이 주목을 받고 있다.

답 | 1. ⑤ 2. ④ 3. 로컬 푸드

주제 21 영역의 의미와 구성

(1) **영역:** 한 국가의 주권이 미치는 공간적 범위 → 국민의 생활이 이루어지는 공간이며, 외부의 침입으로부터 보호해야 하는 공간

(2) **영역의 구성**

영토	한 국가에 속한 육지의 범위, 국토 면적과 일치
영해	영토 주변의 바다 → 영해 기선에서부터 12해리까지의 바다
영공	영토와 영해의 수직 상공, 일반적으로 대기권 내로 범위 제한

1 영역에 대한 설명으로 옳지 않은 것은?

① 영토, 영해, 영공으로 이루어져 있다.
② 국민 생활이 이루어지는 생활 터전이다.
③ 한 국가의 주권이 미치는 지리적 범위이다.
④ 내륙 국가는 영토와 영해로만 이루어져 있다.
⑤ 영토가 없으면 영해와 영공이 존재할 수 없다.

2 ㉠에 들어갈 숫자를 쓰시오.

> 대부분의 국가는 영해 기선에서부터 (㉠)해리까지를 영해로 설정한다.

3 그림을 보고 A~D의 명칭을 각각 쓰시오.

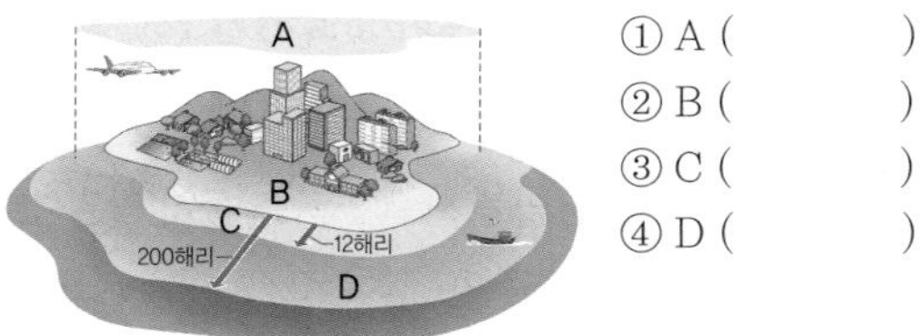

① A (　　　　)
② B (　　　　)
③ C (　　　　)
④ D (　　　　)

4 밑줄 친 ㉠~㉤ 중 옳지 않은 것은?

> ㉠ 영토는 한 국가에 속한 육지의 범위이며, ㉡ 국토 면적과 일치한다. ㉢ 영해는 영토 주변의 바다이다. ㉣ 영공은 배타적 경제 수역의 수직 상공으로, ㉤ 일반적으로 대기권에 한정된다.

① ㉠　　② ㉡　　③ ㉢　　④ ㉣　　⑤ ㉤

답| 1. ④ 2. 12 3. ① 영공 ② 영토 ③ 영해 ④ 배타적 경제 수역 4. ④

주제 22 우리나라의 영역과 배타적 경제 수역

(1) 우리나라의 영역

① 영토: 한반도와 그 부속 도서

② 영해

동해안, 제주도, 울릉도, 독도	해안선이 단조롭고 섬이 적음 → 최저 조위선인 통상 기선에서부터 12해리까지
서해안, 남해안	해안선이 복잡하고 섬이 많음 → 가장 바깥쪽의 섬들을 직선으로 연결한 선인 직선 기선에서부터 12해리까지
대한 해협	일본 간 거리가 가까움 → 직선 기선에서부터 3해리까지

③ 영공: 우리나라의 영토와 영해의 수직 상공

(2) 배타적 경제 수역

의미	영해 기선에서부터 200해리에 이르는 수역 중 영해를 제외한 바다
특징	· 연안국은 어업 활동과 수산 · 광물 · 에너지 자원 등 해양 자원의 탐사 및 개발 등에 관한 경제적 권리를 보장받음 · 연안국은 인공 섬을 만들거나 바다에 시설물을 설치 및 활용할 수 있음 · 영역에는 포함되지 않아 다른 국가의 선박과 항공기가 자유롭게 통행할 수 있음
우리나라의 배타적 경제 수역	우리나라는 중국 및 일본과 배타적 경제 수역이 겹치기 때문에 어업 협정을 각각 체결하여 겹치는 해역을 중간 수역으로 설정하여 어족 자원을 공동으로 관리함

1 우리나라에서 직선 기선과 통상 기선이 적용되는 해안을 [보기]에서 골라 기호를 쓰시오.

보기

ㄱ. 독도　ㄴ. 남해안　ㄷ. 동해안　ㄹ. 서해안　ㅁ. 울릉도　ㅂ. 제주도

① 직선 기선 (　　　)　　　② 통상 기선 (　　　)

2 ㉠에 들어갈 용어를 쓰시오.

바다의 가치가 커지면서 세계 각국은 영해 기선에서 200해리에 이르는 수역 중 영해를 제외한 바다인 (　㉠　)을 설정할 수 있게 되었다.

3 밑줄 친 ㉠~㉢을 옳게 고쳐 쓰시오.

배타적 경제 수역에서 연안국은 해양 자원의 탐사 및 개발 등에 관한 ㉠ <u>정치적</u> 권리를 보장받는다. 배타적 경제 수역은 한 국가의 영역에 ㉡ <u>포함되어</u> 다른 국가의 선박과 항공기가 자유롭게 통행할 수 ㉢ <u>없다</u>.

|답| 1 ① ㄴ, ㄹ ② ㄱ, ㄷ, ㅁ, ㅂ 2 배타적 경제 수역 3 ㉠ 경제적 ㉡ 포함되지 않아 ㉢ 있다

주제 23 다양한 가치를 지닌 독도

(1) 독도의 지리적 특색

① 위치: 경상북도 울릉군 울릉읍 독도리 → 우리나라의 영토 중 가장 동쪽에 위치

② 자연환경

구분	내용
형성	· 약 460만~250만 년 전에 동해의 해저에서 분출한 용암이 굳어져 형성된 화산섬 · 동도와 서도, 89개의 부속 도서로 이루어짐
지형	대부분 해안이 급경사를 이루어 거주 환경이 불리하며, 서도가 동도보다 험난함
기후	난류의 영향을 받는 해양성 기후가 나타나 기온이 온화한 편이며 일 년 내내 강수가 고름

(2) 독도의 가치

구분	내용
영역적 가치	· 우리나라 영해의 동쪽 끝을 확정짓고, 배타적 경제 수역 설정의 기준점이 될 수 있음 · 항공 기지, 방어 기지로서 국가 안보에 필요한 역할을 수행할 수 있음
경제적 가치	· 조경 수역이 형성되어 수산 자원이 풍부함 · 주변 해저에 메탄 하이드레이트와 해양 심층수 등의 자원이 있음
환경 및 생태적 가치	· 여러 단계의 화산 활동으로 형성되어 다양한 지형이 나타남 · 다양한 동식물이 서식함 → 1999년 섬 전체가 천연 보호 구역으로 지정됨

1 ㉠~㉤에 들어갈 내용으로 옳지 않은 것은?

> 독도는 (㉠) 울릉군 울릉읍 독도리에 있는 섬으로, 우리나라의 영토 중 가장 (㉡)에 위치한다. 독도는 동도와 (㉢) 2개의 큰 섬과 89개의 부속 도서로 이루어져 있다. 독도는 해저에서 분출한 용암이 굳어져 형성된 (㉣)으로, 제주도나 울릉도보다 (㉤) 만들어졌다.

① ㉠ – 경상북도 ② ㉡ – 서쪽 ③ ㉢ – 서도 ④ ㉣ – 화산섬 ⑤ ㉤ – 먼저

2 ㉠, ㉡에 들어갈 용어를 쓰시오.

> 독도는 군사적 요충지로 항공 및 방어 기지 역할을 수행하고 있으며, 우리의 영토이기 때문에 우리나라 (㉠)의 동쪽 끝을 확정짓고, (㉡) 설정의 기준점이 될 수 있다.

3 밑줄 친 ㉠, ㉡을 옳게 고쳐 쓰시오.

> 독도 주변 바다는 한류와 난류가 교차하는 ㉠ <u>잠정 조치 수역</u>으로 수산 자원이 풍부하며, 독도 주변 해저에는 미래 에너지 자원으로 주목받는 ㉡ <u>석유</u>와 해양 심층수가 있다.

답 | 1. ② 2. ㉠ 영해 ㉡ 배타적 경제 수역 3. ㉠ 조경 수역 ㉡ 메탄 하이드레이트

주제 24 다양한 지역화 전략

(1) **지역화 전략:** 지역의 경쟁력을 높이기 위해 경제적 · 문화적 측면에서 다른 지역과 차별화할 수 있는 계획을 마련하는 것

(2) **다양한 지역화 전략**

① 지역 브랜드

의미	지역 그 자체 또는 지역의 상품과 서비스 등을 소비자에게 특별한 브랜드로 인식시키는 것 예 평창의 'HAPPY 700' 등
효과	지역 브랜드의 가치가 높아지면 그 지명을 붙인 상품의 판매량이 증가하고 서비스에 대한 신뢰도가 높아짐, 지역 이미지가 향상되고 지역 경제가 활성화됨

② 장소 마케팅

의미	특정 장소가 가지고 있는 자연환경이나 역사적 · 문화적 특성 등을 이용하여 장소를 매력적인 상품으로 만들어 판매하는 활동 예 함평의 나비 축제 등
효과	관광객 유치를 통해 지역 경제를 활성화하고, 지역 주민들의 소속감과 자긍심을 높일 수 있음

③ 지리적 표시제

의미	상품의 품질, 명성, 특성 등이 해당 지역의 지리적 특성에서 비롯되고 우수성이 인정될 때 지역 생산품임을 증명하고 표시하는 제도 예 보성 녹차 등
효과	특산물을 보호하여 특산물의 품질 향상 및 지역의 특화 산업으로의 육성을 도모할 수 있음, 생산자는 안정적인 생산 활동을 할 수 있고 소비자는 믿을 수 있는 제품을 살 수 있음

1 지역화 전략을 추진하여 얻을 수 있는 효과로 옳은 것을 [보기]에서 골라 기호를 쓰시오.

| 보기 |
ㄱ. 지역 경제의 활성화
ㄴ. 관광객과 투자자 감소
ㄷ. 지역 주민들의 자긍심 향상
ㄹ. 지역의 고유한 가치와 경쟁력 저하

2 다음 사례에 해당하는 지역화 전략을 [보기]에서 골라 기호를 쓰시오.

| 보기 |
ㄱ. 장소 마케팅
ㄴ. 지역 브랜드
ㄷ. 지리적 표시제

① 보성의 녹차 (　　　)
② 평창의 'HAPPY 700' (　　　)
③ 함평의 나비 축제 개최 (　　　)

3 지역과 지역의 지리적 표시제 등록 상품이 옳게 연결되지 <u>않은</u> 것은?

① 경기도 이천 – 쌀
② 경상북도 의성 – 마늘
③ 강원특별자치도 횡성 – 사과
④ 전북특별자치도 순창 – 고추장
⑤ 제주특별자치도 – 한라봉

|정답| 1 ㄱ, ㄷ 2 ① ㄷ ② ㄴ ③ ㄱ 3 ③

주제 25 국토 통일과 통일 한국의 미래

(1) 우리나라 위치의 중요성

① 대륙과 해양을 이어 주는 지리적 요충지: 유라시아 대륙 동쪽에 있는 반도국으로, 유라시아 대륙과 태평양으로 진출하기에 유리함

② 동아시아 교통의 요지: 동아시아의 중심에 위치하여 동아시아 국가 간 경제적 · 문화적 흐름을 주도하여 세계의 중심지로 도약할 수 있음

(2) 국토 통일의 필요성

국토 분단에 따른 문제	균형 있는 국토 발전이 어려워짐, 과도한 군사비 지출, 군사적 긴장 상태로 국제 사회에서 한반도의 위상 약화, 이산가족과 실향민 발생, 남북 문화의 이질화 심화
국토 통일이 필요한 이유	반도국의 이점 활용 가능, 분단 비용 절감, 한반도의 위상 강화, 세계 평화에 이바지할 수 있음, 이산가족과 실향민의 아픔 치유, 민족의 동질성 회복

(3) 통일 한국의 미래

국통 공간의 변화	· 매력적인 국토 공간을 조성할 수 있음 · 남한의 자본과 기술, 북한의 지하자원과 노동력이 결합하여 국토의 효율적인 이용이 가능함 · 끊겼던 교통망이 연결되면 물류의 중심지로 성장할 수 있음
생활 모습의 변화	· 자유 민주주의적 이념 확대로 개인의 생각과 가치를 존중받을 수 있음 · 새로운 직업과 일자리가 증가함, 삶의 질이 향상될 수 있음

1 밑줄 친 ㉠~㉤ 중 옳지 않은 것은?

> 우리나라는 ㉠ 유라시아 대륙 동쪽 끝에 위치한 ㉡ 섬나라이다. 북쪽으로는 ㉢ 중국, 러시아를 통해 유럽 대륙과 연결되고, 삼면의 ㉣ 바다를 통해 태평양, 인도양 등으로 뻗어 나갈 수 있는 등 ㉤ 대륙과 해양을 연결하는 위치이다.

① ㉠ ② ㉡ ③ ㉢ ④ ㉣ ⑤ ㉤

2 국토 분단으로 인해 발생하는 문제로 보기 어려운 것은?

① 막대한 국방비 지출
② 한반도의 위상 약화
③ 이산가족의 아픔 심화
④ 남북한 주민의 이질화
⑤ 국토의 균형적인 발전

3 ㉠, ㉡에 들어갈 용어를 쓰시오.

> 국토가 통일되면 (㉠)의 자본과 기술, (㉡)의 지하자원과 노동력이 결합하여 국토의 효율적인 이용이 가능해질 것이다.

답 | 1 ② 2 ⑤ 3 ㉠ 남한 ㉡ 북한

주제 26 기아 문제와 생물 다양성 감소

(1) **기아 문제**

① 기아: 인간이 생존하는 데 필요한 물과 영양소를 충분히 섭취하지 못하는 상태

② 기아의 발생 원인

자연적 요인	자연재해, 병충해에 따른 식량 생산량 감소
인위적 요인	· 개발 도상국의 인구 급증에 따른 식량 부족 · 잦은 분쟁에 따른 식량 생산 및 공급 차질 · 곡물 대기업이 이윤 극대화를 위해 유통량을 조절하면서 저개발국의 곡물 수입 곤란 · 식량 작물이 가축 사료, 바이오 에너지의 원료로 사용되면서 식량 작물의 가격 상승

③ 기아 문제가 심각한 지역: 사하라 사막 이남 아프리카, 남부 아시아, 남아메리카의 일부 국가 등

(2) **생물 다양성 감소**

① 생물 다양성: 생물종의 다양성, 생물 유전자의 다양성, 서식하는 생태계의 다양성을 모두 포함함

② 생물 다양성 감소

원인	기후 변화, 열대 우림 파괴, 환경 오염, 동식물의 서식지 파괴, 무분별한 남획, 외래종의 침입 등
영향	인간이 이용 가능한 생물 자원의 수 감소, 먹이 사슬 단절로 인한 생태계 파괴, 생태계의 자정 능력 감소 등 → 인간의 생존 위협
해결 노력	국제 연합의 생물 다양성 협약 체결

1 기아 문제의 자연적 요인과 인위적 요인을 [보기]에서 골라 기호를 쓰시오.

보기

ㄱ. 병충해 ㄴ. 자연재해

ㄷ. 잦은 분쟁 ㄹ. 식량 작물의 용도 변경

① 자연적 요인 (   ) ② 인위적 요인 (   )

2 기아 문제가 심각한 지역을 [보기]에서 골라 기호를 쓰시오.

보기

ㄱ. 서부 유럽 ㄴ. 남부 아시아

ㄷ. 앵글로아메리카 ㄹ. 사하라 사막 이남 아프리카

3 생물 다양성이 감소하는 원인으로 옳지 않은 것은?

① 환경 오염 ② 무분별한 남획 ③ 외래종의 침입

④ 농경지의 축소 ⑤ 열대 우림 파괴

답 1 ① ㄱ, ㄴ ② ㄷ, ㄹ 2 ㄴ, ㄹ 3 ④

주제 27 영역을 둘러싼 분쟁

(1) 영토를 둘러싼 분쟁 지역

아프리카	과거 유럽 강대국의 이해관계에 따라 국경선 설정 → 독립 이후 국경과 부족 경계가 달라서 영역 갈등과 내전, 난민 문제 발생
팔레스타인 지역	제2차 세계 대전 이후 이슬람교를 믿는 팔레스타인에 유대교를 믿는 이스라엘이 건국되면서 분쟁 발생
카슈미르 지역	이슬람교도가 많은 카슈미르 지역이 인도에 속하게 되면서 이슬람교를 믿는 파키스탄과 힌두교를 믿는 인도 간에 갈등 발생

(2) 영해를 둘러싼 분쟁 지역

난사 군도 (스프래틀리 군도)	인도양과 태평양을 잇는 해상 교통의 요충지, 주변 바다에 많은 양의 석유와 천연가스가 매장되어 있어 중국, 필리핀, 브루나이, 말레이시아 등이 영유권 주장
센카쿠 열도 (댜오위다오)	1895년 청일 전쟁 이후 일본 영토로 편입되었으나 중국과 타이완이 영유권 주장, 인근 바다에 석유와 천연가스 매장 사실이 알려지면서 갈등 심화
쿠릴 열도	러시아가 실효 지배 중인 쿠릴 열도 남부의 4개 섬에 대한 일본의 반환 요구
포클랜드 제도	남극 진출의 요지, 아르헨티나가 가까우나 영국이 실효 지배 중
카스피해	카스피해에 매장된 석유와 천연가스를 둘러싼 러시아, 아제르바이잔, 이란, 투르크메니스탄, 카자흐스탄 등의 영유권 분쟁
북극해	북극 항로와 자원 매장 지대에 대한 러시아, 덴마크, 노르웨이 등의 영유권 분쟁

1 ㉠에 들어갈 지역을 쓰시오.

> 1947년 인도가 영국으로부터 독립하면서 주민 대부분이 이슬람교를 믿는 (㉠) 지역은 파키스탄으로 귀속될 예정이었으나, 이곳을 통치하던 힌두교 지도자가 인도에 통치권을 넘기면서 갈등이 시작되었다.

2 다음은 영역을 둘러싼 분쟁 지역을 정리한 것이다. 밑줄 친 ㉠~㉤ 중 옳지 않은 것은?

> • 국경선이 모호한 경우: ㉠ 아프리카 북동부 지역
> • 자원을 둘러싼 경제적 이권 다툼: ㉡ 센카쿠 열도(댜오위다오), ㉢ 카스피해
> • 종교의 차이로 인한 분쟁: ㉣ 난사(스프래틀리) 군도, ㉤ 카슈미르 지역

① ㉠ ② ㉡ ③ ㉢ ④ ㉣ ⑤ ㉤

3 다음 지역을 둘러싼 공통적인 분쟁 당사국을 쓰시오.

> • 센카쿠 열도(댜오위다오) • 쿠릴 열도

답 | 1. 카슈미르 2. ④ 3. 일본

주제 28 저개발 지역의 발전을 위한 노력

(1) **지역마다 발전 수준이 다른 이유:** 지역마다 자연환경, 자원 보유량, 기술과 자본 등이 다르기 때문

(2) **발전 수준의 지역 차**

구분	내용
선진국	· 18세기 산업 혁명 이후 일찍이 산업화를 이룸 · 1인당 국내 총생산(GDP), 소득 수준, 인간 개발 지수(HDI), 성인 문자 해독률, 기대 수명, 행복 지수 등의 지표가 높게 나타남 · 서부 유럽, 앵글로아메리카의 국가 등이 해당함
개발 도상국	· 20세기 이후부터 현재까지 산업화가 진행 중임 · 영아 사망률, 합계 출산율, 인구 증가율, 성 불평등 지수(GII), 성인 문맹률, 교사 1인당 학생 수 등의 지표가 높게 나타남 · 남아시아, 라틴 아메리카, 사하라 사막 이남의 국가 등이 해당함

(3) **저개발 지역의 빈곤 문제 해결을 위한 자체적 노력**

구분	내용
경제	식량 생산량 증대, 사회 간접 자본 구축, 자원 개발 확대, 해외 투자 유치 등
교육	교육 지원 확대를 통한 인적 자원의 개발
정치	정치적 불안정, 부정부패 등의 문제 해결
기타	적정 기술 제품의 도입, 위생 및 보건 환경 개선을 통한 질병 문제 해결 등

1 선진국에 비해 개발 도상국에서 수치가 높게 나타나는 지표로 옳은 것은?

① 기대 수명 ② 행복 지수 ③ 영아 사망률
④ 인간 개발 지수 ⑤ 성인 문자 해독률

2 다음 지표의 수치가 대체로 높게 나타나는 지역을 [보기]에서 골라 기호를 쓰시오.

• 성인 문자 해독률 • 1인당 국내 총생산(GDP)

| 보기 |
ㄱ. 남아시아 ㄴ. 서부 유럽
ㄷ. 라틴 아메리카 ㄹ. 앵글로아메리카

3 ㉠에 공통으로 들어갈 내용을 쓰시오.

(㉠)은 지역의 문화적·경제적·환경적 조건을 고려하여 해당 지역에서 지속해서 생산, 소비할 수 있도록 만들어진 기술을 말한다. (㉠)을 활용한 대표적인 제품에는 '큐 드럼(Q drum)', '라이프 스트로' 등이 있다.

답 | 1 ③ 2 ㄴ, ㄹ 3 적정 기술

주제 29 지역 간 불평등 완화를 위한 국제기구의 노력

(1) **정부 간 국제기구**

① 국제 연합(UN): 국제 평화와 안전의 유지, 인권 및 자유 확보를 위해 노력하는 국제기구

산하 기구	역할
국제 연합 평화 유지군(PKF)	분쟁 지역의 질서 유지 및 주민 안전 보장
국제 연합 난민 기구(UNHCR)	난민 보호 및 난민 문제 해결
세계 식량 계획(WFP)	기아와 빈곤으로 고통받는 지역에 식량 지원
국제 연합 아동 기금(UNICEF)	아동 구호와 아동 복지 향상
세계 보건 기구(WHO)	세계의 질병 및 보건 위생 문제 해결

② 기타: 국제 부흥 개발 은행(IBRD), 경제 협력 개발 기구(OECD) 등의 국가 및 지역 간의 경제적 격차 해소를 위한 활동 등

(2) **공적 개발 원조(ODA)**: 선진국의 정부나 공공 기관들이 저개발 국가의 경제 발전과 복지 증진을 위해 재정 및 기술, 물자 등을 지원하는 것 → 경제 협력 개발 기구 산하 개발 원조 위원회가 주도함

1 다음과 같은 활동을 하는 국제기구를 [보기]에서 골라 기호를 쓰시오.

| 보기 |

ㄱ. 세계 보건 기구　　ㄴ. 국제 연합 난민 기구　　ㄷ. 국제 연합 평화 유지군

① 난민 보호 및 난민 문제 해결 (　　　　)
② 세계의 질병 및 보건 위생 문제 해결 (　　　　)
③ 분쟁 지역의 질서 유지 및 주민 안전 보장 (　　　　)

2 다음 국제기구들이 공통으로 추구하는 목적으로 가장 적절한 것은?

• 국제 부흥 개발 은행(IBRD)　　• 경제 협력 개발 기구(OECD)

① 기후 변화 방지
② 영역 분쟁 해결
③ 생물 다양성 보호
④ 지역 간 경제적 불평등 완화
⑤ 유해 폐기물의 불법 이동 규제

3 ㉠, ㉡에 들어갈 내용을 각각 쓰시오.

선진국들은 경제 협력 개발 기구 산하의 (　㉠　)를 통해 다양한 방식으로 (　㉡　) 대륙과 남아시아 및 남아메리카 저개발 국가에 공적 개발 원조를 제공하고 있다.

|답| 1 ① ㄴ ② ㄱ ③ ㄷ　2 ④　3 ㉠ 개발 원조 위원회 ㉡ 아프리카

주제 30 지역 간 불평등 완화를 위한 민간 차원의 노력

(1) **국제 비정부 기구(NGO)**

① 의미: 범세계적인 문제를 해결하기 위해 활동하는 민간단체

② 특징: 국가 간의 이해관계를 넘어 인도주의적 차원에서 구호 활동을 함, 국제 연합의 공식적 활동을 보조하기도 함

③ 사례: 그린피스, 국경 없는 의사회, 세이브 더 칠드런, 옥스팜 등

(2) **공정 무역**

의미	선진국과 저개발 국가 사이의 불공정한 무역을 개선하여 저개발 국가의 생산자에게 정당한 가격을 지급하는 무역 방식
주요 상품	커피, 카카오, 바나나, 목화 등
성과	생산 지역의 빈곤 완화, 저개발 국가 생산자의 경제적 자립, 환경친화적으로 생산된 상품 구입 가능 등
한계	· 생산자: 다국적 기업의 상품에 밀려 시장 확보가 어려움 · 소비자: 가격이 비싼 편이며 이용 가능한 제품이 적음

1 다음과 같은 활동을 하는 국제 비정부 기구(NGO)를 [보기]에서 골라 기호를 쓰시오.

| 보기 |
ㄱ. 옥스팜　　ㄴ. 그린피스
ㄷ. 세이브 더 칠드런　　ㄹ. 국경 없는 의사회

① 지구의 환경 보전, 평화 증진을 위한 활동 (　　　)
② 아동 구호 및 아동 복지 향상을 위한 활동 (　　　)
③ 무상 교육 및 의료 투자, 빈곤층을 위한 사회 안전망 확충 등의 활동 (　　　)
④ 인종, 종교, 정치적 성향 등과 관계없이 도움이 필요한 사람에게 의료 서비스 지원 (　　　)

2 표는 공정 무역에 대해 정리한 것이다. 밑줄 친 ㉠~㉤ 중 옳지 않은 것은?

의미	저개발 국가의 생산자에게 정당한 가격을 지급하는 무역 방식
특징	㉠ 유통 단계를 줄이고 직거래를 활성화함
주요 상품	커피, 카카오, 바나나, 목화 등
성과	㉡ 생산 지역의 빈곤 완화, ㉢ 환경친화적으로 생산된 상품 구입 가능, ㉣ 다양한 제품을 저렴한 가격에 구입 가능
한계	㉤ 다국적 기업의 상품에 밀려 시장 확보가 어려움

① ㉠　② ㉡　③ ㉢　④ ㉣　⑤ ㉤

답 | 1. ① ㄴ ② ㄷ ③ ㄱ ④ ㄹ 2. ④

MEMO

시험 전 한끝

한권으로끝내기

한끝

중등 사회 ②-2

진도 교재

단원별 내용 학습

1. **교과 내용 정리**
   사회 교과서에서 다루는 내용을 상세하고 이해하기 쉽게 정리하였습니다.
2. **생생 자료**
   교과서 자료들을 철저하게 분석하여 시험 출제 가능성이 높은 지도, 사진, 도표 등 중요 자료만 콕콕 찍어 알기 쉽게 설명하였습니다.
3. **쏙쏙 용어**
   교과서에 등장하는 주요 용어를 읽기만 해도 쉽게 이해할 수 있도록 친절하게 설명하였습니다.

문제로 실력 쌓기

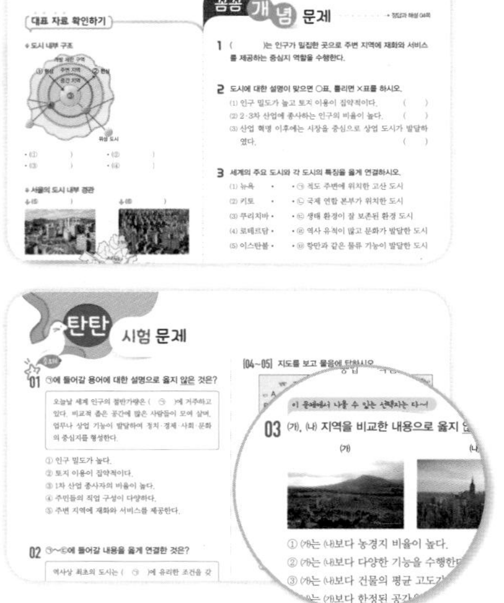

1. **꼼꼼 개념 문제**
   중단원에서 학습한 내용을 간단한 문제를 통해 확인해 보세요. '대표 자료로 확인하기 / 한눈에 정리하기'로 주요 학습 요소를 잘 이해했는지 점검할 수 있습니다.
2. **탄탄 시험 문제**
   학교 시험에 꼭 나오는 핵심 문제들을 엄선하여 구성하였습니다. 다양한 유형의 문제로 여러분의 실력을 탄탄하게 다져 보세요.
3. **학교 시험에 잘 나오는 서술형 문제**
   학교 시험에 자주 출제되는 유형의 서술형 문제를 선별하여 구성하였습니다.

대단원 마무리

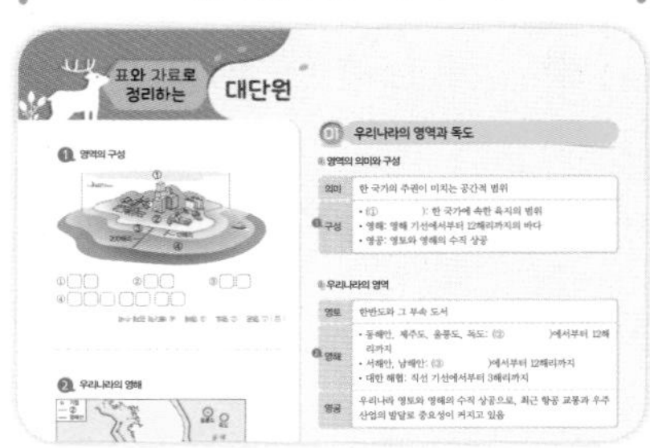

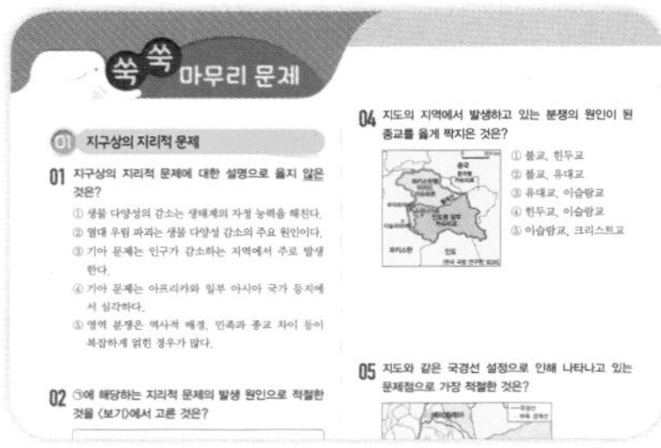

1. **표와 자료로 정리하는 대단원**
   대단원별 학습 내용을 체계적으로 정리하고 학습 목표에 따라 주요 개념을 잘 이해했는지 점검할 수 있습니다.
2. **쑥쑥 마무리 문제**
   단원 통합형 문제를 확실히 대비할 수 있도록 다양한 문제 유형을 제공하였습니다.

시험 대비 교재

정답과 해설

시험 대비 문제집

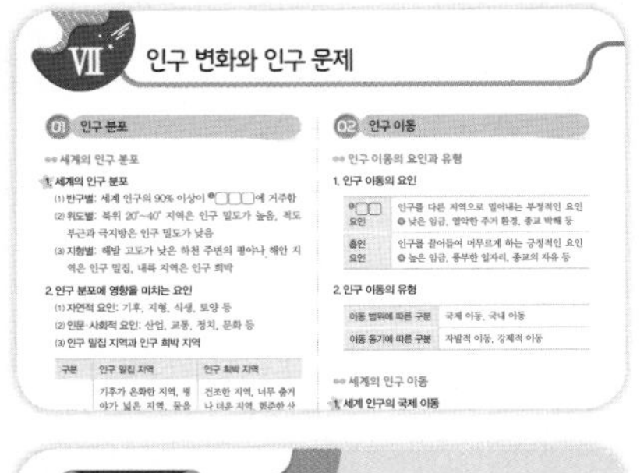

시험 전 한끝

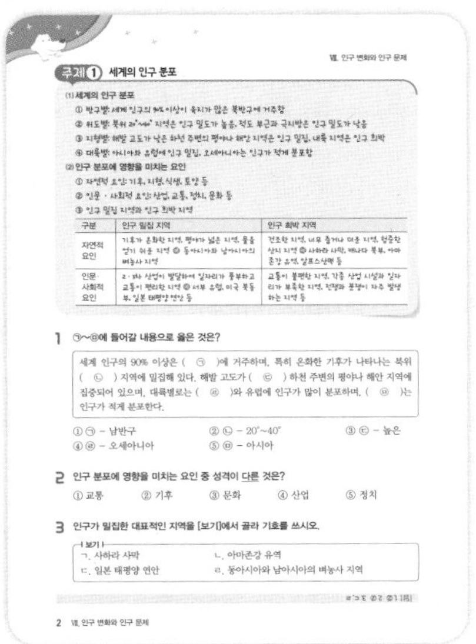

1. **핵심 정리**
단원별 핵심 내용을 콕 집어 정리한 시험 대비 문제집으로 개념을 익혀 보세요. 아무리 시험 범위가 많아도 쉽고 빠르게 학습할 수 있습니다.

2. **100점 도전 실전 문제**
학교 시험 기출 문제를 철저하게 분석하여 빈출 유형의 문제들로 구성하였습니다. 실전 문제로 실력을 키워 학교 시험 100점에 도전해 보세요.

3. **서술형 문제**
빈출 유형의 서술형 문제로 실력을 쌓으면, 학교 시험에서도 자신 있게 답안을 작성할 수 있습니다.

- 시험에 자주 나오는 주제를 빠짐없이 정리하였습니다. 단원별 핵심 내용을 익히고 문제를 풀며 시험 직전 소중한 시간을 알차게 사용해 보세요.

- 한끝에 수록된 모든 문제에 대한 답과 상세한 풀이가 담겨 있습니다. 해설을 꼼꼼히 읽으면 오답의 이유에 대해서도 정확하게 이해할 수 있습니다.

한끝과
내 교과서
단원 비교하기

	단원명	한끝	비상교육	미래엔	천재교육	천재 교과서	동아	지학사	금성	박영사
Ⅶ 인구 변화와 인구 문제	01 인구 분포	10~13	122~125	120~124	128~131	126~129	120~123	124~127	120~123	120~123
	02 인구 이동	14~19	126~131	125~129	132~135	130~135	124~129	128~131	124~129	124~129
	03 인구 문제	20~23	132~137	130~134	136~141	136~139	130~133	132~137	130~133	130~133

	단원명	한끝	비상교육	미래엔	천재교육	천재 교과서	동아	지학사	금성	박영사
Ⅷ 사람이 만든 삶터, 도시	01 도시의 위치와 특징~ 02 도시 내부의 경관	32~37	142~149	140~147	146~153	144~153	138~147	142~149	138~147	138~145
	03 도시화와 도시 문제~ 04 살기 좋은 도시	38~43	150~157	148~156	154~161	154~161	148~155	150~157	148~155	146~153

	단원명	한끝	비상교육	미래엔	천재교육	천재 교과서	동아	지학사	금성	박영사
Ⅸ 글로벌 경제 활동과 지역 변화	01 농업 생산의 기업화와 세계화	52~55	162~165	162~165	168~171	168~173	160~165	162~167	160~163	158~163
	02 다국적 기업과 생산 공간 변화~ 03 세계화에 따른 서비스업의 변화	56~61	166~173	166~173	172~179	174~181	166~173	168~175	164~171	164~171

단원명		한끝	비상교육	미래엔	천재교육	천재 교과서	동아	지학사	금성	박영사
X 환경 문제와 지속 가능한 환경	01 전 지구적 차원의 기후 변화	70~75	178~183	180~183	184~187	186~189	178~181	182~187	178~183	176~179
	02 환경 문제 유발 산업의 이동	76~79	184~187	184~187	188~191	190~193	182~185	188~191	184~187	180~183
	03 생활 속의 환경 이슈	80~83	188~193	188~191	192~195	194~197	186~191	192~195	188~191	184~187

단원명		한끝	비상교육	미래엔	천재교육	천재 교과서	동아	지학사	금성	박영사
XI 세계 속의 우리나라	01 우리나라의 영역과 독도	92~97	198~203	198~203	200~205	204~209	196~199	202~207	196~201	194~198
	02 우리나라 여러 지역의 경쟁력~ 03 국토 통일과 통일 한국의 미래	98~103	204~211	204~213	206~213	210~219	200~209	208~215	202~209	199~207

단원명		한끝	비상교육	미래엔	천재교육	천재 교과서	동아	지학사	금성	박영사
XII 더불어 사는 세계	01 지구상의 지리적 문제	112~117	216~219	218~222	218~223	224~227	214~217	222~227	214~217	212~216
	02 저개발 지역의 발전을 위한 노력~ 03 지역 간 불평등 완화를 위한 노력	118~123	220~227	223~230	224~231	228~235	218~227	228~235	218~227	217~225

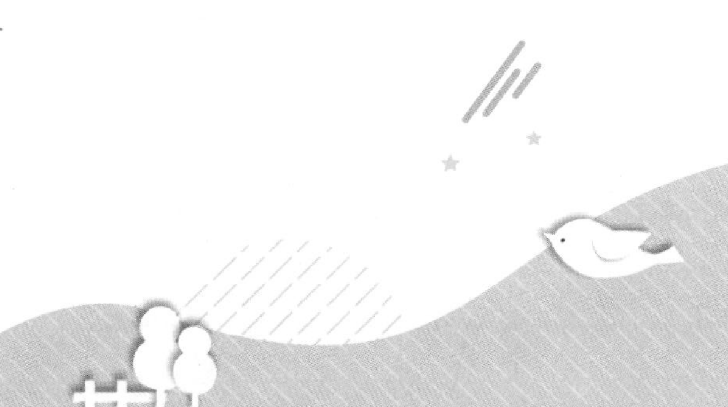

Ⅶ 인구 변화와 인구 문제

01 인구 분포 010
02 인구 이동 014
03 인구 문제 020

Ⅷ 사람이 만든 삶터, 도시

01 도시의 위치와 특징 ~ 032
02 도시 내부의 경관
03 도시화와 도시 문제 ~ 038
04 살기 좋은 도시

Ⅸ 글로벌 경제 활동과 지역 변화

01 농업 생산의 기업화와 세계화 052
02 다국적 기업과 생산 공간 변화 ~ 056
03 세계화에 따른 서비스업의 변화

환경 문제와 지속 가능한 환경

01 전 지구적 차원의 기후 변화 070

02 환경 문제 유발 산업의 이동 076

03 생활 속의 환경 이슈 080

세계 속의 우리나라

01 우리나라의 영역과 독도 092

02 우리나라 여러 지역의 경쟁력 ~ 098

03 국토 통일과 통일 한국의 미래

더불어 사는 세계

01 지구상의 지리적 문제 112

02 저개발 지역의 발전을 위한 노력 ~ 118

03 지역 간 불평등 완화를 위한 노력

인구 변화와 인구 문제

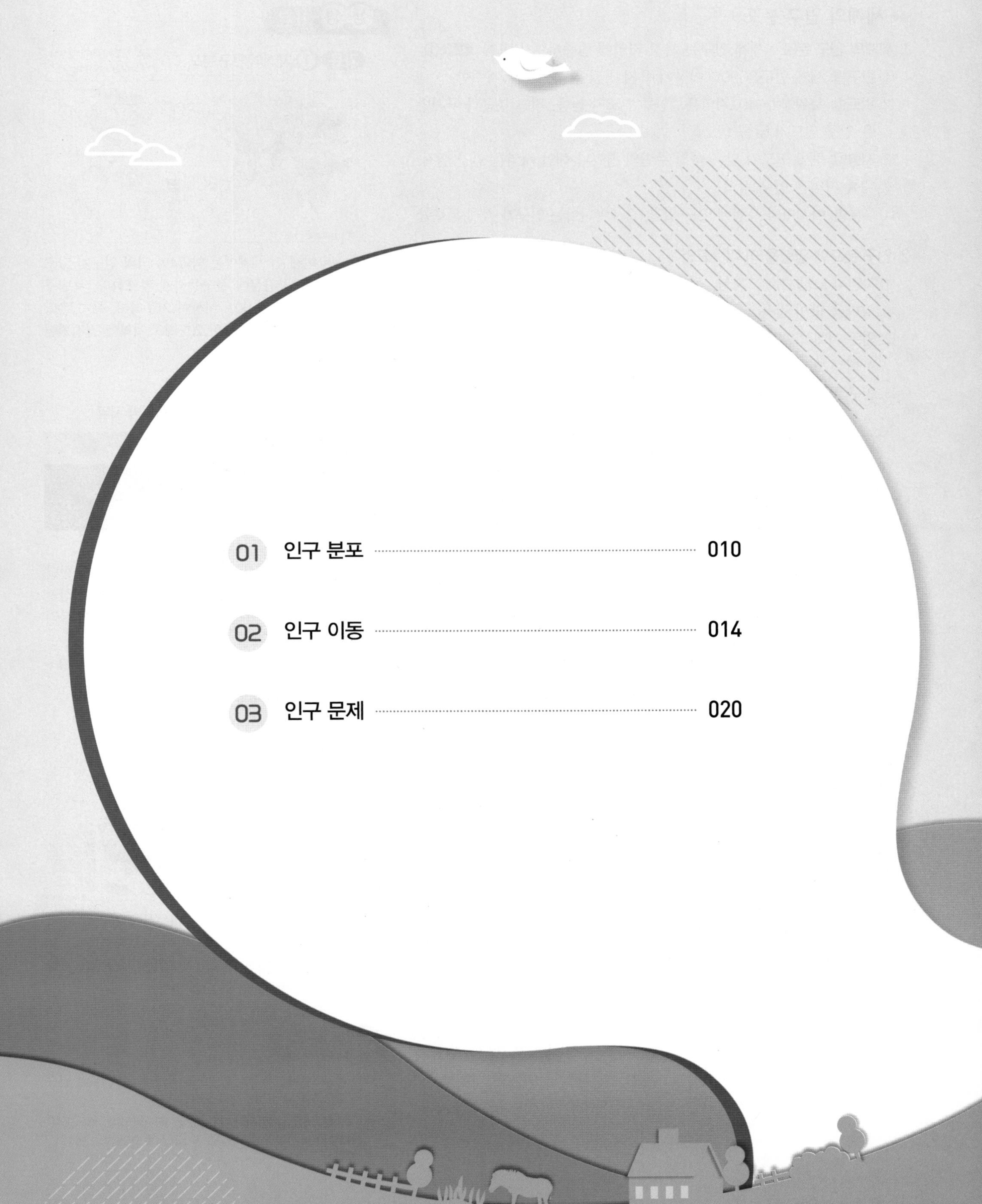

01 인구 분포 010

02 인구 이동 014

03 인구 문제 020

01 인구 분포

세계의 인구 분포

1. 세계의 인구 분포 세계 인구는 특정 지역에 집중하여 분포함 자료 ①

(1) **반구별:** 세계 인구의 90% 이상이 육지가 많은 북반구에 거주함

(2) **위도별:** 북위 20°~40° 지역은 *인구 밀도가 높음, 적도 부근과 극지방은 인구 밀도가 낮음

(3) **지형별:** 해발 고도가 낮은 하천 주변의 평야나 해안 지역은 인구 밀집, 내륙 지역은 인구 희박

(4) **대륙별:** 아시아와 유럽에 인구 밀집, 오세아니아는 인구가 적게 분포함

2. 인구 분포에 영향을 미치는 요인

(1) **자연적 요인:** 기후, 지형, 식생, 토양 등 → 과거에는 자연적 요인의 영향을 많이 받음

(2) **인문·사회적 요인:** 산업, 교통, 정치, 문화 등 → 산업 혁명 이후 인문·사회적 요인의 영향력이 커지고 있음

(3) **인구 밀집 지역과 인구 희박 지역** 자료 ②

구분	인구 밀집 지역	인구 희박 지역
자연적 요인	기후가 온화한 지역, 평야가 넓은 지역, 물을 얻기 쉬운 지역 예 동아시아와 남아시아의 벼농사 지역	건조한 지역, 너무 춥거나 더운 지역, 험준한 산지 지역 예 사하라 사막, 캐나다 북부, 아마존강 유역, 알프스산맥 등
인문·사회적 요인	2·3차 산업이 발달하여 일자리가 풍부하고 교통이 편리한 지역, 교육과 문화 시설을 잘 갖춘 지역 예 서부 유럽, 미국 북동부, 일본 태평양 연안 등	교통이 불편한 지역, 각종 산업 시설과 일자리가 부족한 지역, 전쟁과 분쟁이 자주 발생하는 지역 등

우리나라의 인구 분포 자료 ③

1. 산업화 이전(1960년대 이전)

(1) **벼농사 중심의 농업 사회:** 농업에 적합한 지형과 기후 등 자연적 요인이 인구 분포에 많은 영향을 줌

(2) **인구 밀집 지역:** 평야가 넓고 기후가 온화하여 벼농사에 유리한 남서부 지역

(3) **인구 희박 지역:** 산지나 고원이 많고 기온이 낮은 북동부 지역

2. 산업화 이후(1960년대 이후)

(1) **산업 사회:** 산업화가 진행되면서 인문·사회적 요인이 인구 분포에 많은 영향을 줌 → *이촌 향도 현상

(2) **인구 밀집 지역:** 수도권, 부산·인천·대구 등의 대도시, 울산·광양·여수 등의 남동 임해 공업 지역, 위성 도시 등

(3) **인구 희박 지역:** 태백산맥과 소백산맥 일대의 산지 지역, 농어촌 지역 → 노동력 부족 문제 발생

생생 자료

자료 ① 세계의 인구 분포

중국과 인도에 세계 인구의 3분의 1 이상이 분포해.

태평양
대서양
인도양
인구 밀도(명/㎢)
1,000 이상
250~1,000
25~250
5~25
1~5
1 미만
자료 없음
(미국 항공 우주국, 2016)

2015년 현재 전 세계에는 약 74억 명의 인구가 있으며, 이들은 공간상에 불균등하게 분포한다. 북반구에는 세계 인구의 90% 이상이 거주하며, 특히 온화한 기후가 나타나는 북위 20°~40° 지역에 밀집되어 있다.

자료 ② 인구 밀집 지역과 인구 희박 지역

⬆ 방글라데시

⬆ 몽골

방글라데시는 계절풍 기후가 나타나 벼농사가 발달하여 인구 밀도가 높다. 몽골은 국토 대부분이 산지나 사막으로 이루어져 있어 인간이 거주하기에 불리해 인구 밀도가 낮다.

서술형 단골 우리나라의 인구 분포 변화와 그 요인을 묻는 문제가 자주 출제돼.

자료 ③ 우리나라의 인구 분포 변화

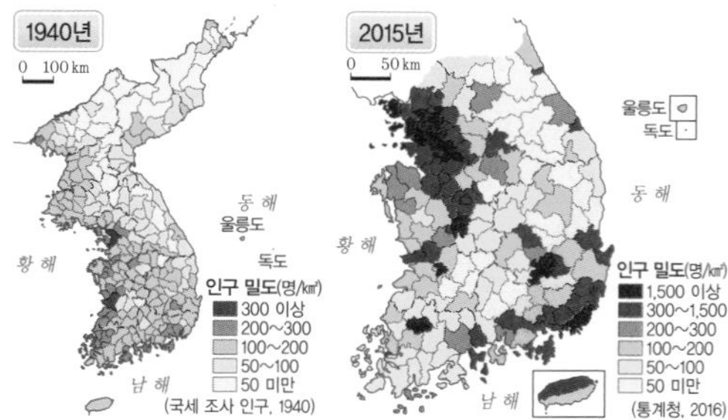

우리나라는 산업화 이전에는 벼농사에 유리한 남서부 지역을 중심으로 인구가 많이 분포하였다. 오늘날에는 수도권, 지방 대도시 및 남동 임해 공업 지역을 중심으로 인구가 집중되어 있다.

서울을 중심으로 한 수도권에 총인구의 약 50%가 거주하고 있어.

쏙쏙 용어

* **인구 밀도** 어떤 지역의 총인구를 총면적으로 나누어 인구의 집중도를 나타내는 수치, 단위는 명/㎢
* **이촌 향도(離-헤어지다, 村-촌락, 向-향하다, 都-도시)** 산업화와 도시화로 촌락의 인구가 도시로 이동하는 현상

대표 자료 확인하기

◆ 세계의 인구 분포

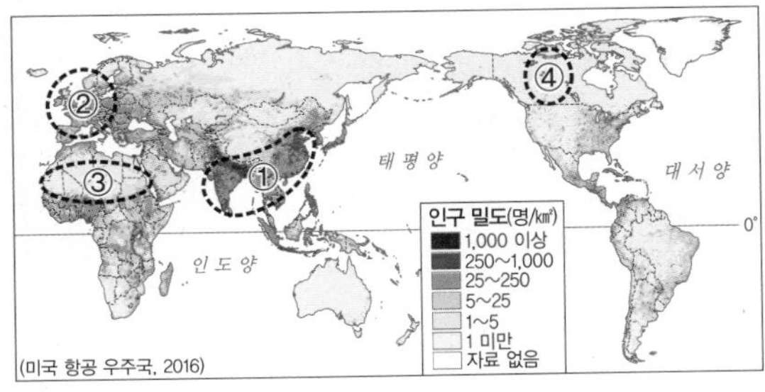

인구 밀집 지역	• (①)의 벼농사 지역 • (②), 미국 북동부 대서양 연안 등
인구 희박 지역	• 건조한 (③) • 너무 추운 (④) 북부

◆ 우리나라의 인구 분포 변화

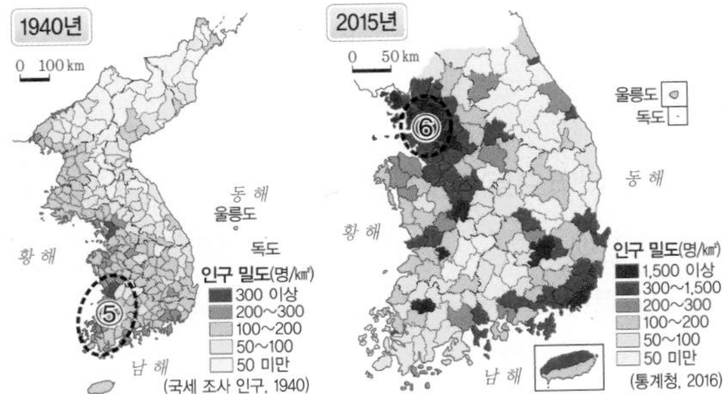

1940년	• 인구 밀집 지역: 기후가 온화하고 평야가 발달한 (⑤) 지역 • 인구 희박 지역: 기온이 낮고 산지가 많은 북동부 지역
2015년	• 인구 밀집 지역: (⑥), 부산·대구 등의 대도시, 남동 임해 공업 지역 • 인구 희박 지역: 태백산맥과 소백산맥 일대의 산지 지역, 농어촌 지역

한눈에 정리하기

◆ 세계의 인구 분포

반구별	세계 인구의 90% 이상이 (①)가 많은 북반구에 거주
위도별	(②) 20°~40° 지역은 인구 밀도가 높음, 적도 부근과 극지방은 인구 밀도가 낮음
지형별	해발 고도가 낮은 하천 주변의 평야나 해안 지역은 인구 밀집
대륙별	아시아와 유럽에 인구 밀집, (③)는 인구가 적게 분포함

꼼꼼 개념 문제

• 정답과 해설 01쪽

1 세계 인구의 90% 이상은 육지가 많은 (㉠)에 살고 있으며, 해발 고도가 낮은 하천 주변의 (㉡)나 해안 지역에 많이 거주한다.

2 다음 설명이 맞으면 ○표, 틀리면 ×표를 하시오.

(1) 세계의 인구는 공간상에 고르게 분포한다. ( )

(2) 오늘날 인구 분포는 자연적 요인보다 인문·사회적 요인의 영향력이 커지고 있다. ( )

3 인구 분포에 영향을 미치는 자연적 요인과 인문·사회적 요인을 〈보기〉에서 골라 기호를 쓰시오.

보기

ㄱ. 교통　ㄴ. 기후　ㄷ. 문화　ㄹ. 산업

ㅁ. 식생　ㅂ. 정치　ㅅ. 지형

(1) 자연적 요인 ( )

(2) 인문·사회적 요인 ( )

4 인구 밀집 지역에 해당하면 '밀', 인구 희박 지역에 해당하면 '희'라고 쓰시오.

(1) 건조한 지역 ( )

(2) 벼농사가 발달한 지역 ( )

(3) 너무 춥거나 더운 지역 ( )

(4) 2·3차 산업이 발달한 지역 ( )

5 우리나라는 1960년대 이후 산업화에 따른 ( ) 현상으로 수도권, 남동 임해 공업 지역 등에 인구가 집중하게 되었다.

6 다음 설명이 맞으면 ○표, 틀리면 ×표를 하시오.

(1) 오늘날 태백산맥과 소백산맥 일대의 산지 지역과 농어촌 지역은 인구 밀도가 낮다. ( )

(2) 산업화 이전 우리나라는 기후가 온화하고 평야가 발달한 지역을 중심으로 인구가 밀집하였다. ( )

(3) 우리나라는 1960년대 이후 산업화가 진행되면서 자연적 요인이 인구 분포에 많은 영향을 주었다. ( )

탄탄 시험 문제

01 세계의 인구 분포에 대한 설명으로 옳은 것은?

① 적도 부근이나 극지방은 인구 밀도가 높다.
② 세계 인구는 지구상에 고르게 분포하고 있다.
③ 세계 인구의 90% 이상은 남반구에 살고 있다.
④ 대륙별로 살펴보면 아프리카에 가장 많은 인구가 분포한다.
⑤ 위도별로 살펴보면 북위 20°~40° 지역에 가장 많은 인구가 분포한다.

02 그래프는 대륙별 인구 분포를 나타낸 것이다. A에 해당하는 대륙으로 옳은 것은?

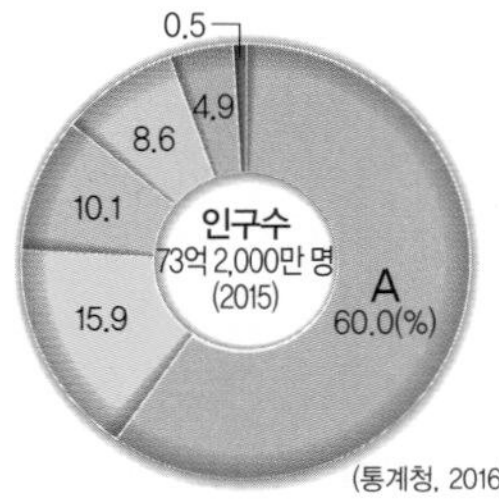

(통계청, 2016)

① 유럽
② 아시아
③ 아프리카
④ 북아메리카
⑤ 오세아니아

이 문제에서 나올 수 있는 선택지는 다~!

03 인구 분포에 영향을 미치는 요인에 대한 설명으로 옳지 않은 것은?

① 자연적 요인에는 기후, 지형 등이 있다.
② 인문·사회적 요인에는 산업, 문화 등이 있다.
③ 과거에는 자연적 요인이 인구 분포에 많은 영향을 끼쳤다.
④ 알프스산맥처럼 해발 고도가 높고 험준한 산지 지역은 인구가 희박하다.
⑤ 오늘날 인문·사회적 요인이 인구 분포에 미치는 영향력이 줄어들고 있다.
⑥ 교통이 편리하고 교육 시설이 잘 갖추어진 지역에는 인구가 집중되어 있다.

04 지도에 표시된 지역의 공통된 인구 분포 특징으로 옳은 것은?

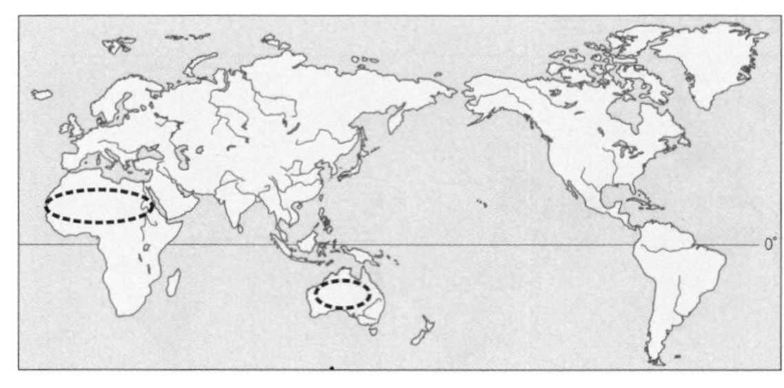

① 너무 추운 지역으로 인구 밀도가 낮은 편이다.
② 전쟁이나 분쟁이 자주 발생하여 인구가 희박하다.
③ 건조 기후가 나타나 물이 부족하여 인구가 희박하다.
④ 기후가 온화하고 넓은 평야가 나타나 인구가 밀집하였다.
⑤ 교통이 편리하고 문화 시설이 잘 갖추어져 있어 인구가 밀집하였다.

05 인구 희박 지역으로 보기 어려운 것은?

① 알프스산맥
② 사하라 사막
③ 캐나다 북부
④ 아마존강 유역
⑤ 일본 태평양 연안

중요해

06 A~E 지역의 인구 분포에 영향을 준 요인에 대한 설명으로 옳지 않은 것은?

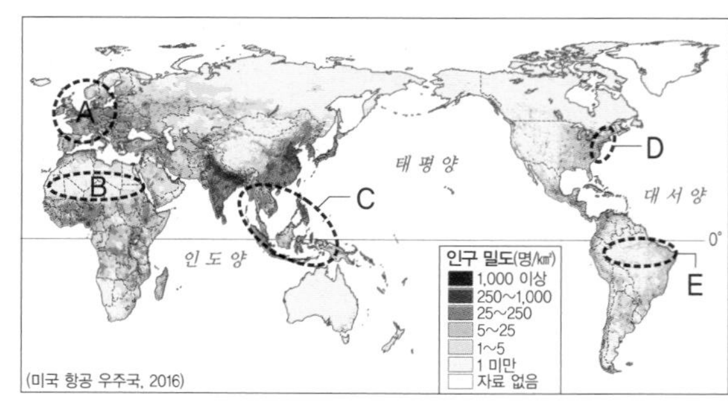

(미국 항공 우주국, 2016)

① A는 일찍부터 산업이 발달하여 인구가 밀집하였다.
② B는 연 강수량이 매우 적어 농업 활동이 불리해 인구가 희박하다.
③ C는 벼농사가 발달하여 인구가 밀집하였다.
④ D는 일자리가 풍부하고 생활 환경이 편리하여 인구가 밀집하였다.
⑤ E는 연평균 기온이 너무 낮아 인구가 희박하다.

07 몽골과 방글라데시를 비교한 내용으로 옳지 않은 것은?

	구분	몽골	방글라데시
①	기후	건조 기후	계절풍 기후
②	지형	사막, 산지	평야
③	인구 밀도	높음	낮음
④	주요 산업	유목	벼농사
⑤	주요 경관		

[08~09] 지도는 우리나라의 인구 분포를 나타낸 것이다. 이를 보고 물음에 답하시오.

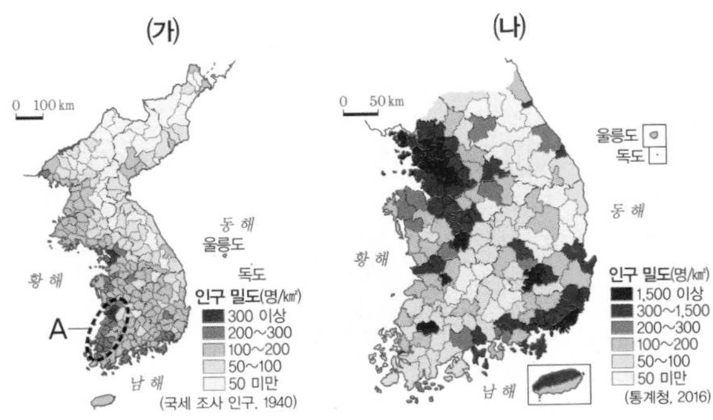

08 (가) 시기 A 지역의 인구 분포에 영향을 미친 요인으로 옳은 것을 <보기>에서 고른 것은?

보기	
ㄱ. 온화한 기후	ㄴ. 풍부한 지하자원
ㄷ. 넓게 펼쳐진 평야	ㄹ. 새롭게 조성된 공업 단지

① ㄱ, ㄴ ② ㄱ, ㄷ ③ ㄴ, ㄷ
④ ㄴ, ㄹ ⑤ ㄷ, ㄹ

09 (가), (나)에 대한 설명으로 옳지 않은 것은?

① (가) 시기에는 자연적 요인이 인구 분포에 많은 영향을 미쳤다.
② (가) 시기에는 기후가 온화하고 평야가 발달한 북동부 지역에 인구가 밀집하였다.
③ (나) 시기의 인구 분포는 이촌 향도 현상의 영향을 받았다.
④ (나) 시기의 농어촌 지역은 인구 유출로 노동력 부족 문제가 발생하였다.
⑤ (가)는 산업화 이전, (나)는 산업화 이후의 인구 분포를 나타낸다.

10 오늘날 우리나라의 인구 밀집 지역을 <보기>에서 고른 것은?

> 보기
> ㄱ. 평야가 발달한 지역
> ㄴ. 남동 임해 공업 지역
> ㄷ. 수도권 및 지방 대도시
> ㄹ. 태백산맥과 소백산맥 일대

① ㄱ, ㄴ ② ㄱ, ㄷ ③ ㄴ, ㄷ
④ ㄴ, ㄹ ⑤ ㄷ, ㄹ

11 우리나라의 인구 분포에 대한 설명으로 옳은 것은?

① 1960년대를 기준으로 인구 분포의 지역 차가 크다.
② 산업화 이후 자연적 요인의 영향력이 이전보다 커졌다.
③ 산업화 이전에는 산지가 많은 북동부 지역에 인구가 밀집하였다.
④ 벼농사에 유리한 자연적 조건을 갖춘 지역은 오늘날에도 인구가 밀집되어 있다.
⑤ 태백산맥, 소백산맥 일대의 산지 지역은 과거에는 인구가 밀집하였으나 오늘날에는 인구가 희박하다.

학교 시험에 잘 나오는 서술형 문제

1 지도를 보고 우리나라 시도 중 인구수가 가장 많은 지역과 인구 밀도가 가장 높은 지역을 쓰고, 이들 지역에 인구가 밀집하게 된 이유를 서술하시오.

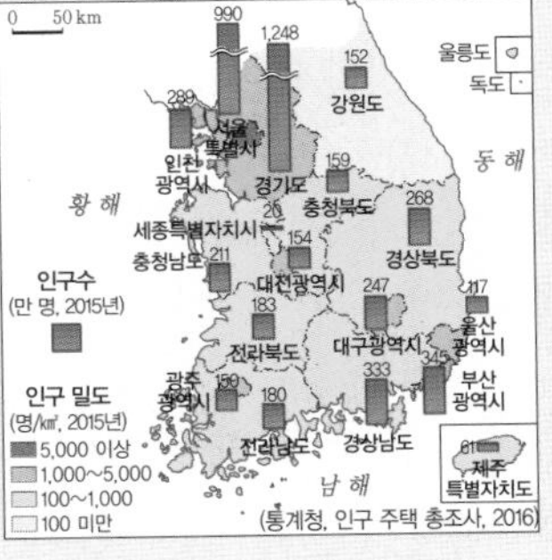

• 인구수가 가장 많은 지역: ____________
• 인구 밀도가 가장 높은 지역: ____________
• 이유: ____________

02 인구 이동

인구 이동의 요인과 유형

1. 인구 이동 사람들이 원래 살던 지역을 떠나 다른 지역으로 옮겨가는 현상

2. 인구 이동의 요인

배출 요인	인구를 다른 지역으로 밀어내는 부정적인 요인 예 낮은 임금, 열악한 주거 환경, 빈곤, 교육·문화 시설의 부족, 전쟁과 분쟁, 자연재해, 종교 박해 등
흡인 요인	인구를 끌어들여 머무르게 하는 긍정적인 요인 예 높은 임금, 풍부한 일자리, 쾌적한 주거 환경, 다양한 교육·문화·의료 시설, 종교의 자유 등

3. 인구 이동의 유형

이동 범위에 따른 구분	국제 이동, 국내 이동
이동 동기에 따른 구분	자발적 이동, 강제적 이동
이동 기간에 따른 구분	일시적 이동(여행, 유학 등), 영구적 이동(이민 등)
이동 목적에 따른 구분	정치적 이동, 경제적 이동, 종교적 이동 등

세계의 인구 이동

1. 세계 인구의 국제 이동

(1) 과거의 인구 이동: 종교적·강제적 이동의 비중이 큼 자료 ①

① 자발적 이동: 유럽인이 신항로(식민지) 개척을 위해 아메리카와 오스트레일리아로 이동, 중국인들이 일자리를 찾아 동남아시아로 이동

② 강제적 이동: 노예 무역에 의해 아프리카인들이 아메리카로 강제 이주

③ 종교적 이동: 영국 청교도들이 종교의 자유를 찾기 위해 아메리카로 이동

(2) 오늘날의 인구 이동: 경제적·자발적 이동의 비중이 커짐, 일시적 이동이 증가함 자료 ②

① 경제적 이동: 주로 개발 도상국에서 일자리를 찾아 선진국으로 이동

② 정치적 이동: 내전, 분쟁 등에 따른 *난민의 이동 → 주로 이웃한 국가로 이동

③ 환경적 이동: 지구 온난화, 사막화 등 환경 문제 발생과 자연재해 증가에 따른 환경 난민의 이동

2. 세계 인구의 국내 이동

개발 도상국	일자리를 찾아 촌락 인구가 도시로 이동 → 이촌 향도 현상 발생
선진국 자료 ③	쾌적한 환경을 찾아 도시 인구가 도시 주변 지역이나 촌락으로 이동 → *역도시화 현상 발생

생생 자료

자료 ① 과거 주요 세계 인구의 국제 이동

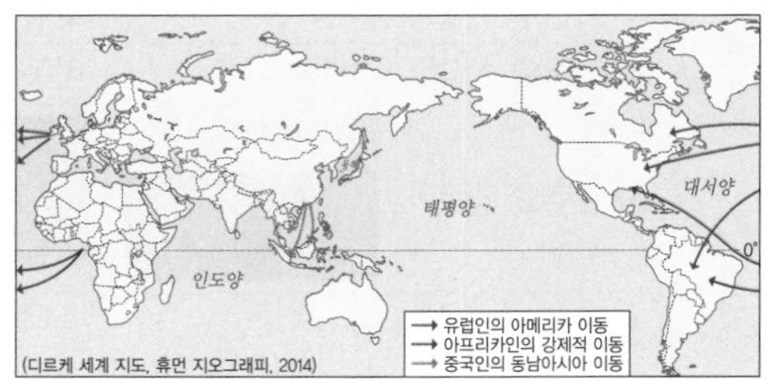

(디르케 세계 지도, 휴먼 지오그래피, 2014)

신항로 개척 이후 유럽인들은 식민지를 개척하려고 아메리카와 오세아니아 등지로 이동하였으며, 신대륙의 부족한 노동력을 보충하기 위해 아프리카인들을 강제로 이주시켰다. 19세기 이후 중국인들은 일자리를 찾기 위해 동남아시아로 이동하였다.

└ 중국인들의 이동으로 전 세계에서 차이나타운을 볼 수 있게 되었어.

자료 ② 오늘날 세계 인구의 국제 이동

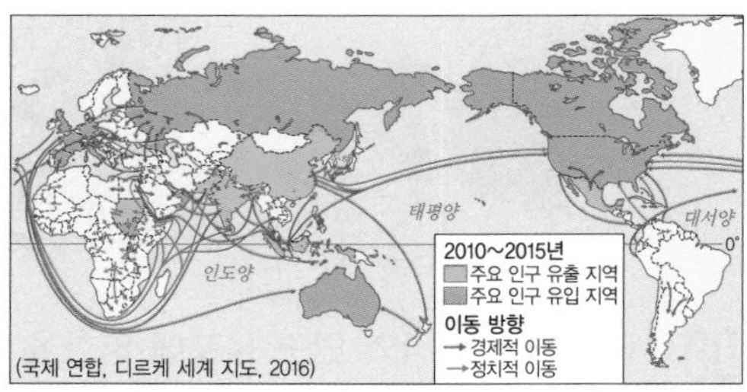

(국제 연합, 디르케 세계 지도, 2016)

유럽, 북아메리카 등의 선진국과 석유 자원이 풍부한 서남아시아의 일부 국가는 인구 유입이 많고, 라틴 아메리카와 아프리카, 아시아의 일부 개발 도상국은 인구 유출이 많다.

자료 ③ 미국 내 인구 이동

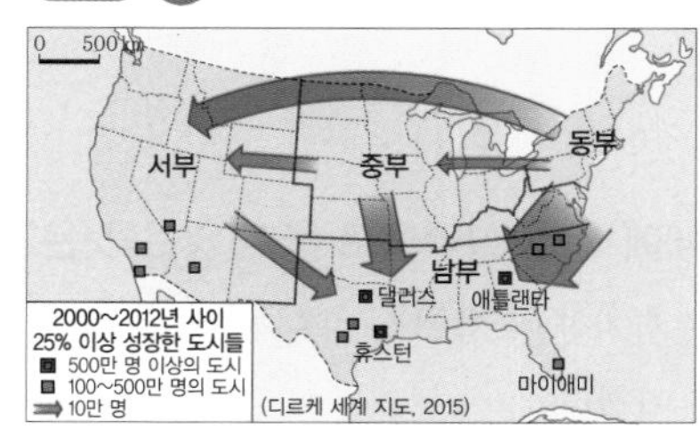

(디르케 세계 지도, 2015)

미국은 과거 인구가 밀집하였던 북동부 해안에서 기후가 온화하고 환경이 쾌적한 남부 지역과 태평양 연안으로 많은 사람이 이동하고 있다.

쏙쏙 용어

* **난민(難-어렵다, 民-백성)** 인종, 종교, 사상 등의 차이로 박해, 전쟁 등을 피해 다른 지역으로 이동하는 사람들
* **역도시화** 대도시의 주거 환경이 열악해지고 교통과 통신이 발달하면서 대도시의 인구가 촌락으로 이동하는 현상

인구 이동에 따른 지역 변화 자료 ④

서술형 단골 인구 이동에 따른 인구 유입 지역과 인구 유출 지역의 변화를 묻는 문제가 자주 출제돼!

1. 인구 유입 지역 산업이 발달하여 임금이 높고, 일자리가 풍부한 곳
예 앵글로아메리카와 서부 유럽, 오세아니아 등의 선진국

긍정적 영향	• 노동력이 풍부해지고 저임금 노동력을 확보하여 경제가 활성화될 수 있음 • 새로운 문화의 전파로 문화적 다양성이 증가함
부정적 영향	이주민과 현지인 간의 일자리 경쟁이 심해지고, 문화적 차이로 갈등이 발생할 수 있음

2. 인구 유출 지역 임금이 낮고 일자리가 부족한 곳 예 아시아, 아프리카, 라틴 아메리카 등의 개발 도상국

긍정적 영향	• 노동력 유출로 실업률이 낮아질 수 있음 • 이주민들이 본국으로 송금하는 외화가 늘어나 경제가 활성화됨
부정적 영향	• 고급 기술 인력의 해외 유출에 따른 산업 성장 둔화 및 노동력 부족 문제가 발생할 수 있음 • 주로 청장년층 남성의 해외 유출로 *성비 불균형 현상이 나타날 수 있음

우리나라의 인구 이동 자료 ⑤

1. 국내 이동

(1) 일제 강점기: 일자리를 찾아 광공업이 발달한 북부 지방으로 인구 이동
(2) 6·25 전쟁: 북한에서 월남한 동포들이 남부 지방으로 피난
(3) 1960~80년대: 산업화에 따른 이촌 향도 현상으로 수도권, 부산·대구 등 대도시와 울산·포항 등 신흥 공업 도시로 인구 집중
(4) 1990년대 이후: 대도시의 생활 환경 악화로 대도시의 일부 인구가 쾌적한 환경을 찾아 도시 주변 지역이나 촌락으로 이동

2. 국제 이동

(1) 우리나라 인구의 국제 이동

일제 강점기	토지를 빼앗기거나 강제적 노동력 동원으로 중국 만주 지역과 구소련의 연해주 지역으로 인구 이동
광복 후	해외 동포들의 귀국
1960년대	일자리를 찾아 미국, 독일 등지로 청장년층 인구의 이동
1970년대	서남아시아, 북부 아프리카 지역으로 건설 기술자들의 이동
1980년대 이후	유학, 고급 인력의 해외 취업 등 일시적 이동 및 이민 증가

(2) 외국인의 국내 유입 자료 ⑥
① 외국인 근로자: 일자리를 찾아 중국, 베트남·필리핀 등 동남아시아 등지에서 유입 → 인력이 부족한 중소기업의 생산 시설이나 건설 현장 등에서 일하고 있음
② 결혼 이민자: 국제결혼의 증가로 다문화 가정이 증가하고 있음

생생 자료

프랑스를 포함한 서부 유럽에는 지리적으로 가까운 북아프리카와 서남아시아 등지에서 이주해 온 사람들이 많아.

자료 ④ 인구 이동에 따른 지역 변화

• 프랑스는 초·중·고등학교뿐만 아니라 대학교까지 이슬람 전통 의상 착용을 금지하는 방안을 추진하려고 한다. 프랑스의 이슬람교도는 전체 인구 중 8%에 달하는데, 이들은 이를 "종교의 자유를 억압하는 행위"라며 반발하고 있다.
• 필리핀은 총인구의 10%가 넘는 약 1,300만 명의 근로자들이 고국을 떠나 사우디아라비아, 홍콩 등지에서 가사 도우미, 간호사로 일한다. 이들은 번 돈을 필리핀에 있는 가족들에게 송금하는데, 그 규모가 2015년 기준 약 258억 달러로, 필리핀 국내 총생산의 10%에 이른다.

인구 이동으로 프랑스에서는 이슬람교도들과 크리스트교의 전통이 강한 현지인 간에 갈등을 겪고 있다. 필리핀에서는 해외 이주민들이 보내는 돈이 가족의 생활과 국가의 경제 발전에 도움이 되고 있다.

자료 ⑤ 우리나라의 시기별 인구 이동

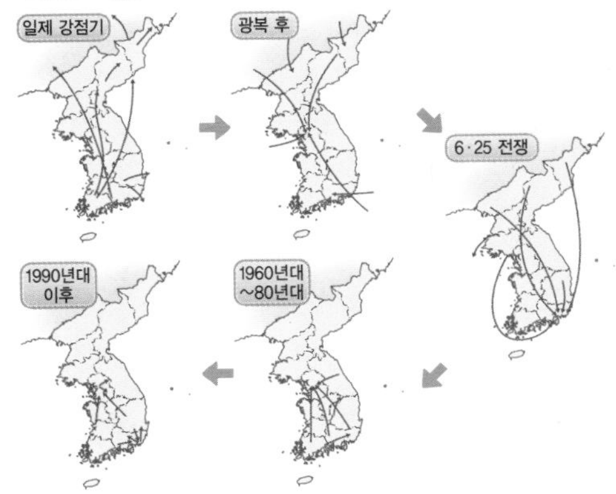

1960년대 이전까지는 정치적 원인이 인구 이동에 큰 영향을 미쳤으며, 1960년대 이후 산업화에 따른 경제적 원인이 인구 이동에 큰 영향을 미치고 있다.

자료 ⑥ 국내 거주 외국인의 증가

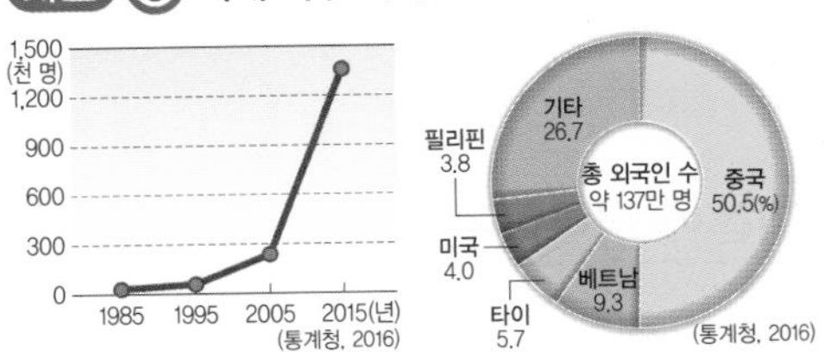

▲ 우리나라 체류 외국인 변화 ▲ 우리나라 체류 외국인의 국적별 비율

최근 취업이나 결혼을 위해 중국과 동남아시아 등지에서 우리나라로 들어오는 외국인이 증가하였다.
우리나라는 다문화 사회로 변화하고 있어.

쏙쏙 용어

* **성비** 여자 100명에 대한 남자의 수

대표 자료 확인하기

◆ 과거 주요 세계 인구의 이동

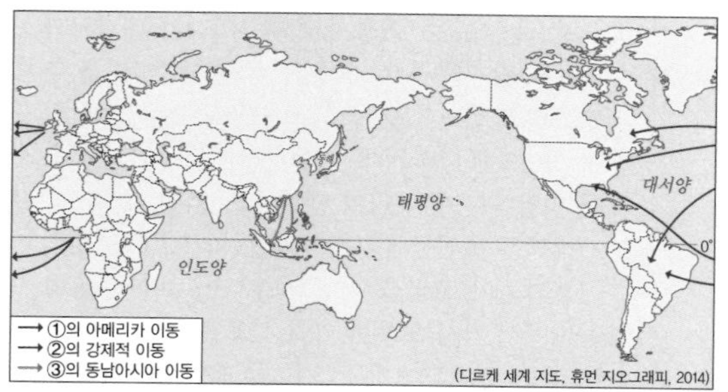

신항로 개척 이후 (①　　　　　)들은 식민지를 개척하려고 아메리카와 오세아니아 등지로 이동하였으며, 신대륙의 부족한 노동력을 보충하기 위해 (②　　　　　)들을 강제로 이주시켰다. 19세기 이후 (③　　　　　)들은 일자리를 찾기 위해 동남아시아로 이동하였다.

◆ 우리나라의 인구 이동

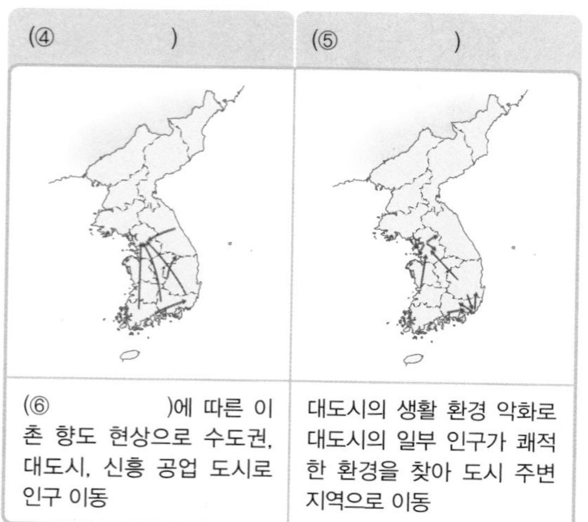

(④　　　　　)	(⑤　　　　　)
(⑥　　　　　)에 따른 이촌 향도 현상으로 수도권, 대도시, 신흥 공업 도시로 인구 이동	대도시의 생활 환경 악화로 대도시의 일부 인구가 쾌적한 환경을 찾아 도시 주변 지역으로 이동

한눈에 정리하기

◆ 오늘날 세계 인구의 국제 이동

경제적 이동	주로 (①　　　　　)에서 일자리를 찾기 위해 선진국으로 이동
정치적 이동	내전, 분쟁 등에 따른 (②　　　　　)의 이동, 주로 이웃한 국가로 이동
(③　　　　　) 이동	지구 온난화, 사막화 등의 환경 문제와 자연재해로 인한 환경 난민의 이동

꼼꼼 개념 문제

● 정답과 해설 01쪽

1 다음 설명이 맞으면 ○표, 틀리면 ×표를 하시오.

(1) 높은 임금, 풍부한 일자리, 종교의 자유 등은 인구 이동의 배출 요인이다. (　　)

(2) 인구 이동은 이동 범위에 따라 국제 이동과 국내 이동으로 구분할 수 있다. (　　)

(3) 사람들이 원래 살던 지역을 떠나 다른 지역으로 옮겨가는 현상을 인구 이동이라고 한다. (　　)

2 다음 빈칸에 들어갈 내용을 쓰시오.

(1) 식민지 개척을 위해 (　　　　　)들이 아메리카와 오스트레일리아 등지로 이동하였다.

(2) 최근 개발 도상국에서 선진국으로 일자리를 찾아 떠나는 (　　　　　) 이동이 증가하고 있다.

3 오늘날 선진국에서는 쾌적한 환경을 찾아 도시 인구가 도시 주변 지역이나 촌락으로 이동하는 (　　　　　) 현상이 나타난다.

4 다음 괄호 안의 내용 중 알맞은 말에 ○표를 하시오.

(1) 인구 (유입, 유출)이 많은 지역은 노동력 부족 현상이 나타난다.

(2) 인구 (유입, 유출)이 많은 지역은 이주민과 현지인 간의 일자리 경쟁 및 문화적 차이로 갈등이 발생하기도 한다.

5 우리나라에서 다음과 같은 인구 이동이 두드러지게 나타난 시기를 〈보기〉에서 골라 기호를 쓰시오.

보기	
ㄱ. 일제 강점기	ㄴ. 6·25 전쟁
ㄷ. 1960~80년대	ㄹ. 1990년대 이후

(1) 남쪽 지방으로의 피난 (　　)

(2) 수도권, 대도시, 공업 도시로의 이동 (　　)

(3) 광공업이 발달한 북부 지방으로의 이동 (　　)

6 다음 설명이 맞으면 ○표, 틀리면 ×표를 하시오.

(1) 국내에 거주하는 외국인의 비중이 높아지면서 우리나라는 점차 다문화 사회로 바뀌고 있다. (　　)

(2) 1990년대부터는 취업하기 위해 중국과 동남아시아 등지에서 우리나라로 들어오는 외국인이 증가하였다. (　　)

탄탄 시험 문제

01 인구 이동에 대한 설명으로 옳지 않은 것은?

① 인구가 한 장소에서 다른 장소로 옮겨가는 것을 말한다.
② 이동 범위에 따라 국제 이동과 국내 이동으로 구분할 수 있다.
③ 인구를 다른 지역으로 밀어내는 요인을 흡인 요인이라고 한다.
④ 이동 동기에 따라 자발적 이동과 강제적 이동으로 구분하기도 한다.
⑤ 이동하여 머무르는 시간에 따라 일시적 이동과 영구적 이동으로 나뉜다.

02 인구 이동의 흡인 요인을 〈보기〉에서 고른 것은?

보기	
ㄱ. 자연재해	ㄴ. 낮은 임금
ㄷ. 종교의 자유	ㄹ. 풍부한 일자리
ㅁ. 쾌적한 주거 환경	ㅂ. 부족한 교육·문화 시설

① ㄱ, ㄴ, ㄹ　② ㄱ, ㄷ, ㅂ　③ ㄴ, ㄹ, ㅁ
④ ㄷ, ㄹ, ㅁ　⑤ ㄷ, ㅁ, ㅂ

03 (가), (나)의 인구 이동의 유형을 옳게 연결한 것은?

(가) 제가 태어난 곳은 시리아지만, 내전이 발생하여 저희 가족들은 튀르키예에 있는 난민촌에 살고 있습니다.
(나) 저는 일자리를 찾아 대한민국에 왔습니다. 가족들은 제가 보내 준 돈으로 필리핀에서 생활하고 있습니다.

	(가)	(나)
①	경제적 이동	정치적 이동
②	자발적 이동	강제적 이동
③	자발적 이동	종교적 이동
④	정치적 이동	강제적 이동
⑤	정치적 이동	경제적 이동

04 다음 글에 나타난 인구 이동의 유형을 〈보기〉에서 고른 것은?

1960년대의 우리나라는 1인당 국민 소득이 100달러도 안 되는 가난한 국가였으며, 실업률이 30%에 이를 정도로 일자리가 부족하였다. 반면 독일은 심각한 인력난을 겪고 있었기 때문에 외국인 근로자를 받아들여야 하는 상황이었다. 1963년부터 1977년까지 우리나라 광부와 간호사가 1만 8,000여 명 가까이 독일로 이주하였다.

보기		
ㄱ. 국내 이동	ㄴ. 국제 이동	ㄷ. 강제적 이동
ㄹ. 자발적 이동	ㅁ. 경제적 이동	ㅂ. 종교적 이동

① ㄱ, ㄷ, ㅂ　② ㄱ, ㄹ, ㅂ　③ ㄴ, ㄷ, ㅁ
④ ㄴ, ㄹ, ㅁ　⑤ ㄴ, ㄹ, ㅂ

[05~06] 지도는 과거 주요 세계 인구의 이동을 나타낸 것이다. 이를 보고 물음에 답하시오.

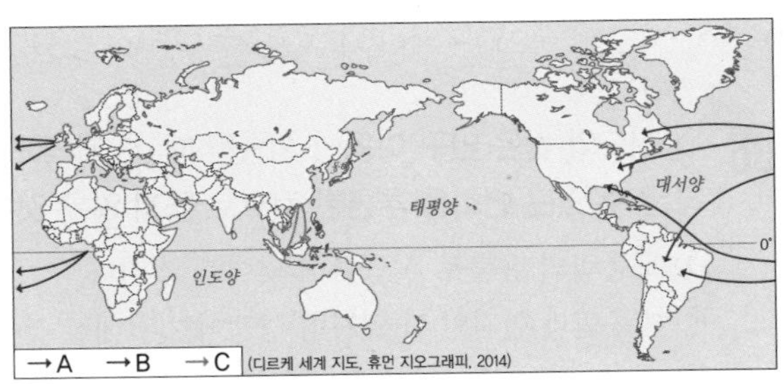

(디르케 세계 지도, 휴먼 지오그래피, 2014)

05 다음과 같은 목적의 인구 이동만을 위 지도의 A~C에서 있는 대로 고른 것은?

우리 부모님은 오래전에 멕시코를 떠나 미국의 오렌지 농장으로 일자리를 구하러 오셨어요.

① A　② B　③ C　④ A, C　⑤ B, C

중요해

06 위 지도에 나타난 A~C 인구 이동에 대한 설명으로 옳지 않은 것은?

① A는 식민지 개척을 위한 유럽인들의 이동이다.
② B는 노예 무역에 의한 아프리카인들의 이동이다.
③ C는 종교의 자유를 찾기 위한 자발적 이동이다.
④ C의 이동으로 전 세계에서 차이나타운을 볼 수 있게 되었다.
⑤ A 이동은 B 이동의 원인이 되었다.

[07~08] 지도는 오늘날 세계 인구의 국제 이동을 나타낸 것이다. 이를 보고 물음에 답하시오.

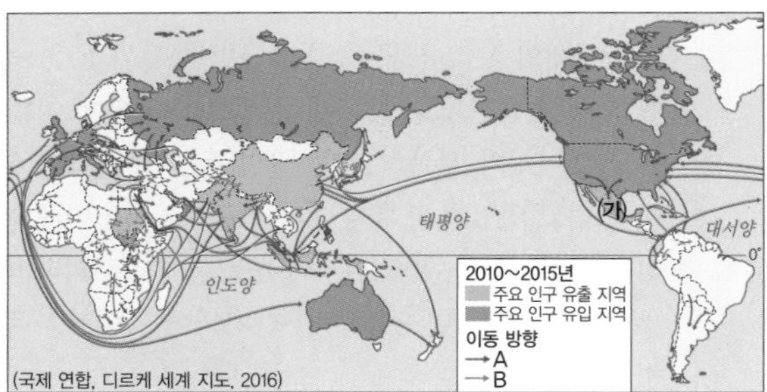

(국제 연합, 디르케 세계 지도, 2016)

07 위 지도에 대한 옳은 설명을 〈보기〉에서 고른 것은?

보기
ㄱ. A는 분쟁을 피하기 위한 난민의 이동이 포함된다. ㄴ. B는 오늘날 개발 도상국에서 선진국으로 일자리를 찾아 이동하는 경우를 나타낸다. ㄷ. 유럽, 앵글로아메리카는 인구 유입이 활발하다. ㄹ. 아프리카는 내전 등의 이유로 인구 이동과 인구 유출이 많은 편이다.

① ㄱ, ㄴ ② ㄱ, ㄷ ③ ㄴ, ㄷ
④ ㄴ, ㄹ ⑤ ㄷ, ㄹ

08 위 지도와 같은 인구 이동이 지속될 때 (가) 지역에서 나타날 수 있는 변화를 추론한 것으로 옳지 않은 것은?

① 노동력의 유출로 실업률이 낮아질 것이다.
② 이주민과 현지인 간 일자리 경쟁이 치열해질 것이다.
③ 해외 이주민들이 보내는 외화가 늘어나 경제가 활성화될 것이다.
④ 젊고 우수한 노동력이 해외로 빠져나가 산업 성장이 둔화될 것이다.
⑤ 주로 청장년층 남성들이 일자리를 찾아 떠나기 때문에 성비 불균형 문제가 나타날 것이다.

09 ㉠, ㉡에 들어갈 용어를 옳게 연결한 것은?

> 개발 도상국에서는 촌락의 인구가 일자리가 풍부한 도시로 이동하는 (㉠) 현상이 나타난다. 선진국에서는 쾌적한 환경을 찾아 도시의 인구가 도시 주변 지역이나 촌락으로 이동하는 (㉡) 현상이 나타난다.

	㉠	㉡		㉠	㉡
①	산업화	역도시화	②	산업화	이촌 향도
③	역도시화	이촌 향도	④	이촌 향도	산업화
⑤	이촌 향도	역도시화			

중요해

10 다음과 같은 상황이 지속될 때 프랑스에서 나타날 수 있는 현상으로 가장 적절한 것은?

> 프랑스는 초·중·고등학교뿐만 아니라 대학교까지 이슬람 전통 의상 착용을 금지하는 법을 추진하려고 한다. 프랑스의 이슬람교도는 전체 인구 중 8%에 달한다.

① 산업 성장이 둔화될 것이다.
② 실업률이 점차 높아질 것이다.
③ 성비 불균형 현상이 나타날 것이다.
④ 저임금 노동력을 확보할 수 있을 것이다.
⑤ 이주민과 현지인 간 문화적 차이로 갈등이 발생할 것이다.

11 우리나라 인구의 국제 이동에 대한 설명으로 옳지 않은 것은?

① 일제 강점기에는 중국 만주 지역으로 이동하였다.
② 광복 직후에는 해외 동포들이 귀국하였다.
③ 1960년대에는 일자리를 찾아 미국, 독일 등지로 이동하였다.
④ 1970년대에는 서남아시아, 북부 아프리카 지역으로의 종교적 이동이 활발하였다.
⑤ 1980년대 이후 유학 등 일시적 이동이 증가하였다.

12 다음 자료에 대한 옳은 설명을 〈보기〉에서 고른 것은?

▲ 우리나라 체류 외국인의 변화

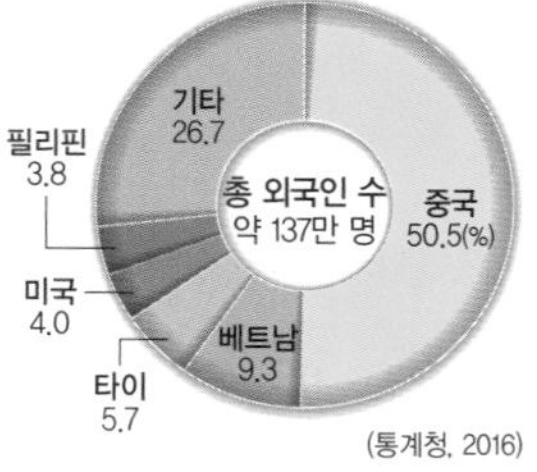

▲ 우리나라 체류 외국인의 국적별 비율

보기
ㄱ. 국내 체류 외국인은 감소하는 추세이다. ㄴ. 주로 종교적인 이유로 외국인이 국내로 유입되고 있다. ㄷ. 외국인의 유입으로 우리나라는 다양한 문화가 공존하는 사회로 변화하고 있다. ㄹ. 국내 체류 외국인의 출신국은 주로 중국을 비롯한 동남아시아 지역의 비율이 높다.

① ㄱ, ㄴ ② ㄱ, ㄷ ③ ㄴ, ㄷ
④ ㄴ, ㄹ ⑤ ㄷ, ㄹ

[13~15] 지도는 우리나라의 시기별 인구 이동을 나타낸 것이다. 이를 보고 물음에 답하시오.

(가)

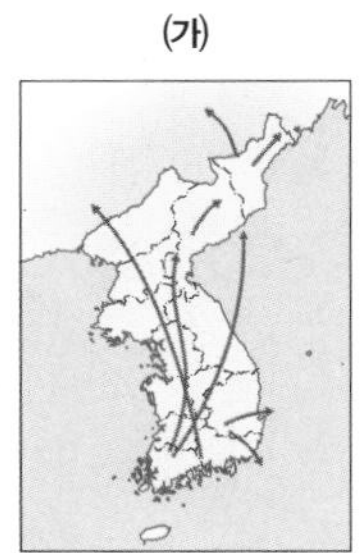

(나)

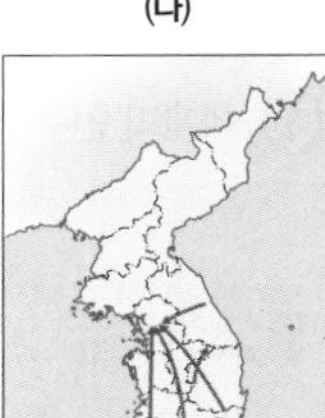

(다)

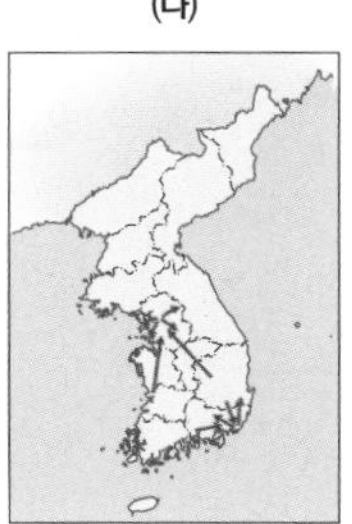

(라)

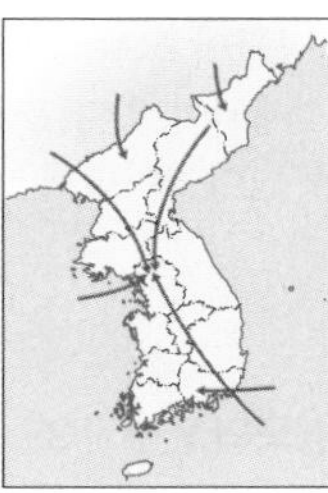

(마)

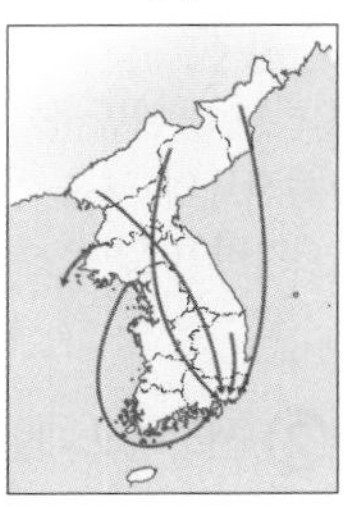

13 (가)~(마)를 시기 순으로 옳게 나열한 것은?

① (가) → (나) → (다) → (라) → (마)
② (가) → (라) → (마) → (나) → (다)
③ (다) → (가) → (마) → (나) → (라)
④ (다) → (마) → (라) → (가) → (나)
⑤ (마) → (다) → (가) → (나) → (라)

14 다음과 같은 목적의 인구 이동이 우리나라에서 나타난 지도를 (가)~(마)에서 고른 것은?

> 저는 미국 뉴욕에서 태어났어요. 최근 오랫동안 살았던 복잡한 뉴욕을 떠나 기후가 온화하고 환경이 쾌적한 마이애미로 이사 왔어요.

① (가) ② (나) ③ (다) ④ (라) ⑤ (마)

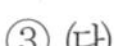

15 (가)~(마)의 인구 이동에 대한 설명으로 옳지 않은 것은?

① (가) – 종교적 이유로 인구가 남부 지방으로 이동하였다.
② (나) – 산업화로 인해 나타난 인구 이동이다.
③ (다) – 대도시의 인구가 쾌적한 환경을 찾아 이동하였다.
④ (라) – 광복 후 해외에서 귀국한 동포들의 이동을 나타낸다.
⑤ (마) – 6·25 전쟁 때 피난민의 이동을 나타낸다.

학교 시험에 잘 나오는 서술형 문제

1 인구 이동의 배출 요인과 흡인 요인을 각각 두 가지씩 서술하시오.

2 다음과 같은 현상이 지속될 때 필리핀에 나타날 수 있는 영향을 두 가지 이상 서술하시오.

> 필리핀은 총인구의 10%가 넘는 약 1,300만 명의 근로자들이 고국을 떠나 사우디아라비아, 홍콩 등지에서 일한다. 해외 근로자들은 가사 도우미, 간호사 등으로 일하고 있다.

3 지도를 보고 물음에 답하시오.

(1) 위 지도와 같은 인구 이동이 나타나는 시기를 쓰시오.

(2) (1) 시기에 나타난 인구 이동의 특징을 인구 이동의 원인과 관련지어 서술하시오.

03 인구 문제

세계의 인구 문제

1. 세계 인구의 성장 산업 혁명 이후 의료 기술 및 생활 수준의 향상 → 평균 수명 연장, 영아 사망률 감소로 세계 인구가 증가함 자료 ①

2. 개발 도상국의 인구 문제 자료 ②

*인구 부양력 부족	• 원인: 인구 부양력이 인구 증가 속도를 따라가지 못함 • 문제: 식량 부족, 기아, 빈곤 문제 등 • 대책: 출산 억제 정책 추진, 인구 부양력을 높이기 위해 농업의 기계화 및 산업화 정책 시행 등
도시 과밀화	• 원인: 촌락 인구의 도시 집중과 도시 자체의 인구 성장 • 문제: 주택 부족, 교통 혼잡, 환경 오염 등 • 대책: 촌락의 생활 환경 개선, 인구의 지방 분산 정책 추진 등
출생 성비 불균형	• 원인: 중국, 인도 등 일부 아시아 국가의 남아 선호 사상 • 문제: 남성이 결혼 적령기에 배우자를 구하기 어려움 • 대책: 남아 선호 사상 타파, 양성평등 문화 정착 등

3. 선진국의 인구 문제 자료 ②

저출산	• 원인: 여성의 사회 참여 증가, 결혼 및 출산에 대한 가치관 변화 • 대책: 출산 장려 정책 시행, 육아 지원 강화 등
고령화	• 원인: 생활 수준과 의료 기술의 향상으로 평균 수명 연장 • 대책: 노인 복지 제도 정비, 정년 연장, 연금 제도 개선 등

우리나라의 인구 문제

1. 시기별 인구 문제와 인구 정책

6·25 전쟁 이후	사회의 안정화, 사망률의 감소 → 인구 급증
1960~80년대	정부의 *가족계획 사업 추진 → 출생률 감소
1990년대 이후	출생률 감소, 출생 성비 불균형 및 저출산·고령화 문제 발생
오늘날	고령 사회 진입, 세계 최저 수준의 *합계 출산율

2. 저출산·고령화 문제 자료 ③ 서술형 단골 저출산·고령화 현상의 원인과 대책을 묻는 문제가 자주 출제돼.

구분	저출산	고령화
원인	여성의 사회 참여 증가, 결혼 연령 상승, 결혼 및 가족에 대한 가치관 변화 등	생활 수준의 향상과 의료 기술의 발달로 평균 수명 연장
문제	*생산 가능 인구의 감소에 따른 세금 감소, 경제 성장 둔화 등	청장년층의 노년층 부양 부담 증가, 연금과 보험 비용 증가 등
대책	출산 장려 정책 시행, 보육 시설 확충, 남성의 육아 참여 확대 등	노년층 취업 훈련 기회 제공, 사회 보장 제도 정비, 정년 연장 등

생생 자료

자료 ① 세계의 인구 성장

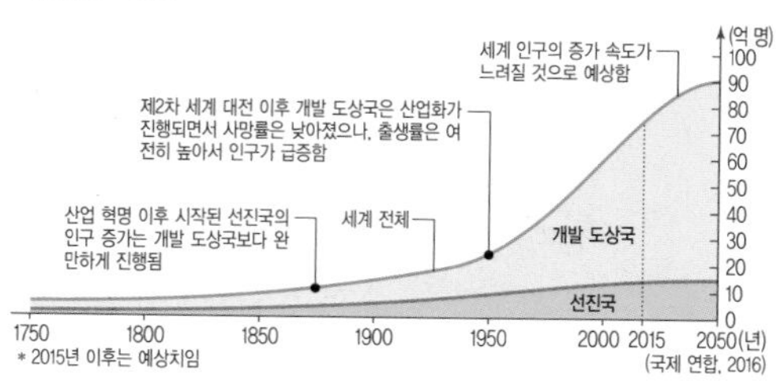

오늘날 선진국은 출산율과 사망률이 모두 낮아서 인구 증가 속도가 완만하거나 정체되어 있다. 개발 도상국은 선진국의 의료 기술을 받아들이면서 인구가 빠르게 증가하고 있다.

자료 ② 선진국과 개발 도상국의 인구 구조

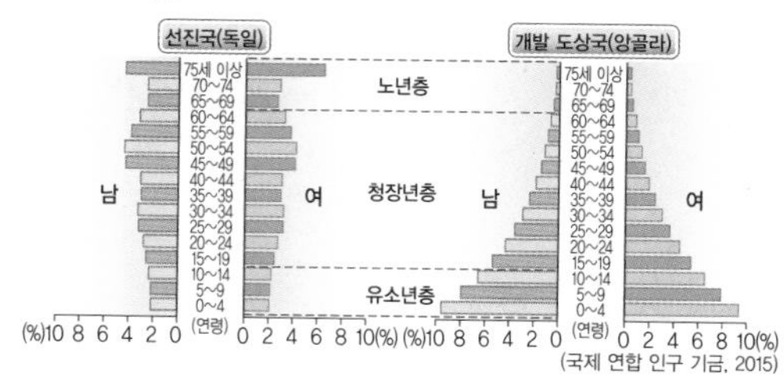

선진국은 출산율이 낮고 평균 수명이 길어 유소년층 인구 비율이 낮고, 노년층 인구 비율이 높다. 반면, 개발 도상국은 출산율이 높고 평균 수명이 짧아 유소년층 인구 비율이 높고, 노년층 인구 비율이 낮다.

자료 ③ 우리나라의 저출산·고령화 현상

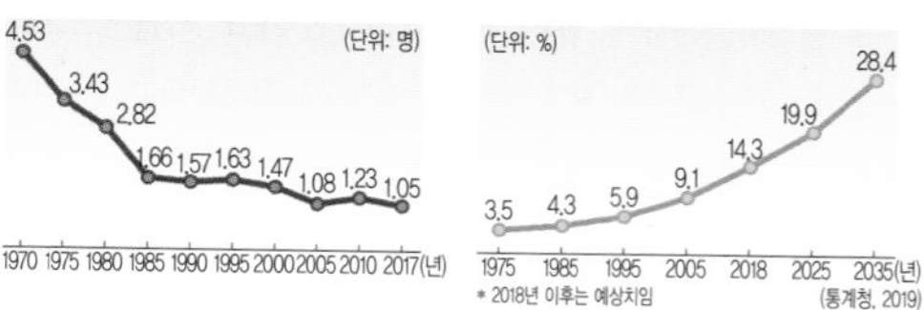

▲ 합계 출산율의 변화 ▲ 65세 이상 인구 비율의 변화

우리나라는 1970~80년대를 거치면서 합계 출산율이 급격히 낮아져 저출산 문제가 나타나고 있다. 또한 인구의 고령화로 2018년 기준 노인 인구가 전체 인구의 14% 이상인 고령 사회에 속한다.

└ 한 국가에서 65세 이상 인구의 비율이 전체 인구의 7%를 넘으면 고령화 사회, 14%를 넘으면 고령 사회, 20%를 넘으면 초고령 사회로 구분해.

쏙쏙 용어

* **인구 부양력** 한 국가의 인구가 그 국가의 사용 가능한 자원으로 생활할 수 있는 능력
* **가족계획** 인구수를 조절하기 위해 자녀의 수나 터울을 조정하는 계획
* **합계 출산율** 한 여성이 평생 낳을 것으로 예상되는 평균 자녀 수
* **생산 가능 인구** 경제 활동이 가능한 15~64세 인구

대표 자료 확인하기

◆ 선진국과 개발 도상국의 인구 구조

(①)	(②)
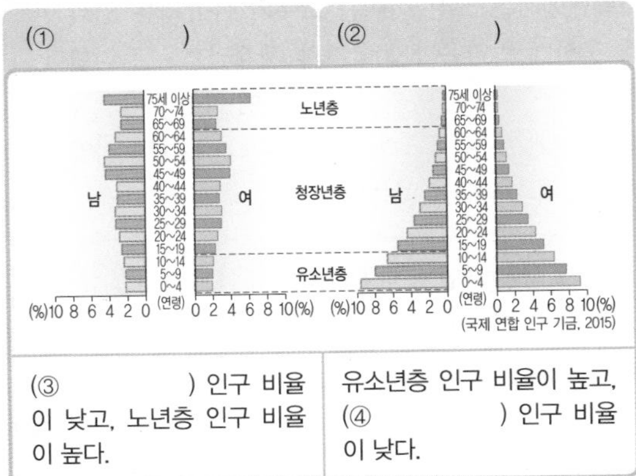	
(③) 인구 비율이 낮고, 노년층 인구 비율이 높다.	유소년층 인구 비율이 높고, (④) 인구 비율이 낮다.

◆ 우리나라의 인구 문제

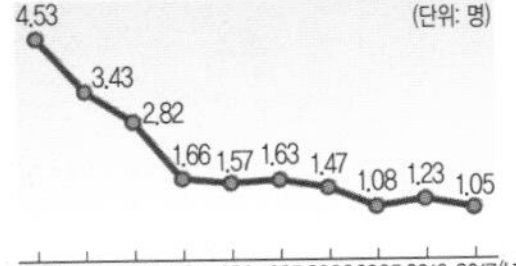

▲ 합계 출산율의 변화

(단위: %)
3.5 4.3 5.9 9.1 14.3 19.9 28.4
1975 1985 1995 2005 2018 2025 2035(년)
* 2018년 이후는 예상치임 (통계청, 2019)

▲ 65세 이상 인구 비율의 변화

- 우리나라는 1970~80년대를 거치면서 합계 출산율이 급격히 낮아져 (⑤   ) 문제가 나타나고 있다.
- 우리나라는 2018년을 기준으로 노인 인구가 전체 인구의 14% 이상인 (⑥   ) 사회에 속한다.

한눈에 정리하기

◆ 개발 도상국의 인구 문제

인구 부양력 부족	인구 부양력이 인구 증가 속도를 따라가지 못하여 식량 부족, 기아, 빈곤 등 문제 발생
(①)	촌락 인구의 도시 집중과 도시 자체의 인구 성장으로 주택 부족, 교통 혼잡, 범죄 증가 등 문제 발생
출생 성비 불균형	(②) 선호 사상이 있는 중국, 인도 등 일부 아시아 국가에서는 남성이 결혼 적령기에 배우자를 구하기 어려워지는 문제 발생

◆ 선진국 인구 문제의 원인

(③)	여성의 사회 참여 증가, 결혼 및 출산에 대한 가치관 변화
고령화	생활 수준 및 의료 기술의 향상에 따른 (④) 연장

꼼꼼 개념 문제

● 정답과 해설 02쪽

1 다음 설명이 맞으면 ○표, 틀리면 ×표를 하시오.

(1) 오늘날 선진국은 사망률이 낮아져 인구가 급증하고 있다. (   )

(2) 개발 도상국에서는 인구 부양력이 부족하여 식량 부족 문제가 발생하기도 한다. (   )

(3) 남아 선호 사상이 있는 아시아의 일부 국가에서는 출생 성비 불균형 문제가 나타나기도 한다. (   )

2 다음 괄호 안의 내용 중 알맞은 말에 ○표를 하시오.

(1) 한 국가에서 65세 이상 노인 인구가 전체 인구의 7%를 넘으면 (고령, 고령화) 사회라고 한다.

(2) 세계의 인구는 (산업 혁명, 제2차 세계 대전) 이후 의료 기술 및 생활 수준이 향상되면서 빠른 속도로 증가하였다.

3 선진국과 개발 도상국에서 주로 나타나는 인구 문제를 <보기>에서 골라 기호를 쓰시오.

보기
ㄱ. 고령화 현상   ㄴ. 저출산 현상
ㄷ. 인구 부양력 부족   ㄹ. 출생 성비 불균형

(1) 선진국 (   )

(2) 개발 도상국 (   )

4 선진국에서 주로 나타나는 인구 문제와 그 대책을 옳게 연결하시오.

(1) 고령화 •   • ㉠ 출산 장려 정책 시행

(2) 저출산 •   • ㉡ 노인 복지 제도 정비

5 우리나라의 인구 문제를 시기별로 나열하시오.

ㄱ. 6·25 전쟁 이후 사망률이 감소하며 인구 급증
ㄴ. 출생률은 감소하였으나 성비 불균형 문제 발생
ㄷ. 가족계획 사업의 적극적인 추진으로 출생률 감소
ㄹ. 출생 시 성비 불균형 문제는 해소되었으나 저출산 문제 발생

6 우리나라는 1960년대 이후 출산율을 낮추기 위해 (㉠   )을 시행하였고, 오늘날에는 출산율을 높이기 위해 (㉡   )을 시행하고 있다.

탄탄 시험 문제

중요해

01 그래프는 세계의 인구 성장을 나타낸 것이다. 이에 대한 설명으로 옳지 않은 것은?

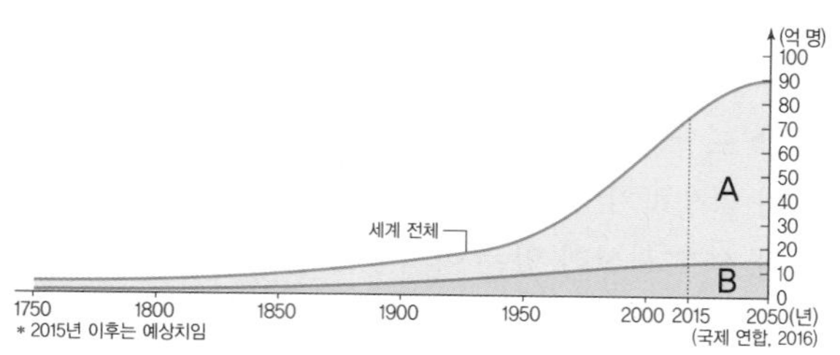

① 18세기 이전에는 세계 인구의 증가 속도가 빠르지 않았다.
② A는 오늘날 출생률은 높고 사망률이 낮아 인구가 급증하고 있다.
③ B는 오늘날 세계 인구의 성장을 주도하고 있다.
④ A는 개발 도상국, B는 선진국이다.
⑤ A는 제2차 세계 대전 이후 B의 의료 기술을 받아들이면서 인구가 빠르게 증가하였다.

02 개발 도상국의 인구 문제에 대한 설명으로 옳은 것은?

① 생산 가능 인구가 줄어들어 노동력이 부족해졌다.
② 노년층을 부양해야 하는 청장년층의 부담이 증가하고 있다.
③ 출산 장려 정책, 사회 보장 제도 개선 등의 대책이 필요하다.
④ 인구 부양력이 부족하여 기아, 식량 부족, 빈곤 문제 등이 발생한다.
⑤ 아시아 일부 국가에서는 여아 선호 사상으로 출생 성비 불균형 문제가 나타난다.

03 선진국에서 주로 나타나는 저출산 현상의 원인으로 옳은 것은?

① 평균 수명의 연장
② 여성의 사회 참여 증가
③ 남아 선호 사상의 만연
④ 인구의 지나친 도시 집중
⑤ 인구 증가에 따른 인구 부양력의 부족

04 다음과 같은 인구 정책을 시행하는 원인으로 가장 적절한 것은?

> 스웨덴에서는 '모든 아이는 모두의 아이'라는 인식 아래 출산에서 양육까지 국가가 체계적으로 관리한다. 취학 전 어린이집, 종일 유치원 등에 아동 보육을 맡길 수 있는데, 부모는 급식은 물론이고 모든 부수적인 비용을 전혀 부담하지 않는다.

① 인구가 급증하였기 때문이다.
② 저출산에 의해 인구 성장률이 둔화되었기 때문이다.
③ 빈곤, 소외 등 노인 문제가 발생하고 있기 때문이다.
④ 경제 성장 속도가 인구 증가 속도를 따라가지 못하기 때문이다.
⑤ 남아 선호 사상에 따라 출생 성비 불균형 현상이 나타났기 때문이다.

[05~06] (가), (나)는 경제 발전 수준이 다른 두 국가의 인구 피라미드를 나타낸 것이다. 이를 보고 물음에 답하시오.

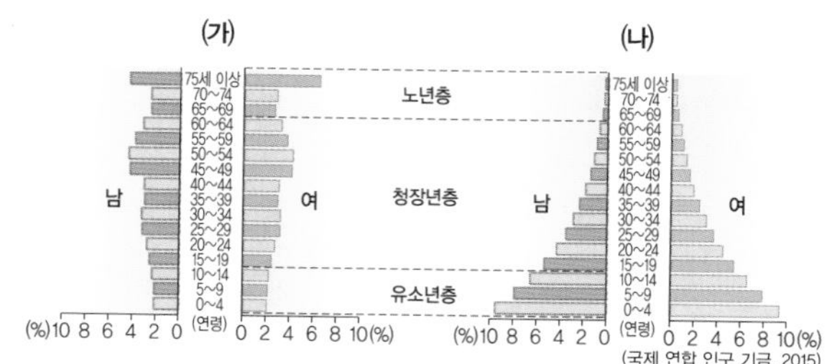

05 (가), (나) 국가의 인구 특성을 비교한 내용으로 옳지 않은 것은?

	구분	(가)	(나)
①	출산율	낮다	높다
②	평균 수명	길다	짧다
③	인구 증가율	높다	낮다
④	노년층 비율	높다	낮다
⑤	유소년층 비율	낮다	높다

06 오늘날 (가) 국가에서 주로 나타나는 심각한 인구 문제를 〈보기〉에서 고른 것은?

| 보기 |
ㄱ. 고령화 현상　　ㄴ. 저출산 현상
ㄷ. 도시 과밀화　　ㄹ. 출생 성비 불균형

① ㄱ, ㄴ　② ㄱ, ㄷ　③ ㄴ, ㄷ
④ ㄴ, ㄹ　⑤ ㄷ, ㄹ

07 다음과 같이 우리나라의 인구 정책 포스터가 변화한 원인으로 가장 적절한 것은?

→

① 노년층의 증가　② 인구의 도시 집중
③ 합계 출산율의 감소　④ 남아 선호 사상의 확대
⑤ 생산 가능 인구의 증가

[08~09] 그래프는 우리나라 인구 구조의 변화를 나타낸 것이다. 이를 보고 물음에 답하시오.

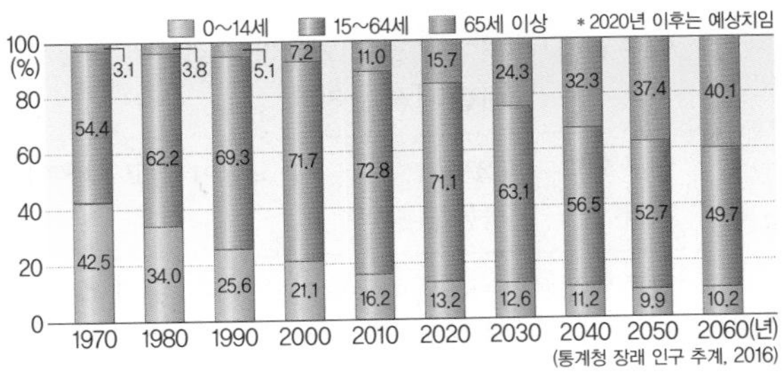

08 위 그래프와 같이 인구 구조가 변화한 원인으로 옳은 것을 〈보기〉에서 고른 것은?

보기
ㄱ. 산업화에 따른 인구의 도시 집중 ㄴ. 의료 기술 발달에 따른 평균 수명 연장 ㄷ. 자녀 양육비 부담에 따른 출산율의 감소 ㄹ. 남아 선호 사상에 따른 출생 성비 불균형

① ㄱ, ㄴ　② ㄱ, ㄷ　③ ㄴ, ㄷ
④ ㄴ, ㄹ　⑤ ㄷ, ㄹ

이 문제에서 나올 수 있는 선택지는 다~!

09 2060년 우리나라에서 나타날 것으로 예상되는 인구 문제에 대한 대책으로 옳지 않은 것은?

① 정년을 연장한다.
② 보육 시설을 확충한다.
③ 노인 복지 제도를 정비한다.
④ 출산 장려 정책을 실시한다.
⑤ 농업의 기계화 정책을 시행한다.
⑥ 노년층에 취업 훈련의 기회를 제공한다.

10 그래프는 우리나라의 65세 이상 인구 비율의 변화를 나타낸 것이다. 이에 대한 옳은 설명만을 〈보기〉에서 있는 대로 고른 것은?

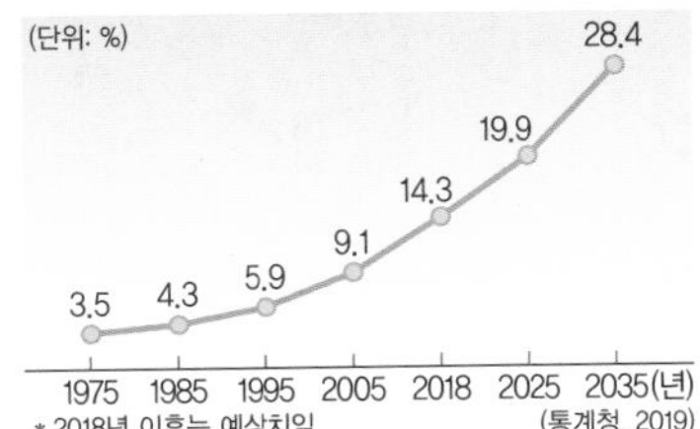

보기
ㄱ. 2015년 기준 우리나라는 초고령 사회에 해당한다. ㄴ. 정년 연장, 사회 보장 제도 정비 등의 대책이 필요하다. ㄷ. 노년층을 부양해야 하는 청장년층의 부담이 증가할 수 있다. ㄹ. 저출산 현상과 맞물려 전체 인구에서 노년층이 차지하는 비중이 높아지고 있다.

① ㄱ, ㄷ　② ㄴ, ㄹ　③ ㄱ, ㄴ, ㄷ
④ ㄱ, ㄷ, ㄹ　⑤ ㄴ, ㄷ, ㄹ

학교 시험에 잘 나오는 서술형 문제

1 그래프는 경제 수준이 다른 지역의 인구 변화를 나타낸 것이다. 이를 보고 물음에 답하시오.

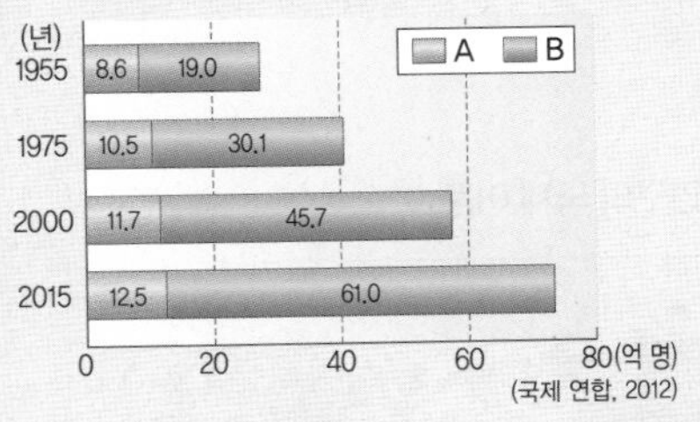

(1) A, B에 해당하는 국가군을 각각 쓰시오. (단, A, B는 선진국과 개발 도상국 중 하나이다.)

(2) A, B 지역의 인구 변화 특징을 각각 서술하시오.

표와 자료로 정리하는 대단원

1 세계의 인구 분포

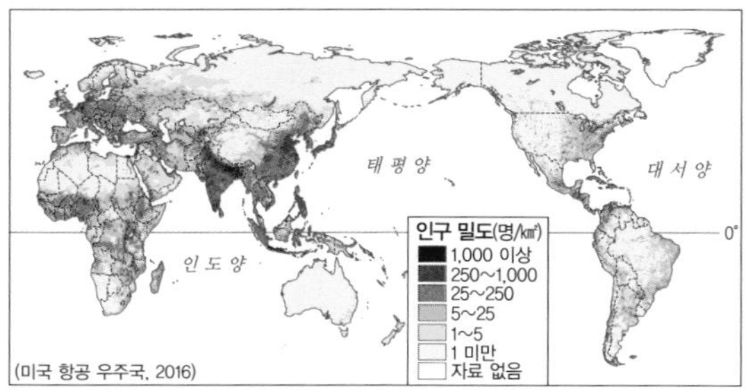

- 반구별로 살펴보면 세계 인구의 90% 이상은 ① ☐☐☐에 살고 있다.
- 대륙별로 살펴보면 ② ☐☐☐와 유럽에 인구가 밀집하였다.

답 | ① 북반구 ② 아시아

2 우리나라의 인구 분포

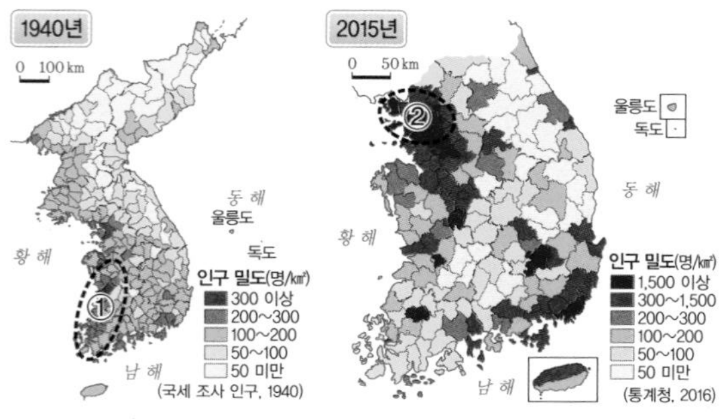

- 1940년에는 넓은 평야가 발달한 국토의 ① ☐☐☐ 지역에 인구가 밀집하였다.
- 2015년에는 ② ☐☐☐, 대도시, 남동 임해 공업 지역에 인구가 밀집하였다.

답 | ① 남서부 ② 수도권

3 오늘날 세계 인구의 국제 이동

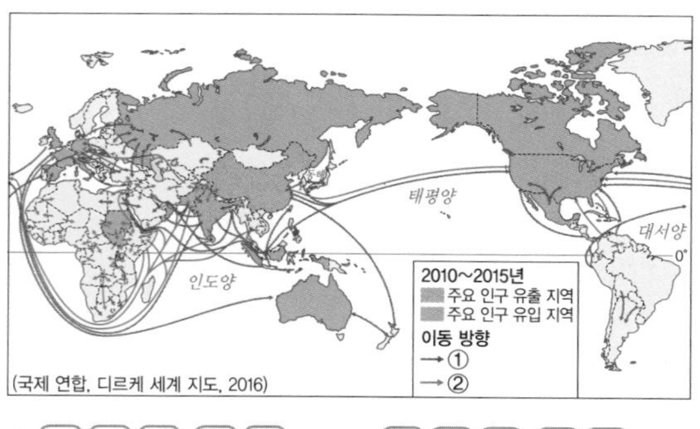

① ☐☐☐ ☐☐　② ☐☐☐ ☐☐

답 | ① 경제적 이동 ② 정치적 이동

01 인구 분포

세계의 인구 분포

구분		내용
❶ 세계의 인구 분포		세계 인구는 특정 지역에 집중하여 분포함
인구 밀집 지역	자연적 요인	기후가 온화한 지역, (① 　　　) 가 넓은 지역 예 동아시아와 남아시아의 벼농사 지역
	인문·사회적 요인	2·3차 산업이 발달하여 일자리가 풍부하고 교통이 편리한 지역 예 서부 유럽, 미국 북동부 등
인구 희박 지역	자연적 요인	건조한 지역, 너무 춥거나 더운 지역, 험준한 산지 지역
	인문·사회적 요인	교통이 불편한 지역, 각종 산업 시설과 일자리가 부족한 지역

우리나라의 인구 분포

구분		내용
❷ 산업화 이전 (1960년대 이전)	인구 밀집 지역	평야가 넓고 기후가 온화하여 벼농사에 유리한 남서부 지역
	인구 희박 지역	(② 　　　)나 고원이 많고 기온이 낮은 북동부 지역
산업화 이후 (1960년대 이후)	인구 밀집 지역	수도권, 부산·인천·대구 등의 대도시, 울산 등의 (③ 　　　) 공업 지역 등
	인구 희박 지역	태백산맥과 소백산맥 일대의 산지 지역, 농어촌 지역

02 인구 이동

세계의 인구 이동

구분		내용
❸ 세계 인구의 국제 이동	과거	• 자발적 이동: 유럽인들의 아메리카와 오스트레일리아로의 이동, 중국인들의 동남아시아로의 이동 • (④ 　　　) 이동: 아프리카인들의 아메리카로의 이동
	오늘날	• 경제적 이동: 개발 도상국에서 일자리를 찾아 선진국으로 이동 • 정치적 이동: 내전, 분쟁 등에 따른 난민의 이동 → 주로 이웃한 국가로 이동
세계 인구의 국내 이동	개발 도상국	일자리를 찾아 촌락 인구가 도시로 이동 → (⑤ 　　　) 발생
	선진국	쾌적한 환경을 찾아 도시 인구가 도시 주변 지역이나 촌락으로 이동 → 역도시화 현상 발생

답 | ① 평야 ② 산지 ③ 남동 임해 ④ 강제적 ⑤ 이촌 향도

인구 이동에 따른 지역 변화

구분	인구 유입 지역	인구 유출 지역
긍정적 영향	저임금 노동력 확보 및 경제 활성화, 문화적 다양성 증가 등	실업률이 낮아짐, 이주민들이 본국으로 송금하는 외화 증가로 경제 활성화
부정적 영향	이주민과 현지인 간의 일자리 경쟁 및 문화적 차이로 인한 갈등 발생	고급 인력의 해외 유출로 산업 성장 둔화, (⑥) 남성의 해외 유출로 성비 불균형 현상 발생

우리나라 시기별 인구 이동

일제 강점기	일자리를 찾아 광공업이 발달한 북부 지방으로 인구 이동
6·25 전쟁	월남한 동포들이 (⑦) 지방으로 피난
4 1960~80년대	산업화에 따른 이촌 향도 현상으로 수도권, 대도시, 신흥 공업 도시로 인구 집중
1990년대 이후	대도시의 생활 환경 악화로 대도시의 일부 인구가 도시 주변 지역이나 촌락으로 이동

03 인구 문제

개발 도상국의 인구 문제

5 인구 부양력 부족	(⑧)이 인구 증가 속도를 따라가지 못하여 식량 부족, 기아, 빈곤 등의 문제 발생
도시 과밀화	촌락 인구의 도시 집중과 도시 자체의 인구 성장으로 주택 부족, 교통 혼잡, 환경 오염 등의 문제 발생
출생 성비 불균형	남아 선호 사상이 있는 중국, 인도 등 아시아 일부 국가에서 남성이 결혼 적령기에 배우자를 구하기 어려운 문제 발생

선진국과 우리나라의 인구 문제

6 구분	저출산	(⑨)
원인	여성의 사회 참여 증가, 결혼 연령 상승, 결혼 및 가족에 대한 가치관 변화 등	생활 수준의 향상과 의료 기술의 발달로 평균 수명 연장
문제	(⑩)의 감소에 따른 세금 감소, 경제 성장 둔화 등	청장년층의 노년층 부양 부담 증가, 연금과 보험 비용 증가 등
대책	출산 장려 정책 시행, 보육 시설 확충, 남성의 육아 참여 확대 등	노년층 취업 훈련 기회 제공, 사회 보장 제도 정비, 정년 연장 등

답 | ⑥ 청장년층 ⑦ 남부 ⑧ 인구 부양력 ⑨ 고령화 ⑩ 생산 가능 인구

4 우리나라의 시기별 인구 이동

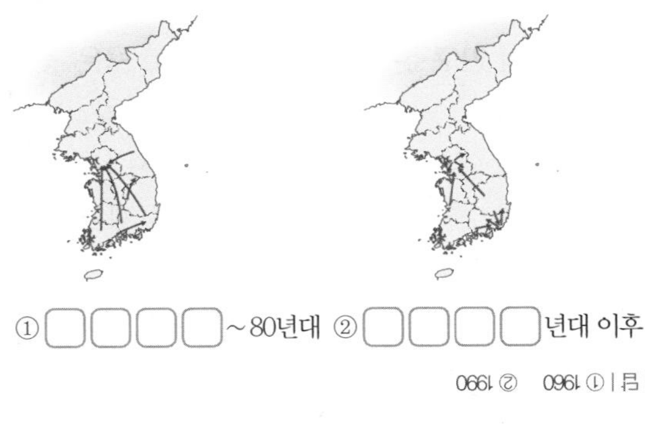

① □□□□~80년대 ② □□□□년대 이후

답 | ① 1960 ② 1990

5 선진국과 개발 도상국의 인구 피라미드

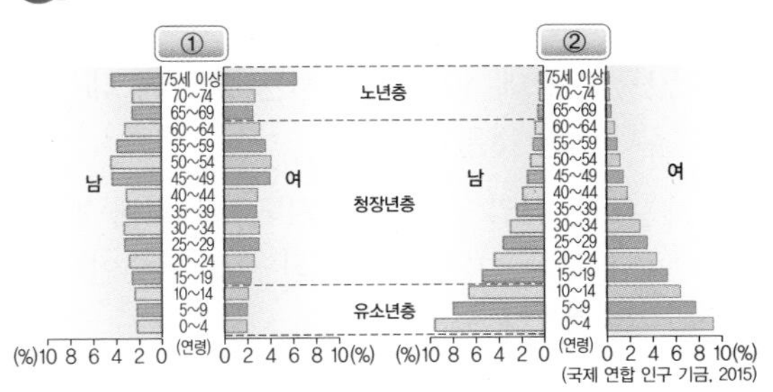

① □□□의 인구 구조는 유소년층 인구 비율이 낮은 반면, 노년층 인구 비율이 높다. 한편, ② □□ □□□의 인구 구조는 유소년층 인구 비율이 높은 반면, 노년층 인구 비율이 낮다.

답 | ① 선진국 ② 개발 도상국

6 우리나라의 저출산·고령화 현상

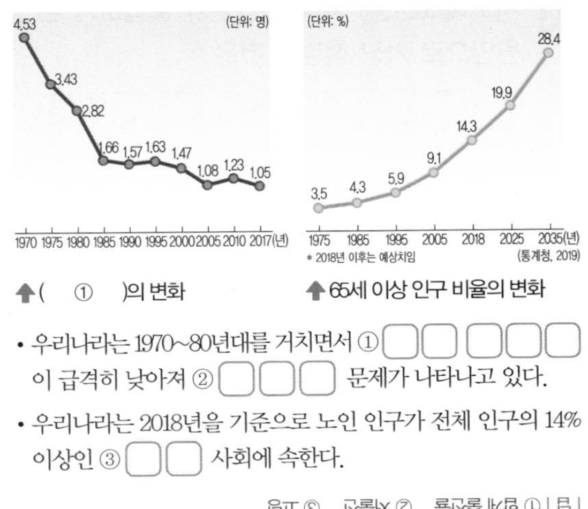

▲(①)의 변화　▲65세 이상 인구 비율의 변화

- 우리나라는 1970~80년대를 거치면서 ① □□ □□□이 급격히 낮아져 ② □□□ 문제가 나타나고 있다.
- 우리나라는 2018년을 기준으로 노인 인구가 전체 인구의 14% 이상인 ③ □□ 사회에 속한다.

답 | ① 합계 출산율 ② 저출산 ③ 고령

쑥쑥 마무리 문제

01 인구 분포

01 세계의 인구 분포에 대한 설명으로 옳은 것은?

① 적도 부근과 극지방은 인구 밀도가 높다.
② 세계 인구의 90% 이상이 남반구에 거주한다.
③ 일찍부터 산업이 발달한 유럽에 세계 인구의 50% 이상이 분포한다.
④ 해발 고도가 낮은 하천 주변의 평야나 해안 지역에 인구가 밀집한다.
⑤ 온대 기후가 나타나는 남위 20°~40° 지역에 가장 많은 인구가 분포한다.

02 인구 분포에 영향을 미치는 요인에 대한 설명으로 옳지 않은 것은?

① 교통, 산업 등은 인문·사회적 요인에 해당한다.
② 과거에는 기후, 지형, 식생 등의 요인이 많은 영향을 끼쳤다.
③ 각종 산업 시설과 일자리가 부족한 지역은 인구 밀도가 낮다.
④ 산업 혁명 이후 인문·사회적 요인이 인구 분포에 많은 영향을 주고 있다.
⑤ 거주에 불리한 자연적 요인들의 영향이 커지면서 과거에 비해 거주 지역이 축소되고 있다.

03 지도에 표시된 지역에 인구가 밀집하게 된 공통적인 원인으로 가장 적절한 것은?

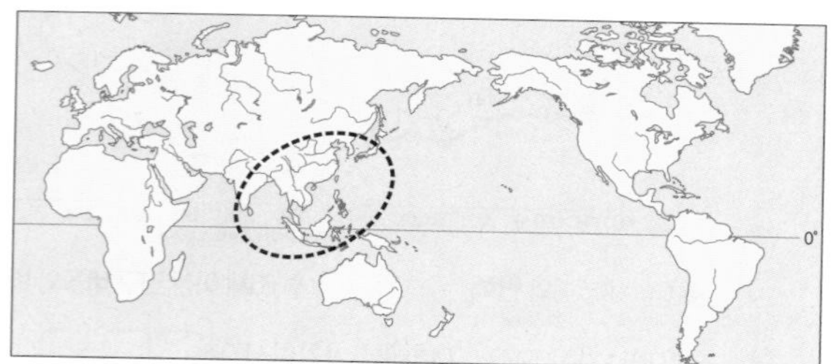

① 각종 지하자원이 풍부하다.
② 경제가 발달하여 일자리가 풍부하다.
③ 계절풍의 영향으로 벼농사가 발달하였다.
④ 산업 혁명의 발상지로 공업이 발달하였다.
⑤ 자연 경관이 뛰어나 관광 산업이 발달하였다.

04 지도를 바탕으로 중국의 인구 분포에 대한 옳은 설명을 〈보기〉에서 고른 것은?

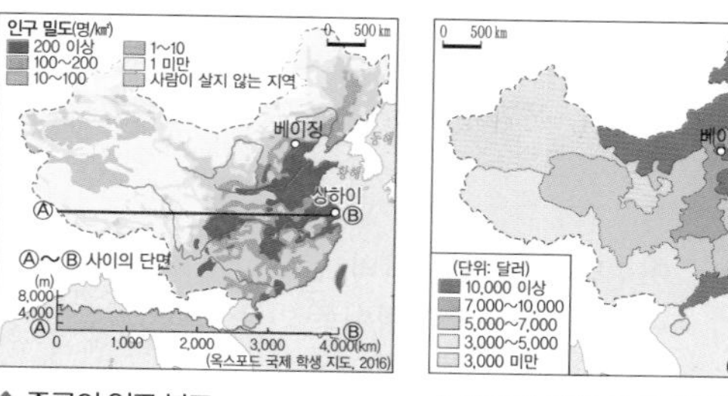

▲ 중국의 인구 분포　　▲ 중국의 1인당 공업 생산액

〈보기〉
ㄱ. 전국적으로 인구가 고르게 분포하였다.
ㄴ. 1인당 공업 생산액이 높은 지역일수록 인구 밀도가 높은 편이다.
ㄷ. 서부 내륙 지역은 인구가 희박하고, 동부 해안 지역은 인구가 밀집하였다.
ㄹ. Ⓐ 지역보다 Ⓑ 지역의 인구 밀도가 높은 이유는 해발 고도가 높기 때문이다.

① ㄱ, ㄴ　② ㄱ, ㄷ　③ ㄴ, ㄷ
④ ㄴ, ㄹ　⑤ ㄷ, ㄹ

05 지도는 1940년 우리나라의 인구 분포를 나타낸 것이다. A 지역의 특징으로 옳은 것을 〈보기〉에서 고른 것은?

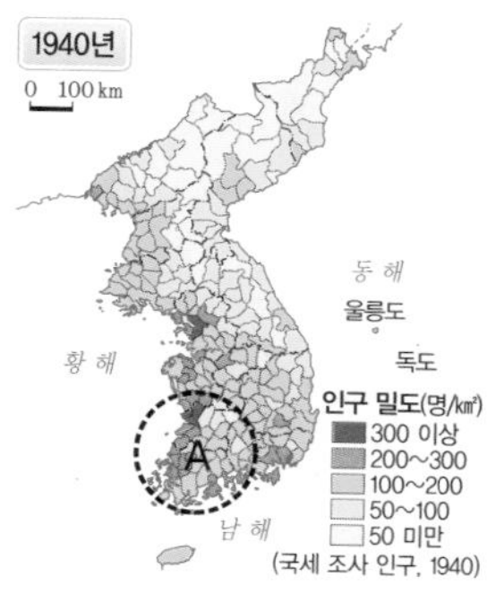

〈보기〉
ㄱ. 벼농사가 발달하였다.
ㄴ. 온화한 기후가 나타난다.
ㄷ. 산지와 고원이 넓게 분포한다.
ㄹ. 지하자원이 풍부하게 매장되어 있다.

① ㄱ, ㄴ　② ㄱ, ㄷ　③ ㄴ, ㄷ
④ ㄴ, ㄹ　⑤ ㄷ, ㄹ

[06~07] 지도는 우리나라의 시도별 인구수와 인구 밀도를 나타낸 것이다. 이를 보고 물음에 답하시오.

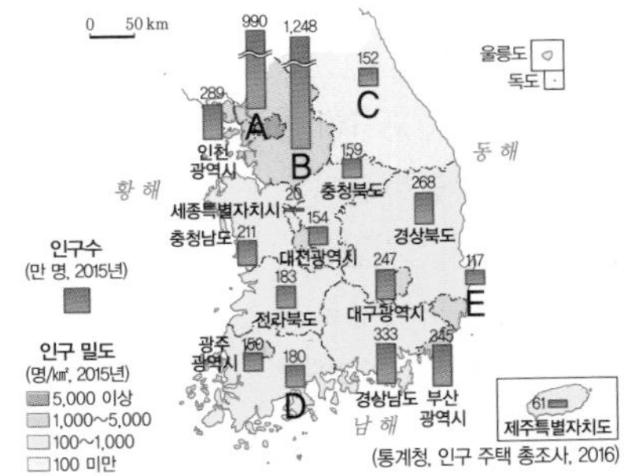

06 위 지도에 대한 설명으로 옳은 것은?

① 인구가 전 국토에 고르게 분포하고 있다.
② 북동부 산지 지역에 인구가 밀집해 있다.
③ 인천, 부산 등 광역시는 인구 밀도가 낮다.
④ 이촌 향도 현상으로 서울에 인구가 집중하여 분포한다.
⑤ 농어촌 지역은 인구 과밀, 도시는 노동력 부족 문제를 겪고 있다.

07 위 지도의 A~E 지역에서 나타나는 인구 분포 특징에 대한 설명으로 옳지 않은 것은?

① A는 우리나라의 수도로 정치·문화·경제의 중심지로 인구가 밀집하였다.
② B는 서울 인구의 분산으로 인구가 밀집하였다.
③ C는 전체 면적의 90% 이상이 산지로 이루어져 인구가 희박하다.
④ D는 산업화 이후 이촌 향도 현상에 따라 인구가 유입되면서 인구가 밀집하였다.
⑤ E는 1970년대 이후 공업화가 시작되면서 인구가 밀집하였다.

02 인구 이동

08 인구 이동의 요인과 사례를 옳게 연결한 것은?

① 흡인 요인 – 자연재해
② 흡인 요인 – 종교 박해
③ 배출 요인 – 높은 임금
④ 배출 요인 – 전쟁과 분쟁
⑤ 배출 요인 – 다양한 교육 기회

09 지도는 세계의 주요 인구 이동을 나타낸 것이다. A~D 이동에 대한 설명으로 옳은 것은?

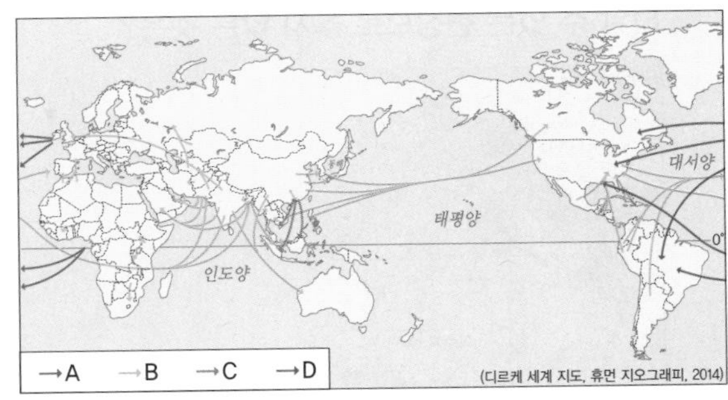

① A는 노예 무역에 의한 아프리카인들의 이동이다.
② B는 오늘날 개발 도상국에서 선진국으로 일자리를 찾아 이동하는 경우를 나타낸다.
③ C는 식민지 개척을 위한 유럽인들의 아메리카 대륙으로의 이동을 나타낸다.
④ D는 분쟁을 피하기 위한 난민의 이동이다.
⑤ D 이동으로 인해 A 이동이 나타났다.

10 지도는 국가별 인구의 순유입 지역과 순유출 지역을 구분한 것이다. A, B 지역에 대한 분석 및 추론으로 옳지 않은 것은?

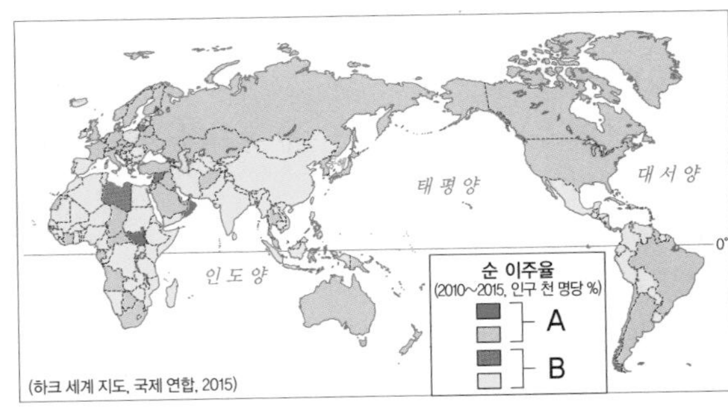

① A 지역은 앵글로아메리카, 유럽 등의 선진국이 대표적이다.
② A 지역은 일자리가 많고 교육·문화 시설이 풍부할 것이다.
③ B는 일자리가 부족하고 경제 수준이 낮을 것이다.
④ B 지역은 아시아, 라틴 아메리카, 아프리카 등의 개발 도상국이 대표적이다.
⑤ 경제적 원인으로 인구는 A 지역에서 B 지역으로 이동하는 경향이 나타난다.

11 지도는 A 지역 출신 이주자의 도착 국가를 나타낸 것이다. 이와 같은 인구 이동으로 A, B 지역에서 나타날 수 있는 현상으로 옳지 않은 것은?

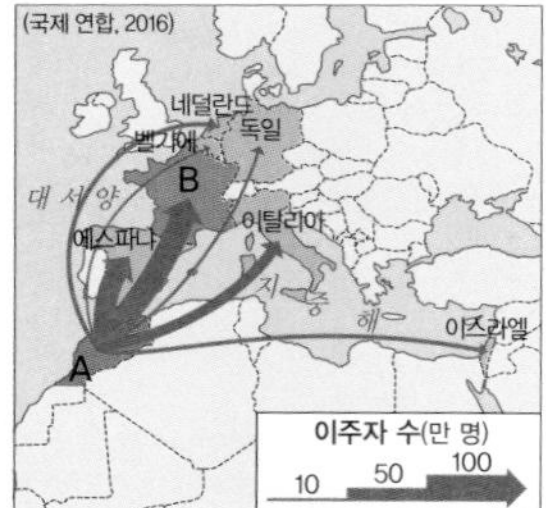

① A 지역은 노동력 부족 문제가 나타날 수 있다.
② A 지역은 이주민들이 본국으로 송금하는 외화가 늘어나면서 경제가 활성화될 수 있다.
③ B 지역은 이주민과 현지인 간 문화적 차이로 갈등을 겪을 수 있다.
④ B 지역은 주로 남성들이 일자리를 찾아 떠나기 때문에 성비 불균형 현상이 나타날 수 있다.
⑤ B 지역은 A 지역 문화의 영향을 받을 수 있다.

12 지도에 나타난 미국 내 인구 이동의 원인으로 가장 적절한 것은?

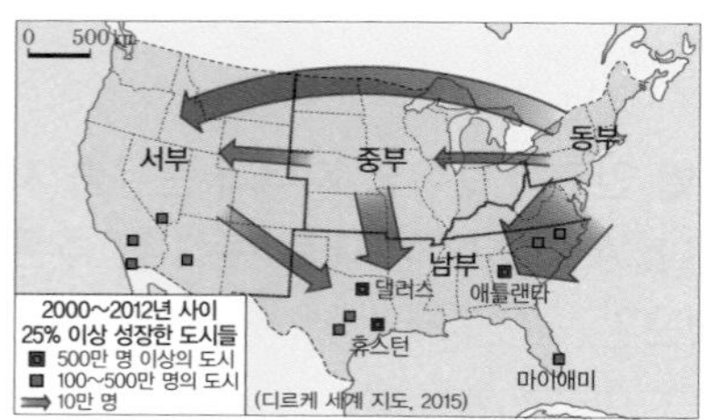

① 자연재해를 피해
② 자녀 교육을 위해
③ 노예 무역에 의해
④ 정치적 자유를 위해
⑤ 쾌적한 환경을 찾아

13 밑줄 친 ㉠~㉤ 중 옳지 않은 것은?

> ㉠ 일제 강점기에는 강제적 노동력 동원으로 중국 만주 지역으로 많은 사람이 이동하였다. ㉡ 광복 후에는 국외로 나갔던 동포들이 귀국하면서 대규모 인구 이동이 있었다. ㉢ 1960년대에는 경제적인 이유로 미국, 독일 등지로 인구가 이동하였고, ㉣ 1970년대에는 서남아시아 지역으로 건설 기술자들이 이동하였다. ㉤ 1980년대부터 경제 수준이 높아지면서 해외 취업과 이민은 점차 줄어들었다.

① ㉠ ② ㉡ ③ ㉢ ④ ㉣ ⑤ ㉤

14 다음은 어느 대중가요의 노랫말 중 일부이다. (가), (나) 노랫말 배경이 된 인구 이동의 모습을 〈보기〉에서 골라 옳게 연결한 것은?

> (가) 돌아오네 돌아오네 고국산천 찾아서
> 얼마나 그렸던가 무궁화꽃을
> 얼마나 그렸던가 태극 깃발을
> 갈매기야 울어라 파도야 춤춰라
> 귀국선 뱃머리에 희망은 크다
> (나) 고향 산천 뒤에 두고 차도 가네 나도 가네
> 석탄 연기 가물가물 이별의 호남 열차
> 몸은 비록 간다마는 정마저 떠날쏘냐
> 광주야 잘 있거라 서울행 삼등실

보기

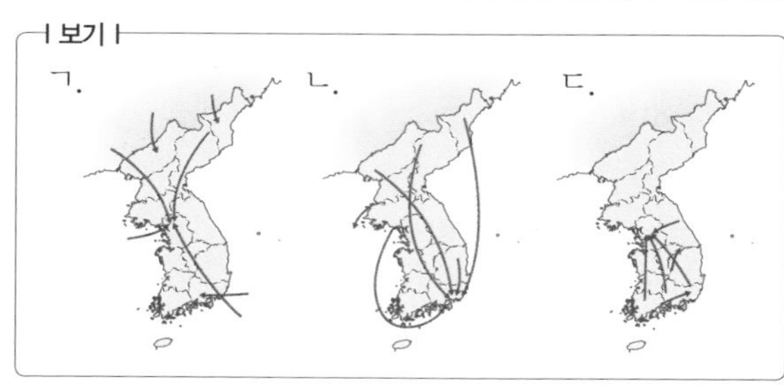

	(가)	(나)		(가)	(나)
①	ㄱ	ㄴ	②	ㄱ	ㄷ
③	ㄴ	ㄷ	④	ㄷ	ㄱ
⑤	ㄷ	ㄴ			

03 인구 문제

15 그래프는 세계의 인구 성장을 나타낸 것이다. 이에 대한 설명으로 옳지 않은 것은?

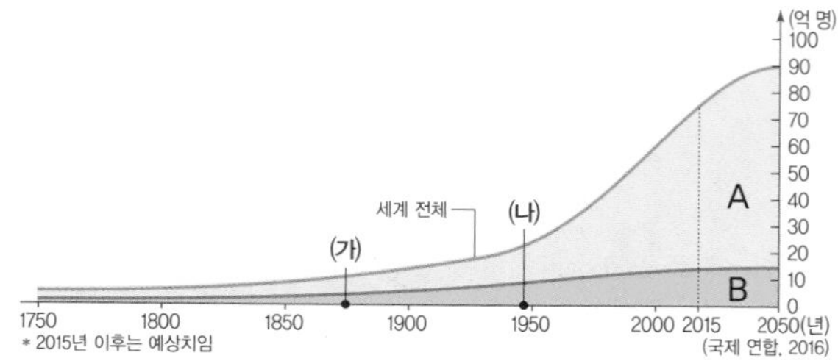

① (가)는 산업 혁명 시기이다.
② (나)는 제2차 세계 대전 시기이다.
③ 오늘날 세계 인구의 성장은 B가 주도하고 있다.
④ A는 개발 도상국, B는 선진국이다.
⑤ A는 B의 의료 기술을 받아들이면서 인구가 빠르게 증가하였다.

16 지도는 국가별 합계 출산율을 나타낸 것이다. A 지역에서 주로 나타나는 인구 문제로 옳은 것은?

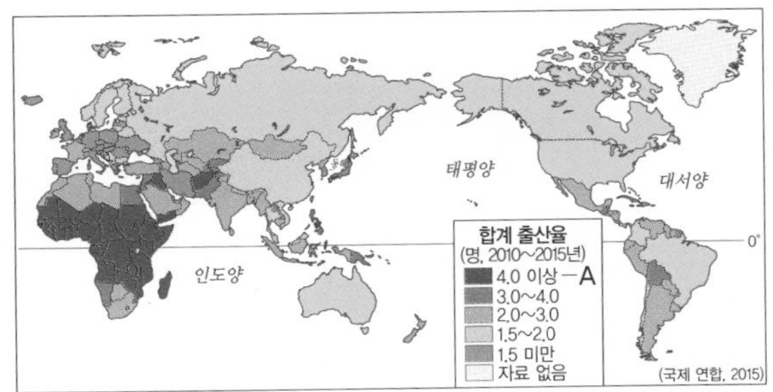

① 결혼 연령 상승으로 저출산 문제가 나타나고 있다.
② 평균 수명 연장으로 고령화 현상이 나타나고 있다.
③ 인구 부양력 부족으로 빈곤 문제가 발생하고 있다.
④ 생산 가능 인구가 감소하여 경제 성장이 둔화되고 있다.
⑤ 노년층을 부양해야 하는 청장년층의 부담이 증가하고 있다.

17 선진국의 인구 문제에 대한 설명으로 옳지 않은 것은?

① 저출산·고령화 현상이 대표적이다.
② 노동력이 부족하여 생산성이 떨어지기도 한다.
③ 대도시로 인구가 집중하면서 도시 문제가 발생한다.
④ 출산 장려 정책, 보육 시설 확충 등의 대책이 필요하다.
⑤ 출생률과 사망률이 모두 낮아 인구 증가율이 매우 낮거나 정체되어 있다.

18 (가)에 들어갈 내용으로 옳은 것을 〈보기〉에서 고른 것은?

> 산업화가 일찍 진행된 일부 선진국은 산업 혁명 이후부터 인구가 성장하였으나, 현재는 ______(가)______ 출생률이 낮아져 인구 증가 속도가 정체되어 있다.

보기
ㄱ. 영아 사망률이 감소하면서
ㄴ. 남아 선호 사상이 확산되면서
ㄷ. 여성의 사회 활동이 증가하면서
ㄹ. 결혼과 자녀에 대한 가치관이 변화하면서

① ㄱ, ㄴ ② ㄱ, ㄷ ③ ㄴ, ㄷ
④ ㄴ, ㄹ ⑤ ㄷ, ㄹ

19 밑줄 친 '인구 문제'로 가장 적절한 것은?

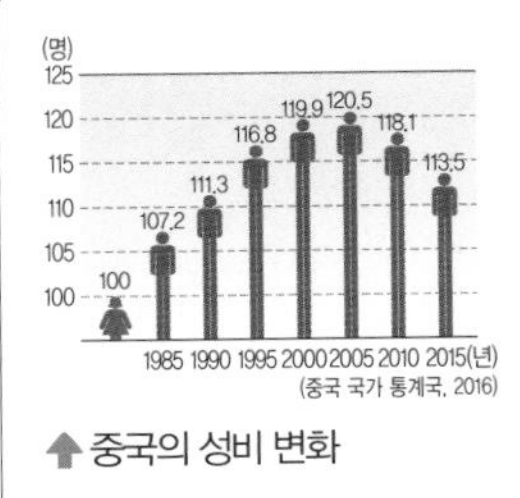

↑ 중국의 성비 변화

중국에서는 증가하는 인구를 억제하기 위해 '한 가정 한 자녀 갖기' 정책을 시행하였다. 이는 남아 선호 사상과 맞물려 심각한 인구 문제를 유발하고 있다.

① 여성에 대한 성차별이 나타날 것이다.
② 빈곤, 소외 등 노인 문제가 발생할 것이다.
③ 인구 급증에 따라 실업자가 증가할 것이다.
④ 도시의 인구 성장으로 도시 문제가 나타날 것이다.
⑤ 결혼 적령기의 남성이 배우자를 찾기 어려워질 것이다.

20 그래프는 우리나라의 연령별 인구 비율 변화를 나타낸 것이다. 이에 대한 분석 및 추론으로 옳지 않은 것은?

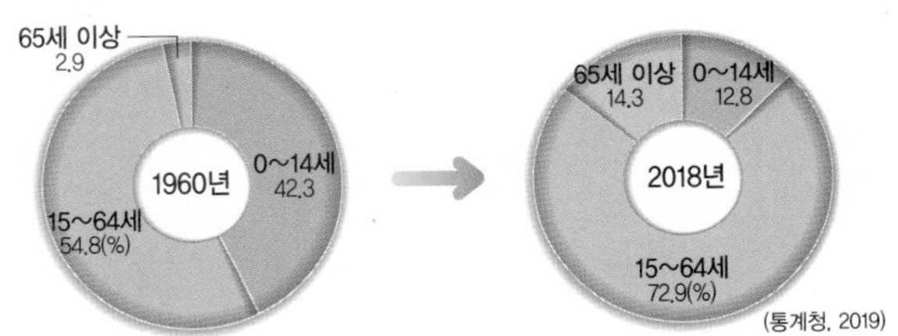

① 평균 수명이 연장되고 있다.
② 출생률과 사망률이 감소하고 있다.
③ 노동력 부족으로 경제 성장이 둔화될 것이다.
④ 2018년 우리나라는 고령 사회를 지나 고령화 사회로 향하고 있다.
⑤ 노인 인구를 부양하기 위한 청장년층의 세금 부담이 더욱 커질 것이다.

21 우리나라의 인구 문제와 그 대책을 옳게 연결한 것은?

① 저출산 – 정년을 연장한다.
② 저출산 – 출산 장려 정책을 추진한다.
③ 고령화 – 가족계획 사업을 시행한다.
④ 고령화 – 남성의 육아 참여를 확대한다.
⑤ 고령화 – 영·유아 보육 시설을 확충한다.

Ⅷ 사람이 만든 삶터, 도시

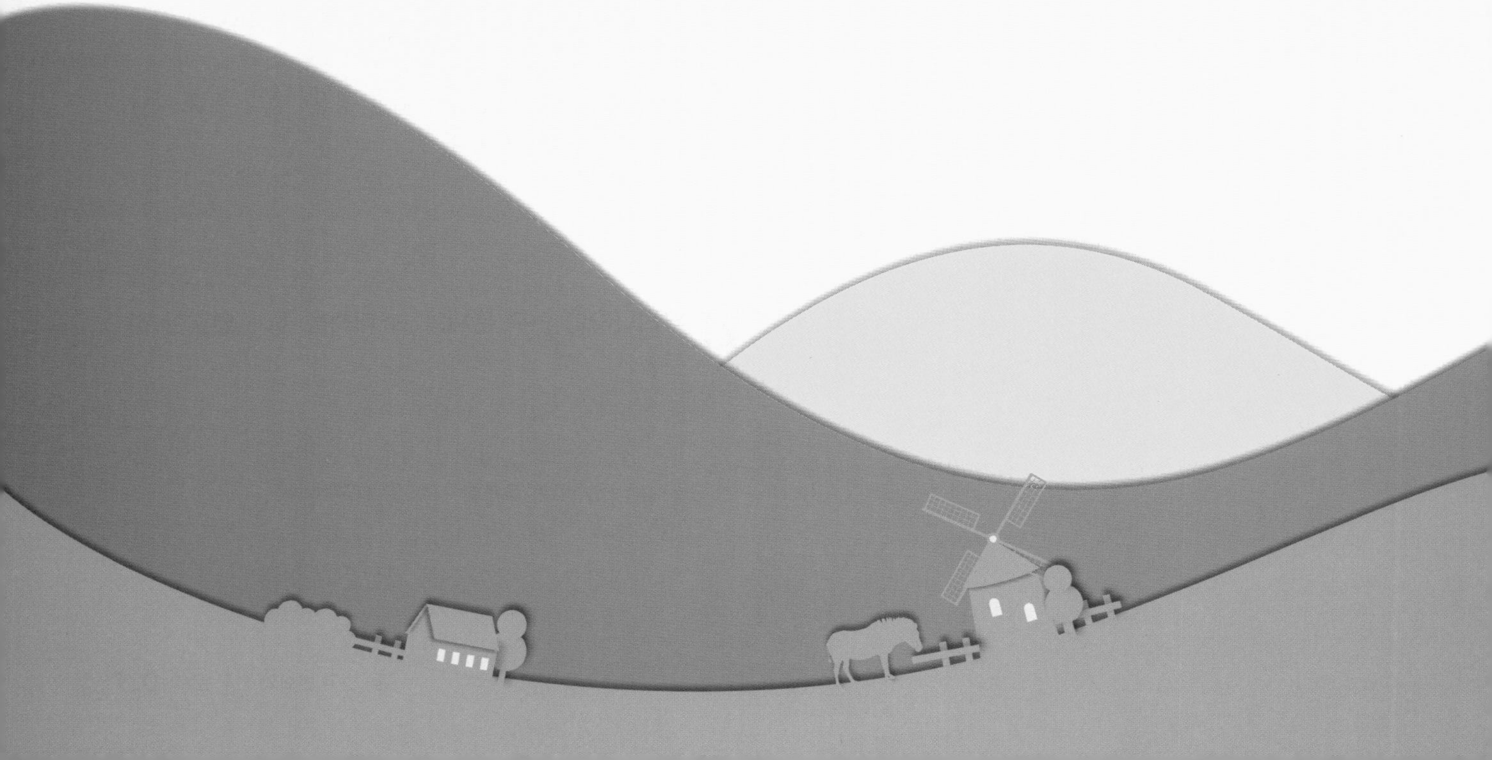

01 도시의 위치와 특징 ~ 032

02 도시 내부의 경관

03 도시화와 도시 문제 ~ 038

04 살기 좋은 도시

도시의 위치와 특징 ~도시 내부의 경관

도시의 의미와 형성

1. 도시의 의미와 특징

(1) 의미: 인구가 밀집한 곳으로 사회적·경제적·정치적 활동의 중심지

(2) 도시의 특징과 기능 자료 ①

특징	• 좁은 지역에 많은 사람들이 모여 살아 인구 밀도가 높음 • 도로나 건축물 등의 인문 경관이 발달함 • 한정된 공간을 효율적으로 이용하기 위해 토지 이용이 집약적임 → 고층 빌딩이 많음 • 2·3차 산업에 종사하는 인구의 비율이 높음 → 다양한 직업과 생활 모습이 나타남
기능	병원, 상가, 관공서 등의 생활 편의 시설과 각종 기능이 집중되어 있음 → 주변 지역의 *중심지 역할을 수행함

2. 도시의 형성과 발달

(1) 고대: 농업에 유리한 조건을 갖춘 문명의 발상지에서 도시 발달

(2) 중세: 상업이 발달하면서 교역과 교환이 활발한 시장을 중심으로 상업 도시 발달

(3) 근대: 산업 혁명 이후 석탄 산지를 중심으로 공업 도시 발달

(4) 20세기 이후: 공업, 첨단 산업, 서비스업, 교육, 문화 등 다양한 기능을 수행하는 도시 발달

세계의 주요 도시

1. 세계 주요 도시의 기능적 구분 자료 ②

국제 금융·업무 도시	금융 시장을 기반으로 국제 자본의 연결망을 가진 도시 예 미국 뉴욕, 영국 런던, 일본 도쿄
산업·물류 도시	각종 공업이 발달해 있거나 항만과 같은 물류 기능이 발달한 도시 예 중국 상하이, 네덜란드 로테르담, 싱가포르 등
환경·생태 도시	생태 환경이 잘 보존되어 있고, 인간과 자연이 공존할 수 있는 체계를 갖춘 도시 예 독일 프라이부르크, 브라질 쿠리치바 등
역사·문화 도시	오랜 세월에 걸쳐 형성되어 역사 유적이 많고 문화가 발달한 도시 예 이탈리아 로마, 그리스 아테네, 튀르키예 이스탄불, 중국 시안 등
기타	• 아름다운 항구 도시 예 오스트레일리아 시드니 등 • 오로라를 감상할 수 있는 도시 예 캐나다 옐로나이프 등 • 독특한 건축물이 유명한 도시 예 에스파냐 바르셀로나, 아랍에미리트 두바이 등 • *고산 도시 예 에콰도르 키토, 페루 쿠스코 등

2. 세계 도시 세계 경제, 문화, 정치의 중심지로 세계적 영향력을 가진 금융 기관, 다국적 기업의 본사가 입지하고 각종 국제기구의 활동이 활발히 이루어지는 도시 예 미국 뉴욕, 영국 런던, 일본 도쿄 등 자료 ③

생생 자료

자료 ① 도시와 촌락의 비교 촌락과 도시는 상호 보완적인 관계에 있어.

구분	도시	촌락
인구 밀도	높다	낮다
건물 높이	높다	낮다
산업 구조	2·3차 산업 중심	1차 산업 중심
토지 이용	집약적	조방적

사람들이 살아가는 삶터를 취락이라고 하며, 취락은 인구를 기준으로 도시와 촌락으로 구분된다.

자료 ② 세계 주요 도시의 랜드마크

↑ 파리의 에펠 탑

↑ 뉴욕의 자유의 여신상

↑ 시드니의 오페라 하우스

↑ 로마의 콜로세움

도시를 대표하는 독특하고 매력적인 건축물은 도시 경관을 결정하는 데 중요한 역할을 한다.

자료 ③ 세계 도시 서술형 단골 세계 도시의 특징을 묻는 문제가 자주 출제돼.

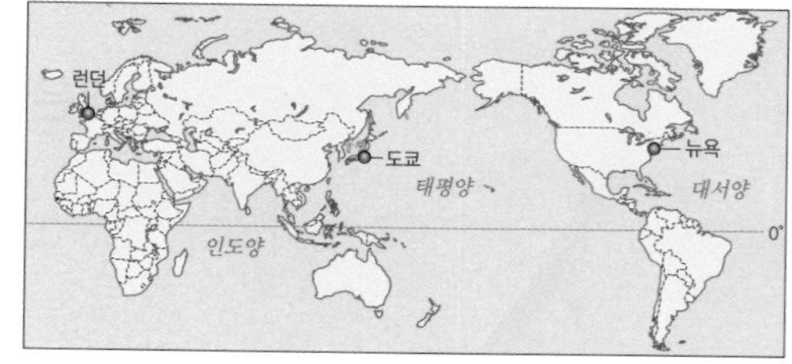

뉴욕은 국제 연합(UN) 본부가 위치하며 세계 정치·경제·문화의 중심지 역할을 하고 있다. 런던은 금융 시장을 기반으로 국제 자본의 연결망을 가진 도시이다. 도쿄는 아시아 최대의 금융 중심지를 이루고 있다.

쏙쏙 용어

* **중심지** 주변 지역에 재화와 서비스를 제공하는 기능을 가진 지역
* **고산(高-높다, 山-산) 도시** 적도 주변의 해발 고도가 높은 지역에서 연중 온화한 기후가 나타나는 도시

도시 내부의 다양한 경관

1. 도시 경관의 의미와 변화

(1) 의미: 눈으로 파악할 수 있는 도시의 겉모습

(2) 특징: 일반적으로 도시 중심부에서 주변 지역으로 갈수록 건물의 높이가 낮아짐 → 도시 중심부와 주변 지역의 기능이 다름을 의미함

(3) 변화

① 도시의 규모가 작을 때: 관공서, 상점, 주택, 학교, 공장 등 다양한 기능 등이 뒤섞여 분포함

② 도시의 규모가 커졌을 때: 상업 시설, 주택, 공장 등 비슷한 기능끼리 모이는 현상이 나타남 → 같은 종류의 기능은 모이고 다른 종류의 기능은 분리됨

2. 도시 내부의 지역 분화

(1) 의미: 도시 규모가 커지면서 도시 내부가 중심 업무 지역, 상업 지역, 공업 지역, 주거 지역으로 나뉘는 현상

(2) 원인: 도시 내부 지역별 *접근성과 *지가의 차이 때문 → 교통이 편리할수록 접근성이 높으며 접근성이 높을수록 지가와 *지대가 비쌈

(3) 과정 자료 ④

집심 현상	비싼 땅값을 지불하고도 이익을 낼 수 있는 중심 업무 기능이나 상업 기능이 도시 중심부로 집중되는 현상 예 기업 본사, 은행 본점, 관공서, 호텔, 백화점 등
이심 현상	비싼 땅값을 지불할 수 없거나 넓은 부지를 필요로 하는 주거·공업 기능이 주변 지역으로 빠져나가는 현상 예 주택, 학교, 공장 등

3. 도시 내부 구조 자료 ⑤

서술형 단골 도시 내부 구조의 모식도와 함께 각 지역의 특징을 문제가 자주 출제돼.

도심	• 접근성과 지가가 높음 → 집약적 토지 이용(고층 빌딩 밀집) • 대기업 본사, 백화점, 관공서 등이 밀집하여 중심 업무 지구(CBD) 형성 → 상업·금융·서비스 기능 집중 • 인구 공동화 현상: 주거 기능 약화로 주간에는 유동 인구가 많지만, 야간에 유동 인구가 주거 지역으로 빠져나가 주·야간의 인구 밀도 차이 발생 자료 ⑥
부도심	• 도심과 주변 지역을 연결하는 교통이 편리한 지역에 위치 • 도심에 집중된 상업·업무 기능을 분담하여 도심의 교통 혼잡을 완화함, 일부 주거 기능 혼재 • 도시가 성장하면 부도심의 수가 증가함
중간 지역	도심과 주변 지역 사이에 오래된 주택, 상가, 공장 등이 혼재되어 분포함
주변 지역	지가가 상대적으로 저렴하여 대규모 아파트 단지, 학교, 공업 지역 등이 입지함
개발 제한 구역	도시의 무질서한 팽창을 막고 녹지 공간을 보존하기 위해 설정하는 공간
위성 도시	교통이 편리한 대도시 인근에 있으면서 주거, 공업, 행정 등과 같은 대도시의 일부 기능을 분담하는 도시

생생 자료

자료 ④ 도시 내부의 지역 분화

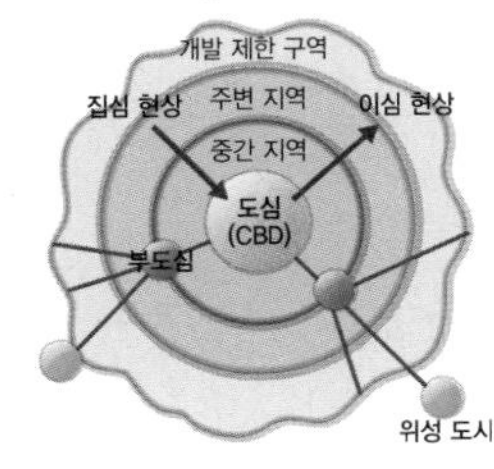

▲ 도시 내부 구조의 모식도

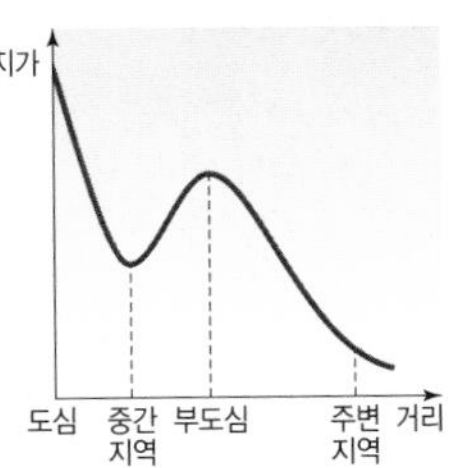

▲ 토지 이용별 지가

도시 내부 구조는 도시의 중심 지역인 도심, 도심의 기능을 분담하는 부도심, 주거 기능이 발달한 주변 지역, 개발 제한 구역 등으로 구분된다. 도심은 도시 어디에서나 쉽게 접근할 수 있어 지가가 높고, 도심에서 멀어질수록 접근성이 낮아지면서 지가도 낮아진다.

자료 ⑤ 서울의 도시 내부 경관

▼ 도심(중구) ▼ 주변 지역(노원구)

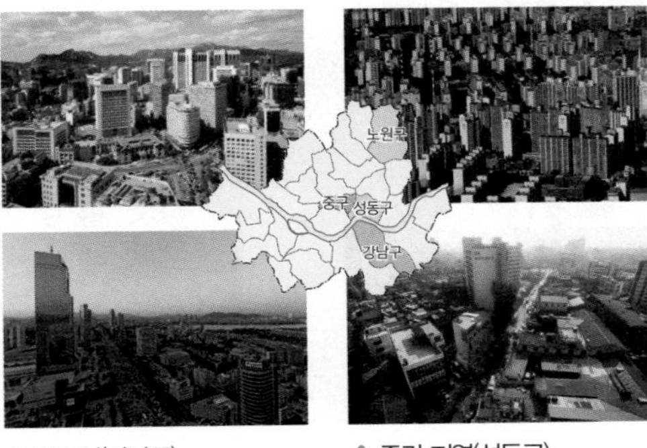

▲ 부도심(강남구) ▲ 중간 지역(성동구)

서울의 중구와 종로구 일대는 도심 지역으로 지가가 높고 고층 빌딩이 많다. 주변 지역에 위치한 노원구는 상대적으로 지가가 저렴하여 대규모 주거 단지가 분포한다.

자료 ⑥ 인구 공동화 현상

도심 지역 출퇴근 시간 교통 혼잡의 원인이야.

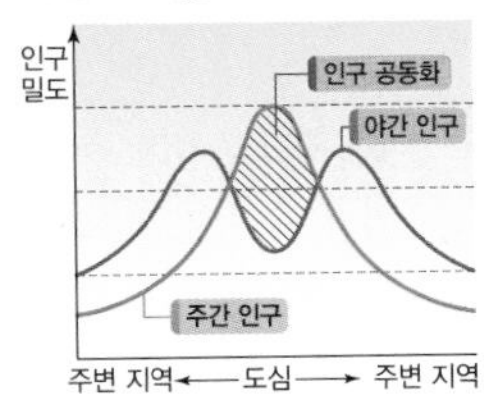

▲ 주간 및 야간 인구 밀도의 변화

도심에서는 주간에 도심에서 활동하던 사람들이 야간에 주거 지역으로 귀가하면서 도심의 인구 밀도가 낮아지는 인구 공동화 현상이 발생한다.

쏙쏙 용어

* **접근성** 어느 한 장소에서 다른 장소까지 도달하기 쉬운 정도로, 교통 발달의 영향을 많이 받음
* **지가(地-땅, 價-값)** 토지의 시장 거래 가격(땅값)
* **지대(地-땅, 代-대신하다)** 땅을 빌려 쓰는 대가로 지불하는 대가

대표 자료 확인하기

◆ 도시 내부 구조

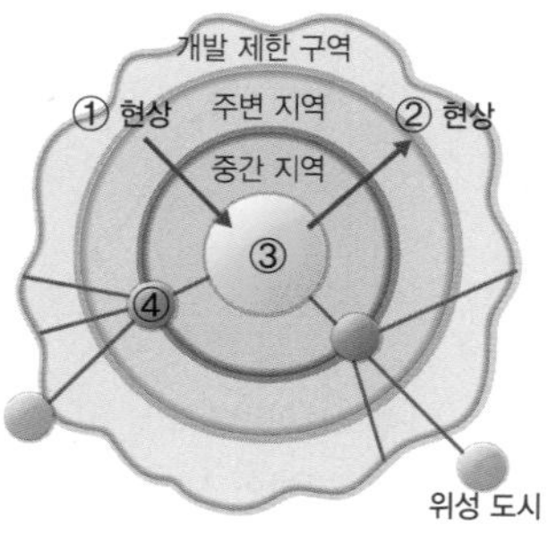

• (①　　　　)　　• (②　　　　)
• (③　　　　)　　• (④　　　　)

◆ 서울의 도시 내부 경관

⬇(⑤　　　　)　　⬇(⑥　　　　)

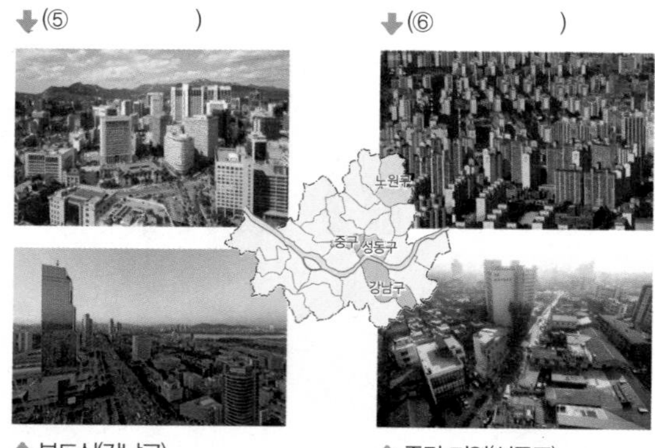

⬆부도심(강남구)　　⬆중간 지역(성동구)

중구는 (⑤　　　　)으로 지가가 높고 고층 빌딩이 많다. (⑥　　　　)에 위치한 노원구는 상대적으로 지가가 저렴하여 대규모 주거 단지가 분포한다.

한눈에 정리하기

◆ 도시 내부의 지역 분화

원인	
도시 내부 지역별 (①　　　　)과 지가의 차이	

⬇

도심	대기업 본사, 관공서, 호텔 등이 밀집하여 (②　　　　) 형성, 주거 기능의 약화로 (③　　　　) 현상이 나타남
(④　　　　)	도심과 주변 지역을 연결하는 교통이 편리한 지역에 위치함, 도심의 기능 분담
중간 지역	오래된 주택, 상가, 공장 등이 혼재
주변 지역	대규모 아파트 단지, 학교, 공업 지역 등이 입지함
(⑤　　　　)	도시의 무질서한 팽창 방지를 위해 설정

꼼꼼 개념 문제

정답과 해설 04쪽

1 (　　　　)는 인구가 밀집한 곳으로 주변 지역에 재화와 서비스를 제공하는 중심지 역할을 수행한다.

2 도시에 대한 설명이 맞으면 ○표, 틀리면 ×표를 하시오.

(1) 인구 밀도가 높고 토지 이용이 집약적이다. (　　)

(2) 2·3차 산업에 종사하는 인구의 비율이 높다. (　　)

(3) 산업 혁명 이후에는 시장을 중심으로 상업 도시가 발달하였다. (　　)

3 세계의 주요 도시와 각 도시의 특징을 옳게 연결하시오.

(1) 뉴욕 •　　• ㉠ 적도 주변에 위치한 고산 도시

(2) 키토 •　　• ㉡ 국제 연합 본부가 위치한 도시

(3) 쿠리치바 •　　• ㉢ 생태 환경이 잘 보존된 환경 도시

(4) 로테르담 •　　• ㉣ 역사 유적이 많고 문화가 발달한 도시

(5) 이스탄불 •　　• ㉤ 항만과 같은 물류 기능이 발달한 도시

4 (　　　　)는 세계 경제, 문화, 정치의 중심지로 세계적 영향력을 가진 금융 기관, 다국적 기업의 본사가 입지하고 각종 국제기구의 활동이 활발히 이루어진다.

5 다음 괄호 안의 내용 중 알맞은 말에 ○표를 하시오.

(1) 교통이 편리한 도심은 접근성이 (낮아, 높아) 상업·업무 기능이 주로 입지한다.

(2) 비싼 땅값을 지불할 수 없거나 넓은 부지를 필요로 하는 주거·공업 기능은 주변 지역으로 빠져나가는 (이심, 집심) 현상이 나타난다.

6 다음에서 설명하는 도시 내부 지역을 〈보기〉에서 골라 기호를 쓰시오.

보기
ㄱ. 도심　　ㄴ. 부도심
ㄷ. 주변 지역　　ㄹ. 중간 지역

(1) 도심에 집중된 상업·업무 기능을 분담한다. (　　)

(2) 오래된 주택, 상가, 공장 등이 혼재되어 있다. (　　)

(3) 고층 빌딩이 밀집해 있으며 중심 업무 지구를 형성한다. (　　)

(4) 지가가 상대적으로 저렴하여 대규모 아파트 단지, 학교, 공업 지역 등이 입지한다. (　　)

탄탄 시험 문제

중요해

01 ㉠에 들어갈 용어에 대한 설명으로 옳지 않은 것은?

> 오늘날 세계 인구의 절반가량은 (㉠)에 거주하고 있다. 비교적 좁은 공간에 많은 사람들이 모여 살며, 업무나 상업 기능이 발달하여 정치·경제·사회·문화의 중심지를 형성한다.

① 인구 밀도가 높다.
② 토지 이용이 집약적이다.
③ 1차 산업 종사자의 비율이 높다.
④ 주민들의 직업 구성이 다양하다.
⑤ 주변 지역에 재화와 서비스를 제공한다.

02 ㉠~㉢에 들어갈 내용을 옳게 연결한 것은?

> 역사상 최초의 도시는 (㉠)에 유리한 조건을 갖춘 문명의 발상지에서 발달하였다. 중세에는 교역과 교환이 활발한 시장을 중심으로 (㉡) 도시가 발달하였으며 산업 혁명 이후에는 (㉢) 산지를 중심으로 공업 도시가 발달하였다.

	㉠	㉡	㉢
①	농업	공업	석유
②	농업	상업	석유
③	농업	상업	석탄
④	상업	농업	석유
⑤	상업	농업	석탄

이 문제에서 나올 수 있는 선택지는 다~!

03 (가), (나) 지역을 비교한 내용으로 옳지 않은 것은?

(가)

(나)

① (가)는 (나)보다 농경지 비율이 높다.
② (가)는 (나)보다 다양한 기능을 수행한다.
③ (가)는 (나)보다 건물의 평균 고도가 낮다.
④ (나)는 (가)보다 한정된 공간을 효율적으로 활용한다.
⑤ (나)는 (가)보다 주민의 직업과 생활 모습이 다양하다.
⑥ (나)는 (가)보다 도로나 건축물 등의 인문 경관이 발달하였다.

[04~05] 지도를 보고 물음에 답하시오.

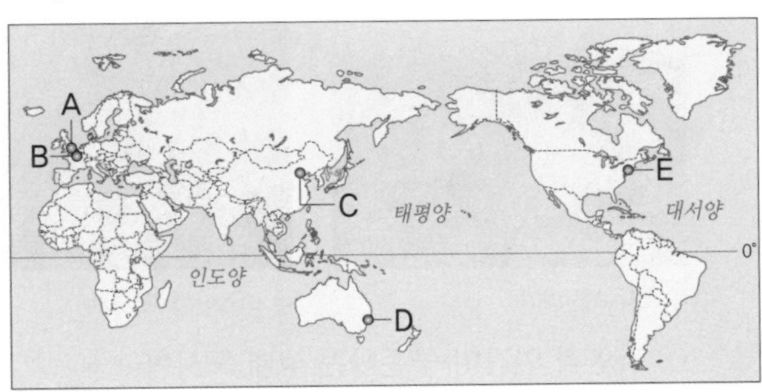

04 다음에서 설명하는 도시를 위 지도의 A~E에서 고른 것은?

> 국제 연합(UN)의 본부가 있는 도시로 세계에서 가장 규모가 큰 금융 시장이 있으며, 증권 시장 거래 금액도 세계 1위이다. 또한 세계의 광고, 음악, 패션 산업을 주도하는 세계 정치, 경제, 문화의 중심지이다.

① A ② B ③ C ④ D ⑤ E

05 (가), (나)와 같은 랜드마크가 나타나는 도시를 위 지도의 A~E에서 골라 옳게 연결한 것은?

(가)

(나)

	(가)	(나)
①	A	C
②	B	D
③	B	E
④	C	A
⑤	D	E

06 다음 설명에 해당하는 도시를 옳게 짝지은 것은?

> 인간과 자연이 공존할 수 있도록 생태 환경을 보호하고, 태양광 등 신·재생 에너지를 적극적으로 활용한다.

① 런던, 뉴욕 ② 키토, 쿠스코
③ 시안, 아테네 ④ 상하이, 로테르담
⑤ 쿠리치바, 프라이부르크

07 사진의 도시들이 갖는 공통점으로 옳은 것은?

로마(이탈리아)

이스탄불(튀르키예)

① 자연과 인간이 공존하는 생태 도시이다.
② 교통의 요지에 입지한 산업·물류 도시이다.
③ 역사 유적을 잘 간직한 역사·문화 도시이다.
④ 다국적 기업의 본사가 많이 입지한 세계 도시이다.
⑤ 적도 주변의 해발 고도가 높은 곳에 위치한 고산 도시이다.

08 도시 내부의 지역 분화에 영향을 미치는 요인을 〈보기〉에서 고른 것은?

보기	
ㄱ. 지가	ㄴ. 접근성
ㄷ. 자연환경	ㄹ. 시가지의 형성 시기

① ㄱ, ㄴ ② ㄱ, ㄷ ③ ㄴ, ㄷ ④ ㄴ, ㄹ ⑤ ㄷ, ㄹ

09 다음은 학생이 수업 시간에 정리한 노트이다. 밑줄 친 ㉠~㉣에 대한 옳은 설명을 〈보기〉에서 고른 것은?

도시 내부의 지역 분화
(1) ㉠ 지역 분화: 도시 내부가 중심 업무 지역, 상업 지역, 공업 지역, 주거 지역으로 나뉘는 현상
(2) 원인: 땅값과 ㉡ 접근성의 차이에 따른 이심 현상과 ㉢ 집심 현상
(3) 결과: 도시 내부에 상업·업무 기능, 공업 기능, ㉣ 주거 기능이 분리되어 입지

보기
ㄱ. ㉠ – 규모가 작은 도시에서 잘 나타난다.
ㄴ. ㉡ – 도시 중심부가 주변 지역에 비해 높다.
ㄷ. ㉢ – 기업 본사나 관공서 등이 도심에 집중한다.
ㄹ. ㉣ – 교통이 편리해 출퇴근이 용이한 도시 중심부에 주로 입지한다.

① ㄱ, ㄴ ② ㄱ, ㄷ ③ ㄴ, ㄷ ④ ㄴ, ㄹ ⑤ ㄷ, ㄹ

[10~11] 그림은 도시 내부 구조를 나타낸 것이다. 이를 보고 물음에 답하시오.

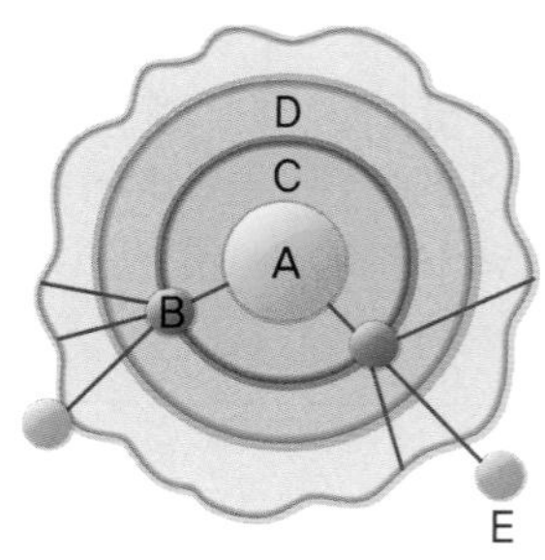

10 위 그림의 A~E에 대한 설명으로 옳은 것은?

① A – 지가가 저렴하여 고층 건물이 밀집해 있다.
② B – 도심에 집중된 상업·업무 기능을 분담한다.
③ C – 도시의 무질서한 팽창을 막고 녹지 공간을 보존하기 위해 설정되었다.
④ D – 교통이 편리하고 지가가 높아 중심 업무 지구를 형성한다.
⑤ E – 주거 기능이 약화되어 인구 공동화 현상이 나타난다.

11 다음과 같은 현상이 가장 뚜렷하게 나타나는 지역을 위 그림의 A~E에서 고른 것은?

> 1894년 개교한 ○○초등학교는 한때 한해 졸업생이 880명에 이를 만큼 규모가 컸으나 2014년 서울에서 가장 적은 21명의 신입생을 받은 학교가 되었다. 이처럼 학교 규모가 작아진 원인은 지가가 상승하면서 주거 기능이 지가가 낮은 지역으로 빠져나갔기 때문이다.

① A ② B ③ C ④ D ⑤ E

12 그래프는 토지 이용별 지가를 나타낸 것이다. A 지역에 비해 상대적으로 B 지역에서 많거나 높은 수치가 나타나는 지표를 〈보기〉에서 고른 것은?

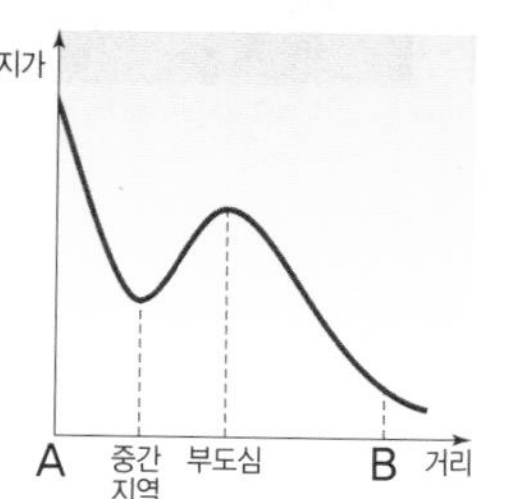

보기
ㄱ. 접근성
ㄴ. 주간 인구 밀도
ㄷ. 초등학교 학생 수
ㄹ. 주민들의 평균 통근 거리

① ㄱ, ㄴ ② ㄱ, ㄷ ③ ㄴ, ㄷ ④ ㄴ, ㄹ ⑤ ㄷ, ㄹ

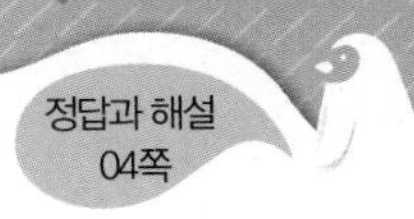

[13~14] 사진은 서울의 내부 경관을 나타낸 것이다. 이를 보고 물음에 답하시오.

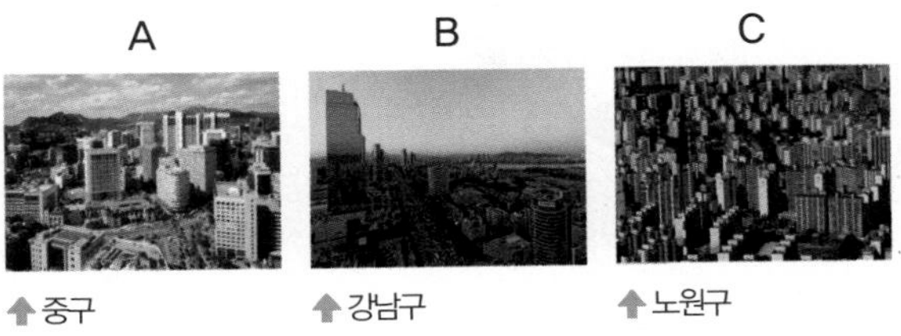

↑중구 ↑강남구 ↑노원구

13 (가), (나)에 해당하는 지역을 위 사진의 A~C에서 골라 옳게 연결한 것은?

> (가) 대기업의 본사와 금융 기관, 백화점, 관공서 등이 밀집해 있다.
> (나) 도심과 주변 지역을 연결하는 교통의 요지에 있으며 도심의 상업·업무 기능을 분담한다.

	(가)	(나)		(가)	(나)		(가)	(나)
①	A	B	②	A	C	③	B	A
④	B	C	⑤	C	A			

14 A에서 볼 수 있는 모습으로 적절하지 않은 것은?

① 출퇴근 시간의 교통 혼잡
② 밤에 할인율이 높아지는 주차장
③ 아침에 등교하는 중·고교 학생들
④ 백화점 본점에서 쇼핑하는 관광객
⑤ 대기업의 본사에서 일하는 직장인

15 교사의 질문에 대해 옳은 대답을 한 학생을 고른 것은?

개발 제한 구역을 설정하면 어떤 효과가 있을까요?
교사
도시의 녹지 공간을 확보할 수 있습니다.
인구 공동화 현상을 방지할 수 있습니다.
나현
다현
라현
가현
대도시의 무질서한 팽창을 막을 수 있습니다.
대도시의 기능을 분담하여 인구를 분산할 수 있습니다.

① 가현, 나현 ② 가현, 다현 ③ 나현, 다현
④ 나현, 라현 ⑤ 다현, 라현

학교 시험에 잘 나오는 서술형 문제

1 제시된 도시들의 공통적인 특징을 서술하시오.

> • 뉴욕 • 도쿄 • 런던

2 다음 글을 읽고 물음에 답하시오.

> 도시는 규모가 커짐에 따라 ㉠ 같은 종류의 기능은 모이고, 다른 기능들이 서로 분리되는 현상이 발생하는데, 그 결과 도시 내부 구조는 도시의 중심 지역인 ㉡ 도심, 도심의 기능을 분담하는 부도심, 주거 기능이 발달한 주변 지역 등으로 구분된다.

(1) 밑줄 친 ㉠이 발생하는 주요 원인을 쓰시오.

(2) 밑줄 친 ㉡의 특징을 세 가지만 서술하시오.

3 그래프를 보고 물음에 답하시오.

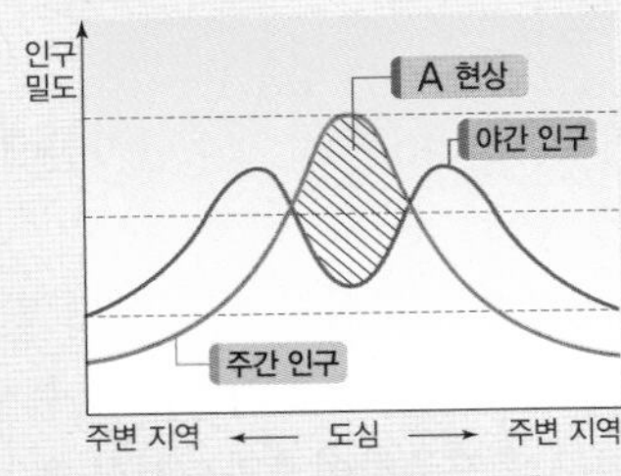

(1) A에 들어갈 용어를 쓰시오.

(2) (1)과 같은 현상이 나타나는 원인을 도심의 특성과 관련하여 서술하시오.

03~04 도시화와 도시 문제 ~살기 좋은 도시

도시화의 의미와 과정

1. 도시화의 의미와 특징

(1) 의미: 도시의 수가 증가하거나 전체 인구에서 도시 인구가 차지하는 비율이 높아지고, 도시적 생활 양식이 확산하는 과정

(2) 특징: 도시화가 진행되는 지역은 인구 유입이 활발하고, 제조업과 서비스업 위주로 주민의 경제 활동이 변화함

2. 도시화 과정 *도시화율에 따라 3단계로 구분함 자료 ①

초기 단계	• 대부분의 인구가 촌락에 분포하며 1차 산업에 종사함 • 도시화율이 낮고 도시화의 진행 속도가 느림 • 인구가 전 국토에 걸쳐 고르게 분포함
가속화 단계	• 산업화가 진행되고 제조업과 서비스업이 발달함 • 이촌 향도 현상과 함께 도시화율이 급격히 상승함 • 인구 및 경제 활동이 도시에 집중하여 도시 문제가 발생함
종착 단계	• 도시화율이 80%를 넘어 도시 인구의 증가 속도가 느려짐 • 도시 간 인구 이동이 활발하며, 일부 지역에 *역도시화 현상이 나타나기도 함

선진국과 개발 도상국의 도시화와 도시 문제

1. 선진국의 도시화 자료 ②

(1) 과정: 18세기 산업 혁명 이후 200여 년에 걸쳐 점진적으로 진행 → 대부분 종착 단계에 이름

(2) 특징: 도시화가 정체되거나 역도시화 현상이 나타남, 대도시의 영향력 확대로 대도시권 형성

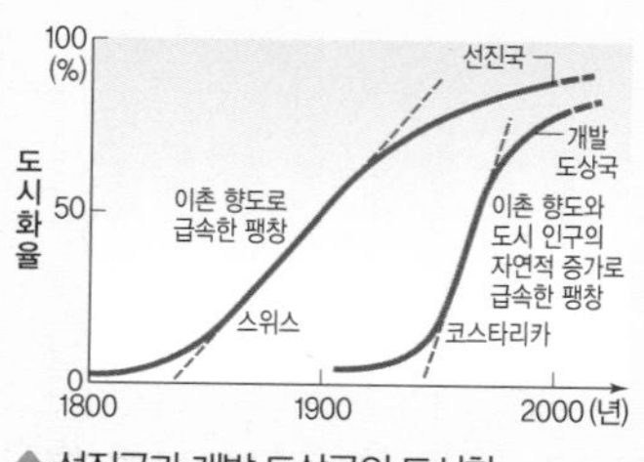

▲ 선진국과 개발 도상국의 도시화

2. 개발 도상국의 도시화

(1) 과정: 20세기 중반 이후 30~40년 정도의 단기간에 급속히 진행 → 대부분 가속화 단계에 속함

(2) 특징: 산업화에 따른 청장년층 중심의 이촌 향도 및 도시 인구의 자연적 증가로 도시 인구 급증 → 산업 기반을 갖추지 못한 상태에서 *수위 도시로 많은 인구가 집중하여 *과도시화 현상 발생

3. 우리나라의 도시화 자료 ③

1960년대	산업화에 따른 이촌 향도 → 서울과 부산, 대구 등 대도시와 공업 도시를 중심으로 도시화가 빠른 속도로 진행
1970년대	우리나라 인구의 절반 이상이 도시에 거주
1990년대	도시화 속도 둔화, 서울·부산 등 대도시 주변에 위성 도시 발달
현재	전체 인구의 약 90%가 도시에 거주하는 도시화의 종착 단계

생생 자료

자료 ① 도시화 과정

서술형 단골 도시화의 단계별 인구 이동 특성을 묻는 문제가 자주 출제돼.

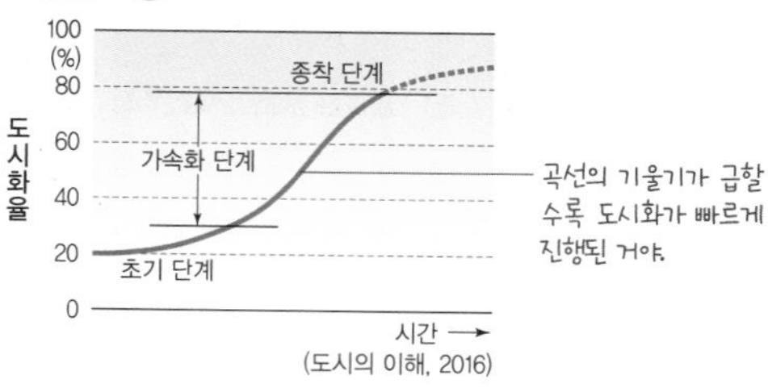

도시화 곡선은 S자 형태로 나타나며 도시화율에 따라 초기 단계, 가속화 단계, 종착 단계로 구분한다.

자료 ② 세계 대륙별·국가별 도시화율

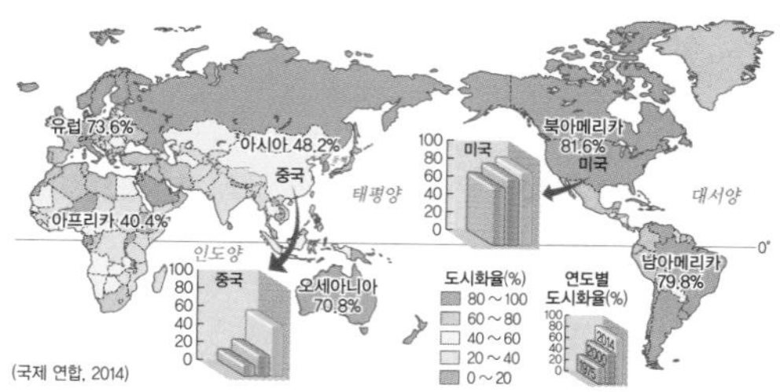

대륙별 도시화율은 북아메리카 > 남아메리카 > 유럽 > 오세아니아 > 아시아 > 아프리카 순으로 높게 나타난다. 선진국인 미국은 도시화가 점진적으로 진행된 것에 비해 단기간에 경제가 급성장한 중국은 도시화가 매우 빠르게 진행되었다. ─ 도시화율은 선진국이 높지만, 도시화의 속도는 개발 도상국이 빨라.

자료 ③ 우리나라의 도시화율 변화

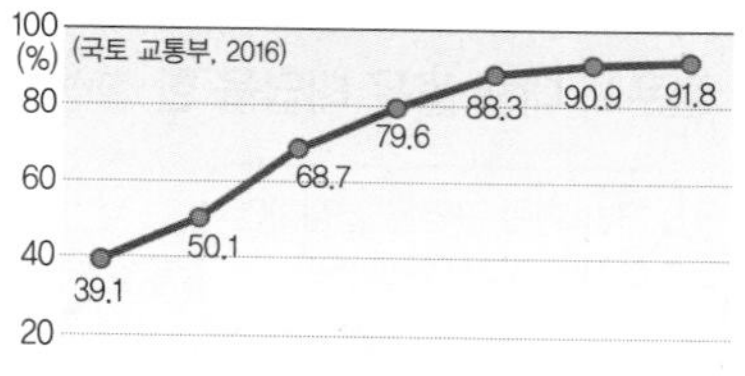

우리나라는 1960년대 이후 산업화에 따른 이촌 향도 현상으로 도시화율이 급속하게 높아졌다. 현재는 총인구의 90% 이상이 도시에 거주하고 있다.

쏙쏙 용어

* **도시화율** 전체 인구 중 도시에 사는 인구가 차지하는 비율
* **역도시화** 도시 인구가 도시 이외의 지역으로 이동하여 도시 인구가 감소하는 현상
* **수위 도시** 인구가 가장 많은 제1의 도시로, 개발 도상국에서는 수도인 경우가 많음
* **과도시화** 도시의 기능 보유 수준에 비해 지나치게 많은 인구가 거주하는 현상

4. 선진국과 개발 도상국의 도시 문제 자료 4

구분	선진국	개발 도상국
도시 문제	시설 *노후화 및 *슬럼 형성, 주거 비용 상승에 따른 인구 유출, 제조업 쇠퇴로 실업률 상승 등	인구 급증에 따른 시설 및 일자리 부족, 불량 주거 지역 형성, 열악한 위생 환경 등
해결 노력	도시 재개발 및 도심 재활성화 추진, 산업 구조 개편을 통한 도시 내 일자리 창출 등	*도시 기반 시설 확충, 주거 환경 개선, 선진국의 기술·자본 수용을 통한 일자리 창출 등

살기 좋은 도시

1. 도시 문제 해결을 위한 노력

(1) 도시 문제의 발생 원인: 특정 도시로의 인구 및 기능 집중

(2) 도시 문제의 해결 방안

① 교통 문제: 도로 환경 개선, 대중교통 이용 장려, 혼잡 통행료 부과

② 주택 문제: 대도시 주변에 신도시 조성, *도시 재생 사업 추진

③ 환경 문제: 쓰레기 분리수거, 친환경 에너지 사용·재활용 정책 추진

④ 지역 격차: 지역 균형 발전 정책 추진

(3) 도시 문제 해결을 위한 다양한 노력 자료 5

브라질 쿠리치바	교통 혼잡 문제를 해결하기 위해 굴절 버스, 버스 전용 차선 등을 도입하여 대중교통 이용률을 높임
우리나라 울산	오염이 심했던 태화강을 정비하고 생태 공원을 조성함
오스트리아 그라츠	동서 지역 간 교류 확대 및 지역 격차 완화를 위해 동서 지역을 연결하는 다리 건설, 미술관 건립
에스파냐 빌바오	철강 산업 쇠퇴로 침체된 지역에 구겐하임 미술관을 유치하여 문화와 예술이 살아있는 관광 도시로 발전함
인도 벵갈루루	일자리 부족, 빈곤 문제 등을 해결하기 위해 소프트웨어 산업 육성 정책을 실시하여 IT 산업의 중심 도시로 성장

2. 살기 좋은 도시 자료 6

(1) 살기 좋은 도시의 조건

① 쾌적한 생활환경: 적정 규모의 인구 거주, 깨끗한 자연환경

② 경제적 풍요: 높은 소득 수준, 풍부한 일자리, 다양한 경제 활동

③ 정치·사회적 안정: 정치적 안정과 낮은 범죄율

④ 풍부한 편의 시설: 교육, 의료, 보건, 문화, 행정 서비스가 잘 갖추어짐

(2) 세계 여러 지역의 살기 좋은 도시

서술형 단골 살기 좋은 도시의 조건을 묻는 문제가 자주 출제돼.

오스트레일리아 멜버른	다양한 도시 기반 시설 및 문화 시설, 쾌적한 환경을 갖추고 있어 세계에서 가장 살기 좋은 도시로 선정됨
오스트리아 빈	문화·예술의 도시, 오페라 하우스 등 문화 시설 발달
캐나다 밴쿠버	우수한 사회 보장 제도를 갖춘 대표적인 다문화 도시
우리나라 순천	순천만 정원을 조성하여 대표적인 생태 도시로 인정받음

생생 자료

자료 4 다양한 도시 문제

쓰레기 문제(영국 런던)

무허가 주택(인도 뭄바이)

선진국은 도시화의 역사가 오래되어 시설이 노후화되면서 다양한 도시 문제가 발생한다. 반면 개발 도상국은 기반 시설이 갖춰지지 않은 도시로 인구가 집중되면서 무허가 주택이나 빈민촌이 형성되어 문제가 되고 있다.

└ 개발 도상국은 계층 간 빈부 격차가 심해 도시 곳곳에서 빈민층 집단 거주지를 볼 수 있어.

자료 5 살기 좋은 도시를 만들기 위한 노력

브라질 쿠리치바의 원통형 정류장과 굴절 버스

에스파냐 빌바오의 구겐하임 미술관

쿠리치바는 교통 혼잡 문제를 해결하기 위해 교통 체계를 개선하여 굴절 버스, 원통형 버스 정류장 등을 도입하였다. 빌바오는 과거 번성하였던 철강 산업이 쇠퇴하면서 지역 경제가 침체되었지만, 구겐하임 미술관을 유치하여 오늘날 세계적인 문화 관광 도시가 되었다.

┌ 모두 유럽, 북아메리카, 오세아니아의 선진국에 위치하고 있어.

자료 6 세계의 살기 좋은 도시 순위

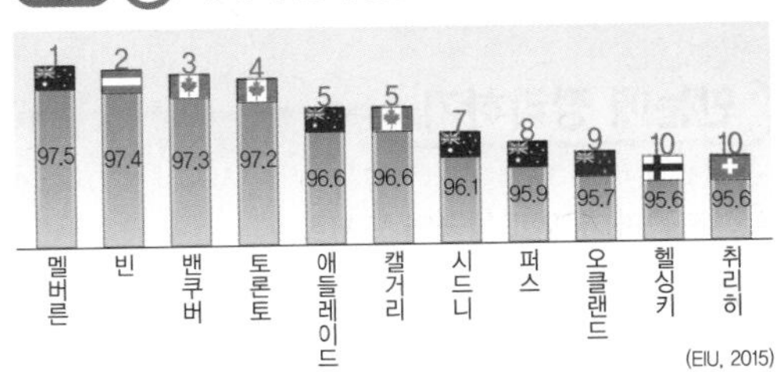

(EIU, 2015)

세계의 살기 좋은 도시 순위는 교육, 안전성, 도시 기반 시설, 문화 및 환경, 의료 서비스를 기준(100점 만점)으로 평가하였다. 살기 좋은 도시의 절대적 기준을 정하기는 어렵지만 대체로 주민들의 삶의 질이 높은 도시가 살기 좋은 도시라고 할 수 있다.

쏙쏙 용어

* **노후화(老-늙다, 朽-쇠하다, 化-되다)** 오래되고 낡아 제구실을 못하게 되는 것
* **슬럼** 대도시 내에서 빈민이 주로 거주하는 지역
* **도시 기반 시설** 도로, 전기, 상하수도 등 도시의 기능을 수행하는 데 바탕이 되는 시설
* **도시 재생 사업** 낙후된 도심을 재개발하여 주거 환경을 개선하고 교통 시설과 교통 체계를 정비하는 사업

대표 자료 확인하기

◆ 도시화 과정

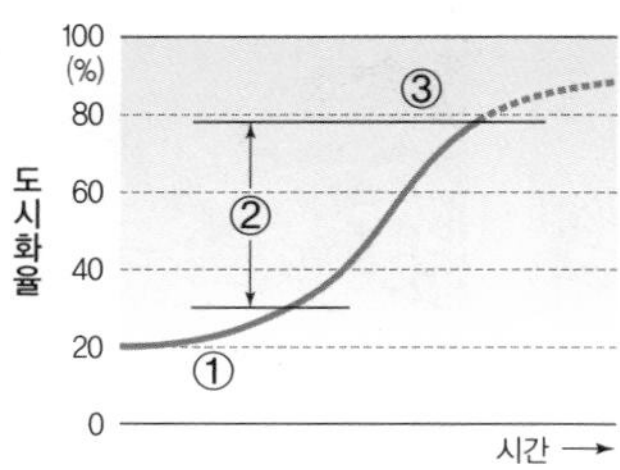

(①)	1차 산업 중심, 낮은 도시화율
(②)	이촌 향도 현상으로 도시 인구 급증
(③)	높은 도시화율, 역도시화 현상 발생

◆ 세계의 살기 좋은 도시

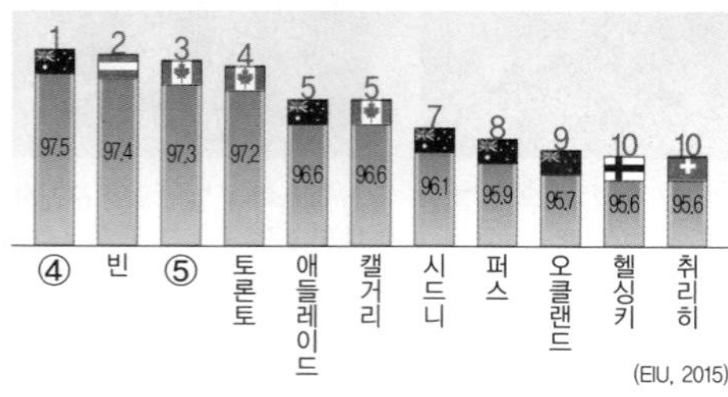

▲ 세계의 살기 좋은 도시 순위

오스트레일리아의 (④)은 다양한 문화 시설과 쾌적한 환경을 바탕으로 세계에서 가장 살기 좋은 도시로 선정되었다. 캐나다의 (⑤)는 우수한 사회 보장 제도를 갖춘 대표적인 다문화 도시이다.

한눈에 정리하기

◆ 선진국과 개발 도상국의 도시화

선진국	개발 도상국
• 18세기 (①) 이후 점진적 진행 → 현재 대부분 종착 단계 • 도시화 정체, 대도시권이 형성되고 (②) 현상 발생	• 20세기 중반 이후 단기간에 급속히 진행 → 현재 대부분 (③) 단계 • 수위 도시로 많은 인구가 집중하여 (④) 현상 발생

◆ 도시 문제 해결을 위한 노력

(⑤)	교통 혼잡 문제 발생 → 굴절 버스, 원통형 버스 정류장, 버스 전용 차선 등을 도입하여 대중교통 이용률을 높임
빌바오	(⑥)의 쇠퇴로 지역 침체 문제 발생 → 구겐하임 미술관 유치로 관광 도시로 발전함

꼼꼼 개념 문제

● 정답과 해설 05쪽

1 ( )란 전체 인구에서 도시 인구가 차지하는 비율이 높아지고, 도시적 생활 양식이 확산하는 과정을 말한다.

2 다음 설명이 맞으면 ○표, 틀리면 ×표를 하시오.

(1) 도시화의 종착 단계에서는 도시 간 인구 이동이 활발하다. ( )

(2) 우리나라는 1960년대부터 산업화에 따른 이촌 향도 현상으로 도시 인구가 급증하였다. ( )

(3) 개발 도상국은 기반 시설이 부족한 상태에서 수위 도시로 인구가 집중하여 역도시화 현상이 발생하고 있다. ( )

3 (㉠)은 18세기 산업 혁명 이후 점진적으로 도시화가 진행된 반면, (㉡)은 20세기 중반 이후 단기간에 급속히 도시화가 진행되었다.

4 다음 괄호 안의 내용 중 알맞은 말에 ○표를 하시오.

(1) 오늘날 도시화율이 가장 높은 대륙은 (유럽, 북아메리카)이다.

(2) 대부분의 선진국은 현재 도시화 단계 중 (종착, 가속화) 단계에 해당한다.

5 선진국과 개발 도상국에서 주로 나타나는 도시 문제를 <보기>에서 골라 기호를 쓰시오.

보기
ㄱ. 시설 노후화　　ㄴ. 기반 시설 부족
ㄷ. 주거 비용 상승　　ㄹ. 열악한 위생 환경

(1) 선진국 ( )

(2) 개발 도상국 ( )

6 다음에서 설명하는 도시를 <보기>에서 골라 기호를 쓰시오.

보기
ㄱ. 그라츠　　ㄴ. 빌바오　　ㄷ. 벵갈루루

(1) 일자리 부족과 빈곤 문제를 소프트웨어 산업 육성 정책으로 해결한 도시 ( )

(2) 구겐하임 미술관을 유치하여 산업 쇠퇴로 인한 지역 경제 침체를 극복한 도시 ( )

(3) 동서 지역을 연결하는 다리 건설, 미술관 건립 등을 통한 교류 확대로 지역 격차를 완화한 도시 ( )

시험 문제

01 도시화에 대한 옳은 설명만을 <보기>에서 있는 대로 고른 것은?

보기
ㄱ. 도시의 수가 증가한다. ㄴ. 도시에서 인구 유출이 활발해진다. ㄷ. 주민의 경제 활동이 제조업과 서비스업 위주로 변화한다. ㄹ. 전체 인구 중에서 도시에 거주하는 인구의 비율이 높아진다.

① ㄱ, ㄷ ② ㄴ, ㄹ ③ ㄱ, ㄴ, ㄷ
④ ㄱ, ㄷ, ㄹ ⑤ ㄴ, ㄷ, ㄹ

[02~03] 그래프는 도시화 과정을 나타낸 것이다. 이를 보고 물음에 답하시오.

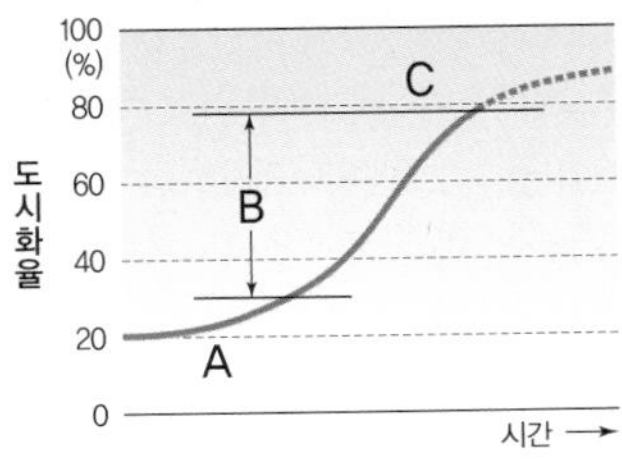

02 위 그래프의 A~C 단계에 대한 설명으로 옳지 않은 것은?

① A 단계에서는 인구의 대부분이 촌락에 거주한다.
② B 단계에서는 2·3차 산업 종사자 비율이 증가한다.
③ C 단계에서는 도시 인구의 증가 속도가 빨라진다.
④ 오늘날 대부분의 개발 도상국은 B 단계, 선진국은 C 단계에 해당한다.
⑤ 도시의 인구수는 A < B < C 순으로 높게 나타난다.

03 (가), (나)와 같은 인구 이동이 주로 나타나는 시기를 위 그래프의 A~C에서 골라 옳게 연결한 것은?

(가) 촌락에서 일자리가 많은 도시로 인구가 이동한다. (나) 쾌적한 환경을 찾아 도시 인구가 도시 이외의 지역으로 이동한다.

	(가)	(나)		(가)	(나)
①	A	B	②	A	C
③	B	A	④	B	C
⑤	C	B			

[04~05] 그래프는 세 국가의 도시화율 변화를 나타낸 것이다. 이를 보고 물음에 답하시오.

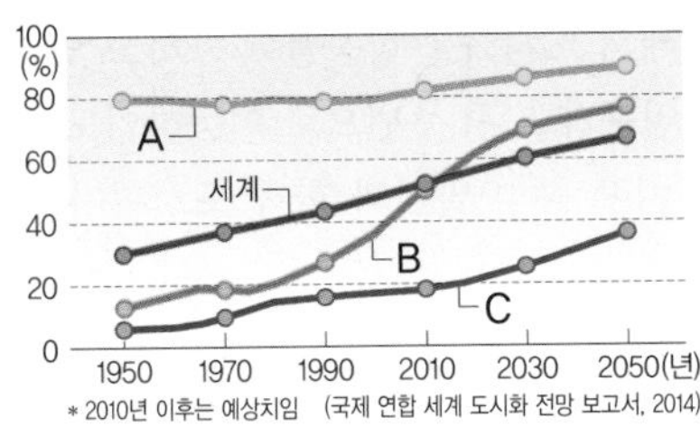

* 2010년 이후는 예상치임 (국제 연합 세계 도시화 전망 보고서, 2014)

04 위 그래프의 A~C에 해당하는 국가를 옳게 연결한 것은? (단, A~C는 영국, 중국, 니제르 중 하나이다.)

	A	B	C
①	영국	중국	니제르
②	영국	니제르	중국
③	중국	영국	니제르
④	중국	니제르	영국
⑤	니제르	영국	중국

05 위 그래프의 A~C 국가에 대한 분석 및 추론으로 옳지 않은 것은?

① 서비스업 종사자 비율은 A가 가장 높을 것이다.
② B는 현재 도시화의 종착 단계에 해당한다.
③ B는 1990~2010년 도시화율 상승 폭이 가장 크다.
④ B는 C보다 1인당 국내 총생산이 많을 것이다.
⑤ C는 A보다 경제 발달 수준이 낮을 것이다.

중요해

06 그래프는 우리나라의 도시화율 변화를 나타낸 것이다. 이에 대한 옳은 설명을 <보기>에서 고른 것은?

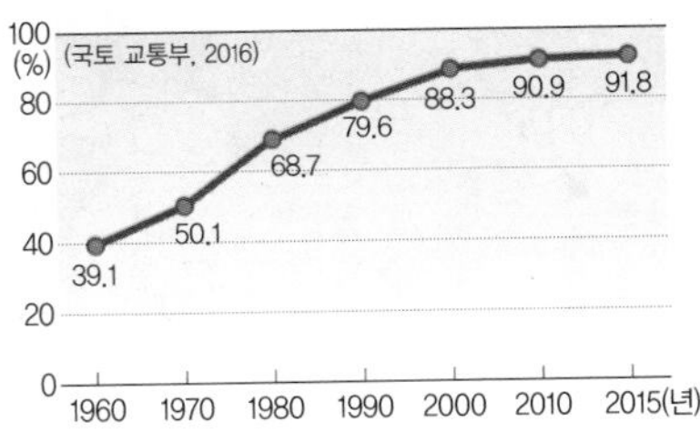

보기
ㄱ. 1960년에 촌락 인구는 도시 인구보다 많다. ㄴ. 1970년에 도시화의 종착 단계에 진입하였다. ㄷ. 1990년 이후 도시화의 진행 속도가 빨라졌다. ㄹ. 현재 총인구의 90% 이상이 도시에 거주한다.

① ㄱ, ㄴ ② ㄱ, ㄹ ③ ㄴ, ㄷ
④ ㄴ, ㄹ ⑤ ㄷ, ㄹ

07 선진국의 도시화에 대한 설명으로 옳지 않은 것은?

① 현재 도시화의 종착 단계에 해당한다.
② 오늘날 전 세계 도시화율 상승을 주도하고 있다.
③ 최근 도시 인구가 도시 주변으로 이동하기도 한다.
④ 산업 혁명 이후 공업 발달과 함께 도시화가 시작되었다.
⑤ 도시화의 역사가 오래되어 도심 지역의 시설이 노후화되고 있다.

중요해
08 밑줄 친 ㉠~㉤ 중 옳지 않은 것은?

> 개발 도상국의 도시화는 ㉠ 20세기 중반 이후 본격적으로 시작되었다. 개발 도상국에서는 도시 지역을 중심으로 산업화가 진행되면서 나타난 ㉡ 이촌 향도 현상과 인구의 자연 증가가 더해져 ㉢ 단기간에 급격한 도시화가 진행되었다. 오늘날 도시화는 ㉣ 선진국보다 개발 도상국에서 활발하게 이루어지며, ㉤ 유럽과 북아메리카의 도시화율은 현재보다 증가할 것으로 전망된다.

① ㉠ ② ㉡ ③ ㉢ ④ ㉣ ⑤ ㉤

09 지도는 대륙별·국가별 도시화율을 나타낸 것이다. 이에 대한 옳은 설명을 〈보기〉에서 고른 것은?

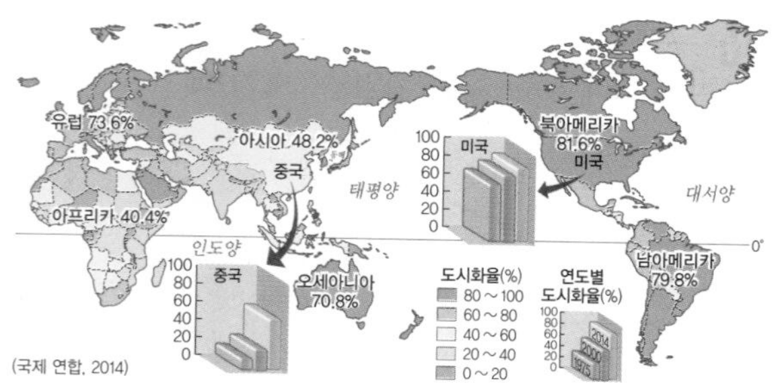

| 보기 |
ㄱ. 도시화율이 가장 높은 대륙은 남아메리카이다.
ㄴ. 아시아는 현재 도시화의 초기 단계에 해당한다.
ㄷ. 미국은 중국보다 도시화가 점진적으로 진행되었다.
ㄹ. 대체로 경제 발전 수준이 높은 대륙일수록 도시화율이 높다.

① ㄱ, ㄴ ② ㄱ, ㄷ ③ ㄴ, ㄷ
④ ㄴ, ㄹ ⑤ ㄷ, ㄹ

10 다음과 같은 문제를 해결하기 위한 방안으로 가장 적절한 것은?

> 선진국에서는 도심의 주거 기능이 약해지거나 경기 침체에 따른 인구 유출로 도시화 초기 단계에 지어진 낡고 오래된 건물 등을 중심으로 슬럼이 형성된다.

① 혼잡 통행료를 부과한다.
② 도시 재생 사업을 추진한다.
③ 대중교통 수단 이용을 장려한다.
④ 개발 도상국 출신 이주민의 유입을 장려한다.
⑤ 산업 구조를 개편하여 도시 내 일자리를 창출한다.

11 다음에서 설명하는 도시로 옳은 것은?

> 과거 철강 산업이 발달한 공업 도시였으나 산업의 쇠퇴로 지역 경제가 어려워졌다. 그러나 구겐하임 미술관을 유치하면서 연 100만 명 이상의 관광객이 찾는 문화·예술과 관광의 도시가 되었다.

① 영국 리버풀 ② 브라질 쿠리치바
③ 에스파냐 빌바오 ④ 독일 프라이부르크
⑤ 오스트리아 그라츠

12 밑줄 친 '이 도시'가 위치한 국가를 지도의 A~E에서 고른 것은?

> 이 도시는 일자리 부족과 빈곤 문제가 심각하였으나 1980년대 정부의 소프트웨어 산업 육성 정책에 힘입어 세계 IT 산업의 중심지가 되었다.

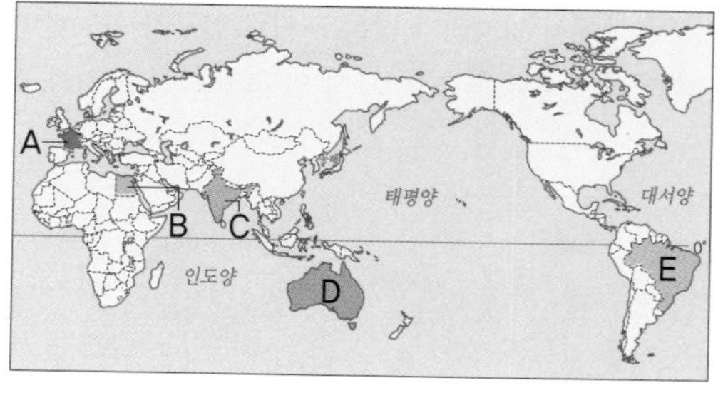

① A ② B ③ C ④ D ⑤ E

이 문제에서 나올 수 있는 선택지는 다~!

13 살기 좋은 도시의 특징으로 보기 어려운 것은?

① 높은 경제 수준을 유지한다.
② 쾌적한 생활환경이 나타난다.
③ 적정 규모의 인구수가 거주한다.
④ 도시의 매력과 특성이 획일적이다.
⑤ 다양한 생활 편의 시설이 갖추어져 있다.
⑥ 범죄율이 낮고 정치적으로 안정되어 있다.

14 다음 내용을 통해 알 수 있는 살기 좋은 도시의 특징으로 적절하지 않은 것은?

> 멜버른은 도시 내에 푸르른 잔디와 형형색색의 꽃으로 가꾸어진 공원이 가득하며 높은 녹지율을 자랑한다. 화랑, 박물관, 공연장 등을 많이 보유하고 있고, 매년 자동차 경주, 테니스, 경마 등 각종 스포츠 행사가 열려 생동감이 넘치는 도시이다. 또한 치안이 좋아 범죄율도 비교적 낮은 편이다.

① 사회적으로 안정되어 있다.
② 문화 시설이 잘 갖추어져 있다.
③ 세계 경제와 정치에 미치는 영향력이 크다.
④ 주민 참여 행사를 통해 공동체적 결속을 다진다.
⑤ 쾌적한 자연환경과 도시 고유의 매력을 유지한다.

15 교사의 질문에 대해 옳은 대답을 한 학생을 고른 것은?

① 가현, 나현 ② 가현, 다현 ③ 나현, 다현
④ 나현, 라현 ⑤ 다현, 라현

학교 시험에 잘 나오는 서술형 문제

1 그래프를 보고 개발 도상국과 비교한 선진국의 도시화 과정을 시기, 속도의 측면에서 비교하여 서술하시오.

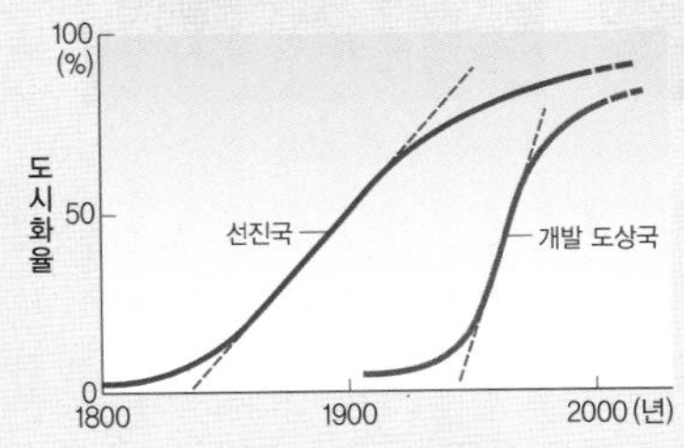

2 (가), (나) 현상을 각각 쓰고, 이와 관련하여 선진국과 개발 도상국에서 나타나는 도시 문제를 서술하시오.

> (가) 산업화로 인해 촌락의 인구가 도시로 집중되는 현상이다.
> (나) 도시에서 주변의 다른 도시 또는 촌락으로 인구가 이동·분산하는 현상이다.

3 밑줄 친 문제점을 해결하기 위해 쿠리치바에서 어떤 노력을 하였는지 두 가지만 서술하시오.

> 브라질 남부의 쿠리치바는 1950년대 도시화로 인해 인구가 급격히 증가하였다. 이로 인해 <u>심각한 교통 혼잡 문제가 발생하였다.</u>

표와 자료로 정리하는 대단원

1 세계 주요 도시의 경관

↑뉴욕의 (①)

↑(②)의 콜로세움

뉴욕의 ① □□□ □□□, ② □□의 콜로세움 등의 ③ □□□□는 도시를 대표하는 상징물로 도시 경관을 결정하는 데 중요한 역할을 한다.

| 답 | ① 자유의 여신상 ② 로마 ③ 랜드마크

2 도시 내부 구조

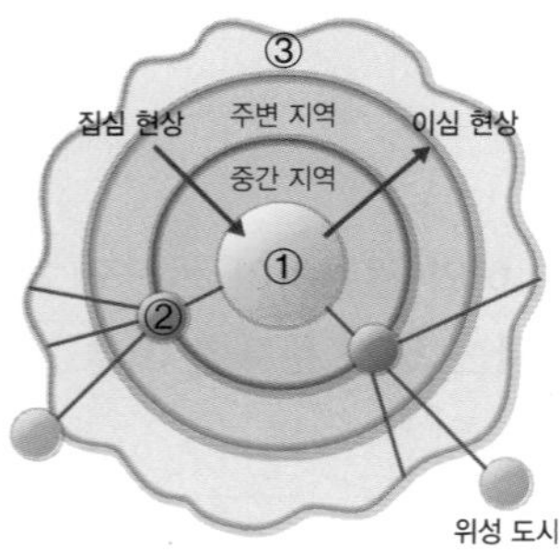

- ① □□은 접근성과 지가가 가장 높은 곳으로, 대기업 본사·백화점 등이 밀집하여 중심 업무 지구(CBD)를 형성한다.
- ② □□□은 도심과 주변 지역을 연결하는 교통이 편리한 곳에 위치하며 도심의 기능을 분담한다.
- 도시 외곽에는 도시의 무질서한 팽창 방지 및 녹지 확보를 위해 ③ □□ □□ □□을 설정하기도 한다.

| 답 | ① 도심 ② 부도심 ③ 개발 제한 구역

3 서울의 도시 내부 경관

↑도심(중구)

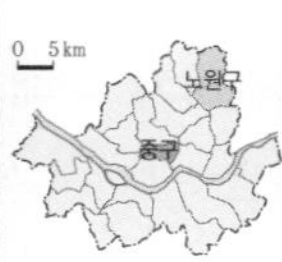

↑주변 지역(노원구)

- 도심은 주간에는 유동 인구가 많지만 야간에 유동 인구가 주거 지역으로 빠져나가면서 주·야간의 인구 밀도에 차이가 나는 ① □□ □□□ 현상이 발생한다.
- 주변 지역은 상대적으로 ② □□가 저렴하여 대규모 아파트 단지, 학교 등이 입지한다.

| 답 | ① 인구 공동화 ② 지가

01 도시의 위치와 특징

도시의 특징과 기능

구분	내용
도시의 특징	인구 밀도가 높으며 토지 이용이 (①)임, 2·3차 산업에 종사하는 인구의 비율이 높음
도시의 기능	생활 편의 시설과 각종 기능이 집중되어 있음 → 주변 지역의 중심지 역할을 수행함

세계의 주요 도시

구분	내용
1 국제 금융·업무 도시	금융 시장을 기반으로 국제 자본의 연결망을 가진 도시 예 미국 뉴욕, 영국 런던, 일본 도쿄
산업·물류 도시	각종 공업이 발달해 있거나 항만과 같은 물류 기능이 발달한 도시 예 중국 상하이, 네덜란드 로테르담 등
환경·생태 도시	생태 환경이 잘 보존되어 있고, 인간과 자연이 공존할 수 있는 도시 예 독일 (②) 등
역사·문화 도시	역사 유적이 많고 문화가 발달한 도시 예 이탈리아 로마, 그리스 아테네, 튀르키예 이스탄불, 중국 시안
(③)	세계 경제, 문화, 정치의 중심지로 다국적 기업의 본사가 입지하고 각종 국제기구의 활동이 활발한 도시 예 미국 뉴욕, 영국 런던, 일본 도쿄 등

02 도시 내부의 경관

도시 내부의 지역 분화

구분		내용
원인		도시 내부 지역별 (④)과 지가의 차이
과정	집심 현상	비싼 땅값을 지불하고도 이익을 낼 수 있는 중심 업무 기능이나 상업 기능이 도시 중심부로 집중되는 현상
	이심 현상	비싼 땅값을 지불할 수 없거나 넓은 부지를 필요로 하는 주거·공업 기능이 주변 지역으로 빠져나가는 현상

도시 내부 구조

구분	내용
2 도심	접근성과 지가가 높음, 중심 업무 지구 형성, 주·야간 인구 밀도 차이로 (⑤) 현상 발생
(⑥)	도심과 주변 지역을 연결하는 교통이 편리한 지역에 위치, 도심에 집중된 상업·업무 기능을 분담
중간 지역	오래된 주택, 상가, 공장 등이 혼재되어 분포
3 주변 지역	지가가 저렴하여 대규모 아파트 단지, 학교, 공업 지역 등이 입지
개발 제한 구역	도시의 무질서한 팽창 방지 및 녹지 공간 보존을 위해 설정

| 답 | ① 집약적 ② 프라이부르크 ③ 세계 도시 ④ 접근성 ⑤ 인구 공동화 ⑥ 부도심

03 도시화와 도시 문제

도시화 과정

4 초기 단계	대부분의 인구가 1차 산업에 종사하며 도시화율이 낮음
가속화 단계	제조업과 서비스업이 발달하면서 이촌 향도 현상과 함께 도시화율이 급격히 상승함
종착 단계	도시화율이 80%를 넘어 도시 인구의 증가 속도 둔화, 일부 지역에 (⑦) 현상 발생

선진국과 개발 도상국의 도시화와 도시 문제

5 선진국	도시화	(⑧) 이후 점진적으로 진행, 대부분 종착 단계, 도시화가 정체되거나 역도시화 현상이 나타남
	도시 문제	시설 노후화 및 슬럼 형성, 주거 비용 상승에 따른 인구 유출, 제조업 쇠퇴로 실업률 상승 등
개발 도상국	도시화	(⑨) 이후 단기간에 급속히 진행, 대부분 가속화 단계, 이촌 향도에 따른 도시 인구 급증으로 과도시화 현상 발생
	도시 문제	인구 급증에 따른 시설 및 일자리 부족, 불량 주거 지역 형성, 열악한 위생 환경 등

04 살기 좋은 도시

도시 문제 해결을 위한 노력

도시 문제의 해결 방안	• 교통 문제: 도로 환경 개선, 대중교통 이용 장려 • (⑩): 대도시 주변에 신도시 조성, 도시 재생 사업 추진 • 환경 문제: 쓰레기 분리수거, 친환경 에너지 사용 정책 추진 • 지역 격차: 지역 균형 발전 정책 추진
6 도시 문제 해결 사례	• 브라질 (⑪): 교통 혼잡 문제 해결을 위해 대중교통 중심의 교통 체계 개선 • 에스파냐 빌바오: 철강 산업 쇠퇴로 침체된 지역에 미술관을 유치하여 관광 도시로 발전 • 인도 (⑫): 일자리 부족, 빈곤 문제 해결을 위해 소프트웨어 산업 육성 정책 실시

살기 좋은 도시

살기 좋은 도시의 조건	적정 규모의 인구 거주, 깨끗한 자연환경, 풍부한 일자리, 정치적 안정과 낮은 범죄율, 풍부한 편의 시설 등
세계의 살기 좋은 도시	오스트레일리아 멜버른, 오스트리아 빈, 캐나다 밴쿠버, 우리나라 순천 등

답 | ⑦ 역도시화 ⑧ 산업 혁명 ⑨ 20세기 중반 ⑩ 주택 문제 ⑪ 쿠리치바 ⑫ 벵갈루루

4 도시화 과정

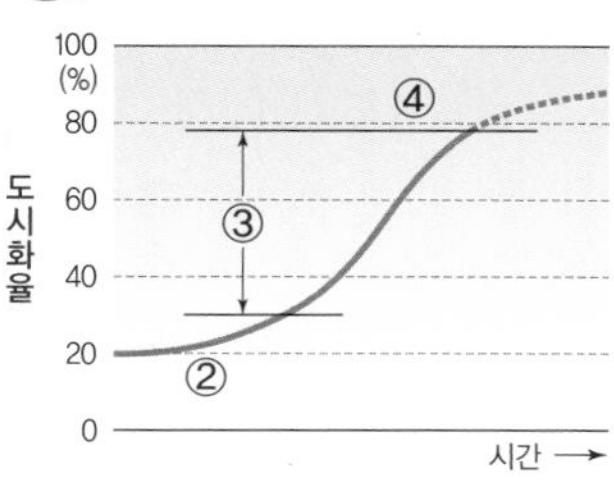

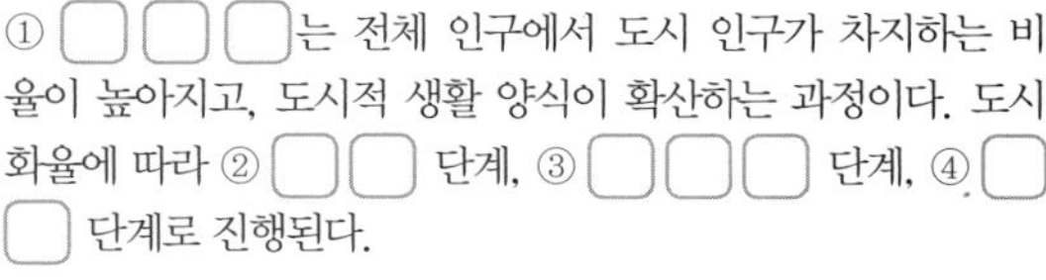

① □□□는 전체 인구에서 도시 인구가 차지하는 비율이 높아지고, 도시적 생활 양식이 확산하는 과정이다. 도시화율에 따라 ② □□ 단계, ③ □□□ 단계, ④ □□ 단계로 진행된다.

답 | ① 도시화 ② 초기 ③ 가속화 ④ 종착

5 선진국과 개발 도상국의 도시화

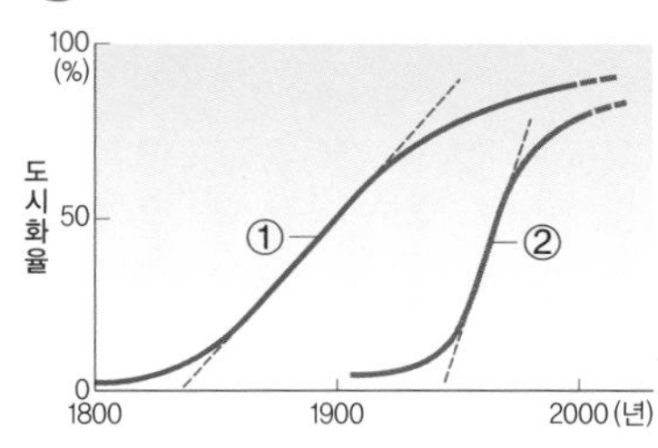

- ① □□□의 도시화는 산업 혁명 이후 200여 년 동안 점진적으로 이루어졌다.
- ② □□ □□□의 도시화는 20세기 이후 30~40년 정도의 단기간에 매우 급속하게 진행되었다.

답 | ① 선진국 ② 개발 도상국

6 살기 좋은 도시를 만들기 위한 노력

↑ 에스파냐 (②)의 구겐하임 미술관

↑ 브라질 (③)의 원통형 정류장과 굴절 버스

살기 좋은 도시는 대체로 주민들의 ① □□ □이 높은 도시이다. 에스파냐 ② □□□와 브라질 ③ □□□□는 도시 문제를 해결하여 살기 좋은 도시가 된 대표적인 사례이다.

답 | ① 삶의 질 ② 빌바오 ③ 쿠리치바

쑥쑥 마무리 문제

01 도시의 위치와 특징

01 도시에 대한 옳은 설명을 〈보기〉에서 고른 것은?

보기
ㄱ. 인구 밀도가 높다. ㄴ. 자연 경관보다 인문 경관이 뚜렷하다. ㄷ. 주민들은 대부분 1차 산업에 종사한다. ㄹ. 주민들의 직업 구성이 비교적 단순하다.

① ㄱ, ㄴ ② ㄱ, ㄷ ③ ㄴ, ㄷ
④ ㄴ, ㄹ ⑤ ㄷ, ㄹ

[02~03] 지도를 보고 물음에 답하시오.

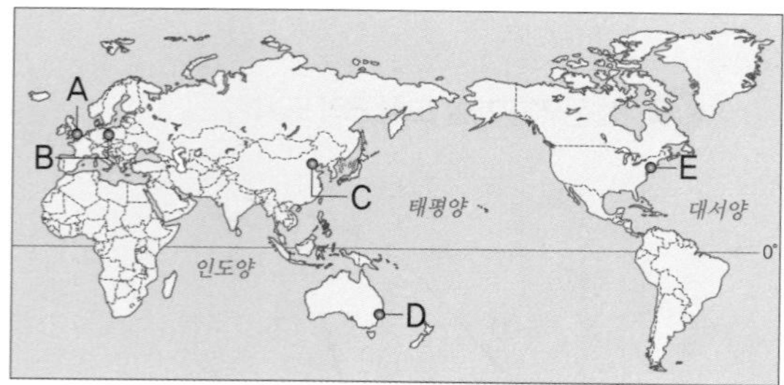

02 (가), (나) 도시를 위 지도의 A~E에서 골라 옳게 연결한 것은?

(가)	(나)
인간과 자연이 공생할 수 있도록 태양광 에너지 활용을 극대화하고 있다.	세계 경제·문화·금융의 중심지로, 국제 연합(UN) 본부가 위치해 있다.

	(가)	(나)
①	A	C
②	A	D
③	B	C
④	B	E
⑤	D	E

03 그림과 같은 스카이라인과 랜드마크가 나타나는 도시를 위 지도의 A~E에서 고른 것은?

① A ② B ③ C ④ D ⑤ E

04 ㉠에 들어갈 용어에 대한 옳은 설명을 〈보기〉에서 고른 것은?

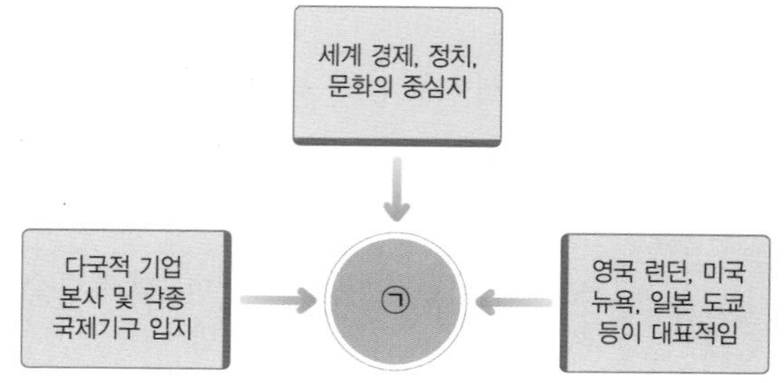

보기
ㄱ. 세계 도시에 해당한다. ㄴ. 인구 규모가 선정에 중요한 기준이 된다. ㄷ. 교통과 통신의 발달로 국제적 영향력이 커졌다. ㄹ. 주로 아시아와 아프리카 대륙의 개발 도상국에 분포한다.

① ㄱ, ㄴ ② ㄱ, ㄷ ③ ㄴ, ㄷ
④ ㄴ, ㄹ ⑤ ㄷ, ㄹ

05 다음은 수업 시간에 만든 도시 카드이다. ㉠에 들어갈 랜드마크로 가장 적절한 것은?

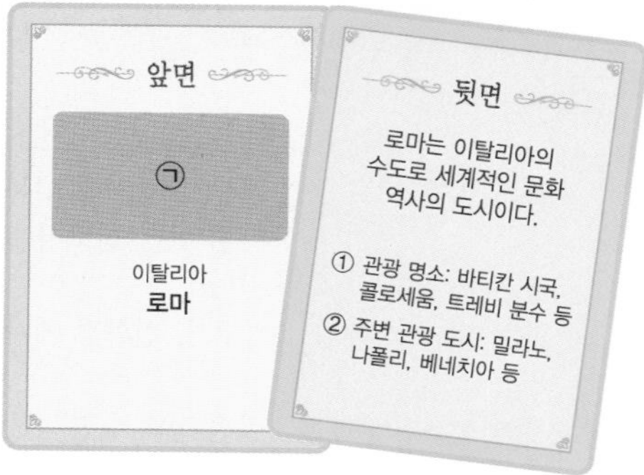

①

②

③

④

⑤

06 밑줄 친 ㉠~㉤의 사례를 옳게 연결한 것은?

> 도시는 그 지역의 역사와 주민의 삶의 모습을 담고 있어 세계의 도시는 제각기 다른 특색을 가지고 있다. 세계의 유명하거나 매력적인 도시들은 ㉠ 세계 경제의 중심지 역할을 하는 도시, ㉡ 생태 환경이 우수한 도시, ㉢ 공업이 발달하거나 항만과 같은 물류 기능이 발달한 도시, ㉣ 다양한 문화와 유적을 바탕으로 관광 산업이 발달한 도시, ㉤ 독특한 자연환경을 지닌 도시 등으로 분류할 수 있다.

① ㉠ – 고대 그리스 문화의 중심지 아테네
② ㉡ – 저위도 고산 지역에 위치한 키토
③ ㉢ – 오로라를 감상할 수 있는 옐로나이프
④ ㉣ – 동서양의 길목에 위치한 이스탄불
⑤ ㉤ – 유럽 최대의 무역항을 갖춘 로테르담

02 도시 내부의 경관

07 도시 내부의 지역이 분화하는 데 직접적인 영향을 미치는 요인을 〈보기〉에서 고른 것은?

보기	
ㄱ. 지형	ㄴ. 지가
ㄷ. 접근성	ㄹ. 생활 양식

① ㄱ, ㄴ ② ㄱ, ㄷ ③ ㄴ, ㄷ
④ ㄴ, ㄹ ⑤ ㄷ, ㄹ

08 도시 내부의 지역 분화에 대한 설명으로 옳지 않은 것은?

① 접근성에 따른 지대의 차이에 의해 분화된다.
② 대체로 접근성이 높은 지역은 지대가 비싸다.
③ 공업 지역은 접근성이 높은 도심에 위치한다.
④ 상업 지역은 땅값이 비싼 도심에 주로 형성된다.
⑤ 넓은 부지가 필요한 주거 지역은 주로 주변 지역에 형성된다.

[09~10] 그림은 도시 내부 구조를 나타낸 것이다. 이를 보고 물음에 답하시오.

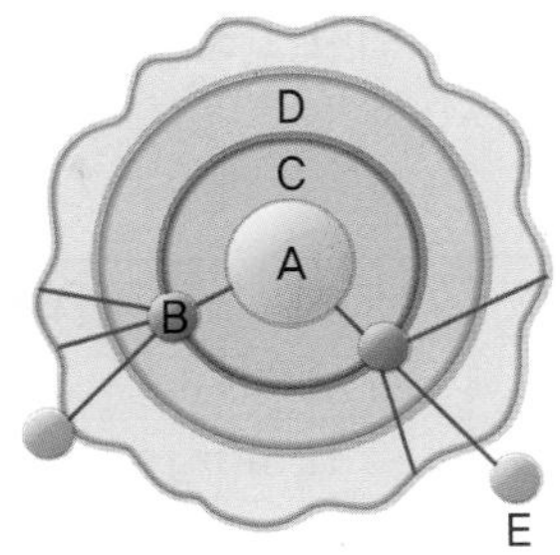

09 다음과 같은 현상이 뚜렷하게 나타나는 지역을 위 그림의 A~E에서 고른 것은?

> 서울시 ○○구는 *상주인구가 줄어들면서 여러 개의 동을 합쳐서 하나의 주민 센터에서 업무를 통합하여 처리하고 있다.
>
> * 상주인구: 한 지역에 주소를 두고 늘 거주하는 인구

① A ② B ③ C ④ D ⑤ E

10 위 그림의 A~E에 대한 설명으로 옳지 않은 것은?

① A – 고층 빌딩이 밀집되어 있다.
② B – 접근성이 높아 단위 면적당 평균 지가가 A보다 높다.
③ C – 주택과 상가, 공장이 혼재되어 나타난다.
④ D – 대규모 아파트 단지가 조성되어 있다.
⑤ E – 대도시 주변에 위치하며 대도시의 기능을 일부 분담한다.

11 그래프에 대한 설명으로 옳지 않은 것은?

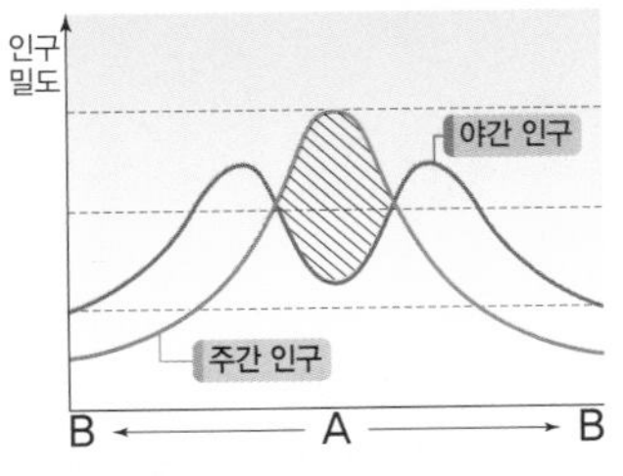

① 인구 공동화 현상을 나타낸 것이다.
② A에는 상업·업무 기능이 집중되어 있다.
③ B 지역의 주거 기능 약화로 나타나는 현상이다.
④ B 지역은 A 지역보다 상주인구가 많다.
⑤ A는 도심, B는 주변 지역이다.

12 표는 서울의 지하철 (가), (나)역 승하차 인원을 나타낸 것이다. 이에 대한 옳은 분석 및 추론을 〈보기〉에서 고른 것은? (단, (가), (나)역이 위치한 곳은 도심과 주변 지역 중 하나이다.)

(단위: 명)

지하철역	승하차 구분	7~10시	17~20시
(가)역	승차	1,624	13,506
	하차	11,510	9,353
(나)역	승차	6,461	4,471
	하차	3,374	9,187

(서울 교통 공사, 2018. 3. 2. 기준)

보기
ㄱ. (가)역이 위치한 지역에서는 인구 공동화 현상이 나타날 것이다.
ㄴ. (가)역이 위치한 지역은 (나)역이 위치한 지역에 비해 야간 인구가 적을 것이다.
ㄷ. (나)역 주변은 (가)역 주변에 비해 상업·업무 기능이 발달해 있을 것이다.
ㄹ. (가)역은 주변 지역, (나)역은 도심에 위치한다.

① ㄱ, ㄴ ② ㄱ, ㄷ ③ ㄴ, ㄷ
④ ㄴ, ㄹ ⑤ ㄷ, ㄹ

13 지도의 화살표 방향으로 이동할 때 나타나는 경관 (가)~(다)를 순서대로 옳게 나열한 것은?

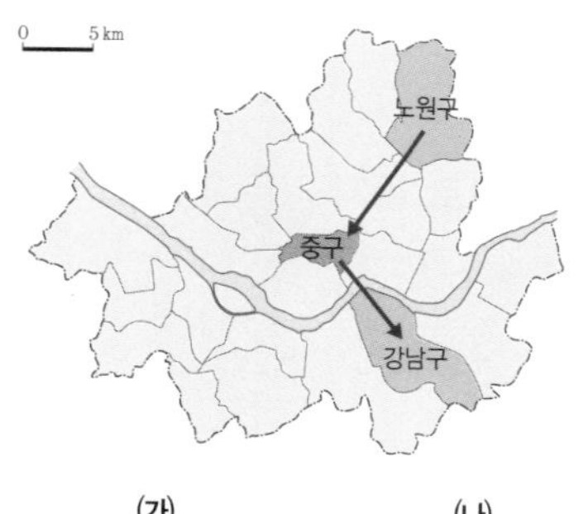

(가) (나) (다)

① (가) → (나) → (다) ② (가) → (다) → (나)
③ (나) → (가) → (다) ④ (나) → (다) → (가)
⑤ (다) → (가) → (나)

03 도시화와 도시 문제

[14~15] 그래프는 도시화 과정을 나타낸 것이다. 이를 보고 물음에 답하시오.

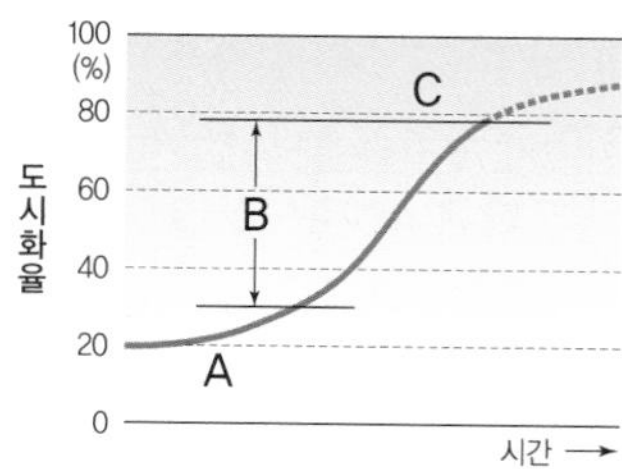

14 위 그래프의 A~C에 대한 설명으로 옳은 것은?

① A 시기에는 도시 인구가 주변 지역으로 분산된다.
② B 시기에는 도시화율의 증가 속도가 둔화된다.
③ B 시기의 기울기는 개발 도상국보다 선진국에서 급하게 나타난다.
④ C 시기에는 인구가 전 국토에 고르게 분포한다.
⑤ C 시기에는 도시화율이 높고 도시 간 이동이 활발하게 나타난다.

15 위 그래프의 B 시기에 주로 나타나는 현상을 〈보기〉에서 고른 것은?

보기
ㄱ. 역도시화 ㄴ. 이촌 향도
ㄷ. 대도시권 형성 ㄹ. 도시 인구의 급증

① ㄱ, ㄴ ② ㄱ, ㄷ ③ ㄴ, ㄷ
④ ㄴ, ㄹ ⑤ ㄷ, ㄹ

16 다음은 우리나라의 도시화 과정을 설명한 것이다. 밑줄 친 ㉠~㉤ 중 옳지 않은 것은?

우리나라는 ㉠ 1960년대 중반 대도시와 공업 도시를 중심으로 산업화가 시작되면서 ㉡ 이촌 향도에 따른 도시화가 빠른 속도로 진행되었다. ㉢ 1970년대부터 우리나라 인구의 절반 이상이 도시에 거주하면서 주택 부족과 환경 악화 등의 도시 문제가 나타났다. ㉣ 1990년대 이후 도시화율의 증가 속도가 빨라져 현재 대부분의 인구가 도시에 거주하고 있으며, ㉤ 대도시 주변에는 성남, 고양, 양산 등의 위성 도시가 발달하였다.

① ㉠ ② ㉡ ③ ㉢ ④ ㉣ ⑤ ㉤

17 그래프는 A, B 국가의 도시화율 변화를 나타낸 것이다. 이에 대한 분석 및 추론으로 옳지 않은 것은? (단, A, B는 영국과 중국 중 하나이다.)

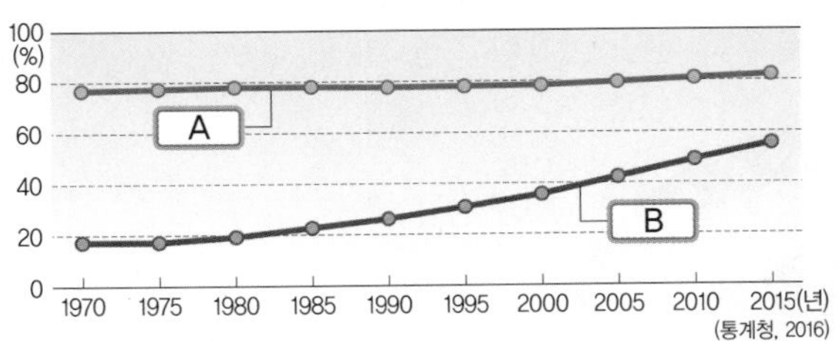

① A는 2015년 기준으로 도시화의 종착 단계에 해당한다.
② B는 급속한 도시화로 주택 부족 문제가 나타나고 있을 것이다.
③ A는 B보다 도시화가 점진적으로 진행되었다.
④ 오늘날 도시화의 진행 속도는 A가 B보다 빠르다.
⑤ A는 영국, B는 중국이다.

18 선진국과 개발 도상국에서 주로 나타나는 도시 문제에 대한 옳은 설명을 〈보기〉에서 고른 것은?

보기
ㄱ. 선진국은 오래된 도심 주변에 슬럼이 형성된다.
ㄴ. 개발 도상국은 도시 외곽에 불량 주택 지구가 형성된다.
ㄷ. 개발 도상국은 선진국보다 시설 노후화 문제가 심각하다.
ㄹ. 선진국은 과도시화 현상으로 도시 기반 시설 부족 문제가 심각하다.

① ㄱ, ㄴ ② ㄱ, ㄷ ③ ㄴ, ㄷ
④ ㄴ, ㄹ ⑤ ㄷ, ㄹ

04 살기 좋은 도시

19 도시 문제와 그 해결 방안을 옳게 연결한 것은?

① 교통 문제 – 신도시 조성
② 주택 문제 – 도로 환경 개선
③ 주택 문제 – 혼잡 통행료 부과
④ 지역 격차 – 대중교통 이용 장려
⑤ 환경 문제 – 친환경 에너지 사용 정책 추진

20 교사의 질문에 대해 옳은 대답을 한 학생을 고른 것은?

- 교사: 도시 문제를 해결하여 살기 좋은 도시가 된 사례를 발표해 봅시다.
- 가인: 인도의 벵갈루루는 첨단 산업 쇠퇴에 따른 지역 경제 침체를 관광 산업 육성으로 극복하였습니다.
- 나인: 우리나라의 울산은 폐수로 오염된 하천을 정비하고 생태 공원을 조성하여 도시 환경을 개선하였습니다.
- 다인: 오스트리아의 빈은 도시 재생 사업을 통해 노후화된 시설을 정비하고 불안정한 치안 환경을 개선하였습니다.
- 라인: 브라질의 쿠리치바는 굴절 버스, 버스 전용 차선 등을 도입해 대중교통 이용률을 높이면서 교통 문제를 해소하였습니다.

① 가인, 나인 ② 가인, 다인 ③ 나인, 다인
④ 나인, 라인 ⑤ 다인, 라인

21 다음 도시들의 공통점으로 가장 적절한 것은?

- 캐나다 밴쿠버
- 스위스 취리히
- 핀란드 헬싱키
- 오스트레일리아 시드니

① 대기 오염이 심각한 도시이다.
② 삶의 질이 매우 높은 도시이다.
③ 세계의 자본과 정보가 집중된 세계 도시이다.
④ 인구 규모가 천만 명에 달하는 거대 도시이다.
⑤ 국제기구의 본부가 위치하여 세계 정치에 막강한 영향력을 행사하는 도시이다.

22 ㉠에 공통적으로 들어갈 도시로 옳은 것은?

2015년 영국 경제 주간지의 '세계에서 가장 살기 좋은 도시' 조사에서 (㉠)이/가 5년 연속 1위로 선정되었다. (㉠)은/는 도시 내에 공원과 녹지 공간이 많으며 미술관, 박물관, 공연장 등의 문화 시설을 많이 보유하고 있다. 또한, 다양한 민족이 살고 있어 전 세계의 음식을 접할 수 있으며, 치안이 좋아 범죄율도 낮은 편이다.

① 로마 ② 리버풀 ③ 멜버른
④ 바르셀로나 ⑤ 샌프란시스코

글로벌 경제 활동과 지역 변화

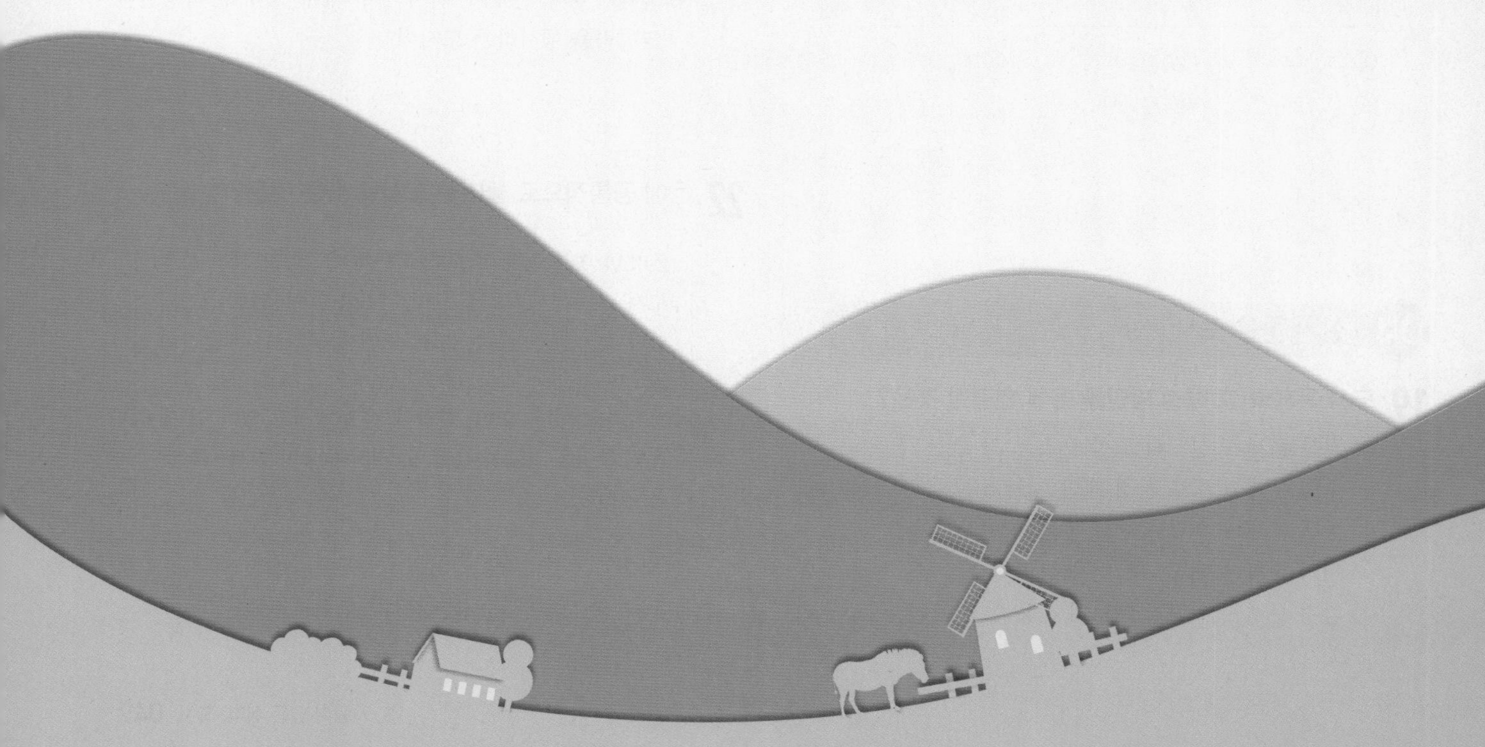

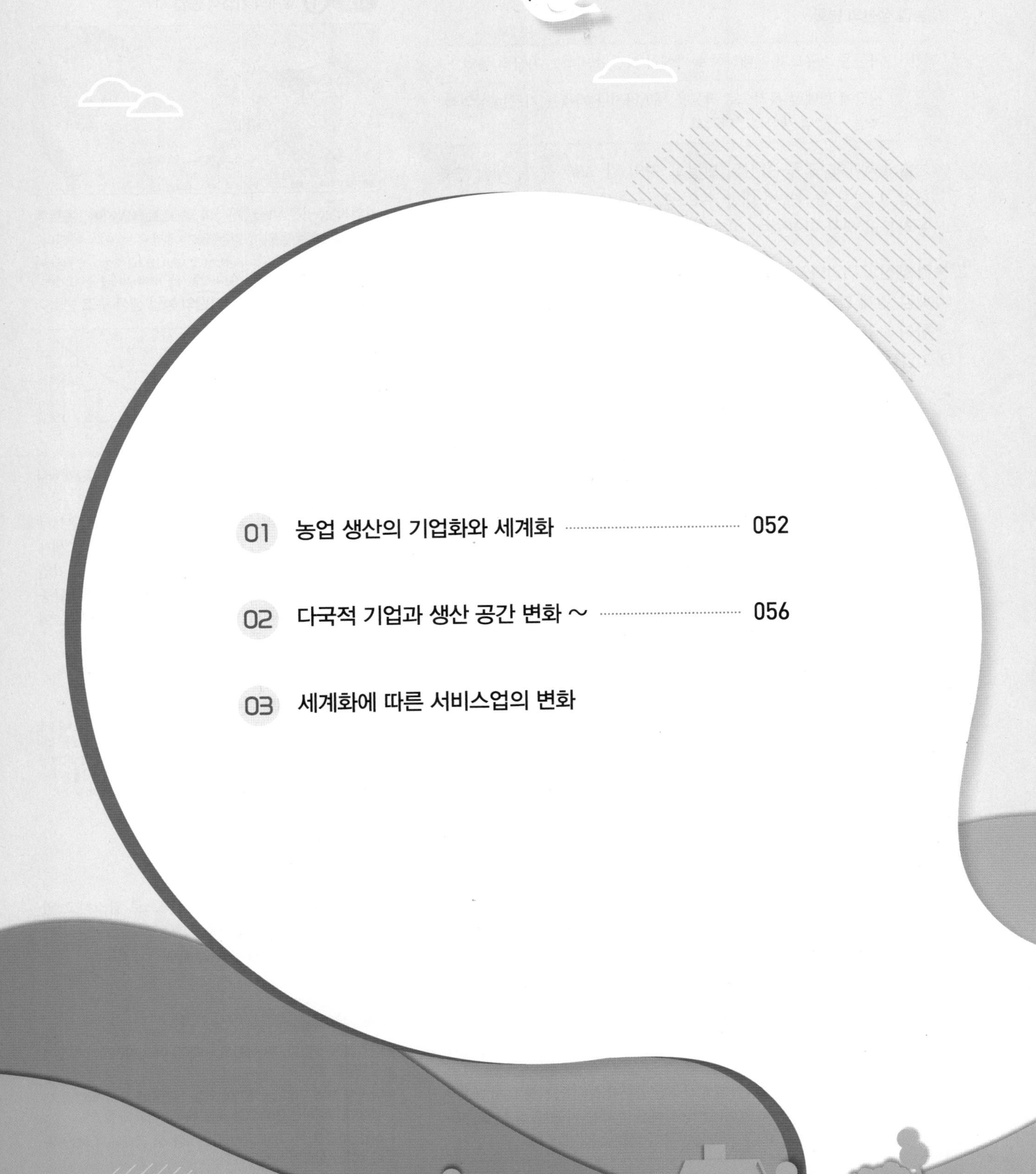

01 농업 생산의 기업화와 세계화 052

02 다국적 기업과 생산 공간 변화 ~ 056

03 세계화에 따른 서비스업의 변화

01 농업 생산의 기업화와 세계화

세계화에 따른 농업 생산의 변화

1. 농업의 세계화

(1) 농업 생산의 변화

과거	곡물을 소규모로 재배하여 농가에서 직접 소비하는 자급적 농업
현재	시장에 판매할 목적으로 작물을 재배하거나 가축을 기르는 상업적 농업 → 농업 생산의 *다각화

(2) 농업의 세계화: 교통·통신의 발달로 지역 간 교류 증가, 생활 수준 향상, 다양한 농산물에 대한 수요 증가 → 전 세계 시장을 대상으로 농작물의 생산 및 판매가 이루어짐

2. 농업 생산의 기업화

(1) 배경: 경제 활동의 세계화, 상업적 농업 발달 → 인간의 노동력에 의존하여 소규모로 이루어지던 농업이 대규모 기업적 농업으로 변화함

(2) 기업적 농업 자료 ①

서술형 단골 기업적 농업이 발달한 지역과 그 지역에서 이루어지는 농업 방식을 묻는 문제가 자주 출제돼!

특징	자본과 기술력을 갖춘 *다국적 농업 기업이 농작물의 생산·가공·상품화의 전 과정을 담당하는 경우가 많음 → 세계 농산물 가격 및 농작물 생산 구조와 소비 부문에 큰 영향을 끼침
농업 방식	• 기업적 곡물 농업, 기업적 목축: 미국, 캐나다, 오스트레일리아, 아르헨티나 등지에서 농기계를 사용하여 대규모로 이루어짐 • 플랜테이션 농장 운영: 개발 도상국에 진출한 다국적 농업 기업이 커피, 카카오, 바나나 등 열대작물을 생산하여 전 세계로 유통함

농업 생산의 기업화와 세계화로 인한 지역 변화

1. 농업 생산 구조와 토지 이용의 변화 자료 ②

상품 작물 재배 증가	기업적 농업의 확대로 경쟁력을 잃은 소규모 곡물 재배 지역이 상품성이 높은 기호 작물 재배 지역으로 변화함 → 필리핀의 바나나 재배, 베트남의 커피 재배, 인도네시아의 기름야자 재배 등
사료 작물 재배 증가	세계적으로 육류 소비가 증가하면서 가축의 사료 작물 재배를 위한 목초지가 확대됨 → 남아메리카 열대림이 목초지로 변하거나 기업적 밀 재배 지역이 옥수수나 콩 재배지로 변화함

2. 농작물 소비 특성의 변화 및 영향

(1) 농작물 소비 특성의 변화: 채소·과일 및 육류 소비량 증가, 패스트푸드를 비롯한 식단의 서구화 → 식량 작물인 쌀의 소비 비중 감소

(2) 농업의 세계화가 소비 지역에 미친 영향 자료 ③

긍정적 영향	세계 각지에서 생산된 농산물을 쉽고 저렴하게 구매할 수 있음
부정적 영향	• 농산물 이동 과정에서 사용한 방부제 등의 안전성 문제 제기 • 수입 농산물 소비 증가에 따른 *식량 자급률 감소, 국내 농산물 수요 감소로 농민들이 어려움을 겪게 됨

생생 자료

자료 ① 세계의 기업적 농업 지역

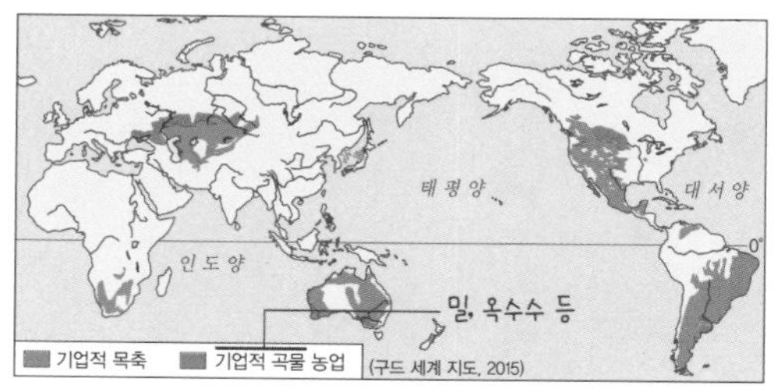

기업적 농업은 미국, 캐나다, 오스트레일리아, 아르헨티나 등 넓은 평원이 있는 국가에서 주로 이루어진다.

세계적인 쌀 생산지였으나 곡물 가격 변동성이 커지자 상품 작물 재배의 비중을 늘리고 있어.

자료 ② 베트남과 필리핀의 농업 생산 구조 변화

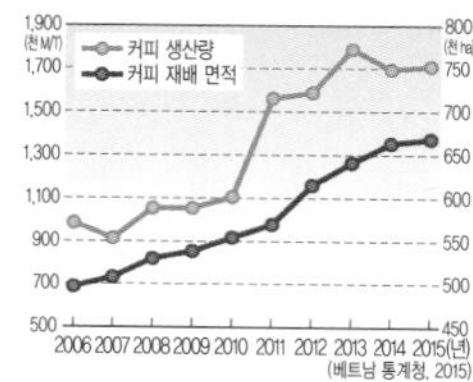

↑ 베트남의 커피 생산량과 커피 재배 면적 변화

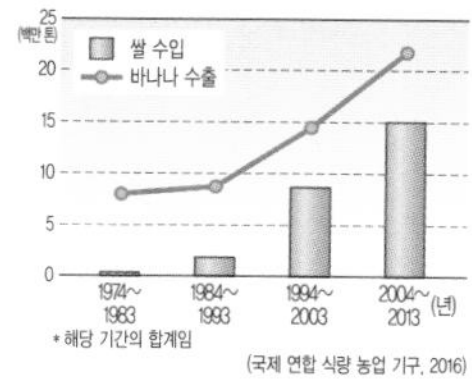

↑ 필리핀의 쌀 수입량과 바나나 수출량 변화

베트남은 대표적인 쌀 수출국이었으나 1990년대부터 상품성이 높은 커피 재배를 확대하여 오늘날 세계 2위의 커피 생산국이 되었다. 필리핀은 다국적 기업이 들어와 바나나를 재배하면서 바나나 수출량이 급증하였다. 반면 급격한 인구 증가로 쌀 소비량이 늘어나면서 쌀 수출국에서 수입국으로 변화하였다.

자료 ③ 우리나라 곡물 자급률의 변화

곡물 자급률은 사료용을 포함한 국내 농산물 소비량 대비 국내 생산량 비율이고, 식량 자급률은 사료용을 제외한 비율이야.

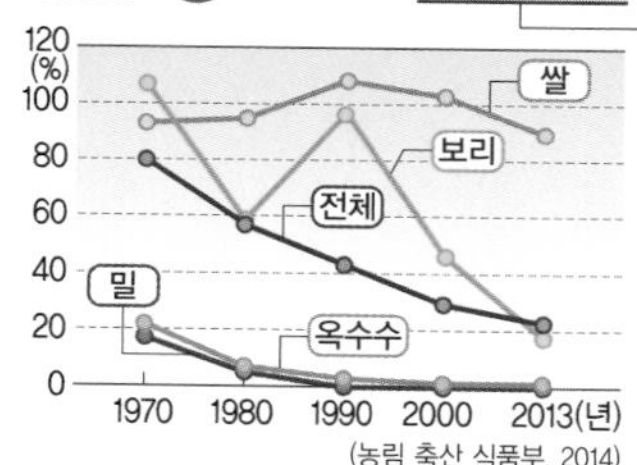

우리나라의 곡물 자급률은 지속적으로 감소하고 있다. 쌀은 다른 작물에 비해 자급률이 높은 편이지만 옥수수와 밀은 대부분 수입에 의존하고 있다.

쏙쏙 용어

- ★ **다각화(多-많다, 角-뿔, 化-되다)** 여러 방면이나 부문에 걸치도록 함
- ★ **다국적 농업 기업** 전 세계에 곡물 생산지를 두고 곡물을 재배하여 판매하는 기업으로 곡물 메이저라고도 함
- ★ **식량 자급률** 한 국가의 식량 소비량 중 국내에서 생산 및 공급하는 식량의 비율

대표 자료 확인하기

◆ 세계의 기업적 농업 지역

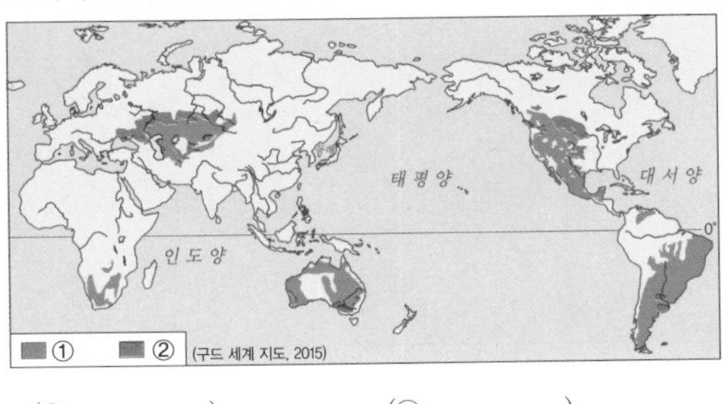

• (①　　　　)　　　• (②　　　　)

◆ 우리나라의 곡물 자급률

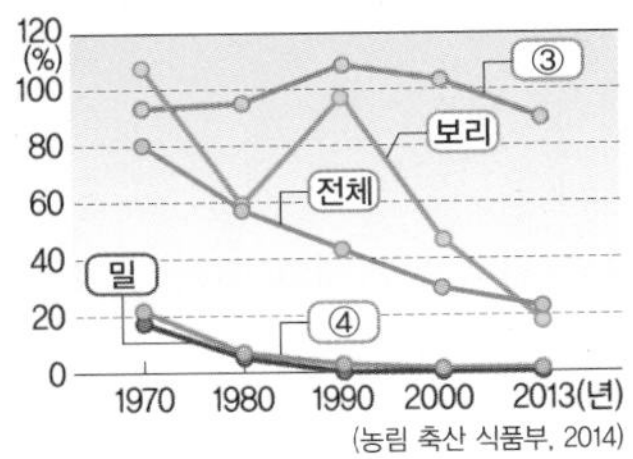

우리나라에서 (③　　　　)은 다른 작물에 비해 자급률이 높은 편이다. 하지만 (④　　　　)와 밀은 대부분 수입에 의존하고 있다.

한눈에 정리하기

◆ 기업적 농업

특징	자본과 기술력을 갖춘 (①　　　　)이 농작물의 생산·가공·상품화의 전 과정을 담당하는 경우가 많음
농업 방식	• 미국, 캐나다, 오스트레일리아, 아르헨티나 등지에서 기업적 곡물 농업과 기업적 목축 발달 • 개발 도상국에 진출한 다국적 농업 기업이 대규모 (②　　　　) 농장을 만들어 커피, 카카오, 바나나 등 열대작물을 생산하여 전 세계로 유통

◆ 농업 생산 구조와 소비 특성의 변화

생산 구조의 변화	• (③　　　　) 재배 증가 → 필리핀의 바나나 재배, 베트남의 커피 재배 등 • 육류 소비 증가로 (④　　　　) 재배를 위한 목초지 확대 → 기업적 밀 재배 지역이 옥수수나 콩 재배지로 변화
소비 특성의 변화	• 채소, 과일, 육류 소비량 증가 → 식량 작물인 (⑤　　　　)의 소비 비중 감소 • 농업의 (⑥　　　　)로 다양한 농산물을 저렴하게 구매 가능, 수입 농산물 소비 증가에 따른 식량 (⑦　　　　) 감소 등의 문제 발생

꼼꼼 개념 문제

● 정답과 해설 07쪽

1 다음 설명이 맞으면 ○표, 틀리면 ×표를 하시오.

(1) 과거의 전통적인 농업은 주로 자급적 농업 형태로 이루어졌다. (　　)

(2) 산업화와 도시화가 진행되면서 상업적 농업은 점차 줄어들고 있다. (　　)

(3) 동남아시아 국가들은 농업 경쟁력을 높이기 위해 한 종류의 곡물을 재배하는 농업 방식을 확대하고 있다. (　　)

2 교통·통신의 발달로 지역 간 교류가 증가하고 생활 수준이 향상되면서 농업의 (　　　　)가 진행되고 있다.

3 다음 내용에 해당하는 농업 방식을 〈보기〉에서 골라 기호를 쓰시오.

보기
ㄱ. 플랜테이션　　ㄴ. 기업적 농업　　ㄷ. 자급적 농업

(1) 곡물을 소규모로 재배하여 농가에서 직접 소비한다. (　　)

(2) 미국, 캐나다 등 넓은 평원이 있는 국가에서 대규모로 이루어진다. (　　)

(3) 다국적 농업 기업이 대규모 농장을 만들어 커피, 카카오 등의 열대작물을 생산한다. (　　)

4 베트남은 대표적인 (㉠　　　　) 수출국이었으나 농업의 세계화로 기호 작물의 수요가 증가하면서 상품성이 높은 (㉡　　　　) 생산에 집중하고 있다.

5 다음 괄호 안의 내용 중 알맞은 말에 ○표를 하시오.

(1) 농업의 세계화로 수입 농산물의 소비가 늘면서 식량 자급률은 (증가, 감소)하고 있다.

(2) 패스트푸드를 비롯한 식단의 서구화로 식량 작물인 (쌀, 밀)의 소비 비중이 감소하고 있다.

(3) 세계적으로 (곡물, 육류) 소비가 증가하면서 남아메리카에서는 사료 작물 재배를 위해 열대림을 목초지로 바꾸는 경우가 많아졌다.

01 다음은 학생이 작성한 형성 평가의 답안이다. 이 학생이 얻을 점수로 옳은 것은?

형성 평가

다음 설명이 맞으면 ○표, 틀리면 ×표를 하시오. (각 1점씩)

문항	답안
(1) 과거에는 시장에 판매할 목적으로 작물을 재배하였다.	×
(2) 오늘날에는 필요한 만큼만 생산하는 자급적 농업이 확대되고 있다.	×
(3) 세계화에 따라 전 세계를 대상으로 농작물의 생산과 유통이 이루어지고 있다.	○
(4) 지역 간 교류 증가 및 생활 수준 향상으로 다양한 농산물에 대한 수요가 감소하고 있다.	○

① 0점 ② 1점 ③ 2점 ④ 3점 ⑤ 4점

02 밑줄 친 ㉠~㉤ 중 옳지 않은 것은?

기업적 곡물 농업은 ㉠ 미국, 캐나다, 오스트레일리아 등지에서 주로 이루어지며, 이곳에서 생산된 농산물은 ㉡ 전 세계로 유통되어 비싼 가격에 판매된다. 또한 ㉢ 개발 도상국에서는 다국적 농업 기업이 플랜테이션 농장을 만들어 열대작물을 생산하고 있다. ㉣ 다국적 농업 기업은 농작물을 대량 생산하여 가격 경쟁력을 확보하려고 하며, ㉤ 세계 농산물 가격 및 농작물 생산 구조와 소비 부문에도 큰 영향을 끼친다.

① ㉠ ② ㉡ ③ ㉢ ④ ㉣ ⑤ ㉤

03 다국적 농업 기업에 대한 설명으로 옳은 것은?

① 공정이 까다로운 농작물을 소규모로 생산한다.
② 화학 비료와 농약을 사용하여 생산량을 늘린다.
③ 기업의 본사는 개발 도상국에 있는 경우가 많다.
④ 농작물의 생산·가공·유통 중 생산 과정만 담당한다.
⑤ 기계보다는 인간의 노동력에 의존하여 농작물을 재배한다.

중요해

04 지도에 표시된 지역에서 주로 이루어지는 농업의 특징으로 옳은 것을 〈보기〉에서 고른 것은?

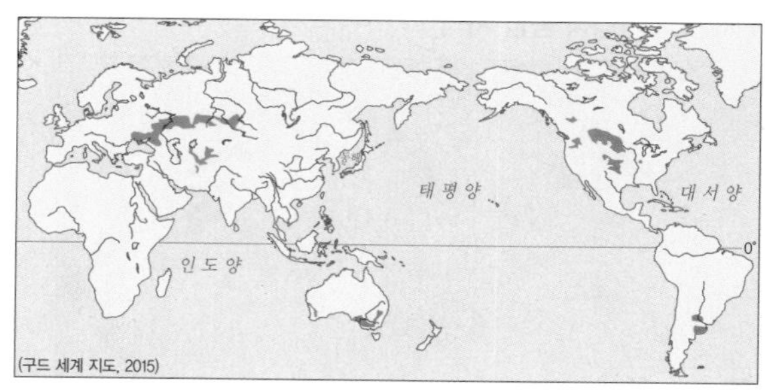

(구드 세계 지도, 2015)

보기
ㄱ. 유기농·친환경 작물을 소규모로 재배하여 주변 지역에 공급한다.
ㄴ. 넓은 평원이 발달한 국가에서 기업화된 방식으로 이루어진다.
ㄷ. 선진국의 자본과 개발 도상국의 노동력이 결합하여 상품 작물을 재배한다.
ㄹ. 상업적 이익의 극대화를 위해 농기계와 화학 비료를 사용하여 농작물을 대량 생산한다.

① ㄱ, ㄴ ② ㄱ, ㄹ ③ ㄴ, ㄷ
④ ㄴ, ㄹ ⑤ ㄷ, ㄹ

05 (가), (나)에 해당하는 국가를 옳게 연결한 것은?

(가) 열대 기후 지역에 있는 대표적인 쌀 수출국이었다. 그러나 쌀의 가격 변동성이 커지고 기호 작물의 수요가 증가하면서 커피 생산에 집중하여, 현재 브라질에 이어 세계 2위의 커피 생산국이 되었다.
(나) 1980년대까지 쌀을 수출했지만 농산물 시장이 개방되고 다국적 기업이 들어와 바나나 재배 지역을 늘리기 시작하면서 쌀 재배가 줄어 현재는 쌀을 수입하는 국가가 되었다.

	(가)	(나)
①	베트남	필리핀
②	베트남	아르헨티나
③	필리핀	베트남
④	필리핀	아르헨티나
⑤	아르헨티나	필리핀

06 다음 글을 통해 알 수 있는 내용으로 옳은 것은?

D 기업은 필리핀, 콜롬비아 등 세계 곳곳에 대규모의 농장을 운영하며 바나나를 재배한다. 현지 노동자들을 고용하여 바나나를 수확하고, 농장 근처에 있는 공장까지 기계를 이용하여 운반한다. 공장에서 바나나를 세척하고 포장하면 선박, 항공 등을 이용하여 세계 여러 지역에 수출한다. 우리나라에서도 D 기업의 바나나를 마트에서 쉽게 볼 수 있다.

① 자급적 농업이 이루어지고 있다.
② 농장은 대부분 온대 기후 지역에 위치한다.
③ 바나나 생산에 많은 자본과 기술을 투입하여 비싼 가격에 판매한다.
④ D 기업과 같은 기업의 활동이 많아질수록 우리나라의 식량 자급률이 높아질 것이다.
⑤ D 기업의 농업 활동이 확대되면 소규모로 농작물을 재배하는 생산자는 타격을 받을 수 있다.

07 그래프는 우리나라 곡물 자급률의 변화를 나타낸 것이다. 이에 대한 옳은 분석 및 추론을 〈보기〉에서 고른 것은?

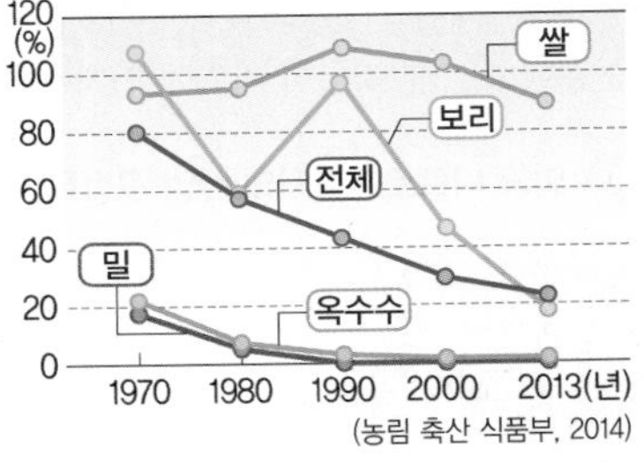

(농림 축산 식품부, 2014)

| 보기 |
ㄱ. 옥수수와 밀의 소비는 꾸준히 감소하고 있다.
ㄴ. 국제 곡물 시장의 변화에 큰 영향을 받지 않을 것이다.
ㄷ. 쌀을 제외한 주요 곡물의 대부분을 수입에 의존하고 있다.
ㄹ. 기후 변화 등으로 곡물 생산에 차질이 생기면 식량 부족 위기를 겪을 수 있다.

① ㄱ, ㄴ ② ㄱ, ㄹ ③ ㄴ, ㄷ
④ ㄴ, ㄹ ⑤ ㄷ, ㄹ

중요해

08 교사의 질문에 옳은 대답을 한 학생을 고른 것은?

① 가현, 나현 ② 가현, 다현 ③ 나현, 다현
④ 나현, 라현 ⑤ 다현, 라현

이 문제에서 나올 수 있는 선택지는 다~!

09 농업의 세계화에 따른 변화 및 영향에 대한 설명으로 옳지 않은 것은?

① 채소와 육류의 소비량은 꾸준히 증가하고 있다.
② 세계 각지에서 생산된 농산물을 쉽게 구할 수 있다.
③ 옥수수 재배 지역이 밀 재배 지역으로 바뀌고 있다.
④ 식단의 서구화로 기호 작물의 수요가 증가하고 있다.
⑤ 농산물 수입 과정에서 사용한 방부제 때문에 안전성 문제가 제기되기도 한다.
⑥ 수입 농산물의 비중이 늘면서 국내 농산물 수요가 감소하여 농민들이 어려움을 겪기도 한다.

학교 시험에 잘 나오는 서술형 문제

1 다음 대화와 같은 상황이 소비자에게 미치는 긍정적 영향과 부정적 영향을 한 가지씩 서술하시오.

- 가영: 마트에 다양한 과일이 많네요. 그런데 대부분 해외에서 수입했나 봐요. 포도는 칠레산, 망고는 필리핀산, 키위는 뉴질랜드산이에요.
- 아빠: 농업의 세계화가 이루어졌기 때문이지.

02~03 다국적 기업과 생산 공간 변화 ~세계화에 따른 서비스업의 변화

경제 활동의 세계화와 다국적 기업

1. 경제 활동의 세계화

(1) 배경: 교통·통신의 발달로 국가 간 교류가 활발해짐

(2) 특징: 생산, 소비와 같은 경제 활동이 전 세계를 대상으로 이루어짐, 상품·자본·노동·기술·서비스 등이 국경을 초월하여 자유롭게 이동하면서 지역 간 경제적 상호 의존도가 높아짐

2. 다국적 기업 자료 ①

(1) 의미: 본사가 있는 국가를 포함하여 해외의 여러 국가에 판매 지사, 생산 공장 등을 운영하면서 전 세계를 대상으로 생산과 판매 활동을 하는 기업

(2) 성장 배경: *세계 무역 기구(WTO)의 출범과 자유 무역 협정(FTA)의 체결 확대 → 국가 간 *무역 장벽이 낮아지면서 다국적 기업의 수가 빠르게 증가함

(3) 최근 변화: 제조업뿐만 아니라 농산물 생산과 가공, 광물·에너지 자원 개발, 유통·금융 서비스 제공에 이르기까지 역할과 활동 범위를 확대하고 있음

다국적 기업의 발달과 지역 변화

1. 다국적 기업의 공간적 분업

(1) 의미: 다국적 기업이 경영의 효율성을 높이고 이윤을 극대화하기 위해 기업의 기획 및 관리·연구·생산·판매 기능을 각각 적합한 지역에 분리하여 배치하는 것

(2) 기능별 입지 조건 자료 ②

서술형 단골 다국적 기업의 본사, 연구소, 생산 공장의 입지 조건을 묻는 문제가 자주 출제돼!

구분	내용
본사	• 회사의 경영, 기획 및 관리 기능 수행 • 의사 결정에 필요한 정보 수집과 자본 확보에 유리한 선진국에 주로 입지
연구소	• 핵심 기술 및 디자인 개발 기능 수행 • 기술 수준이 높고 고급 인력이 풍부하며 우수한 교육 시설을 갖춘 선진국에 주로 입지
생산 공장	• 제품 생산 기능 수행 • 생산 비용 절감을 위해 지가가 낮고 저렴한 노동력이 풍부한 개발 도상국에 주로 입지 • 시장을 확대하고 무역 장벽을 피하기 위해 선진국에 입지하는 경우도 있음

2. 다국적 기업의 진출에 따른 지역 변화

(1) 다국적 기업의 생산 공장이 빠져나간 지역

① 공장 이전의 원인: 생산 공장이 위치한 지역의 임금, 지대, 세금 등이 상승하면서 생산 비용 상승 → 생산비가 저렴한 지역을 찾아 이동

② 공장 이전에 따른 영향: *산업 공동화 현상이 나타나 실업자가 증가하고, 산업의 기반을 잃어 지역 경제가 침체되기도 함 자료 ③

생생 자료

자료 ① 다국적 기업의 성장 과정

국내 대도시에 공장을 세우고 기업 활동 시작

타 지역에 공장을 건설하여 생산 기능 분리

해외에 판매 지사를 개설하여 시장 개척

해외에 생산 공장을 건설하여 제품을 직접 공급

교통과 통신의 발달로 국가 간 교류가 활발해지면서 기업들은 여러 국가에 공장과 판매 지점 등을 세워 전 세계를 대상으로 생산과 판매 활동을 하고 있다.

자료 ② 다국적 기업의 공간 분포와 입지 특성

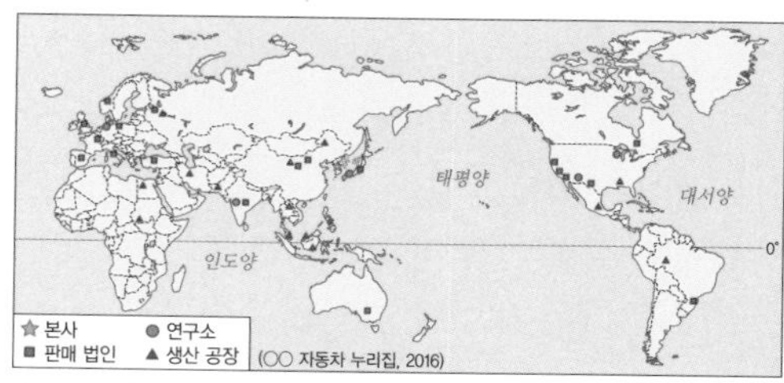

↑ ○○ 자동차 회사의 공간적 분업

다국적 기업은 생산비를 절감하고 현지 시장을 확보하기 위해 시설과 기능을 공간적으로 분리한다. 이에 따라 생산 기능을 하는 공장, 판매 기능을 하는 판매 법인, 연구·개발 기능을 하는 연구소 등은 각각의 기능을 수행하는 데 적합한 지역에 입지한다.

자료 ③ 미국 디트로이트시의 산업 공동화

← 폐허가 된 자동차 공장

디트로이트는 자동차 기업의 생산 공장이 들어서면서 번창했지만 20세기 후반 개발 도상국으로의 공장 이전으로 실업률이 높아지고 지역 경제가 침체되었다.

쏙쏙 용어

* **세계 무역 기구(WTO)** 1995년 세계 무역의 관리 및 자유화를 촉진하기 위해 설립된 국제기구
* **무역 장벽** 국내 산업을 보호하기 위해 수입품에 관세를 부과하는 등의 무역 제한 조치
* **산업 공동화** 지역의 기반 산업이 경쟁력을 잃고 없어지거나 해외로 이전하여 산업 구조에 공백이 생기는 현상

(2) 다국적 기업의 생산 공장이 들어선 지역

긍정적 영향	• 새로운 산업 단지 조성, 일자리 확대, 자본 유입 → 인구 증가, 지역 경제 활성화, 도시 발달 • 기술 이전으로 관련 산업 발달
부정적 영향	• 유사한 제품을 생산하는 국내 기업의 경쟁력이 약화될 수 있음 • 이윤의 대부분이 다국적 기업의 본사로 흡수되면 경제 발전을 기대하기 어려움 • 생산 공장에서 배출되는 유해 물질로 인한 환경 오염 문제 발생

서비스업의 세계화

1. 서비스업의 특징과 유형

(1) 서비스업의 특징: 기계화·표준화가 어렵고 고용 창출의 효과가 크며, 사회가 발달할수록 다양한 서비스업이 성장함 자료 ④

(2) 서비스업의 유형

소비자 서비스업	소비자에게 직접 제공하는 서비스 예 음식업, 숙박업 등
생산자 서비스업	기업 활동에 도움을 주는 서비스 예 금융, 법률, 광고 등

2. 서비스업의 세계화

(1) 배경: 정보 통신 기술의 발달로 시·공간적 제약 완화, 다국적 기업의 활동 확대

(2) 서비스업의 세계화에 따른 공간적 분업: 선진국의 기업들은 비용을 절감하고 업무 효율성을 높이기 위해 업무의 일부를 개발 도상국으로 분산하여 운영함 예 해외 콜센터 자료 ⑤

서비스업의 세계화에 따른 변화

1. 유통의 세계화

(1) 배경: 정보 통신 기술의 발달, *전자 상거래 확대

(2) 전자 상거래의 특징: 시·공간의 제약 완화, 해외 상점에 쉽게 접속 가능 → 소비 활동의 범위가 전 세계로 확대 자료 ⑥

(3) 전자 상거래의 발달에 따른 변화: 택배업 등 유통 산업의 성장, 운송이 유리한 지역에 대규모 물류 창고 발달, 오프라인 상점이 쇠퇴하고 배달 위주의 매장 발달

서술형 단골 전자 상거래의 발달에 따라 함께 발달하는 것과 쇠퇴하는 것을 묻는 문제가 출제될 수 있어.

2. 관광의 세계화

(1) 배경: 교통과 통신의 발달, 생활 수준 향상과 여가 시간 증대

(2) 관광의 세계화에 따른 영향

긍정적 영향	• 지역 주민의 일자리 창출 및 소득 증가, 기반 시설 개선 • 지역 이미지 개선 및 홍보 효과
부정적 영향	• 관광 시설 건설에 따른 자연환경 파괴 • 지나친 상업화로 지역의 고유문화 쇠퇴 우려

(3) 최근 변화: *공정 여행 증가, 음악·영화·드라마·축제 등을 이용한 체험 관광 발달 예 *스크린 투어리즘

생생 자료

자료 ④ 국가별 서비스업의 비중

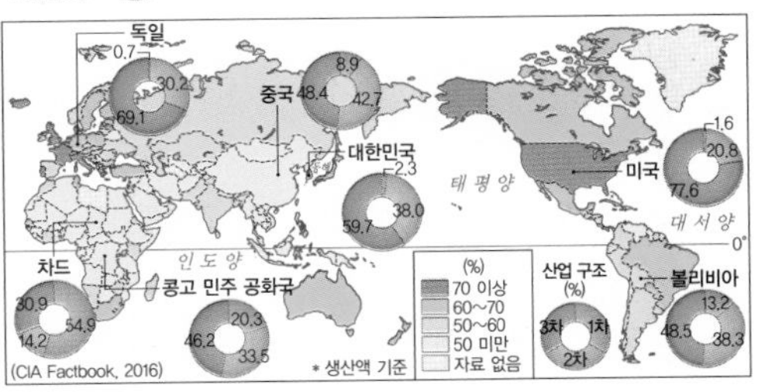

▲ 국가별 서비스업의 비중과 산업 구조

유럽과 북아메리카 등 경제 수준이 높은 선진국에서는 서비스업의 비중이 높게 나타난다. 반면, 아프리카와 동남아시아 등에 위치한 개발 도상국은 1차 산업의 비중이 높고 서비스업의 비중이 낮다.

자료 ⑤ 필리핀의 콜센터

주로 전화와 온라인으로 업무를 처리하기 때문에 고객과 근접한 거리에 있을 필요가 없어.

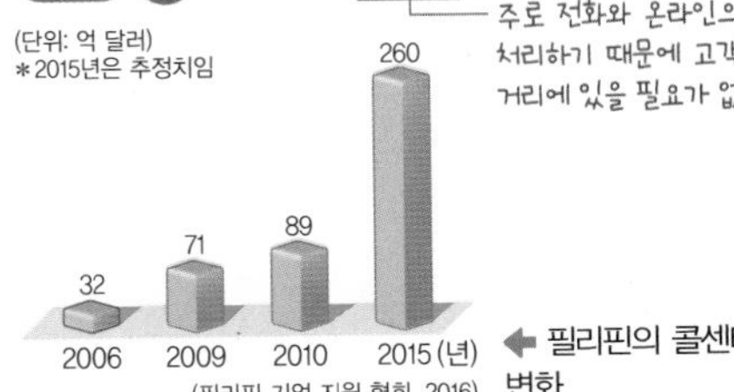

▲ 필리핀의 콜센터 매출액 변화

필리핀은 인건비가 저렴하면서 영어에 능통한 사람이 많고, 미국 문화에 대한 친밀도가 높아 이곳에 콜센터를 설치하는 미국의 다국적 기업들이 늘고 있다. 필리핀은 콜센터 사무실의 입지로 일자리 증가와 서비스업의 발달을 기대할 수 있다.

자료 ⑥ 상거래 방식의 변화

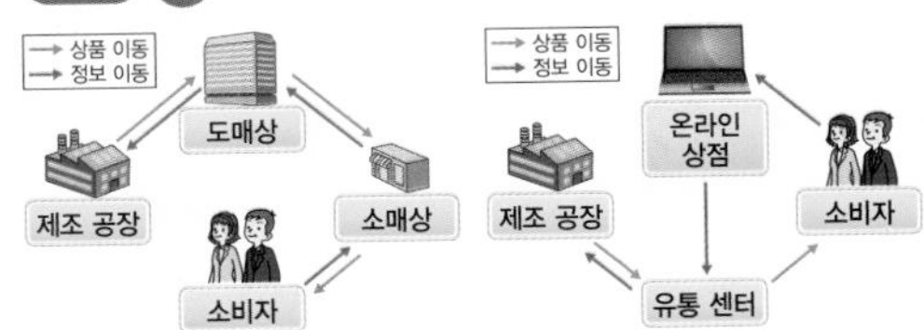

▲ 기존의 상거래 ▲ 전자 상거래

전자 상거래는 기존의 상거래 방식에 비해 유통 단계가 단순하여 소비자는 상점을 방문할 필요 없이 온라인을 통해 주문 및 결제를 하여 상품을 받을 수 있다. 따라서 시·공간의 제약이 거의 없다는 장점이 있다.

쏙쏙 용어

* **전자 상거래** 인터넷 통신망을 이용하여 물건을 사고파는 행위
* **공정 여행** 환경에 미치는 영향을 최소화하고 지역 주민에게 혜택이 돌아가도록 하는 여행
* **스크린 투어리즘** 유명 영화 촬영지에 관광객이 많아지면서 관련 상품이 개발되고 관광 산업이 발달하는 현상

대표 자료 확인하기

◆ 다국적 기업의 성장 과정

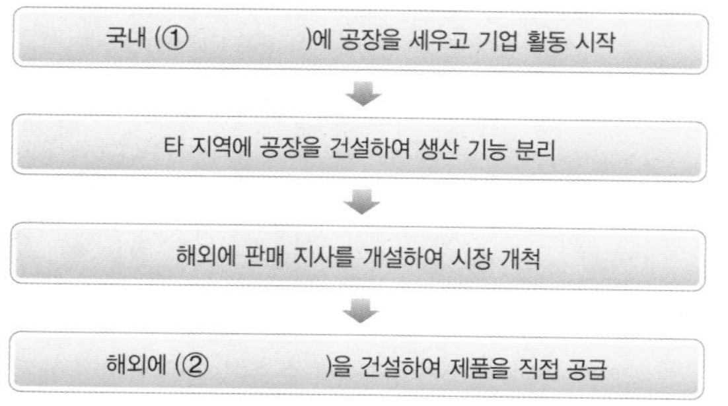

국내 (①)에 공장을 세우고 기업 활동 시작
타 지역에 공장을 건설하여 생산 기능 분리
해외에 판매 지사를 개설하여 시장 개척
해외에 (②)을 건설하여 제품을 직접 공급

◆ 다국적 기업의 공간 분포와 입지 특성

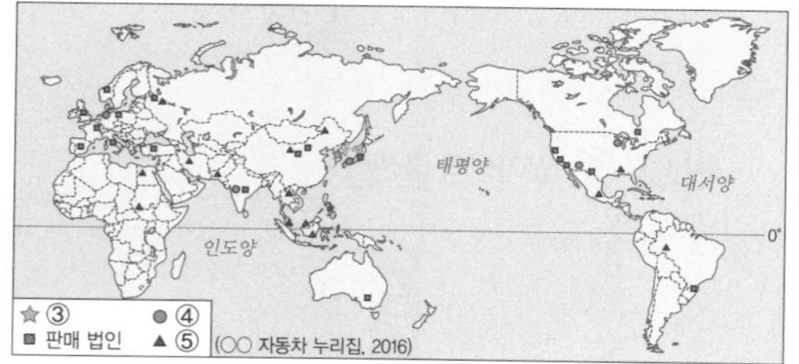

(③)	정보 수집과 자본 확보에 유리한 지역
(④)	기술을 갖춘 고급 인력이 풍부한 지역
(⑤)	지가가 낮고 노동력이 풍부한 지역이나 무역 장벽을 피할 수 있는 지역

◆ 서비스업의 세계화에 따른 상품 구매 방식의 변화

기존의 상거래	(⑥)
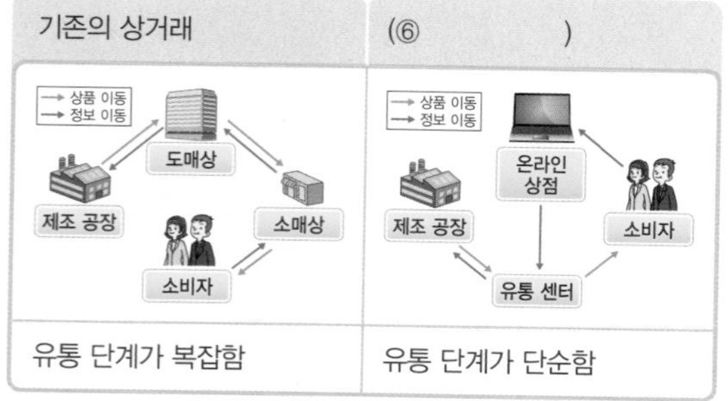	
유통 단계가 복잡함	유통 단계가 단순함

한눈에 정리하기

◆ 서비스업의 세계화

(①)의 세계화	정보 통신 기술의 발달, 전자 상거래 확대 → 소비 활동의 범위가 전 세계로 확대
관광의 세계화	• 영향: 지역 주민의 일자리 창출 및 소득 증가, 환경 파괴 및 고유문화 쇠퇴 우려 • 최근 변화: 환경에 미치는 영향을 최소화하고 지역 주민에게 혜택이 돌아가게 하는 (②) 증가

꼼꼼 개념 문제

정답과 해설 08쪽

1 다음 설명이 맞으면 ○표, 틀리면 ×표를 하시오.

(1) 오늘날 다국적 기업의 역할과 활동 범위는 확대되고 있다. ( )

(2) 교통과 통신의 발달은 다양한 서비스업의 세계화를 촉진한다. ( )

(3) 경제 활동의 세계화에 따라 지역 간 경제적 상호 의존도는 낮아지고 있다. ( )

2 ( )은 해외의 여러 국가에 판매 지사, 생산 공장 등을 운영하면서 전 세계를 대상으로 생산과 판매 활동을 하는 기업이다.

3 다국적 기업의 기능이 주로 입지하는 지역을 옳게 연결하시오.

(1) 본사 • • ㉠ 고급 인력과 우수한 교육 시설이 풍부한 선진국

(2) 연구소 • • ㉡ 지가가 낮고 저렴한 노동력이 풍부한 개발 도상국

(3) 생산 공장 • • ㉢ 의사 결정에 필요한 정보 수집과 자본 확보에 유리한 선진국

4 다국적 기업의 생산 공장이 빠져나간 지역은 ( ) 현상이 나타나 실업자가 증가하고 산업 기반을 잃어 지역 경제가 침체되기도 한다.

5 다음 괄호 안의 내용 중 알맞은 말에 ○표를 하시오.

(1) 정보 통신 기술의 발달로 시·공간적 제약이 (약화, 강화)되고 있다.

(2) 다국적 기업의 생산 공장은 시장을 확대하고 무역 장벽을 피하기 위해 (선진국, 개발 도상국)에 입지하기도 한다.

6 필리핀은 (㉠)를 공용어로 사용하고 인건비가 저렴하기 때문에 이곳에 (㉡)를 설치하는 다국적 기업이 늘어나고 있다.

7 전자 상거래가 발달하면서 함께 성장한 것만을 <보기>에서 있는 대로 골라 기호를 쓰시오.

보기
ㄱ. 인터넷 서점 ㄴ. 오프라인 상점
ㄷ. 대규모 물류 창고 ㄹ. 택배업 등의 유통 산업

01 교사의 질문에 옳은 대답을 한 학생을 고른 것은?

- 교사: 오늘날 경제 활동의 모습에 대해 자유롭게 이야기해 볼까요?
- 가윤: 과거에 비해 해외에서 만든 물건을 쉽게 접할 수 있게 되었어요.
- 나윤: 자본, 기술, 서비스 등이 국경을 넘어 이동하기가 더 어려워졌어요.
- 다윤: 생산, 소비와 같은 경제 활동이 전 세계를 대상으로 이루어지게 되었어요.
- 라윤: 교통과 통신의 발달에 따라 지역 간 경제적 상호 의존도는 낮아지고 있어요.

① 가윤, 나윤 ② 가윤, 다윤 ③ 나윤, 다윤
④ 나윤, 라윤 ⑤ 다윤, 라윤

02 다국적 기업에 대한 설명으로 옳지 않은 것은?

① 전 세계를 대상으로 생산과 판매 활동을 한다.
② 해외 여러 국가에 판매 지사, 생산 공장 등을 운영한다.
③ 무역 장벽이 강화되면서 다국적 기업의 수가 증가하고 있다.
④ 세계 무역 기구의 출범으로 다국적 기업의 활동은 더욱 활발해졌다.
⑤ 최근에는 농산물 생산·가공, 금융 상품 제공 등 다양한 분야로 역할과 범위가 확대되고 있다.

03 다음은 다국적 기업의 성장 과정을 나타낸 것이다. (가)~(라)를 순서대로 옳게 나열한 것은?

(가) 타 지역에 공장을 건설하여 생산 기능을 분리한다.
(나) 국내 대도시에 공장을 세우고 기업 활동을 시작한다.
(다) 해외에 생산 공장을 건설하여 제품을 직접 공급한다.
(라) 해외에 판매 지사를 개설하여 제품 홍보와 판매를 한다.

① (가) – (나) – (라) – (다) ② (나) – (가) – (라) – (다)
③ (나) – (다) – (가) – (라) ④ (다) – (가) – (라) – (나)
⑤ (라) – (가) – (나) – (다)

중요해

04 지도는 어떤 기업의 기능별 입지를 나타낸 것이다. 이에 대한 설명으로 옳지 않은 것은?

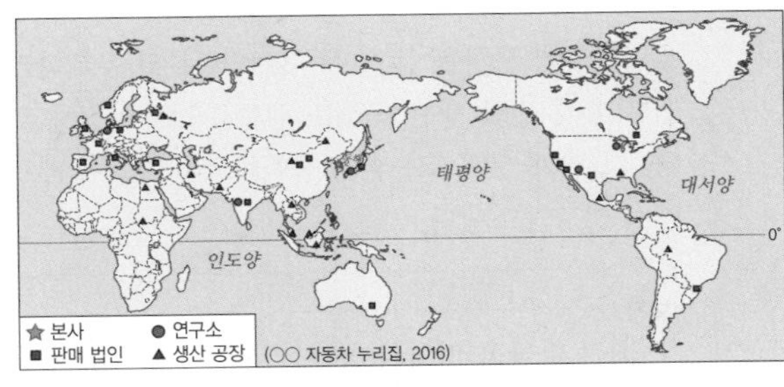

① 연구소는 선진국에 주로 입지한다.
② 선진국에는 생산 공장이 입지하지 않는다.
③ 시설과 기능의 공간적 분업이 이루어지고 있다.
④ 교통과 통신의 발달이 기업 활동에 영향을 주었다.
⑤ 생산 공장은 저렴한 노동력이 풍부한 곳에 주로 입지한다.

[05~06] 다음 뉴스를 보고 물음에 답하시오.

> 일본 자동차 기업 T사는 2017년 안에 오스트레일리아에서의 자동차 생산을 중단하기로 했다. 지난해 미국 F사와 G사에 이어 T사까지 자동차 생산 중단을 결정함에 따라 오스트레일리아 자동차 산업에 비상이 걸렸다. 일본 T사 관계자는 ____㉠____ 때문에 이러한 결정을 내릴 수밖에 없었다고 밝혔다. 앞으로 자동차 공장들이 철수하면 ㉡ 공장이 있던 지역은 큰 변화를 겪게 될 것으로 예상된다. – 2014. 2. 10. SBS 뉴스

05 ㉠에 들어갈 내용으로 가장 적절한 것은?

① 무역 제한 조치의 완화
② 자본 및 다양한 정보의 부족
③ 세계적으로 공간적 분업이 약화되는 상황
④ 지가 및 임금 상승으로 인한 생산 비용 증가
⑤ 우수한 교육 시설 부족에 따른 기술 개발의 어려움

06 밑줄 친 ㉡에 해당하는 내용으로 옳은 것을 〈보기〉에서 고른 것은?

| 보기 |
ㄱ. 실업률이 하락할 것이다.
ㄴ. 산업 공동화 현상이 나타날 수 있다.
ㄷ. 지역의 산업 기반이 쇠퇴할 수 있다.
ㄹ. 인구가 증가하고 지역 경제가 활성화될 것이다.

① ㄱ, ㄴ ② ㄱ, ㄷ ③ ㄴ, ㄷ
④ ㄴ, ㄹ ⑤ ㄷ, ㄹ

07 다음 글을 통해 알 수 있는 내용으로 옳은 것을 〈보기〉에서 고른 것은?

> 우리나라에 본사를 둔 S사는 2009년부터 우리나라에 있던 휴대 전화 생산 공장을 베트남으로 이전하고 있다. 그 결과 현재 S사 휴대 전화의 절반가량이 베트남에서 생산되고 있다.

보기
ㄱ. 최근 다국적 기업의 공간적 분업이 줄어들면서 나타난 현상이다.
ㄴ. 베트남에서는 일자리가 증가하고 휴대 전화 관련 산업이 발달한다.
ㄷ. S사의 생산 공장 이전은 의사 결정에 필요한 최신 정보 수집이 목적이다.
ㄹ. 베트남의 인건비가 상승하면 S사의 생산 공장은 다른 지역으로 이전할 수 있다.

① ㄱ, ㄴ ② ㄱ, ㄹ ③ ㄴ, ㄷ
④ ㄴ, ㄹ ⑤ ㄷ, ㄹ

08 밑줄 친 ㉠~㉤ 중 옳지 않은 것은?

> 서비스업은 ㉠ 인간이 필요로 하는 재화나 용역 등을 공급하는 산업을 말한다. ㉡ 서비스업은 기계화·표준화가 쉬우며, 이를 찾는 사람이 증가할수록 노동력이 많이 필요하므로 ㉢ 고용 창출 효과가 크다. 오늘날 경제가 성장하고 다양한 서비스에 대한 수요가 많아지면서 ㉣ 각 나라에서 서비스업이 차지하는 비중이 점차 높아지고 있다. 일반적으로 ㉤ 경제 수준이 높은 선진국이 개발 도상국에 비해 서비스업의 비중이 높게 나타난다.

① ㉠ ② ㉡ ③ ㉢ ④ ㉣ ⑤ ㉤

09 서비스업의 세계화에 대한 설명으로 옳지 않은 것은?

① 서비스업의 시·공간적 제약이 완화되고 있다.
② 선진국과 개발 도상국 간 분업이 늘어나고 있다.
③ 인터넷의 발달로 소비 활동 범위가 축소되고 있다.
④ 물자나 정보의 이동을 돕는 유통 서비스가 성장하고 있다.
⑤ 여가 및 관광 기회의 증가로 전 세계적으로 관광 활동이 확대되고 있다.

[10~11] 다음 글을 읽고 물음에 답하시오.

> 필리핀은 콜센터가 입지하기 ㉠ 유리한 조건을 갖추고 있어 이곳에 콜센터를 설치하는 다국적 기업들이 늘어나고 있다. 필리핀에 콜센터 사무실이 들어서면서 지역에도 많은 ㉡ 변화가 나타났다.

10 밑줄 친 ㉠에 해당하는 내용을 〈보기〉에서 고른 것은?

보기
ㄱ. 인건비가 저렴하다.
ㄴ. 고급 인력이 풍부하다.
ㄷ. 고객과의 접근성이 좋다.
ㄹ. 영어를 공용어로 사용한다.

① ㄱ, ㄴ ② ㄱ, ㄹ ③ ㄴ, ㄷ
④ ㄴ, ㄹ ⑤ ㄷ, ㄹ

11 밑줄 친 ㉡에 해당하는 내용으로 옳은 것은?

① 일자리 감소 ② 1차 산업 발달
③ 지역 경제 침체 ④ 서비스업 종사자 증가
⑤ 다국적 기업의 본사 이동

이 문제에서 나올 수 있는 선택지는 다~!

12 그림은 서로 다른 상거래 방식을 나타낸 것이다. (가), (나)에 대한 설명으로 옳지 않은 것은?

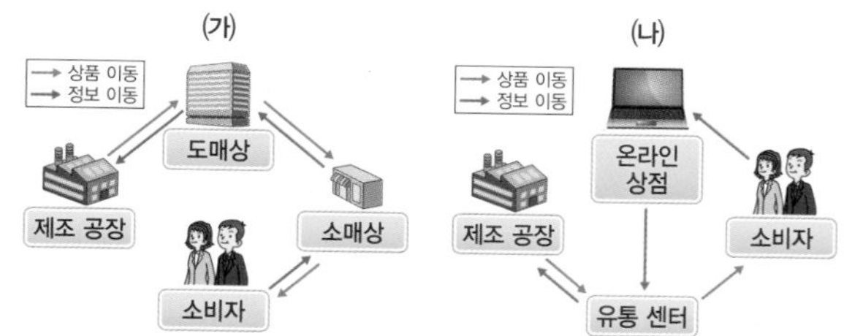

① (가)는 소비자가 직접 제품의 실물을 보고 구매하는 방식이다.
② (나)와 같은 방식이 발달하면 소비자의 해외 직접 구매가 증가할 수 있다.
③ 정보 통신 기술의 발달로 (나)를 이용하는 사람들이 늘어나고 있다.
④ (가)는 (나)에 비해 소비 활동의 범위가 좁은 편이다.
⑤ (가)는 (나)에 비해 시간과 장소의 제약을 적게 받는다.
⑥ (나)는 (가)에 비해 유통 단계가 단순하다.

중요해

13 전자 상거래의 발달에 따른 변화로 옳은 것을 〈보기〉에서 고른 것은?

보기
ㄱ. 오프라인 상점이 성장할 것이다.
ㄴ. 대규모 물류 창고가 줄어들 것이다.
ㄷ. 택배업 등의 유통 산업이 발달할 것이다.
ㄹ. 외식업체들은 배달 위주의 매장으로 바뀔 것이다.

① ㄱ, ㄴ ② ㄱ, ㄷ ③ ㄴ, ㄷ
④ ㄴ, ㄹ ⑤ ㄷ, ㄹ

14 다음은 학생이 수업 시간에 정리한 노트이다. (가)에 들어갈 내용으로 가장 적절한 것은?

• 학습 주제: ________(가)________
1. 배경: 교통과 통신의 발달, 생활 수준 향상과 여가 시간 증대
2. 지역에 미친 영향
– 긍정적 영향: 지역 주민의 일자리 창출 및 소득 증대, 지역 이미지 개선
– 부정적 영향: 자연환경 파괴, 지나친 상업화로 인한 지역의 고유문화 쇠퇴

① 관광의 세계화 ② 유통의 세계화
③ 다국적 기업의 성장 ④ 상거래 방식의 변화
⑤ 경제 활동의 세계화

15 다음 글을 통해 알 수 있는 내용으로 옳지 않은 것은?

지난 겨울방학에 뉴질랜드로 여행을 다녀왔다. 우리나라와 계절이 반대인 곳에서 우리나라에서는 볼 수 없는 독특한 경관을 본 것도 신기했지만, 무엇보다 영화 「반지의 제왕」 촬영지인 호비튼에서 보낸 시간이 기억에 남았다. 호비튼은 원래 개인 소유의 농장이었으나 현재는 영화 세트장 투어와 함께 농장 체험을 할 수 있는 관광 상품을 개발하여 인기를 끌고 있다.

① 관광 산업은 지역을 홍보하는 효과가 있다.
② 세계화에 따라 관광의 유형은 단순해지고 있다.
③ 관광객의 증가는 지역 경제 활성화에 도움을 준다.
④ 영화나 드라마 촬영지가 관광지로 개발되기도 한다.
⑤ 관광 산업의 발달로 교통, 숙박 등 관련 산업이 성장할 수 있다.

학교 시험에 잘 나오는 서술형 문제

1 다국적 기업의 생산 공장이 입지하기 유리한 조건을 두 가지만 서술하시오.

2 밑줄 친 ㉠과 같은 상황으로 나타날 수 있는 지역 변화를 두 가지만 서술하시오.

부산은 1970년대 세계적인 신발 생산지였으나 1980년대 후반부터 ㉠ 많은 기업이 베트남, 중국 등으로 생산 공장을 이전하면서 신발 산업이 쇠퇴하였다. 하지만 2000년대 들어서면서 부산 신발 업체들은 신발 산업의 부흥과 지역 경제 활성화를 위해 노력하고 있다.

3 다음 대화를 읽고 이와 같은 소비 방식이 확대되었을 때 나타나는 변화 모습을 세 가지만 서술하시오.

• 엄마: 나리야, 생일 선물로 뭘 사주면 좋을까?
• 나리: 엄마, 지금 신고 있는 운동화가 낡아서 새로 사고 싶어요.
• 엄마: 그럼 사고 싶은 운동화를 좀 살펴볼까?
• 나리: (핸드폰을 보며) 여기 인터넷 사이트가 가장 저렴하더라고요. 오늘 주문하면 이틀 후에 도착한대요.

1 베트남의 농업 생산 구조 변화

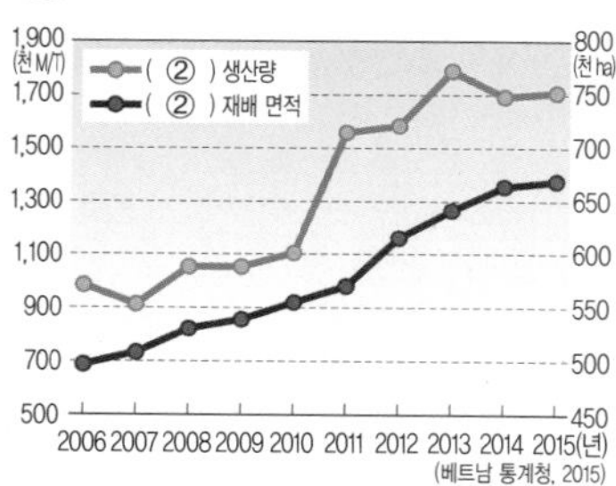

(베트남 통계청, 2015)

베트남은 유리한 기후 덕에 세계적인 ① ☐ 생산지로 성장하였다. 하지만 곡물의 가격 변동성이 커지면서 상품성이 높은 ② ☐☐ 재배를 확대하고 있다.

|답| ① 쌀 ② 커피

2 우리나라 곡물 자급률의 변화

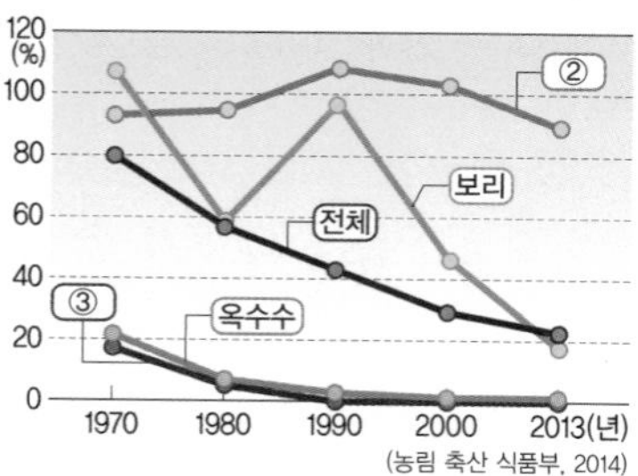

(농림 축산 식품부, 2014)

우리나라의 곡물 자급률은 지속적으로 ① ☐☐하고 있다. ② ☐은 다른 작물에 비해 자급률이 높은 편이지만, ③ ☐과 옥수수는 대부분 수입에 의존하고 있다.

|답| ① 감소 ② 쌀 ③ 밀

3 다국적 기업의 공간적 분업

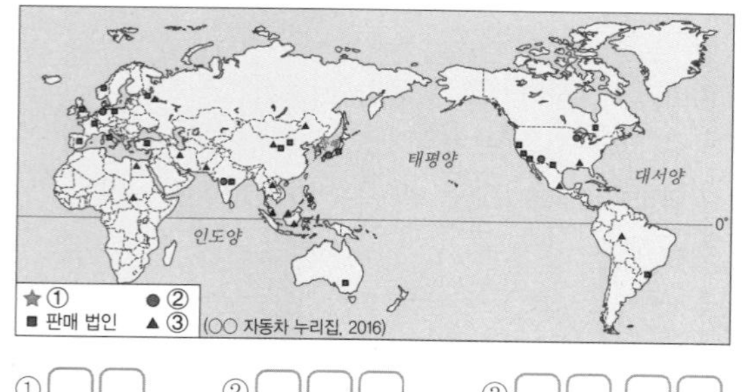

(○○ 자동차 누리집, 2016)

① ☐☐ ② ☐☐☐ ③ ☐☐ ☐☐

|답| ① 본사 ② 연구소 ③ 생산 공장

01 농업 생산의 기업화와 세계화

세계화에 따른 농업 생산의 변화

구분		내용
농업의 세계화		지역 간 교류 증가, 생활 수준 향상, 다양한 농산물에 대한 수요 증가 → 전 세계를 대상으로 농작물 생산 및 판매가 이루어짐
기업적 농업	특징	자본과 기술력을 갖춘 다국적 농업 기업이 농작물의 생산·가공·상품화의 전 과정을 담당 → 세계 농산물 가격 및 농작물 생산 구조와 소비 부문에 큰 영향을 끼침
	농업 방식	• 기업적 곡물 농업, 기업적 목축: 미국, 캐나다, 오스트레일리아, 아르헨티나 등지에서 대규모로 이루어짐 • (①) 농장 운영: 개발 도상국에 진출한 다국적 농업 기업이 커피, 카카오, 바나나 등 열대 작물을 생산하여 전 세계로 유통함

농업 생산의 기업화와 세계화로 인한 지역 변화

구분		내용
1 생산 지역		• 소규모 곡물 재배 지역이 (②) 재배 지역으로 변화 → 필리핀의 바나나 재배, 베트남의 커피 재배, 인도네시아의 기름야자 재배 등 • 육류 소비 증가로 가축의 사료 작물 재배를 위한 목초지 확대 → 남아메리카의 열대림이 목초지로 변하거나 기업적 밀 재배 지역이 (③)나 콩 재배지로 변화
2 소비 지역	긍정적 영향	세계 각지의 농산물을 저렴하게 구매 가능
	부정적 영향	• 수입 농산물에 사용한 방부제 등의 안전성 문제 • 수입 농산물 소비 증가에 따른 식량 자급률 감소, 국내 농산물 수요 감소

02 다국적 기업과 생산 공간 변화

다국적 기업

구분		내용
의미		해외의 여러 국가에 판매 지사, 생산 공장 등을 운영하면서 전 세계를 대상으로 생산과 판매 활동을 하는 기업
최근 변화		제조업뿐만 아니라 농산물 가공, 자원 개발, 유통·금융 서비스 제공에 이르기까지 역할과 활동 범위를 확대하고 있음
3 공간적 분업	본사	의사 결정에 필요한 정보 수집과 자본 확보에 유리한 (④)에 주로 입지
	연구소	기술 수준이 높고 고급 인력이 풍부하며 우수한 교육 시설을 갖춘 선진국에 주로 입지
	생산 공장	• 생산 비용 절감을 위해 지가가 낮고 저렴한 노동력이 풍부한 개발 도상국에 주로 입지 • 시장을 확대하고 (⑤)을 피하기 위해 선진국에 입지하기도 함

|답| ① 플랜테이션 ② 상품 작물 ③ 옥수수 ④ 선진국 ⑤ 무역 장벽

다국적 기업의 진출에 따른 지역 변화

구분		내용
❹ 생산 공장이 빠져나간 지역		(⑥) 현상이 나타나 실업자가 증가하고, 산업의 기반을 잃어 지역 경제가 침체되기도 함
생산 공장이 들어선 지역	긍정적 영향	• 새로운 산업 단지 조성, 일자리 확대, 자본 유입 → 인구 증가, 지역 경제 활성화 • 기술 이전으로 관련 산업 발달
	부정적 영향	• 유사 제품을 생산하는 국내 기업의 경쟁력 약화 • 다국적 기업의 본사로 이윤이 흡수되면 경제 발전을 기대하기 어려움 • 공장에서 배출되는 유해 물질로 인한 환경 오염 발생

03 세계화에 따른 서비스업의 변화

서비스업의 세계화

구분		내용
서비스업	특징	표준화가 어렵고 고용 창출의 효과가 큼
	유형	• 소비자 서비스업: 소비자에게 직접 제공 • (⑦) 서비스업: 기업 활동에 도움을 제공
❺ 서비스업의 세계화	배경	정보 통신 기술의 발달로 시·공간적 제약 완화, 다국적 기업의 활동 확대
	공간적 분업	선진국의 기업들은 비용을 절감하기 위해 업무의 일부를 (⑧)으로 분산하여 운영

유통의 세계화

구분		내용
배경		정보 통신 기술의 발달, 전자 상거래 확대
❻ 전자 상거래	특징	시·공간의 제약 완화, 해외 상점에 쉽게 접속 가능 → 소비 활동의 범위가 전 세계로 확대
	영향	택배업 등 유통 산업 성장, 운송이 유리한 지역에 대규모 (⑨) 발달, 오프라인 상점이 쇠퇴하고 배달 위주의 매장 발달

관광의 세계화

구분		내용
배경		교통과 통신의 발달, 생활 수준 향상과 여가 시간 증대
지역에 미친 영향	긍정적 영향	지역 주민의 일자리 창출 및 소득 증가, 기반 시설 개선, 지역 이미지 개선 및 홍보 효과
	부정적 영향	관광 시설 건설에 따른 자연환경 파괴, 지나친 상업화로 지역의 고유문화 쇠퇴 우려
최근 변화		(⑩) 여행 증가, 음악·영화·드라마·축제 등을 이용한 체험 관광 발달

| 답 | ⑥ 산업 공동화 ⑦ 생산자 ⑧ 개발 도상국 ⑨ 물류 창고 ⑩ 공정

❹ 생산 공장 이전에 따른 영향

⬆ 폐허가 된 자동차 공장

미국 디트로이트시에서는 20세기 후반부터 자동차 기업의 생산 공장이 멕시코 등의 ①□□ □□□으로 이전하면서 ②□□ □□□ 현상이 나타나 지역 경제가 침체되었다.

| 답 | ① 개발 도상국 ② 산업 공동화

❺ 서비스업의 세계화에 따른 공간적 분업

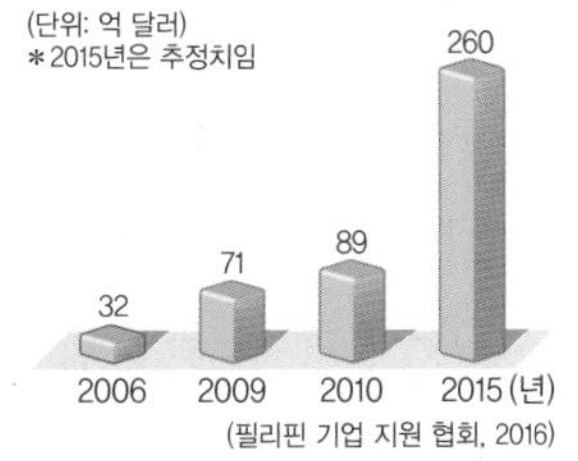

⬆(①)의 콜센터 매출액 변화

①□□□은 인건비가 저렴하면서 ②□□를 구사할 수 있는 사람이 많아 다국적 기업의 콜센터가 많이 들어서고 있다.

| 답 | ① 필리핀 ② 영어

❻ 상거래 방식의 변화

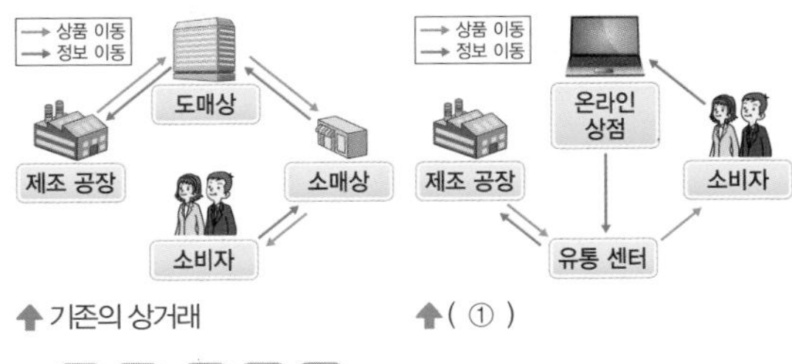

⬆ 기존의 상거래 ⬆(①)

①□□ □□□는 기존의 상거래 방식에 비해 시간과 장소의 제약이 적기 때문에 ②□□ □□에도 쉽게 접속할 수 있어 소비 활동의 범위가 전 세계로 확대되었다.

| 답 | ① 전자 상거래 ② 해외 상점

쑥쑥 마무리 문제

01 농업 생산의 기업화와 세계화

01 오늘날 나타나는 농업 생산의 변화에 대한 옳은 설명을 〈보기〉에서 고른 것은?

보기
ㄱ. 주로 자급적 농업이 이루어지고 있다.
ㄴ. 기호 작물의 재배 면적이 증가하고 있다.
ㄷ. 국가 간 농산물의 수출입 규모가 커지고 있다.
ㄹ. 옥수수, 콩 등 사료 작물의 재배가 줄어들고 있다.

① ㄱ, ㄴ ② ㄱ, ㄷ ③ ㄴ, ㄷ
④ ㄴ, ㄹ ⑤ ㄷ, ㄹ

02 다국적 농업 기업에 대한 설명으로 옳지 않은 것은?

① 많은 자본과 기술을 농업에 투입한다.
② 세계의 곡물 생산과 유통을 주도한다.
③ 세계 농산물 가격에 많은 영향을 끼친다.
④ 대형 농기계와 화학 비료 및 농약을 사용하여 생산량을 늘린다.
⑤ 농작물을 다품종 소량 방식으로 생산하여 가격 경쟁력을 높인다.

03 다음과 같은 현상으로 나타나는 소비 특성의 변화로 옳지 않은 것은?

세계화에 따라 농산물 시장이 개방되면서 소비자들은 과거에 비해 해외에서 생산된 농산물을 쉽게 접할 수 있게 되었다. 또한 패스트푸드를 비롯한 식단의 서구화가 나타나고 있다.

① 육류와 채소의 소비가 점차 줄어들고 있다.
② 식량 작물인 쌀의 소비 비중이 감소하고 있다.
③ 다양한 농산물을 구매할 수 있어 선택의 폭이 넓어졌다.
④ 국내 농산물의 수요가 줄어들어 농민들이 어려움을 겪을 수 있다.
⑤ 수입 농산물의 방부제 사용으로 인한 안전성 문제가 제기되기도 한다.

04 다음에서 설명하는 국가로 옳은 것은?

전통적으로 화전 농업이 이루어지던 열대림을 개간하여 팜유를 생산하기 위한 기름야자 농장을 만들었다. 이로 인해 열대림 훼손, 환경 오염 등의 문제가 나타나고 있다.

① 캐나다 ② 베트남 ③ 필리핀
④ 인도네시아 ⑤ 오스트레일리아

[05~06] 다음 글을 읽고 물음에 답하시오.

나우루는 남태평양의 작은 섬나라이다. 이곳 주민들은 과거에는 바다에서 물고기를 잡거나 채소를 길러 식사를 했다. 하지만 독립 후 외국산 식품들이 쏟아져 들어오면서 이곳의 식생활은 크게 바뀌었다. 외국산 인스턴트 제품을 주로 먹으며, 직접 준비하는 식사 메뉴의 재료들도 모두 외국산이다. 쌀과 닭고기, 소고기는 모두 오스트레일리아산이고 채소 역시 오스트레일리아에서 수입된 냉동 채소 믹스를 쓴다.

05 윗글과 같은 모습이 나타날 수 있었던 배경으로 옳은 것을 〈보기〉에서 고른 것은?

보기
ㄱ. 농업의 세계화가 진행되었다.
ㄴ. 과거에 비해 무역 장벽이 강화되었다.
ㄷ. 교통·통신의 발달로 지역 간 교류가 증가하였다.
ㄹ. 국가 간 경제적 상호 의존성이 낮아지고 독립적인 경제 활동이 강화되었다.

① ㄱ, ㄴ ② ㄱ, ㄷ ③ ㄴ, ㄷ
④ ㄴ, ㄹ ⑤ ㄷ, ㄹ

06 윗글과 같은 모습이 지속되었을 때 겪을 수 있는 상황을 추론한 것으로 적절하지 않은 것은?

① 전통 먹을거리 생산 방식은 경쟁력을 잃을 수 있다.
② 수입 농산물 소비 증가로 식량 자급률이 감소할 것이다.
③ 인스턴트 식품의 생활화로 주민들의 건강이 위협받을 수 있다.
④ 수입 식품의 가격이 급등하면 식량 부족 위기에 직면할 수 있다.
⑤ 국제 곡물 시장이나 식품 시장의 변화에 쉽게 흔들리지 않을 것이다.

07 **그래프는 필리핀의 쌀 수입량과 바나나 수출량 변화를 나타낸 것이다. 이를 보고 옳게 분석한 학생을 고른 것은?**

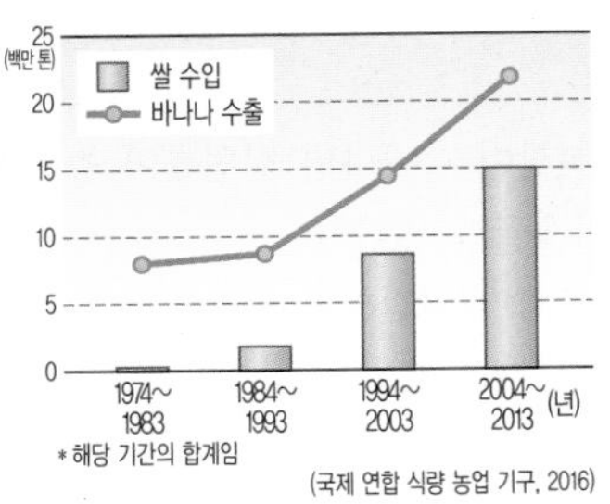

① 가현, 나현　② 가현, 다현　③ 나현, 다현
④ 나현, 라현　⑤ 다현, 라현

02 다국적 기업과 생산 공간 변화

08 **표는 다국적 기업의 성장 과정을 나타낸 것이다. 밑줄 친 ㉠~㉤ 중 옳지 않은 것은?**

단계	내용
1단계	㉠ 국내 대도시에 공장을 건설하고 기업 활동을 시작한다.
↓	
2단계	타 지역에 공장을 건설하여 ㉡ 생산 기능을 분리한다.
↓	
3단계	사업 규모가 커지면서 ㉢ 본사를 해외로 이전하여 시장을 개척한다.
↓	
4단계	㉣ 해외에 생산 공장을 건설하고 ㉤ 전 세계를 대상으로 생산과 판매 활동을 하는 다국적 기업으로 성장한다.

① ㉠　② ㉡　③ ㉢　④ ㉣　⑤ ㉤

[09~10] 다음 대화를 보고 물음에 답하시오.

> • 가율: 이것 봐. 이 콜라는 미국의 유명한 음료 회사 제품인데 경기도 여주시에서 만들었다고 되어 있어.
> • 나율: 맞아. 우리 주변에서 그런 제품들을 많이 볼 수 있어. 저기 지나가는 자동차는 우리나라 기업의 자동차인데, 생산 공장이 미국에도 있고 중국에도 있어.

09 **위 대화에 등장하는 기업들의 특징으로 옳지 않은 것은?**

① 전 세계를 대상으로 생산과 판매 활동을 한다.
② 기업의 생산 품목은 공산품에만 한정되어 있다.
③ 해외 여러 국가에 판매 지사, 생산 공장 등을 운영한다.
④ 본사는 정보 수집과 자본 확보에 유리한 선진국에 주로 입지한다.
⑤ 최근 중국이나 인도 등 개발 도상국 기업들의 진출이 증가하고 있다.

10 **위 대화에 등장하는 기업들이 성장하게 된 배경으로 옳은 것을 〈보기〉에서 고른 것은?**

> 보기
> ㄱ. 지역 간 경제적 상호 의존도가 낮아졌다.
> ㄴ. 교통과 통신의 발달로 국가 간 교류가 활발해졌다.
> ㄷ. 세계 무역 기구(WTO)의 출범으로 국가 간 무역 장벽이 높아졌다.
> ㄹ. 자유 무역 협정(FTA)의 확대로 상품과 서비스의 국제 이동이 활발해졌다.

① ㄱ, ㄴ　② ㄱ, ㄹ　③ ㄴ, ㄷ
④ ㄴ, ㄹ　⑤ ㄷ, ㄹ

11 **㉠에 들어갈 내용으로 가장 적절한 것은?**

> 다국적 기업은 경영의 효율성을 높이고 이윤을 극대화하기 위해 기업의 기획 및 관리·연구·생산·판매 등의 기능을 적합한 지역에 분리하여 배치하는데, 이를 (㉠)(이)라고 한다.

① 기술 이전　② 산업 공동화
③ 공간적 분업　④ 무역 장벽 극복
⑤ 경제 활동의 세계화

쑥쑥 마무리 문제

12 다음 질문에 옳은 답변을 제시한 학생을 고른 것은?

> ▶ 지식 Q&A
>
> 만약, 여러분이 운영하는 회사가 성장하여 해외에 여러 생산 공장을 건설하게 되었다고 가정합시다. 여러분은 어느 지역에 생산 공장을 세워야 이윤을 극대화할 수 있을까요?
>
> ▶ 답변하기
>
> ↳ 학생 1: 지가가 낮고 저임금 노동력이 풍부한 개발 도상국으로 진출합니다.
>
> ↳ 학생 2: 시장을 확대하고 무역 장벽을 극복하기 위해 선진국으로 진출합니다.
>
> ↳ 학생 3: 판매 시장을 확보하기 위해 수요가 적은 국가에 공장을 건설합니다.
>
> ↳ 학생 4: 지가가 조금 높더라도 우수한 교육 시설이 있고 고급 인력이 풍부한 지역에 공장을 건설합니다.

① 학생 1, 학생 2　② 학생 1, 학생 3　③ 학생 2, 학생 3　④ 학생 2, 학생 4　⑤ 학생 3, 학생 4

13 (가), (나)에 들어갈 내용을 옳게 연결한 것은?

> 세계의 기업들이 생산 공장의 입지 지역으로 최근 중국보다 베트남을 선호하고 있다. 한때 중국은 '세계의 공장'으로 불리며 성장했지만, 최근 중국에서 ____(가)____ 등이 나타나면서 많은 다국적 기업이 새로운 생산 거점 마련에 나섰고, 동남아시아나 남아메리카로 공장을 이전하고 있다. 현재 베트남에 진출한 한국 기업의 수는 7,000개가 넘으며, 공장이 들어선 베트남 지역에서는 ____(나)____ 등이 나타나고 있다.

	(가)	(나)
①	인건비 상승	일자리 창출
②	인건비 상승	지역 경제 침체
③	세금 혜택 확대	일자리 창출
④	고급 기술 인력 부족	산업 공동화
⑤	고급 기술 인력 부족	지역 경제 활성화

14 산업 공동화 현상에 대한 옳은 설명을 〈보기〉에서 고른 것은?

> 보기
>
> ㄱ. 다국적 기업의 생산 공장이 새로 들어선 지역에서 주로 나타난다.
>
> ㄴ. 산업 공동화 현상이 나타나면 실업률이 높아지고 지역 경제가 침체될 수 있다.
>
> ㄷ. 지역의 기반 산업이 이전하거나 없어지면서 산업 구조에 공백이 생기는 현상이다.
>
> ㄹ. 산업 공동화 현상이 나타나면 새로운 산업 단지가 조성되고 기술을 이전받을 수 있다.

① ㄱ, ㄴ　② ㄱ, ㄷ　③ ㄴ, ㄷ　④ ㄴ, ㄹ　⑤ ㄷ, ㄹ

03 세계화에 따른 서비스업의 변화

15 다음은 오늘날 서비스업의 발달에 대한 설명이다. 밑줄 친 ㉠~㉤ 중 옳지 않은 것은?

> ㉠ 정보 통신 기술의 발달로 업무 수행에 따른 시·공간적 제약이 완화되면서 ㉡ 서비스업이 공간적으로 분산되고 있다. 이에 따라 ㉢ 선진국과 개발 도상국 간의 분업이 증가하게 되었다. ㉣ 개발 도상국의 기업들은 업무의 효율성을 높이기 위해 업무의 일부를 선진국으로 분산하여 운영한다. 한편 ㉤ 교통과 통신의 발달은 다양한 서비스업의 세계화를 촉진하고 있다.

① ㉠　② ㉡　③ ㉢　④ ㉣　⑤ ㉤

16 전자 상거래에 대한 설명으로 옳은 것은?

① 상품 구매를 위한 소비자의 이동 거리가 길다.
② 유통 단계가 복잡하고 유통 비용이 많이 든다.
③ 정보 통신 기술의 발달로 빠르게 성장하고 있다.
④ 구매 활동에 시간과 공간의 제약을 많이 받는다.
⑤ 소비자가 직접 제품의 실물을 보고 구매할 수 있다.

17 교사의 질문에 대한 학생의 대답으로 적절하지 않은 것은?

(단위: 십억 달러)
1,014
1,196
1,537
1,895
2,273
2011 2012 2013 2014 2015(년)
그래프와 같이 전자 상거래 시장이 성장하면서 우리 생활에는 어떤 변화가 나타났을까요?
＊기업과 소비자 간에 이루어지는 전자 상거래만을 대상으로 함
(Emarketer, Ecommerce Foundation, 2016)

① 가영: 외식업체들이 배달 위주의 매장으로 바뀌기도 합니다.
② 나영: 고속 도로나 공항 주변에 대규모 물류 창고가 들어서고 있습니다.
③ 다영: 소규모 오프라인 서점들이 많이 생겨나 필요한 책을 꼼꼼히 살펴보고 구매할 수 있습니다.
④ 라영: 택배업이 발달하여 주변에서 물건을 배송하는 택배 기사님과 화물 트럭을 많이 볼 수 있습니다.
⑤ 마영: 인터넷으로 해외 상점에 접속하여 국내에서 구하기 어려운 제품도 구매할 수 있게 되었습니다.

창의 융합

18 다음 인터뷰를 통해 예상할 수 있는 영화 속 장면으로 적절하지 않은 것은?

- 리포터: 이번에 제작한 영화의 흥행으로 많은 팬들이 다음 작품을 기대하고 있습니다. 다음 작품은 어떤 주제를 담고 있는지 소개해주실 수 있을까요?
- 영화 감독: 다음에 제작할 영화는 현재, 그리고 가까운 미래에 우리가 생활하는 모습을 담을 예정입니다. 특히 교통과 통신의 발달과 함께 나타나는 다양한 모습들을 배경으로 장면을 만들고, 그 속에서 여러 가지 에피소드를 줄거리로 엮을 예정입니다.

① 인터넷 클릭 몇 번으로 신선한 야채를 매일 정해진 시간에 배송받는 모습
② 집에서 스마트폰으로 강의를 듣고, 외국 학생들과 화상으로 토론하며 학습하는 모습
③ 다양한 홈쇼핑 채널을 시청하면서 원하는 제품을 찾고 리모컨으로 제품을 구매하는 모습
④ 텔레비전과 인터넷으로 전 세계의 정보를 얻게 되면서 국제공항에 여행객이 줄어들어 썰렁한 모습
⑤ 여행 상품 예약을 위해 미국에 살고 있는 사람이 필리핀 콜센터로 전화를 하고 상품을 안내받는 모습

19 다음 사례를 통해 알 수 있는 내용으로 옳은 것만을 〈보기〉에서 있는 대로 고른 것은?

- 우리나라는 2015년 개봉한 영화 「어벤저스」의 촬영을 위해 강남대로와 마포대교 등을 촬영지로 제공하였다. 또한 국내 영화 「해운대」, 「국제시장」 등의 촬영지인 부산은 영화 도시로 입지를 굳히며 관광객을 끌어 모으고 있다.
- 영화 「반지의 제왕」과 「호빗」은 뉴질랜드의 마타마타 호비튼을 배경으로 촬영하였다. 이곳은 원래 개인 소유의 농장이었으나 영화 개봉 이후 전 세계 영화 팬들이 몰려들어 유명 관광지로 변하였다.

보기
ㄱ. 뉴질랜드 호비튼은 영화 개봉 이후 지역 경제가 활성화되었을 것이다.
ㄴ. 뉴질랜드 호비튼은 영화 촬영 이후 1차 산업의 비중이 증가했을 것이다.
ㄷ. 영화가 흥행한 뒤 그 촬영지가 관광지로 발달하는 스크린 투어리즘의 사례이다.
ㄹ. 우리나라는 지역의 홍보 및 관광객 증가 효과를 기대하며 영화 촬영지를 제공했을 것이다.

① ㄱ, ㄴ ② ㄷ, ㄹ ③ ㄱ, ㄴ, ㄷ
④ ㄱ, ㄷ, ㄹ ⑤ ㄴ, ㄷ, ㄹ

20 교사의 질문에 옳은 대답을 한 학생을 고른 것은?

관광의 세계화의 배경과 영향에 대해 발표해 볼까요?
교사
생활 수준의 향상으로 관광에 대한 수요는 감소하고 있습니다.
관광 산업은 지역 주민의 일자리를 늘리고 소득을 증가시킬 수 있습니다.
나윤
다윤
라윤
가윤
통신의 발달로 정보를 쉽게 얻을 수 있게 되면서 체험 관광 활동은 줄어들고 있습니다.
최근에는 현지의 자연과 문화를 존중하는 공정 여행을 선택하는 사람들이 늘고 있습니다.

① 가윤, 나윤 ② 가윤, 다윤 ③ 나윤, 다윤
④ 나윤, 라윤 ⑤ 다윤, 라윤

환경 문제와 지속 가능한 환경

01 전 지구적 차원의 기후 변화 070

02 환경 문제 유발 산업의 이동 076

03 생활 속의 환경 이슈 080

01 전 지구적 차원의 기후 변화

기후 변화의 발생

1. 기후 변화의 의미와 요인

(1) **기후 변화**: 일정한 지역에서 장기간에 걸쳐 나타나는 기후의 평균적인 상태가 변화하는 것 → 홍수, 가뭄, 폭염 등 비정상적인 기상을 일으킴

(2) **기후 변화의 요인**

자연적 요인	화산 활동에 따른 화산재 분출, 태양의 활동 변화, 태양과 지구의 상대적 위치 변화 등
인위적 요인	*화석 연료 사용에 따른 *온실가스 배출량 증가, 도시화, 무분별한 토지 및 삼림 개발 등

(3) **기후 변화의 양상**: 지난 100년간 지구의 평균 기온은 꾸준히 상승해 왔으며, 최근의 기온 상승은 자연적 요인보다 인위적 요인의 영향을 크게 받음

2. 지구 온난화의 의미와 요인 자료 ① 자료 ②

서술형 단골 지구 온난화의 원인을 묻는 문제가 자주 출제돼!

(1) **지구 온난화**: 대기 중에 온실가스 농도가 높아져 지구의 평균 기온이 상승하는 현상

(2) **지구 온난화의 요인**: 화석 연료의 사용 증가와 무분별한 삼림 개발로 대기 중 이산화 탄소의 농도 증가 → 온실 효과의 심화로 지구의 평균 기온 상승

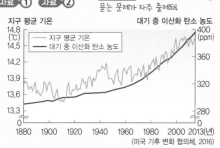

지구 평균 기온 (℃) / 대기 중 이산화 탄소 농도 (ppm)
— 지구 평균 기온 — 대기 중 이산화 탄소 농도
(미국 기후 변화 협의체, 2016)

▲ 지구 평균 기온과 이산화 탄소 농도 변화

기후 변화의 영향

1. 빙하 감소와 해수면 상승 자료 ③

원인	지구 온난화의 영향으로 지표면의 온도 상승 → 극지방과 고산 지역의 빙하가 녹아 해수면 상승
영향	• 방글라데시와 같이 해안 저지대에 위치한 국가들은 수시로 범람 및 침수 피해를 겪음 • 투발루와 몰디브, 나우루 등 많은 섬나라들은 국토가 물에 잠겨 사라질 위기에 처함 • 북극해를 운항할 수 있는 북극 항로가 열림

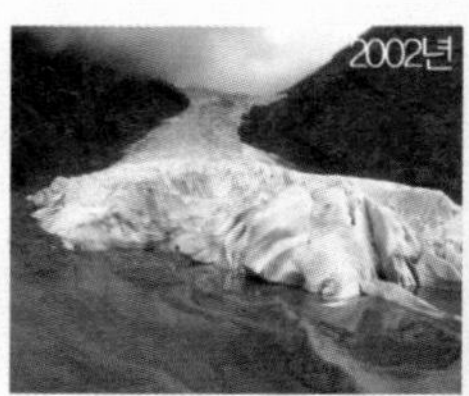

▲ 빙하가 녹아 사라지고 있는 노르웨이 피오르의 모습

▲ 주택이 기울고 있는 알래스카

생생 자료

자료 ① 온실가스의 종류

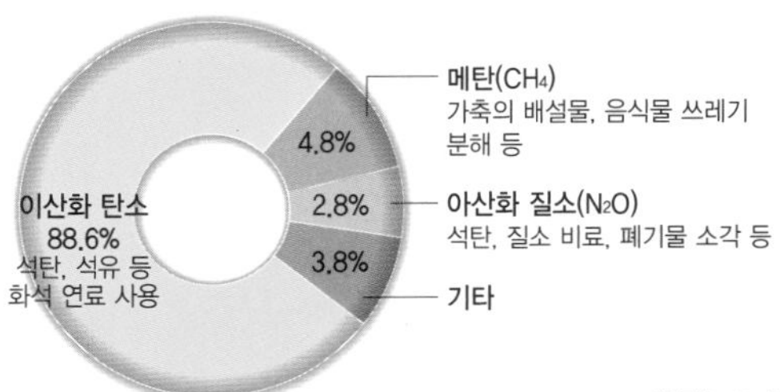

(환경부, 2014)

온실가스 중 지구 온난화에 가장 큰 영향을 미치는 것은 이산화 탄소이다. 따라서 이산화 탄소를 흡수하고 저장하는 기능을 가진 숲을 무분별하게 파괴하는 것도 지구 온난화를 가속화하는 요인이 된다.

적정한 온실 효과는 지구의 온도를 일정하게 유지해 주는 역할을 하지.

자료 ② 온실 효과에 의한 지구 온난화

태양으로부터 방출된 열에너지는 지구에 도달하였다가 다시 우주로 방출된다. 그러나 지구에서 복사되는 열이 온실가스에 막혀 지구 밖으로 나가지 못하고 대기에 흡수되면 대기와 지표면의 온도가 높아지는데, 이를 온실 효과라고 한다.

자료 ③ 기후 변화에 따른 주요 현상

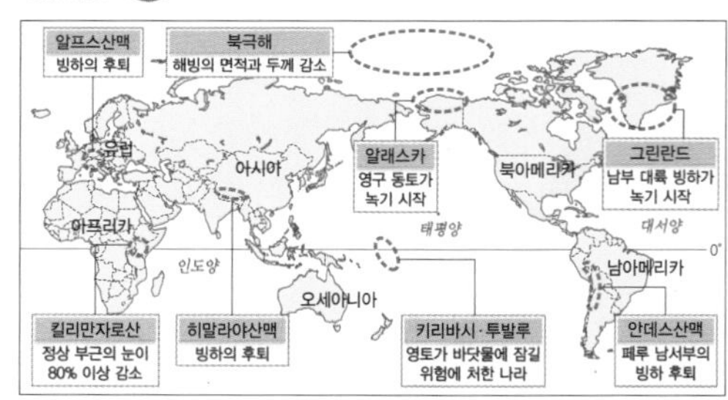

지구의 평균 기온 상승으로 북극과 그린란드에 덮인 빙하와 만년설이 녹아 줄어들고, 해수면이 상승하여 일부 해안 지역이 물에 잠기고 있다.

쏙쏙 용어

* **화석 연료** 지각에 파묻힌 동식물의 유해가 오랜 세월에 걸쳐 변화된 연료로 석유와 석탄, 천연가스 등이 대표적임
* **온실가스** 이산화 탄소, 메탄, 아산화 질소 등 온실 효과를 일으키는 대기 중의 기체

2. 기상 이변 증가

(1) *기상 이변의 원인

① 지구의 기온 상승으로 수분 증발량이 증가하여 건조한 땅이 많아지고 물이 부족해짐

② 빙하가 녹은 물이 바다로 흘러들어 해수면을 상승시키고 바닷물의 염분 농도를 낮춰 해류의 순환을 방해함

(2) 기상 이변의 영향

① 태풍, 홍수, 폭우, 폭설, 가뭄 등 자연재해의 발생 빈도 및 강도 증가

② 폭염 및 *열대야와 같은 여름철 고온 현상 증가

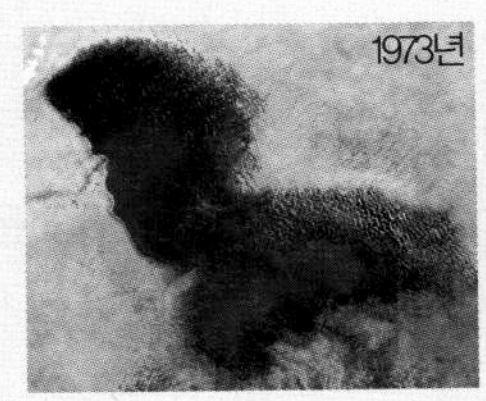

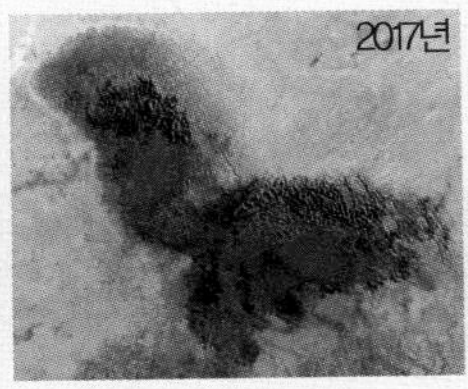

↑ 오랜 가뭄 및 과도한 농·목축업에 따른 차드호의 면적 축소

↑ 폭우로 침수된 파리

3. 생태계 변화 자료 ④

(1) 해양 생태계의 변화: 바닷물 온도 상승 → 수온 변화에 적응이 어려운 물고기가 죽거나 수온이 낮은 고위도 수역으로 이동함

(2) 식생 변화: 고산 식물의 분포 범위 축소 또는 멸종 위험 증가, 아열대 과일의 재배 지역 확대 등

(3) 작물 재배 환경의 변화: 인류의 생존과 밀접한 관련이 있는 농작물 재배에 악영향 → 식량 부족 등 심각한 혼란 초래

(4) 기타: 동식물의 서식지 변화, 생태계 *교란, 해충 및 전염병 증가 등

기후 변화 해결을 위한 노력

1. 국제 협력의 필요성 기후 변화는 전 세계 대부분에 영향을 미치므로 국제 사회의 협력과 공동 대응이 필요함

2. 기후 변화 해결을 위한 노력 자료 ⑤

(1) 국제적 차원의 노력

① 기후 변화 해결을 위한 국제 협약

기후 변화 협약 (1992)	브라질 리우 환경 개발 회의에서 온실가스를 줄이기 위한 기후 변화 협약을 최초로 채택
교토 의정서 (1997)	온실가스 감축을 위한 구체적 이행 방안 제시, 탄소 배출권 거래제 도입, 주요 선진국에 온실가스 감축 의무 부여
파리 협정 (2015)	2020년 이후 기후 변화 대응에 관한 논의, 선진국과 개발 도상국 모두에 온실가스 감축 의무 부여 자료 ⑥

② 국제적 협력의 한계: 각국의 이해관계와 산업 구조, 기술 수준 등의 차이로 전 지구적 차원의 합의와 실천에 어려움이 있음

(2) 국가적 차원의 노력: 기존의 화석 연료를 대체하거나 줄이기 위한 새로운 에너지 개발, 온실가스 배출을 줄이기 위한 제도 도입 등

(3) 개인적 차원의 노력: 에너지 절약, 자원 재활용, 친환경 제품 사용 등

생생 자료

자료 ④ 산호초의 백화 현상

↑ 백화 현상으로 하얗게 변해 버린 산호초 (오스트레일리아의 그레이트배리어리프)

지구 온난화로 바닷물의 수온이 상승하면서 산호초가 죽어 하얗게 변하는 백화 현상이 나타나고 있다. 이로 인해 주변 해양 생태계 역시 파괴되고 있다.

자료 ⑤ 기후 변화 해결을 위한 다양한 노력

탄소 배출권 거래제	온실가스 감축 의무가 있는 사업장 혹은 국가 간에 배출 권한 거래를 허용하는 제도
환경 성적 표지 제도	제품이나 서비스의 생산, 수송, 유통, 폐기의 전 과정에서 발생한 온실가스 배출량을 이산화 탄소로 환산하여 표기하는 제도
지구촌 전등 끄기 운동	매년 3월 마지막 주 토요일에 한 시간 동안 세계의 모든 전등을 끄는 활동

제시된 사례는 기후 변화에 대응하고 온실가스 배출량을 줄이기 위한 노력에 해당한다.

산업화 이전과 비교하여 지구 평균 온도 상승 폭을 2℃ 이내로 제한하고, 가능한 한 1.5℃ 이내로 상승 폭을 제한하기로 합의하였어.

자료 ⑥ 파리 협정의 주요 내용

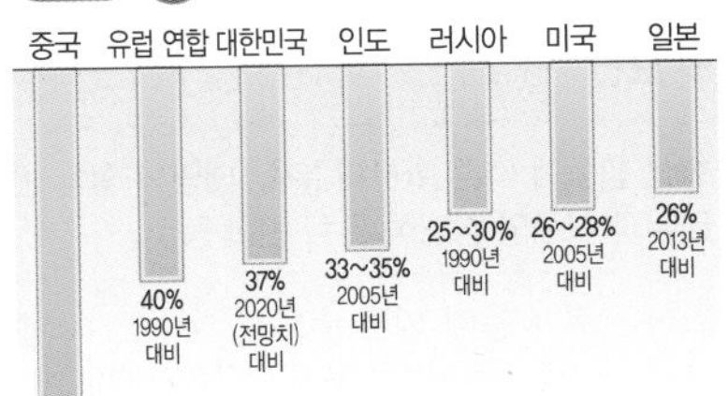

* 감축 목표 기간: ~2030년(미국만 2025년) (환경부, 2016)

↑ 국가·지역별 온실가스 배출량 감축 목표

파리 협정에 따르면 선진국, 개발 도상국 구분 없이 모든 국가는 자국이 스스로 정한 방식에 따라 2020년부터 의무적으로 온실가스 감축에 나서야 한다.

쏙쏙 용어

* **기상 이변** 평상시의 기후 수준을 크게 벗어난 기후 현상
* **열대야(熱-덥다, 帶-띠, 夜-밤)** 밤 중 최저 기온이 25℃ 이상인 무더운 밤
* **교란(攪-흔들다, 亂-어지럽다)** 뒤흔들어서 어지럽게 함

대표 자료 확인하기

◆ 지구 온난화의 의미와 요인

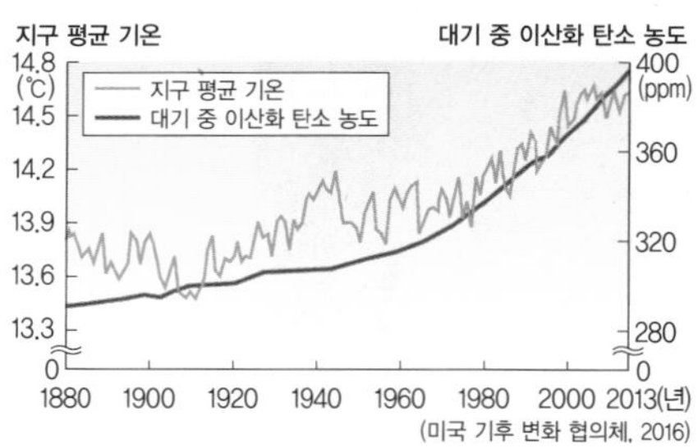

▲ 지구 평균 기온과 이산화 탄소 농도 변화

대기 중 (①)의 농도가 급격히 올라 지구의 평균 기온이 상승하는 현상을 (②)라고 한다.

◆ 기후 변화의 영향

▲ 노르웨이 피오르의 변화

지구의 기온 상승으로 극지방과 고산 지역의 (③)가 녹아 해수면이 꾸준히 (④)하고 있으며, 그 결과 해발 고도가 낮은 곳은 침수 위기에 처해 있다.

한눈에 정리하기

◆ 기후 변화의 요인

자연적 요인	화산 활동에 따른 화산재 분출, 태양의 활동 변화, 태양과 지구의 상대적 위치 변화 등
인위적 요인	화석 연료 사용에 따른 (①) 배출량 증가, 도시화, 무분별한 토지 및 삼림 개발 등

◆ 기후 변화 해결을 위한 국제 협약

기후 변화 협약	브라질 리우 환경 개발 회의에서 최초로 채택
(②)	온실가스 감축을 위한 구체적 이행 방안 제시, 탄소 배출권 거래제 도입
(③)	2020년 이후 기후 변화 대응에 관한 논의, 선진국과 개발 도상국 모두 온실가스 배출을 줄이기로 합의

꼼꼼 개념 문제

● 정답과 해설 10쪽

1 기후 변화를 일으키는 자연적 요인과 인위적 요인을 〈보기〉에서 골라 기호를 쓰시오.

보기	
ㄱ. 화산재 분출	ㄴ. 화석 연료 사용
ㄷ. 태양의 활동 변화	ㄹ. 무분별한 삼림 개발

(1) 자연적 요인 ( )
(2) 인위적 요인 ( )

2 온실가스 가운데 지구 온난화에 가장 큰 영향을 미치는 것은 ( )이다.

3 다음 괄호 안의 내용 중 알맞은 말에 ○표를 하시오.

(1) 화석 연료의 사용 (증가, 감소)로 온실가스의 배출량이 늘어나면서 지구의 기온이 높아졌다.
(2) 지구의 평균 기온이 상승하면서 극지방과 고산 지역의 빙하가 녹아 해수면이 (상승, 하강)하고 있다.
(3) 지표면의 기온 상승은 식생의 변화에도 영향을 미쳐 고산 식물의 분포 범위가 (확대, 축소)되고 있다.

4 지구 온난화로 나타나는 현상이 맞으면 ○표, 틀리면 ×표를 하시오.

(1) 식물의 개화 시기가 느려진다. ( )
(2) 고지대에 있는 빙하의 면적이 확대된다. ( )
(3) 북극해를 운항할 수 있는 항로가 열린다. ( )
(4) 태풍과 홍수, 폭설 등 기상 이변이 빈번해진다. ( )
(5) 해발 고도가 낮은 곳은 범람 및 침수 피해를 입는다. ( )

5 기후 변화 해결을 위한 국제 협약의 내용을 옳게 연결하시오.

(1) 파리 협정 • • ㉠ 리우 환경 개발 회의에서 최초 채택
(2) 교토 의정서 • • ㉡ 2020년 이후 기후 변화 대응에 관한 논의
(3) 기후 변화 협약 • • ㉢ 온실가스 감축을 위한 구체적 이행 방안 제시

6 (㉠)만 온실가스 감축 의무가 있던 교토 의정서와 달리 (㉡)에서는 선진국과 개발 도상국 모두에 온실가스 감축 의무를 부여하였다.

01 밑줄 친 ㉠~㉤ 중 옳지 않은 것은?

> ㉠ 기후 변화는 기후의 평균적인 상태가 변화하는 것으로, ㉡ 홍수나 가뭄, 폭염 등과 같은 비정상적인 기상을 일으킨다. 지구가 생긴 이래 ㉢ 기후는 태양의 활동 변화, 화산 분화 등 자연적 요인에 따라 계속해서 변화하고 있으며, ㉣ 산업 혁명 이후부터는 인간의 활동, 즉 인위적 요인만이 기후 변화에 영향을 미치고 있다. 그리고 ㉤ 석탄, 석유 등 화석 연료 사용의 증가는 기후의 이상 현상을 불러왔다.

① ㉠ ② ㉡ ③ ㉢ ④ ㉣ ⑤ ㉤

[02~03] 그래프는 지구 평균 기온과 대기 중 이산화 탄소 농도 변화를 나타낸 것이다. 이를 보고 물음에 답하시오.

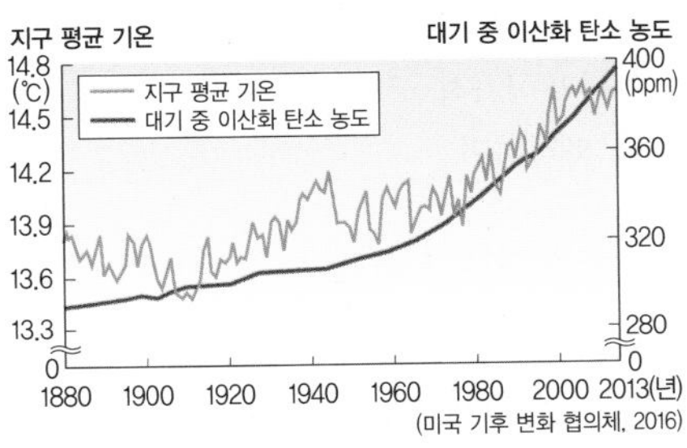

(미국 기후 변화 협의체, 2016)

02 위 그래프와 같은 변화가 나타나는 원인을 〈보기〉에서 고른 것은?

> **보기**
> ㄱ. 열대 우림 파괴
> ㄴ. 도시 면적의 축소
> ㄷ. 자동차 사용 증가
> ㄹ. 석탄 사용량 감소

① ㄱ, ㄴ ② ㄱ, ㄷ ③ ㄴ, ㄷ
④ ㄴ, ㄹ ⑤ ㄷ, ㄹ

03 위 그래프에 대한 설명으로 옳지 않은 것은?

① 대기 중 온실가스 농도가 증가하고 있다.
② 지구의 평균 기온이 지속해서 상승하고 있다.
③ 지구의 평균 기온과 이산화 탄소의 농도는 역(−)의 관계이다.
④ 이산화 탄소의 농도 증가로 지구 온난화 현상이 나타나고 있다.
⑤ 1980년에 비해 2013년에는 지구의 평균 기온이 0.5℃ 이상 상승하였다.

이 문제에서 나올 수 있는 선택지는 다~!

04 다음과 같은 상황이 지속될 경우 나타날 수 있는 현상으로 적절하지 않은 것은?

> 태양으로부터 방출된 열에너지는 지구에 도달하였다가 다시 우주로 방출된다. 그러나 대기 중에 온실가스가 과도하게 증가하면 지구에서 복사되는 열이 온실가스에 막혀 지구 밖으로 나가지 못하고 지구로 다시 흡수된다. 이러한 현상이 반복되면서 지구의 평균 기온이 지속적으로 높아지고 있다.

① 극지방의 빙하가 감소한다.
② 태풍의 피해 규모가 커진다.
③ 식물의 개화 시기가 빨라진다.
④ 생태계 교란 및 변화가 발생한다.
⑤ 고산 식물의 분포 범위가 확대된다.
⑥ 폭우나 홍수, 가뭄 등이 빈번해진다.
⑦ 아열대 과일의 재배 지역이 넓어진다.

중요해

05 지도는 기후 변화에 따른 주요 현상을 나타낸 것이다. 이러한 현상이 나타나게 된 원인으로 가장 적절한 것은?

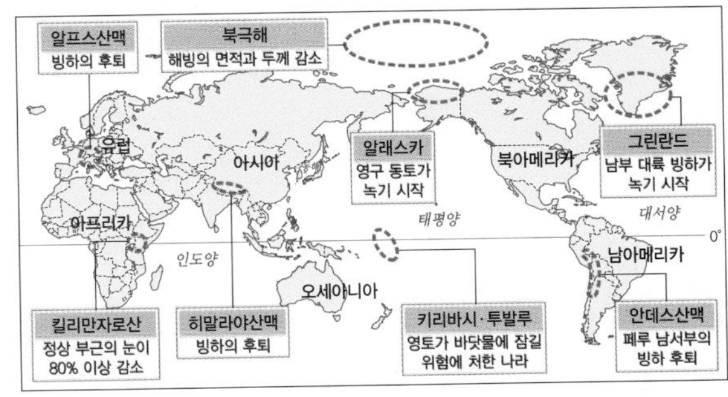

① 오존층이 파괴되었기 때문이다.
② 계절 변화에 따른 자연스러운 현상이다.
③ 전 세계적으로 미세 먼지의 농도가 높아졌기 때문이다.
④ 지구 온난화로 지구의 평균 기온이 상승했기 때문이다.
⑤ 지진이나 화산 활동과 같은 지각 변동이 잦아졌기 때문이다.

[06~07] 지도를 보고 물음에 답하시오.

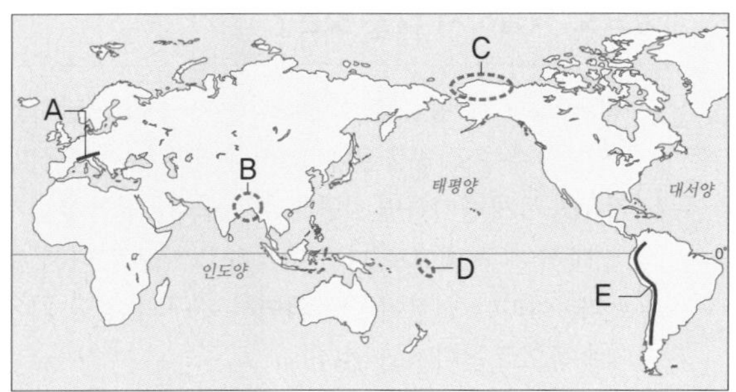

06 다음과 같은 모습을 볼 수 있는 지역을 위 지도의 A~E에서 고른 것은?

① A ② B ③ C ④ D ⑤ E

중요해

07 기후 변화로 인해 위 지도의 D 지역에서 나타나고 있는 현상으로 가장 적절한 것은?

① 대규모 지진이 자주 발생한다.
② 국토가 점차 바닷물에 잠기고 있다.
③ 외래 동식물의 유입이 증가하고 있다.
④ 농작물의 재배 가능 기간이 짧아졌다.
⑤ 오랜 가뭄으로 농사가 불가능해지고 있다.

08 다음과 같은 일이 가능하게 된 이유로 가장 적절한 것은?

> 아시아와 유럽을 잇는 북극 항로의 항해 가능 일수가 점점 늘어나, 2030년에 이르면 일 년 내내 통행이 가능할 것으로 예측된다.

① 북극 빙하 감소
② 잦은 지각 변동
③ 기존 항로의 폐쇄
④ 항공 교통의 쇠퇴
⑤ 사막화 현상의 심화

09 다음과 같은 현상이 나타나게 된 원인으로 가장 적절한 것은?

> 태평양과 대서양을 포함한 바다에서 산호초가 색을 잃고 하얗게 죽어 가는 백화 현상이 나타나고 있다. 이로 인해 주변 해안의 생태계가 파괴되고 있다.

① 산성비 ② 사막화
③ 만년설 확대 ④ 바닷물의 온도 상승
⑤ 태풍의 발생 빈도 증가

10 (가)에 들어갈 내용으로 가장 적절한 것은?

> 기후 변화로 인한 문제에 대응하기 위해서는 개인적인 노력뿐만 아니라 국가적·국제적 차원에서의 노력과 협력이 필요하다. 왜냐하면 ______(가)______

① 지역마다 발전 정도가 다르기 때문이다.
② 지역마다 피해 정도가 다르기 때문이다.
③ 기후 변화는 전 세계에 영향을 주기 때문이다.
④ 기후 변화는 특정 지역에 국한되는 문제이기 때문이다.
⑤ 기후 변화 해결을 위해서는 비용이 많이 들기 때문이다.

11 기후 변화를 해결하기 위한 국제적 노력에 대한 옳은 설명을 〈보기〉에서 고른 것은?

보기

ㄱ. 선진국은 개발 도상국과 달리 온실가스 감축에 반대하고 있다.
ㄴ. 교토 의정서는 최초로 기후 변화에 대한 대책을 논의한 협약이다.
ㄷ. 교토 의정서는 주요 선진국에만 온실가스 감축 의무를 부여하였다.
ㄹ. 파리 협정은 선진국과 개발 도상국 모두에 온실가스 감축 의무를 규정하였다.

① ㄱ, ㄴ ② ㄱ, ㄷ ③ ㄴ, ㄷ
④ ㄴ, ㄹ ⑤ ㄷ, ㄹ

12 세계 각국이 다음과 같은 국제 협약을 체결한 목적으로 가장 적절한 것은?

• 기후 변화 협약	• 교토 의정서	• 파리 협정

① 습지 보호
② 해양 환경 보호
③ 온실가스 배출량 감축
④ 유해 폐기물의 이동 제한
⑤ 멸종 위기의 동식물 보호

중요해

13 ㉠에 들어갈 국제 협약으로 옳은 것은?

> 2015년 개최된 제21차 국제 연합 기후 변화 협약 당사국 총회에서 기후 변화 문제에 대한 국제적 공동 대응을 위해 (㉠)이/가 채택되었다. 이 협약의 주요 내용은 산업화 이전과 비교하여 지구 평균 온도 상승 폭을 2℃ 이내로 제한하고, 가능한 한 1.5℃ 이내로 상승 폭을 제한하는 것이다.

① 바젤 협약 ② 파리 협정 ③ 람사르 협약
④ 교토 의정서 ⑤ 기후 변화 협약

14 교사의 질문에 옳은 대답을 한 학생을 고른 것은?

① 가현, 나현 ② 가현, 다현 ③ 나현, 다현
④ 나현, 라현 ⑤ 다현, 라현

학교 시험에 잘 나오는 서술형 문제

1 그래프를 보고 물음에 답하시오.

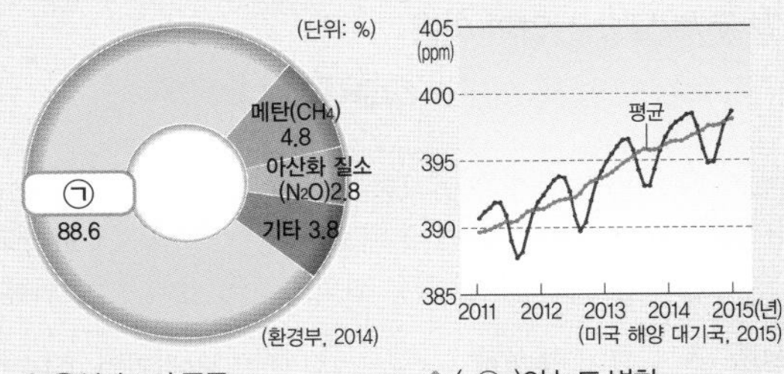

▲ 온실가스의 종류 ▲ (㉠)의 농도 변화

(1) ㉠에 들어갈 내용을 쓰시오.

(2) 최근 (1)의 농도가 오른쪽 그래프와 같이 변화하는 이유를 두 가지 이상 서술하시오.

2 다음과 같은 현상이 나타나게 된 원인을 서술하시오.

> 방글라데시와 같이 해안 저지대에 있는 나라들은 수시로 범람 및 침수 피해를 겪고 있으며, 투발루, 몰디브 등 많은 섬나라는 국토가 점차 바닷물에 잠겨 지구상에서 사라질 위기에 놓여 있다.

3 다음 두 협약의 공통점과 차이점을 서술하시오.

• 교토 의정서	• 파리 협정

02 환경 문제 유발 산업의 이동

환경 문제 유발 산업의 국제적 이동

1. 환경 문제 유발 산업의 이동

(1) *공해 유발 산업의 이전 자료 ①

구분	내용
선진국	• 환경 규제가 엄격함 • 오염 물질을 많이 배출하는 산업을 개발 도상국으로 이전함 예 제철 공업, 석유 화학 공업, 금속 공업, 의류 산업 등
개발 도상국	• 환경 규제가 느슨하고 환경 문제에 관한 주민의 저항이 약함 • 환경보다 경제 성장을 우선시하여 공해 유발 산업을 유치함

(2) *전자 쓰레기의 국제적 이동 자료 ②

서술형 단골 전자 쓰레기의 국제적 이동 경로를 묻는 문제가 출제될 수 있어.

구분	내용
선진국	• 전자 쓰레기의 대부분을 배출함 • 환경 규제를 피하고 경제적 부담을 줄이기 위해 개발 도상국으로 전자 쓰레기를 수출함
개발 도상국	• 금속 자원을 채취하기 위해 선진국에서 전자 쓰레기를 수입함 • 전자 쓰레기의 가공 및 처리 과정에서 유해 물질이 배출되어 환경 오염과 생태계 파괴가 심각하게 발생함

2. 농장과 농업 기술의 이전

(1) 농업의 이전: 선진국에서 탄소 배출 비용 및 인건비 절감을 위해 개발 도상국으로 농장을 이전함 예 네덜란드에서 케냐로 화훼 농장 이전

(2) 농업 이전의 영향

① 긍정적 영향: 외화 수입 증가, 일자리 창출 등으로 지역 경제 활성화

② 부정적 영향: 토양 황폐화, *관개용수 남용에 따른 물 부족, 화학 비료와 농약 사용에 따른 토양 및 식수 오염, 식량 부족 등

환경 문제의 지역적 불평등

1. 환경 문제의 지역적 불평등

선진국	개발 도상국
• 환경 문제 유발 산업의 유출 지역 • 개발보다는 쾌적한 환경에 대한 요구가 높음 • 개발 도상국의 저임금 노동력을 활용하고, 환경 문제를 해결함	• 환경 문제 유발 산업의 유입 지역 • 환경 보존보다는 경제 성장과 개발을 중요시함 • 환경 오염, 주민들의 건강 악화 등의 문제점이 나타남

2. 환경 문제의 지역적 불평등을 해결하기 위한 노력

(1) 선진국의 노력: 기업들은 환경 오염을 최소화하고 안전한 생산 환경을 만들기 위해 노력해야 함

(2) 개발 도상국의 노력: 경제 개발만 중요시하기보다는 기업에 대한 환경 규제와 감시를 강화해야 함

(3) 국제 사회의 노력: 유해 폐기물, 공해 산업 등이 불법적으로 다른 지역에 확산되지 않도록 공동으로 대처해야 함 → 바젤 협약 체결 자료 ③

생생 자료

세계 보건 기구(WHO)가 규정한 1급 발암 물질이야.

자료 ① 석면 산업체의 국제적 이동

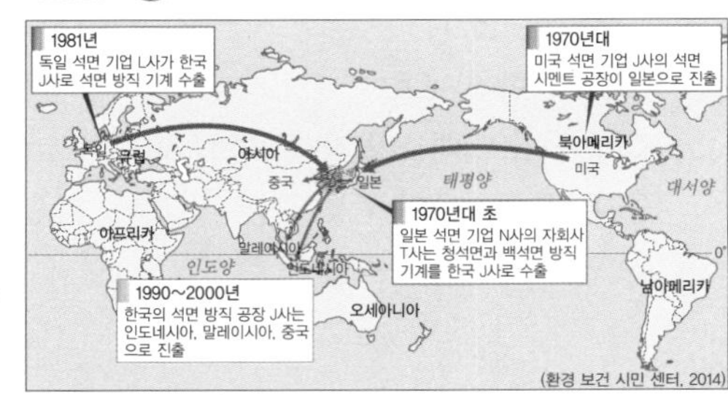

(환경 보건 시민 센터, 2014)

1970~1980년대 일본과 독일의 석면 회사는 자국의 석면 관련 규제가 강화되자 석면 공장을 우리나라로 이전하였다. 1990년대부터 한국 기업들도 인도네시아, 말레이시아, 중국 등으로 공장을 이전하고 있다.

전자 쓰레기는 정부의 허가를 받은 안전 설비가 갖추어진 곳에서 폐기·소각 등의 방법으로 폐기해야 해.

자료 ② 전자 쓰레기의 국제적 이동

(국제 노동 기구, 2012)

선진국에서 발생한 전자 쓰레기는 중국을 비롯하여 아프리카, 동남아시아, 남아메리카의 개발 도상국으로 이동하고 있다. 최근 전자 제품의 사용 주기가 단축되면서 전자 쓰레기의 양도 증가하고 있다.

자료 ③ 바젤 협약의 주요 내용

- 각국은 유해 폐기물의 발생을 최소화해야 한다.
- 가능한 한 유해 폐기물이 발생한 장소 가까운 곳에서 처리해야 한다.
- 유해 폐기물을 적절히 관리할 수 없는 국가에 수출해서는 안 된다.

바젤 협약은 유해 폐기물이 국가 간 이동을 할 때 유입국은 물론 경유국에도 사전 통보를 의무화하여 유해 폐기물의 불법적인 이동을 감소시키는 것을 목적으로 한다.

쏙쏙 용어

* **공해 유발 산업** 매연·폐수뿐만 아니라 석면·수은·카드뮴 등의 유해 물질을 배출하여 환경 문제를 일으키는 산업
* **전자 쓰레기** 더는 가치가 없거나 수명이 다 된 가전제품이나 부품에서 나오는 쓰레기
* **관개용수** 농사에 필요하여 논밭에 대는 물

대표 자료 확인하기

◆ 석면 산업체의 국제적 이동

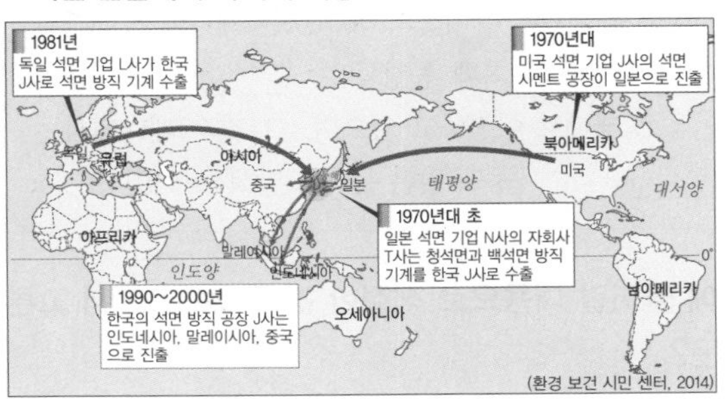

시기	나라별 이동 경로
1970~1980년대	• 미국 → 일본 • 일본, 독일 → (①)
1990~2000년대	한국 → (②), 인도네시아, 말레이시아

◆ 전자 쓰레기의 국제적 이동

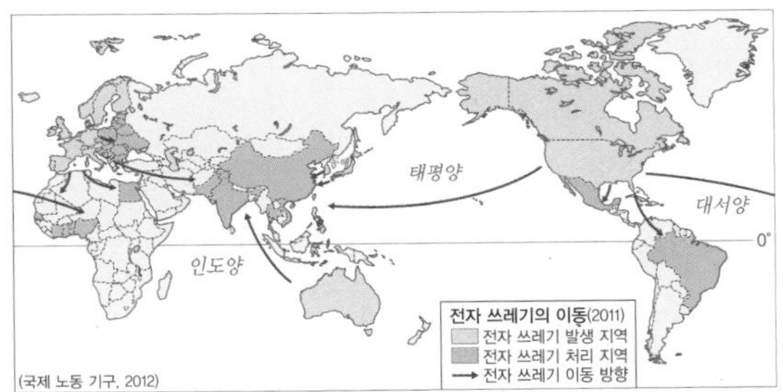

(③)에서 배출되는 전자 쓰레기는 중국을 비롯하여 아프리카, 동남아시아, 남아메리카의 (④)으로 이동하고 있다.

한눈에 정리하기

◆ 환경 문제 유발 산업의 이동

공해 유발 산업의 이전	환경 규제가 엄격한 (①)에서 비교적 환경 규제가 느슨하고 경제 성장을 우선시하는 (②)으로 공해 유발 산업이 이전되고 있음
전자 쓰레기의 이동	• 선진국: 환경·경제적 부담을 줄이기 위해 전자 쓰레기를 개발 도상국으로 수출함 • 개발 도상국: 금속 자원을 채취하기 위해 전자 쓰레기를 수입함 → (③)과 생태계 파괴 문제 발생
농업의 이전	선진국에서 탄소 배출 비용 및 (④) 절감을 위해 개발 도상국으로 농장을 이전함

꼼꼼 개념 문제

• 정답과 해설 11쪽

1 다음 빈칸에 들어갈 내용을 쓰시오.

(1) 폐수, 석면 등 유해 물질을 배출하여 환경 문제를 일으키는 산업을 ( )이라고 한다.

(2) 더는 가치가 없거나 수명이 다 된 가전제품이나 부품에서 나오는 쓰레기를 ( )라고 한다.

2 다음 설명이 맞으면 ○표, 틀리면 ×표를 하시오.

(1) 공해 유발 산업은 선진국에서 개발 도상국으로 이동한다. ( )

(2) 전자 쓰레기는 유해 물질 배출이 적어 환경 오염 문제가 거의 없다. ( )

(3) 최근 전자 제품의 교체 주기가 단축되면서 전자 쓰레기의 양이 늘어나고 있다. ( )

(4) 각종 산업의 이전으로 개발 도상국의 환경은 깨끗해지고 주민 생활은 편리해졌다. ( )

3 다음 괄호 안의 내용 중 알맞은 말에 ○표를 하시오.

(1) (선진국, 개발 도상국)에서는 환경 규제를 피하고 경제적 부담을 줄이기 위해 전자 쓰레기를 수출하고 있다.

(2) (선진국, 개발 도상국)에서는 수입한 전자 쓰레기에서 금속 자원을 채취하고, 이를 재활용하는 산업이 이루어지고 있다.

4 선진국의 농장과 농업 기술이 이전되면서 개발 도상국에서 나타나는 변화를 <보기>에서 골라 기호를 쓰시오.

보기	
ㄱ. 물 부족	ㄴ. 고용 감소
ㄷ. 토양 오염	ㄹ. 지역 경제 침체

5 다음 국가군에 대한 설명을 옳게 연결하시오.

(1) 선진국 •   • ㉠ 엄격한 환경 규제
                • ㉡ 느슨한 환경 규제
(2) 개발 도상국 •   • ㉢ 환경 문제 유발 산업의 유입 지역
                • ㉣ 환경 문제 유발 산업의 유출 지역

6 국제 사회는 국가 간 유해 폐기물의 불법 이동을 막기 위하여 ( )을 체결하였다.

탄탄 시험 문제

01 밑줄 친 ㉠~㉢에 대한 설명으로 옳은 것은?

> 국가별로 산업화의 시기와 속도가 다르므로 생산 시설이 ㉠ 선진국과 ㉡ 개발 도상국 간에 이동하기도 한다. 이 과정에서 ㉢ 공해 유발 산업이 사라지지 않고 국경을 넘어 이동하는 일이 발생하면서 환경 문제도 함께 옮겨가고 있다.

① ㉠은 환경 규제가 느슨하다.
② ㉡은 환경 오염 물질의 배출 허용 기준이 엄격하다.
③ ㉢에는 첨단 산업 및 의료 산업 등이 있다.
④ 최신 기술의 설비를 갖춘 공장은 ㉠보다 ㉡에 주로 입지한다.
⑤ ㉢은 일반적으로 ㉠에서 ㉡으로 이전된다.

중요해

02 지도는 전자 쓰레기의 국제적 이동을 나타낸 것이다. A, B 지역에 대한 옳은 설명을 〈보기〉에서 고른 것은?

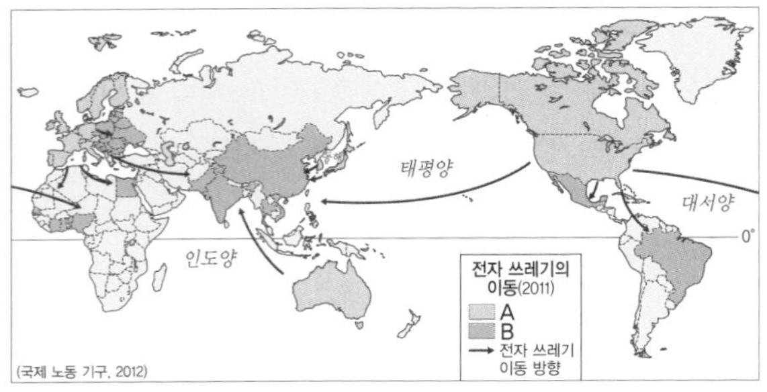

| 보기 |
ㄱ. A는 환경 문제 유발 산업에 대한 규제가 엄격한 편이다.
ㄴ. B는 전자 쓰레기를 안전하게 매립 및 소각할 수 있는 기술을 보유하고 있다.
ㄷ. B는 A에 비해 유해 물질 누출에 따른 환경 문제가 빈번하게 발생한다.
ㄹ. 일반적으로 A는 개발 도상국, B는 선진국이다.

① ㄱ, ㄴ ② ㄱ, ㄷ ③ ㄴ, ㄷ
④ ㄴ, ㄹ ⑤ ㄷ, ㄹ

[03~04] 다음 글을 읽고 물음에 답하시오.

> 네덜란드는 유럽 화훼 생산의 중심지였지만, 최근 유럽 시장에 공급되는 장미꽃의 약 70%는 케냐에서 생산된다. 네덜란드의 화훼 농장들은 ____(가)____ 등의 이유로 케냐로 이전하고 있으며, 그 결과 케냐에서는 ____(나)____ 등과 같은 문제가 발생하고 있다.

03 (가)에 들어갈 내용으로 적절한 것을 〈보기〉에서 고른 것은?

| 보기 |
ㄱ. 인건비 절감
ㄴ. 화훼 수요의 감소
ㄷ. 탄소 배출 비용의 절감
ㄹ. 케냐의 높은 기술력 활용

① ㄱ, ㄴ ② ㄱ, ㄷ ③ ㄴ, ㄷ
④ ㄴ, ㄹ ⑤ ㄷ, ㄹ

04 (나)에 들어갈 내용으로 적절하지 않은 것은?

① 식량 부족
② 토양 황폐화
③ 지역 경제 침체
④ 농약 사용에 따른 식수 오염
⑤ 관개용수 남용에 따른 물 부족

이 문제에서 나올 수 있는 선택지는 다~!

05 다음 산업들의 공통점으로 적절하지 않은 것은?

> • 석면 산업 • 전자 쓰레기 재활용 산업

① 환경 규제가 엄격한 곳에서 이루어진다.
② 지역 주민들의 건강과 생활을 위협한다.
③ 주변 지역을 오염시킬 가능성이 매우 크다.
④ 선진국에서 개발 도상국으로 이전하고 있다.
⑤ 인건비가 저렴한 지역에서 주로 이루어진다.
⑥ 유입 지역의 경제 발전에 도움을 주기도 한다.

정답과 해설
11쪽

06 환경 문제 유발 산업을 유출하는 지역의 특징으로 적절한 것을 〈보기〉에서 고른 것은?

> 보기
> ㄱ. 저임금 노동력이 풍부하다.
> ㄴ. 환경 관련 규제가 엄격하다.
> ㄷ. 환경 문제에 대한 주민들의 저항이 약하다.
> ㄹ. 개발보다는 쾌적한 환경에 대한 요구가 높다.

① ㄱ, ㄴ ② ㄱ, ㄷ ③ ㄴ, ㄷ
④ ㄴ, ㄹ ⑤ ㄷ, ㄹ

07 밑줄 친 ㉠~㉤ 중 옳지 않은 것은?

> ㉠ 환경 문제 유발 산업의 국제적 이동은 환경 문제의 지역적 불평등을 심화한다. 많은 ㉡ 개발 도상국에서는 일자리 창출과 경제 성장을 위해 환경 기준을 강화하였고, 이렇게 ㉢ 유입된 환경 문제 유발 산업으로 인해 개발 도상국에서는 환경 오염이 심각해졌다. 반면 ㉣ 선진국에서는 개발 도상국의 저렴한 노동력을 활용하여 제품을 생산하게 되었고, ㉤ 환경 오염의 부담 없이 개발 도상국에서 생산한 제품을 소비하고 있다.

① ㉠ ② ㉡ ③ ㉢ ④ ㉣ ⑤ ㉤

08 다음 글을 통해 알 수 있는 내용으로 옳지 않은 것은?

> 〈인도 보팔의 환경 참사〉
> • 배경: 1984년 인도 보팔시에 입지한 미국 농약 회사의 공장에서 맹독성 화학 가스가 누출됨
> • 피해: 유독 가스 때문에 사망자와 부상자, 후유증으로 사망한 사람까지 피해자가 50만 명 이상임
> • 원인: 비용 절감을 위해 미국 공장에 훨씬 못 미치는 안전 기준으로 공장을 운영해 옴

① 환경 문제가 지역적으로 불평등하게 나타나고 있다.
② 인도 정부는 환경보다 경제 성장을 우선시하는 정책을 폈을 것이다.
③ 미국 내에서 실시되는 환경 규제가 인도의 공장에서는 잘 지켜지지 않았다.
④ 인도는 미국에 비해 환경 문제 유발 산업을 규제하는 제도를 잘 갖추고 있다.
⑤ 인도는 공해 유발 산업의 유치로 경제적 효과를 얻는 대신 주민의 건강과 안전을 위협받을 수 있다.

중요해

09 다음과 같은 내용을 담은 국제 협약으로 옳은 것은?

> • 각국은 유해 폐기물의 발생을 최소화해야 한다.
> • 가능한 한 유해 폐기물이 발생한 장소 가까운 곳에서 처리해야 한다.
> • 유해 폐기물을 적절히 관리할 수 없는 국가에 수출해서는 안 된다.

① 바젤 협약 ② 파리 협정 ③ 람사르 협약
④ 교토 의정서 ⑤ 기후 변화 협약

10 환경 문제의 지역적 불평등을 해결하기 위한 노력으로 적절하지 않은 것은?

① 유해 폐기물의 불법적 확산을 방지해야 한다.
② 개발 도상국은 선진국의 산업 시설을 적극적으로 유치해야 한다.
③ 개발 도상국에서는 기업에 대한 환경 규제와 감시를 강화해야 한다.
④ 공해 유발 산업의 유출 지역과 유입 지역이 함께 노력해서 해결해야 한다.
⑤ 선진국의 기업들은 환경 오염을 최소화하고 안전한 생산 환경을 만들기 위해 노력해야 한다.

학교 시험에 잘 나오는 서술형 문제

1 지도는 석면 산업체의 국제적 이동을 나타낸 것이다. 이동 경향과 그 원인을 서술하시오.

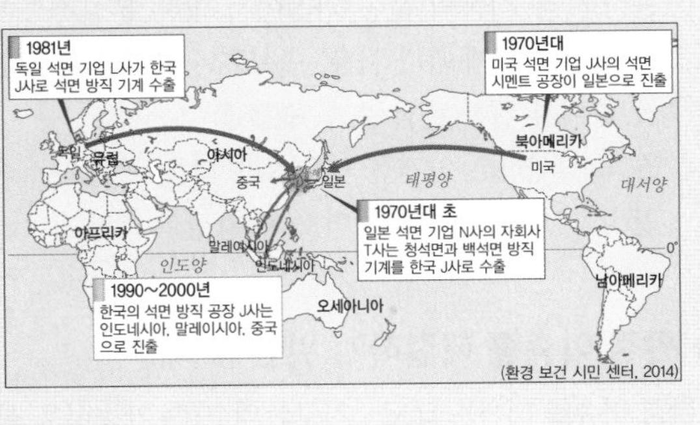

1981년
독일 석면 기업 L사가 한국 J사로 석면 방직 기계 수출
1970년대
미국 석면 기업 J사의 석면 시멘트 공장이 일본으로 진출
1970년대 초
일본 석면 기업 N사의 자회사 T사는 청석면과 백석면 방직 기계를 한국 J사로 수출
1990~2000년
한국의 석면 방직 공장 J사는 인도네시아, 말레이시아, 중국으로 진출
유럽
아시아
중국
일본
태평양
북아메리카
미국
대서양
아프리카
말레이시아
인도양
인도네시아
오세아니아
남아메리카
0°

(환경 보건 시민 센터, 2014)

생활 속의 환경 이슈

우리 주변의 환경 관련 이슈

1. 환경 이슈의 의미와 특징

(1) 환경 *이슈: 환경 문제 중 원인과 해결 방안이 입장에 따라 서로 다른 것 → 개인이나 단체의 이해관계에 따라 갈등이 발생하기도 함

(2) 환경 이슈의 특징: 시대별로 다르며, 지역적인 것부터 세계적인 것까지 다양한 규모에서 나타남

2. 주요 환경 이슈

(1) *미세 먼지 자료 ①

① 발생 원인: 흙먼지와 식물 꽃가루, 화석 연료를 태울 때 생기는 매연, 자동차 배기가스, 쓰레기 소각, 건설 현장의 날림 먼지 등

② 영향: 각종 호흡기 질환 및 뇌 질환 유발, 반도체 등 정밀 산업의 불량률 증가, 항공기 및 여객선 운항 차질 등

(2) 쓰레기 문제

① 발생 원인: 자원 소비 증가, 일회용품과 포장재 사용 증가 등

② 영향: 쓰레기를 땅에 매립하면 토양과 물이 오염되고, 불에 태우면 유독가스를 배출하여 대기가 오염됨 → 쓰레기 처리를 둘러싼 갈등 발생

(3) 유전자 변형 식품(GMO) 자료 ②

서술형 단골 유전자 변형 식품을 둘러싼 찬반 입장을 비교하는 문제가 자주 출제돼!

① 의미: 유전자 재조합 기술을 이용해 본래의 유전자를 변형시켜 새로운 성질의 유전자를 지니도록 개발된 식품이나 농산물

② 유전자 변형 식품에 대한 상반된 입장

입장	내용
긍정적 입장	• 농작물의 장기 보관 및 대량 생산 용이, 특정 영양소 강화 → 세계 식량 부족 문제 해결에 기여 • 해충과 잡초에 강한 품종 개발 가능 → 농약 사용량 감소
부정적 입장	• 인체에 미치는 유해성이 충분히 검증되지 않았음 • 생물 다양성을 위협하고 생태계를 교란할 수 있음

(4) *로컬 푸드 운동

① 의미: 지역에서 생산된 농산물을 지역에서 소비하자는 운동

② 등장 배경: 식품의 운송 과정에서 많은 온실가스 배출, 신선도 유지를 위한 방부제 과다 사용 → 식품의 안전성 확보와 환경에 대한 부담을 줄이기 위한 관심 증가 자료 ③

③ 효과: 신선하고 안전한 먹을거리 제공, 온실가스 배출 감소, 농민의 안정적인 소득 보장, 지역 경제 활성화 촉진 등

환경 이슈를 해결하기 위한 노력

1. 환경 이슈를 대하는 태도 지구촌의 지속 가능성을 최우선으로 하여 다양한 집단의 의견을 검토하고 대안을 협의하는 토의 과정이 필요함

2. 생활 속 환경 보전 활동 대중교통 이용, 일회용품 사용 자제, 저탄소 제품 사용, 에너지 효율이 높은 제품 사용, 쓰레기 분리배출 등

생생 자료

자료 ① 미세 먼지의 발생

바람을 타고 우리나라로 유입되지.

중국발 미세 먼지
산업·공장 연료로 석탄 사용
일상생활 속 오염 물질 발생
국내 환경 오염
화석 연료(석유, 석탄) 사용, 자동차 배출 가스
중국
황해
대한민국
동해
편서풍
남해
(환경부, 2016)

우리나라에서는 중국발 요인과 함께 노후 경유차와 석탄 화력 발전소 등이 미세 먼지의 주범으로 꼽힌다. 그리고 우리나라는 오염 물질을 씻어내는 강수가 여름에 집중되어 있어 미세 먼지 농도가 높은 편이다.

자료 ② 유전자 변형 식품(GMO)

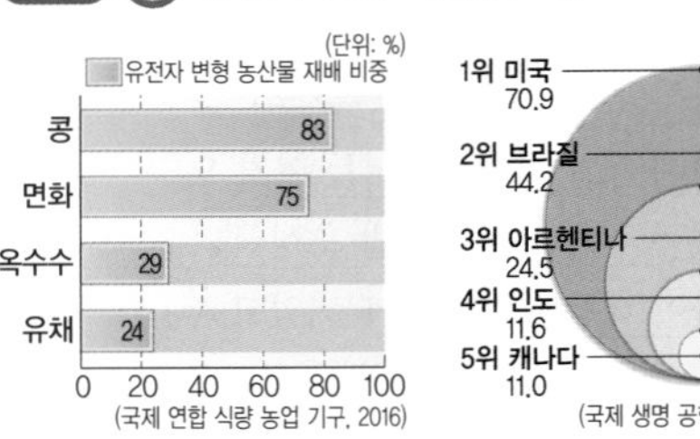

▲ 세계 농지 면적 중 유전자 변형 농산물 재배 면적 비중

▲ 유전자 변형 농산물 재배 면적 상위 5개국

대표적인 유전자 변형 농산물에는 콩, 옥수수 등이 있으며 미국, 브라질 등지에서 대규모로 재배된다.

자료 ③ 푸드 마일리지

식품이 이동한 총거리(km)에 식품의 중량(t)을 곱한 값으로 나타내.

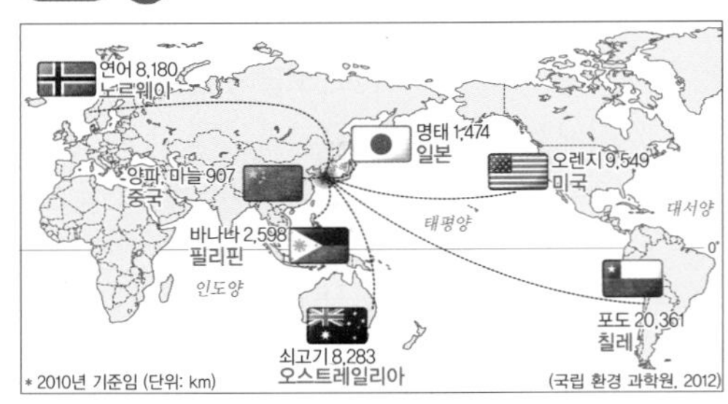

▲ 주요 소비 식품의 이동 거리

먹을거리의 이동 거리가 길수록 푸드 마일리지가 높아진다. 푸드 마일리지가 높을수록 식품의 운송 과정에서 배출되는 온실가스의 양이 많으며, 살충제나 방부제가 사용되어 환경에 부정적인 영향을 끼친다.

쏙쏙 용어

* **이슈** 어떤 사건이나 문제에 대하여 서로 다투는 중심 주제
* **미세 먼지** 우리 눈에 보이지 않을 정도로 가늘고 작은 먼지 입자로, 크기에 따라 미세 먼지와 초미세 먼지로 구분함
* **로컬 푸드** 대략 반경 50㎞ 이내의 지역에서 생산되어 장거리 운송을 거치지 않은 농산물

대표 자료 확인하기

◆ 미세 먼지의 이동 경로와 발생 원인

• (①　　　　　)　　　• (②　　　　　)

◆ 주요 소비 식품의 이동 거리

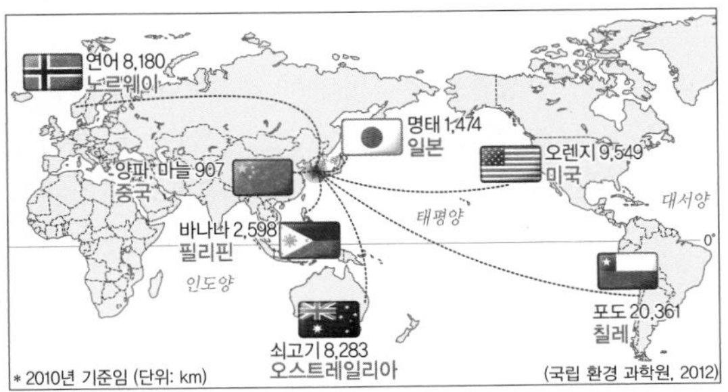

먹을거리의 이동 거리가 길수록 (③　　　　　)가 높아진다. 최근 환경에 대한 관심이 커지고 안전하고 건강한 먹을거리를 찾는 소비들이 늘어나면서 지역에서 생산된 농산물을 지역에서 소비하자는 (④　　　　　) 운동이 추진되고 있다.

한눈에 정리하기

◆ 주요 환경 이슈

(①　　　　　)	• 발생 원인: 흙먼지와 식물 꽃가루, 화석 연료를 태울 때 생기는 매연, 자동차 배기가스, 건설 현장의 날림 먼지 등 • 영향: 호흡기 및 뇌 질환 유발, 정밀 산업의 불량률 증가, 항공기 및 여객선 운항 차질 등
쓰레기 문제	• 발생 원인: 자원 소비 증가, 일회용품과 포장재 사용 증가 등 • 영향: 쓰레기 처리를 둘러싼 갈등 발생
(②　　　　　)	• 긍정적 입장: 농작물의 장기 보관 및 대량 생산 용이, 해충에 강한 품종 개발 • 부정적 입장: 인체 유해성 및 생태계 교란 여부가 검증되지 않음
로컬 푸드 운동	• 등장 배경: 식품 운송 과정에서 많은 (③　　　　　) 배출, 방부제 사용 → 식품의 안전성과 환경에 대한 관심 증대 • 효과: 안전한 먹을거리 제공, 농민 소득 보장, 지역 경제 활성화 등

꼼꼼 개념 문제

• 정답과 해설 11쪽

1 다음 빈칸에 들어갈 내용을 쓰시오.

(1) 각자의 입장에 따라 원인과 해결 방안이 서로 다른 환경 문제를 (　　　　)라고 한다.

(2) (　　　　)는 눈에 보이지 않을 정도로 가늘고 작은 먼지 입자로, 사람들의 건강에 악영향을 끼친다.

(3) 본래의 유전자를 변형시켜 새로운 성질의 유전자를 지니도록 개발된 식품이나 농산물을 (　　　　)이라고 한다.

2 다음 설명이 맞으면 ○표, 틀리면 ×표를 하시오.

(1) 환경 이슈는 시대나 공간적 규모에 따라 동일하게 발생한다. (　　)

(2) 푸드 마일리지가 높을수록 식품의 안전성이 높고 환경친화적이다. (　　)

(3) 미세 먼지는 가시거리를 떨어뜨려 항공기나 여객선 운항에 지장을 준다. (　　)

(4) 유전자 변형 식품은 인체에 유익한 유전자를 가지고 있어 안전성이 높다. (　　)

3 다음 괄호 안의 내용 중 알맞은 말에 ○표를 하시오.

(1) 쓰레기 문제는 자원 소비의 (증가, 감소)로 심화하고 있다.

(2) 로컬 푸드는 해외에서 수입한 제품에 비해 푸드 마일리지가 (높다, 낮다).

(3) 로컬 푸드의 이용은 식품의 이동 과정에서 발생하는 온실가스의 배출량을 (증가, 감소)시키는 효과가 있다.

4 유전자 변형 식품(GMO)을 바라보는 긍정적 입장과 부정적 입장을 옳게 연결하시오.

(1) 긍정적 입장 •　　　• ㉠ 대량 생산이 가능하다.
　　　　　　　　　　　• ㉡ 해충과 잡초에 강하다.
(2) 부정적 입장 •　　　• ㉢ 생태계를 교란할 수 있다.
　　　　　　　　　　　• ㉣ 인체 유해성이 검증되지 않았다.

5 생활 속에서 실천할 수 있는 환경 문제 해결 노력을 〈보기〉에서 골라 기호를 쓰시오.

보기	
ㄱ. 대중교통 이용	ㄴ. 일회용품 사용
ㄷ. 저탄소 제품 사용	ㄹ. 저효율 가전제품 사용

01 환경 이슈에 대한 옳은 설명을 〈보기〉에서 고른 것은?

보기
ㄱ. 시대별로 나타나는 모습이 같다.
ㄴ. 입장은 달라도 원인에 대한 의견은 일치한다.
ㄷ. 개인이나 단체의 이해관계에 따라 갈등이 발생하기도 한다.
ㄹ. 지역적인 것부터 세계적인 것까지 다양한 규모에서 나타난다.

① ㄱ, ㄴ ② ㄱ, ㄷ ③ ㄴ, ㄷ
④ ㄴ, ㄹ ⑤ ㄷ, ㄹ

[02~03] 다음은 뉴스에서 보도된 일기 예보이다. 이를 보고 물음에 답하시오.

현재 전국 대부분 지역에서 (㉠)가 나쁨에서 매우 나쁨 수준을 나타내고 있습니다. (㉠)는 우리 눈에 보이지 않을 정도로 가늘고 작은 입자를 말하는데, 현재 서울에서는 3㎥당 210㎍까지 올라 공기가 매우 탁합니다. 장기간 실외 활동을 자제하고, 외출 시 마스크를 착용하시길 바랍니다.

02 ㉠에 들어갈 내용으로 옳은 것은?

① 황사 ② 스모그 ③ 온실가스
④ 미세 먼지 ⑤ 프레온 가스

이 문제에서 나올 수 있는 선택지는 다~!

03 ㉠의 발생 원인으로 적절하지 않은 것은?

① 쓰레기 소각
② 자동차 배기가스
③ 여름철 집중 호우
④ 흙먼지와 식물 꽃가루
⑤ 건설 현장의 날림 먼지
⑥ 공장에서 배출되는 매연

중요해

04 미세 먼지에 대한 설명으로 옳지 않은 것은?

① 각종 호흡기 질환을 유발한다.
② 정밀 산업의 불량률을 높인다.
③ 대기가 안정되어 있을 경우 농도가 낮아진다.
④ 가시거리를 떨어뜨려 항공기 운항에 지장을 준다.
⑤ 중국에서 발생하여 바람을 타고 우리나라로 유입되는 경우가 많다.

05 다음 내용과 관련 있는 환경 이슈의 사례로 가장 적절한 것은?

우리가 편리한 생활을 추구하면서 과거보다 더 많은 자원을 소비하고 있으며, 버리는 것도 많아졌다. 특히 종이컵과 스티로폼, 나무젓가락 등 일회용품과 포장재 사용이 늘어나면서 이를 처리하기 위한 방법을 둘러싸고 갈등이 발생하기도 한다.

① 미세 먼지 ② 쓰레기 문제
③ 소음과 진동 ④ 갯벌 간척 사업
⑤ 유전자 변형 식품(GMO)

06 밑줄 친 '새로운 품종'에 대한 옳은 설명을 〈보기〉에서 고른 것은?

최근 유전자 재조합 기술을 이용하여 어떤 생물의 유용한 유전자만 골라 다른 생물체에 삽입해 <u>새로운 품종</u>을 만들어내고 있다. 이러한 품종에는 잡초에 강한 옥수수, 잘 무르지 않는 토마토, 카페인이 제거된 커피 등이 있다.

보기
ㄱ. 살충제와 농약을 많이 사용하여 인체에 해롭다.
ㄴ. 생태계를 교란하여 생물 다양성을 저해할 우려가 있다.
ㄷ. 재배 과정에 많은 노동력이 필요하고 비용이 많이 든다.
ㄹ. 세계 식량 부족 문제를 해결하는 데 도움을 줄 수 있다.

① ㄱ, ㄴ ② ㄱ, ㄷ ③ ㄴ, ㄷ
④ ㄴ, ㄹ ⑤ ㄷ, ㄹ

중요해

07 다음 대화에서 환경 단체 회원의 주장을 뒷받침할 수 있는 근거로 가장 적절한 것은?

> • 소비자: 우리가 매일 먹는 식품 중에 유전자 변형 식품이 원료로 들어가는 경우가 늘어나고 있어요.
> • 환경 단체 회원: 유전자 변형 식품에는 여러 문제점이 있습니다. 따라서 유전자 변형 식품의 생산과 이용을 금지해야 합니다.

① 유전자 변형 식품은 대량 생산이 어렵다.
② 유전자 변형 식품은 재배 조건이 까다롭다.
③ 유전자 변형 식품은 해충과 질병에 약하다.
④ 유전자 변형 식품은 맛과 영양 면에서 떨어진다.
⑤ 유전자 변형 식품이 인체에 미치는 안전성이 검증되지 않았다.

08 로컬 푸드 운동이 최근 주목받는 이유로 가장 적절한 것은?

① 수입 농산물의 가격 하락
② 국내 농산물의 생산량 감소
③ 수입 농산물의 안전성 문제
④ 수입 농산물의 생산성 향상
⑤ 수입 농산물에 대한 관심 증대

09 교사의 질문에 옳은 대답을 한 학생을 고른 것은?

로컬 푸드 운동의 효과에 대해 발표해 봅시다.
교사
소비자는 신선하고 안전한 먹을거리를 제공받을 수 있어요.
다양한 지역에서 생산된 먹을거리를 구매할 수 있어요.
나현
다현
라현
가현
지역 농민들에게 더 많은 수익이 돌아갈 수 있어요.
푸드 마일리지가 높은 식품들을 이용할 수 있어요.

① 가현, 나현 ② 가현, 라현 ③ 나현, 다현
④ 나현, 라현 ⑤ 다현, 라현

10 푸드 마일리지에 대한 설명으로 옳은 것은?

① 이동 거리가 길수록 푸드 마일리지가 낮다.
② 푸드 마일리지가 높은 농산물일수록 신선하다.
③ 푸드 마일리지가 낮을수록 환경에 부정적인 영향을 미친다.
④ 푸드 마일리지가 높을수록 지역 주민의 소득을 높일 수 있다.
⑤ 푸드 마일리지가 높은 농산물일수록 수송 과정에서 배출되는 온실가스의 양이 많다.

11 일상생활에서 실천할 수 있는 환경 보전 활동으로 옳은 것을 〈보기〉에서 고른 것은?

> 보기
> ㄱ. 일회용품 사용을 자제해야 한다.
> ㄴ. 수입 농산물의 소비를 늘려야 한다.
> ㄷ. 쓰레기 분리배출을 생활화해야 한다.
> ㄹ. 에너지 효율 등급이 낮은 제품을 사용해야 한다.

① ㄱ, ㄴ ② ㄱ, ㄷ ③ ㄴ, ㄷ
④ ㄴ, ㄹ ⑤ ㄷ, ㄹ

학교 시험에 잘 나오는 서술형 문제

1 다음 글을 읽고 물음에 답하시오.

> 최근에는 환경에 대한 관심이 커지고 안전하고 건강한 먹을거리를 찾는 소비자들이 늘어나면서 지역에서 생산된 농산물을 지역에서 소비하자는 (㉠)이/가 펼쳐지고 있다.

(1) ㉠에 들어갈 내용을 쓰시오.

(2) (1)의 효과를 두 가지 이상 서술하시오.

표와 자료로 정리하는 대단원

❶ 지구 온난화의 의미와 요인

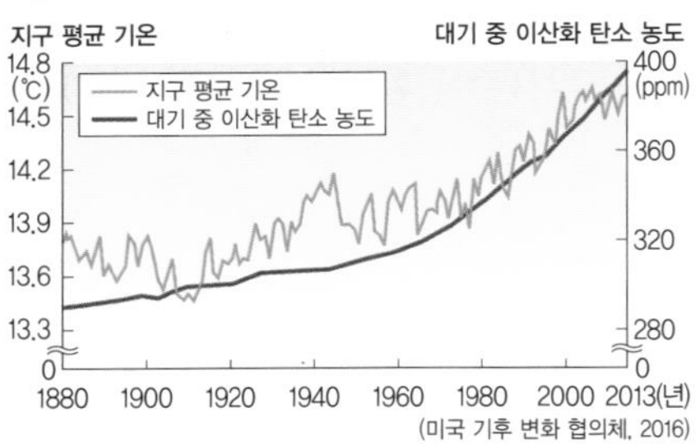

(미국 기후 변화 협의체, 2016)

인간의 활동으로 대기 중 온실가스의 농도가 증가하여 지구의 평균 기온이 높아지는 현상을 ① □□ □□□라고 한다. 온실가스 중 지구 온난화에 가장 큰 영향을 미치는 것은 ② □□□ □□이다.

| 답 | ① 지구 온난화 ② 이산화 탄소

❷ 기후 변화의 영향

(①)의 감소

산호초의 (②) 현상

- 지구의 평균 기온 상승으로 극지방과 고산 지역의 ① □□가 녹아 해수면이 상승하고 있다.
- 바닷물의 온도 상승으로 산호초가 죽어 색이 하얗게 변해가는 ② □□ 현상이 나타나는 등 해양 생태계가 파괴되고 있다.

| 답 | ① 빙하 ② 백화

❸ 석면 산업체의 국제적 이동

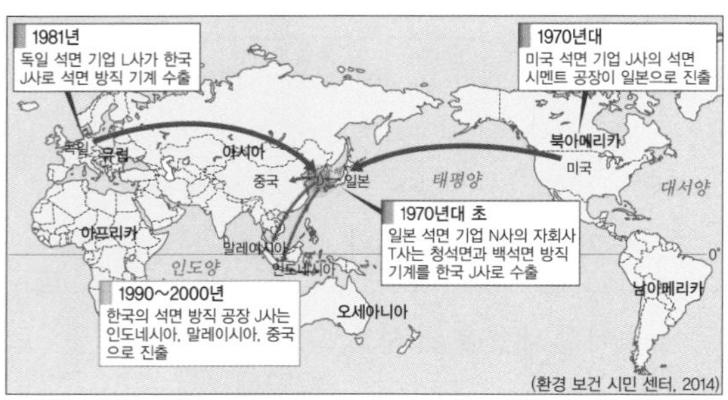

(환경 보건 시민 센터, 2014)

석면 산업과 같이 환경 문제를 유발하는 산업은 주로 환경 규제가 엄격한 ① □□□에서 유출되고, 환경 규제가 느슨하고 환경 보전보다는 경제 발전을 중요시하는 ② □□ □□□으로 유입된다.

| 답 | ① 선진국 ② 개발 도상국

01 전 지구적 차원의 기후 변화

기후 변화의 발생

기후 변화	의미	일정한 지역에서 장기간에 걸쳐 나타나는 기후의 평균적인 상태가 변화하는 것
	요인	• 자연적 요인: 화산 활동에 따른 화산재 분출, 태양의 활동 변화, 태양과 지구의 상대적 위치 변화 등 • 인위적 요인: (①) 사용에 따른 온실가스 배출량 증가, 도시화, 무분별한 토지 및 삼림 개발 등
❶ 지구 온난화	의미	대기 중 (②) 농도가 높아져 지구의 평균 기온이 상승하는 현상
	요인	화석 연료의 사용 증가와 무분별한 삼림 개발로 대기 중 이산화 탄소의 농도 증가 → 온실 효과의 심화로 지구의 평균 기온 상승

기후 변화의 영향

❷ 빙하 감소와 해수면 상승	지구의 평균 기온 상승으로 극지방과 고산 지역의 빙하가 녹아 해수면 상승 → 해안 저지대 및 섬나라 침수 피해, 북극 항로 개발
(③) 증가	지구의 기온 상승, 해류의 변화 → 태풍, 홍수, 폭우, 폭설, 가뭄 등 자연재해의 발생 빈도 및 강도 증가, 폭염 및 열대야와 같은 여름철 고온 현상 증가
생태계 변화	바닷물 온도 상승에 따른 해양 생태계 변화, 고산 식물의 분포 범위 축소, 아열대 과일의 재배 면적 확대, 농작물 재배 환경에 악영향, 동식물의 서식지 변화, 생태계 교란, 해충 및 전염병 증가 등

기후 변화 해결을 위한 국제 협약

기후 변화 협약	온실가스 감축과 관련된 최초의 국제 협약
교토 의정서	온실가스 감축을 위한 구체적 이행 방안 제시, 주요 선진국에 온실가스 감축 의무 부여
(④)	선진국과 개발 도상국 모두에 온실가스 감축 의무 부여

02 환경 문제 유발 산업의 이동

공해 유발 산업의 이전

❸ 선진국	• 엄격한 환경 규제 • 공해 유발 산업을 개발 도상국으로 이전
(⑤)	• 느슨한 환경 규제 • 환경보다 경제 성장을 우선시하여 공해 유발 산업 유치

| 답 | ① 화석 연료 ② 온실가스 ③ 기상 이변 ④ 파리 협정 ⑤ 개발 도상국

■ **전자 쓰레기의 국제적 이동**

④ 선진국	환경·경제적 부담을 줄이기 위해 개발 도상국에 전자 쓰레기 수출
개발 도상국	(⑥)을 채취하기 위해 선진국에서 전자 쓰레기 수입 → 유해 물질 배출에 따른 환경 오염과 생태계 파괴 발생

■ **농장과 농업 기술의 이전**

양상	선진국에서 탄소 배출 비용 및 인건비 절감을 위해 개발 도상국으로 농장 이전	
영향	긍정적 영향	외화 수입 증가, 일자리 창출 → 지역 경제 활성화
	부정적 영향	토양 황폐화, 물 부족, 토양 및 식수 오염

■ **환경 문제의 지역적 불평등**

환경 문제의 지역적 불평등	(⑦)	환경 문제 유발 산업의 유출 지역
	(⑧)	환경 문제 유발 산업의 유입 지역
해결 노력	유해 폐기물의 불법 이동 규제 → (⑨) 체결	

03 생활 속의 환경 이슈

■ **주요 환경 이슈**

⑤ 미세 먼지	원인	흙먼지와 식물 꽃가루, 매연, 자동차 배기가스, 쓰레기 소각, 건설 현장의 날림 먼지 등
	영향	호흡기 및 뇌 질환 유발, 정밀 산업의 불량률 증가, 항공기 및 여객선 운항 차질 등
쓰레기 문제	원인	자원 소비 증가, 일회용품 사용 증가 등
	영향	쓰레기 처리를 둘러싼 갈등 발생
(⑩)	의미	본래의 유전자를 변형시켜 새로운 성질의 유전자를 지니도록 개발된 식품이나 농산물
	입장	• 긍정적 입장: 농작물의 장기 보관 및 대량 생산 용이, 병충해에 강한 품종 개발 • 부정적 입장: 인체 유해성 검증 미비
⑥ 로컬 푸드 운동	의미	지역에서 생산된 농산물을 지역에서 소비하자는 운동
	효과	안전한 먹을거리 제공, 농민 소득 보장 등

■ **환경 이슈를 해결하기 위한 노력**

환경 이슈를 대하는 태도	지구촌의 지속 가능성을 최우선으로 하여 다양한 집단의 의견을 검토하고 대안을 협의하는 토의 과정이 필요함
생활 속 환경 보전 활동	대중교통 이용, 일회용품 사용 자제, 저탄소 제품 사용, 에너지 효율이 높은 제품 사용, 쓰레기 분리배출 등

답 | ⑥ 금속 자원 ⑦ 선진국 ⑧ 개발 도상국 ⑨ 바젤 협약 ⑩ 유전자 변형 식품(GMO)

④ 전자 쓰레기의 국제적 이동

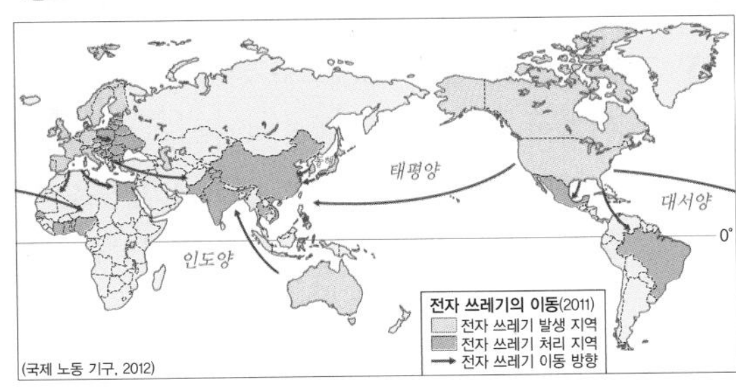

전자 쓰레기가 발생하는 지역은 대체로 ①□□□이다. ②□□ □□□에서는 전자 쓰레기를 가공 및 처리하는 과정에서 경제적 이익을 얻기 위해 이를 수입하고 있다.

답 | ① 선진국 ② 개발 도상국

⑤ 미세 먼지의 발생

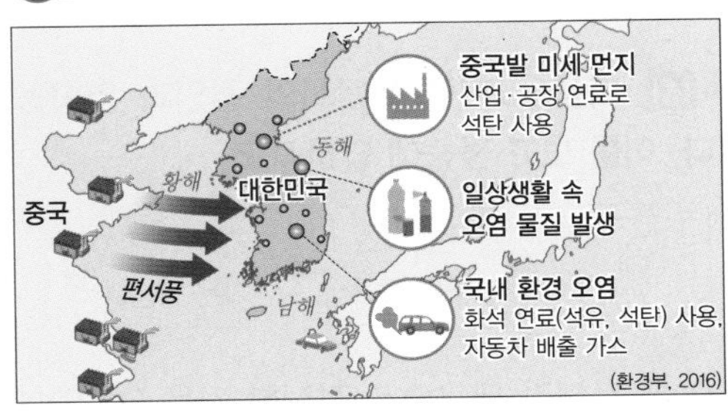

미세 먼지는 국내외 요인이 복합적으로 작용하여 발생한다. ①□□에서 발생한 미세 먼지가 바람을 타고 우리나라로 유입되면 국내 경유 차량과 석탄 ②□□ 발전소 등에서 발생한 미세 먼지와 합쳐져 그 농도가 더욱 높아지게 된다.

답 | ① 중국 ② 화력

⑥ 주요 소비 식품의 이동 거리

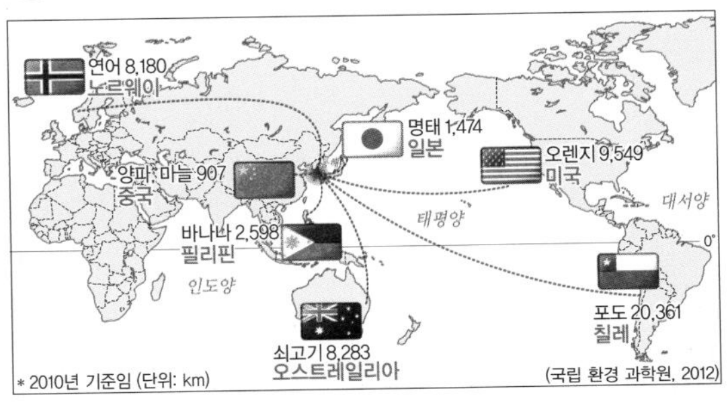

①□□ □□□□가 높은 식품은 원산지에서 수입국으로 운반되는 과정에서 ②□□□□를 많이 배출하여 환경에 부정적인 영향을 끼친다.

답 | ① 푸드 마일리지 ② 온실가스

쑥쑥 마무리 문제

01 전 지구적 차원의 기후 변화

01 기후 변화에 대한 설명으로 옳지 않은 것은?

① 기후의 평균적인 상태가 변화하는 것이다.
② 태양의 활동 변화도 기후 변화에 영향을 미친다.
③ 홍수, 가뭄, 폭염 등 비정상적인 기상을 일으킨다.
④ 화석 연료의 사용 증가는 기후 변화의 속도를 늦춘다.
⑤ 산업 혁명 이후 인간의 활동이 기후 변화에 강하게 영향을 미치고 있다.

[02~03] 다음은 지구 온난화의 원인과 영향을 나타낸 것이다. 이를 보고 물음에 답하시오.

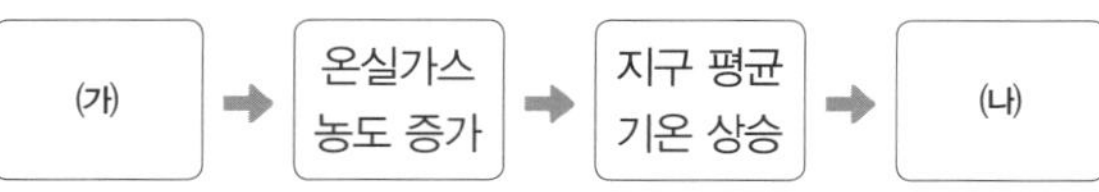

02 (가)에 들어갈 내용으로 적절한 것을 〈보기〉에서 고른 것은?

보기	
ㄱ. 도시화	ㄴ. 삼림 조성 사업
ㄷ. 신·재생 에너지 개발	ㄹ. 자동차 배기가스 증가

① ㄱ, ㄴ ② ㄱ, ㄹ ③ ㄴ, ㄷ
④ ㄴ, ㄹ ⑤ ㄷ, ㄹ

03 (나)에 들어갈 내용으로 적절하지 않은 것은?

① 태풍 피해 증가
② 고지대의 만년설 확대
③ 여름철 열대야 일수 증가
④ 생태계 교란 및 변화 증가
⑤ 홍수와 폭우의 발생 빈도 증가

04 다음 보고서의 전망이 현실화될 경우 수치가 높아질 수 있는 지표를 〈보기〉에서 고른 것은?

> 과도한 온실 효과로 지구의 평균 기온은 지난 100년 동안 0.74℃ 상승하였다. 현재와 같은 추세로 온실가스가 증가한다면 21세기 말까지 지구의 평균 기온이 최대 6.4℃ 상승할 것으로 전망하고 있다.
>
> – 기후 변화에 관한 정부 간 협의체(IPCC)의 제5차 종합 보고서

보기	
ㄱ. 극지방의 빙하량	ㄴ. 해수면의 높이
ㄷ. 영구 동토층의 면적	ㄹ. 북극 항로의 항해 일수

① ㄱ, ㄴ ② ㄱ, ㄷ ③ ㄴ, ㄷ
④ ㄴ, ㄹ ⑤ ㄷ, ㄹ

05 사진은 노르웨이 피오르의 변화를 나타낸 것이다. 이러한 변화에 대해 옳게 말하지 못한 사람은?

① 가은: 지구 온난화에 따른 현상이야.
② 나은: 이산화 탄소의 배출을 줄여야 해.
③ 다은: 열대 우림의 면적이 늘어났을 거야.
④ 라은: 화석 연료의 사용 증가가 영향을 미쳤을 거야.
⑤ 마은: 이러한 변화가 지속되면 해안 저지대나 섬나라 등이 침수될 수 있어.

06 기후 변화의 영향으로 나타날 수 있는 생태계 변화로 가장 적절한 것은?

① 식물의 개화 시기가 늦어진다.
② 고산 식물의 분포 범위가 넓어진다.
③ 아열대 과일의 재배 면적이 확대된다.
④ 바닷물의 온도 상승으로 산호초 지대가 넓어진다.
⑤ 모기와 파리 등 전염병을 옮기는 매개체가 줄어들어 질병의 전염 위험성이 낮아진다.

07 다음과 같은 현상이 나타나게 된 원인으로 가장 적절한 것은?

> 몰디브를 비롯하여 투발루, 나우루 등 많은 섬나라는 국토가 점차 바닷물에 잠겨 지구상에서 사라질 위기에 놓여 있다.

① 사막화 ② 해수면 상승
③ 오존층 파괴 ④ 오염 물질의 확산
⑤ 태풍의 발생 빈도 증가

08 오늘날 기후 변화로 인해 지도의 A 지역에서 나타나는 현상으로 가장 적절한 것은?

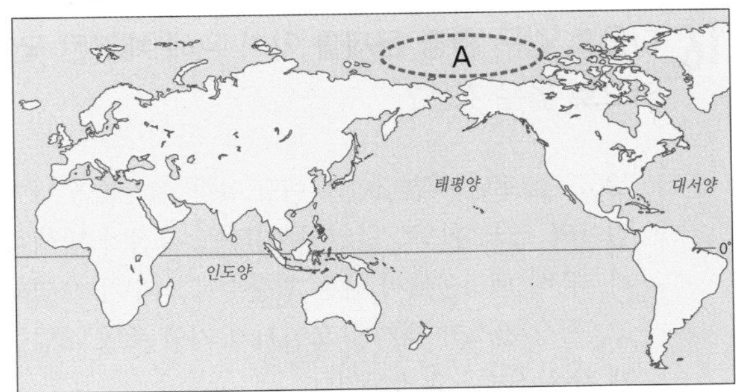

① 빙하 면적이 확대되었다.
② 건조 기후가 확대되었다.
③ 새로운 항로가 개척되었다.
④ 산호초의 서식지가 확대되었다.
⑤ 대규모 지진의 발생 빈도가 증가하였다.

09 다음과 같이 국가·지역별 온실가스 배출량의 감축 목표가 체결된 국제 협약으로 옳은 것은?

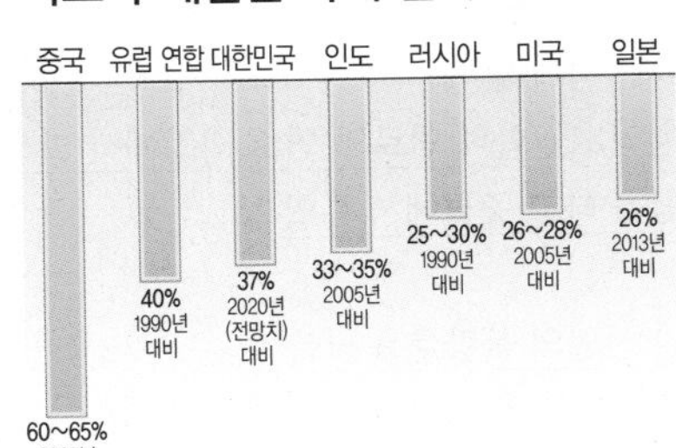

* 감축 목표 기간: ~2030년(미국만 2025년) (환경부, 2016)

① 파리 협정 ② 바젤 협약 ③ 교토 의정서
④ 람사르 협약 ⑤ 기후 변화 협약

10 기후 변화에 대응하기 위한 노력으로 적절하지 않은 것은?

① 자원 재활용에 동참한다.
② 친환경 제품을 사용한다.
③ 대중교통 이용을 생활화한다.
④ 푸드 마일리지가 높은 식품을 구매한다.
⑤ 기존의 화석 연료를 대체하거나 줄이기 위한 새로운 에너지를 개발한다.

02 환경 문제 유발 산업의 이동

11 밑줄 친 '여러 가지 변화'로 적절한 것을 〈보기〉에서 고른 것은?

> 방글라데시의 치타공은 세계적인 선박 해체 산업의 중심지이다. 항구에 있는 폐선박들은 대부분 미국이나 유럽에서 온 배들이다. 치타공에는 폐선박을 해체하는 노동자들이 많다. 이들은 폐선박에서 고철을 얻는 것이 목적이고, 이밖에도 여러 부품이나 기름을 뽑아내 시장에 팔기도 한다. 이러한 폐선박 해체 작업은 이 지역에 <u>여러 가지 변화</u>를 일으키고 있다.

보기	
ㄱ. 첨단 산업 발달	ㄴ. 지역 경제 침체
ㄷ. 환경 오염 유발	ㄹ. 주민들의 건강 위협

① ㄱ, ㄴ ② ㄱ, ㄷ ③ ㄴ, ㄷ
④ ㄴ, ㄹ ⑤ ㄷ, ㄹ

12 환경 문제 유발 산업의 이전에 대한 설명으로 옳지 않은 것은?

① 환경 문제 유발 산업의 유출 지역은 대부분 선진국이다.
② 산업화 시기와 발전 속도의 차이로 산업 시설이 이전하고 있다.
③ 전자 쓰레기는 안전한 처리를 목적으로 다른 나라로 이동하고 있다.
④ 환경 문제 유발 산업의 이전은 유입 지역 경제에 도움을 주기도 한다.
⑤ 선진국은 오래된 제조 설비를 개발 도상국으로 이전하여 해당 지역에 환경 문제를 일으키기도 한다.

13 **지도는 전자 쓰레기의 국제적 이동을 나타낸 것이다. 이에 대한 옳은 분석을 <보기>에서 고른 것은?**

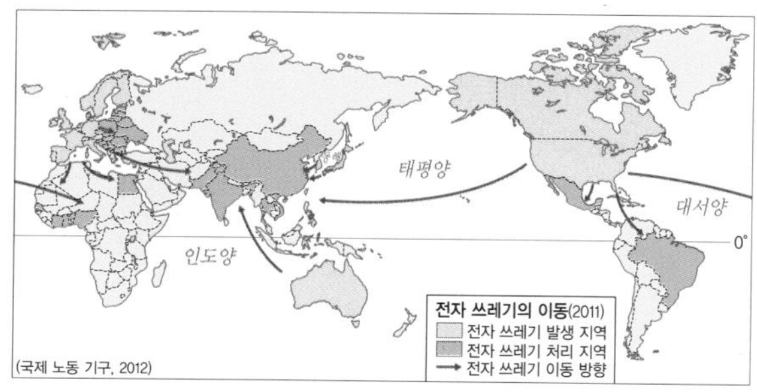

보기

ㄱ. 전자 쓰레기는 대부분 선진국에서 배출되고 있다.
ㄴ. 경제 수준과 전자 쓰레기의 발생량은 대체로 반비례한다.
ㄷ. 전자 쓰레기는 환경 규제가 엄격한 곳에서 느슨한 곳으로 이동하고 있다.
ㄹ. 전자 쓰레기는 임금과 땅값이 저렴한 곳에서 비싼 곳으로 이동하고 있다.

① ㄱ, ㄴ ② ㄱ, ㄷ ③ ㄴ, ㄷ
④ ㄴ, ㄹ ⑤ ㄷ, ㄹ

14 **다음과 같은 농업의 이전으로 케냐에서 나타날 수 있는 변화를 추론한 내용으로 적절하지 <u>않은</u> 것은?**

과거 세계 화훼 시장의 중심지는 네덜란드였다. 그러나 네덜란드가 화훼 농가를 케냐로 이전하면서 최근 유럽 시장에 공급되는 장미의 약 70%를 케냐에서 생산하고 있다. 케냐 남서부 지역의 나이바샤 호수에는 대규모 장미 농장이 운영되고 있으며, 장미의 대부분은 세계 여러 지역에 수출되고 있다.

① 장미 수출로 외화 수입이 늘어났을 것이다.
② 장미 농장이 들어오면서 관련 일자리가 늘어났을 것이다.
③ 호수 주변의 어획량이 늘어나 어부들의 수입이 늘어났을 것이다.
④ 장미 농장에서 많은 물을 끌어다 쓰면서 식수가 부족해졌을 것이다.
⑤ 장미 농장에서 사용되는 농약과 비료로 인해 수질 및 토양 오염 문제가 심각해졌을 것이다.

15 **B 국가군과 비교한 A 국가군의 특징으로 가장 적절한 것은?**

경제 활동의 세계화에 따라 생산 시설 및 산업들이 국가 간에 이동하고 있다. A 국가군에서는 최신 기술의 설비는 자국 내에 유지하고, 오염 물질을 많이 배출하는 석유 화학, 금속 등의 공장들을 B 국가군으로 이전하고 있다.

① 경제 수준이 낮다.
② 환경 규제가 엄격하다.
③ 저임금 노동력이 풍부하다.
④ 환경에 대한 사회적 인식이 낮다.
⑤ 환경보다는 경제 성장을 우선시하는 정책을 추진한다.

16 **다음과 같은 환경 문제를 막기 위해 체결된 국제 협약으로 옳은 것은?**

1987~1988년 이탈리아의 대량 유해 폐기물이 나이지리아의 코코항으로 반입·투기되는 사건이 발생하였다. 유해 폐기물에서 나온 침출수로 식수가 오염되었고, 독성 가스가 대기를 오염시켜 지역 주변 주민들에게 각종 질병을 유발하였다.

① 바젤 협약 ② 파리 협정
③ 교토 의정서 ④ 기후 변화 협약
⑤ 몬트리올 의정서

03 생활 속의 환경 이슈

17 **다음은 어떤 학생이 환경 이슈에 대해 학습한 내용을 정리한 것이다. 밑줄 친 ㉠~㉤ 중 옳지 <u>않은</u> 것은?**

• 학습 주제: 미세 먼지
1. 발생 원인: ㉠ <u>화석 연료의 연소 과정에서 발생</u>, ㉡ <u>바람을 타고 중국에서 유입</u> 등
2. 영향
– ㉢ <u>정밀 산업의 불량률을 낮춤</u>
– ㉣ <u>각종 호흡기 질환 및 뇌 질환을 유발함</u>
– ㉤ <u>비행기나 여객기 운항에 지장을 줄 수 있음</u>

① ㉠ ② ㉡ ③ ㉢ ④ ㉣ ⑤ ㉤

18 ㉠에 들어갈 내용으로 옳은 것은?

> 본래의 유전자를 변형시켜 기존의 번식 방법으로는 나타날 수 없는 새로운 성질의 유전자를 지니도록 개발한 식품이나 농산물을 (㉠)(이)라고 한다. 1994년 미국에서 '무르지 않는 토마토'가 개발된 이후 카페인이 없는 커피, 잡초에 강한 옥수수 등이 상업적으로 개발되기 시작하였다.

① 열대작물 ② 기호 식품
③ 로컬 푸드 ④ 유기농 농산물
⑤ 유전자 변형 식품

19 다음 사례에서 환경 단체의 행동을 뒷받침할 수 있는 근거를 〈보기〉에서 고른 것은?

> 국제 환경 단체 그린피스에서는 유럽 연합의 유전자 변형 식품(GMO) 관련 정책에 반대한다는 뜻으로 옥수수밭에 'NO GMO'라는 문구를 새겼다.

보기
ㄱ. 유전자 변형 식품은 병충해에 약하다.
ㄴ. 유전자 변형 식품은 생태계를 교란할 수 있다.
ㄷ. 유전자 변형 식품이 인체에 미치는 영향에 대하여 안전성이 검증되지 않았다.
ㄹ. 유전자 변형 식품은 재배 과정이 복잡하고 비용이 많이 들어 대량 생산이 어렵다.

① ㄱ, ㄴ ② ㄱ, ㄷ ③ ㄴ, ㄷ
④ ㄴ, ㄹ ⑤ ㄷ, ㄹ

20 푸드 마일리지에 대한 설명으로 옳지 않은 것은?

① 식품의 수송량과 수송 거리를 곱한 값이다.
② 이동 거리가 길수록 푸드 마일리지가 높아진다.
③ 식품의 신선도 및 방부제 사용 정도를 파악할 수 있다.
④ 푸드 마일리지가 높을수록 온실가스의 배출량이 많아진다.
⑤ 같은 양의 국내산 포도와 칠레산 포도 중 국내산 포도의 푸드 마일리지가 더 높다.

[21~22] 다음 글을 읽고 물음에 답하시오.

> 최근 우리 지역에서 생산된 농산물을 지역에서 소비하자는 (㉠) 운동이 펼쳐지고 있다. (㉠)은/는 외국에서 수입된 농산물에 비해 여러 장점을 가지고 있어 주목받고 있다.

21 ㉠에 공통으로 들어갈 내용으로 옳은 것은?

① 전통 식품 ② 로컬 푸드
③ 글로벌 푸드 ④ 공정 무역 식품
⑤ 유전자 변형 식품

22 밑줄 친 '장점'으로 옳은 것을 〈보기〉에서 고른 것은?

보기
ㄱ. 지역 농민의 수익 증대에 기여한다.
ㄴ. 온실가스 배출을 줄여 환경적 부담을 줄인다.
ㄷ. 세계의 여러 지역에서 생산된 먹을거리를 구매할 수 있다.
ㄹ. 병충해에 강하고 오래 보관할 수 있는 농산물을 이용할 수 있다.

① ㄱ, ㄴ ② ㄱ, ㄷ ③ ㄴ, ㄷ
④ ㄴ, ㄹ ⑤ ㄷ, ㄹ

창의 융합

23 다음은 수업 시간에 환경 보전 활동을 위한 홍보물을 만든 것이다. 밑줄 친 ㉠~㉤ 중 적절하지 않은 것은?

> **환경 보전을 위한 우리의 다짐**
> 하나, ㉠ 전기, 가스, 물을 아껴 쓰겠습니다.
> 둘, ㉡ 저탄소 제품의 사용을 자제하겠습니다.
> 셋, ㉢ 에너지 효율이 높은 제품을 사용하겠습니다.
> 넷, ㉣ 자가용보다는 대중교통과 자전거를 이용하겠습니다.
> 다섯, ㉤ 플라스틱과 나무젓가락과 같은 일회용품 사용을 줄이겠습니다.

① ㉠ ② ㉡ ③ ㉢ ④ ㉣ ⑤ ㉤

XI 세계 속의 우리나라

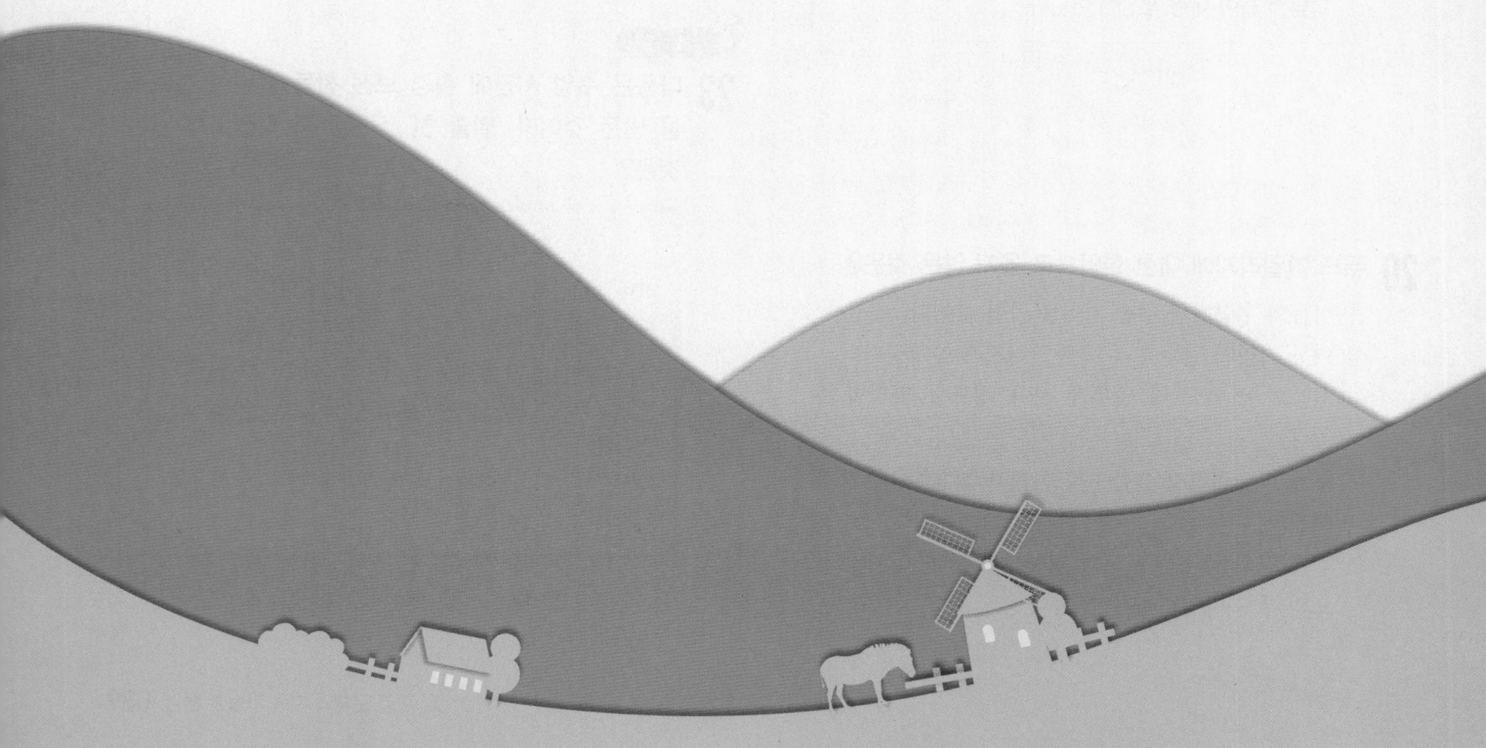

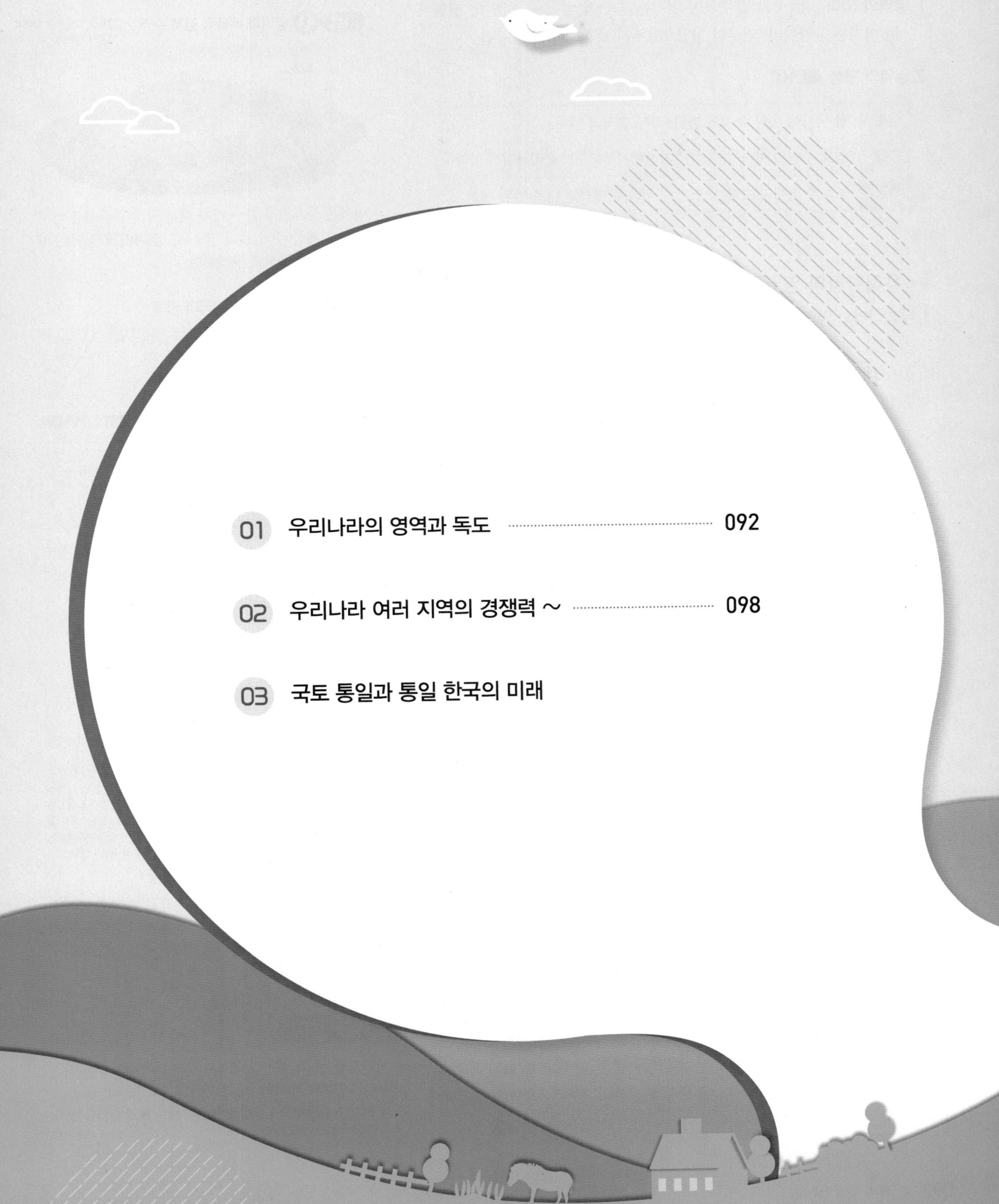

01 우리나라의 영역과 독도 092

02 우리나라 여러 지역의 경쟁력 ~ 098

03 국토 통일과 통일 한국의 미래

01 우리나라의 영역과 독도

영역의 의미와 구성

1. 영역의 의미 한 국가의 주권이 미치는 공간적 범위 → 국민의 생활이 이루어지는 공간이며, 외부의 침입으로부터 보호해야 하는 공간

2. 영역의 구성 자료 ①

영토	한 국가에 속한 육지의 범위, 국토 면적과 일치
영해	영토 주변의 바다 → 영해 *기선에서부터 12*해리까지의 바다
영공	영토와 영해의 수직 상공, 일반적으로 대기권 내로 범위 제한

우리나라의 영역과 배타적 경제 수역

1. 우리나라의 영역 자료 ②

(1) 영토

① 구성: 한반도와 그 부속 도서

② 면적: 총면적은 약 22.3만 ㎢, 남한 면적은 약 10만 ㎢ → 갯벌이 넓게 분포하는 서·남해안의 간척 사업으로 영토 면적이 넓어지고 있음

③ 형태: 영토가 남북으로 긴 형태 → 다양한 기후가 나타남

(2) 영해: 해안에 따라 영해 설정 기준이 다름

동해안, 제주도, 울릉도, 독도	해안선이 단조롭고 섬이 적음 → *최저 조위선인 통상 기선에서부터 12해리까지
서해안, 남해안	해안선이 복잡하고 섬이 많음 → 가장 바깥쪽의 섬들을 직선으로 연결한 선인 직선 기선에서부터 12해리까지
대한 해협	일본과 인접해 있음 → 직선 기선에서부터 3해리까지

(3) 영공: 우리나라 영토와 영해의 수직 상공으로, 최근 항공 교통과 우주 산업의 발달로 중요성이 커지고 있음

2. 배타적 경제 수역(EEZ)

서술형 단골 영해와 배타적 경제 수역의 차이점을 묻는 문제가 자주 출제돼.

(1) 의미: 영해 기선에서부터 200해리에 이르는 수역 중 영해를 제외한 바다

(2) 특징

① 연안국은 어업 활동과 수산·광물·에너지 자원 등 해양 자원의 탐사 및 개발 등에 관한 경제적 권리를 보장받음

② 연안국은 인공 섬을 만들거나 바다에 시설물을 설치 및 활용할 수 있음

③ 영역에는 포함되지 않아 다른 국가의 선박과 항공기가 자유롭게 통행할 수 있음

④ 경제적 목적이 없다면 다른 국가의 케이블 설치는 가능함

(3) 우리나라의 배타적 경제 수역: 우리나라는 중국 및 일본과 배타적 경제 수역이 겹치기 때문에 어업 협정을 체결하여 겹치는 해역을 중간 수역으로 각각 설정하여 어족 자원을 공동으로 관리함 자료 ③

생생 자료

자료 ① 영역과 배타적 경제 수역

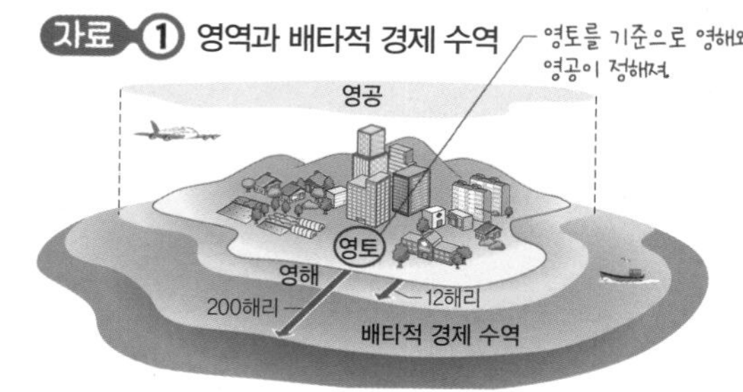

영역은 국제법상 한 국가가 다른 국가의 간섭을 받지 않고 지배할 수 있는 공간으로, 한 국가의 영역은 영토, 영해, 영공으로 구성된다.

자료 ② 우리나라의 4극과 영해

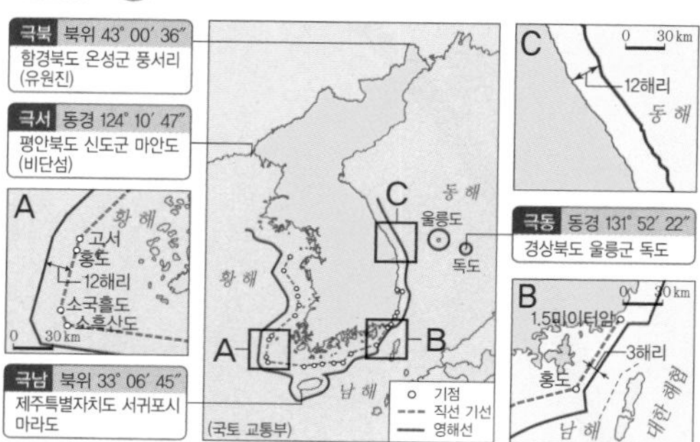

우리나라의 경우 해안선이 단조로운 동해안, 제주도, 울릉도, 독도는 통상 기선을 적용한다. 해안선이 복잡한 서·남해안은 직선 기선을 적용한다.

자료 ③ 우리나라의 배타적 경제 수역

우리나라와 중국, 일본은 지리적으로 가까워 배타적 경제 수역이 겹치기 때문에 어업 질서의 혼란을 막기 위해 어업 협정을 각각 체결하고, 공동으로 관리하는 수역을 설정하였다.

쏙쏙 용어

* 기선(基-기초, 線-선) 영해의 기준이 되는 선
* 해리 항해의 거리를 나타내는 단위로, 1해리는 약 1,852m
* 최저 조위선 썰물로 바닷물이 가장 많이 빠져 나갔을 때 육지와 바다가 만나는 선

다양한 가치를 지닌 독도

1. 독도의 지리적 특색

(1) 위치: 경상북도 울릉군 울릉읍 독도리 → 우리나라의 영토 중 가장 동쪽에 위치 자료 ④

(2) 자연환경

형성	• 약 460만~250만 년 전에 동해의 해저에서 분출한 용암이 굳어져 형성된 화산섬으로, 제주도나 울릉도보다 먼저 형성됨 • 동도와 서도, 89개의 부속 도서로 이루어짐
지형	• 대부분의 해안이 급경사를 이루어 거주 환경이 불리한 편 • 서도가 동도보다 험난함
기후	• 난류의 영향을 받아 기온의 연교차가 작은 해양성 기후가 나타남 • 기온이 온화한 편이며 일 년 내내 강수가 고름

(3) 인문 환경

① 512년 신라가 우산국(울릉도)을 편입하면서부터 우리나라의 영토가 됨

② 현재 우리나라 주민과 독도 경비대가 거주하고 있으며, 각종 주민 생활 시설과 경비 활동을 위한 시설이 있음

2. 독도의 가치

(1) 영역적 가치

① 우리 영토의 동쪽 끝: 우리나라 영해의 동쪽 끝을 확정짓고, 배타적 경제 수역 설정의 기준점이 될 수 있음

② 군사적 *요충지: 태평양 진출에 유리한 위치 → 항공 기지, 방어 기지로서 국가 안보에 필요한 역할을 수행할 수 있음

(2) 경제적 가치 자료 ⑤

① 풍부한 수산 자원: 독도 주변의 바다는 난류와 한류가 교차하는 조경 수역이 형성되어 수산 자원이 풍부함

② 풍부한 자원: 주변 해저에는 *메탄 하이드레이트와 해양 심층수 등의 자원이 있음

(3) 환경 및 생태적 가치

① 지질학적 가치: 여러 단계의 해저 화산 활동으로 형성되어 다양한 암석, 지형 및 지질 경관이 나타남 → 해저 화산의 형성과 진화 과정을 살펴볼 수 있음

② 생물학적 가치: 토양이 척박하지만 다양한 동식물이 서식함 → 1999년 섬 전체가 천연 보호 구역으로 지정됨

3. 독도를 지키려는 노력

(1) 일본의 영유권 주장: 1905년 독도를 일방적으로 자국 영토에 편입한 것을 근거로 왜곡된 영유권 주장을 하고 있음 자료 ⑥

(2) 독도를 지키려는 노력

① 개인적 차원에서 독도의 중요성을 인식하고 독도에 대한 올바른 지식을 갖추어야 함

② 정부 및 민간단체의 차원에서 독도가 우리나라의 영토임을 국제 사회에 알리기 위한 활동을 활발히 전개해야 함

생생 자료

자료 ④ 독도의 위치

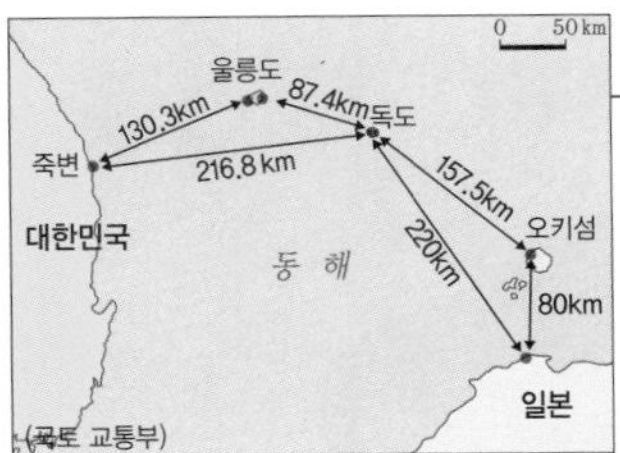

최근에는 울릉도와 독도를 오가는 여객선을 운항하면서 섬을 찾는 관광객도 늘고 있어.

독도는 울릉도에서 동남쪽으로 87.4km 떨어져 있어 날씨가 맑은 날에는 울릉도에서 독도를 육안으로 볼 수 있다.

자료 ⑤ 독도의 경제적 가치

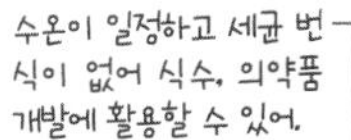

수온이 일정하고 세균 번식이 없어 식수, 의약품 개발에 활용할 수 있어.

조경 수역의 형성

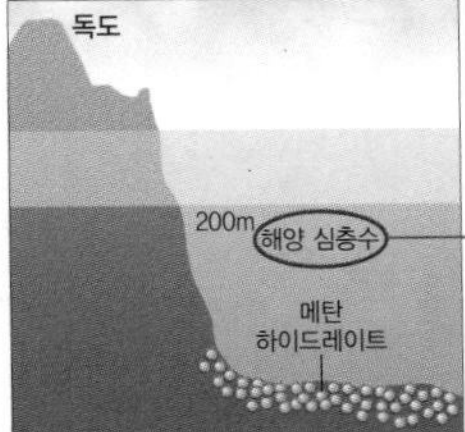

자원 분포

독도 주변 수역은 한류와 난류가 만나 조경 수역을 형성하여 수산 자원이 풍부하다. 또한 주변 바다에는 메탄 하이드레이트와 해양 심층수 등이 분포해 있어 경제적 가치가 높다.

자료 ⑥ 고지도 속의 독도

동해상에 울릉도와 독도의 위치가 서로 바뀌어 표현되어 있어.

팔도총도(1531년)

삼국접양지도(1785년)

「팔도총도」는 『신증동국여지승람』에 수록된 지도로, 울릉도와 우산도(독도)가 표현되어 있다. 「삼국접양지도」는 일본인 하야시 시헤이가 그린 지도로, 동해에 그려진 울릉도와 독도를 조선과 같은 색으로 그려 독도가 조선의 땅임을 나타내었고, 섬 옆에 '조선의 것'이라고 표시하였다.

독도는 우산도, 석도, 가지도 등으로 불리기도 하였어.

쏙쏙 용어

* 요충지(要-구하다, 衝-찌르다, 地-땅) 정치적·군사적으로 아주 중요한 곳
* 메탄 하이드레이트 해저의 저온·고압 상태에서 천연가스와 물이 결합하여 형성된 고체 에너지로, 불을 붙이면 타는 성질을 가지고 있어 '불타는 얼음'으로 불림

대표 자료 확인하기

◆ 영역의 구성

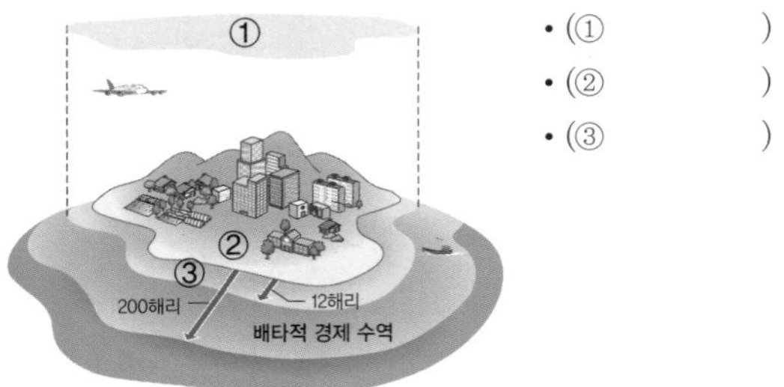

- (①　　　　　)
- (②　　　　　)
- (③　　　　　)

◆ 우리나라의 영해

서해안	(⑤　　　　　)	동해안
0 30km / 황해 / 고선 / 홍도 / 12해리 / 소국흘도 / 소흑산도	0 30km / 1.5미이터암 / 3해리 / 홍도 / 남해	0 30km / 기점 / ④ / 영해선 / 12해리 / 동해
(④　　　　　) 에서부터 12해리까지	직선 기선에서부터 3해리까지	(⑥　　　　　) 에서부터 12해리까지

◆ 독도의 위치

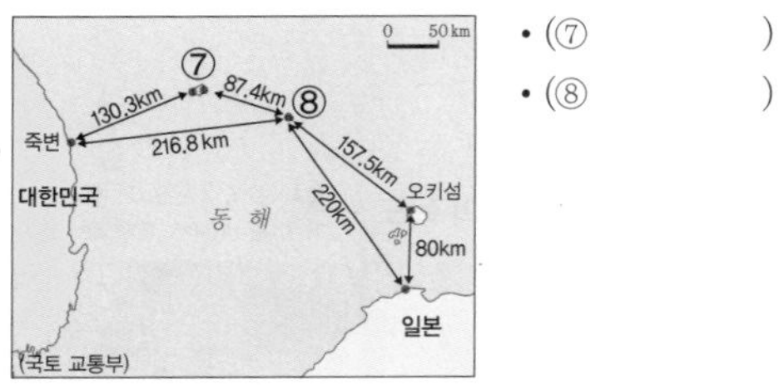

- (⑦　　　　　)
- (⑧　　　　　)

한눈에 정리하기

◆ 다양한 가치를 지닌 독도

영역적 가치	• (①　　　　　)와 배타적 경제 수역 설정의 기준점이 될 수 있음 • 항공 기지, 방어 기지로서 국가 안보에 필요한 군사적 요충지 역할을 수행할 수 있음
경제적 가치	• 난류와 한류가 교차하는 (②　　　　　)으로 수산 자원이 풍부함 • 메탄 하이드레이트와 해양 심층수 등의 자원이 있음
환경·생태적 가치	• 여러 단계의 해저 (③　　　　　) 활동으로 형성되어 다양한 암석, 지형 및 지질 경관이 나타남 • 다양한 동식물이 서식함 → 1999년 섬 전체가 (④　　　　　)으로 지정됨

꼼꼼 개념 문제

● 정답과 해설 13쪽

1 한 국가의 주권이 미치는 공간적 범위인 (㉠　　　　　)은 영토, (㉡　　　　　), 영공으로 이루어져 있다.

2 다음 괄호 안의 내용 중 알맞은 말에 ○표를 하시오.

(1) 영해는 일반적으로 영해 기선에서부터 (3해리, 12해리)까지의 바다이다.

(2) 해안선이 단조롭고 섬이 적은 해안은 (통상, 직선) 기선을 적용하여 영해를 설정한다.

3 다음 설명이 맞으면 ○표, 틀리면 ×표를 하시오.

(1) 우리나라의 영토는 한반도와 부속 도서로 구성되어 있다. (　　)

(2) 우리나라의 영공은 최근 항공 교통과 우주 산업의 발달로 그 중요성이 커지고 있다. (　　)

4 우리나라 각 해안에서 적용되는 영해 기선을 옳게 연결하시오.

(1) 동해안 •　　　　• ㉠ 직선 기선에서부터 3해리

(2) 서·남해안 •　　　　• ㉡ 직선 기선에서부터 12해리

(3) 대한 해협 •　　　　• ㉢ 통상 기선에서부터 12해리

5 영해 기선에서부터 200해리에 이르는 수역 중 영해를 제외한 바다를 (　　　　　)이라고 한다.

6 독도에 대한 설명이 맞으면 ○표, 틀리면 ×표를 하시오.

(1) 난류의 영향으로 연교차가 작은 해양성 기후가 나타난다. (　　)

(2) 독도의 행정 구역상 주소는 강원특별자치도 울릉군 울릉읍 독도리이다. (　　)

(3) 독도는 제주도와 울릉도가 형성된 이후에 만들어진 화산섬이다. (　　)

7 다음 빈칸에 들어갈 내용을 쓰시오.

(1) 독도의 주변 해저에는 (　　　　　)와 해양 심층수 등의 자원이 있다.

(2) (　　　　　)은 1905년 독도를 일방적으로 자국 영토에 편입한 것을 근거로 왜곡된 영유권 주장을 하고 있다.

01 영역에 대한 설명으로 옳지 않은 것은?

① 배타적 경제 수역을 포함한다.
② 영토, 영해, 영공으로 이루어져 있다.
③ 국민의 생활이 이루어지는 공간이다.
④ 한 국가의 주권이 미치는 공간적 범위이다.
⑤ 국제법상 한 국가가 다른 국가의 간섭을 받지 않고 지배할 수 있는 공간이다.

중요해

02 그림은 영역의 구성을 나타낸 것이다. A~D에 대한 설명으로 옳은 것은?

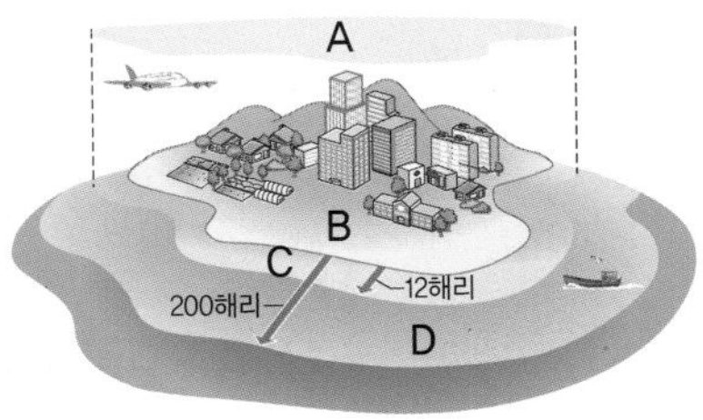

① 일반적으로 A의 범위는 성층권까지 인정한다.
② A는 일반적으로 영토와 영해, 배타적 경제 수역의 수직 상공이다.
③ B는 한 국가에 속한 육지의 범위로 부속 도서는 제외한다.
④ 모든 C는 통상 기선을 적용하여 설정한다.
⑤ D는 영해 기선에서부터 200해리에 이르는 수역 중 영해를 제외한 바다이다.

03 ㉠에 들어갈 용어로 옳은 것은?

(㉠)은/는 한 국가에 속한 육지의 범위로, 국토 면적과 일치한다. (㉠)을/를 기준으로 바다와 하늘의 범위가 정해지기 때문에 국가의 영역 중에서 가장 중요하다.

① 영공 ② 영토
③ 영해 ④ 중간 수역
⑤ 배타적 경제 수역

04 다음은 비상이가 작성한 노트 필기이다. ㉠~㉣에 대한 옳은 설명을 〈보기〉에서 고른 것은?

우리나라의 영역
1. 영토: ㉠ 한반도와 그 부속 도서
2. 영해: ㉡ 영해 기선에서부터 12해리까지의 바다
(1) (㉢)에서는 통상 기선을 적용함
(2) (㉣)에서는 직선 기선을 적용함
3. 영공: 우리나라 영토와 영해의 수직 상공

보기
ㄱ. ㉠의 면적은 간척 사업으로 감소하고 있다.
ㄴ. 대한 해협은 ㉡에서부터 3해리까지를 영해로 설정하였다.
ㄷ. ㉢에는 '울릉도, 독도'가 들어갈 수 있다.
ㄹ. ㉣은 해안선이 단조롭고 섬이 적은 해안이 해당된다.

① ㄱ, ㄴ ② ㄱ, ㄷ ③ ㄴ, ㄷ
④ ㄴ, ㄹ ⑤ ㄷ, ㄹ

05 지도는 우리나라의 4극을 나타낸 것이다. 이에 대한 설명으로 옳지 않은 것은?

① 동서보다 남북으로 긴 형태이다.
② 가장 남쪽은 평안북도 신도군 마안도이다.
③ 우리나라는 중국, 러시아와 국경을 접하고 있다.
④ 우리나라의 극동과 극서의 경도 차이는 약 7°이다.
⑤ 우리나라는 북위 33°~43°, 동경 124°~131°에 위치한다.

06 영해 설정 방법이 나머지와 다른 하나는?

① 독도 ② 동해안 ③ 서해안
④ 울릉도 ⑤ 제주도

07 지도는 우리나라 해안의 영해 설정 방법을 나타낸 것이다. (가)~(다)의 영해 설정 범위를 옳게 연결한 것은?

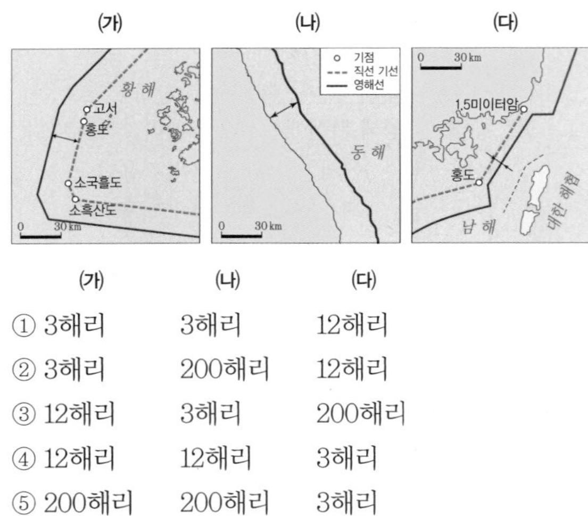

	(가)	(나)	(다)
①	3해리	3해리	12해리
②	3해리	200해리	12해리
③	12해리	3해리	200해리
④	12해리	12해리	3해리
⑤	200해리	200해리	3해리

중요해

08 지도는 우리나라의 영해를 나타낸 것이다. 이에 대한 설명으로 옳은 것은?

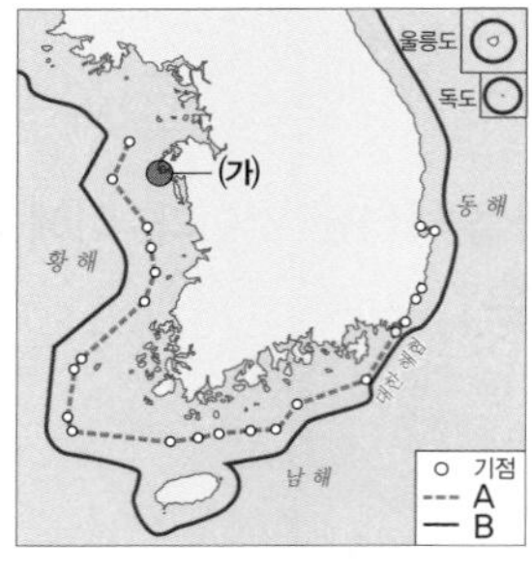

① (가) 지역을 간척하면 A의 위치가 변한다.
② (가)의 수직 상공은 우리나라의 영공이다.
③ A에서부터 200해리까지 우리나라의 배타적 경제 수역을 설정할 수 있다.
④ A와 B 사이에는 다른 국가의 선박이 자유롭게 통행할 수 있다.
⑤ A는 통상 기선, B는 직선 기선이다.

09 배타적 경제 수역에 대한 설명으로 옳지 않은 것은?

① 국가의 영역에는 포함되지 않는다.
② 연안국의 정치적 주권 행사가 가능한 지역이다.
③ 영해 기선에서부터 200해리에 이르는 수역 중 영해를 제외한 바다이다.
④ 다른 국가의 선박과 항공기는 연안국의 허락 없이 자유롭게 통행할 수 있다.
⑤ 연안국이 어업 활동과 자원 탐사 및 개발 등에 관한 경제적 활동의 권리를 갖는다.

10 지도는 우리나라의 주변 수역을 나타낸 것이다. A~C에 대한 옳은 설명을 〈보기〉에서 고른 것은?

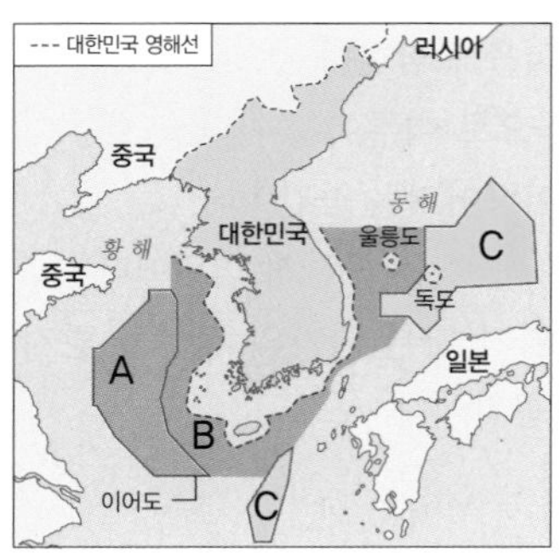

보기
ㄱ. A에서는 중국 어선이 어업 활동을 할 수 없다.
ㄴ. 독도 주변 12해리까지는 B에 포함된다.
ㄷ. 일본 선박은 우리나라의 허가 없이 C를 지나갈 수 있다.
ㄹ. 다른 국가의 항공기는 A~C의 수직 상공을 자유롭게 통행할 수 있다.

① ㄱ, ㄴ ② ㄱ, ㄷ ③ ㄴ, ㄷ
④ ㄴ, ㄹ ⑤ ㄷ, ㄹ

11 다음에서 설명하는 섬은?

우리나라의 영토 중 가장 동쪽에 위치하며, 동도와 서도 그리고 89개의 부속 도서로 이루어져 있다.

① 독도 ② 강화도 ③ 울릉도
④ 제주도 ⑤ 거제도

이 문제에서 나올 수 있는 선택지는 다~!

12 지도의 A 지역에 대한 설명으로 옳지 않은 것은?

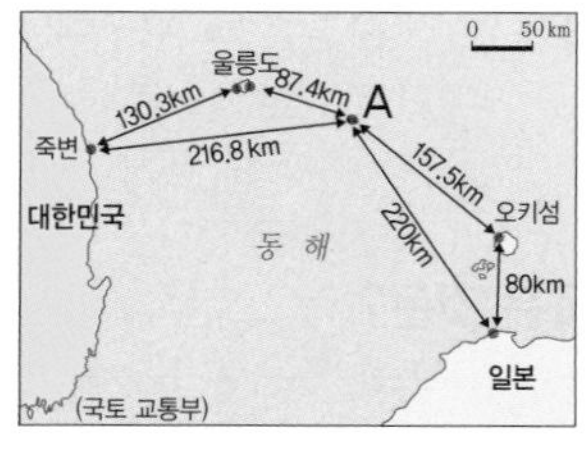

① 경상북도 울릉군 울릉읍에 속한다.
② 우리나라의 영토 중 가장 동쪽에 위치한다.
③ 제주도, 울릉도보다 먼저 형성된 화산섬이다.
④ 난류의 영향을 받는 대륙성 기후가 나타난다.
⑤ 섬 전체가 천연 보호 구역으로 지정되어 있다.
⑥ 신라가 512년에 A를 편입하면서부터 우리나라의 영토가 되었다.

13 독도가 갖는 가치로 보기 어려운 것은?

① 다양한 암석, 지형 및 지질 경관이 나타난다.
② 조류, 곤충 등 290여 종의 동식물이 서식한다.
③ 경사가 완만하고 토양층이 두꺼워 거주 환경이 유리하다.
④ 주변 바다에 조경 수역이 형성되어 각종 수산 자원이 풍부하다.
⑤ 여러 단계의 화산 활동으로 형성되어 해저 화산의 진화 과정을 살펴볼 수 있다.

14 (가), (나)에 대한 옳은 설명만을 〈보기〉에서 있는 대로 고른 것은?

(가)

(나)

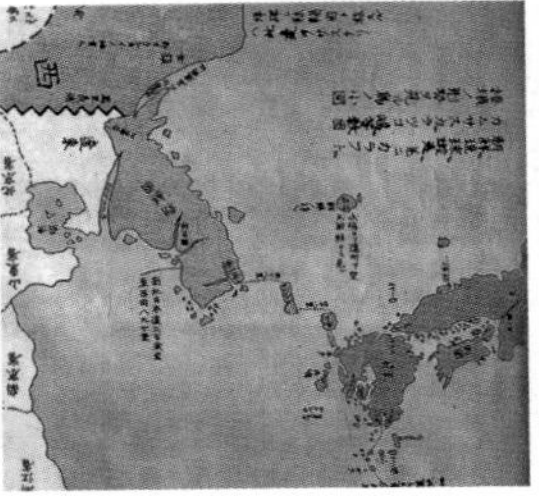

보기
ㄱ. (가)에는 울릉도와 독도의 위치가 서로 바뀌어 표현되어 있다. ㄴ. (가)를 통해 당시 우리 조상들이 독도를 분명하게 인식하고 있었음을 알 수 있다. ㄷ. (나)에는 울릉도와 독도가 조선의 영토로 표현되어 있다. ㄹ. (가), (나)는 모두 조선에서 제작되었다.

① ㄱ, ㄷ ② ㄴ, ㄹ ③ ㄱ, ㄴ, ㄷ
④ ㄱ, ㄴ, ㄹ ⑤ ㄴ, ㄷ, ㄹ

15 독도를 지키기 위한 노력으로 옳지 않은 것은?

① 독도에 대한 올바른 지식을 함양한다.
② 독도에 대해 지속적인 관심과 애정을 갖는다.
③ 일본 주장의 허구성을 알려 국제적 공감대를 형성한다.
④ 독도는 당연히 우리 땅이므로 논리적 대응책을 마련할 필요가 없다.
⑤ 일본의 왜곡된 영유권 주장에 대해 독도가 우리 영토라는 다양한 역사적 증거를 제시한다.

학교 시험에 잘 나오는 서술형 문제

1 그림은 영역의 구성을 나타낸 것이다. 이를 보고 물음에 답하시오.

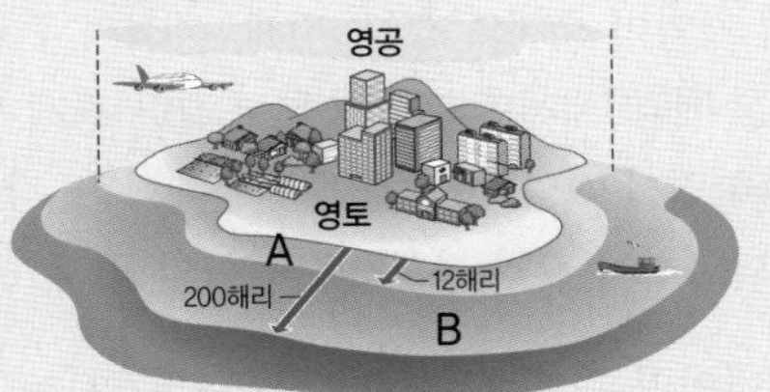

(1) A, B의 명칭을 각각 쓰시오.

(2) A와 B의 차이점을 서술하시오.

2 대한 해협의 영해 설정 방법을 서술하시오.

3 지도는 우리나라 어느 섬의 지형을 나타낸 것이다. 이를 보고 물음에 답하시오.

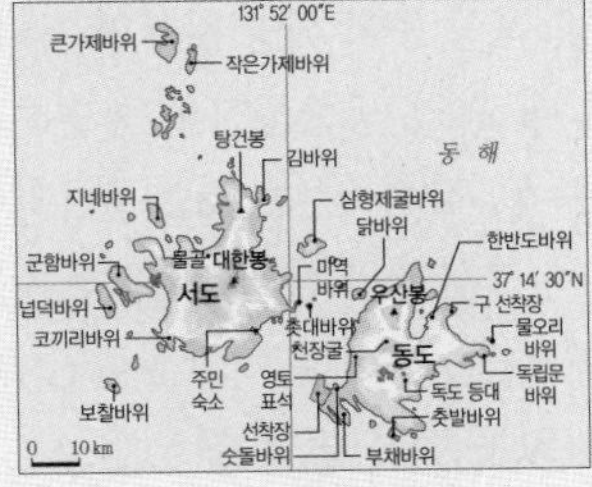

(1) 위 지도에 나타난 섬의 이름을 쓰시오.

(2) (1)이 갖는 영역적 가치를 두 가지 서술하시오.

우리나라 여러 지역의 경쟁력 ~국토 통일과 통일 한국의 미래

세계화 시대의 지역 경쟁력

1. 세계화 시대의 지역화

(1) **지역화:** 특정 지역이 세계의 정치, 경제, 사회의 주체가 되는 현상

(2) **지역화의 등장 배경:** 세계화로 국경을 초월한 경제 활동과 사람들 간 교류가 증가하면서 지역 간 경쟁이 치열해짐 → 각 지역은 차별화된 *지역성을 발굴하여 지역 경쟁력을 높이기 위해 노력하고 있음

2. 지역화 전략

지역의 경쟁력을 높이기 위해 경제적·문화적 측면에서 다른 지역과 차별화할 수 있는 계획을 마련하는 것

다양한 지역화 전략

1. 지역 브랜드 자료 ①

서술형 단골 지역화 전략의 사례와 효과를 묻는 문제가 자주 출제돼.

(1) **의미:** 지역 그 자체 또는 지역의 상품과 서비스 등을 소비자에게 특별한 브랜드로 인식시키는 것 예 강원특별자치도 평창의 'HAPPY 700'

(2) **효과:** 지역 브랜드의 가치가 높아지면 그 지명을 붙인 상품의 판매량이 증가하고 서비스에 대한 신뢰도가 높아짐, 지역 이미지가 향상되고 지역 경제가 활성화됨

2. 장소 마케팅 자료 ②

(1) **의미:** 특정 장소가 가지고 있는 자연환경이나 역사적·문화적 특성 등을 이용하여 장소를 매력적인 상품으로 만들어 판매하는 활동

(2) **활동**

① 지역의 상징성을 이용한 축제, 이벤트 행사 개최 예 함평의 나비 축제

② 박물관, 미술관 건축 예 문경의 폐광 시설을 활용한 석탄 박물관

③ 상징 이미지의 개발, 홍보 예 *랜드마크를 이용한 기념물

(3) **효과:** 관광객과 투자자 유치를 통해 지역 경제를 활성화하고, 지역 주민들의 소속감과 자긍심을 높일 수 있음

3. 지리적 표시제 자료 ③

(1) **의미:** 상품의 품질, 명성, 특성 등이 해당 지역의 지리적 특성에서 비롯되고 우수성이 인정될 때 지역 생산품임을 증명하고 표시하는 제도 예 보성 녹차, 순창 고추장, 강화 약쑥, 이천 쌀, 횡성 한우 등

(2) **효과:** 특산물을 보호하여 특산물의 품질 향상 및 지역의 특화 산업으로의 육성을 도모할 수 있음, 생산자는 안정적인 생산 활동을 할 수 있고 소비자는 믿을 수 있는 제품을 살 수 있음

4. 지역화 전략 개발하기

(1) 지역화 전략 개발 과정

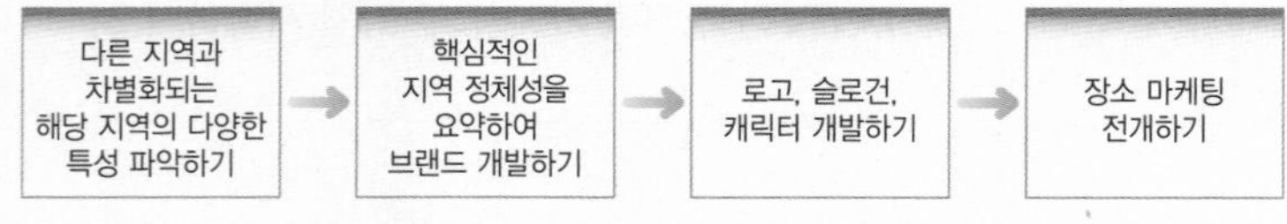

(2) **지역화 전략 개발 시 주의 사항:** 다른 지역에 비해 가장 차별화되는 경쟁력을 파악해야 함, 지역 주민의 적극적인 참여와 협조가 필요함

자료 ① 지역 브랜드와 캐릭터

지역 브랜드를 개발할 때 캐릭터뿐만 아니라 로고나 슬로건 등도 활용해.

↑ 지역 브랜드

↑ 캐릭터

강원특별자치도 평창에서는 해발 고도 700m 지점이 인간이 살기에 가장 적합한 것을 강조하기 위해 'HAPPY 700'이라는 지역 브랜드와 눈이 많이 오는 기후를 상징하기 위해 '눈동이'라는 캐릭터를 활용하여 지역을 홍보하고 있다.

자료 ② 축제를 통한 장소 마케팅

> 우리나라 전라남도 함평은 과거 이촌 향도로 인구가 점차 줄어드는 전형적인 농촌이었다. 오늘날에는 매년 4월이면 많은 사람들이 나비 축제를 보기 위해 방문하고, 지역 농산물의 판매도 늘고 있다.

장소 마케팅이 성공하려면 지역의 고유한 이미지가 매력적이어야 하는데, 랜드마크 개발 및 지역 축제 개최 등은 지역의 매력적인 이미지를 형성하는 데 도움을 준다.

자료 ③ 우리나라의 지리적 표시제

← 우리나라의 지리적 표시 상품

우리나라는 2002년에 보성 녹차가 최초로 지리적 표시 상품으로 등록된 이후, 다양한 농산물과 임산물 등이 지리적 표시 상품으로 등록되었다. 지리적 표시제에 등록되면 다른 곳에서 임의로 상표권을 이용하지 못하도록 하는 법적 권리가 주어진다.

쏙쏙 용어

★ **지역성** 지역의 자연환경과 그곳에서 거주해 온 주민이 오랜 시간에 걸쳐 상호 작용하여 형성된 것으로, 다른 지역과 구별되는 특성

★ **랜드마크** 지역의 이미지를 대표하는 상징물. 미국 뉴욕의 자유의 여신상, 프랑스 파리의 에펠 탑 등이 대표적임

우리나라의 위치와 국토 통일의 필요성

1. 우리나라 위치의 중요성 자료 ④

(1) 대륙과 해양을 이어 주는 지리적 요충지: 유라시아 대륙 동쪽에 있는 반도국으로, 유라시아 대륙과 태평양으로 진출하기에 유리함

(2) 동아시아 교통의 요지: 동아시아의 중심에 위치하여 동아시아 국가 간 경제적·문화적 흐름을 주도하여 세계의 중심지로 도약할 수 있음

2. 국토 통일의 필요성

(1) 국토 분단에 따른 문제

① 반도국 위치의 활용 제한: 균형 있는 국토 발전이 어려워짐

② *분단 비용 발생: 군사적 대립과 갈등으로 과도한 군사비 지출

③ 국가 위상 약화: 군사적 긴장 상태가 지속되어 국제 사회에서 한반도의 위상 약화

④ 민족의 동질성 약화: *이산가족과 *실향민 발생, 남북 문화의 이질화 심화

(2) 국토 통일이 필요한 이유

① 반도국의 이점 활용 가능: 대륙과 해양을 연결하는 *중계 무역의 중심지로 성장할 수 있음

② 분단 비용 감소: 분단 비용을 경제, 교육, 복지, 문화 분야 등에 투자할 수 있음

③ 국가 위상 강화: 분단 국가의 부정적 이미지 해소, 세계 평화와 문화 교류에 이바지할 수 있음

④ 민족의 동질성 회복: 이산가족과 실향민의 아픔 치유, 남북 문화의 이질화 완화

통일 한국의 미래

1. 국토 공간의 변화

(1) 매력적인 국토 공간 조성: *비무장 지대 등의 생태 지역과 남북한의 역사 문화유산 등이 결합된 국토 공간을 만들 수 있음

(2) 국토 공간의 균형적 개발: 남한의 자본과 기술, 북한의 지하자원과 노동력이 결합하여 국토를 효율적으로 이용할 수 있음 자료 ⑤

(3) 국제 물류 중심지로 성장: 끊겼던 교통망이 연결되면 물류의 중심지로 성장할 수 있음 자료 ⑥

철도	경의선, 경원선의 한반도 종단 철도가 시베리아 횡단 철도 등과 연결되면 우리나라와 유럽 간에 육로를 통한 물자 수송이 가능해짐
도로	아시아의 32개국을 동서로 이어주는 횡단 도로인 아시안 하이웨이가 연결되면 아시아의 인적·물적 교류의 중심지가 될 수 있음

2. 생활 모습의 변화

(1) 분단 시대의 이념과 갈등에 따른 긴장 완화: 자유 민주주의적 이념 확대로 개인의 생각과 가치를 존중받을 수 있음

(2) 경제 발전: 생활권의 확대로 새로운 직업과 일자리가 증가함, 분단 비용이 경제 개발과 복지 분야에 투입되면 삶의 질이 높아질 수 있음

생생 자료

자료 ④ 우리나라의 위치 특성

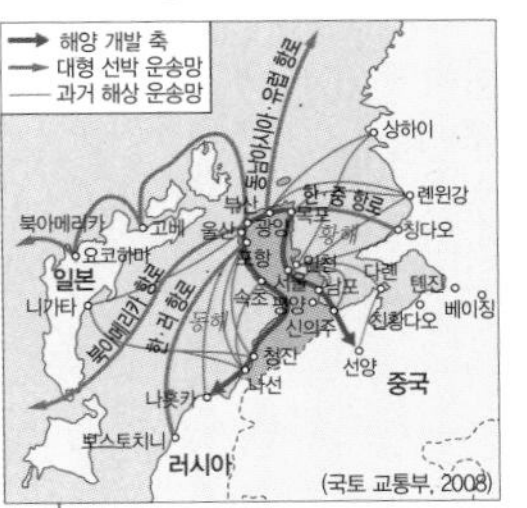

우리나라는 유라시아 대륙과 태평양을 연결하는 반도국으로, 대륙과 해양 양방향으로의 인적·물적·문화적 교류에 유리하다.

우리나라는 중국, 일본, 러시아를 연결하는 중심에 있어.

자료 ⑤ 남한과 북한의 경제 지표 비교

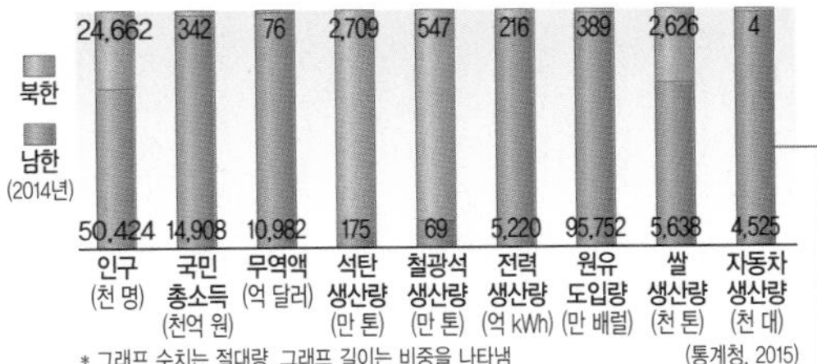

통일이 되면 남한의 자본 및 높은 수준의 기술, 식량 자원과 북한의 풍부한 지하자원이 상호 보완적으로 결합되어 경제 발전을 이룰 수 있을 것이다.

남한은 인구 규모·국민 총소득·식량 생산량 등에서, 북한은 석탄과 철광석의 생산량 등에서 높은 지표가 나타나.

자료 ⑥ 대륙과 해양을 연결하는 통일 한국

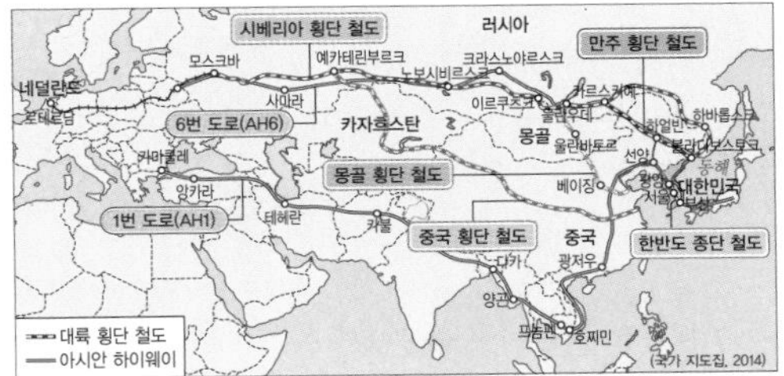

통일 이후 한반도 종단 철도가 유라시아 대륙을 횡단하는 철도와 연결되면 우리나라에서 유럽까지 가는 화물과 여객 수송에 필요한 시간과 비용을 절감할 수 있다. 또한 아시안 하이웨이가 구축되면 자동차를 타고 동남아시아, 유럽까지 갈 수 있다.

쏙쏙 용어

* **분단 비용** 군사비 등 남북 분단으로 발생하는 비용
* **이산가족** 전쟁, 자연재해 등으로 인해 어쩔 수 없이 떨어져 사는 가족
* **실향민(失-잃다, 鄕-마을, 民-백성)** 고향을 잃고 다른 곳에서 살아가는 사람
* **중계 무역(中-가운데, 繼-잇다, 貿-바꾸다, 易-바꾸다)** 다른 국가로부터 사들인 물자를 그대로 제3국으로 수출하는 무역 형식
* **비무장 지대(DMZ, demilitarizedzone)** 군사 시설이나 인원을 배치하지 않은 지역으로, 충돌을 방지하는 구실을 함

대표 자료 확인하기

◆ 우리나라의 지리적 표시 상품

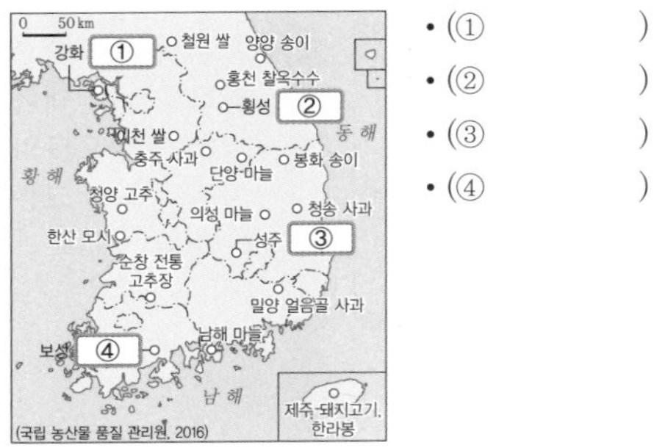

- (①　　　　　)
- (②　　　　　)
- (③　　　　　)
- (④　　　　　)

◆ 남한과 북한의 경제 지표 비교

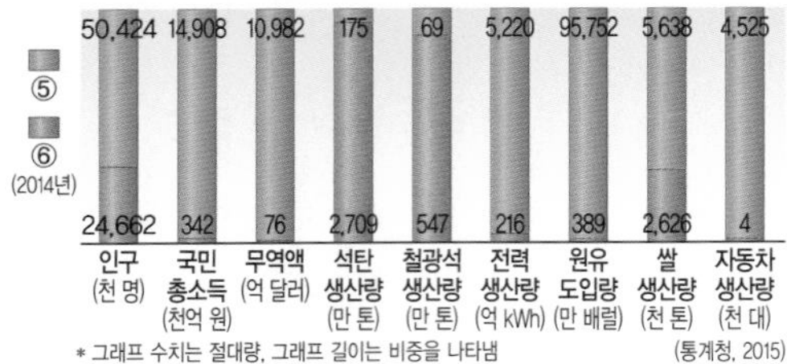

통일이 되면 (⑤　　　　　)의 자본 및 높은 수준의 기술, 식량 자원과 (⑥　　　　　)의 풍부한 지하자원, 노동력이 상호 보완적으로 결합되어 경제 발전을 이룰 수 있을 것이다.

◆ 통일 국토의 미래

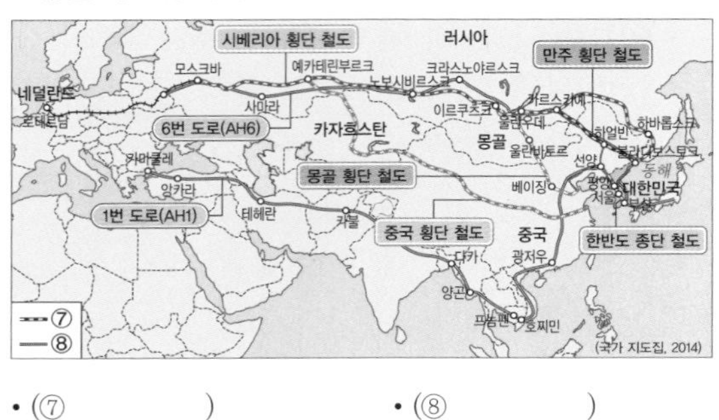

- (⑦　　　　　)
- (⑧　　　　　)

한눈에 정리하기

◆ 다양한 지역화 전략

지역 브랜드	(①　　　　　) 그 자체 또는 지역의 상품과 서비스 등을 소비자에게 특별한 브랜드로 인식시키는 것
장소 마케팅	특정 장소가 가지고 있는 자연환경이나 역사적·문화적 특성 등을 이용하여 장소를 매력적인 (②　　　　　)으로 만들어 판매하는 활동
(③　　　　　)	상품의 품질, 명성, 특성 등이 해당 지역의 지리적 특성에서 비롯되고 우수성이 인정될 때 지역 생산품임을 증명하고 표시하는 제도

꼼꼼 개념 문제

● 정답과 해설 14쪽

1 (　　　　　)은 지역의 경쟁력을 높이기 위해 경제적·문화적 측면에서 다른 지역과 차별화할 수 있는 계획을 마련하는 것을 말한다.

2 다음에서 설명하는 지역화 전략을 〈보기〉에서 골라 기호를 쓰시오.

보기
ㄱ. 지역 브랜드　　ㄴ. 장소 마케팅　　ㄷ. 지리적 표시제

(1) 지역 그 자체 또는 지역의 상품과 서비스 등을 소비자에게 특별한 브랜드로 인식시키는 것을 말한다. (　　)

(2) 특정 장소가 가지고 있는 다양한 특성을 이용하여 장소를 매력적인 상품으로 만들어 판매하는 활동을 말한다. (　　)

(3) 상품의 품질, 명성, 특성 등이 해당 지역의 지리적 특성에서 비롯되고 우수성이 인정될 때 지역 생산품임을 증명하고 표시하는 제도이다. (　　)

3 각 지역과 지역의 지리적 표시 등록 상품을 옳게 연결하시오.

(1) 보성 •　　　• ㉠ 쌀
(2) 횡성 •　　　• ㉡ 한우
(3) 순창 •　　　• ㉢ 녹차
(4) 이천 •　　　• ㉣ 고추장

4 다음 빈칸에 들어갈 내용을 쓰시오.

(1) 우리나라는 유라시아 대륙과 (　　　　　)을 이어 주는 지리적 요충에 해당한다.

(2) 국토 분단에 따른 남북한의 군사적 대립과 갈등으로 과도한 군사비 지출 등의 (　　　　　)이 발생하고 있다.

5 통일 한국의 미래 모습에 대한 설명이 옳으면 ○표, 틀리면 ×표를 하시오.

(1) 새로운 직업과 일자리가 증가할 수 있다. (　　)

(2) 비무장 지대를 생태 공원으로 개발할 수 있다. (　　)

(3) 북한의 풍부한 자본과 노동력을 활용할 수 있다. (　　)

6 통일 이후 경의선, 경원선의 (　　　　　)가 시베리아 철도 등과 연결되면 우리나라와 유럽 간에 육로를 통한 물자 수송이 가능해진다.

01 다음에서 설명하는 개념은?

> 세계화의 진행으로 지역 간의 교류가 늘어나면서 특정 지역이 세계의 정치·경제·사회·문화의 주체가 되는 현상이다.

① 세계화　② 지역화
③ 지역 브랜드　④ 장소 마케팅
⑤ 지리적 표시제

중요해

02 우리나라의 여러 지역에서 다음과 같은 노력을 하는 이유로 옳은 것을 〈보기〉에서 고른 것은?

> • 순천은 순천만 일대의 연안 습지와 갯벌을 자연 생태 공원으로 개발하였다. 낙안 읍성 등을 비롯한 관광 자원을 연계하여 세계적인 생태 도시로 거듭나기 위해 노력하고 있다.
> • 부산은 해마다 부산 국제 영화제를 개최하여 성공하고 있다. 이를 통해 부산은 문화 예술 도시로 떠오르게 되어 부산의 영상 산업 유치와 활성화를 통해 지역 경쟁력을 강화하고 있다.

보기
ㄱ. 깨끗한 자연환경을 보존하기 위해서이다.
ㄴ. 유네스코 세계 문화유산으로 등재하기 위해서이다.
ㄷ. 다른 지역과 차별화된 지역 특성을 개발하기 위해서이다.
ㄹ. 지역의 가치를 높이고 긍정적인 지역 이미지를 구축하기 위해서이다.

① ㄱ, ㄴ　② ㄱ, ㄷ　③ ㄴ, ㄷ
④ ㄴ, ㄹ　⑤ ㄷ, ㄹ

03 지역화 전략에 대한 설명으로 옳지 않은 것은?

① 지역의 경쟁력을 높이는 것이 목적이다.
② 로고, 캐릭터 등을 통해 지역의 매력을 홍보한다.
③ 지역 브랜드, 장소 마케팅, 지리적 표시제 등이 대표적이다.
④ 선진국의 축제 사례를 모방하여 대규모 지역 축제를 개최한다.
⑤ 다른 지역과 경제적·문화적 측면에서 차별화할 수 있는 계획을 마련하는 것이다.

04 지역 브랜드에 대한 옳은 설명을 〈보기〉에서 고른 것은?

보기
ㄱ. 지역 그 자체는 대상으로 하지 않는다.
ㄴ. 지역의 이미지를 높이고 경제를 활성화한다.
ㄷ. 지역을 상징하는 로고, 슬로건 등으로 표현된다.
ㄹ. 파리의 에펠 탑, 뉴욕의 자유의 여신상 등이 대표적인 예이다.

① ㄱ, ㄴ　② ㄱ, ㄷ　③ ㄴ, ㄷ
④ ㄴ, ㄹ　⑤ ㄷ, ㄹ

05 그림을 통해 알 수 있는 지역화 전략에 대한 설명으로 옳은 것은?

▲ 평창의 '눈동이'

▲ 보령의 '머돌이'와 '머순이'

① 지역의 랜드마크를 활용하고 있다.
② 지역의 인문 환경만을 반영하고 있다.
③ 지역의 고유한 특성을 반영하고 있다.
④ 지역에서 개최되는 축제를 홍보하고 있다.
⑤ 모든 지역에서 공통적으로 사용하고 있다.

06 ㉠에 들어갈 내용으로 가장 적절한 것은?

> 전라남도 함평군은 과거 이촌 향도 현상으로 인구가 점차 줄어드는 전형적인 농촌 지역이었다. 그러나 오늘날에는 매년 4월에 (㉠) 축제를 개최하여 100만 명 이상의 관광객이 이곳을 찾고 있으며, 이와 동시에 사람들에게 밝고 따뜻한 청정 지역이라는 이미지를 주어 지역 농산물의 판매도 늘고 있다.

① 나비　② 녹차　③ 산수유
④ 반딧불　⑤ 찰옥수수

07 다음에서 설명하는 지역화 전략에 해당하는 활동으로 보기 어려운 것은?

> 특정 장소가 가지고 있는 자연환경이나 역사적·문화적 특성 등을 이용하여 장소를 매력적인 상품으로 만들어 판매하는 활동이다.

① 지역의 상징성을 이용한 축제를 개최한다.
② 역사적 건물이나 장소를 보존하여 상품화한다.
③ 지역을 상징할 수 있는 랜드마크를 개발하여 홍보한다.
④ 박물관이나 미술관보다는 경제적 효과가 큰 산업 시설을 짓는다.
⑤ 지역을 상징하는 농업 경관을 조성하는 등의 경관 농업을 통해 관광객을 유치한다.

중요해

08 ㉠에 들어갈 용어로 옳은 것은?

> 전라남도 보성군은 연평균 기온이 약 13℃, 연 강수량이 약 1,400㎜로 녹차 생산에 유리한 조건을 갖춘 곳이다. 이 지역에서 환경친화적으로 재배되고, 우수한 기술로 가공된 '보성 녹차'는 2002년 우리나라의 (㉠) 제1호로 등록되었다.

① 장소 마케팅 ② 지역 브랜드
③ 지역 캐릭터 ④ 지역화 전략
⑤ 지리적 표시제

09 지도에 표시된 A~E 지역의 지리적 표시 상품이 옳게 연결되지 않은 것은?

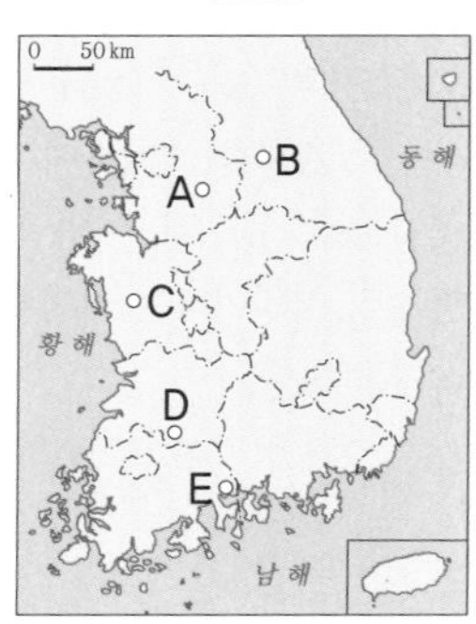

① A – 이천 쌀
② B – 횡성 한우
③ C – 청양 고추
④ D – 순창 수박
⑤ E – 광양 매실

10 (가)~(라)를 지역 브랜드의 개발 과정에 따라 순서대로 나열한 것은?

> (가) 지역의 다양한 특성을 파악한다.
> (나) 핵심적인 지역 정체성을 요약한다.
> (다) 슬로건, 로고, 캐릭터 등을 개발한다.
> (라) 지역 브랜드를 바탕으로 장소 마케팅을 전개한다.

① (가) → (나) → (다) → (라) ② (가) → (다) → (나) → (라)
③ (나) → (다) → (라) → (가) ④ (다) → (나) → (가) → (라)
⑤ (라) → (나) → (가) → (다)

이 문제에서 나올 수 있는 선택지는 다~!

11 우리나라의 위치에 대한 설명으로 옳지 않은 것은?

① 유라시아 대륙의 동쪽에 있다.
② 동아시아의 중심에 위치하고 있다.
③ 삼면이 바다로 둘러싸인 반도국이다.
④ 국토가 분단되어 해양으로 진출하기 힘들다.
⑤ 대륙과 해양을 통해 세계로 진출하는 데 유리하다.
⑥ 유라시아 대륙과 태평양을 연결하는 지리적 요충지이다.

12 지도를 통해 알 수 있는 우리나라의 위치 특성에 대한 옳은 설명만을 〈보기〉에서 있는 대로 고른 것은?

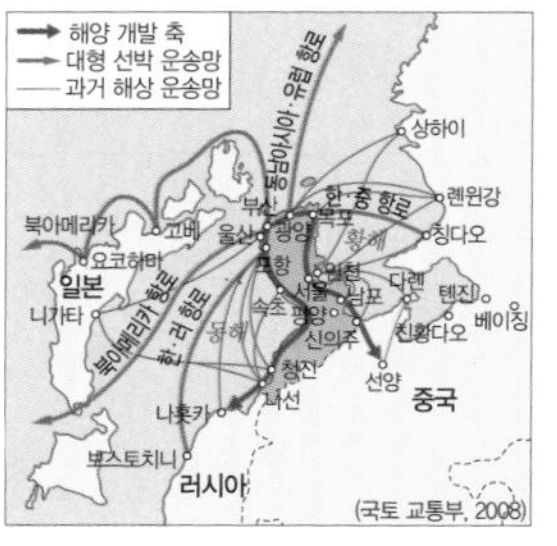

보기
ㄱ. 대륙과 해양 진출에 유리한 반도국이다.
ㄴ. 동아시아 국가들이 교류하는 길목에 위치한다.
ㄷ. 동아시아의 동쪽 끝에 치우쳐 있어 인적·문화적 소통에 어려움을 겪는다.
ㄹ. 동북아시아의 중심에 위치하여 국제 물류 중심지로 성장할 가능성이 높다.

① ㄱ, ㄴ ② ㄱ, ㄹ ③ ㄱ, ㄴ, ㄷ
④ ㄱ, ㄴ, ㄹ ⑤ ㄴ, ㄷ, ㄹ

13 표는 남한과 북한의 언어를 비교한 것이다. 이를 통해 알 수 있는 국토 분단으로 인한 문제는?

남한	북한	남한	북한
달걀	닭알	볶음밥	기름밥
도넛	가락지빵	수제비	뜨더국
주스	과일단물	잡곡밥	얼럭밥
도시락	곽밥	아이스크림	얼음보숭이

(통일 교육원, 2016)

① 국토 일체성의 상실
② 막대한 군사 비용의 지출
③ 남북 문화의 이질화 심화
④ 이산가족과 실향민의 발생
⑤ 유라시아 대륙으로의 육로 차단

14 그래프는 남한과 북한의 경제 지표를 비교한 것이다. 이를 통해 예측할 수 있는 통일 한국의 모습으로 가장 적절한 것은?

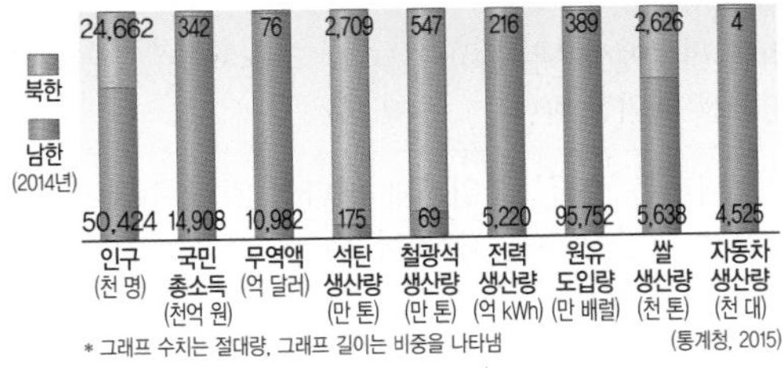

* 그래프 수치는 절대량, 그래프 길이는 비중을 나타냄 (통계청, 2015)

① 분단 비용을 절감할 수 있을 것이다.
② 균형 있는 국토 발전이 가능해질 것이다.
③ 민족의 동질성을 회복할 수 있을 것이다.
④ 이산가족의 아픔을 치유할 수 있을 것이다.
⑤ 세계 평화와 문화 교류에 이바지할 수 있을 것이다.

15 통일 이후의 한반도의 모습으로 보기 어려운 것은?

① 국토의 효율적인 이용이 가능해질 것이다.
② 끊겼던 교통망이 연결되면서 반도적 위치의 장점이 사라질 것이다.
③ 유라시아 대륙과 태평양을 연결하는 물류의 중심지로 성장할 것이다.
④ 우리나라, 중국, 일본을 중심으로 거대한 경제 공동체가 형성될 것이다.
⑤ 풍부한 북한의 지하자원을 이용할 수 있어 대외 경쟁력이 강화될 것이다.

학교 시험에 잘 나오는 서술형 문제

1 다음은 지역화 전략의 사례를 나타낸 것이다. 이를 보고 물음에 답하시오.

> • 미국 뉴욕의 'I♥NY'
> • 강원특별자치도 평창의 'HAPPY 700'

(1) 위 사례와 관계 깊은 지역화 전략을 쓰시오.

(2) (1)을 개발하여 이용함으로써 얻을 수 있는 효과를 두 가지 서술하시오.

2 다음 신문 기사와 관련하여 국토 분단으로 인한 문제점과 통일의 필요성에 대해 서술하시오.

> 정부가 2013년 전 세계 12개국 외국인 6천 명을 대상으로 실시한 설문 조사에서 '대한민국'하면 떠오르는 이미지로 꼽힌 것은 기술, 전쟁 등이었다.
> –「연합 뉴스」, 2015. 2. 22.

3 지도와 같이 교통로가 연결되었을 때 우리나라가 얻을 수 있는 이점을 두 가지 서술하시오.

(국가 지도집, 2014)

표와 자료로 정리하는 대단원

1 영역의 구성

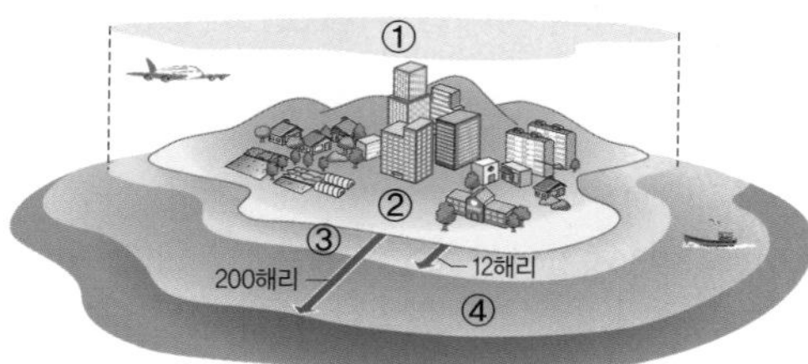

① □□ ② □□ ③ □□
④ □□□ □□ □□

| 답 | ① 영공 ② 영토 ③ 영해 ④ 배타적 경제 수역

2 우리나라의 영해

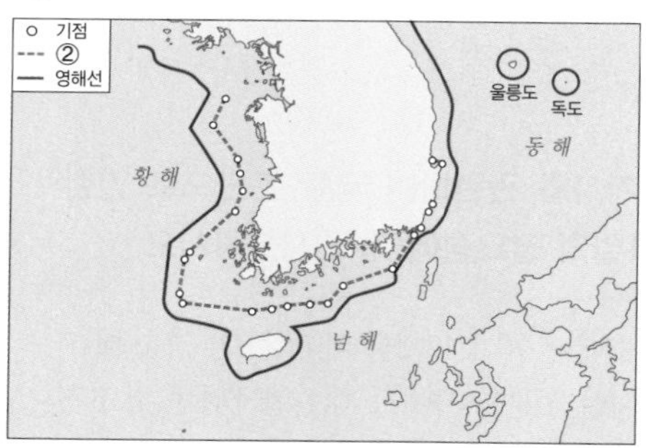

- ① □□□과 울릉도, 독도, 제주도는 통상 기선을 적용한다.
- 서·남해안은 해안선이 복잡하여 ② □□ □□을 적용한다.
- ③ □□ □□은 일본과 가까워 직선 기선에서 3해리를 영해로 설정하였다.

| 답 | ① 동해안 ② 직선 기선 ③ 대한 해협

3 독도의 위치

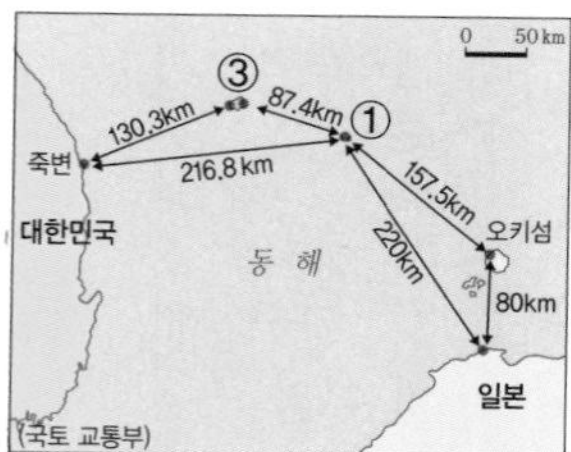

① □□는 우리나라에서 가장 ② □□에 있는 영토로, ③ □□□에서 동남쪽으로 87.4km 떨어져 있다.

| 답 | ① 독도 ② 동쪽 ③ 울릉도

01 우리나라의 영역과 독도

영역의 의미와 구성

의미	한 국가의 주권이 미치는 공간적 범위
1 구성	• (①): 한 국가에 속한 육지의 범위 • 영해: 영해 기선에서부터 12해리까지의 바다 • 영공: 영토와 영해의 수직 상공

우리나라의 영역

영토	한반도와 그 부속 도서
2 영해	• 동해안, 제주도, 울릉도, 독도: (②)에서부터 12해리까지 • 서해안, 남해안: (③)에서부터 12해리까지 • 대한 해협: 직선 기선에서부터 3해리까지
영공	우리나라 영토와 영해의 수직 상공으로, 최근 항공 교통과 우주 산업의 발달로 중요성이 커지고 있음

배타적 경제 수역

의미	영해 기선에서부터 (④)해리에 이르는 수역 중 영해를 제외한 바다
우리나라의 배타적 경제 수역	우리나라는 중국 및 일본과 배타적 경제 수역이 겹치기 때문에 어업 협정을 각각 체결함 → 겹치는 해역을 중간 수역으로 설정하여 어족 자원을 공동으로 관리함

독도의 지리적 특색

3 위치	우리나라의 영토 중 가장 (⑤)에 위치
자연환경	• 형성: 용암이 굳어져 형성된 화산섬으로, 동도와 서도, 89개의 부속 도서로 이루어짐 • 지형: 대부분의 해안이 급경사를 이룸 • 기후: 난류의 영향을 받는 해양성 기후가 나타남

독도의 가치

영역적 가치	영해와 배타적 경제 수역 설정의 기준점이 될 수 있음, 방어 기지로서 국가 안보에 필요한 역할을 수행할 수 있음
경제적 가치	독도 주변의 바다는 수산 자원이 풍부하고, 주변 해저에 메탄 하이드레이트와 해양 심층수 등의 자원이 있음
환경 및 생태적 가치	• 여러 단계의 화산 활동으로 형성되어 다양한 지형이 나타남 • 다양한 동식물이 서식함 → 1999년 섬 전체가 천연 보호 구역으로 지정됨

| 답 | ① 영토 ② 통상 기선 ③ 직선 기선 ④ 200 ⑤ 동쪽

02 우리나라 여러 지역의 경쟁력

세계화 시대의 지역화

(⑥)	특정 지역이 세계의 정치, 경제, 사회의 주체가 되는 현상
지역화의 등장 배경	세계화로 국경을 초월한 경제 활동과 사람들 간 교류가 증가하면서 지역 간 경쟁이 치열해짐

다양한 지역화 전략

(⑦)	의미	지역 또는 지역의 상품과 서비스 등을 소비자에게 특별한 브랜드로 인식시키는 것
	효과	지역 브랜드를 붙인 상품의 판매량 증가, 지역 이미지 향상, 지역 경제 활성화
장소 마케팅	의미	특정 장소가 가지고 있는 자연환경이나 역사적·문화적 특성 등을 이용하여 장소를 매력적인 상품으로 만들어 판매하는 활동
	효과	지역 경제 활성화, 지역 주민들의 소속감과 자긍심 향상
4 (⑧)	의미	상품의 품질 등이 해당 지역의 지리적 특성에서 비롯되고 우수성이 인정될 때 지역 생산품임을 증명하고 표시하는 제도
	효과	특산물의 품질 향상, 생산자의 안정적인 생산 활동 지원, 소비자에게 신뢰 제공

03 국토 통일과 통일 한국의 미래

우리나라의 위치와 국토 통일의 필요성

5 우리나라 위치의 중요성	유라시아 대륙 동쪽에 있는 반도국으로, 유라시아 대륙과 태평양으로 진출하기에 유리함
국토 통일의 필요성	• 반도국의 이점 활용 가능, (⑨) 절감 • 한반도의 위상 강화, 세계 평화에 이바지할 수 있음 • 이산가족의 아픔 치유, 민족의 동질성 회복

통일 한국의 미래

6 국토 공간의 변화	• 남한의 자본과 기술, 북한의 (⑩)과 노동력이 결합하여 국토를 효율적으로 이용 가능 • 끊겼던 교통망이 연결되면 물류의 중심지로 성장할 수 있음
생활 모습의 변화	• 자유 민주주의적 이념 확대로 개인의 생각과 가치를 존중받을 수 있음 • 새로운 직업과 일자리가 증가함, 분단 비용이 경제 개발과 복지 분야에 투입되면 삶의 질이 높아질 수 있음

| 답 | ⑥ 지역화 ⑦ 지역 브랜드 ⑧ 지리적 표시제 ⑨ 분단 비용 ⑩ 지하자원

4 우리나라의 지리적 표시 상품

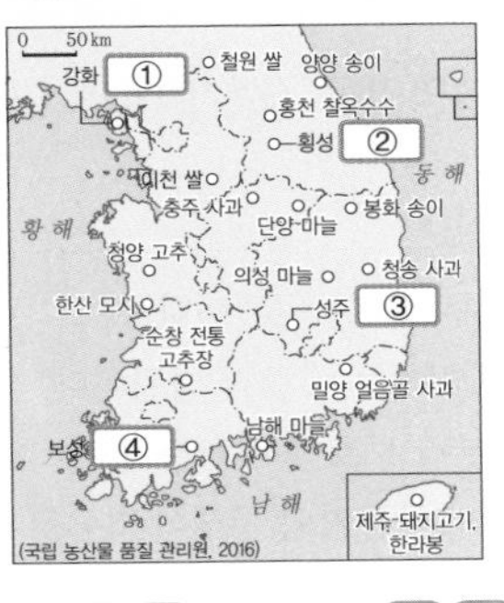

①□□ ②□□ ③□□ ④□□

| 답 | ① 약쑥 ② 한우 ③ 참외 ④ 녹차

5 동아시아의 중심지 우리나라

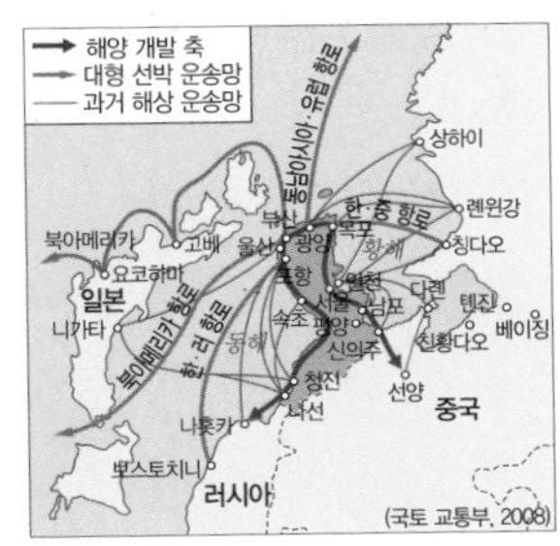

우리나라는 ①□□□□ 대륙과 ②□□□을 연결하는 반도국으로, 대륙과 해양 양방향으로의 인적·물적·문화적 교류에 유리하다.

| 답 | ① 유라시아 ② 태평양

6 통일 한국의 미래

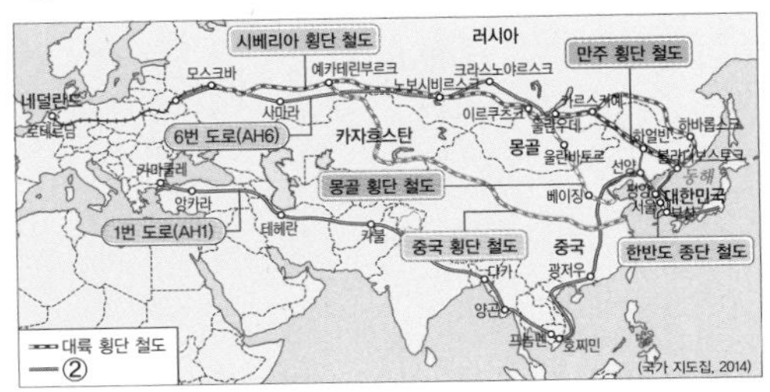

통일 이후 한반도 종단 철도가 유라시아 대륙을 횡단하는 철도와 연결되면 우리나라에서 ①□□까지 가는 화물과 여객 수송에 필요한 시간과 비용을 절감할 수 있다. 또한 아시아의 32개국을 이어주는 ②□□□ □□□□가 구축되면 자동차를 타고 동남아시아, 유럽까지 갈 수 있다.

| 답 | ① 유럽 ② 아시안 하이웨이

쑥쑥 마무리 문제

01 우리나라의 영역과 독도

01 영역에 대한 옳은 설명만을 〈보기〉에서 있는 대로 고른 것은?

보기
ㄱ. 국민의 생활이 이루어지는 공간이다. ㄴ. 한 국가의 주권이 미치는 공간적 범위이다. ㄷ. 외부의 침입으로부터 보호해야 하는 공간이다. ㄹ. 다른 국가의 선박과 항공기의 통행이 자유로운 공간이다.

① ㄱ, ㄴ ② ㄱ, ㄷ ③ ㄱ, ㄴ, ㄷ
④ ㄱ, ㄴ, ㄹ ⑤ ㄴ, ㄷ, ㄹ

[02~03] 그림은 영역의 구성을 나타낸 것이다. 이를 보고 물음에 답하시오.

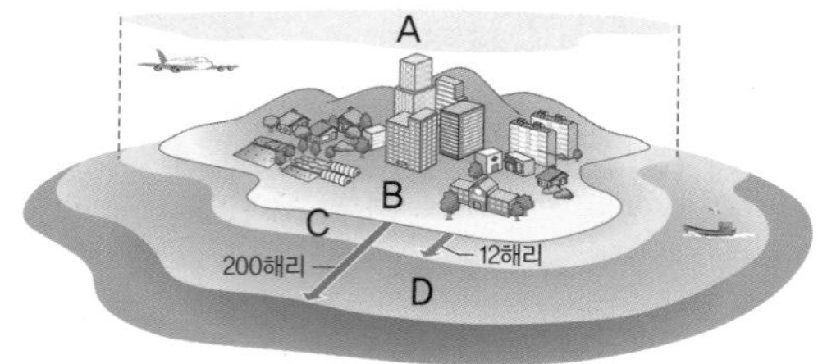

02 다음 설명에 해당하는 것만을 위 그림의 A~D에서 있는 대로 고른 것은?

국민이 생활하는 삶터이자 국가가 존재하기 위한 기본 조건으로, 한 국가의 주권이 효력을 미치는 범위를 말한다.

① A, B ② B, D ③ C, D
④ A, B, C ⑤ A, C, D

03 위 그림의 A~D에 대한 설명으로 옳지 않은 것은?

① A의 범위는 일반적으로 대기권에 한정된다.
② B는 한 국가에 속한 육지의 범위를 나타낸다.
③ C는 일반적으로 최저 조위선에서부터 12해리까지이다.
④ D의 범위는 국가별로 마음대로 설정할 수 있다.
⑤ A는 B와 C의 수직 상공이다.

04 밑줄 친 ㉠~㉤ 중 옳지 않은 것은?

㉠ 우리나라의 영토는 한반도와 그 부속 도서로 이루어져 있다. ㉡ 총면적은 약 22.3만 ㎢이며, 남한의 면적은 약 10만 ㎢이다. 삼면이 바다로 둘러싸인 ㉢ 우리나라는 해안에 따라 영해의 설정 기준이 다르다. ㉣ 동해안은 최외곽 섬을 직선으로 연결한 직선 기선이 적용되며 제주도와 울릉도, 독도는 통상 기선을 적용한다. ㉤ 영공은 항공 산업과 우주 산업의 발달로 그 중요성이 더욱 커지고 있다.

① ㉠ ② ㉡ ③ ㉢ ④ ㉣ ⑤ ㉤

05 영해에 대한 설명으로 옳지 않은 것은?

① 내륙 국가에는 존재하지 않는다.
② 보통 최저 조위선에서 12해리까지의 수역이다.
③ 해당 국가의 허락 없이 다른 국가의 선박이 자유롭게 통행할 수 없다.
④ 해안선이 단조로운 곳은 통상 기선을, 복잡한 곳은 직선 기선을 기준으로 설정한다.
⑤ 우리나라는 인접한 중국, 일본과 어업 협정을 맺어 수산 자원을 공동으로 관리하고 있다.

06 지도는 우리나라 영해의 범위를 나타낸 것이다. A~D에 대한 옳은 설명을 〈보기〉에서 고른 것은?

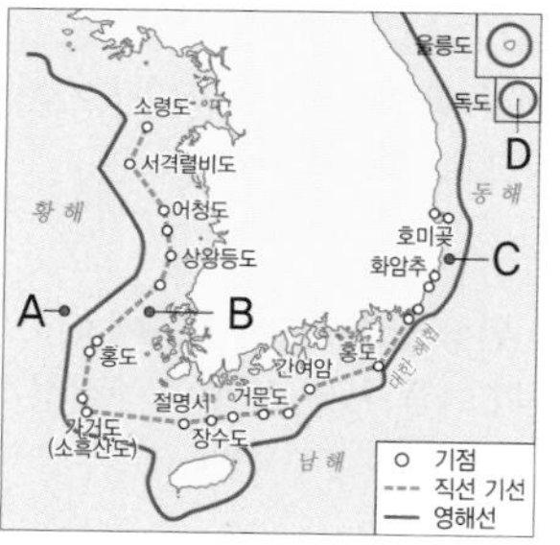

보기
ㄱ. A의 수직 상공은 우리나라의 영공에 해당하지 않는다. ㄴ. B에서 간척 사업이 이루어지면 영해가 넓어진다. ㄷ. C에서 일본 어선들의 어업 활동은 불가능하다. ㄹ. D에서는 가장 바깥쪽에 있는 섬을 직선으로 연결한 선을 기준으로 영해를 설정한다.

① ㄱ, ㄴ ② ㄱ, ㄷ ③ ㄴ, ㄷ
④ ㄴ, ㄹ ⑤ ㄷ, ㄹ

[07~08] 지도는 우리나라의 주변 수역을 나타낸 것이다. 이를 보고 물음에 답하시오.

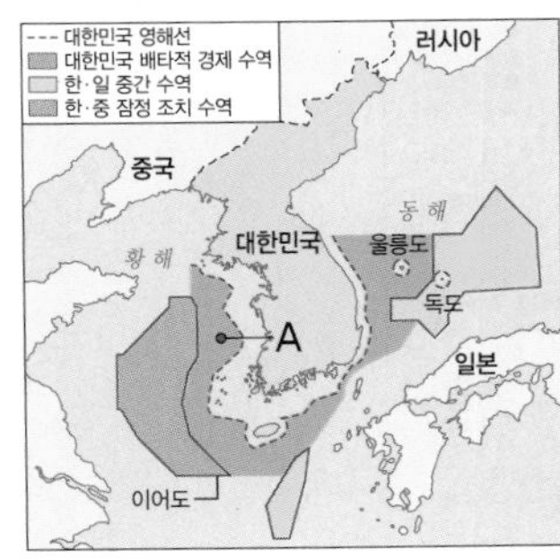

07 위 지도에 대한 설명으로 옳지 않은 것은?

① 우리나라는 일본, 중국과 배타적 경제 수역이 겹친다.
② 중간 수역과 잠정 조치 수역의 수산 자원은 어떤 국가도 이용할 수 없다.
③ 한·일 어업 협정을 통해 동해와 남해의 일부를 한·일 중간 수역으로 설정하였다.
④ 한·중 어업 협정을 통해 황해와 남해의 일부를 한·중 잠정 조치 수역으로 설정하였다.
⑤ 독도는 한·일 중간 수역에 포함되어 있지만 독도 주변 12해리까지는 우리나라의 영해이다.

08 우리나라가 A 지점에서 할 수 있는 활동으로 옳은 것을 <보기>에서 고른 것은?

보기
ㄱ. 광물 자원 등 해양 자원을 탐사하고 개발한다.
ㄴ. 인공 섬을 만들거나 바다에 시설물을 설치한다.
ㄷ. 일본이 해상 케이블을 설치할 수 없도록 통제한다.
ㄹ. 중국의 어선이 어업 활동을 할 수 있도록 지원한다.

① ㄱ, ㄴ ② ㄱ, ㄷ ③ ㄴ, ㄷ
④ ㄴ, ㄹ ⑤ ㄷ, ㄹ

09 다음에서 설명하는 지역을 지도의 A~E에서 고른 것은?

약 460만~250만 년 전에 해저에서 분출한 용암이 굳어져 형성된 화산섬이다.

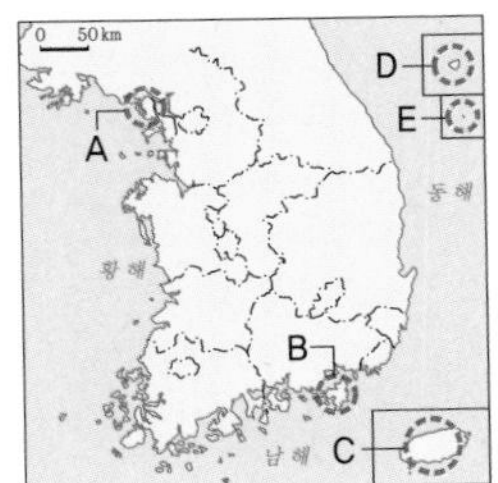

① A
② B
③ C
④ D
⑤ E

10 사진이 나타내는 지역에 대한 옳은 설명을 <보기>에서 고른 것은?

보기
ㄱ. 섬 전체가 세계 자연 유산으로 지정되었다.
ㄴ. 기온이 온화한 편이고 일 년 내내 강수가 고르다.
ㄷ. 동도와 서도라는 두 개의 큰 섬으로만 이루어져 있다.
ㄹ. 우리나라 주민이 거주하고 있으며 각종 주민 생활 시설과 경비 활동을 위한 시설 등이 있다.

① ㄱ, ㄴ ② ㄱ, ㄷ ③ ㄴ, ㄷ
④ ㄴ, ㄹ ⑤ ㄷ, ㄹ

11 독도가 갖는 가치로 보기 어려운 것은?

① 군사적 요충지로 방어 기지 역할을 담당한다.
② 조경 수역을 형성하여 수산 자원이 풍부하다.
③ 태평양을 향한 해상 전진 기지 역할을 담당한다.
④ 우리나라 영해와 배타적 경제 수역 설정의 기준점이 될 수 있다.
⑤ 단 한 번의 화산 활동으로 형성된 지형으로 독특한 암석과 지질 경관이 나타난다.

12 그림은 독도 주변 바다의 자원을 나타낸 것이다. A, B에 대한 설명으로 옳은 것은?

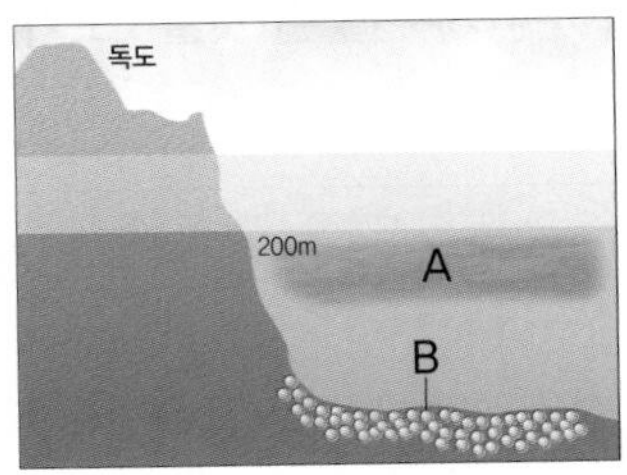

① A는 수심 200m 아래의 바닷물이다.
② A는 얼음 형태지만 불이 붙는 성질을 가지고 있다.
③ B는 병원균이 거의 없어 식수, 식품, 의약품의 원료로 사용한다.
④ B는 석탄이 낮은 온도와 높은 압력을 받아 형성된 고체 에너지이다.
⑤ A는 메탄 하이드레이트, B는 해양 심층수이다.

02 우리나라 여러 지역의 경쟁력

13 지역화 전략을 추진한 지역에서 얻을 수 있는 효과로 옳은 것만을 <보기>에서 있는 대로 고른 것은?

| 보기 |

ㄱ. 관광 수입의 증가
ㄴ. 지역 경제의 활성화
ㄷ. 주민들의 자긍심 향상
ㄹ. 지역의 가치와 경쟁력 저하

① ㄱ, ㄴ　② ㄴ, ㄷ　③ ㄱ, ㄴ, ㄷ
④ ㄴ, ㄷ, ㄹ　⑤ ㄴ, ㄷ, ㄹ

14 ㉠에 들어갈 지역 브랜드로 옳은 것은?

(㉠)의 지역 로고는 사람과 동식물이 가장 건강하고 행복하게 지낼 수 있는 고지대의 특성을 담고 있다.

① I ♥ NY

②

③

④

⑤

15 지역과 지역화 전략이 옳게 연결된 것을 <보기>에서 고른 것은?

| 보기 |

ㄱ. 문경 – 곡창 지대를 배경으로 지평선 축제를 개최한다.
ㄴ. 김제 – 폐광 시설을 석탄 박물관으로 바꾸어 관광객을 유치한다.
ㄷ. 보령 – 천연 바다 진흙을 활용하여 화장품을 개발하고 이를 활용한 머드 축제를 개최한다.
ㄹ. 함평 – 나비 축제로 인기를 얻으면서 이를 활용하여 함평평야에서 재배된 '나비쌀'을 판매한다.

① ㄱ, ㄴ　② ㄱ, ㄷ　③ ㄴ, ㄷ
④ ㄴ, ㄹ　⑤ ㄷ, ㄹ

16 지도와 관계 깊은 지역화 전략에 대한 설명으로 옳지 않은 것은?

① 지역 주민들의 소속감과 자긍심을 높일 수 있다.
② 지역의 이미지를 대표하는 랜드마크를 활용한다.
③ 관광객과 투자자를 유치하여 지역 경제가 활성화된다.
④ 지역에서 생산되는 상품의 원산지를 상표권으로 인정한다.
⑤ 자연환경이나 역사적·문화적 특성 등을 이용하여 지역 이미지를 만든다.

17 A~C 지역의 지리적 표시 상품을 <보기>에서 골라 옳게 연결한 것은?

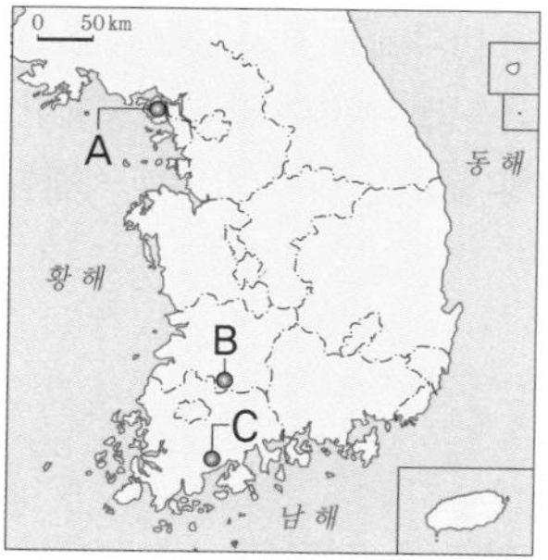

| 보기 |

ㄱ. ㄴ.
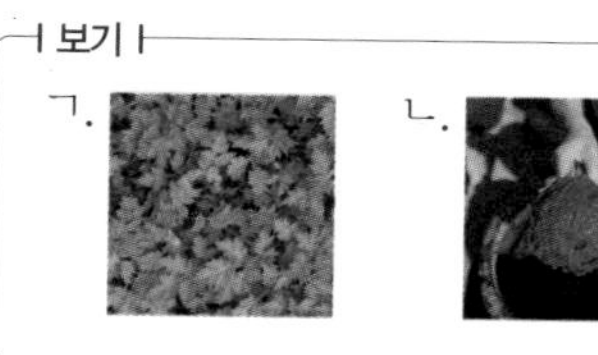
ㄷ.

	A	B	C
①	ㄱ	ㄴ	ㄷ
②	ㄱ	ㄷ	ㄴ
③	ㄴ	ㄱ	ㄷ
④	ㄴ	ㄷ	ㄱ
⑤	ㄷ	ㄱ	ㄴ

03 국토 통일과 통일 한국의 미래

18 지도를 보고 우리나라 위치에 대해 설명한 내용으로 옳은 것만을 〈보기〉에서 있는 대로 고른 것은?

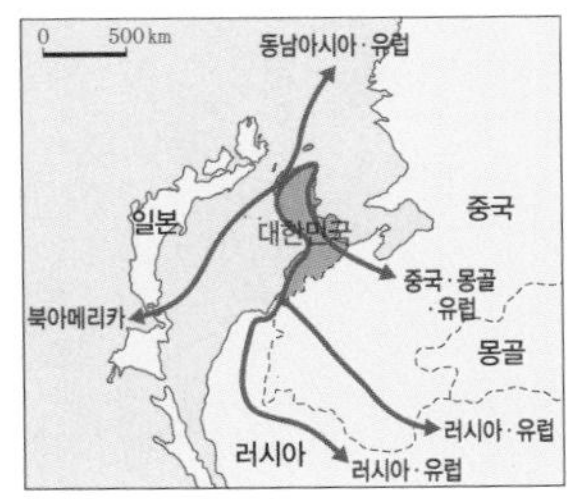

보기
ㄱ. 동아시아 주변부에 위치하여 교통이 불편하다.
ㄴ. 대륙과 해양의 인적·물적·문화적 교류에 유리하다.
ㄷ. 삼면의 바다를 통해 해양으로 진출하기에 유리하다.
ㄹ. 유라시아 대륙과 태평양을 연결하는 지리적 요충지이다.

① ㄱ, ㄴ ② ㄱ, ㄴ, ㄹ ③ ㄱ, ㄷ, ㄹ
④ ㄴ, ㄷ, ㄹ ⑤ ㄱ, ㄴ, ㄷ, ㄹ

19 다음과 같은 현상이 나타나게 된 원인으로 가장 적절한 것은?

우리나라는 반도국이지만 남한은 대륙으로 통하는 육로가 가로막혀 대륙 진출에 큰 어려움을 겪고 있고 북한은 해양 진출에 제약을 받게 되었다.

① 주변 국가들과 적대 관계에 있기 때문이다.
② 남북한이 분단되어 대립하고 있기 때문이다.
③ 해외 진출을 위한 자본이 부족하기 때문이다.
④ 다양한 교통수단이 발달하지 못했기 때문이다.
⑤ 남북한 주민의 생활 수준과 문화 격차가 크기 때문이다.

20 국토 분단으로 발생한 문제로 옳은 것을 〈보기〉에서 고른 것은?

보기
ㄱ. 민족의 동질성 회복
ㄴ. 국토의 불균형적인 발전
ㄷ. 남북한 문화의 이질화 심화
ㄹ. 우리나라의 국제적 위상 향상

① ㄱ, ㄴ ② ㄱ, ㄷ ③ ㄴ, ㄷ
④ ㄴ, ㄹ ⑤ ㄷ, ㄹ

창의 융합

21 다음 글과 연관 지어 국토 통일의 필요성을 가장 적절하게 설명한 것은?

통일이 되면 우리나라의 인구는 약 8,000만 명에 이를 것으로 예측된다. 우리나라의 생산 가능 인구는 2017년부터 감소할 것으로 예측되는데, 통일이 되면 약 1,700만 명의 생산 가능 인구가 증가하는 효과를 얻을 수 있다. 또한 통일 이후 얻게 될 경제적 편익 규모를 추산해보면 국내 총생산 규모는 2013년 세계 12위에서 2060년 세계 10위로 상승할 것으로 예상된다.

– 통일 교육원, 『2016 통일 문제 이해』

① 이산가족의 고통을 줄여 줄 수 있다.
② 경제·사회·문화적 교류로 민족의 동질성을 회복할 수 있다.
③ 국토의 상호 보완적 성격을 활용하여 국가 경쟁력이 강화될 것이다.
④ 분단국가라는 이미지를 벗어남으로써 한반도의 위상이 높아질 것이다.
⑤ 분단에 따른 비용을 줄이고 이를 경제, 복지 분야에 투자할 수 있어 삶의 질이 향상될 것이다.

22 교사의 질문에 옳은 대답을 한 학생만을 있는 대로 고른 것은?

① 가현, 나현 ② 가현, 다현
③ 나현, 라현 ④ 가현, 다현, 라현
⑤ 나현, 다현, 라현

XII 더불어 사는 세계

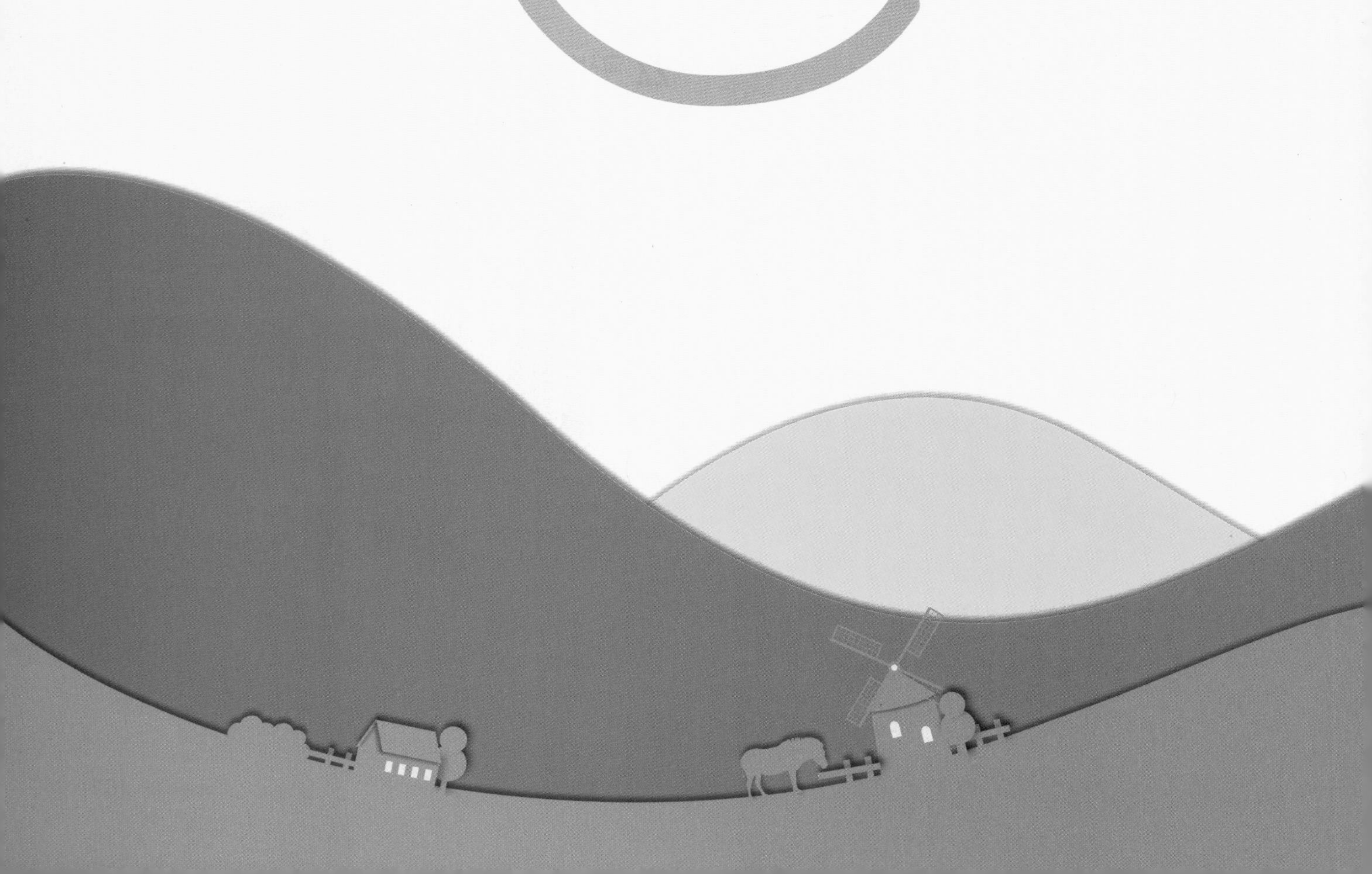

01 지구상의 지리적 문제 112

02 저개발 지역의 발전을 위한 노력 ~ 118

03 지역 간 불평등 완화를 위한 노력

01 지구상의 지리적 문제

지구상의 지리적 문제

1. 지리적 문제 사람들이 살아가는 공간에서 발생하는 문제 예 기아 문제, 생물 다양성 감소, 영역 분쟁 등

2. 지리적 문제의 특징 어느 한 지역만이 아닌 지구 공통의 문제이며, 여러 요인이 복합적으로 결합하여 나타남 → 문제 해결을 위한 국가 간 공조와 협력 필요

기아 문제

1. 기아 인간이 생존하는 데 필요한 물과 영양소를 충분히 섭취하지 못하는 상태

2. 기아 문제의 발생 원인

(1) 자연적 요인: 자연재해 및 병충해 등에 따른 식량 생산량 감소

(2) 인위적 요인 자료 ①

급격한 인구 증가	개발 도상국의 인구 급증에 따른 곡물 *수요의 증가로 식량이 부족해짐
식량 생산량 감소	잦은 분쟁, 전쟁 및 내전 등으로 식량 생산 및 공급에 차질이 생김
식량 분배의 불균형	국제 곡물 대기업이 이윤 극대화를 위해 유통량 조절 → 곡물 가격 상승으로 저개발국의 곡물 수입이 어려워짐
식량 작물의 용도 변화	옥수수, 콩 등의 식량 작물이 가축 사료, 바이오 에너지 원료로 사용되면서 식량 작물의 가격이 상승함

3. 기아 문제가 심각한 지역 사하라 이남 아프리카, 남부 아시아 지역, 남아메리카 일부 지역 등 자료 ②

생물 다양성 감소

1. 생물 다양성의 의미와 중요성 자료 ③

(1) 생물 다양성: 생물이 가진 종의 다양성뿐만 아니라 이들이 지닌 유전자의 다양성, 서식하는 생태계의 다양성을 모두 포함함

(2) 생물 다양성의 중요성: 생물 다양성은 생태계가 변화에 적응하고 스스로 회복할 수 있도록 하는 기본 조건임

2. 생물 다양성 감소

(1) 원인: 기후 변화, 열대 우림의 파괴, 농경지의 확대, 환경 오염, 동식물의 서식지 파괴, 무분별한 *남획, 외래종의 침입 등

(2) 영향: 인간이 이용 가능한 생물 자원의 수 감소, 먹이 사슬 단절로 인한 생태계 파괴, 생태계의 *자정 능력 감소 등 → 인간의 생존 위협

(3) 해결 노력: 국제 연합(UN)은 1992년 생물 다양성 협약을 채택하여 생물종을 보호하고 생물 다양성을 유지하기 위해 노력하고 있음

생생 자료

자료 ① 기아의 원인

서술형 단골 기아의 발생 원인을 묻는 문제가 자주 출제돼.

> 국제 연합 식량 농업 기구(FAO)의 발표에 따르면 오늘날의 세계 곡물 생산량은 1일 성인 기준 2,200kcal로 120억 명의 인구가 먹고 살 수 있는 양이다. 이는 현재보다 인구가 2배 늘어나더라도 모든 인구가 충분히 먹을 수 있는 생산량이다.
> –「경향신문」, 2014. 4. 7.

기아는 식량 생산의 부족으로 인해서만 발생하는 것은 아니다. 곡물이 가축의 사료나 자동차의 연료 등으로 사용되기 때문에 발생하기도 한다.

자료 ② 세계의 기아 현황

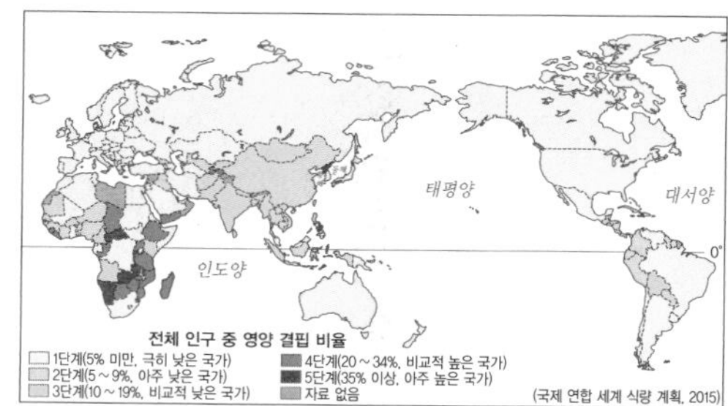

사하라 이남의 아프리카와 남부 아시아의 저개발 지역은 급격한 인구 증가와 잦은 분쟁 및 자연재해로 식량 생산 및 공급이 어려워 기아 문제가 심각하다.

자료 ③ 생물 다양성이 풍부한 지역

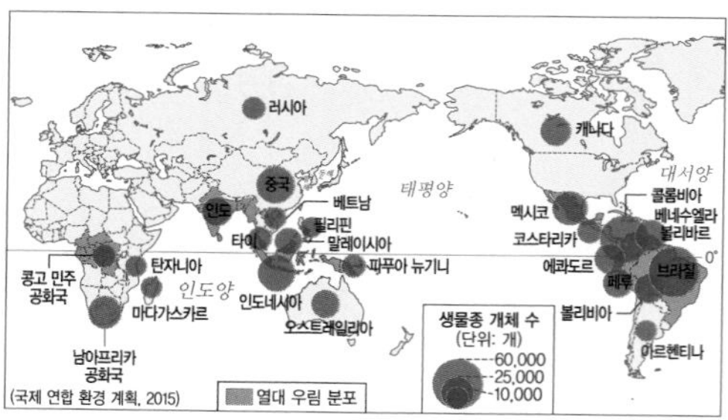

생물 다양성이 가장 풍부한 지역은 적도 주변의 열대 우림 지역이다. 최근 플랜테이션 농장 확대와 벌목 등으로 열대 우림 파괴가 빠르게 진행되어 많은 동식물이 멸종 위기에 처하였다.

남아메리카의 아마존강 유역, 아프리카의 콩고강 유역, 인도네시아의 열대 우림 지역 등

쏙쏙 용어

* **수요** 어떤 재화나 서비스를 일정한 가격으로 사려고 하는 욕구
* **남획(濫–넘치다, 獲–얻다)** 짐승이나 물고기 따위를 마구 잡는 것
* **자정 능력** 미생물이 오염 물질을 분해하여 원래의 깨끗한 상태로 되돌리는 능력

영역을 둘러싼 분쟁

1. 영역 분쟁의 의미와 원인

(1) 영역 분쟁: 영토 또는 영해의 주권을 두고 벌어지는 국가 간의 분쟁

(2) 영역 분쟁의 원인: 역사적 배경, 민족과 종교의 차이, 자원을 둘러싼 경제적 이권 다툼 등이 복잡하게 얽혀 발생함

2. 영역 분쟁 지역 자료 ④

(1) 영토를 둘러싼 분쟁

① 발생 원인: 국경선 설정이 모호하거나 한 국가가 다른 국가의 영역을 무력으로 점령한 곳에서 주로 발생함

② 분쟁 지역

아프리카	과거 유럽 강대국의 이해관계에 따라 국경선이 설정됨 → 독립 이후 국경과 부족 경계가 달라서 영역 갈등과 내전, 난민 발생이 끊이지 않음
팔레스타인 지역	제2차 세계 대전 이후 이슬람교를 믿는 팔레스타인에 유대교를 믿는 이스라엘이 건국되면서 분쟁이 시작됨
카슈미르 지역 자료 ⑤	이슬람교도가 많은 카슈미르 지역이 인도에 속하게 되면서 이슬람교를 믿는 파키스탄과 힌두교를 믿는 인도 간에 갈등이 발생함

(2) 영해를 둘러싼 분쟁

① 발생 원인: 영해 확보와 배타적 경제 수역(EEZ)을 둘러싸고 갈등이 발생함

② 분쟁 지역 자료 ⑥

난사 *군도(스프래틀리 군도)	• 분쟁 당사국: 중국, 필리핀, 브루나이, 말레이시아, 베트남, 타이완 • 갈등 배경: 인도양과 태평양을 잇는 해상 교통의 요충지, 주변 바다에 많은 양의 석유와 천연가스 매장
센카쿠 *열도(댜오위다오)	• 분쟁 당사국: 일본, 중국, 타이완 • 갈등 배경: 1895년 청일 전쟁 이후 일본 영토로 편입되었으나 중국과 타이완이 *영유권 주장, 최근 인근 바다에 석유와 천연가스가 매장된 사실이 알려지면서 갈등 심화
쿠릴 열도	• 분쟁 당사국: 일본, 러시아 • 갈등 배경: 러시아가 실효 지배 중인 쿠릴 열도 남부의 4개 섬에 대한 일본의 반환 요구
포클랜드 제도	• 분쟁 당사국: 영국, 아르헨티나 • 갈등 배경: 대서양 서남쪽에 위치한 남극 진출의 요지, 아르헨티나가 가까우나 영국이 실효 지배 중
카스피해	• 분쟁 당사국: 러시아, 아제르바이잔, 이란, 투르크메니스탄, 카자흐스탄 • 갈등 배경: 카스피해에 매장된 석유와 천연가스를 둘러싼 영유권 분쟁
북극해	• 분쟁 당사국: 러시아, 캐나다, 덴마크, 노르웨이 • 갈등 배경: 북극 항로와 자원 매장 지대 영유권 다툼

생생 자료

자료 ④ 주요 분쟁 지역

서술형 단골 영역 분쟁의 원인을 묻는 문제가 자주 출제돼.

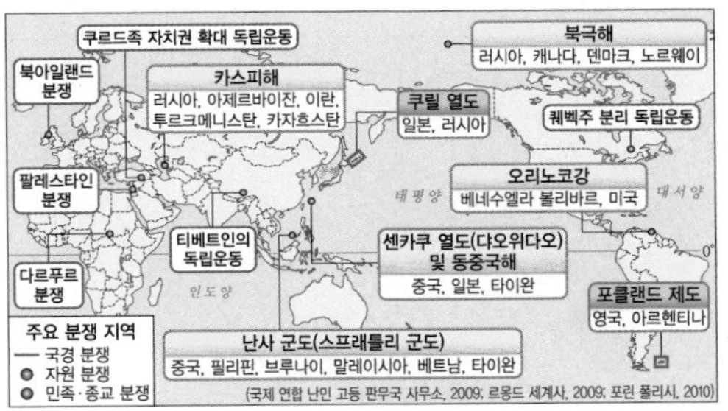

국가 간 영역을 둘러싸고 발생하는 갈등은 주로 민족, 종교, 자원 등이 원인이 되어 나타나며, 여러 가지 원인이 서로 얽혀 발생하기도 한다.

자료 ⑤ 카슈미르 분쟁

인도 북서부의 카슈미르 지역은 1947년 인도가 영국으로부터 독립하던 시기에 종교적 이유로 영토가 분리되면서 이슬람교도가 많아 파키스탄에 귀속될 예정이었다. 그런데 이곳을 통치하던 힌두교 지도자가 인도에 통치권을 넘기면서 인도와 파키스탄 간의 갈등이 시작되었다.

자료 ⑥ 아시아의 영역 분쟁

↑ 난사(스프래틀리) 군도

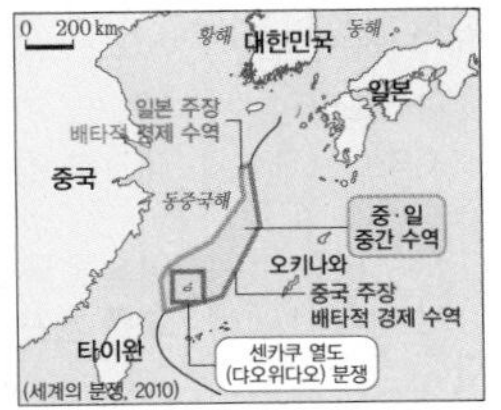

↑ 센카쿠 열도(댜오위다오)

난사(스프래틀리) 군도와 센카쿠 열도(댜오위다오)는 교통·군사상의 요충지이자 석유 및 천연가스의 매장지로, 주변국들 간에 경제적 이권을 둘러싼 갈등이 나타나고 있다.

쏙쏙 용어

* **군도(群-무리, 島-섬)** 무리를 이루고 있는 크고 작은 섬들
* **열도(列-가지런하다, 島-섬)** 길게 줄지어 늘어서 있는 여러 개의 섬
* **영유권(領-거느리다, 有-있다, 權-권세)** 일정한 영토에 대한 해당 국가의 관할권

대표 자료 확인하기

◆ 기아 문제

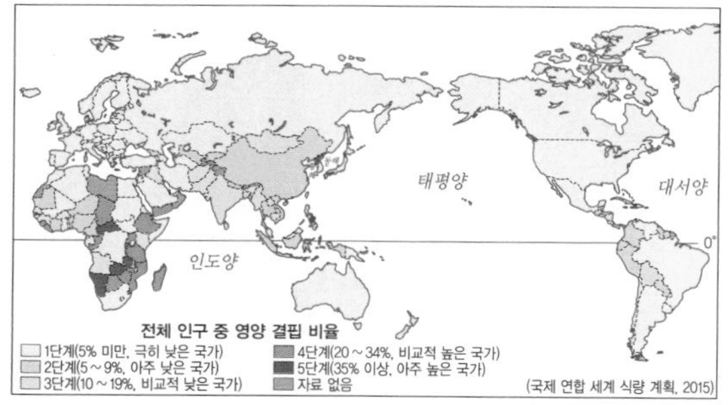

영양 결핍 인구 비율이 가장 높은 대륙은 (①) 이며, (②)과 북아메리카, 오세아니아는 영양 결핍 인구 비율이 낮다.

◆ 아시아의 영역 분쟁

• (③) • (④) • (⑤)

한눈에 정리하기

◆ 영역을 둘러싼 분쟁 지역

아프리카	국경과 부족 경계의 차이로 갈등 발생
팔레스타인 지역	(①)를 믿는 팔레스타인과 유대교를 믿는 이스라엘 간의 갈등
카슈미르 지역	이슬람교를 믿는 (②)과 힌두교를 믿는 인도 간의 갈등
난사 군도	중국, 필리핀, 브루나이, 말레이시아, 베트남 등이 영유권 주장
센카쿠 열도	(③)이 실효 지배 중이지만 중국과 타이완이 영유권 주장
쿠릴 열도	(④)가 실효 지배 중이지만 일본이 영유권 주장
포클랜드 제도	남극 진출의 요지로, 아르헨티나가 가까우나 (⑤)이 실효 지배 중
카스피해	자원 확보를 둘러싼 주변 국가들 간의 갈등
북극해	(⑥) 항로와 자원 매장 지대의 영유권을 둘러싼 주변 국가들 간의 갈등

꼼꼼 개념 문제

● 정답과 해설 17쪽

1 다음 설명이 맞으면 ○표, 틀리면 ×표를 하시오.

(1) 지리적 문제는 특정 대륙이나 지역에서만 나타난다. ( )

(2) 기아, 생물 다양성 감소, 영역 분쟁 등은 대표적인 지리적 문제이다. ( )

2 인간이 생존하는 데 필요한 물과 영양소를 충분히 섭취하지 못하는 상태를 ( )라고 한다.

3 다음 괄호 안의 내용 중 알맞은 말에 ○표를 하시오.

(1) 기아 문제는 (유럽, 아프리카) 대륙에서 가장 심각하다.

(2) 기아 문제는 개발 도상국의 인구 (증가, 감소)에 따른 곡물 수요의 증대로 발생하기도 한다.

(3) 국제 곡물 대기업이 이윤 극대화를 위해 곡물 생산량을 조절하면서 국제 곡물 가격이 (상승, 하락)하여 저개발국에서 식량 부족 문제를 겪기도 한다.

4 생물 다양성이 감소하는 원인으로 옳은 것을 〈보기〉에서 골라 기호를 쓰시오.

보기
ㄱ. 농경지의 축소　ㄴ. 무분별한 남획
ㄷ. 열대 우림 파괴　ㄹ. 외래종의 유입 감소

5 국제 연합은 1992년 ( ) 협약을 채택하여 생물종을 보호하고 생물 다양성을 유지하기 위해 노력하고 있다.

6 다음 지역에서 분쟁의 원인이 되는 종교를 옳게 연결하시오.

(1) 카슈미르 지역 • 　• ㉠ 이슬람교, 힌두교
(2) 팔레스타인 지역 • 　• ㉡ 이슬람교, 유대교

7 다음 빈칸에 들어갈 지역을 쓰시오.

(1) ( )는 인도양과 태평양을 잇는 요충지로, 주변 바다에 석유와 천연가스 등이 매장되어 있다.

(2) ( )는 1895년 청일 전쟁 이후 일본 영토로 편입되었으나, 중국과 타이완이 영유권을 주장하고 있다.

(3) ( )는 북극 항로와 자원 매장 지대의 영유권을 두고 러시아, 캐나다, 덴마크, 노르웨이 등이 영유권을 주장하고 있다.

01 밑줄 친 ㉠~㉣에 대한 옳은 설명을 〈보기〉에서 고른 것은?

> 지구상에는 다양한 지리적 문제가 발생하고 있으며, 이로 인해 많은 사람들이 고통을 겪고 있다. 대표적인 지리적 문제로는 ㉠ 기아 문제, ㉡ 생물 다양성 감소, ㉢ 영역 분쟁 등이 있다. ㉣ 지구상의 지리적 문제를 해결하기 위해서는 여러 국가 간 공조와 협력이 요구된다.

보기
ㄱ. ㉠ – 국제 곡물 대기업의 활동으로 완화되고 있다.
ㄴ. ㉡ – 냉대림 파괴 지역에서 특히 심각하다.
ㄷ. ㉢ – 자원과 영토 확보 등을 둘러싸고 발생한다.
ㄹ. ㉣ – 지리적 문제는 어느 한 지역만이 아닌 지구 공통의 문제이기 때문이다.

① ㄱ, ㄴ ② ㄱ, ㄷ ③ ㄴ, ㄷ
④ ㄴ, ㄹ ⑤ ㄷ, ㄹ

02 다음과 같은 현상이 지속될 경우 나타날 수 있는 지리적 문제로 가장 적절한 것은?

- 지역 분쟁의 장기화
- 홍수, 가뭄, 폭염 등의 이상 기후 발생 빈도 증가
- 식량 작물의 가축 사료, 바이오 에너지로의 이용 비중 증가

① 기아 문제 악화 ② 영역 갈등 심화
③ 생물 다양성 감소 ④ 불공정 무역 증가
⑤ 지구 온난화의 가속화

이 문제에서 나올 수 있는 선택지는 다~!

03 기아 문제의 발생 원인으로 옳지 않은 것은?

① 국제 곡물 가격의 상승
② 식량 분배의 국제적 불균형
③ 개발 도상국의 급격한 인구 증가
④ 기후 변화에 따른 식량 생산량 증대
⑤ 인구 급증에 따른 곡물 수요의 증대
⑥ 잦은 분쟁에 따른 식량 생산 및 공급 차질

중요해

04 지도와 관련 있는 지리적 문제에 대한 설명으로 옳지 않은 것은?

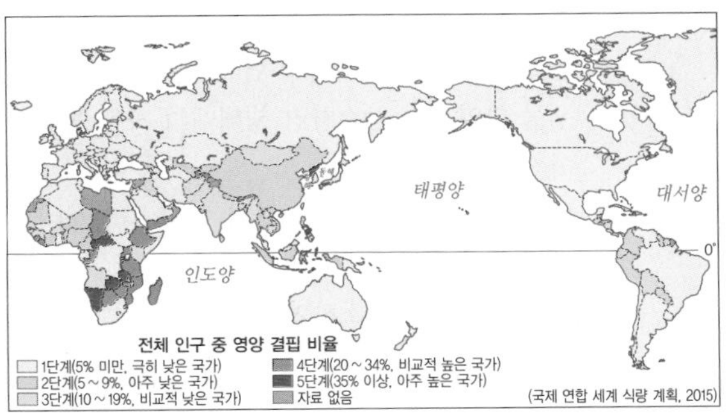

① 주로 저개발국에서 심각하게 나타난다.
② 세계 곡물 가격이 상승하면 더욱 심화될 것이다.
③ 유럽과 앵글로아메리카를 중심으로 발생하고 있다.
④ 주로 인구 증가율이 높은 지역에서 문제가 심각하다.
⑤ 식량 부족으로 충분한 물과 영양소를 섭취하지 못할 때 발생한다.

05 지도는 생물종 개체 수의 지역별 분포 현황을 나타낸 것이다. 이에 대한 옳은 분석 및 추론을 〈보기〉에서 고른 것은?

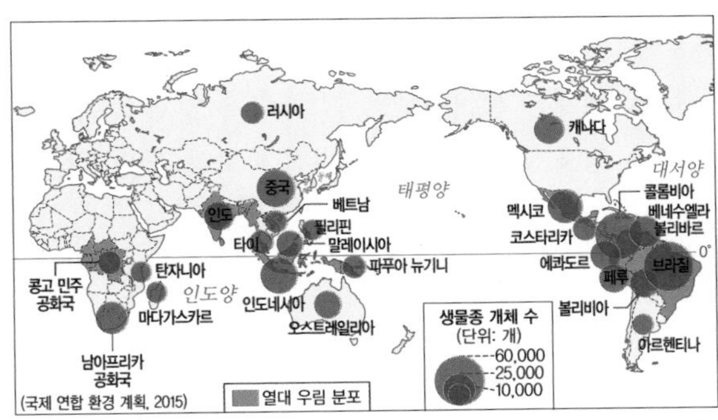

보기
ㄱ. 위도가 높아질수록 생물종 개체 수가 증가한다.
ㄴ. 열대 우림 지역은 냉대림 지역보다 생물종 개체 수가 많다.
ㄷ. 생물종 개체 수가 가장 많은 지역은 중위도의 온대 기후 지역이다.
ㄹ. 열대 우림의 개발은 생물 다양성 유지에 부정적인 영향을 미칠 것이다.

① ㄱ, ㄴ ② ㄱ, ㄷ ③ ㄴ, ㄷ
④ ㄴ, ㄹ ⑤ ㄷ, ㄹ

06 오늘날 발생하고 있는 생물 다양성 감소에 대한 옳은 설명을 〈보기〉에서 고른 것은?

보기
ㄱ. 생물종 보호를 위해 바젤 협약이 채택되었다.
ㄴ. 생물 다양성이 감소하면 생태계의 자정 능력이 높아진다.
ㄷ. 외래종의 유입이 증가하면서 생물 다양성이 감소하고 있다.
ㄹ. 생물 다양성이 감소하면 인간이 이용 가능한 생물 자원의 수가 줄어든다.

① ㄱ, ㄴ ② ㄱ, ㄹ ③ ㄴ, ㄷ
④ ㄴ, ㄹ ⑤ ㄷ, ㄹ

07 영역 분쟁에 대한 설명으로 옳지 않은 것은?
① 국경과 부족 경계가 일치하는 지역에서 주로 발생한다.
② 최근 자원을 둘러싼 경제적 이권 다툼이 증가하고 있다.
③ 역사적 배경, 종교와 민족의 차이 등이 복잡하게 얽혀 발생한다.
④ 한 국가가 다른 국가의 영역을 무력으로 점령한 곳에서 주로 발생한다.
⑤ 영해를 둘러싼 갈등은 배타적 경제 수역의 확보와 경제 및 군사적 해상 거점 확보와 관련이 깊다.

중요해

08 ㉠에 들어갈 지역으로 옳은 것은?

(㉠)은/는 힌두교를 믿는 인도와 이슬람교를 믿는 파키스탄 사이에서 영유권 분쟁을 겪고 있다. 인도의 영역에 거주하는 이슬람교도들이 파키스탄에 속하기를 원하면서 갈등이 심화하고 있다.

① 난사 군도 ② 쿠릴 열도
③ 센카쿠 열도 ④ 카슈미르 지역
⑤ 팔레스타인 지역

09 (가)에 들어갈 내용으로 가장 적절한 것은?

'아프리카의 뿔'로 불리는 아프리카의 북동부 지역은 과거 유럽 강대국의 이해관계에 따라 국경선이 설정되었다. 이로 인해 독립 이후 ______(가)______

① 토지의 효율적인 이용이 가능해졌다.
② 국가 간의 평화적 공존이 이루어졌다.
③ 강대국들의 경제적 수탈이 지속되었다.
④ 단기간에 부족 간 문화 격차를 극복할 수 있었다.
⑤ 국경과 부족 경계가 달라서 내전이 끊이지 않고 있다.

[10~11] 지도는 세계의 분쟁 지역을 나타낸 것이다. 이를 보고 물음에 답하시오.

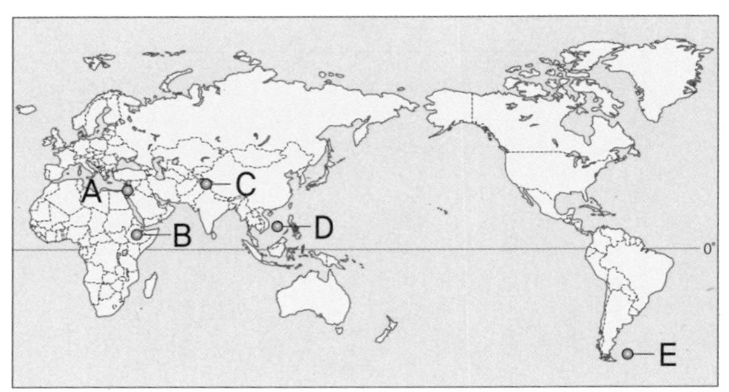

10 밑줄 친 '이 지역'을 위 지도의 A~E에서 고른 것은?

제2차 세계 대전 이후 이 지역에 유대교를 믿는 이스라엘이 건국되면서 주변 국가들과 갈등이 시작되었다. 네 번에 걸친 전쟁으로 이스라엘이 이 지역의 대부분을 차지하였는데, 그 전에 살던 사람들이 영토 회복을 위해 저항하면서 갈등이 계속되고 있다.

① A ② B ③ C ④ D ⑤ E

11 위 지도의 D 지역에 대한 옳은 설명을 〈보기〉에서 고른 것은?

보기
ㄱ. 인도양과 태평양을 잇는 요충지이다.
ㄴ. 중국과 일본이 영유권을 주장하고 있다.
ㄷ. 국가 간 종교의 차이로 분쟁이 발생하였다.
ㄹ. 주변 바다에 석유와 천연가스가 매장되어 있다.

① ㄱ, ㄴ ② ㄱ, ㄹ ③ ㄴ, ㄷ
④ ㄴ, ㄹ ⑤ ㄷ, ㄹ

12 다음 분쟁들이 발생한 공통적인 원인으로 가장 적절한 것은?

• 카스피해 분쟁 • 난사 군도 분쟁 • 센카쿠 열도 분쟁

① 민족 갈등 ② 종교 갈등
③ 자원 확보 ④ 언어 차이
⑤ 역사적 배경의 차이

중요해

13 지도의 A 지역에 대한 옳은 설명을 〈보기〉에서 고른 것은?

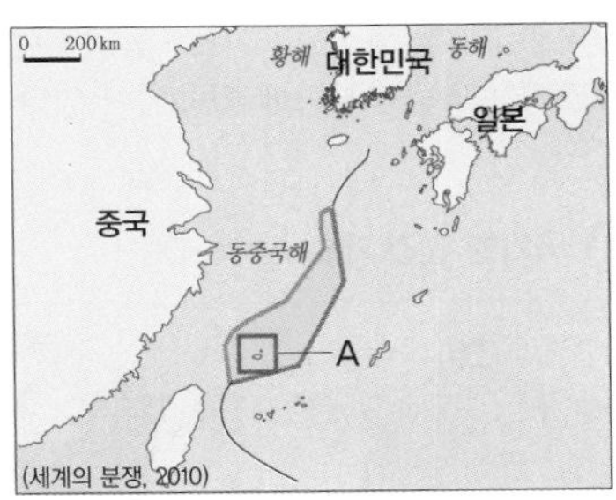

(세계의 분쟁, 2010)

| 보기 |
ㄱ. 현재 중국이 실효 지배하고 있다.
ㄴ. 일본, 중국, 타이완이 영유권을 주장하고 있다.
ㄷ. 주변 국가들이 중국으로부터 분리 독립을 요구하고 있다.
ㄹ. 자원과 배타적 경제 수역을 둘러싸고 갈등이 발생하고 있다.

① ㄱ, ㄴ ② ㄱ, ㄷ ③ ㄴ, ㄷ
④ ㄴ, ㄹ ⑤ ㄷ, ㄹ

14 지도의 A 지역을 둘러싼 분쟁 당사국을 옳게 짝지은 것은?

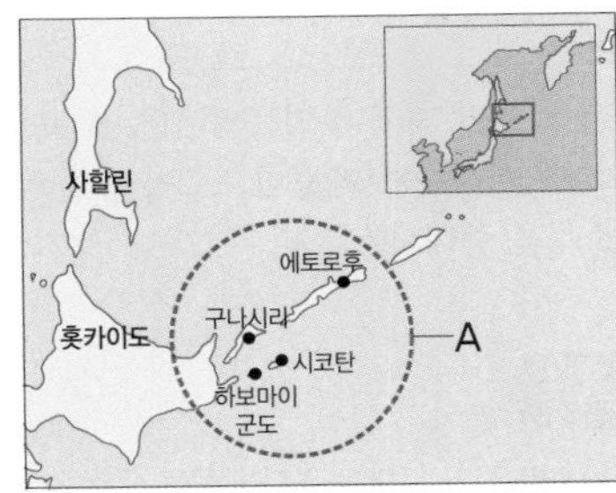

① 일본, 중국 ② 일본, 러시아
③ 중국, 필리핀 ④ 덴마크, 캐나다
⑤ 인도, 파키스탄

학교 시험에 잘 나오는 서술형 문제

1 생물 다양성이 감소하는 원인을 두 가지 이상 서술하시오.

2 지도에 표시된 지역에서 나타난 분쟁의 원인을 서술하시오.

(한국 국방 연구원, 2016)

3 지도를 보고 물음에 답하시오.

(1) A, B 지역의 공통적인 분쟁 당사국을 쓰시오.

(2) A, B 지역에서 나타나는 분쟁의 공통적인 원인을 서술하시오.

저개발 지역의 발전을 위한 노력 ~지역 간 불평등 완화를 위한 노력

발전 수준의 지역 차

1. 지역마다 발전 수준이 다른 이유 지역마다 자연환경, 자원 보유량, 기술과 자본, 교육 수준, 사회적·경제적 제도 등이 다르기 때문

2. 발전 수준의 지역 차 자료 ① 자료 ② 서술형 단골 선진국과 개발 도상국에서 각각 높게 나타나는 지표를 묻는 문제가 자주 출제돼.

선진국	• 18세기 산업 혁명 이후 일찍이 산업화를 이룸 • 1인당 국내 총생산(GDP), 소득 수준, 인간 개발 지수(HDI), 기대 수명, 성인 문자 해독률, 행복 지수 등의 지표가 높게 나타남 • 서부 유럽, 앵글로아메리카의 국가 등이 해당함
개발 도상국	• 20세기 이후부터 현재까지 산업화가 진행되고 있음 • 영아 사망률, 합계 출산율, 인구 증가율, 성 불평등 지수(GII), 성인 문맹률, 교사 1인당 학생 수 등의 지표가 높게 나타남 • 남아시아, 라틴 아메리카, 사하라 사막 이남의 국가 등이 해당함

저개발 지역의 빈곤 문제 해결을 위한 노력

1. 빈곤 문제 해결을 위한 노력

(1) 저개발 국가들의 빈곤 극복을 위한 자체적 노력

경제	• *관개 시설 확충, 수확량 많은 품종 개발을 통한 식량 생산량 증대 • *사회 간접 자본의 구축을 통해 경제 발전의 기반 마련 • 자원 개발 확대, 해외 자본과 기술 투자의 유치
교육	교육 지원 확대를 통한 인적 자원의 개발
정치	정치적 불안정, 부정부패 문제 등의 해결
기타	• *적정 기술 제품의 도입 자료 ③ • 위생 및 보건 환경 개선을 통한 질병 문제 해결

(2) 개별 국가의 노력 사례

르완다	역사 교육 강화, 사회 통합, 인재 육성에 집중 투자 → 아프리카의 신흥 강국으로 성장
보츠와나	아프리카 내륙국으로 수출에 불리하였으나 다이아몬드 광산업 개발 성공 후 경제 성장
에티오피아	정치적 안정을 통한 개혁 및 개방 확대, 외국 자본 유치, 대외 경제 협력 등으로 경제 성장
볼리비아	강력한 세금 확보 정책을 통해 공공 투자 확대, 에너지 자원 주권 운동을 통해 빈곤 문제 완화

2. 자체적 노력의 한계와 국제 협력

(1) 자체적 노력의 한계: 불평등한 세계 경제 체제 속에서 기술 수준이 낮고 자본이 부족한 저개발 국가들의 노력만으로는 빈곤 해결이 어려움

(2) 국제 협력: 저개발 국가의 공동 발전을 위한 경제 협력체 구성, 지속 가능 발전 목표(SDGs)를 통한 국제적인 지원 및 협력 확대 등

생생 자료

선진국이 주로 북반구에 분포하고 개발 도상국이 남반구에 분포하여 이들 간에 발생하는 경제적 격차 문제를 남북문제라고 해.

자료 ① 국가별 1인당 국내 총생산(GDP)

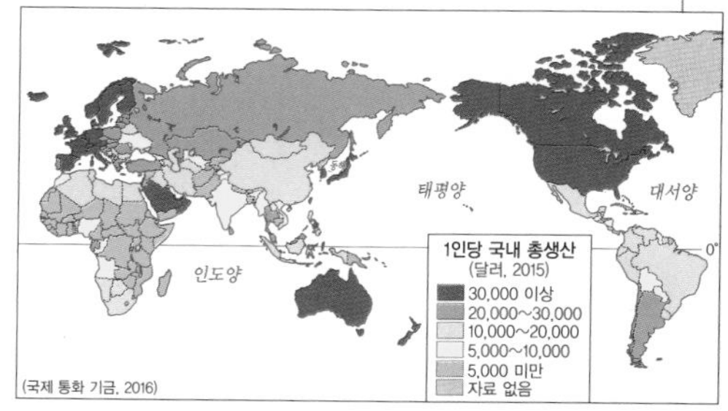

1인당 국내 총생산이 높은 선진국은 주로 서부 유럽과 앵글로아메리카에 분포하고 저소득 국가는 사하라 이남 아프리카와 남아시아에 집중되어 있다.

자료 ② 국가별 인간 개발 지수(HDI)

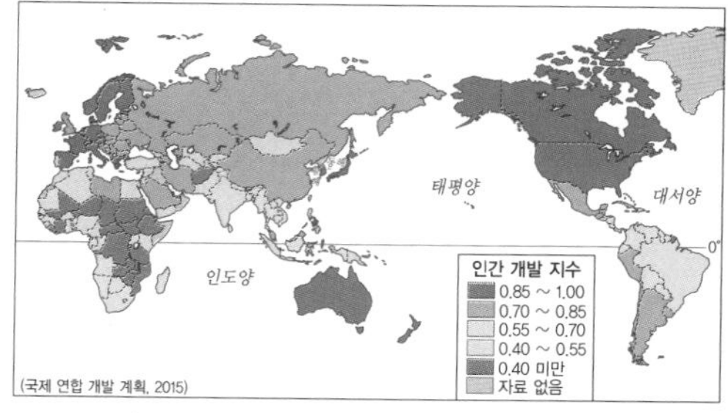

인간 개발 지수는 선진국에서 대체로 높게 나타나며 개발 도상국은 상대적으로 수치가 낮다. 오늘날 세계화가 진행되면서 선진국과 개발 도상국 간의 발전 격차는 더욱 커지고 있다.

각국의 실질 국민 소득, 교육 수준, 기대 수명 등을 기준으로 국가별 국민의 삶의 질을 평가한 지표야.

자료 ③ 적정 기술

• 큐 드럼(Q drum)은 가운데에 도넛 모양으로 구멍을 낸 물통으로, 큰 힘을 들이지 않고 한 번에 많은 양의 물을 옮길 수 있게 한다.
• 라이프 스트로는 빨대 형태로 된 필터를 통해 오염된 물을 정화하는 도구로, 오염된 물속에 있던 미생물과 기생충을 대부분 걸러 낼 수 있다.

적정 기술은 저개발 지역 주민들의 생활에 적합하게 설계된 재화와 서비스를 제공함으로써 그들의 삶을 개선하고 소득을 증대시켜 준다.

쏙쏙 용어

* **관개 시설** 농사를 짓기 위해 농경지에 물을 대는 것
* **사회 간접 자본** 도로나 항만 등과 같이 경제 활동의 기반을 형성하는 기초적인 시설
* **적정 기술** 그 사회의 문화적·환경적 조건 등을 고려하여 지속적인 생산과 소비가 가능하도록 만들어진 기술

지역 간 불평등 완화를 위한 노력

1. 지역 간 불평등 완화를 위한 국제기구의 노력

(1) 정부 간 *국제기구

① 국제 연합(UN): 국제 평화와 안전의 유지, 인권 및 자유 확보를 위해 노력하는 대표적인 국제기구

*산하 기구	역할
국제 연합 평화 유지군(PKF)	분쟁 지역의 질서 유지 및 주민 안전 보장
국제 연합 난민 기구(UNHCR)	난민 보호 및 난민 문제 해결
세계 식량 계획(WFP)	기아와 빈곤으로 고통받는 지역에 식량 지원
국제 연합 아동 기금(UNICEF)	아동 *구호와 아동 복지 향상
세계 보건 기구(WHO)	세계의 질병 및 보건 위생 문제 해결

② 기타: 국제 부흥 개발 은행(IBRD), 경제 협력 개발 기구(OECD) 등의 국가 및 지역 간의 경제적 격차 해소를 위한 활동 등

(2) 공적 개발 원조(ODA)

의미	선진국의 정부나 공공 기관들이 저개발 국가의 경제 발전과 복지 증진을 위해 재정 및 기술, 물자 등을 지원하는 것
특징	• 경제 협력 개발 기구(OECD) 산하의 개발 원조 위원회(DAC)가 주도함 자료 ④ • 과거 우리나라는 개발 원조 위원회의 원조를 받았으나, 경제 성장 이후 한국 국제 협력단(KOICA)을 통해 지원 사업을 하고 있음

(3) 국제 사회 노력의 성과와 한계

성과	저개발 국가의 빈곤 감소와 삶의 질 향상
한계	• 단기적인 성과 위주의 지원 및 국가 간 이해관계에 따른 불안정한 지원은 해당 지역의 자발적 성장을 저해할 수 있음 • 일부 국가에서 원조를 부패한 정부의 운영 자금으로 사용하기도 함

2. 지역 간 불평등 완화를 위한 민간 차원의 노력

(1) 국제 비정부 기구(NGO) 자료 ⑤

① 의미: 범세계적인 문제를 해결하기 위해 활동하는 민간단체

② 특징: 국가 간의 이해관계를 넘어 인도주의적 차원에서 구호 활동을 함, 국제 연합의 공식적 활동을 보조하기도 함

(2) 공정 무역 자료 ⑥

서술형 단골 공정 무역의 목적이나 효과를 묻는 문제가 자주 출제돼.

의미	선진국과 저개발 국가 사이의 불공정한 무역을 개선하여 저개발 국가의 생산자에게 정당한 가격을 지급하는 무역 방식
주요 상품	커피, 카카오, 바나나, 목화 등
성과	생산 지역의 빈곤 완화, 저개발 국가 생산자의 경제적 자립, 환경친화적으로 생산된 상품 구입 가능 등
한계	• 생산자: 다국적 기업의 상품에 밀려 시장 확보가 어려움 • 소비자: 가격이 비싼 편이며 이용 가능한 제품이 적음

생생 자료

우리나라는 과거 수혜국이었으나 경제 성장 이후 참여국이 되었어.

자료 ④ 공적 개발 원조의 참여국과 수혜국

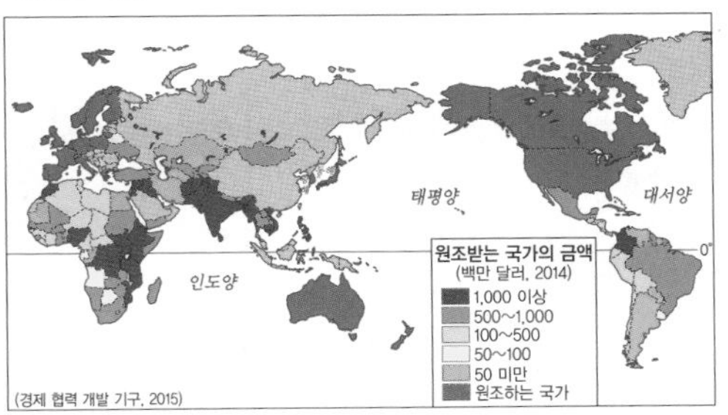

공적 개발 원조를 하는 국가는 앵글로아메리카, 유럽 등의 선진국이고, 원조를 받는 국가는 아프리카, 남아시아, 라틴 아메리카 등의 저개발 국가이다.

자료 ⑤ 국제 비정부 기구(NGO)의 활동

그린피스	지구의 환경을 보전하고 평화를 증진시키기 위한 활동
국경 없는 의사회	인종, 종교, 정치적 성향 등과 관계없이 도움이 필요한 사람들에게 의료 서비스 지원
옥스팜	무상 교육 및 의료 투자, 빈곤층을 위한 사회 안전망 확충 등의 활동
세이브 더 칠드런	아동 구호와 아동 복지 향상을 목적으로 활동

국제 비정부 기구는 저개발 지역의 어려운 현실을 시민들에게 알리고 이들 지역 주민들을 돕는 등 다양한 활동을 한다.

자료 ⑥ 커피의 이익 배분 구조

공정 무역은 유통 단계를 줄이고 직거래를 활성화하여 생산자의 수익을 높일 수 있다. 이를 통해 저개발 국가의 생산자가 경제적으로 자립할 수 있도록 돕는 효과가 있다.

쏙쏙 용어

* **국제기구** 어떤 국제적인 목적이나 활동을 위해 두 국가 이상으로 구성된 조직체로, 정부를 구성 단위로 함
* **산하(傘-우산, 下-아래)** 어떤 조직체나 세력의 관할 아래
* **구호(救-구원하다, 護-돕다)** 재해나 재난 따위로 어려움에 처한 사람을 도와 보호함

대표 자료 확인하기

◆ 국가별 1인당 국내 총생산(GDP)

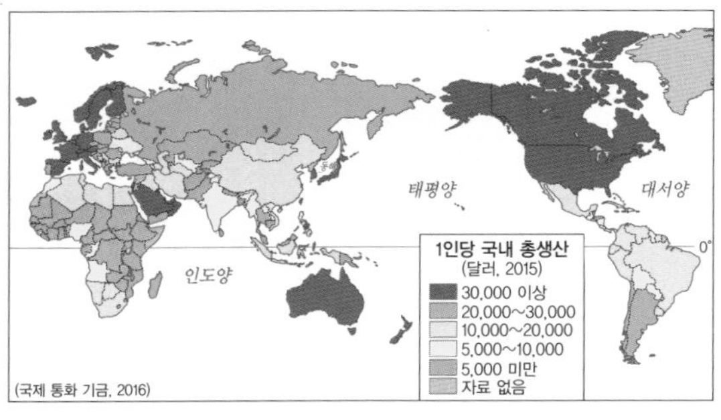

1인당 국내 총생산이 높은 선진국은 주로 (①   )이나 앵글로아메리카에 분포하고 저소득 국가는 사하라 이남 (②   )와 남아시아에 집중되어 있다.

◆ 공적 개발 원조의 참여국과 수혜국

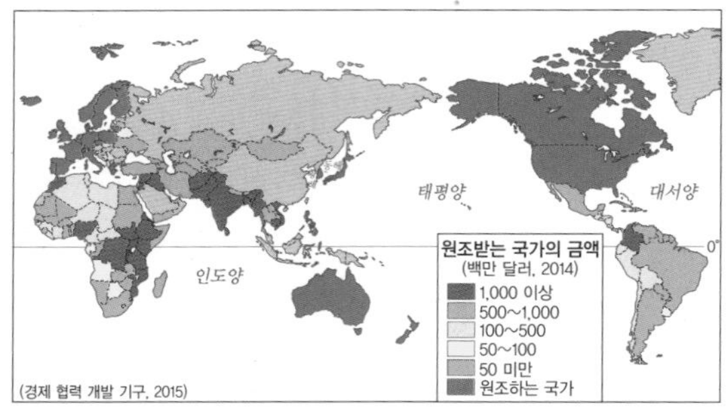

공적 개발 원조의 참여국은 주로 유럽과 (③   ) 등 선진국이 포함되어 있다. 반면 수혜국은 대부분 아프리카, 남아시아, (④   ) 등 저개발 지역에 분포한다.

한눈에 정리하기

◆ 발전 수준의 지역 차를 보여 주는 다양한 지표

(①)에서 높게 나타나는 지표	1인당 국내 총생산(GDP), 인간 개발 지수(HDI), 기대 수명 등
(②)에서 높게 나타나는 지표	영아 사망률, 합계 출산율, 인구 증가율, 교사 1인당 학생 수 등

◆ 지역 간 불평등 완화를 위한 노력

국제 연합(UN)	국제 평화와 안전의 유지, 인권 및 자유 확보를 위해 노력함
(③)	선진국의 정부나 공공 기관이 저개발 국가의 발전을 위해 원조를 제공함
국제 비정부 기구(NGO)	민간단체가 중심이 되어 인도주의적 차원에서 구호 활동을 함
(④)	저개발 국가의 생산자에게 정당한 가격을 지급함으로써 생산 지역의 빈곤을 완화함

꼼꼼 개념 문제

● 정답과 해설 18쪽

1 다음 설명이 맞으면 ○표, 틀리면 ×표를 하시오.

(1) 오늘날 세계화의 확산으로 선진국과 개발 도상국 간 발전 격차는 줄어들고 있다. (   )

(2) 서부 유럽과 앵글로아메리카에는 소득 및 생활 수준이 높은 국가들이 많이 분포한다. (   )

2 다음 괄호 안의 내용 중 알맞은 말에 ○표를 하시오.

(1) 저소득 국가들은 주로 (아프리카, 앵글로아메리카)에 분포한다.

(2) 영아 사망률은 주로 (선진국, 개발 도상국)에서 수치가 높게 나타난다.

(3) 인간 개발 지수(HDI)는 주로 (선진국, 개발 도상국)에서 수치가 높게 나타난다.

3 다음과 같은 활동을 하는 국제기구를 〈보기〉에서 골라 기호를 쓰시오.

보기
ㄱ. 세계 보건 기구   ㄴ. 세계 식량 계획
ㄷ. 국제 연합 아동 기금   ㄹ. 국제 연합 평화 유지군

(1) 아동 구호와 아동 복지 향상 (   )

(2) 세계의 질병 및 보건 위생 문제 해결 (   )

(3) 분쟁 지역의 질서 유지 및 주민의 안전 보장 (   )

(4) 기아와 빈곤으로 고통받는 지역에 식량 지원 (   )

4 정부 간 국제기구와 국제 비정부 기구(NGO)의 사례를 옳게 연결하시오.

(1) 정부 간 국제기구 •   • ㉠ 그린피스
    • ㉡ 국제 연합
(2) 국제 비정부 기구 •   • ㉢ 국경 없는 의사회
    • ㉣ 경제 협력 개발 기구

5 다음 빈칸에 들어갈 내용을 쓰시오.

(1) 공적 개발 원조는 경제 협력 개발 기구 산하의 (   )가 주도하고 있다.

(2) (   )는 민간단체가 중심이 되어 만들어진 조직으로, 범세계적으로 인도주의적 차원에서 구호 활동을 한다.

(3) (   )은 선진국과 저개발 국가 사이의 불공정한 무역을 개선하여 저개발 국가의 생산자에게 정당한 가격을 지급하는 무역 방식이다.

시험 문제

01 지역별 발전 수준의 차이에 대한 설명으로 옳지 않은 것은?

① 선진국은 주로 서부 유럽과 앵글로아메리카에 분포한다.
② 세계화의 확산으로 발전 수준의 지역 차가 완화되고 있다.
③ 개발 도상국은 주로 아프리카와 라틴 아메리카에 분포한다.
④ 1인당 국내 총생산과 기대 수명은 대체로 선진국에서 높게 나타난다.
⑤ 세계 각 지역은 자연환경과 자원 보유량, 기술 및 교육 수준 등의 영향으로 발전 수준이 다르다.

02 그래프의 A, B에 들어갈 항목을 옳게 연결한 것은?

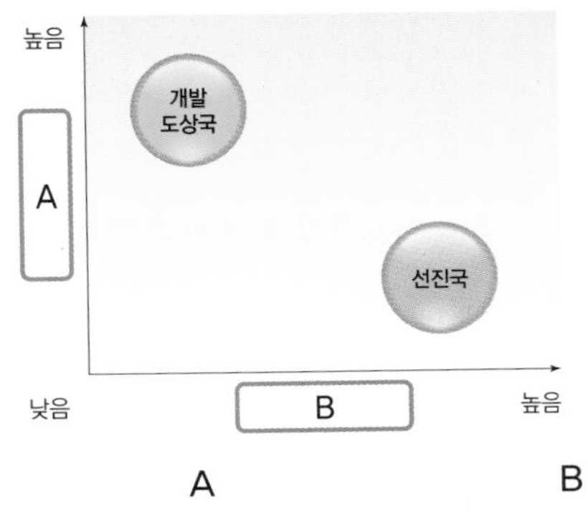

	A	B
①	기대 수명	영아 사망률
②	성인 문맹률	합계 출산율
③	영아 사망률	인간 개발 지수
④	인간 개발 지수	성인 문맹률
⑤	1인당 국내 총생산	성인 문자 해독률

03 다음 지표의 수치가 대체로 높게 나타나는 지역을 〈보기〉에서 고른 것은?

• 교사 1인당 학생 수 • 성 불평등 지수(GII)

보기
ㄱ. 서부 유럽 ㄴ. 동남아시아
ㄷ. 앵글로아메리카 ㄹ. 사하라 이남 지역

① ㄱ, ㄴ ② ㄱ, ㄷ ③ ㄴ, ㄷ
④ ㄴ, ㄹ ⑤ ㄷ, ㄹ

중요해

04 그래프는 1인당 국내 총생산(GDP) 상·하위 3개 국가를 나타낸 것이다. A, B 국가들에 대한 옳은 설명을 〈보기〉에서 고른 것은?

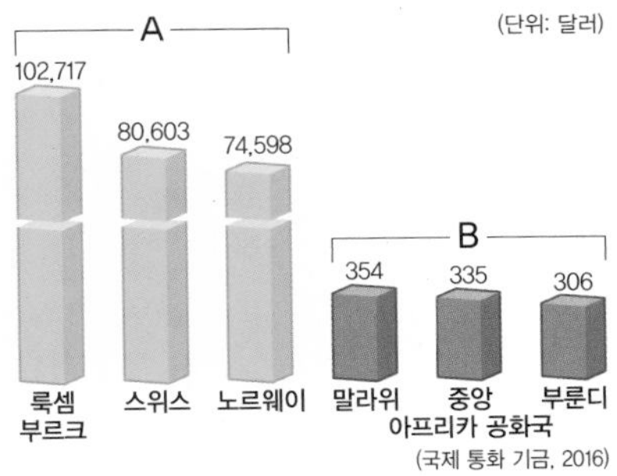

보기
ㄱ. A는 B보다 기대 수명이 짧다.
ㄴ. A는 B보다 소득 수준과 삶의 질 수준이 높다.
ㄷ. B는 A보다 성인 문맹률이 높다.
ㄹ. B는 A보다 산업화가 일찍 이루어졌다.

① ㄱ, ㄴ ② ㄱ, ㄷ ③ ㄴ, ㄷ
④ ㄴ, ㄹ ⑤ ㄷ, ㄹ

05 지도는 국가별 인간 개발 지수(HDI)를 나타낸 것이다. 이에 대한 분석 및 추론으로 옳지 않은 것은?

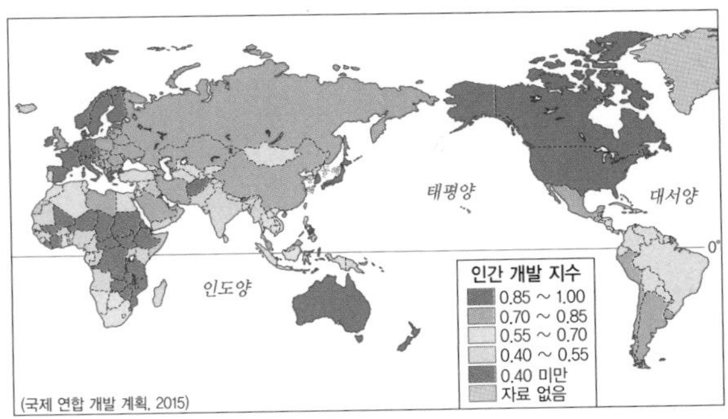

① 인간 개발 지수가 높은 국가는 주로 북반구에 있다.
② 사하라 이남 지역의 국가들은 대체로 인간 개발 지수가 낮다.
③ 인간 개발 지수가 높은 지역은 교육 기회가 잘 갖추어져 있을 것이다.
④ 인간 개발 지수가 높은 지역에서 인구 증가율이 높게 나타날 것이다.
⑤ 인간 개발 지수가 낮은 지역에서 대체로 행복 지수가 낮게 나타날 것이다.

탄탄 시험 문제

06 저개발 국가의 빈곤 문제를 해결하기 위한 자체적 노력으로 적절하지 않은 것은?

① 출산 장려 정책을 실시한다.
② 도로, 항만 등 사회 간접 자본을 구축한다.
③ 자원 개발을 확대하고 해외 자본을 유치한다.
④ 고용 창출과 교육 활동에 대한 투자를 늘린다.
⑤ 수확량이 많은 품종을 개발하여 식량 생산량을 증대한다.

07 다음 자료에 나타난 기술에 대한 설명으로 옳지 않은 것은?

• 라이프 스트로는 빨대 형태로 된 필터를 통해 오염된 물을 정화하는 도구로, 오염된 물속에 있던 미생물과 기생충을 대부분 걸러 낼 수 있다.
• 큐 드럼(Q drum)은 적은 힘으로 많은 양의 물을 옮길 때 사용하는 도구로, 매일 무거운 물동이를 지고 수 킬로미터를 걸어야 하는 아프리카 여성들과 아이들을 돕기 위해 만들어졌다.

① 환경친화적 기술이다.
② 지역의 환경을 고려하여 개발한다.
③ 쉽게 구할 수 있는 재료를 사용한다.
④ 저개발 지역 주민들의 삶에 도움을 준다.
⑤ 에너지 소비량이 많은 지역에서 주로 활용한다.

08 ㉠에 들어갈 나라로 옳은 것은?

남아프리카에 있는 (㉠)은/는 1960년대 1인당 국민 총생산이 70달러 정도로 가난한 국가였으나 현재는 6,000달러가 넘는 국가로 발전하였다. 영토가 내륙에 있어 수출에 불리한 조건이지만 정부와 민간의 협력으로 다이아몬드 광산업 개발에 성공하였고, 수출로 얻은 소득을 교육 시설과 도로, 철도 등 기반 시설에 투자하여 경제 성장을 이루었다.

① 르완다 ② 나미비아
③ 보츠와나 ④ 에티오피아
⑤ 남아프리카 공화국

09 밑줄 친 '전문 기구'의 사례로 옳은 것을 〈보기〉에서 고른 것은?

국제적 차원의 평화와 국가 간 협력을 꾀하기 위해 가장 활발하게 활동하는 국제기구는 국제 연합(UN)이다. 국제 연합 안에는 지구상의 여러 문제를 해결하기 위한 전문 기구들이 활동하고 있다.

보기
ㄱ. 세계 보건 기구(WHO)
ㄴ. 국제 부흥 개발 은행(IBRD)
ㄷ. 경제 협력 개발 기구(OECD)
ㄹ. 국제 연합 난민 기구(UNHCR)

① ㄱ, ㄴ ② ㄱ, ㄹ ③ ㄴ, ㄷ
④ ㄴ, ㄹ ⑤ ㄷ, ㄹ

중요해

10 지도는 공적 개발 원조를 하는 국가와 받는 국가를 나타낸 것이다. 이에 대한 옳은 설명을 〈보기〉에서 고른 것은?

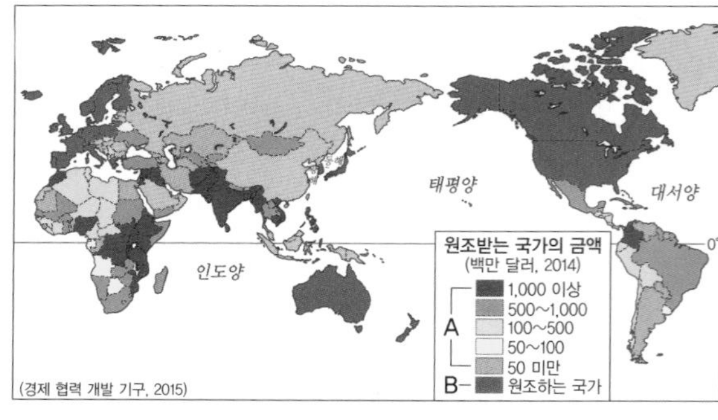

보기
ㄱ. A에는 주로 미국, 독일 등의 선진국이 해당한다.
ㄴ. B는 주로 아프리카와 남아시아에 분포한다.
ㄷ. 우리나라는 A에서 B로 전환하였다.
ㄹ. 경제 협력 개발 기구(OECD) 산하의 개발 원조 위원회(DAC)가 주도한다.

① ㄱ, ㄴ ② ㄱ, ㄷ ③ ㄴ, ㄷ
④ ㄴ, ㄹ ⑤ ㄷ, ㄹ

11 다음의 국제기구들이 공통으로 추구하는 목적으로 가장 적절한 것은?

- 세계 식량 계획(WFP)
- 개발 원조 위원회(DAC)
- 국제 부흥 개발 은행(IBRD)

① 세계 기후 변화를 방지한다.
② 영토 및 영해 분쟁을 해결한다.
③ 생물 다양성을 회복하기 위해 노력한다.
④ 유해 폐기물의 국가 간 이동을 제한한다.
⑤ 지역 간 경제적 불평등을 해소하기 위해 노력한다.

12 (가), (나)에서 설명하는 국제 비정부 기구(NGO)를 옳게 연결한 것은?

(가) 무상 교육 및 의료 투자, 빈곤 퇴치와 빈곤층을 위한 사회 안전망 확충, 최저 임금 보장, 탈세 단속 등의 활동을 하고 있다.
(나) 국제 의료 구호 단체로 전쟁과 자연재해의 최전선에서 활동하며 재난과 전염병, 분쟁 발생 지역에서 독립적이고 중립적인 의료 서비스를 제공한다.

	(가)	(나)
①	옥스팜	그린피스
②	옥스팜	국경 없는 의사회
③	그린피스	세이드 더 칠드런
④	세이브 더 칠드런	국경 없는 의사회
⑤	국경 없는 의사회	그린피스

이 문제에서 나올 수 있는 선택지는 다~!

13 공정 무역에 대한 설명으로 옳지 않은 것은?

① 주요 상품에는 커피, 카카오, 바나나 등이 있다.
② 유통 단계를 줄이고 직거래를 활성화하고자 한다.
③ 저개발 국가의 상품에 관세를 부과하는 제도이다.
④ 소비자는 환경친화적으로 생산된 상품을 구입할 수 있다.
⑤ 최근 다국적 기업의 상품에 밀려 시장 확보가 어려워지고 있다.
⑥ 저개발 국가의 생산자가 경제적으로 자립할 수 있도록 돕는 효과가 있다.

학교 시험에 잘 나오는 서술형 문제

1 지도는 국가별 1인당 국내 총생산(GDP)을 나타낸 것이다. A 국가군과 비교한 B 국가군의 특징을 두 가지 이상 서술하시오.

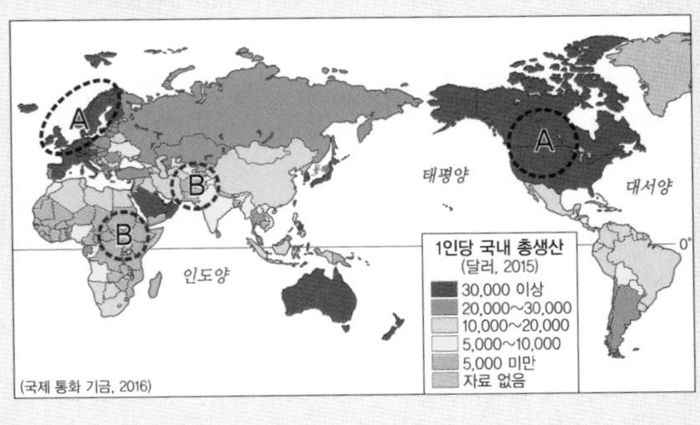

2 다음에서 설명하는 단체의 사례를 주요 활동 내용을 포함하여 두 가지 이상 서술하시오.

민간단체가 중심이 되어 만들어진 조직으로 인도주의적인 차원에서 구호 활동을 하는 단체이다. 이들은 자체 활동을 하면서 국제기구를 보조하기도 한다.

3 그림은 커피의 이익 배분 구조를 나타낸 것이다. (가)에서 (나)로 이익 배분 구조가 바뀔 때 나타날 수 있는 성과를 두 가지 이상 서술하시오.

표와 자료로 정리하는 대단원

1 세계의 기아 현황

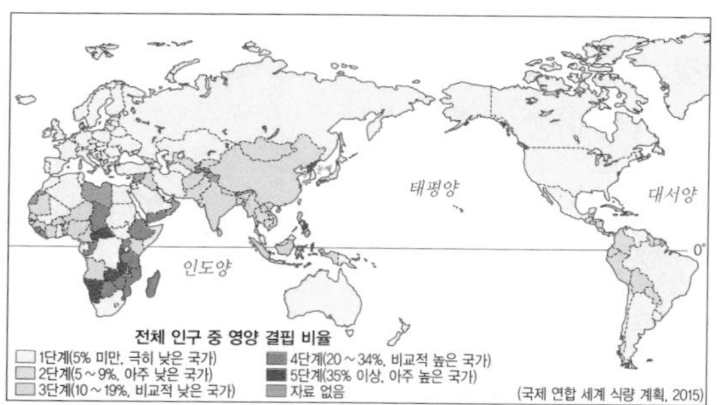

①☐☐는 인간이 생존하는 데 필요한 물과 영양소가 결핍된 상태로, 사하라 사막 이남 ②☐☐☐☐와 남부 아시아, 남아메리카 일부 지역에서 심각하게 나타난다.

답 | ① 기아 ② 아프리카

2 영토를 둘러싼 분쟁

인도는 영국에서 독립하면서 종교에 따라 파키스탄과 인도로 분리되었다. 그런데 이슬람교도가 많은 카슈미르 지역이 인도에 속하게 되면서 이슬람교를 믿는 ①☐☐☐☐과 힌두교를 믿는 ②☐☐ 간에 분쟁이 발생하였다.

답 | ① 파키스탄 ② 인도

3 아시아의 영역 분쟁

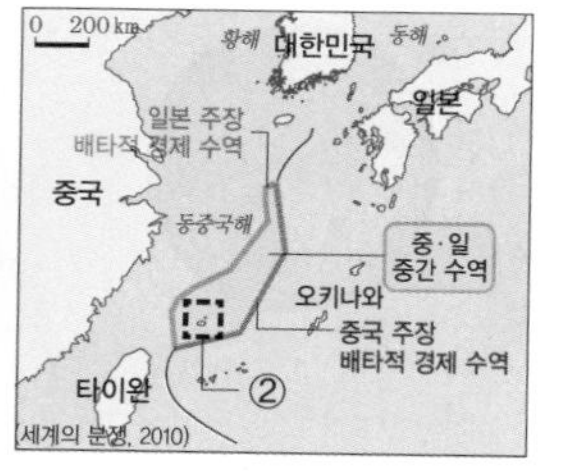

①☐☐ ☐☐　　②☐☐☐ ☐☐

답 | ① 난사 군도 ② 센카쿠 열도

01 지구상의 지리적 문제

기아 문제

1 의미	인간이 생존하는 데 필요한 물과 영양소가 결핍된 상태	
발생 원인	자연적 요인	자연재해, 병충해에 따른 식량 생산량 감소
	인위적 요인	급격한 인구 증가, 잦은 분쟁에 따른 식량 생산량 감소, 식량 분배의 불균형, 식량 작물의 용도 변화 등

생물 다양성 감소

원인	기후 변화, 열대 우림의 파괴, 농경지의 확대, 환경 오염, 동식물의 서식지 파괴, 무분별한 남획, 외래종의 침입 등
영향	인간이 이용 가능한 생물 자원의 수 감소, 먹이 사슬 단절로 인한 생태계 파괴, 생태계의 자정 능력 감소 → 인간의 생존 위협
해결 노력	국제 연합(UN)의 (①　　　　) 협약 채택

영역을 둘러싼 분쟁

2 영토를 둘러싼 분쟁	아프리카	(②　　　　)과 부족 경계가 달라서 영역 갈등과 내전, 난민 문제 발생
	팔레스타인 지역	제2차 세계 대전 이후 (③　　　　)를 믿는 팔레스타인에 유대교를 믿는 이스라엘이 건국되면서 분쟁 발생
	카슈미르 지역	이슬람교도가 많은 카슈미르 지역이 인도에 속하게 되면서 이슬람교를 믿는 파키스탄과 힌두교를 믿는 인도 간에 분쟁 발생
3 영해를 둘러싼 분쟁	난사 군도 (스프래틀리 군도)	인도양과 태평양을 잇는 해상 교통의 요충지이며, 많은 양의 석유와 천연가스가 매장되어 있어 중국, 필리핀, 브루나이, 말레이시아 등이 영유권 주장
	(④　　　　)	일본이 실효 지배 중이지만 중국과 타이완이 영유권 주장, 인근 바다에 석유와 천연가스가 매장된 사실이 알려지면서 갈등 심화
	쿠릴 열도	러시아가 실효 지배 중인 쿠릴 열도 4개 섬에 대한 (⑤　　　　)의 반환 요구
	포클랜드 제도	대서양 서남쪽에 위치한 남극 진출의 요지, 아르헨티나가 가까우나 영국이 실효 지배 중
	카스피해	카스피해에 매장된 석유와 천연가스를 둘러싼 러시아, 아제르바이잔, 이란, 투르크메니스탄, 카자흐스탄 등의 영유권 분쟁
	북극해	북극 항로와 자원 매장 지대에 대한 러시아, 캐나다, 덴마크, 노르웨이 등의 영유권 분쟁

답 | ① 생물 다양성 ② 국경 ③ 이슬람교 ④ 센카쿠 열도(댜오위다오) ⑤ 일본

02 저개발 지역의 발전을 위한 노력

발전 수준의 지역 차

❹ 선진국	• 1인당 국내 총생산(GDP), 소득 수준, 인간 개발 지수(HDI), 기대 수명, 성인 문자 해독률 등의 지표가 높게 나타남 • 서부 유럽, 앵글로아메리카의 국가 등이 해당함
개발 도상국	• 영아 사망률, 합계 출산율, 인구 증가율, 성인 문맹률, 교사 1인당 학생 수 등의 지표가 높게 나타남 • 남아시아, (⑥) 아메리카, 사하라 사막 이남의 국가 등이 해당함

저개발 지역의 빈곤 문제 해결을 위한 노력

저개발 국가의 노력	식량 생산량 증대, 사회 간접 자본 구축, 자원 개발 확대, 해외 자본 유치, (⑦) 기술 제품의 도입 등
자체적 노력의 한계	기술 수준이 낮고 자본이 부족한 저개발 국가들의 노력만으로는 빈곤 해결이 어려움

03 지역 간 불평등 완화를 위한 노력

지역 간 불평등 완화를 위한 국제기구의 노력

정부 간 국제기구	국제 연합(UN)	• 국제 연합 평화 유지군: 분쟁 지역의 질서 유지 및 주민 안전 보장 • 국제 연합 난민 기구: 난민 보호 및 난민 문제 해결 • (⑧): 기아와 빈곤으로 고통받는 지역에 식량 지원 • 국제 연합 아동 기금: 아동 구호와 아동 복지 향상 • 세계 보건 기구: 세계의 질병 및 보건 위생 문제 해결
	기타	국제 부흥 개발 은행(IBRD), 경제 협력 개발 기구(OECD) 등의 경제적 격차 해소를 위한 활동 등
❺ 공적 개발 원조(ODA)		선진국의 정부나 공공 기관들이 저개발 국가의 경제 발전과 복지 증진을 위해 제공하는 원조 → 경제 협력 개발 기구(OECD) 산하의 (⑨)가 주도함

지역 간 불평등 완화를 위한 민간 차원의 노력

(⑩)		범세계적인 문제를 해결하기 위해 활동하는 민간단체로, 인도주의적 차원에서 구호 활동을 함
❻ 공정 무역	의미	저개발 국가의 생산자에게 정당한 가격을 지급하는 무역 방식
	성과	생산 지역의 빈곤 완화, 저개발 국가 생산자의 경제적 자립, 환경친화적으로 생산된 상품 구입 가능 등

답 | ⑥ 라틴 ⑦ 적정 ⑧ 세계 식량 계획 ⑨ 개발 원조 위원회 ⑩ 국제 비정부 기구(NGO)

4 국가별 인간 개발 지수(HDI)

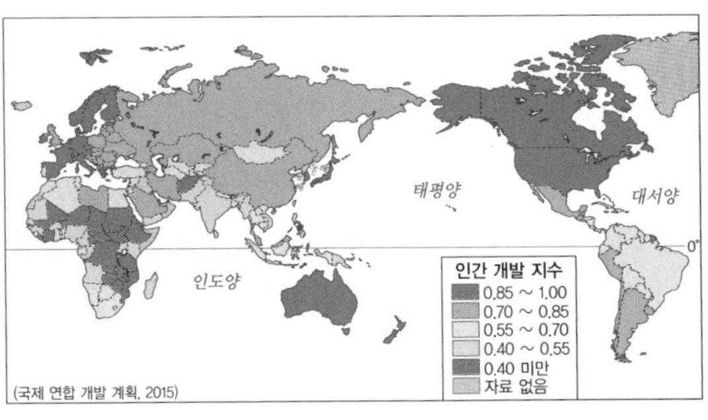

인간 개발 지수는 각 국가의 실질 ①□□ □□과 교육 수준, 기대 수명 등을 기준으로 하여 국가별 국민의 삶의 질을 평가한 지표로, 일반적으로 경제 발전 수준이 높은 서부 ②□□과 앵글로아메리카 등 선진국에서 높게 나타난다.

답 | ① 국민 소득 ② 유럽

5 공적 개발 원조의 참여국과 수혜국

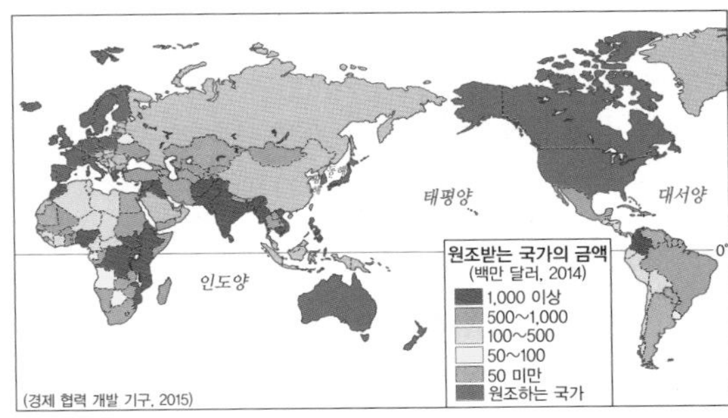

공적 개발 원조의 참여국은 ①□□□□□□□, 유럽 등의 선진국이 포함되어 있다. 반면 수혜국은 대부분 남아시아, ②□□□□, 라틴 아메리카 등의 저개발 지역에 분포한다.

답 | ① 앵글로아메리카 ② 아프리카

6 일반 커피와 공정 무역 커피의 이익 배분 구조

①□□ □□은 유통 단계를 줄이고 직거래를 활성화하여 유통비를 절약하고 ②□□□ 국가 생산자의 수익을 높일 수 있다.

답 | ① 공정 무역 ② 저개발

쑥쑥 마무리 문제

01 지구상의 지리적 문제

01 지구상의 지리적 문제에 대한 설명으로 옳지 않은 것은?

① 생물 다양성의 감소는 생태계의 자정 능력을 해친다.
② 열대 우림 파괴는 생물 다양성 감소의 주요 원인이다.
③ 기아 문제는 인구가 감소하는 지역에서 주로 발생한다.
④ 기아 문제는 아프리카와 일부 아시아 국가 등지에서 심각하다.
⑤ 영역 분쟁은 역사적 배경, 민족과 종교 차이 등이 복잡하게 얽힌 경우가 많다.

02 ㉠에 해당하는 지리적 문제의 발생 원인으로 적절한 것을 〈보기〉에서 고른 것은?

(㉠)은/는 식량 부족으로 주민들이 충분한 영양을 섭취하지 못하여 발생한다. 지구상의 약 8억 명 정도가 굶주리고 있으며, 2015년 기준 세계 인구 9명 중 1명은 영양실조가 심각한 상태이다.

| 보기 |
ㄱ. 국제 곡물 가격의 하락
ㄴ. 개발 도상국의 인구 감소
ㄷ. 식량 분배의 국제적 불균형
ㄹ. 기후 변화에 따른 식량 생산량 감소

① ㄱ, ㄴ　② ㄱ, ㄷ　③ ㄴ, ㄷ
④ ㄴ, ㄹ　⑤ ㄷ, ㄹ

03 (가)에 들어갈 내용으로 적절하지 않은 것은?

지구는 다양한 생명체가 서로 영향을 주고받으며 살아가고 있는 곳으로 생물 다양성은 생태계가 변화에 적응하고 스스로 회복할 수 있도록 하는 기본 조건이다. 이와 같은 중요성에도 불구하고 ＿＿(가)＿＿ 등으로 생물 다양성이 빠르게 감소하고 있다.

① 환경 오염
② 무분별한 남획
③ 외래종의 유입 감소
④ 동식물의 서식지 파괴
⑤ 농경지 조성에 따른 삼림 파괴

04 지도의 지역에서 발생하고 있는 분쟁의 원인이 된 종교를 옳게 짝지은 것은?

① 불교, 힌두교
② 불교, 유대교
③ 유대교, 이슬람교
④ 힌두교, 이슬람교
⑤ 이슬람교, 크리스트교

05 지도와 같은 국경선 설정으로 인해 나타나고 있는 문제점으로 가장 적절한 것은?

① 자원 고갈 문제가 나타나고 있다.
② 부족 간 분쟁과 내전이 심화하고 있다.
③ 국제 하천의 이용을 둘러싼 갈등이 발생하고 있다.
④ 교통의 요충지를 차지하기 위한 갈등이 발생하고 있다.
⑤ 영해 확보와 배타적 경제 수역(EEZ)을 둘러싼 갈등이 발생하고 있다.

06 밑줄 친 '이곳'에 해당하는 지역으로 옳은 것은?

태평양 북서부 캄차카반도와 일본 홋카이도 사이에 걸쳐 있는 이곳 남부에 위치한 4개의 섬은 과거에 일본의 영토였으나 제2차 세계 대전 이후 러시아로 귀속되었다. 최근 일본이 러시아를 상대로 영유권을 주장하면서 갈등을 빚고 있다.

① 북극해　② 카스피해　③ 난사 군도
④ 쿠릴 열도　⑤ 센카쿠 열도

07 지도의 A, B 지역에서 발생하는 분쟁에 대한 옳은 설명을 〈보기〉에서 고른 것은?

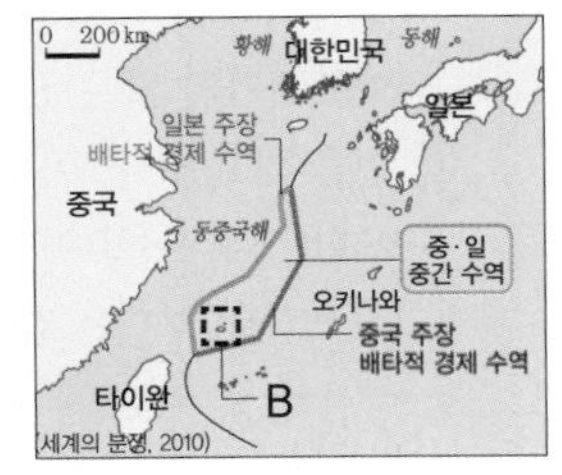

(세계의 분쟁, 2010)

| 보기 |

ㄱ. A에는 석유, 천연가스 등이 매장되어 있다.
ㄴ. B는 현재 중국이 실효적 지배를 하고 있다.
ㄷ. B는 A보다 영유권을 주장하는 국가의 수가 많다.
ㄹ. A와 B를 둘러싼 분쟁 당사국에 중국이 모두 포함되어 있다.

① ㄱ, ㄴ ② ㄱ, ㄹ ③ ㄴ, ㄷ
④ ㄴ, ㄹ ⑤ ㄷ, ㄹ

02 저개발 지역의 발전을 위한 노력

08 지도는 국가별 영아 사망률을 나타낸 것이다. A, B 지역에 대한 설명으로 옳은 것은?

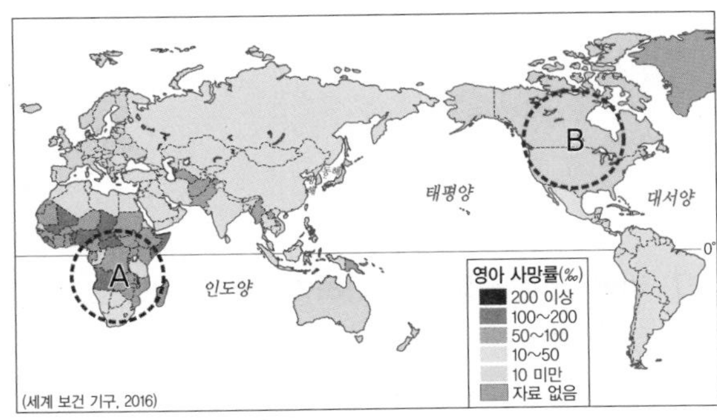

(세계 보건 기구, 2016)

① A 지역은 B 지역보다 인간 개발 지수가 높을 것이다.
② A 지역은 B 지역보다 중고등학교 진학률이 높을 것이다.
③ B 지역은 A 지역보다 경제 발전 수준이 높을 것이다.
④ B 지역은 A 지역보다 보건 및 의료 수준이 낮을 것이다.
⑤ B 지역은 A 지역보다 국제 사회의 원조를 많이 받을 것이다.

09 선진국과 개발 도상국의 특징을 〈보기〉에서 골라 옳게 연결한 것은?

| 보기 |

ㄱ. 소득과 삶의 질 수준이 높다.
ㄴ. 18세기 산업 혁명 이후 일찍이 산업화를 이루었다.
ㄷ. 20세기 이후부터 현재까지 산업화가 진행되고 있다.
ㄹ. 사하라 사막 이남 아프리카와 남아시아에 주로 분포한다.

	선진국	개발 도상국
①	ㄱ, ㄴ	ㄷ, ㄹ
②	ㄱ, ㄹ	ㄴ, ㄷ
③	ㄴ, ㄷ	ㄱ, ㄹ
④	ㄴ, ㄹ	ㄱ, ㄷ
⑤	ㄷ, ㄹ	ㄱ, ㄴ

[10~11] 그래프는 발전 수준이 다른 두 지역의 1인당 국내 총생산(GDP) 변화를 나타낸 것이다. 이를 보고 물음에 답하시오.

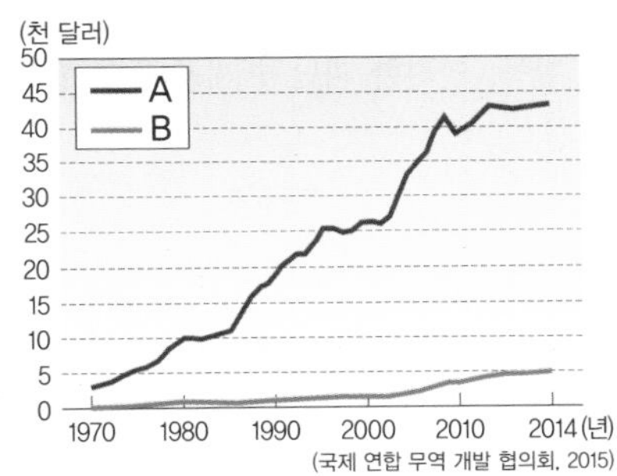

(국제 연합 무역 개발 협의회, 2015)

10 A 국가군에 해당하는 지역으로 옳은 것을 〈보기〉에서 고른 것은?

| 보기 |

ㄱ. 아프리카 ㄴ. 서부 유럽
ㄷ. 동남아시아 ㄹ. 앵글로아메리카

① ㄱ, ㄴ ② ㄱ, ㄷ ③ ㄴ, ㄷ
④ ㄴ, ㄹ ⑤ ㄷ, ㄹ

11 B 국가군에서 수치가 높게 나타나는 지표로 옳은 것은?

① 기대 수명 ② 행복 지수
③ 인간 개발 지수 ④ 성인 문자 해독률
⑤ 교사 1인당 학생 수

12 저개발 국가의 빈곤 극복을 위한 자체적 노력으로 적절한 것을 〈보기〉에서 고른 것은?

보기
ㄱ. 적정 기술 제품을 도입한다.
ㄴ. 출산 장려 정책으로 인구 성장을 유도한다.
ㄷ. 농업 기술을 개발하여 식량 생산량을 증대시킨다.
ㄹ. 선진국의 공적 개발 원조에 대한 의존도를 높인다.

① ㄱ, ㄴ ② ㄱ, ㄷ ③ ㄴ, ㄷ
④ ㄴ, ㄹ ⑤ ㄷ, ㄹ

03 지역 간 불평등 완화를 위한 노력

13 (가), (나)에서 설명하는 국제기구를 〈보기〉에서 골라 옳게 연결한 것은?

(가) 모든 사람이 식량 걱정 없이 살 수 있는 세계를 만들기 위해 기아와 빈곤 문제 해결을 목표로 활동한다.
(나) 난민의 권리 보호와 복지 향상을 위해 난민에 대한 긴급 구조 활동, 안전한 피난처 제공 등의 활동을 한다.

보기
ㄱ. 세계 보건 기구 ㄴ. 세계 식량 계획
ㄷ. 국제 연합 난민 기구 ㄹ. 국제 연합 평화 유지군

	(가)	(나)		(가)	(나)
①	ㄱ	ㄴ	②	ㄴ	ㄱ
③	ㄴ	ㄷ	④	ㄷ	ㄹ
⑤	ㄹ	ㄷ			

14 공적 개발 원조에 대한 설명으로 옳지 않은 것은?
① 원조를 주는 나라는 독일, 미국 등의 선진국이다.
② 개발 도상국의 빈곤 감소와 삶의 질 향상에 이바지한다.
③ 경제 협력 개발 기구 산하의 개발 원조 위원회가 주도한다.
④ 원조를 받는 나라는 주로 아프리카나 남아시아에 분포한다.
⑤ 우리나라는 원조를 주는 나라에서 원조를 받는 나라로 전환하였다.

15 다음과 같은 활동을 하는 단체에 대한 옳은 설명을 〈보기〉에서 고른 것은?

아프리카의 많은 신생아들이 저체온증으로 생명의 위협을 받고 있다. 이 단체에서는 체온 조절과 보온이 필요한 생후 28일 미만의 신생아들을 위해 털모자를 직접 만들어 보내는 참여형 기부 캠페인을 벌이고 있다.

보기
ㄱ. 국제 연합(UN) 산하의 전문 기구이다.
ㄴ. 민간단체를 중심으로 자발적으로 활동한다.
ㄷ. 아동 구호와 아동 복지 향상을 목적으로 한다.
ㄹ. 각국의 정부가 회원을 이루고 있는 국제기구이다.

① ㄱ, ㄴ ② ㄱ, ㄷ ③ ㄴ, ㄷ
④ ㄴ, ㄹ ⑤ ㄷ, ㄹ

16 다음은 공정 무역 농산물을 재배하는 한 농부의 인터뷰이다. 밑줄 친 ㉠~㉤ 중 옳지 않은 것은?

우리는 ㉠ 커피와 카카오 등의 공정 무역 농산물을 재배하고 있어요. 제가 생산한 ㉡ 카카오는 많은 유통 단계를 거쳐 소비자에게 전달되어 이전보다 높은 가격에 판매됩니다. 우리는 ㉢ 공정한 노동의 대가를 받게 되었고, 덕분에 ㉣ 지역의 빈곤 문제가 완화되고 있어요. 또한 ㉤ 소비자들은 환경친화적으로 생산된 농산물을 구매할 수 있습니다.

① ㉠ ② ㉡ ③ ㉢ ④ ㉣ ⑤ ㉤

17 지역 간 불평등을 완화하기 위한 노력으로 적절하지 않은 것은?
① 공정 무역 제품의 소비 비중을 높인다.
② 자유 무역의 확대를 통해 국제 교류를 더욱 활성화한다.
③ 공적 개발 원조를 통해 저개발 국가에 자금과 기술을 지원한다.
④ 국제 비정부 기구에서 진행하는 저개발 국가에 대한 아동 지원 프로그램을 후원한다.
⑤ 저개발 국가에 학교, 의료 시설 등 생활 기반 시설을 확충하기 위한 기금을 마련한다.

한권으로 끝내기!

필수 개념과 **시험 대비**를 **한 권으로 끝**!

사회 공부의 진리입니다.

한끝과 함께 언제, 어디서든 즐겁게 공부해!

한끝으로 끝내고, 이제부터 활짝 웃는 거야!

15개정 교육과정

한끝

정답과 해설

중등 사회 2·2

visang

정답과 해설

Ⅶ 인구 변화와 인구 문제

01 인구 분포

꼼꼼 개념 문제 11쪽

(대표 자료 확인하기) ① 동아시아와 남아시아 ② 서부 유럽 ③ 사하라 사막 ④ 캐나다 ⑤ 남서부 ⑥ 수도권

(한눈에 정리하기) ① 육지 ② 북위 ③ 오세아니아

1 ㉠ 북반구 ㉡ 평야 2 (1) × (2) ○ 3 (1) ㄴ, ㅁ, ㅅ (2) ㄱ, ㄷ, ㄹ, ㅂ 4 (1) 희 (2) 밀 (3) 희 (4) 밀 5 이촌 향도 6 (1) ○ (2) ○ (3) ×

탄탄 시험 문제 12~13쪽

01 ⑤ 02 ② 03 ⑤ 04 ③ 05 ⑤ 06 ⑤ 07 ③ 08 ② 09 ② 10 ③ 11 ①

01 세계 인구는 지구상에 고르게 분포하지 않고 특정 지역에 집중하여 분포한다. 세계 인구의 90% 이상은 북반구에 살고 있으며, 위도별로 살펴보면 북위 20°~40° 지역에 가장 많은 인구가 분포한다.

02 세계에서 인구가 가장 많이 분포하는 대륙인 A는 중국, 인도, 방글라데시 등이 위치한 아시아이다.

03 ⑤ 인구 분포에 영향을 미치는 인문·사회적 요인은 오늘날에 그 영향력이 커지고 있다.

04 지도에 표시된 지역은 사하라 사막과 오스트레일리아 내륙의 건조 지역이다. 이들 지역은 건조 기후가 넓게 나타나 물이 부족하여 인구가 희박하다.

05 일본 태평양 연안은 2·3차 산업이 발달한 지역으로 인구가 밀집하였다.

06 A는 서부 유럽, B는 사하라 사막, C는 동남아시아, D는 미국 북동부 대서양 연안, E는 브라질의 아마존강 유역이다. ⑤ 브라질의 아마존강 유역(E)은 연평균 기온이 너무 높아 인간 활동에 불리하여 인구가 희박하다.

07 몽골은 국토의 대부분이 사막이나 산지로 이루어져 있어 인간이 거주하기에 불리해 인구 밀도가 낮다.

08 (가)는 산업화 이전인 1940년의 인구 분포를 나타낸다. 이 시기에 남서부 지역(A)은 기후가 온화하고 넓은 평야가 발달하여 인구가 밀집하였다.

09 (가)는 1940년, (나)는 2015년의 우리나라 인구 분포를 나타낸다. ② 과거 우리나라는 벼농사 중심의 농업 사회였기 때문에 기후가 온화하고 평야가 발달한 남서부 지역에 인구가 밀집하였다.

10 오늘날 우리나라는 산업이 발달한 수도권, 지방 대도시 및 남동 임해 공업 지역을 중심으로 인구가 밀집하여 분포한다.

11 ① 우리나라의 지역별 인구 분포는 산업화가 급속도로 이루어진 1960년대를 전후로 뚜렷하게 구분된다.

학교 시험에 잘 나오는 서술형 문제

1 • 인구수가 가장 많은 지역: 경기도
• 인구 밀도가 가장 높은 지역: 서울특별시
• 이유: 예시답안 1960년대 이후 산업화가 진행되면서 이촌 향도 현상이 나타나 서울특별시, 경기도를 포함하는 수도권에 인구가 밀집하게 되었다.

구분	채점 기준
상	산업화에 따른 이촌 향도 현상으로 서울특별시, 경기도를 포함한 수도권에 인구가 밀집한다는 점을 정확히 서술한 경우
하	산업화에 따른 이촌 향도 현상 때문이라고만 서술한 경우

02 인구 이동

꼼꼼 개념 문제 16쪽

(대표 자료 확인하기) ① 유럽인 ② 아프리카인 ③ 중국인 ④ 1960~80년대 ⑤ 1990년대 이후 ⑥ 산업화

(한눈에 정리하기) ① 개발 도상국 ② 난민 ③ 환경적

1 (1) × (2) ○ (3) ○ 2 (1) 유럽인 (2) 경제적 3 역도시화 4 (1) 유출 (2) 유입 5 (1) ㄴ (2) ㄷ (3) ㄱ 6 (1) ○ (2) ○

탄탄 시험 문제 17~19쪽

01 ③ 02 ④ 03 ⑤ 04 ④ 05 ④ 06 ③ 07 ⑤ 08 ② 09 ⑤ 10 ⑤ 11 ④ 12 ⑤ 13 ② 14 ③ 15 ①

01 인구를 다른 지역으로 밀어내는 요인을 배출 요인, 인구를 끌어들여 머무르게 하는 요인을 흡인 요인이라고 한다.

02 흡인 요인은 인구를 끌어들여 머무르게 하는 요인으로 종교의 자유, 풍부한 일자리, 쾌적한 주거 환경, 다양한 교육·문화·의료 시설 등이 있다.

03 (가)는 내전에 따른 난민의 이동으로, 이는 정치적 이동에 해당한다. (나)는 필리핀에서 일자리를 찾아 우리나라로 이동한 것으로, 이는 경제적 이동에 해당한다.

04 과거 우리나라 청년들이 일자리를 찾아 독일로 이동한 것은 국제 이동, 자발적 이동, 경제적 이동에 해당한다.

05 지도의 A는 유럽인의 식민지 개척을 위한 이동, B는 아프리카인들의 강제적 이동, C는 중국인의 경제적 이동이다. 제시된 사례의 인구 이동은 일자리를 찾아 멕시코에서 미국으로 이동한 것으로 이는 경제적 이동에 해당한다. 따라서 경제적 이동에 해당하는 것은 A, C이다.

06 ③ 19세기 이후 중국인들은 일자리를 찾기 위해 동남아시아로 이동하였다.

07 A는 경제적 이동, B는 정치적 이동을 나타낸다. 서부 유럽, 오세아니아, 앵글로아메리카는 인구 유입이 활발하고 아프리카, 아시아, 라틴 아메리카는 인구 유출이 활발하다.

08 지도의 (가)는 멕시코로, 인구 유출이 많은 지역이다. ② 이주민과 현지인 간 일자리 경쟁이 나타나는 곳은 인구 유입이 많은 지역이다.

09 개발 도상국에서는 촌락 인구가 일자리를 찾아 도시로 이동하는 이촌 향도 현상이 활발하게 나타나는 반면, 선진국에서는 도시의 인구가 쾌적한 환경을 찾아 도시 주변 지역이나 촌락으로 이동하는 역도시화 현상이 나타난다.

10 프랑스는 주로 북부 아프리카와 튀르키예로부터 많은 인구가 유입되었다. 이들은 대부분 이슬람교도로, 최근 프랑스에서는 크리스트교의 전통이 강한 현지인과 종교적 갈등을 겪고 있다.

11 ④ 1970년대 서남아시아, 북부 아프리카 지역으로 인구가 이주한 것은 경제적 이동이다.

12 ㄱ, ㄴ. 취업이나 결혼하기 위해 중국과 동남아시아 등지에서 우리나라로 들어오는 외국인이 증가하고 있다.

13 (가)는 일제 강점기, (나)는 1960~80년대, (다)는 1990년대 이후, (라)는 광복 후, (마)는 6·25 전쟁 시기의 인구 이동 지도이다.

14 제시된 사례와 같이 대도시의 인구가 쾌적한 환경을 찾아 도시 주변 지역이나 촌락으로 인구 이동이 나타난 시기는 1990년대 이후이다.

15 ① (가)는 일제 강점기의 인구 이동을 나타낸다. 일제 강점기에는 정치·경제적 이유로 인구가 북부 지방으로 이동하거나 중국 만주 지역, 구소련의 연해주 지역으로 이동하였다.

학교 시험에 잘 나오는 서술형 문제

1 예시답안 인구 이동의 배출 요인으로는 낮은 임금, 열악한 주거 환경 등이 있다. 인구 이동의 흡인 요인으로는 높은 임금, 풍부한 일자리 등이 있다.

구분	채점 기준
상	인구 이동의 배출 요인과 흡인 요인을 각각 두 가지씩 정확히 서술한 경우
하	인구 이동의 배출 요인과 흡인 요인을 한 가지씩만 서술한 경우

2 예시답안 해외 이주민들이 본국으로 송금하는 외화가 늘어나면서 경제가 활성화될 수 있다. 그러나 젊고 우수한 노동력이 해외로 빠져나가면서 노동력 부족 문제가 나타나고 경제 성장이 둔화할 수도 있다.

구분	채점 기준
상	필리핀처럼 인구 유출 지역에서 나타날 수 있는 영향 두 가지를 정확히 서술한 경우
하	필리핀처럼 인구 유출 지역에서 나타날 수 있는 영향을 한 가지만 서술한 경우

3 (1) 1960~80년대
(2) 예시답안 1960년대 이후 산업화에 따른 이촌 향도 현상이 심화되면서 수도권, 부산, 인천 등의 대도시와 울산, 포항 등의 공업 도시로 인구가 이동하였다.

구분	채점 기준
상	1960~80년대 인구 이동의 특징과 원인을 모두 정확히 서술한 경우
하	1960~80년대 인구 이동의 특징과 원인 중 한 가지만 서술한 경우

03 인구 문제

꼼꼼 개념 문제

21쪽

[대표 자료 확인하기] ① 선진국 ② 개발 도상국 ③ 유소년층 ④ 노년층 ⑤ 저출산 ⑥ 고령

[한눈에 정리하기] ① 도시 과밀화 ② 남아 ③ 저출산 ④ 평균 수명

1 (1) × (2) ○ (3) ○ **2** (1) 고령화 (2) 산업 혁명 **3** (1) ㄱ, ㄴ (2) ㄷ, ㄹ **4** (1) – ㉡ (2) – ㉠ **5** ㄱ–ㄷ–ㄴ–ㄹ **6** ㉠ 가족계획 사업 ㉡ 출산 장려 정책

탄탄 시험 문제 22~23쪽

01 ③ 02 ④ 03 ② 04 ② 05 ③ 06 ① 07 ③ 08 ③ 09 ⑤ 10 ⑤

01 A는 개발 도상국, B는 선진국이다. 선진국은 산업 혁명 이후부터, 개발 도상국은 제2차 세계 대전 이후 인구가 성장하였다. ③ 오늘날 선진국은 인구 증가율이 매우 낮거나 정체되어 있다.

02 개발 도상국에서는 인구 부양력이 인구 증가 속도에 미치지 못해 식량 부족, 빈곤, 기아 등의 문제가 발생한다.

03 선진국에서는 여성의 사회 참여 증가와 함께 결혼 및 출산에 대한 가치관이 변화하면서 저출산 현상이 나타나고 있다.

04 산업화가 일찍 진행된 선진국에서는 합계 출산율이 낮아 인구가 정체하거나 감소하고 있다. 이를 해결하기 위해 스웨덴에서는 적극적인 출산 장려 정책을 시행하고 있다.

05 (가) 국가는 선진국(독일)이고, (나) 국가는 개발 도상국(앙골라)이다. ③ 선진국의 인구 증가율은 매우 낮거나 정체되어 있으며, 개발 도상국의 인구 증가율은 높은 편이다.

06 오늘날 선진국에서는 출산율이 점차 낮아져 인구가 정체하거나 감소하는 저출산 현상이 나타나고 있다. 또한 사망률이 낮아지고 평균 수명이 연장되면서 고령화 현상이 심화되고 있다.

07 6·25 전쟁 이후 우리나라는 급격한 인구 증가 문제를 해결하고자 1980년대까지 인구 억제 정책을 펼쳤다. 1990년대 이후에는 합계 출산율이 급격히 낮아져 이를 완화하기 위한 방안으로 출산 장려 정책을 추진하고 있다.

08 1990년대 출산율이 급격히 감소하여 저출산 문제가 나타나고 있다. 한편, 평균 수명이 연장되면서 노인 인구가 급증하여 인구의 고령화가 빠르게 진행되고 있다.

09 2060년에 우리나라는 저출산·고령화 현상이 더욱 심각해질 것이다. ⑤ 농업의 기계화 정책 시행은 주로 개발 도상국에서 나타나는 인구 부양력 부족 문제를 해결하기 위한 대책이다.

10 ㄱ. 2015년 기준 우리나라는 65세 이상 인구 비율이 13.2%로 고령화 사회에 해당한다.

학교 시험에 잘 나오는 서술형 문제

1 (1) A – 선진국, B – 개발 도상국

(2) 예시답안 선진국은 인구가 천천히 증가하거나 정체되어 있고, 개발 도상국은 인구가 빠르게 증가하고 있다.

구분	채점 기준
상	선진국은 인구가 천천히 증가하고 있고, 개발 도상국은 인구가 빠르게 증가하고 있다고 정확히 서술한 경우
하	선진국과 개발 도상국 중 한 지역만의 인구 변화 특징을 쓴 경우

쑥쑥 마무리 문제 26~29쪽

01 ④ 02 ⑤ 03 ③ 04 ③ 05 ① 06 ④ 07 ④ 08 ④ 09 ② 10 ⑤ 11 ④ 12 ⑤ 13 ⑤ 14 ② 15 ③ 16 ③ 17 ③ 18 ⑤ 19 ⑤ 20 ④ 21 ②

01 해발 고도가 낮은 하천 주변의 평야나 해안 지역에 인구가 밀집한다.

02 최근에는 과학 기술이 발달하면서 거주에 불리한 자연환경을 극복하는 경우들이 늘어나 거주 지역이 확대되고 있다.

03 지도에 표시된 중국, 인도, 방글라데시를 포함하는 동아시아와 남아시아 지역은 계절풍의 영향으로 강수량이 많아 벼농사가 발달하여 인구가 밀집해 있다.

04 지도를 보면 중국의 동부 해안 지역에 인구가 밀집해 있는데 이는 공업이 발달하였기 때문이다. 반면, 서부 내륙 지역은 해발 고도가 높은 산지 지역으로 이루어져 있어 인구가 희박하다.

05 A는 남서부 지역이다. 이 지역은 평야가 넓고 기후가 온화하여 벼농사에 유리하여 인구가 밀집하였다.

06 1960년대 이후 도시를 중심으로 산업화가 진행됨에 따라 촌락의 인구가 일자리를 찾아 도시로 이동하는 이촌 향도 현상이 뚜렷하게 나타났다. 그 결과 서울을 중심으로 인구가 밀집하였다.

07 A는 서울특별시, B는 경기도, C는 강원특별자치도, D는 전라남도, E는 울산광역시이다. ④ 전라남도는 산업화 이후 이촌 향도로 인구가 빠져나가 인구가 감소하여 인구 밀도가 낮아졌다.

08 사람들을 끌어들이는 흡인 요인에는 높은 임금, 다양한 교육 기회 등이 있으며, 사람들을 다른 지역으로 밀어내는 배출 요인에는 자연재해, 종교 박해, 전쟁과 분쟁 등이 있다.

09 A는 유럽인들의 신대륙으로의 이동, B는 오늘날 경제적 목적에 의한 이동, C는 중국인들의 경제적 목적에 의한 동남아시아로의 이동, D는 유럽인들에 의한 아프리카인들의 강제적 이동이다. ② B는 오늘날 경제적 목적에 의한 이동으로 주로 개발 도상국에서 선진국으로 이동하고 있다.

10 지도의 A는 인구의 순유입, B는 인구의 순유출 경향을 보이는 지역이다. 인구는 개발 도상국(B)에서 선진국(A)으로 이동하는 경향이 강하다.

11 지도의 A는 모로코, B는 프랑스이다. 프랑스는 높은 임금, 풍부한 일자리 등이 흡인 요인으로 작용하여 많은 인구가 유입되고 있다.

12 미국에서는 기후가 온화하고 환경이 쾌적한 남부 지역과 태평양 연안으로 많은 사람이 이동하고 있다.

13 ㉤ 1980년대부터 외국 유학이나 고급 인력들의 해외 취업이 늘고 있으며, 생활 환경이 더욱 좋은 곳으로 떠나는 이민이 증가하고 있다.

14 (가)는 광복 후 다시 우리나라로 돌아오는 사람들의 모습(ㄱ)을 나타낸 가요이다. (나)는 1960년대 이후 산업화로 이촌 향도 현상이 나타나면서 고향을 떠나 서울로 이동하는 사람들의 모습(ㄷ)을 나타낸 가요이다.

15 A는 개발 도상국, B는 선진국이다. 오늘날 세계 인구는 개발 도상국을 중심으로 성장하고 있다.

16 A 지역은 합계 출산율이 높은 개발 도상국이다. 오늘날 개발 도상국에서는 인구 부양력이 부족하여 기아, 빈곤과 같은 문제가 발생하고 있다.

17 도시로의 과도한 인구 집중으로 다양한 도시 문제가 발생하는 곳은 개발 도상국이다.

18 유럽, 북아메리카 등의 선진국에서는 여성의 사회 활동이 증가하고 결혼 및 자녀에 대한 가치관이 변화하면서 저출산 현상이 나타나고 있다.

19 남아 선호 사상이 있는 중국에서는 여자아이보다 남자아이의 출생률이 높게 나타나는 출생 성비 불균형 문제가 나타난다. 이로 인해 결혼 적령기의 남성이 배우자를 찾지 못하는 문제가 발생할 수 있다.

20 우리나라의 인구 구조는 유소년층의 비율이 감소하고 노년층의 인구 비율이 증가하는 형태로 변화하고 있다. 우리나라는 2018년 기준 '고령 사회'이며, 초고령 사회로 향하고 있다.

21 저출산 문제는 출산 장려 정책, 영·유아 보육 시설 확충, 남성의 육아 참여 확대 등을 통해 해결할 수 있다.

Ⅷ 사람이 만든 삶터, 도시

01~02 도시의 위치와 특징 ~ 도시 내부의 경관

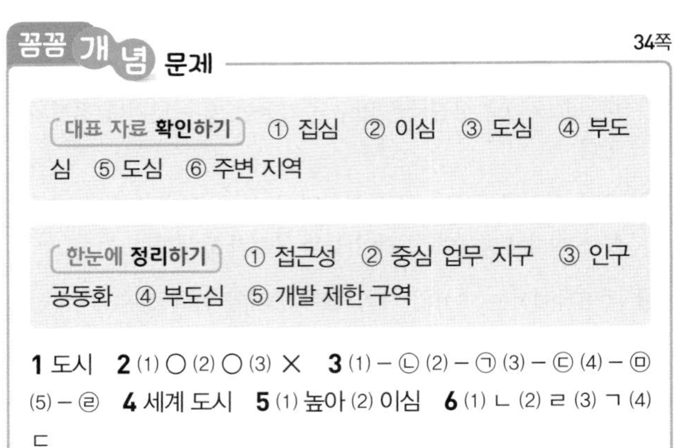

꼼꼼 개념 문제 (34쪽)

대표 자료 확인하기 ① 집심 ② 이심 ③ 도심 ④ 부도심 ⑤ 도심 ⑥ 주변 지역

한눈에 정리하기 ① 접근성 ② 중심 업무 지구 ③ 인구 공동화 ④ 부도심 ⑤ 개발 제한 구역

1 도시 **2** (1) ○ (2) ○ (3) × **3** (1) – ㉡ (2) – ㉠ (3) – ㉢ (4) – ㉤ (5) – ㉣ **4** 세계 도시 **5** (1) 높아 (2) 이심 **6** (1) ㄴ (2) ㄹ (3) ㄱ (4) ㄷ

탄탄 시험 문제 (35~37쪽)

01 ③ **02** ③ **03** ② **04** ⑤ **05** ② **06** ⑤ **07** ③ **08** ① **09** ③ **10** ② **11** ① **12** ⑤ **13** ① **14** ③ **15** ①

01 ㉠은 도시이다. 도시는 2·3차 산업 종사자의 비율이 높아 다양한 직업과 생활 모습이 나타난다.

02 고대에는 농업이 주요 산업이었기 때문에 농업에 유리한 지역에 도시가 형성되었다. 중세에는 시장을 중심으로 상업 도시가 발달하였으며, 산업 혁명 이후에는 주요 동력 자원인 석탄 산지를 중심으로 공업 도시가 발달하였다.

03 (가)는 촌락, (나)는 도시의 경관이다. ② 도시가 촌락보다 다양한 기능을 수행한다.

04 제시문에서 설명하는 도시는 미국 뉴욕이다. 지도의 A는 런던, B는 파리, C는 베이징, D는 시드니, E는 뉴욕이다.

05 (가)는 프랑스 파리(B)의 랜드마크인 에펠 탑, (나)는 오스트레일리아 시드니(D)의 랜드마크인 오페라 하우스이다.

06 제시된 글은 환경·생태 도시에 대한 내용으로 쿠리치바와 프라이부르크가 대표적이다. ①은 세계 도시, ②는 고산 도시, ③은 역사·문화 도시, ④는 산업·물류 도시이다.

07 로마는 고대 및 중세 시대의 유산을 잘 간직하고 있는 도시로, 해마다 많은 관광객이 방문한다. 이스탄불은 유럽과 아시아가 맞닿은 곳에 있어 동서양의 문화가 혼합되어 독특한 문화를 형성하고 있다.

08 도시 내부의 지역 분화 현상은 접근성과 지가 등의 차이에 의해 나타난다.

09 도시 내부의 지역 분화는 규모가 큰 도시에서 주로 나타나며, 주거 기능은 저렴하고 넓은 토지가 필요하므로 주변 지역에 주로 입지한다.

10 A는 도심, B는 부도심, C는 중간 지역, D는 주변 지역, E는 위성 도시이다. ② 부도심은 도심에 집중된 상업·업무 기능을 분담하여 도심의 교통 혼잡을 완화하는 역할을 한다.

11 제시된 글은 도심의 인구 공동화로 인해 주거 기능이 주변 지역으로 이전하여 초등학교 학생 수가 감소하고 있는 것을 나타낸 것이다.

12 A는 도심, B는 주변 지역이다. 주변 지역은 도심에 비해 초등학교 학생 수가 많고, 주민들의 평균 통근 거리가 길다.

13 A는 도심, B는 부도심, C는 주변 지역의 사진이다. (가)는 도심, (나)는 부도심에 대한 설명이다.

14 도심에는 대기업 본사, 백화점 본점, 관공서 등이 주로 입지한다. 따라서 이곳으로 출퇴근하는 인구가 많아 교통 혼잡이 심하고, 인구 공동화 현상으로 야간 인구 밀도가 낮아 주차장 할인율도 높게 나타난다.

15 개발 제한 구역은 도시가 성장하면서 무질서하게 팽창하는 것을 막기 위해 설정한다. 또한 쾌적한 환경을 위한 녹지 확보를 목적으로 하기도 한다.

학교 시험에 잘 나오는 서술형 문제

1 예시답안 제시된 도시들은 세계 경제, 문화, 정치의 중심지 인 세계 도시이다. 세계 도시에는 세계적 영향력을 가진 다국적 기업의 본사, 금융 기관 등이 입지하고 각종 국제기구의 활동이 활발하게 이루어진다.

구분	채점 기준
상	세계 도시라고 쓰고, 세계 도시의 특징을 정확히 서술한 경우
하	세계 도시라고만 쓴 경우

2 (1) 지가와 접근성의 차이
(2) 예시답안 도심은 지대와 접근성이 높고, 집약적 토지 이용이 나타나 고층 빌딩이 밀집해 있으며, 상업·금융·서비스 기능이 집중되어 있다.

구분	채점 기준
상	도심의 특징 세 가지를 정확히 서술한 경우
중	도심의 특징 두 가지를 서술한 경우
하	도심의 특징을 한 가지만 서술한 경우

3 (1) 인구 공동화
(2) 예시답안 도심은 지가가 높기 때문에 주거 기능이 약화되어 낮에는 인구 밀도가 높지만, 밤에는 인구 밀도가 낮은 현상이 나타난다.

구분	채점 기준
상	도심의 지가와 주거 기능을 연결시켜 인구 공동화 현상이 나타나는 이유를 정확히 서술한 경우
하	도심의 지가가 높기 때문이라고만 쓴 경우

03~04 도시화와 도시 문제 ~ 살기 좋은 도시

진도 교재

꼼꼼 개념 문제 40쪽

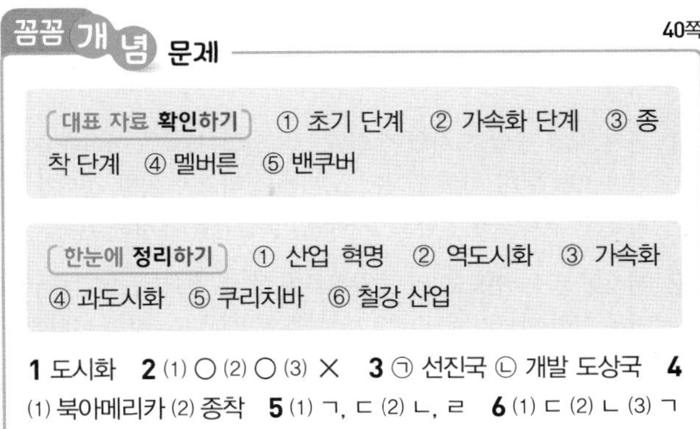

대표 자료 확인하기 ① 초기 단계 ② 가속화 단계 ③ 종착 단계 ④ 멜버른 ⑤ 밴쿠버

한눈에 정리하기 ① 산업 혁명 ② 역도시화 ③ 가속화 ④ 과도시화 ⑤ 쿠리치바 ⑥ 철강 산업

1 도시화 **2** (1) ○ (2) ○ (3) × **3** ㉠ 선진국 ㉡ 개발 도상국 **4** (1) 북아메리카 (2) 종착 **5** (1) ㄱ, ㄷ (2) ㄴ, ㄹ **6** (1) ㄷ (2) ㄴ (3) ㄱ

탄탄 시험 문제 41~43쪽

01 ④ **02** ③ **03** ④ **04** ① **05** ② **06** ② **07** ② **08** ⑤
09 ⑤ **10** ② **11** ③ **12** ③ **13** ④ **14** ③ **15** ④

01 도시화란 전체 인구 중에서 도시에 거주하는 인구의 비율이 높아지고, 도시적 생활 양식이 확산하는 과정이다. ㄴ. 도시화가 진행되면 도시로의 인구 유입이 활발해진다.

02 A는 초기 단계, B는 가속화 단계, C는 종착 단계이다. 도시화의 종착 단계에서는 도시화율이 80%를 넘어 도시 인구의 증가 속도가 느려진다.

03 (가)는 이촌 향도, (나)는 역도시화 현상이다. 이촌 향도 현상은 도시화의 가속화 단계(B), 역도시화 현상은 도시화의 종착 단계(C)에서 주로 나타난다.

04 A는 1950년대에 이미 도시화의 종착 단계에 들어선 것으로 볼 때 선진국인 영국이다. B는 1980년대 이후 급격한 도시화가 이루어진 것으로 볼 때 중국이다. C는 현재 도시화율이 가장 낮은 것으로 볼 때 경제 수준이 낮은 니제르이다.

05 ② 중국(B)은 현재 도시화율이 80%에 미치지 못하므로 가속화 단계에 해당한다.

06 우리나라는 1960년대 중반부터 대도시와 공업 도시를 중심으로 산업화가 시작되어 도시화가 빠른 속도로 진행되었다. ㄴ, ㄷ. 우리나라는 1990년대 이후 종착 단계에 들어서 도시화의 진행 속도가 둔화되고 있다.

07 선진국은 18세기 산업 혁명 이후 점진적으로 도시화가 진행되어 현재는 대부분의 국가가 종착 단계에 해당한다. 따라서 오늘날 선진국의 도시화율은 정체되고 있으며, 개발 도상국이 전 세계 도시화율 상승을 주도하고 있다.

08 개발 도상국은 20세기 중반 이후에 산업화가 시작되어 30~40년의 짧은 기간에 걸쳐 도시화가 급속히 진행되었다. ㉤ 개발 도상국이 많은 아시아와 아프리카의 도시화율이 지속적으로 증가할 것이다.

09 ㄱ. 도시화율이 가장 높은 대륙은 북아메리카이다. ㄴ. 아시아는 현재 도시화의 가속화 단계에 해당한다.

10 선진국은 도심의 낙후 지역 문제를 해결하기 위해 도시 재생 사업이나 도시 재개발 사업을 추진하여 주거 환경을 개선해야 한다.

11 과거 제철 공업 도시였던 빌바오는 산업 쇠퇴로 어려움을 겪다가 1980년대 이후 침체된 도시를 살리고자 지방 정부가 문화 산업에 투자해 빌바오 구겐하임 미술관을 유치하였다.

12 제시된 글은 인도(C)의 벵갈루루에 관한 것이다. 벵갈루루는 전문 인력 확보가 용이하고, 영어를 사용한다는 장점 이외에도 미국과의 시차를 활용해 IT 산업을 발전시켰다. 지도의 A는 프랑스, B는 이집트, D는 오스트레일리아, E는 브라질이다.

13 살기 좋은 도시는 쾌적한 생활환경이 나타나고 경제 수준이 높다. 또한 범죄율이 낮고 정치적으로 안정되어 있으며, 교육·의료·보건·문화 등 다양한 편의 시설이 분포한다. ④ 살기 좋은 도시는 도시 고유의 매력과 특성을 유지하고 있다.

14 멜버른은 전 세계에서 가장 살기 좋은 도시로 손꼽히는 도시이다. 도시 곳곳에 공원과 녹지 공간이 있어 시민들의 생활을 풍요롭게 만든다. ③ 미국 뉴욕, 영국 런던 등 세계 도시에 대한 설명이다.

15 제시된 도시들은 살기 좋은 도시로, 주민들의 삶의 질이 높다.

학교 시험에 잘 나오는 서술형 문제

1 예시답안 선진국은 개발 도상국보다 도시화의 시기가 빨랐으며, 도시화가 점진적으로 진행되었다.

구분	채점 기준
상	선진국의 도시화 과정을 시기, 속도 측면에서 개발 도상국과 비교하여 정확히 서술한 경우
하	선진국의 도시화 과정을 시기 또는 속도 측면에서만 개발 도상국과 비교하여 서술한 경우

2 예시답안 (가)는 이촌 향도 현상, (나)는 역도시화 현상이다. 개발 도상국에서는 기반 시설이 미흡한 상태에서 이촌 향도 현상으로 인구가 도시로 집중하여 일자리 부족 문제가 나타난다. 선진국에서는 역도시화 현상으로 도시 성장이 정체되는 문제가 나타난다.

구분	채점 기준
상	(가), (나) 현상을 쓰고, 이와 관련하여 개발 도상국과 선진국에서 나타나는 도시 문제를 정확히 서술한 경우
중	(가), (나) 현상을 썼으나, 개발 도상국 또는 선진국에서만 나타나는 도시 문제만을 서술한 경우
하	(가), (나) 현상만 쓴 경우

3 예시답안 쿠리치바는 교통 혼잡 문제를 해결하기 위해 굴절 버스, 원통형 버스 정류장 등을 도입하였다.

구분	채점 기준
상	굴절 버스 체계 도입, 원통형 정류장 설치를 정확히 서술한 경우
하	굴절 버스 체계 도입, 원통형 정류장 설치 중 한 가지만 서술한 경우

쏙쏙 마무리 문제

46~49쪽

01 ① 02 ④ 03 ④ 04 ② 05 ③ 06 ④ 07 ③ 08 ③
09 ① 10 ② 11 ③ 12 ① 13 ③ 14 ⑤ 15 ④ 16 ④
17 ④ 18 ① 19 ⑤ 20 ④ 21 ② 22 ③

01 일정 규모 이상의 인구가 밀집하여 거주하는 도시는 주민들의 직업이 다양하고 자연 경관보다 인문 경관이 뚜렷하게 나타난다.

02 (가)는 독일 프라이부르크(B), (나)는 미국 뉴욕(E)에 대한 설명이다. 지도의 A는 영국 런던, C는 중국 베이징, D는 오스트레일리아 시드니이다.

03 제시된 랜드마크에 오페라 하우스가 보이므로 오스트레일리아의 시드니(D)임을 알 수 있다.

04 ㉠은 세계 도시이다. 세계 도시는 국제적인 영향력을 발휘하는 중심 도시로 교통의 발달로 영향력이 확대되고 있다.

05 로마를 상징하는 랜드마크는 콜로세움이 대표적이다. ①은 파리의 에펠 탑, ②는 시드니의 오페라 하우스, ④는 뉴욕의 자유의 여신상, ⑤는 카이로의 피라미드와 스핑크스이다.

06 ④ 유럽과 아시아에 걸쳐 있는 튀르키예의 이스탄불은 동서양의 역사, 종교, 문화 등이 어우러져 독특한 경관이 나타난다.

07 도시 내부의 지역 분화의 원인으로 접근성, 지가 등을 들 수 있다.

08 ③ 공업 지역은 넓은 부지를 필요로 하기 때문에 주로 땅값이 저렴한 주변 지역에 입지한다.

09 종로구는 서울의 도심으로 상주인구가 적어 주민 센터의 행정 업무가 적기 때문에 여러 개의 주민 센터를 통합하여 운영하기도 한다.

10 ② 도시 내에서 단위 면적당 평균 지가가 가장 높은 곳은 도심(A)이다.

11 그래프는 인구 공동화 현상을 나타낸다. ③ 인구 공동화 현상은 도심(A)의 주거 기능 약화로 야간에 인구가 주변 지역(B)으로 빠져나가면서 도심이 텅 비게 되는 현상이다.

12 ㈎는 ㈏에 비해 출근 시간대에 하차 인원이 많고, 퇴근 시간대에 승차 인원이 많은 것으로 볼 때 업무 시설이 주로 분포하는 도심에 위치한 역이다. ㈏는 출근 시간대에 승차 인원이 많고, 퇴근 시간대에 하차 인원이 많은 것으로 볼 때 주택 등이 주로 분포하는 주변 지역에 위치한 역이다. ㄷ. 상업·업무 기능은 ㈏역 주변 지역보다 ㈎역 주변 지역에서 발달해 있다.

13 화살표는 서울의 주변 지역인 노원구에서 도심인 중구, 부도심인 강남구 방향으로 이동한다. ㈎는 고층 빌딩이 밀집한 도심, ㈏는 아파트가 밀집한 주변 지역, ㈐는 도심의 상업, 서비스 기능을 분담하는 부도심 사진이다.

14 도시화의 초기 단계(A)에는 인구의 대부분이 촌락에 거주한다. 가속화 단계(B)는 많은 인구가 도시로 이동하면서 도시화율이 빠르게 증가하는 시기이다. 대체로 급격한 도시화가 진행되는 개발 도상국이 선진국보다 이 시기의 기울기가 급하다. 종착 단계(C)는 도시화율이 가장 높은 시기로 도시 간 인구 이동이 활발하다.

15 가속화 단계에는 산업화에 따라 촌락의 인구가 일자리가 많은 도시로 이동하는 이촌 향도 현상이 나타나며, 이로 인해 도시 인구가 급격히 증가한다. ㄱ, ㄷ. 역도시화와 대도시권 형성은 종착 단계에서 나타난다.

16 ㉣ 우리나라는 1990년대 이후 도시화의 종착 단계에 접어들어 도시화율의 증가 속도가 둔화되었다.

17 A는 선진국에 해당하는 영국, B는 개발 도상국에 해당하는 중국이다. ④ 오늘날 도시화의 진행 속도는 중국(B)이 영국(A)보다 빠르다.

18 선진국의 도시는 오랜 기간 동안 진행되어 온 도시화로 시설 노후화, 슬럼 형성 등의 문제가 나타나고 있다. 개발 도상국의 도시는 짧은 시간에 급격하게 도시화가 진행되면서 도시 기반 시설 부족, 불량 주택 지구 형성 등의 문제가 나타나고 있다.

19 인구와 기능의 지나친 도시 집중으로 교통·주택·환경 문제 등의 도시 문제가 발생하고 있다. ⑤ 환경 문제를 해결하기 위해서는 쓰레기 분리수거와 친환경 에너지 사용 정책을 추진해야 한다.

20 가인. 벵갈루루는 일자리 부족과 빈곤 문제를 해결하기 위해 첨단 산업을 육성하여 도시 문제를 극복하였다. 다인. 빈은 쾌적한 자연환경과 풍부한 문화 시설을 갖추고 있으며 치안이 좋아 살기 좋은 도시 순위를 선정할 때 항상 상위권에 꼽히는 도시이다.

21 제시된 도시들은 환경, 치안 등이 잘 정비되어 있고 문화, 교육 시설 등이 잘 갖추어진 살기 좋은 도시이다. 살기 좋은 도시는 절대적 기준을 정하기는 어렵지만 대체로 주민들의 삶의 질이 높은 도시가 살기 좋은 도시라고 할 수 있다.

22 제시문에서 설명하는 도시는 오스트레일리아의 멜버른이다.

Ⅸ 글로벌 경제 활동과 지역 변화

01 농업 생산의 기업화와 세계화

꼼꼼 개념 문제 53쪽

대표 자료 확인하기 ① 기업적 목축 ② 기업적 곡물 농업 ③ 쌀 ④ 옥수수

한눈에 정리하기 ① 다국적 농업 기업 ② 플랜테이션 ③ 상품 작물 ④ 사료 작물 ⑤ 쌀 ⑥ 세계화 ⑦ 자급률

1 (1) ○ (2) × (3) × **2** 세계화 **3** (1) ㄷ (2) ㄴ (3) ㄱ **4** ㉠ 쌀 ㉡ 커피 **5** (1) 감소 (2) 쌀 (3) 육류

탄탄 시험 문제 54~55쪽

01 ④ **02** ② **03** ② **04** ④ **05** ① **06** ⑤ **07** ⑤ **08** ④ **09** ③

01 과거에는 자급적 농업이 주를 이루었으나, 산업화와 도시화가 진행되면서 판매를 목적으로 하는 상업적 농업이 확대되었다. 또한 지역 간 교류가 증가하고 생활 수준이 향상되면서 다양한 농산물에 대한 수요가 증가하고 있다.

02 ㉡ 기업적 농업이 이루어지는 곳에서는 농기계를 사용하여 적은 노동력으로 농작물을 대량 생산하기 때문에 생산한 농작물을 저렴한 가격에 판매할 수 있다.

03 다국적 농업 기업은 상업적 이익을 극대화하기 위해 대형 농기계와 화학 비료, 농약 등을 사용하여 농작물의 생산량을 늘리고 있다.

04 지도에 표시된 지역은 기업적 곡물 농업 지역이다. 기업적 농업은 농기계와 화학 비료를 사용하여 농작물을 대량 생산하는 방식으로, 미국, 캐나다, 오스트레일리아 등 넓은 평원이 있는 국가에서 주로 이루어진다.

05 ㈎는 베트남, ㈏는 필리핀에 대한 설명이다. 아르헨티나에서는 주로 기업적 곡물 농업 및 기업적 목축이 이루어진다.

06 ⑤ 대규모 다국적 농업 기업이 생산한 값싼 농산물이 대량으로 수입되면 우리나라 농민들은 타격을 입을 수 있고, 이로 인해 식량 자급률이 낮아질 수 있다.

07 우리나라는 쌀을 제외한 보리, 밀, 옥수수 등 주요 곡물을 대부분 수입에 의존하기 때문에 곡물 생산에 차질이 생기면 식량 부족 위기에 직면할 우려가 있다. 또한 자급률이 낮기 때문에 국제 곡물 시장의 작은 변화에도 쉽게 흔들릴 수 있다.

08 가현. 오늘날 세계의 많은 국가들은 농업 경쟁력을 높이기 위해 한 종류의 곡물을 재배하는 방식에서 벗어나 원예 작물이나

기호 작물 등을 재배하고 있다. 다현. 최근 쌀의 소비 비중이 감소하여 쌀 재배 지역은 점차 축소되고 있다.

09 전 세계적으로 육류 소비가 늘면서 가축의 사료 작물인 옥수수나 콩의 수요도 증가하고 있다. 이에 따라 기업적 밀 재배 지역이 최근 수익성이 높은 옥수수 재배지로 바뀌는 등 토지 이용의 변화가 나타나고 있다.

학교 시험에 잘 나오는 서술형 문제

1 예시답안 농업의 세계화로 세계 각지의 다양한 농산물을 쉽고 저렴하게 구매할 수 있게 되었다. 그러나 해외에서 생산된 농산물은 이동 과정에서 방부제를 사용하는 경우가 많아 식품의 안전성 문제가 제기되기도 한다.

구분	채점 기준
상	농업의 세계화가 소비자에게 미치는 긍정적 영향과 부정적 영향을 모두 정확히 서술한 경우
하	농업의 세계화가 소비자에게 미치는 긍정적 영향과 부정적 영향 중 한 가지만 서술한 경우

02~03 다국적 기업과 생산 공간 변화 ~ 세계화에 따른 서비스업의 변화

꼼꼼 개념 문제 58쪽

대표 자료 확인하기 ① 대도시 ② 생산 공장 ③ 본사 ④ 연구소 ⑤ 생산 공장 ⑥ 전자 상거래

한눈에 정리하기 ① 유통 ② 공정 여행

1 (1) ○ (2) ○ (3) × **2** 다국적 기업 **3** (1) – ㉢ (2) – ㉠ (3) – ㉡ **4** 산업 공동화 **5** (1) 약화 (2) 선진국 **6** ㉠ 영어 ㉡ 콜센터 **7** ㄱ, ㄷ, ㄹ

탄탄 시험 문제 59~61쪽

01 ② **02** ③ **03** ② **04** ② **05** ④ **06** ③ **07** ④ **08** ② **09** ③ **10** ② **11** ④ **12** ⑤ **13** ⑤ **14** ① **15** ②

01 오늘날에는 교통과 통신의 발달로 상품, 자본, 노동, 기술, 서비스 등이 국경을 초월하여 자유롭게 이동하면서 지역 간 경제적 상호 의존도가 높아지고 있다.

02 세계 무역 기구(WTO)의 출범으로 국가 간 무역 장벽이 낮아지면서 다국적 기업의 수는 빠르게 증가하고 있다.

03 다국적 기업은 초기에 국내 대도시에 공장을 세우고 기업 활동을 시작하다가 타 지역에 공장을 건설하여 생산 기능을 분리한다. 이후 해외에 판매 지사를 개설하여 해외 시장을 개척하고, 해외에 생산 공장을 건설하여 제품을 직접 공급하면서 다국적 기업으로 성장한다.

04 다국적 기업의 생산 공장은 시장을 확대하고 무역 장벽을 피하기 위해 선진국에 입지하기도 한다.

05 높은 지가와 임금은 생산 비용을 증가시켜 기업의 이윤을 낮출 수 있어 다국적 기업은 지가와 임금이 저렴한 곳으로 생산 공장을 이전하게 된다.

06 생산 공장이 다른 지역으로 이전하면 기존 지역은 산업 공동화 현상으로 실업률이 상승하고 산업의 기반을 잃게 된다. 이로 인해 인구가 감소하고 지역 경제가 침체될 수 있다.

07 다국적 기업의 생산 공장은 생산비를 절감하고 이윤을 극대화하기 위해 지가와 임금이 저렴한 지역에 입지한다. 따라서 생산 공장이 위치한 지역의 임금, 지대 등이 상승하면 생산비가 저렴한 다른 지역을 찾아 이동할 수 있다.

08 ㉡ 소비자마다 원하는 서비스 형태가 다르기 때문에 서비스업은 기계화·표준화가 어렵다는 특징이 있다.

09 인터넷을 비롯한 정보 통신 기술의 발달로 시·공간의 제약이 완화되고, 해외 상점에 쉽게 접속할 수 있게 되면서 소비 활동의 범위가 전 세계로 확대되고 있다.

10 필리핀은 인건비가 저렴하고 영어 사용이 가능하다는 이점 때문에 다국적 기업의 콜센터가 많이 진출하고 있다.

11 필리핀에 콜센터가 많이 들어서면서 음식점, 숙박 시설 등이 생겨나 서비스업 종사자가 증가하고 있다.

12 ㈎는 기존의 상거래 방식, ㈏는 전자 상거래 방식을 나타낸다. ⑤ 전자 상거래는 기존의 상거래 방식과는 달리 시간과 공간의 제약을 적게 받기 때문에 소비 활동의 범위가 전 세계로 확대될 수 있다.

13 전자 상거래의 발달로 소비자가 직접 찾아가 구매하는 오프라인 상점은 줄어들고 온라인 상점이 늘어나고 있다. 또한 소비자에게 물건을 배송해주는 택배업이 성장하면서 운송이 유리한 지역에 물류 창고가 들어서고 있다.

14 제시된 내용은 관광의 세계화가 나타나게 된 배경과 그에 따른 영향을 정리한 것이다.

15 ② 세계화에 따라 관광 산업은 빠르게 성장하고 있으며 관광의 유형도 다양해지고 있다.

학교 시험에 잘 나오는 서술형 문제

1 예시답안 다국적 기업의 생산 공장은 지가와 임금이 저렴하여 생산 비용을 줄일 수 있는 개발 도상국에 입지하는 경우가 많으며, 시장을 확대하고 무역 장벽을 극복하기 위해 선진국에 입지하기도 한다.

구분	채점 기준
상	다국적 기업의 생산 공장이 입지하기 유리한 조건을 두 가지 모두 정확히 서술한 경우
하	다국적 기업의 생산 공장이 입지하기 유리한 조건을 한 가지만 서술한 경우

2 예시답안 산업 공동화 현상이 나타나면서 실업률이 높아지고 지역 경제가 침체될 수 있다. 이러한 상황이 지속될 경우 인구가 유출될 수 있다.

구분	채점 기준
상	다국적 기업의 생산 공장이 빠져나간 지역에서 나타나는 변화를 두 가지 모두 정확히 서술한 경우
하	다국적 기업의 생산 공장이 빠져나간 지역에서 나타나는 변화를 한 가지만 서술한 경우

3 예시답안 소비자에게 물건을 배송해주는 택배업 등의 유통 산업이 발달하고, 운송이 유리한 지역에 대규모의 물류 창고가 들어선다. 반면 소비자가 직접 찾아가 구매하는 상점은 쇠퇴하고, 배달 위주의 매장이 발달한다.

구분	채점 기준
상	전자 상거래 발달에 따른 변화를 세 가지 모두 정확히 서술한 경우
중	전자 상거래 발달에 따른 변화 두 가지를 정확히 서술한 경우
하	전자 상거래 발달에 따른 변화를 한 가지만 서술한 경우

쑥쑥 마무리 문제

64~67쪽

01 ③ 02 ⑤ 03 ① 04 ④ 05 ② 06 ⑤ 07 ④ 08 ③
09 ② 10 ④ 11 ③ 12 ① 13 ① 14 ③ 15 ④ 16 ③
17 ③ 18 ④ 19 ④ 20 ⑤

01 ㄱ. 산업화와 도시화가 진행되면서 상업적 농업이 발달하고 있다. ㄹ. 세계적으로 육류 소비가 늘어나면서 옥수수나 콩 등의 가축의 사료 작물 재배가 증가하고 있다.

02 ⑤ 다국적 농업 기업은 기업적 농업을 통해 농작물을 대량으로 생산하여 가격 경쟁력을 확보한다.

03 ① 오늘날 생활 수준이 향상되면서 채소, 과일, 육류의 소비량은 꾸준히 증가하고 있다.

04 인도네시아는 기름야자 재배로 팜유를 생산하면서 경제가 활성화되었다. 그러나 기름야자를 재배하는 과정에서 열대림이 파괴되어 다양한 생물종이 멸종 위기에 놓이게 되었다.

05 나우루의 사례를 통해 농업의 세계화가 진행되고 있음을 알 수 있다. ㄴ. 세계 무역 기구(WTO)의 출범과 농산물 시장의 개방으로 무역 장벽은 낮아졌다. ㄹ. 경제 활동의 세계화에 따라 국가 간 경제적 상호 의존성은 높아지고 있다.

06 ⑤ 나우루는 오늘날 대부분의 식재료를 수입에 의존하기 때문에 국제 곡물 시장이나 식품 시장의 변화에 쉽게 흔들릴 수 있다.

07 필리핀은 다국적 농업 기업이 쌀 생산지를 개간하여 바나나를 재배하면서 바나나 수출량이 증가하였다. 그러나 인구 급증으로 쌀 소비량이 증가하여 쌀을 수입하면서 쌀 수출국에서 쌀 수입국이 되었다. 필리핀은 식량 자급률이 낮아져 쌀의 국제 가격이 상승하면 식량 부족 문제가 발생할 수 있다.

08 ㉢ 국내에서 제품 판매가 늘어 사업 규모가 커지면 해외에 판매 지사를 설립하여 시장을 개척한다.

09 제시된 대화에는 다국적 기업의 활동이 나타나 있다. ② 다국적 기업들은 제조업뿐만 아니라 농산물 생산과 가공, 자원 개발, 유통·금융 서비스 등 다양한 분야로 진출하고 있다.

10 오늘날 세계 무역 기구(WTO)의 출범과 자유 무역 협정(FTA)의 확대로 국가 간 무역 장벽이 낮아지면서 다국적 기업의 활동이 증가하고 있다.

11 다국적 기업의 공간적 분업에 대한 설명이다. 다국적 기업은 회사를 경영하고 관리하는 본사, 핵심 기술과 디자인 등을 개발하는 연구소, 제품을 생산하는 공장 등으로 구성되어 있는데 이들은 입지 조건이 서로 다르다.

12 다국적 기업의 생산 공장은 생산 비용을 절감하기 위해 지가가 낮고 임금이 저렴한 개발 도상국에 주로 입지한다. 그러나 판매 시장 확보를 위해 수요가 많은 국가로 이전하거나 무역 장벽을 극복하기 위해 선진국으로 진출하기도 한다.

13 중국의 인건비 상승, 세제 혜택 축소 등으로 인해 많은 다국적 기업들이 생산 공장을 베트남으로 이전하고 있다. 생산 공장이 들어선 지역에서는 일자리가 증가하고 지역 경제가 활성화되는 등 긍정적인 효과가 나타난다.

14 산업 공동화란 지역의 기반을 이루고 있던 산업이 없어지거나 해외로 이전되면서 산업 구조에 공백이 생기는 현상을 말한다. 산업 공동화가 나타나는 지역은 실업률이 높아지고 경제가 침체될 수 있다.

15 ㉣ 선진국의 기업들은 비용을 절감하고 업무의 효율성을 높이기 위해 업무의 일부를 개발 도상국으로 분산하여 운영하고 있다.

16 인터넷 등 정보 통신망을 이용해 물건을 사고파는 전자 상거래는 정보 통신 기술의 발달로 빠르게 성장하고 있다.

17 전자 상거래의 활성화로 인터넷 서점이 발달하면서 소비자가 직접 찾아가 구매하는 소규모 서점들은 찾아보기 어렵게 되었다.

18 교통의 발달로 이동이 편리해지고 정보 통신의 발달로 관광과 관련된 정보를 쉽게 얻을 수 있게 되면서 전 세계적으로 관광 활동이 확대되고 있다.

19 ㄴ. 영화 촬영지가 유명 관광지로 발달하게 되면 관광 산업이 활성화되면서 음식·숙박업 등 3차 산업의 비중이 증가할 것이다.

20 오늘날 정보 통신의 발달, 생활 수준 향상, 여가 시간 증대 등으로 관광에 대한 사람들의 관심이 높아져 관광에 대한 수요가 증가하고 있으며 전 세계적으로 관광 활동이 확대되고 있다.

X 환경 문제와 지속 가능한 환경

01 전 지구적 차원의 기후 변화

꼼꼼 개념 문제 72쪽

(대표 자료 확인하기) ① 온실가스 ② 지구 온난화 ③ 빙하 ④ 상승

(한눈에 정리하기) ① 온실가스 ② 교토 의정서 ③ 파리 협정

1 (1) ㄱ, ㄷ (2) ㄴ, ㄹ **2** 이산화 탄소 **3** (1) 증가 (2) 상승 (3) 축소 **4** (1) × (2) × (3) ○ (4) ○ (5) ○ **5** (1) – ㉡ (2) – ㉢ (3) – ㉠ **6** ㉠ 선진국 ㉡ 파리 협정

탄탄 시험 문제 73~75쪽

01 ④ **02** ② **03** ③ **04** ⑤ **05** ④ **06** ③ **07** ② **08** ① **09** ④ **10** ③ **11** ⑤ **12** ③ **13** ② **14** ①

01 ㉣ 산업 혁명 이후 인간의 활동과 같은 인위적 요인이 기후 변화에 강하게 영향을 미치고 있으나, 여전히 자연적 요인도 기후 변화에 영향을 미치고 있다.

02 대기 중 이산화 탄소 등의 온실가스 농도가 높아지는 것은 화석 연료의 사용이 증가하고 열대 우림 파괴로 온실가스를 흡수하는 자연의 능력이 줄어들었기 때문이다.

03 제시된 그래프를 통해 대기 중 이산화 탄소의 농도가 증가함에 따라 지구의 평균 기온도 상승하고 있음을 알 수 있다. 즉 지구의 평균 기온은 이산화 탄소의 농도와 정(+)의 관계에 있음을 알 수 있다.

04 지구 온난화가 심화하면 극지방의 빙하 감소에 따른 해수면 상승, 태풍·폭우·홍수·가뭄 등의 빈번한 발생, 식물의 개화 시기가 빨라짐에 따른 생태계의 교란 및 변화 등이 나타난다. ⑤ 지구의 기온이 상승하면 고산 식물의 분포 범위가 줄어든다.

05 지도는 빙하 감소와 해수면 상승에 따른 현상을 나타낸다. 이러한 현상은 지구 온난화로 지구의 평균 기온이 높아지면서 극지방과 고산 지역의 빙하가 녹아 해수면이 상승하였기 때문에 나타난다.

06 A는 알프스산맥, B는 방글라데시, C는 알래스카, D는 투발루, E는 안데스산맥이다. 알래스카 지역(C)은 지구 온난화로 여름이 길어지면서 언 땅이 녹아 물렁물렁해져 건물이 무너지는 경우가 많아졌다.

07 투발루(D)와 같이 해발 고도가 낮은 섬나라는 지구 온난화에 따른 해수면 상승으로 국토의 대부분이 바닷물에 잠길 위기에 처해 있다.

08 지구 평균 기온의 상승으로 북극 빙하가 감소하면서 북극해의 항로가 열리는 긍정적인 변화가 나타나기도 한다.

09 산호초의 백화 현상은 바닷물의 온도 상승으로 조류가 살 수 없게 되고, 조류와 공생하던 산호초가 죽어 하얗게 변하는 것이다.

10 기후 변화에 따른 피해는 전 지구적으로 영향을 미치므로, 기후 변화에 대응하기 위해서는 특정 지역이나 국가에 한정되지 않은 전 지구적 차원에서의 공동 노력이 필요하다.

11 교토 의정서는 선진국에만 온실가스 감축 의무를 부여하였지만, 파리 협정은 선진국과 개발 도상국 모두에 온실가스 감축 의무를 부여하였다.

12 기후 변화 협약, 교토 의정서, 파리 협정은 온실가스 배출량을 감축하여 지구 온난화를 완화하기 위한 국가 간 합의에 해당한다.

13 ㉠은 파리 협정이다. 파리 협정은 선진국과 개발 도상국 모두가 온실가스 감축 의무를 분담하기로 했다는 데 의의가 있다.

14 기후 변화에 대응하기 위해 대중교통을 이용하고, 일회용품 사용을 자제하는 등 온실가스 배출을 줄이기 위한 노력을 기울여야 한다. 다현. 열대 우림은 온실가스를 흡수하는 역할을 하므로, 열대 우림을 개간할 경우 지구 온난화가 더 심화할 수 있다. 라현. 온실가스를 감축하는 기업에 벌금을 부과할 경우 기업은 온실가스 감축을 위한 노력을 소홀히 할 수 있다.

학교 시험에 잘 나오는 서술형 문제

1 (1) 이산화 탄소

(2) 예시답안 산업 혁명 이후 석탄, 석유 등 화석 연료의 사용이 늘어나면서 이산화 탄소의 배출이 증가하였고, 무분별한 개발과 삼림 파괴로 대기 중 이산화 탄소의 농도가 더욱 증가하였다.

구분	채점 기준
상	이산화 탄소의 농도가 증가하는 이유를 두 가지 이상 정확히 서술한 경우
하	이산화 탄소의 농도가 증가하는 이유를 한 가지만 서술한 경우

2 예시답안 지구 온난화로 지구의 평균 기온이 높아지면서 극지방과 고산 지역의 빙하가 녹아 해수면이 상승하고 있다. 그 결과 해발 고도가 낮은 곳은 범람 및 침수 피해를 겪고 있으며, 국토가 침수될 위기에 처해 있다.

구분	채점 기준
상	지구 온난화가 빙하 면적 및 해수면 변화에 미치는 영향을 근거로 들어 서술한 경우
하	지구 온난화 때문이라고만 쓴 경우

3 예시답안 두 협약 모두 온실가스 감축에 합의했다는 공통점이 있다. 교토 의정서는 주로 선진국의 온실가스 감축 의무를 강조한 반면, 파리 협정은 온실가스 감축의 의무가 선진국과 개발 도상국 모두에 있음을 강조하고 있다.

구분	채점 기준
상	온실가스 감축에 관한 의무 측면에서 두 협약의 공통점과 차이점을 정확히 서술한 경우
하	두 협약의 공통점과 차이점 중 한 가지만 서술한 경우

02 환경 문제 유발 산업의 이동

꼼꼼 개념 문제

77쪽

대표 자료 확인하기 ① 한국 ② 중국 ③ 선진국 ④ 개발 도상국

한눈에 정리하기 ① 선진국 ② 개발 도상국 ③ 환경 오염 ④ 인건비

1 (1) 공해 유발 산업 (2) 전자 쓰레기 **2** (1) ○ (2) × (3) ○ (4) × **3** (1) 선진국 (2) 개발 도상국 **4** ㄱ, ㄷ **5** (1) – ㉠, ㉣ (2) – ㉡, ㉢ **6** 바젤 협약

탄탄 시험 문제

78~79쪽

01 ⑤ **02** ② **03** ② **04** ③ **05** ① **06** ④ **07** ② **08** ④ **09** ① **10** ②

01 공해 유발 산업은 일반적으로 쾌적한 환경에 대한 요구가 높은 선진국에서 상대적으로 환경 규제가 느슨한 개발 도상국으로 이전된다.

02 전자 쓰레기의 대부분은 선진국(A)에서 발생하며, 개발 도상국(B)으로 이동하고 있다. 일부 선진국들은 전자 쓰레기를 자국에서 안전하게 처리할 수 있는데도 환경 및 경제적 부담을 줄이기 위해 전자 쓰레기를 개발 도상국에 수출하고 있다.

03 네덜란드의 화훼 농장들은 탄소 배출 비용 및 인건비 절감을 위해 기후 조건이 좋고 인건비가 저렴한 케냐로 이전하고 있다.

04 화훼 농장의 이전으로 케냐에서는 토양의 황폐화와 관개용수 남용에 따른 물 부족 문제, 화학 비료와 농약 사용에 따른 토양과 식수 오염, 식량 부족 등이 나타나기도 한다. ③ 화훼 농장의 이전으로 케냐에서는 외화 수입과 일자리가 증가하여 지역 경제가 활성화되었다.

05 석면 산업과 전자 쓰레기 재활용 산업은 환경 문제를 유발하는 산업으로, 환경 규제가 엄격한 선진국에서 상대적으로 환경 규제가 느슨한 개발 도상국으로 이전하고 있다.

06 환경 문제 유발 산업의 유출 지역은 대부분 선진국이다. 선진국에서는 쾌적한 환경에 대한 요구가 높고, 환경 관련 규제가 엄격하기 때문이다. ㄱ, ㄷ. 환경 문제 유발 산업을 받아들이는 개발 도상국의 특징이다.

07 ㉡ 많은 개발 도상국에서는 일자리 창출과 경제 성장을 위해 환경 문제를 유발하는 산업을 엄격한 규제 없이 받아들였고, 이로 인해 환경 오염과 생태계 파괴가 심각해졌다.

08 ④ 인도와 같은 개발 도상국은 미국과 같은 선진국에 비해 환경 문제 유발 산업을 규제하는 법적 장치를 제대로 갖추지 못한 경우가 많다.

09 제시된 자료는 유해 폐기물에 대한 국제적 이동의 통제와 규제를 목적으로 하는 국제 협약인 바젤 협약의 주요 내용에 해당한다.

10 ② 환경 문제의 지역적 불평등을 해결하기 위해 개발 도상국에서는 공해 유발 산업의 무분별한 유입을 제한하고, 기업에 대한 환경 규제와 감시를 강화해야 한다.

학교 시험에 잘 나오는 서술형 문제

1 예시답안 석면 산업체는 대체로 선진국에서 개발 도상국으로 이동한다. 석면 산업체를 받아들이는 지역은 환경 규제가 엄격하지 않은 편인데, 이는 환경 보전보다 경제 성장을 더 중요하게 여기기 때문이다.

구분	채점 기준
상	석면 산업체의 이동 경향과 원인을 모두 정확히 서술한 경우
하	석면 산업체의 이동 경향과 원인 중 한 가지만 서술한 경우

03 생활 속의 환경 이슈

꼼꼼 개념 문제

81쪽

대표 자료 확인하기 ① 중국 ② 화석 연료 ③ 푸드 마일리지 ④ 로컬 푸드

한눈에 정리하기 ① 미세 먼지 ② 유전자 변형 식품(GMO) ③ 온실가스

1 (1) 환경 이슈 (2) 미세 먼지 (3) 유전자 변형 식품(GMO) **2** (1) × (2) × (3) ○ (4) × **3** (1) 증가 (2) 낮다 (3) 감소 **4** (1) – ㉠, ㉡ (2) – ㉢, ㉣ **5** ㄱ, ㄷ

탄탄 시험 문제

82~83쪽

01 ⑤ 02 ④ 03 ③ 04 ③ 05 ② 06 ④ 07 ⑤ 08 ③
09 ① 10 ⑤ 11 ②

01 환경 문제 중에서 원인과 해결 방안이 입장에 따라 서로 다른 것을 환경 이슈라고 한다. 환경 이슈는 시대별·지역별로 다르며, 다양한 규모에서 나타난다.

02 ㉠에 들어갈 내용은 미세 먼지이다. 미세 먼지는 크기가 매우 작아 사람의 폐까지 침투하여 사람들의 건강에 악영향을 끼칠 수도 있다.

03 미세 먼지는 흙먼지와 식물 꽃가루 등의 자연적 요인과 화석 연료를 태울 때 생기는 매연, 자동차 배기가스, 건설 현장의 날림 먼지 등 인위적 요인에 의해 발생한다. ③ 여름철 집중 호우로 오염 물질이 씻겨 내려가면 미세 먼지 농도가 낮아질 수 있다.

04 ③ 대기가 안정되어 확산이 잘 일어나지 않는 조건에서는 오염 물질이 축적되어 미세 먼지 농도가 높아질 수 있다.

05 제시된 내용은 자원의 소비 증가 및 일회용품 사용 증가에 따른 쓰레기 문제를 나타낸다. 쓰레기를 땅에 매립하면 토양과 물이 오염되고, 불에 태우면 유독 가스를 배출하여 대기가 오염되므로, 쓰레기 처리를 둘러싸고 개인이나 집단 간에 갈등이 발생하기도 한다.

06 밑줄 친 '새로운 품종'은 유전자 변형 식품(GMO)이다. ㄱ, ㄷ. 유전자 변형 식품은 병충해에 강하고, 적은 노동력과 비용으로도 많은 양을 수확할 수 있다는 장점이 있다.

07 유전자 변형 식품(GMO)이 인체에 미치는 영향에 관한 안전성이 검증되지 않았기 때문에 생산과 이용에 신중해야 한다는 견해가 있다.

08 수입 농산물은 먼 거리를 이동하여 오기 때문에 식품의 안전성을 보장하기 어렵다. 그래서 친환경적이고 안전한 먹을거리에 대한 사람들의 관심이 높아지고 있으며, 최근 지역에서 생산된 농산물을 지역에서 소비하자는 로컬 푸드 운동이 주목받고 있다.

09 로컬 푸드를 이용함으로써 생산지와 소비지까지의 거리가 단축되어 먹을거리의 신선도와 안전성을 확보하고, 이동 과정에서 발생하는 온실가스를 줄일 수 있다.

10 푸드 마일리지는 먹을거리가 생산되어 소비자의 식탁에 오르기까지 소요된 총거리를 나타낸 것이다. 식품의 이동 거리가 길수록, 즉 푸드 마일리지가 높을수록 수송 과정에서 배출되는 온실가스의 양이 많아진다.

11 일상생활 속 환경 보전을 위한 활동으로는 로컬 푸드 이용, 대중교통 이용, 쓰레기 분리배출 생활화, 에너지 효율 등급이 높은 제품 사용 등이 있다.

학교 시험에 잘 나오는 서술형 문제

1 (1) 로컬 푸드 운동
(2) 예시답안 로컬 푸드 운동을 통해 소비자는 신선하고 안전한 먹을거리를 제공받을 수 있으며, 농민은 안정적인 소득을 보장받을 수 있다. 또한 지역 경제 활성화에도 도움을 준다.

구분	채점 기준
상	로컬 푸드 운동의 효과를 두 가지 이상 정확히 서술한 경우
하	로컬 푸드 운동의 효과를 한 가지만 서술한 경우

쑥쑥 마무리 문제

86~89쪽

01 ④ 02 ② 03 ② 04 ④ 05 ③ 06 ③ 07 ② 08 ③
09 ① 10 ④ 11 ⑤ 12 ③ 13 ② 14 ③ 15 ② 16 ①
17 ③ 18 ⑤ 19 ③ 20 ⑤ 21 ② 22 ① 23 ②

01 ④ 석탄, 석유 등과 같은 화석 연료의 사용 증가는 온실가스 배출량을 늘려 기후 변화를 더욱 가속화한다.

02 (가)에는 지구 온난화의 요인이 들어가야 한다. 도시화, 자동차 배기가스 증가는 대기 중 온실가스 농도를 높여 지구 온난화를 유발한다.

03 (나)에는 지구 온난화의 영향이 들어가야 한다. ② 지구 온난화로 지구의 평균 기온이 높아지면 고지대의 만년설이 녹아 해수면이 상승하게 된다.

04 지구의 평균 기온이 지속적으로 상승하면 극지방의 빙하가 녹아 해수면이 상승하고, 북극해의 항로가 열려 항해 가능 일수가 늘어나게 된다.

05 지구 온난화의 영향으로 지표면의 온도가 올라가면서 빙하의 면적이 줄어들고 있다. ③ 지구의 기온이 높아지면서 많은 양의 물이 증발하여 건조한 땅이 많아지므로 열대 우림의 면적은 줄어들 것이다.

06 ③ 지구의 평균 기온이 높아지면서 아열대 과일을 재배할 수 있는 지역이 확대되고 있다.

07 ② 지구의 평균 기온이 상승하여 극지방의 빙하가 녹아 바다로 흘러들면 해수면이 높아져 해안 저지대나 섬나라 등이 침수될 수 있다.

08 지구의 평균 기온 상승으로 북극해 지역(A)의 빙하가 녹으면서 새로운 항로가 개척되는 등 긍정적 변화가 나타나기도 한다.

09 2015년에 체결된 파리 협정에 따르면 선진국, 개발 도상국 구분 없이 모든 국가는 자국이 스스로 정한 방식에 따라 2020년부터 의무적으로 온실가스 감축에 나서야 한다.

10 ④ 푸드 마일리지가 높은 식품은 운송 과정에서 많은 온실가스를 배출하므로, 푸드 마일리지가 높은 식품의 구매는 지구 온난화를 가속화할 수 있다.

11 폐선박 해체 작업을 통해 지역 주민들은 경제적 이익을 얻을 수 있으나, 폐선박을 해체하는 과정에서 유해 물질이 배출되어 환경이 오염되고 주민들의 건강이 위협받을 수 있다.

12 ③ 선진국은 전자 쓰레기를 안전하게 처리할 수 있는 기술이 있지만 환경 및 경제적 부담을 줄이기 위해 개발 도상국으로 전자 쓰레기를 수출하고 있다.

13 전자 쓰레기는 주로 선진국에서 배출되며, 개발 도상국으로 이동하고 있다. 일반적으로 선진국은 환경 규제가 엄격하며 환경 문제에 대한 인식이 높은 반면, 개발 도상국은 환경 규제가 느슨하며, 환경 문제에 대한 인식이 낮은 편이다.

14 ③ 장미 농장에서 사용한 화학 물질과 농약이 토양과 호수로 흘러들어 어획량이 감소할 수 있다.

15 A 국가군은 선진국, B 국가군은 개발 도상국이다. ② 환경 문제 유발 산업은 환경 규제가 엄격한 선진국에서는 공장을 세우기 어렵다. 따라서 환경 규제가 엄격하지 않고 빠른 경제 성장이 필요한 개발 도상국으로 이전되고 있다.

16 공해 유발 산업이 이전되면서 개발 도상국에서 유해 물질 누출에 따른 문제점이 발생하자 국제 사회에서는 유해 화학 물질과 산업 폐기물의 유통을 규제하기 위한 바젤 협약을 체결하였다.

17 ㉢ 반도체와 같이 정밀한 작업이 요구되는 산업은 미세 먼지에 노출되면 불량률이 높아질 수 있다.

18 유전자 변형 식품(GMO)은 본래의 유전자를 변형하여 새로운 성질의 유전자를 지니도록 개발한 것으로, 세계 식량 문제 해결에 도움을 주지만 인체 유해성 및 생물 다양성 훼손에 대한 논란이 있다.

19 과학 기술의 발달로 병충해에 강하고 수확량이 많은 유전자 변형 식품(GMO)이 개발되었으나 인체 유해성 및 생태계 교란 여부가 명확하게 밝혀지지 않아 반대하는 입장도 있다.

20 ⑤ 같은 양의 국내산 포도와 칠레산 포도 중 이동 거리가 긴 칠레산 포도의 푸드 마일리지가 더 높다.

21 ㉠은 로컬 푸드이다. 로컬 푸드란 흔히 반경 50㎞에서 생산된 농산물을 말한다. 최근 환경에 대한 관심이 커지고 안전하고 건강한 먹을거리를 찾는 소비자들이 늘어나면서 로컬 푸드가 많은 관심을 받고 있다.

22 로컬 푸드 운동을 통해 지역 농민은 안정적인 소득을 보장받을 수 있다. 또한 로컬 푸드는 가까운 지역에서 생산되기 때문에 운송 과정에서 배출되는 온실가스의 양이 적어 환경적 부담을 줄일 수 있다.

23 ㉡ 환경을 보전하기 위해서는 온실가스의 배출을 줄이는 데 기여하는 저탄소 제품을 사용해야 한다.

XI 세계 속의 우리나라

01 우리나라의 영역과 독도

꼼꼼 개념 문제 94쪽

대표 자료 **확인하기** ① 영공 ② 영토 ③ 영해 ④ 직선 기선 ⑤ 대한 해협 ⑥ 통상 기선 ⑦ 울릉도 ⑧ 독도

한눈에 **정리하기** ① 영해 ② 조경 수역 ③ 화산 ④ 천연 보호 구역

1 ㉠ 영역 ㉡ 영해 **2** (1) 12해리 (2) 통상 **3** (1) ○ (2) ○ **4** (1) – ㉢ (2) – ㉡ (3) – ㉠ **5** 배타적 경제 수역 **6** (1) ○ (2) × (3) × **7** (1) 메탄 하이드레이트 (2) 일본

탄탄 시험 문제 95~97쪽

01 ① **02** ⑤ **03** ② **04** ③ **05** ② **06** ③ **07** ④ **08** ② **09** ② **10** ⑤ **11** ① **12** ④ **13** ③ **14** ③ **15** ④

01 영역은 한 국가의 주권이 미치는 공간적 범위로 영토와 영해, 영공으로 구성된다. ① 배타적 경제 수역은 영역에 포함되지 않는다.

02 A는 영공, B는 영토, C는 영해, D는 배타적 경제 수역이다. 영공은 영토와 영해의 수직 상공으로 대기권까지 인정된다. 영토는 한 국가의 육지 범위로 부속 도서를 포함하며, 영해는 대체로 기선에서부터 12해리까지 설정하나 해안선의 모양에 따라 설정 기준이 다르다.

03 ㉠은 영토이다. 영토를 기준으로 영공, 영해가 설정되기 때문에 영역의 구성 요소 중에서 영토가 가장 중요하다.

04 ㄱ. 우리나라는 서·남해안에 갯벌이 넓게 분포하여 예전부터 간척 사업을 꾸준히 진행한 결과 영토가 조금씩 넓어졌다. ㄹ. 직선 기선은 해안선이 복잡하고 섬이 많은 서·남해안에서 적용된다.

05 우리나라는 남북으로 형태가 길어 동서 간의 경도 차는 약 7°, 남북 간의 위도 차는 약 10°이다. 극남은 제주도 남쪽의 마라도이고, 마안도는 우리나라에서 가장 서쪽에 있는 섬이다.

06 우리나라는 해안선의 특징에 따라 영해의 설정 방법이 다르다. 동해안과 제주도·울릉도·독도는 해안선이 단조롭고 섬이 적어 통상 기선을, 서해안은 해안선이 복잡하고 섬이 많아 직선 기선을 적용한다.

07 (가)에서는 직선 기선에서부터 12해리까지를 영해로 설정하였다. (나)에서는 통상 기선에서부터 12해리까지를 영해로 설정하였다. (다)에서는 직선 기선에서부터 3해리까지를 영해로 설정하였다.

08 지도의 A는 직선 기선, B는 영해선이다. ② (가)는 우리나라의 영해이므로, (가)의 수직 상공은 우리나라의 영공이다.

09 배타적 경제 수역은 연안국의 경제적 권리가 보장된다. 정치적 주권 행사가 가능한 지역은 영해이다.

10 A는 한·중 잠정 조치 수역, B는 우리나라의 배타적 경제 수역, C는 한·일 중간 수역이다. ㄱ. 한·중 잠정 조치 수역에서는 우리나라와 중국의 어선이 공동으로 어업 활동을 할 수 있다. ㄴ. 독도 주변 12해리는 우리나라의 영해이다.

11 우리나라 영토 중 가장 동쪽에 위치한 섬은 독도이다.

12 A는 독도이다. ④ 독도는 난류의 영향을 받는 해양성 기후가 나타난다.

13 독도는 화산암체로 이루어져 식물이 뿌리를 내리고 자라기 힘든 생태 환경을 가지고 있고, 대부분의 해안이 급경사를 이루어 거주 환경이 불리한 편이다. 이러한 환경에서도 여러 종류의 동식물이 서식하고 있다.

14 (가)는 「팔도총도」, (나)는 「삼국접양지도」이다. ㄹ. 「삼국접양지도」는 일본에서 제작되었다.

15 독도는 명백한 우리나라 고유의 영토이므로 독도에 대하여 영토 주권을 확고히 행사하고, 일본 영유권 주장의 허구성을 알려 국제적 공감대를 형성해야 한다.

학교 시험에 잘 나오는 서술형 문제

1 (1) A – 영해, B – 배타적 경제 수역
(2) 예시답안 영해는 국가의 영역에 포함되어 다른 국가의 선박과 항공기가 해당 국가의 허락 없이 통행할 수 없지만, 배타적 경제 수역은 국가의 영역에는 포함되지 않아 다른 국가의 선박과 항공기가 자유롭게 통행할 수 있다.

구분	채점 기준
상	영해는 국가의 영역에 포함되어 다른 국가의 선박과 항공기가 해당 국가의 허락 없이 통행할 수 없고, 배타적 경제 수역은 국가의 영역에 포함되지 않아 다른 국가의 선박과 항공기가 통행할 수 있다고 정확히 서술한 경우
하	영해는 국가의 영역에 포함되고, 배타적 경제 수역은 국가의 영역에 포함되지 않는다고만 서술한 경우

2 예시답안 대한 해협은 일본과 인접해 있기 때문에 직선 기선에서부터 3해리까지를 영해로 설정한다.

구분	채점 기준
상	일본과 인접해 있어 직선 기선에서부터 3해리까지를 영해로 설정한다고 정확히 서술한 경우
하	직선 기선에서부터 3해리까지라고만 서술한 경우

3 (1) 독도
(2) 예시답안 독도는 우리나라 영해의 동쪽 끝을 확정짓고, 배타적 경제 수역 설정의 기준점이 될 수 있다. 또한 항공 기지, 방어 기지로서 국가 안보에 필요한 역할을 수행할 수 있다.

구분	채점 기준
상	독도의 영역적 가치 두 가지를 정확히 서술한 경우
하	독도의 영역적 가치를 한 가지만 서술한 경우

02~03 우리나라 여러 지역의 경쟁력 ~ 국토 통일과 통일 한국의 미래

꼼꼼 개념 문제 100쪽

대표 자료 확인하기 ① 약쑥 ② 한우 ③ 참외 ④ 녹차 ⑤ 남한 ⑥ 북한 ⑦ 대륙 횡단 철도 ⑧ 아시안 하이웨이

한눈에 정리하기 ① 지역 ② 상품 ③ 지리적 표시제

1 지역화 전략 **2** (1) ㄱ (2) ㄴ (3) ㄷ **3** (1) – ㉢ (2) – ㉡ (3) – ㉣ (4) – ㉠ **4** (1) 태평양 (2) 분단 비용 **5** (1) ○ (2) ○ (3) × **6** 한반도 종단 철도

탄탄 시험 문제 101~103쪽

01 ② **02** ⑤ **03** ④ **04** ③ **05** ③ **06** ① **07** ④ **08** ⑤ **09** ④ **10** ① **11** ④ **12** ④ **13** ③ **14** ② **15** ②

01 지역화란 지역의 자율성과 고유성을 증대시키고 잠재력을 개발하여 경쟁력을 높여가는 과정과 그 결과물로 지역적인 것이 세계적인 차원에서 가치를 지니게 되는 현상이다.

02 제시된 사례는 각 지역이 해당 지역의 가치를 높이고 긍정적인 지역 이미지를 구축하여 다른 지역과 차별화된 지역 특성을 만들기 위해 노력하고 있음을 보여 준다.

03 지역화 전략은 세계화로 인해 지역 간 경쟁이 심화되면서 다른 지역과 경제적·문화적 측면에서 차별화하고자 등장한 것으로, 그 목적은 지역의 경쟁력을 높이는 데 있다. 지역화 전략의 대표적인 사례로는 지역 브랜드, 장소 마케팅, 지리적 표시제 등이 있다.

04 지역 브랜드는 지역 또는 지역의 상품과 서비스를 소비자에게 특별한 브랜드로 인식시켜 지역의 이미지를 높이고 지역 경제를 활성화하는 모든 것을 말한다. 로고, 슬로건 등을 주로 활용하며, 뉴욕의 'I♥NY', 평창의 'HAPPY 700' 등이 대표적인 사례이다.

05 제시된 그림은 지역의 고유한 특성을 반영한 캐릭터이다. 캐릭터는 지역의 특성을 잘 드러내고 친밀한 느낌을 주기 때문에 지역 브랜드로 이용된다.

06 전라남도 함평은 과거 인구가 빠르게 감소하던 농촌 지역이었으나 나비를 이용한 지역 축제가 성공하면서 새로운 지역 이미지를 창출하였고, 이는 지역 경제 활성화에도 도움이 되었다.

07 제시된 내용은 장소 마케팅에 대한 설명이다. ④ 박물관이나 미술관 등의 시설을 건축하는 것은 장소를 매력적으로 보이게 하여 경제적 가치를 높이는 장소 마케팅의 활동 중 하나이다.

08 지리적 표시제는 특정 지역의 고유성이 반영된 특산물이나 가공품에 지역 이름을 붙여 등록하고 상표권을 인정하는 것으로, 2002년 지리적 표시제에 처음 등록된 상품은 보성 녹차이다.

09 ④ 전북특별자치도 순창은 전통 고추장을 지리적 표시 상품으로 등록하였다.

10 지역 브랜드의 개발은 지역의 다양한 특성을 파악한 후 이 중에서 핵심적인 지역 정체성을 요약하여 이를 바탕으로 슬로건, 로고, 캐릭터를 만드는 과정으로 이루어진다. 지역 브랜드 개발 후에는 이를 이용한 장소 마케팅을 활발히 전개해야 한다.

11 ④ 우리나라는 국토가 분단되어 대륙으로 진출하는 데 어려움이 있다.

12 우리나라는 삼면이 바다로 둘러싸인 반도국으로 유라시아 대륙과 태평양을 연결하는 지리적 요충지에 해당한다. ㄷ. 우리나라는 대륙과 해양 양방향으로의 인적·문화적 교류에 유리하다.

13 남한과 북한의 주민들은 오랜 시간 교류가 거의 없었기 때문에 일상생활에서 사용하는 언어가 달라지는 등 문화의 이질화가 심화되고 있다.

14 그래프를 보면 남한은 지하자원이 부족한 반면, 북한은 에너지 및 식량 등이 부족한 것을 알 수 있다. 통일이 되면 남북한이 서로 부족한 면을 보완하여 균형 있는 국토 발전이 가능해질 것이다.

15 ② 남북한을 잇는 교통망이 연결되면 육로를 통한 대륙 진출은 물론 해양 진출이 자유로워져 반도적 위치의 장점을 극대화할 수 있다.

학교 시험에 잘 나오는 서술형 문제

1 (1) 지역 브랜드

(2) 예시답안 지역 브랜드의 가치가 높아지면 그 지명을 붙인 상품의 판매량이 증가한다. 또한 지역 이미지가 향상되고 지역 경제가 활성화된다.

구분	채점 기준
상	지역 브랜드의 효과 두 가지를 정확히 서술한 경우
하	지역 브랜드의 효과를 한 가지만 서술한 경우

2 예시답안 우리나라는 국토 분단으로 군사적 긴장 상태가 지속되어 국제 사회에서 한반도의 위상이 약화되었다. 국토 통일을 이루면 분단 국가의 부정적 이미지를 해소하고 국제 사회에서 한반도의 위상이 강화될 것이다.

구분	채점 기준
상	국토 분단으로 인한 국가 위상 약화의 문제점과 통일의 필요성을 모두 정확히 서술한 경우
하	국토 분단으로 인한 국가 위상 약화의 문제점과 통일의 필요성 중 한 가지만 서술한 경우

3 예시답안 한반도 종단 철도가 유라시아 대륙을 횡단하는 철도들과 연결되면 우리나라에서 유럽까지 가는 화물과 여객 수송에 필요한 시간과 비용을 절감할 수 있으며, 유라시아 대륙과 태평양을 연결하는 물류의 중심지로 성장할 수 있다.

구분	채점 기준
상	교통로 연결에 따른 이점 두 가지를 정확히 서술한 경우
하	교통로 연결에 따른 이점을 한 가지만 서술한 경우

쑥쑥 마무리 문제

106~109쪽

01 ③	02 ④	03 ④	04 ④	05 ⑤	06 ②	07 ②	08 ①
09 ⑤	10 ④	11 ⑤	12 ①	13 ③	14 ②	15 ⑤	16 ④
17 ①	18 ④	19 ②	20 ③	21 ③	22 ⑤		

01 영역은 국민이 살아가는 삶의 터전으로, 해당 국가의 허가 없이 다른 국가의 선박과 항공기의 통행이 불가능하다.

02 제시된 설명은 영역을 나타낸다. 영역은 영토, 영해, 영공으로 구성되어 있다. 그림의 A는 영공, B는 영토, C는 영해, D는 배타적 경제 수역이다.

03 ④ D는 배타적 경제 수역으로, 국제 해양법에 따라 영해 기선에서부터 200해리까지 설정할 수 있다.

04 해안선이 단조로운 동해안과 육지에서 멀리 떨어진 울릉도, 독도, 제주도의 경우에는 통상 기선에서부터 12해리를 영해로 설정한다.

05 영해는 한 국가의 영역에 포함되기 때문에 다른 국가의 선박이 자유롭게 통행할 수 없다. ⑤ 배타적 경제 수역에 대한 설명이다.

06 지도의 A는 우리나라의 배타적 경제 수역, B·C·D는 우리나라의 영해이다. ㄴ. B에서 간척 사업이 이루어지면 영토가 넓어진다. ㄹ. D에서는 통상 기선을 기준으로 영해를 설정한다.

07 ② 우리나라와 일본은 중간 수역, 우리나라와 중국은 잠정 조치 수역의 수산 자원을 공동으로 관리하고 있다.

08 지도의 A는 우리나라의 배타적 경제 수역이다. 우리나라의 배타적 경제 수역에서 다른 국가의 어선이 어업 활동을 할 수 없다. 그러나 경제적 목적이 없다면 다른 국가의 케이블 설치는 가능하다.

09 제시된 설명은 독도에 관한 것이다. 독도는 우리나라에서 가장 동쪽에 있는 영토로 해저에서 분출한 용암이 굳어 형성된 화산섬이다. 지도의 A는 강화도, B는 거제도, C는 제주도, D는 울릉도, E는 독도이다.

10 제시된 사진은 독도를 나타낸다. ㄱ. 세계 자연 유산으로 지정된 섬은 제주도이다. ㄷ. 독도는 동도와 서도, 89개의 부속 도서로 이루어져 있다.

11 ⑤ 독도는 여러 단계의 화산 활동으로 형성된 화산섬으로 다양한 암석과 지질 경관이 나타나 화산의 형성과 진화 과정을 살펴볼 수 있다.

12 A는 해양 심층수, B는 메탄 하이드레이트이다. 해양 심층수는 수심 200m 아래에 분포하며 미생물이 거의 없어 식수나 의약품, 화장품의 원료로 활용된다.

13 지역화 전략을 추진하여 성공하면 지역의 긍정적 이미지를 구축하여 지역을 널리 알리고 더불어 이로 인한 경제적 효과를 기대할 수 있다.

14 강원특별자치도 평창군은 해발 고도 700m에 위치한 지리적 특색을 이용하여 지역을 홍보하고 있다. 'HAPPY 700'은 사람과 동식물이 가장 건강하고 행복하게 지낼 수 있는 고지대의 특성을 담고 있다.

15 문경은 폐광 시설에 석탄 박물관을 만들어 관광객을 불러 모으고 있다. 김제는 곡창 지대를 배경으로 하늘과 땅이 맞닿은 지평선을 볼 수 있는 지평선 축제를 개최하고 있다.

16 지역 축제는 지역의 정체성을 담고 있으며, 장소를 매력적인 상품으로 만들어 관광객을 유치하는 역할을 한다. ④ 지리적 표시제에 대한 설명이다.

17 지도의 A는 강화, B는 순창, C는 보성이다. 지리적 표시제에 등록된 제품은 강화 약쑥, 순창 전통 고추장, 보성 녹차이다.

18 우리나라는 유라시아 대륙 동안에 위치한 반도국으로 유라시아 대륙과 태평양을 연결하는 교량의 역할을 한다. 이로 인해 역사적으로 인적·물적 자원 교류가 활발하게 이루어졌다.

19 제2차 세계 대전 이후 남북이 분단되면서 남한은 육로를 통한 대륙 진출에, 북한은 해양 진출에 제약을 받게 되었다.

20 남북 분단으로 민족의 동질성이 훼손되어 문화적 이질화가 심화되고 있으며, 남한과 북한의 경제력 차이로 국토가 불균형하게 발전하였다.

21 분단 이후 남한은 높은 경제 성장을 이룬 데 반해, 북한은 상대적으로 낙후되어 있어 국토 공간의 불균형이 나타나고 있다. 따라서 통일이 되면 남북한이 서로 부족한 면을 충족시켜 균형 있는 발전을 이룰 수 있다.

22 가현. 통일이 되면 군사적 긴장이 사라지고 정치적으로 안정되어 군사비 지출이 감소할 것이다.

XII 더불어 사는 세계

01 지구상의 지리적 문제

꼼꼼 개념 문제

114쪽

(대표 자료 확인하기) ① 아프리카 ② 유럽 ③ 쿠릴 열도 ④ 센카쿠 열도 ⑤ 난사 군도

(한눈에 정리하기) ① 이슬람교 ② 파키스탄 ③ 일본 ④ 러시아 ⑤ 영국 ⑥ 북극

1 (1) × (2) ○ **2** 기아 **3** (1) 아프리카 (2) 증가 (3) 상승 **4** ㄴ, ㄷ **5** 생물 다양성 **6** (1)-㉠ (2)-㉡ **7** (1) 난사 군도 (2) 센카쿠 열도 (3) 북극해

탄탄 시험 문제

115~117쪽

01 ⑤ **02** ① **03** ④ **04** ③ **05** ④ **06** ⑤ **07** ① **08** ④ **09** ⑤ **10** ① **11** ② **12** ③ **13** ④ **14** ②

01 ㄱ. 국제 곡물 대기업은 이윤 극대화를 위해 곡물 유통량을 조절하는데, 이 과정에서 곡물 가격이 상승하여 저개발국의 곡물 수입이 어려워지면서 기아 문제가 심화된다. ㄴ. 생물 다양성 감소의 주요 원인은 전체 생물종의 절반 이상이 분포하는 열대 우림의 파괴이다.

02 기아 문제는 식량 생산이 어렵거나 식량 소비량을 공급이 따라가지 못하는 인구 급증 지역, 경제 수준이 낮아 곡물을 수입하기 어려운 저개발 지역 등에서 주로 발생한다.

03 기아 문제는 인구 급증에 따른 곡물 수요의 증대, 기후 변화로 인한 식량 생산량의 감소, 국제 곡물 가격의 상승 등에 의해 발생한다. 또한 잦은 분쟁은 식량의 생산과 분배를 어렵게 하여 기아 문제를 더욱 심화시킨다.

04 지도는 지구상의 지리적 문제 중 기아 문제와 관련이 깊다. ③ 기아는 사하라 이남 아프리카와 남부 아시아 지역에서 심각하게 나타난다.

05 생물종 개체 수가 집중 분포하여 생물 다양성이 풍부한 지역은 적도 주변의 열대 우림 지역이다. 열대 우림에는 지구 생물종의 절반 이상이 서식하고 있어 열대 우림을 개발하면 생물 다양성이 감소하여 인간의 생존을 위협할 수 있다.

06 생물 다양성이 감소하면 인간이 이용 가능한 생물 자원의 수가 감소하며, 먹이 사슬이 끊겨 생태계가 파괴된다. ㄱ. 생물종 보호를 위해 국제 연합에서는 생물 다양성 협약을 채택하였다. ㄴ. 생물 다양성 감소는 생태계의 자정 능력을 해친다.

07 ① 아프리카 지역과 같이 국경과 부족 경계가 다른 지역에서 영토 분쟁이 발생하고 있다.

08 ㉠은 카슈미르 지역이다. 인도는 영국에서 독립하면서 종교에 따라 인도(힌두교)와 파키스탄(이슬람교)으로 분리되었다. 그러나 이슬람교도가 많은 카슈미르 지역이 인도에 속하게 되면서 갈등이 발생하였다.

09 아프리카는 과거 유럽 강대국의 이해관계에 따라 국경선이 설정되었다. 독립 이후 국경과 부족 경계가 일치하지 않아 많은 국가에서 분쟁과 내전이 발생하였고, 현재에도 수많은 난민이 고향을 떠나고 있다.

10 지도의 A는 팔레스타인 지역, B는 아프리카의 에티오피아, C는 카슈미르 지역, D는 난사(스프래틀리) 군도, E는 포클랜드 제도이다. 팔레스타인 지역(A)에서는 유대교를 믿는 이스라엘과 이슬람교를 믿는 팔레스타인 간의 영토 분쟁이 나타나고 있다.

11 난사(스프래틀리) 군도(D)는 석유와 천연가스가 풍부하고, 인도양과 태평양을 잇는 해상 교통의 요지에 위치하고 있어 중국, 필리핀, 브루나이, 말레이시아 등 주변 국가들이 영유권을 주장하고 있다.

12 제시된 분쟁들은 모두 석유와 천연가스 등의 자원을 확보하려는 주변 국가들 간의 이해관계가 충돌하여 나타난 것이다.

13 A는 센카쿠 열도(댜오위다오)이다. 이곳은 청일 전쟁 이후 일본이 실효 지배 중이지만 중국과 타이완이 영유권을 주장하고 있다. 최근 주변 바다에 석유와 천연가스가 매장된 사실이 알려지면서 갈등이 심화되고 있다.

14 러시아가 실효 지배 중인 쿠릴 열도 남부의 4개 섬(A)에 대해 일본이 반환 요구를 하면서 일본과 러시아 간에 분쟁이 발생하였다.

학교 시험에 잘 나오는 서술형 문제

1 예시답안 생물 다양성의 감소는 환경 오염, 동식물의 서식지 파괴, 무분별한 남획, 외래종의 침입 등으로 발생한다. 특히 전 세계 생물종의 절반 이상이 분포하는 열대 우림의 파괴는 생물 다양성 감소의 주요 원인이 된다.

구분	채점 기준
상	생물 다양성 감소의 원인을 두 가지 이상 정확히 서술한 경우
하	생물 다양성 감소의 원인을 한 가지만 서술한 경우

2 예시답안 이슬람교도가 많은 카슈미르 지역이 인도에 속하게 되면서 이슬람교를 믿는 파키스탄과 힌두교를 믿는 인도 간에 갈등이 발생하였다.

구분	채점 기준
상	이슬람교를 믿는 파키스탄과 힌두교를 믿는 인도 간에 갈등이 발생했다고 서술한 경우
중	갈등 지역이나 대립하는 종교 중 한 가지만 제시하여 서술한 경우
하	종교 간에 갈등이 발생했다고만 서술한 경우

3 (1) 중국
(2) 예시답안 해상 교통의 요지이며, 주변 바다에 석유와 천연가스 등의 자원이 많이 매장되어 있어 이를 둘러싸고 주변 국가들 사이에 분쟁이 발생하였다.

구분	채점 기준
상	해당 지역에 매장된 자원의 종류와 교통상의 특징을 들어 분쟁의 원인을 정확히 서술한 경우
하	자원 확보를 둘러싸고 분쟁이 발생했다고만 서술한 경우

02~03 저개발 지역의 발전을 위한 노력 ~ 지역 간 불평등 완화를 위한 노력

꼼꼼 개념 문제 120쪽

(대표 자료 확인하기) ① 서부 유럽 ② 아프리카 ③ 앵글로아메리카 ④ 라틴 아메리카

(한눈에 정리하기) ① 선진국 ② 개발 도상국 ③ 공적 개발 원조(ODA) ④ 공정 무역

1 (1) × (2) ○ **2** (1) 아프리카 (2) 개발 도상국 (3) 선진국 **3** (1) ㄷ (2) ㄱ (3) ㄹ (4) ㄴ **4** (1)-㉡, ㉣ (2)-㉠, ㉢ **5** (1) 개발 원조 위원회(DAC) (2) 국제 비정부 기구(NGO) (3) 공정 무역

탄탄 시험 문제 121~123쪽

01 ② **02** ③ **03** ④ **04** ③ **05** ④ **06** ① **07** ⑤ **08** ③ **09** ② **10** ⑤ **11** ⑤ **12** ② **13** ③

01 세계화 시대에 접어들면서 자국의 경제적 이익을 실현하려는 국가 간의 경쟁이 치열해져 경제적 여건이 좋은 선진국들은 더욱 발전하고, 저개발 국가는 발전에 어려움을 겪으면서 지역 간 발전 수준의 차이는 더욱 커지고 있다.

02 지역별 발전 수준을 보여 주는 지표 중 기대 수명, 인간 개발 지수(HDI), 1인당 국내 총생산(GDP), 성인 문자 해독률은 선진국에서 높게 나타나고, 영아 사망률, 성인 문맹률, 합계 출산율은 개발 도상국에서 높게 나타난다.

03 교사 1인당 학생 수와 성 불평등 지수(GII)의 지표는 동남아시아, 사하라 이남 지역 등의 개발 도상국에서 높게 나타난다.

04 1인당 국내 총생산(GDP)이 높은 A는 선진국이고, 1인당 국내 총생산이 낮은 B는 개발 도상국이다. ㄱ. 선진국은 개발 도상국보다 의료 및 보건 수준이 높아 기대 수명이 길다. ㄹ. 선진국은 18세기 산업 혁명 이후 경제 성장을 이룬 데 비해 개발 도상국은 20세기 이후 산업화가 시작되었다.

05 인간 개발 지수(HDI)는 각국의 실질 국민 소득, 교육 수준, 기대 수명 등을 기준으로 국민의 삶의 질을 평가한 지표로, 선진국에서 대체로 높게 나타나며 개발 도상국은 상대적으로 수치가 낮다. ④ 개발 도상국이 선진국보다 인구 증가율이 높다.

06 저개발 국가는 인구가 빠르게 증가하여 식량 부족과 사회 기반 시설 부족 등의 문제가 발생한다. 따라서 저개발 국가의 빈곤 문제를 해결하기 위해서는 출산율을 조절하여 급속한 인구 증가를 억제해야 한다.

07 라이프 스트로와 큐 드럼은 적정 기술의 대표적인 상품으로 물을 구하기 어려운 저개발 지역에서 주로 활용된다. ⑤ 에너지 소비량이 많은 지역은 대체로 선진국이다.

08 ㉠에 들어갈 나라는 보츠와나이다. 보츠와나는 다이아몬드 수출로 얻은 소득을 사회 기반 시설과 교육에 투자하여 경제가 빠르게 성장하였다.

09 국제 연합(UN) 산하의 전문 기구에는 세계 보건 기구(WHO), 국제 연합 난민 기구(UNHCR), 국제 연합 평화 유지군(PKF), 세계 식량 계획(WFP), 국제 연합 아동 기금(UNICEF) 등이 있다. ㄴ, ㄷ. 국가 및 지역 간의 경제적 격차 해소를 위한 활동을 하는 국제기구로, 국제 연합의 산하 기구는 아니다.

10 공적 개발 원조는 경제 협력 개발 기구(OECD) 산하의 개발 원조 위원회(DAC)가 주도하고 있다. 원조를 하는 나라는 미국과 독일 등의 선진국이 주를 이루며, 아프리카와 남아시아의 여러 국가가 원조를 받고 있다. 우리나라는 광복 이후 원조를 받던 국가였으나 경제 성장 이후 원조하는 국가로 전환하였다.

11 제시된 국제기구들은 국가 및 지역 간 경제적 격차 해소를 위한 활동을 한다는 공통점이 있다.

12 (가)는 옥스팜, (나)는 국경 없는 의사회의 활동이다. 이들 모두 민간단체가 중심이 되어 만들어진 조직으로 인도주의적 차원에서 구호 활동을 하는 국제 비정부 기구(NGO)이다.

13 공정 무역은 선진국과 저개발 국가 사이의 불공정한 무역을 개선하여 저개발 국가의 생산자에게 정당한 가격을 지급하는 무역 방식으로, 저개발 국가 생산자의 경제적 자립을 돕는다. ③ 저개발 국가의 상품에 관세를 부과하면 상품의 판매 가격이 높아지므로, 이를 공정 무역이라고 보기 어렵다.

학교 시험에 잘 나오는 서술형 문제

1 예시답안 일반적으로 개발 도상국(B)은 선진국(A)에 비해 소득 수준이 낮으며 학교나 의료 시설 등이 부족하고 주거 환경도 열악하여 삶의 질이 낮다.

구분	채점 기준
상	선진국과 비교한 개발 도상국의 특징을 두 가지 이상 정확히 서술한 경우
하	선진국과 비교한 개발 도상국의 특징을 한 가지만 서술한 경우

2. 예시답안 그린피스는 지구의 환경을 보존하고 평화를 증진하기 위한 활동을 펼친다. 국경 없는 의사회는 인종, 종교, 정치적 성향과 관계없이 도움이 필요한 사람들에게 의료 서비스를 지원한다.

구분	채점 기준
상	국제 비정부 기구(NGO)에 해당하는 단체와 그 활동 내용을 두 가지 이상 정확히 서술한 경우
하	국제 비정부 기구(NGO)에 해당하는 단체와 그 활동 내용을 한 가지만 서술한 경우

3 예시답안 공정 무역 방식으로 이익 배분 구조가 바뀔 경우 유통 단계가 줄어들고 직거래가 활성화되어 유통비를 절약하고 생산자의 수익을 높일 수 있다. 또한 소비자는 환경친화적으로 생산된 제품을 살 수 있게 된다.

구분	채점 기준
상	공정 무역의 성과를 두 가지 이상 정확히 서술한 경우
하	공정 무역의 성과를 한 가지만 서술한 경우

쑥쑥 마무리 문제

126~128쪽

01 ③ 02 ⑤ 03 ③ 04 ④ 05 ② 06 ④ 07 ② 08 ③
09 ① 10 ④ 11 ⑤ 12 ② 13 ③ 14 ⑤ 15 ③ 16 ②
17 ②

01 지구상의 지리적 문제에는 기아, 생물 다양성 감소, 영역 분쟁 등이 있다. ③ 기아 문제는 식량 생산량에 비해 인구 증가율이 높은 지역에서 심각하게 나타난다.

02 ㉠은 기아 문제이다. 기아 문제는 개발 도상국의 인구 급증에 따른 곡물 수요의 증대, 기후 변화로 인한 식량 생산량의 감소, 국제 곡물 가격의 상승 등에 의해 발생한다.

03 생물 다양성의 감소는 환경 오염, 무분별한 남획, 외래종의 침입, 동식물의 서식지 파괴, 농경지 조성에 따른 삼림 파괴 등으로 발생한다.

04 카슈미르 지역은 인도가 영국으로부터 독립하던 시기에 종교적 이유로 영토가 분리되면서 파키스탄에 귀속될 예정이었다. 그런데 이곳을 통치하던 힌두교 지도자가 인도에 통치권을 넘기면서 힌두교를 믿는 인도와 이슬람교를 믿는 파키스탄 간에 갈등이 시작되었다.

05 아프리카의 북동부 지역은 과거 유럽 강대국의 이해관계에 따라 국경선이 설정되었는데 독립 이후 국경과 부족 경계가 달라서 분쟁과 내전, 그리고 난민 발생이 끊이지 않고 있다.

06 밑줄 친 '이곳'은 쿠릴 열도이다. 러시아가 실효 지배 중인 쿠릴 열도 남부의 4개 섬에 대해 일본이 반환 요구를 하면서 일본과 러시아 간에 갈등이 발생하였다.

07 A 지역은 난사(스프래틀리) 군도, B 지역은 센카쿠 열도(댜오위다오)이다. ㄴ. 센카쿠 열도는 현재 일본이 실효 지배를 하고 있다. ㄷ. 난사 군도를 둘러싸고 중국, 필리핀, 브루나이, 말레이시아, 베트남 등이 영유권을 주장하고 있으며, 센카쿠 열도를 둘러싸고 일본, 중국, 타이완이 영유권을 주장하고 있다.

08 영아 사망률이 높은 A 지역은 개발 도상국, 영아 사망률이 낮은 B 지역은 선진국이다. 인간 개발 지수(HDI)와 중고등학교 진학률, 보건 및 의료 수준은 선진국에서 높게 나타나며, 개발 도상국은 국제 사회의 원조를 받기도 한다.

09 ㄱ, ㄴ은 선진국, ㄷ, ㄹ은 개발 도상국에서 나타나는 특징이다. 18세기 후반 산업 혁명을 통해 일찍이 산업화를 이룬 서부 유럽과 앵글로아메리카의 선진국은 소득과 삶의 질 수준이 높다. 반면, 20세기 이후부터 현재까지 산업화가 진행되는 아프리카, 남아시아 등의 개발 도상국은 소득과 삶의 질 수준이 낮다.

10 1인당 국내 총생산(GDP)이 높게 나타나는 A는 선진국, 1인당 국내 총생산이 낮게 나타나는 B는 개발 도상국이다. 일반적으로 선진국은 서부 유럽과 앵글로아메리카 등지에 분포하며, 개발 도상국은 사하라 사막 이남 아프리카와 남아시아 등지에 분포한다.

11 개발 도상국은 교육 수준이 낮은 편으로, 선진국에 비해 교사 1인당 학생 수가 많다. 기대 수명, 행복 지수, 인간 개발 지수(HDI), 성인 문자 해독률은 선진국에서 수치가 높게 나타난다.

12 저개발 국가들은 적정 기술 제품 도입, 식량 생산량 증대 등을 통해 빈곤을 극복하기 위해 노력하고 있다. ㄴ. 저개발 국가에서는 인구가 급격히 증가하여 식량 부족 문제가 심각해지고 있으므로, 출산 장려 정책을 실시할 경우 문제가 더욱 악화될 수 있다. ㄹ. 공적 개발 원조에만 의존하다보면 저개발 국가들이 스스로 발전할 수 있는 자립성이 낮아질 수 있다.

13 (가)는 세계 식량 계획(WFP), (나)는 국제 연합 난민 기구(UNHCR)로, 국제 연합(UN) 산하의 전문 기구이다. ㄱ. 세계 보건 기구(WHO)는 세계의 질병 및 보건 위생 문제를 해결하기 위한 활동을 한다. ㄹ. 국제 연합 평화 유지군(PKF)은 분쟁 지역의 질서 유지 및 주민 안전 보장 활동을 한다.

14 ⑤ 우리나라는 과거 국제 원조를 받던 수혜국이었으나 지속적인 경제 성장을 이룩하여 현재 다른 국가에 원조하는 참여국으로 전환하였다.

15 제시된 단체는 아동 구호와 아동 복지 향상을 목적으로 활동하는 세이브 더 칠드런이다. 세이브 더 칠드런은 민간단체를 중심으로 자발적으로 활동하는 국제 비정부 기구(NGO)에 해당한다.

16 ㉡ 공정 무역은 유통 단계를 줄이고 생산자에게 일정한 이익을 보장함으로써 저개발 국가 주민들의 자립을 도와주는 데 목적이 있다.

17 ② 자유 무역이 확대될 경우 국가 간 경쟁이 더욱 치열해지면서 선진국과 개발 도상국 간의 격차가 더욱 커질 수 있다.

Ⅶ 인구 변화와 인구 문제

100점 도전! 실전 문제 4~9쪽

01 ①	02 ①	03 ④	04 ③	05 ④	06 ③	07 ①	08 ③
09 ③	10 ①	11 ④	12 ④	13 ①	14 ①	15 ⑤	16 ⑤
17 ⑤	18 ③	19 ①	20 ④	21 ①	22 ②	23 ①	24 ⑤
25 ④	26 ③	27 ④	28 ②				

01 세계 인구 분포에 영향을 미치는 것은 기후, 지형과 같은 자연적 요인과 산업, 교통, 정치 등과 같은 인문·사회적 요인이다.

02 2015년 현재 전 세계에는 약 74억 명의 사람이 사는데, 지구상에 고르게 분포하지 않고 특정 지역에 밀집해 있다. 세계 인구의 90% 이상은 육지 면적이 넓은 북반구에 살고 있다. ㄷ. 내륙 지역보다 해안 지역의 인구 밀도가 높다. ㄹ. 적도 부근은 너무 덥기 때문에 인구가 희박하고, 기후가 온화한 북반구 중위도 지역에는 인구가 밀집되어 있다.

03 A는 서부 유럽, B는 오스트레일리아 내륙, C는 캐나다 북부, D는 미국 북동부, E는 아마존강 유역이다. ④ 미국 북동부 지역은 일자리가 풍부하고 생활 환경이 편리하여 인구가 밀집하였다. 벼농사에 유리한 기후가 나타나 인구가 밀집한 곳은 동아시아의 벼농사 지역이다.

04 인구가 가장 많은 대륙은 아시아로 세계 인구의 약 60%가 거주하고 있으며, 인구가 가장 적은 대륙은 오세아니아이다.

05 ㄱ. 연 강수량이 매우 적어 농업과 목축에 불리하여 인구가 희박하다. ㄷ. 경사가 급해 농경지 조성이 어렵고 기후가 농업에 적합하지 않아 인구가 희박하다.

06 지도에 표시된 러시아의 시베리아 지역과 브라질의 아마존강 유역은 농업 활동에 불리한 기후가 나타나 인구가 희박하다.

07 인구 밀도는 총인구를 총면적으로 나눈 값으로, 1㎢ 안에 살고 있는 인구수를 나타낸다. 몽골의 인구 밀도는 296 ÷ 156 ≒ 2명/㎢이고, 방글라데시의 인구 밀도는 16,100 ÷ 14 ≒ 1,095명/㎢이다. 따라서 방글라데시의 인구 밀도가 더 높다. 이는 방글라데시는 벼농사에 유리한 기후가 나타나는 반면, 몽골은 건조 기후가 나타나 농업 활동에 불리하기 때문이다.

08 A는 서부 유럽, B는 사하라 사막, C는 동아시아와 남아시아, D는 미국 북동부 대서양 연안, E는 아마존강 유역이다. (가) 인문·사회적 요인의 영향으로 인구가 밀집한 지역은 A, D이고, (나) 자연적 요인의 영향으로 인구가 밀집한 지역은 C이다.

09 우리나라의 인구 분포는 급격히 산업화가 이루어진 1960년대 전후로 뚜렷하게 구분된다. 산업화 이전에는 평야가 발달한 남서부 지역에 인구가 밀집하였다. 태백산맥과 같은 산지 지역은 경사가 급하고 기후가 한랭하여 산업화 이전부터 인구가 희박하였다. 1960년대 이후 산업화가 이루어지면서 수도권과 남동 임해 공업 지역에 인구가 집중되었다. 2015년에는 수도권에 전체 인구의 약 50%가 분포할 정도로 인구가 특정 지역에 집중되어 있다.

10 1960년대 이후 도시를 중심으로 산업화가 진행되면서 촌락의 인구가 일자리를 찾아 도시로 이동하는 이촌 향도 현상이 뚜렷하게 나타났다.

11 흡인 요인은 사람들을 끌어들이는 요인이며, 배출 요인은 사람들을 다른 지역으로 밀어내는 요인이다. ④는 배출 요인에 해당한다.

12 ㄱ. 오늘날에는 과거에 비해 이동 원인이 다양하다. ㄷ. 오늘날에는 일자리를 찾아 개발 도상국에서 선진국으로 이동하는 경제적 이동의 비중이 높다.

13 어학연수를 위해 부산에서 미국으로 이동하였으므로 국제·일시적·자발적 이동에 해당한다. ② 영구적 이동에 해당한다. ③ 국내 이동에 해당한다. ④ 국내 이동에 해당한다. ⑤ 영구적 이동이면서 강제적 이동에 해당한다.

14 남수단에서 발생한 내전으로 난민들이 케냐, 에티오피아 등지로 이동하고 있다고 하였으므로 인구 유입 지역은 케냐, 에티오피아이고 인구 유출 지역은 정치가 불안정한 남수단이다.

15 (가)는 경제적 어려움을 해결하기 위해 중국인들이 동남아시아 등지로 이동한 사례를, (나)는 노예 무역에 의해 아프리카인들이 아메리카로 강제로 이주한 사례를 담고 있다. 지도의 A는 유럽인의 식민지 개척을 위한 이동, B는 아프리카인들의 강제적 이동, C는 중국인의 경제적 이동이다. 따라서 (가)는 C, (나)는 B에 해당한다.

16 지도의 A는 주요 인구 유출 지역, B는 주요 인구 유입 지역이다. ㄱ. 인도, 중국, 멕시코 등 주요 인구 유출 지역은 사람들이 떠나게 하는 배출 요인이 있다. ㄴ. 인구는 A 지역에서 B 지역으로 이동하는 경향이 강하다.

17 라틴 아메리카는 인구 유출 지역이다. 따라서 라틴 아메리카에서 실업률은 낮아질 수 있지만 젊은 노동력이 빠져 나가면서 산업 성장이 어려울 수 있다.

18 ③ 1960년대 이후에는 도시를 중심으로 산업화가 이루어지면서 촌락의 인구가 일자리를 찾아 도시로 이동하는 이촌 향도 현상이 뚜렷하게 나타났다.

19 ①은 1960~80년대, ②는 일제 강점기, ③은 1990년대 이후, ④는 6·25 전쟁, ⑤는 광복 직후의 인구 이동을 나타낸다. 제시된 글에서 설명하는 인구의 이촌 향도 현상은 1960~80년대에 나타났다.

20 ㄴ. 우리나라보다 임금 수준이 낮은 국가에서 주로 외국인이 유입되고 있으며, 이들은 일자리를 찾아 우리나라로 이주하고 있다.

21 세계 인구는 농경 생활 이래 지속적으로 증가하고 있다. 특히 산업 혁명 이후 의료·과학 기술이 발달하고 생활 수준이 향상

되면서 평균 수명이 늘어나고 영아 사망률이 낮아져 인구가 급증하였다.

22 유럽, 앵글로아메리카의 선진국에서는 평균 수명의 연장으로 고령화 현상이 나타나고 있다. ㄴ. 아프리카는 65세 이상 인구 비율이 가장 낮은 대륙이다. ㄹ. 출생률과 사망률이 높은 국가일수록 65세 이상 인구 비율이 낮다.

23 개발 도상국에서는 주로 극격한 인구 증가에 따른 인구 부양력 부족, 도시 과밀화, 출생 성비 불균형 문제가 나타난다. ① 고령화 현상은 주로 선진국에서 발생한다.

24 ㄱ. 고령화 사회는 한 국가에서 65세 이상 인구가 전체 인구의 7% 이상인 경우를 말한다. 우리나라는 2000년에 고령화 사회에 진입하였다.

25 (가) 국가는 합계 출산율이 낮고, 기대 수명이 긴 편이므로 선진국(일본)이고, (나) 국가는 합계 출산율이 높고 기대 수명이 짧은 편이므로 개발 도상국(잠비아)이다. ④ 개발 도상국은 인구 증가에 따른 인구 부양력이 함께 성장하지 못해 식량 부족, 자원 부족 등의 문제가 나타나고 있다.

26 우리나라는 6 ·25 전쟁 이후 사회가 안정되면서 출생률은 높아지고, 사망률이 낮아지면서 인구가 급증하였다. 이에 따라 정부는 급속한 인구 증가를 막기 위해 1960년대부터 인구 증가를 억제하기 위한 정책을 실시하였다.

27 그래프와 같이 우리나라의 합계 출산율이 점점 감소한 것은 정부의 강력한 가족계획 사업 추진 정책의 영향도 있지만 결혼 연령이 상승하고, 여성의 사회 참여가 활발해진 것도 원인이 되었다.

28 우리나라는 생활 수준의 향상과 의료 기술의 발달, 저출산 현상으로 전체 인구에서 노년층이 차지하는 비중이 높아지면서 세계에서 가장 빠른 속도로 고령화가 진행되고 있다. ② 고령 친화 산업 육성은 고령화 문제를 해결하기 위한 대책이다.

서술형 문제

1 예시답안 북위 20°~60° 지역에 인구가 밀집되어 있다. 반면, 적도 부근, 남·북위 60° 이상의 극지방은 인구가 희박하다.

구분	채점 기준
상	위도별 인구 밀집 지역과 인구 희박 지역을 정확히 서술한 경우
하	위도별 인구 밀집 지역과 인구 희박 지역 중 한 가지만 서술한 경우

2 예시답안 1990년대 이후에는 대도시의 생활 환경 악화로 대도시의 일부 인구가 쾌적한 환경을 찾아 도시 주변 지역이나 촌락으로 이동하는 현상이 나타났다.

구분	채점 기준
상	1990년대 이후 인구 이동의 특징과 원인을 모두 정확히 서술한 경우
하	1990년대 이후 인구 이동의 특징과 원인 중 한 가지만 서술한 경우

3 예시답안 저출산 문제, 출산 장려 정책을 시행하고, 영·유아 보육 시설을 확충하는 등의 대책이 필요하다.

구분	채점 기준
상	저출산 문제라고 쓰고, 저출산 문제의 대책 두 가지를 정확히 서술한 경우
중	저출산 문제라고 썼으나, 저출산 문제의 대책을 한 가지만 서술한 경우
하	저출산 문제라고만 쓴 경우

Ⅷ 사람이 만든 삶터, 도시

100점 도전! 실전 문제 12~17쪽

01 ④	02 ②	03 ④	04 ⑤	05 ⑤	06 ③	07 ①	08 ②
09 ①	10 ①	11 ②	12 ③	13 ⑤	14 ⑤	15 ②	16 ②
17 ⑤	18 ②	19 ⑤	20 ②	21 ⑤	22 ④	23 ③	24 ④
25 ⑤	26 ③	27 ④	28 ⑤	29 ④	30 ③	31 ②	

01 (가)는 촌락, (나)는 도시이다. 도시는 좁은 지역에 많은 사람이 모여 살아 인구 밀도가 높고 토지 이용이 집약적이며, 주변 지역에 재화와 서비스를 제공하는 중심지 역할을 한다.

02 ㄴ. 18세기에 발생한 산업 혁명으로 농업 중심 사회에서 공업 중심 사회로 전환되었으며 공업 도시가 발달하기 시작하였다. ㄹ. 현대의 도시는 교통과 통신의 발달로 영향력이 커지고 있으며 기능도 과거에 비해 다양하다.

03 (가)는 오스트레일리아의 시드니, (나)는 독일의 프라이부르크에 대한 설명이다. 지도의 A는 영국 런던, B는 독일 프라이부르크, C는 중국 시안, D는 오스트레일리아 시드니, E는 에콰도르의 키토이다.

04 사그라다 파밀리아 성당, 구엘 공원 등 가우디의 건축물로 유명한 도시는 에스파냐의 바르셀로나이다.

05 제시된 도시들은 대표적인 세계 도시이다. 국제적 영향력을 행사하는 다국적 기업의 본사와 국제기구의 본부가 위치하고 있어 이 도시의 의사 결정은 전 세계에 영향을 미친다.

06 제시문에서 설명하는 도시는 위치적 장점을 이용하여 오늘날 아시아 국제 교통의 허브로 자리 잡은 싱가포르(C)이다. 지도의 A는 런던, B는 카이로, D는 도쿄, E는 상파울루이다.

07 스카이라인을 살펴보면 런던(A)의 랜드마크인 빅벤과 런던아이가 보인다.

08 두바이는 석유 산업에서 얻은 수입으로 개발된 아랍 에미리트 최대의 항구 도시이다. 대규모 건설 프로젝트를 통해 세계적으로 유명한 부르즈 할리파, 버즈 알 아랍 호텔 등을 건설하였다.

09 도시의 규모가 작을 때는 상업, 주거, 공업 기능 등이 도시 내부에 섞여 있지만, 도시의 규모가 커지면 비슷한 기능끼리 모이면서 도시 내부가 상업 지역, 공업 지역, 주거 지역 등으로 나뉘는 지역 분화 현상이 나타난다.

10 제시된 그림의 A는 도심, B는 부도심, C는 중간 지역, D는 주변 지역, E는 개발 제한 구역이다. ① 도심은 지가와 접근성이 가장 높아 교통이 편리하고 백화점, 대기업의 본사, 관공서 등이 주로 입지한다. 또한 주·야간 인구 밀도의 차이가 커 인구 공동화 현상이 나타난다.

11 규모가 작은 도시에는 부도심이 형성되지 않기 때문에 도시 내의 다른 지역에 비해 시가지의 형성 시기가 오래지 않다고 보아야 한다.

12 도심은 접근성과 지가가 가장 높으며, 도심과 주변 지역을 연결하는 교통이 편리한 곳에는 부도심이 형성된다. 주변 지역은 상대적으로 지가가 저렴하여 대규모 주거 단지가 조성된다.

13 제시된 그래프는 인구 공동화 현상을 나타낸다. ⑤ 도심에서는 상주인구가 적고 유동 인구가 많아져 주간과 야간의 단위 면적당 인구 밀도 차이가 큰 인구 공동화 현상이 발생한다.

14 A는 도심이다. 도심은 교통이 편리하고 높은 건물이 많이 분포하며, 대기업의 본사, 백화점, 관공서 등이 모여 중심 업무 지구를 이룬다. ⑤ 대규모 아파트 단지는 주변 지역에서 나타난다.

15 그래프를 보면 수치가 도심에서 가장 높고 교통이 편리한 부도심에서도 비교적 높게 나타나는 것으로 보아 A에 들어갈 수 있는 항목은 접근성, 지가, 지대, 유동 인구, 토지 이용의 집약도 등이다.

16 (가)는 고층 건물이 밀집되어 있는 도심이고, (나)는 대규모 아파트 단지가 조성되어 있는 주변 지역이다. ② 주변 지역은 주로 주거 단지와 학교 등이 들어서 있어 초등학교 학생 수가 도심에 비해 많다.

17 도시의 수가 증가하거나 도시에 거주하는 인구 비율이 높아지고, 도시적인 생활 양식이 확산되는 현상을 도시화라고 한다. 도시화가 본격적으로 진행되면 1차 산업에 종사하는 인구 비율은 감소하고 2·3차 산업에 종사하는 인구 비율이 증가한다. 따라서 도시화율을 통해 특정 지역의 경제 발전 수준을 파악할 수 있다. 개발 도상국의 도시화는 20세기 이후 급속한 산업화와 함께 짧은 시간 동안 빠르게 진행되었다.

18 A 단계는 가속화 단계이다. 가속화 단계는 산업화가 빠르게 진행되면서 촌락의 인구가 일자리를 찾아 도시로 이동하는 이촌 향도 현상이 활발하게 나타난다.

19 B 단계는 종착 단계이다. 종착 단계는 전체 인구 중 도시에 사는 인구 비율이 매우 높은 시기로 도시화의 진행 속도가 둔화되고 촌락에서 도시로의 인구 이동보다 도시와 도시 간의 인구 이동과 도시에서 촌락으로의 인구 이동이 활발하게 나타난다.

20 도시화는 산업화와 함께 진행된다. 우리나라는 1960년대 이후 산업화가 시작되어 서울, 부산 등의 대도시와 공업 도시로의 이촌 향도 현상이 활발하게 일어났다. 1970년대 이후 우리나라 인구의 절반 이상이 도시에 살게 되었다. 1990년대 이후에는 도시화의 속도가 느려지면서 서울과 부산 등 대도시 주변에 위성 도시가 발달하였다. 현재 우리나라는 총인구의 90% 이상이 도시에 거주하고 있어 도시화의 종착 단계에 해당한다.

21 도시화율은 경제 수준과 밀접한 관련이 있어 대체로 선진국의 도시화율이 개발 도상국에 비해 높다. ⑤ 중국은 현재 도시화의 가속화 단계에 해당한다.

22 A는 선진국에 해당하는 스위스, B는 개발 도상국에 해당하는 코스타리카이다. ㄷ. B와 비슷하게 도시화가 진행되는 국가는 아시아와 아프리카에 주로 분포한다.

23 ③ 오늘날 도시화는 경제 발전 수준이 높은 영국(A)보다 산업화가 진행되고 있는 중국(B)에서 활발히 이루어지고 있다.

24 ㄴ. 도시 기반 시설 부족은 산업 기반을 갖추지 못한 상태에서 급격하게 도시 인구가 늘어난 개발 도상국에서 나타나는 도시 문제이다.

25 (가)는 최근 급속한 도시화가 진행되었고 현재 가속화 단계에 해당하는 중국이고, (나)는 현재 종착 단계에 있는 미국이다. 선진국은 오랜 도시화로 시설 노후화와 도심 슬럼화가 주요 도시 문제인 데 비해 개발 도상국은 과도시화로 인한 기반 시설 부족 문제가 심각하다.

26 제시된 사례는 도시화의 역사가 오래된 선진국의 도시에서 겪고 있는 문제를 담고 있다. 이를 해결하기 위해서는 노후화된 각종 시설을 주민들을 위한 문화 공간으로 새롭게 조성하는 등 도시 재개발 사업이 필요하다.

27 파벨라는 브라질에서 벌집을 뜻하는 말로 대도시 지역의 빈민가를 말한다. 이 지역은 촌락에서 도시로 몰려든 빈민들이 거주하며 열악한 위생 상태, 범죄 등의 문제가 심각하다.

28 울산은 공업 도시로 성장하면서 태화강 오염이 심각해지자 지방 자체 단체와 주민들이 앞장서 '태화강 살리기 사업'을 추진하여 태화강의 수질을 개선하였다.

29 살기 좋은 도시는 객관적인 기준으로 결정하기는 어렵고 주민들의 삶의 질을 높일 수 있도록 기반 시설이 뒷받침되고 제도나 정책이 시행되는 곳이다.

30 오스트리아의 빈은 중부 유럽의 경제·문화·교통의 중심지로 음악의 도시로도 유명하여 베토벤을 비롯한 모차르트, 슈베르트, 브람스, 하이든 등의 음악가들이 이곳에서 활약하였다.

31 우리나라 순천은 람사르 습지로 지정된 순천만을 조성하여 대표적인 생태 도시로 인정받고 있다. 브라질의 쿠리치바는 극심한 교통 문제를 해결하기 위해 버스 중심의 대중교통 시스템을 만들어 시행하였다.

서술형 문제

1 (1) A – 도심, B – 주변 지역

(2) 예시답안 도심에서 주변 지역으로 이동하면서 지가와 접근성이 낮아지고 상주인구는 증가한다.

구분	채점 기준
상	제시어를 모두 활용하여 정확히 서술한 경우
중	제시어를 모두 활용하였으나 서술이 미흡한 경우
하	제시어를 1~2개만 사용하여 서술한 경우

2 (1) (가) – 선진국, (나) – 개발 도상국

(2) 예시답안 개발 도상국에서는 기반 시설이 갖추어지지 않은 도시로 많은 인구가 집중되면서 무허가 주택과 빈민촌 형성, 일자리 부족 등의 문제가 나타나고 있다.

구분	채점 기준
상	개발 도상국에서 나타나는 도시 문제 두 가지를 정확히 서술한 경우
하	개발 도상국에서 나타나는 도시 문제를 한 가지만 서술한 경우

Ⅸ 글로벌 경제 활동과 지역 변화

100점 도전! 실전 문제 20~25쪽

01 ③	02 ⑤	03 ③	04 ②	05 ④	06 ①	07 ④	08 ⑤
09 ④	10 ⑤	11 ②	12 ④	13 ④	14 ①	15 ④	16 ②
17 ①	18 ④	19 ②	20 ④	21 ③	22 ②	23 ④	24 ③
25 ③	26 ①	27 ④	28 ②	29 ④			

01 과거의 전통적 농업은 곡물을 소규모로 재배하여 농가에서 직접 소비하는 자급적 농업의 형태로 이루어졌다. 그러나 산업화와 도시화가 진행되면서 낙농업, 원예 농업, 기업적 곡물 농업, 기업적 목축 등 상업적 농업이 발달하였다.

02 ㉤ 대규모 다국적 농업 기업은 농작물의 생산뿐만 아니라 가공 및 상품화까지의 전 과정을 담당하는 경우가 많아 세계 농산물 시장에 많은 영향을 끼친다.

03 대규모 플랜테이션은 아프리카, 동남아시아, 남아메리카 등지의 열대 기후 지역에 위치한 개발 도상국에서 주로 이루어진다.

04 A는 기업적 목축, B는 기업적 곡물 농업 지역이다. ② 기업적 목축은 대규모 목장에서 가축을 사육하는 방식으로, 오늘날 생활 수준의 향상으로 전 세계적으로 육류 소비가 증가하면서 확대되고 있다.

05 다국적 농업 기업은 국제적 분업 체계와 대량 생산 체계를 갖추고 있어 값싼 농산물을 대량으로 생산하고 공급할 수 있어 가격 경쟁력을 가진다.

06 우리나라는 수입에 의존하는 다른 곡물들에 비해 쌀의 자급률이 높은 편이다.

07 세계 무역 기구 출범(WTO)과 자유 무역 협정(FTA) 체결 확대에 따라 해외에서 생산된 값싼 농산물의 수입이 증가하면서 우리나라 농작물의 가격 경쟁력이 낮아지고 있다. 또한 육류 소비 증가에 따른 가축 사료 작물의 수요 증가로 옥수수나 콩 등 사료 작물의 수입이 증가함에 따라 곡물 자급률이 낮아지고 있다.

08 우리나라는 쌀을 제외한 대부분의 곡물을 수입에 의존하여 곡물 자급률이 낮은 편이다. 그렇기 때문에 국제 곡물 시장의 작은 변화에도 쉽게 흔들리며, 만약 기후 변화 등으로 곡물 생산에 차질이 생기면 곡물 파동이 발생하여 식량 부족 위기에 직면할 우려가 크다.

09 전 세계적으로 육류 소비가 늘어나면서 가축의 사료 작물인 옥수수와 콩의 수요가 증가하였고, 이로 인해 기업적으로 밀을 재배하던 지역에서도 옥수수나 콩을 재배하는 경우가 늘어나고 있다.

10 필리핀은 다국적 기업이 쌀 생산지를 바나나 농장으로 개간하면서 상품 작물 재배가 증가하고 있다. 이로 인해 쌀의 수입 의존도가 높아지고 곡물 자급률이 낮아져 쌀의 국제 가격이 상승하면 식량 부족 문제가 발생할 수 있다.

11 최근 농업의 세계화에 따라 세계 각지에서 생산되는 다양한 농산물을 쉽게 접할 수 있게 되었다. 또한 생활 수준이 향상되면서 채소, 과일, 육류의 소비량은 계속 늘고 있으며 패스트푸드를 비롯한 음식 문화의 보편화로 식량 작물인 쌀의 소비 비중은 감소하고 있다.

12 ㄱ. 세계 무역 기구(WTO)의 출범으로 국가 간 무역 장벽은 낮아지게 되었다. ㄷ. 교통과 통신의 발달로 국가 간 경제 교류가 증가하면서 기업들은 전 세계를 대상으로 경제 활동을 하게 되었다.

13 ㉣ 생산 공장은 지가와 임금이 저렴하여 생산 비용을 줄일 수 있는 개발 도상국에 주로 건설한다.

14 다국적 기업의 본사는 선진국에 주로 입지하며, 생산 공장은 지가와 임금이 저렴하여 생산 비용을 줄일 수 있는 지역에 주로 입지한다. 우수한 교육 시설과 전문 기술 인력이 풍부한 곳에는 연구소가 입지한다.

15 다국적 기업의 본사는 다양한 정보와 자본을 확보하는 데 유리한 곳에 위치하며 연구소는 기술을 갖춘 고급 인력이 풍부한 지역에 위치한다. 생산 공장은 주로 저렴한 노동력이 풍부한 곳에 많이 분포한다.

16 다국적 기업은 해외 여러 국가에 판매 지사, 생산 공장 등을 운영하면서 전 세계를 대상으로 생산과 판매 활동을 하는 기업을 말한다. 세계 무역 기구(WTO)의 출범으로 국가 간 무역 장벽이 낮아지면서 다국적 기업의 수는 빠르게 증가하고 있다.

17 다국적 기업의 생산 공장은 생산 비용이 저렴한 개발 도상국에 주로 입지하지만, 판매 시장을 확보하고 무역 장벽을 극복하기 위해 선진국으로 진출하기도 한다.

18 산업 공동화란 지역의 기반을 이루던 산업이 없어지거나 다른 지역으로 이전됨으로써 지역의 산업 기반이 없어지고 산업 구조에 공백이 생기는 현상을 말한다.

19 다국적 기업의 생산 공장은 생산비가 저렴한 지역을 찾아 이동하는 경향이 있다. 따라서 생산 공장이 위치한 지역의 임금, 지대 등이 상승하면 더 저렴한 임금과 지대로 제품을 생산할 수 있는 곳을 찾아 공장을 이전한다.

20 다국적 기업의 생산 공장이 들어선 지역에서는 일자리가 확대되고 관련 산업이 발달하는 등 지역 경제가 활성화된다. 반면 생산 공장이 빠져나간 지역에서는 산업 공동화 현상이 나타나 지역 경제가 침체된다.

21 다국적 기업의 생산 공장이 들어선 지역에서는 일자리가 늘어나면서 인구가 증가하고 지역 경제가 활성화될 수 있다. 그러나 생산 공장에서 유해 물질이 배출되어 환경 오염이 발생할 수 있다.

22 ㉡ 서비스업은 기계로 대신할 수 없는 일이 많고, 소비자마다 원하는 서비스 형태가 달라 표준화가 어렵다.

23 ④ 오늘날 교통·통신의 발달로 시간과 공간의 제약이 줄어들면서 서비스업이 공간적으로 분산되고 있다.

24 콜센터는 전화와 온라인으로 업무를 처리하기 때문에 고객과 근접한 거리에 있을 필요가 없다. 따라서 시차가 발생하지만, 필리핀의 영어 회화 능력과 저렴한 인건비의 장점을 살려 콜센터가 발달하게 되었다.

25 필리핀에 콜센터 사무실이 생겨나면서 빌딩이 들어서고 사무실 주변에 필리핀에 음식점, 숙박 시설 등이 생기므로, 일자리가 늘어나고 지역 경제가 활성화될 수 있다.

26 전자 상거래의 발달로 소비자에게 직접 물건을 배송해 주는 택배업 등의 유통 산업이 성장하게 되었다. 이로 인해 공항이나 고속 도로, 철도역, 항만 등 운송이 유리한 지역에 대규모의 물류 창고가 들어서고 있다.

27 제시된 그림은 전자 상거래를 나타낸다. 전자 상거래는 전통적인 상거래 방식에 비해 유통 단계가 단순하며, 시간과 공간의 제약이 적기 때문에 소비 활동의 범위를 전 세계로 확대시켰다.

28 관광 산업은 교통, 숙박, 오락 등 관련 산업을 성장시키고, 지역 주민의 고용을 증대하여 지역 경제를 활성화한다.

29 공정 여행은 관광 지역의 환경을 파괴하지 않고 현지 주민에게 더 많은 혜택이 돌아가도록 한다. ④ 생태계에 미치는 영향을 최소화하기 위해 현지의 동식물로 만든 기념품은 사지 않는다.

서술형 문제

1 예시답안 한 종류의 곡물을 재배하는 농업에서 벗어나 원예 작물이나 기호 작물을 재배하는 경우가 늘어나고 있으며, 육류 소비가 증가함에 따라 기업적 밀 재배 지역이 옥수수나 콩 재배 지역으로 바뀌기도 한다.

구분	채점 기준
상	농업의 기업화·세계화에 따른 농작물 생산 구조의 변화 두 가지를 정확히 서술한 경우
하	농업의 기업화·세계화에 따른 농작물 생산 구조의 변화를 한 가지만 서술한 경우

2 (1) 산업 공동화 현상
(2) 예시답안 멕시코의 지가가 더 저렴하고 저임금 노동력이 풍부하여 생산 비용을 줄일 수 있기 때문이다.

구분	채점 기준
상	다국적 기업의 생산 공장이 이전하는 이유를 지가와 인건비를 언급하여 정확히 서술한 경우
하	생산 비용을 줄일 수 있다고만 서술한 경우

3 예시답안 택배업 등의 유통 산업이 성장하면서 운송이 유리한 지역에는 대규모의 물류 창고가 발달하였다. 한편 소비자가 직접 찾아가 구매하는 상점이 줄어들면서 오프라인 매장은 쇠퇴하게 되었다.

구분	채점 기준
상	전자 상거래 발달에 따른 변화를 두 가지 이상 정확히 서술한 경우
하	전자 상거래 발달에 따른 변화를 한 가지만 서술한 경우

X 환경 문제와 지속 가능한 환경

100점 도전! 실전 문제 28~33쪽

01 ③	02 ⑤	03 ⑤	04 ④	05 ③	06 ②	07 ②	08 ④
09 ⑤	10 ①	11 ④	12 ④	13 ⑤	14 ②	15 ④	16 ②
17 ④	18 ③	19 ②	20 ③	21 ①	22 ②	23 ④	24 ⑤
25 ④	26 ③	27 ③	28 ④	29 ③	30 ①		

01 기후는 화산 활동에 따른 화산재 분출, 태양과 지구의 상대적 위치 변화 등 자연적 요인에 의해 변화한다. 그리고 무분별한 토지 및 삼림 개발, 화석 연료 사용에 따른 온실가스 배출 등 인위적 요인에 의해서도 기후가 변화한다.

02 ㈎와 같은 적정한 온실 효과는 자연 상태에서 발생하는 것으로, 지구의 온도를 일정하게 유지시켜 준다. 산업 혁명 이후 화석 연료 사용의 증가로 온실가스의 배출량이 늘면서 지구 밖으로 나가지 못하는 복사열이 증가하여 ㈏와 같은 과도한 온실 효과가 나타나게 되었다. ⑤ 과도한 온실 효과가 나타나면 지구의 평균 기온이 높아지는 지구 온난화 현상이 발생한다.

03 온실가스 가운데 지구 온난화에 가장 큰 영향을 미치는 것은 이산화 탄소이다. 따라서 이산화 탄소를 흡수하고 저장하는 기능을 가진 숲을 무분별하게 파괴하는 것도 지구 온난화를 가속화하는 요인이 된다.

04 제시된 여행지들은 지구 온난화로 빙하가 녹아 해수면이 상승하여 사라질 위기에 처해 있다.

05 ③ 열대 우림은 이산화 탄소를 흡수하는 역할을 하기 때문에 열대 우림이 파괴될 경우 지구 온난화가 심화할 수 있다.

06 제시된 그래프를 통해 지구의 평균 기온이 지속적으로 상승하고 있음을 알 수 있다. ② 지구의 평균 기온이 상승하면 고지대에 덮인 만년설과 빙하가 녹아 줄어든다.

07 A는 북극해, B는 그린란드, C는 동아시아, D는 방글라데시, E는 투발루이다. ② 그린란드에서는 지구의 평균 기온 상승으로 빙하의 면적이 줄어들고 추운 계절이 짧아져 농작물 경작 가능 기간이 늘어나고 있다.

08 ㉣ 지구 온난화로 지표면의 기온이 상승하면서 고산 식물의 분포 범위가 줄어들거나 멸종 위험이 커지고 있다.

09 ⑤ 지구 온난화로 바닷물의 수온이 상승하여 조류가 살 수 없게 되면서 조류와 공생하던 산호초가 하얗게 죽어가는 백화 현상이 나타나고 있다.

10 ① 지구의 기온이 높아지면서 북극해의 항로가 열려 북극 항로의 운항 가능 일수가 늘어나고 있다.

11 제시된 사례에서는 지구의 평균 기온이 높아지면서 해수면이 상승하여 해안 지역이 침식되고 있음을 보여 준다.

12 ④ 선진국에만 온실가스 감축 의무를 부여하였던 교토 의정서와 달리, 파리 협정에서는 선진국과 개발 도상국 모두에 온실가스 감축 의무를 부여하였다.

13 온실가스 배출을 줄이기 위한 노력에는 에너지 절약, 재활용 실천, 대중교통 이용, 고효율 전자 제품 사용, 일회용품 사용 자제 등이 있다.

14 ㄴ, ㄹ. 공해 유발 산업의 유출 지역은 환경 규제가 엄격한 선진국이고, 공해 유발 산업의 유입 지역은 환경 규제가 느슨하고 경제 성장에 대한 요구가 높은 개발 도상국이다.

15 지도를 통해 1970~1980년대에 독일과 일본이 우리나라 기업에 석면 방직 기계를 수출하였고, 이후 우리나라의 석면 산업체는 인도네시아, 말레이시아, 중국 등 환경에 대한 인식이 낮은 지역으로 이전하고 있음을 알 수 있다.

16 환경 문제 유발 산업이 유입되는 지역은 대부분 개발 도상국이다. 환경 규제가 엄격한 선진국에서는 환경 문제를 해결하고 저임금 노동력을 활용하기 위해 개발 도상국으로 환경 문제 유발 산업을 이전하고 있으며, 개발 도상국에서는 환경보다는 경제 성장을 우선시하기 때문에 환경 문제 유발 산업을 받아들이고 있다.

17 세계적인 의류 회사들은 인도의 저임금 노동력을 활용하고 환경 및 경제적 부담을 줄이기 위해 인도 등의 개발 도상국으로 생산 공장을 이전하고 있다.

18 인도에서는 의류 산업과 같이 환경 문제를 유발하는 산업이 이전해오면서 공장에서 흘러나온 폐수로 수질이 오염되고, 유해 물질이 배출되어 지역 주민들의 건강이 위협받고 있다.

19 선진국은 환경 및 경제적 부담을 줄이기 위해 개발 도상국에 전자 쓰레기를 수출하고 있으며, 개발 도상국에서는 금속 자원을 채취하여 경제적 이익을 얻기 위해 선진국으로부터 전자 쓰레기를 수입하고 있다. ② 전 세계적으로 전자 쓰레기를 비롯한 유해 폐기물의 국제적 이동에 대한 규제가 강화되고 있다.

20 케냐는 화훼 농장 이전으로 경제가 성장했지만, 농장이 들어선 지역은 호수가 오염되어 어획량이 줄고 주민들이 생활 터전을 상실하게 되었다. ③ 네덜란드 화훼 농장이 케냐로 이전한 것은 저임금 노동력을 통해 생산 비용을 줄이면서 환경 오염 문제를 해결할 수 있기 때문이다.

21 ㉠은 바젤 협약이다. 바젤 협약은 유해 폐기물이 국가 간 이동을 할 때 유입국은 물론 경유국에도 사전 통보를 의무화하여 유해 폐기물의 불법적인 이동을 감소시키는 것을 목적으로 한다.

22 환경 문제 중에서 원인과 해결 방안이 입장에 따라 서로 다른 것을 환경 이슈라고 한다. 환경 이슈는 시대별로 다르며, 지역적인 것부터 세계적인 것까지 다양한 규모에서 나타난다.

23 ㉠에 들어갈 내용은 미세 먼지이다. 미세 먼지는 건강에 나쁜 영향을 미칠 수 있으므로 미세 먼지 농도가 높은 날에는 외출을 자제하거나 마스크를 써야 한다.

24 미세 먼지는 주로 석탄, 석유 등을 태울 때 생기는 매연, 자동차 배기가스 등에서 발생한다. 따라서 미세 먼지를 줄이기 위해서는 친환경 발전 비중을 높이고, 노후 경유차를 대체할 수 있는 친환경 차량 보급 정책을 실시할 필요가 있다.

25 유전자 변형 식품(GMO)은 해충과 잡초에 강하다는 긍정적인 면이 있지만, 생물 다양성을 파괴하고 생태계를 교란할 수 있다는 부정적인 면도 있어 이를 둘러싸고 찬반 의견이 맞서고 있다.

26 유전자 변형 식품(GMO)은 농작물을 오래 보관할 수 있고 대량 생산이 가능하여 세계 식량 부족 문제 해결에 기여할 수 있다.

27 ㄱ. 푸드 마일리지가 높은 식품은 신선도 유지를 위해 살충제나 방부제를 사용하는 경우가 많아 식품의 안전성이 낮은 편이다. ㄹ. 이동 거리가 길수록 푸드 마일리지가 높아지므로, 일반적으로 로컬 푸드는 수입 농산물에 비해 푸드 마일리지가 낮다.

28 최근에는 환경에 대한 관심이 커지고 안전하고 건강한 먹을거리를 찾는 소비자들이 늘어나면서 지역에서 생산된 농산물을 지역에서 소비하자는 로컬 푸드 운동이 펼쳐지고 있다.

29 장거리 운송을 거치지 않은 농산물인 로컬 푸드를 소비함으로써 유통 과정에서 발생하는 온실가스를 줄일 수 있으며, 지역 농민은 안정적인 소득을 보장받을 수 있다. ㄱ. 세계의 다양한 농산물은 장거리 운송을 통해 수입되므로, 로컬 푸드 운동과는 거리가 멀다. ㄹ. 유전자 변형 식품(GMO)에 대한 설명이다.

30 환경 문제를 해결하기 위해서는 저탄소 제품, 에너지 효율이 높은 제품, 푸드 마일리지가 낮은 농산물 등을 이용하고, 쓰레기 분리배출에 적극적으로 참여해야 한다.

서술형 문제

1 (1) 지구 온난화

(2) 예시답안 지구의 평균 기온이 상승하면서 북극해의 항로가 열리는 등 긍정적인 변화가 나타난다. 그러나 빙하가 녹아 해수면이 상승하면서 해안 저지대가 침수되고, 자연재해의 발생 빈도 및 강도가 증가하는 문제가 나타난다.

구분	채점 기준
상	지구 온난화의 긍정적 영향과 부정적 영향을 모두 정확히 서술한 경우
하	지구 온난화의 긍정적 영향과 부정적 영향 중 한 가지만 서술한 경우

2 예시답안 전자 쓰레기는 주로 전자 제품의 사용이 많고 교체 시기가 짧은 선진국에서 발생한다. 전자 쓰레기의 처리 지역은 개발 도상국으로, 이들 국가는 환경 규제가 느슨하고 경제 성장에 대한 요구가 높다.

구분	채점 기준
상	전자 쓰레기의 발생 및 처리 지역을 쓰고, 그 특징을 모두 정확히 서술한 경우
중	전자 쓰레기의 발생 및 처리 지역을 쓰고, 그 특징을 한 가지만 서술한 경우
하	전자 쓰레기의 발생 및 처리 지역만 쓴 경우

3 예시답안 유전자 변형 식품(GMO)은 병충해에 강하고 대량 생산이 용이하여 세계 식량 부족 문제 해결에 기여할 수 있다. 그러나 인체에 대한 유해성이 검증되지 않았고, 생태계를 교란시킬 수 있다는 문제점이 있다.

구분	채점 기준
상	유전자 변형 식품에 대한 긍정적 입장과 부정적 입장을 모두 정확히 서술한 경우
하	유전자 변형 식품에 대한 긍정적 입장과 부정적 입장 중 한 가지만 서술한 경우

XI 세계 속의 우리나라

100점 도전! 실전 문제

36~41쪽

01 ③	02 ②	03 ②	04 ③	05 ③	06 ⑤	07 ⑤	08 ①
09 ②	10 ④	11 ②	12 ②	13 ③	14 ①	15 ④	16 ⑤
17 ③	18 ②	19 ②	20 ④	21 ④	22 ①	23 ①	24 ②
25 ②	26 ②	27 ⑤	28 ④	29 ③	30 ①	31 ④	32 ②
33 ①							

01 영역이란 한 국가의 주권이 미치는 범위로, 국제법상 한 국가가 다른 국가의 간섭을 받지 않고 지배할 수 있는 공간이다. 영역은 영토, 영해, 영공으로 구성된다. 영토는 한 국가에 속한 육지의 범위로, 영토가 없으면 영해와 영공도 있을 수 없기 때문에 국가의 영역 중 가장 중요하다. 영공은 영토와 영해의 수직 상공으로, 일반적으로 대기권에 한정된다. ③ 영해는 영토 주변의 바다로 영해 기선에서부터 12해리까지의 바다를 말한다.

02 그림의 A는 영공, B는 배타적 경제 수역, C는 영해, D는 영토이다. ② 영공은 (가) 국가의 영역에 포함되어 (가) 국가의 허락 없이 다른 국가의 항공기가 자유롭게 통행할 수 없다.

03 배타적 경제 수역은 연안국의 경제적 주권을 보장하는 수역이다. 따라서 경제적 목적이 없다면 다른 국가의 선박과 항공기의 통행이 가능하고, 통신 및 수송을 위한 케이블과 파이프 등을 설치할 수 있다.

04 우리나라의 영토는 한반도와 부속 섬으로 구성되어 있다. 우리나라는 삼면이 바다로 둘러싸인 반도국으로, 남북으로 형태가 길어 다양한 기후가 나타난다. 우리나라는 서·남해안 지역의 간척 사업을 꾸준히 진행한 결과 영토가 넓어지고 있다. ③ 우리나라 영토의 총면적은 22.3만 ㎢, 남한의 면적은 약 10만 ㎢이다.

05 (가)는 최외곽 도서를 직선으로 연결한 직선 기선이다. 우리나라에서 직선 기선을 영해의 기준으로 삼는 지역은 서해안과 남해안, 대한 해협 등이다. ㄱ, ㄹ. 울릉도와 제주특별자치도는 등은 통상 기선(최저 조위선)에서부터 12해리까지의 수역을 영해로 설정한다.

06 우리나라는 영해의 범위를 정할 때 해안선의 특징에 따라 통상 기선과 직선 기선을 적용한다. ⑤ 대한 해협에서는 우리나라와 일본 간 거리가 가까워 직선 기선에서부터 3해리까지를 영해로 설정하였다.

07 지도의 A는 한·중 잠정 조치 수역, B는 우리나라의 배타적 경제 수역, C와 D는 우리나라의 영해, E는 한·일 중간 수역이다. ⑤ 한·일 중간 수역(E)은 특정 국가의 영역에 포함되지 않아 미국 선박의 자유로운 통행이 가능하다.

08 제시된 설명은 한·중 잠정 조치 수역(A)에 대한 것이다.

09 지도의 A는 울릉도, B는 독도이다. ② 독도는 울릉도보다 먼저 형성되었다.

10 제시된 내용에 해당하는 지역은 독도이다. 독도는 우리나라의 극동에 위치하며 난류의 영향으로 연교차가 작은 해양성 기후가 나타난다. ㄱ. 우리나라의 극서 지역은 평안북도의 마안도이다. ㄷ. 독도는 천연 보호 구역으로 지정되었다. 해상 국립공원으로 지정된 곳은 남해안의 다도해 일대이다.

11 독도 주변 바다는 한류와 난류가 교차하는 조경 수역으로 플랑크톤과 수산 자원이 풍부하다. 또한 천연가스의 주성분인 메탄과 물이 해저에서 높은 압력을 받아 형성된 메탄 하이드레이트가 매장되어 있다.

12 독도는 군사적 요충지로 항공 및 방어 기지 역할을 수행하고 있으며, 우리의 영토이기 때문에 주변 바다에 대한 영유권을 주장할 수 있는 중요한 기점이 되고 있다. 한편 독도는 천연 보호 구역으로 지정될 만큼 다양한 생물이 서식하는 생태계의 보고이다. 이 밖에도 여러 단계의 화산 활동으로 형성되어 해저 화산의 형성과 진화 과정을 살펴볼 수 있다. ② 독도는 동해에 있는 섬으로, 동해에서 조업하는 어부들의 임시 대피소로 활용되어 왔다.

13 ③ 오늘날 독도에는 주민이 거주하고 있으며, 독도 경비대가 섬과 인근 해역을 지키고 있다.

14 「팔도총도」에는 동해상에 울릉도와 우산도(독도) 두 섬이 그려져 있어 우리나라 영토임을 표시하고 있다. 「삼국접양지도」에는 울릉도와 독도가 우리나라와 동일한 노란색으로 표시되어 있다. 그리고 그 옆에 '조선의 것'이라고 적혀 있다. 따라서 제시된 고지도를 통해 독도는 우리나라 고유의 영토임을 알 수 있다.

15 라영. 지역화 전략 개발 및 추진 과정에서 국가가 아닌 지역 주민들의 적극적이고 자발적인 참여가 필요하다.

16 세계화 시대가 열리고 교통과 통신이 발달하면서 지역 간 교류가 확대되면서 지역 간 경쟁이 치열해지면서 지역화 전략이 필요하게 되었다.

17 지역 브랜드는 지역의 특성을 담고 있는 상품이나 서비스에 그 지역의 이미지를 결합하여 지역 그 자체를 브랜드처럼 만드는 것으로 슬로건, 로고, 캐릭터 등으로 표현된다. ㄱ은 지리적 표시제, ㄹ은 장소 마케팅에 대한 설명이다.

18 'HAPPY 700'은 강원특별자치도 평창군의 지역 브랜드이다. 평창은 지형의 영향을 받아 겨울철에 눈이 많이 내리고 해발고도가 높아 여름철에는 서늘하여 고랭지 농업과 목축업이 발달하였다. ㄴ은 철원, ㄷ은 전주에 대한 설명이다.

19 장소 마케팅은 특정 장소를 상품으로 인식하고 그 장소의 이미지를 개발하는 전략이다. 일부 지역에서 지명을 바꿈으로써 지역에 대한 이미지가 개선되어 관광객이 많아졌다면 장소 마케팅의 성공 사례라고 볼 수 있다.

20 ④ 장소 마케팅을 통해 관광객과 투자자를 모을 수 있고, 이는 지역 주민의 소득 수준 향상과 연결된다.

21 ㈎는 전주, ㈏는 함평에 대한 설명이다. 지도의 A는 보령, B는 김제, C는 전주, D는 함평, E는 진주이다.

22 제시된 그림은 지역화 전략 중 지리적 표시제와 관계가 깊다. 지리적 표시제는 상품의 품질, 명성, 특성 등이 근본적으로 해당 지역에서 비롯한 경우 지역 생산품임을 증명하고 표시하는 제도이다. ① 지리적 표시제에 등록되면 다른 곳에서 임의로 상표권을 이용하지 못하도록 하는 법적 권리가 주어진다.

23 충청북도 청양은 고추가 지리적 표시제에 등록되어 있다. 우리나라에서는 2002년 보성 녹차를 시작으로 현재까지 100여 개의 품목이 지리적 표시제에 등록되었다.

24 ㄴ. 지역 브랜드 개발에는 지역 주민의 적극적인 참여가 필수적이다. ㄹ. 슬로건, 로고, 캐릭터 등의 지역 브랜드에는 지역의 핵심적인 정체성이 담겨 있어야 한다.

25 우리나라는 동아시아의 주요 도시를 3시간대 비행 거리에 둔 항공 교통의 중심지로 동아시의 인적·물적 자원 이동의 허브 역할을 하는 중심 국가로 성장할 잠재력이 크다. 최근 중국, 우리나라, 일본을 중심으로 한 동아시아 경제가 세계 경제에서 차지하는 비중이 높아지면서 이러한 위치적 중요성이 커지고 있다.

26 ㉡ 우리나라는 유라시아 대륙과 태평양을 연결하는 곳에 위치해 있어 대륙과 해양으로 진출하기에 유리하다.

27 오랜 시간 국토가 남북으로 분단되면서 남한은 육로를 통한 대륙으로의 진출이 어렵게 되었고, 북한은 해양으로의 진출이 제한되는 등 반도적 위치의 장점이 사라지게 되었다.

28 국토 분단으로 인해 이산가족과 실향민이 발생하였다. 또한 민족의 동질성이 약화되고, 언어를 포함한 남북 문화의 이질화가 진행되었다. 군사적 대립과 갈등으로 군사비를 과도하게 지출하고 있다. ④ 국토 분단으로 우리나라는 북한의 풍부한 지하자원을 효율적으로 활용하지 못하고 있다.

29 국토 통일을 이루면 인구의 평균 연령은 낮아지고, 국내 총생산은 증가할 것으로 예상된다.

30 국토 통일을 통해 남한의 자본과 기술이 북한의 지하자원, 노동력과 결합하면 국토의 잠재력이 극대화되어 큰 경제 효과가 나타날 것이다.

31 우리나라는 유라시아 대륙과 태평양을 연결하는 반도국으로 통일이 되면 대륙과 해양을 연결하는 통로로써의 역할을 할 수 있게 된다.

32 국토 통일 이후 지도와 같은 교통로가 연결되면서 유럽으로의 운송 거리 및 물류비용이 줄어들어 우리나라는 반도국의 지리적 이점을 살려 중계 무역의 중심지로 성장할 수 있다.

33 통일이 이루어지면 분단되어 살아가던 남북한 주민의 교류가 증가하여 민족 문화의 동질성이 회복될 수 있다.

문제

1 (1) ㈎ – 영해, ㈏ – 한·일 중간 수역, ㈐ – 배타적 경제 수역
(2) 예시답안 해안선이 단조로운 지역에서는 통상 기선에서부터 12해리까지를 영해로 설정한다. 섬이 많고 해안선이 복잡한 지역에서는 직선 기선에서부터 12해리까지를 영해로 설정한다.

구분	채점 기준
상	해안선의 형태에 따라 통상 기선과 직선 기선이 적용되는 영해 설정 방법을 정확히 서술한 경우
하	통상 기선 또는 직선 기선이 적용되는 영해 설정 방법만을 서술한 경우

2 (1) 지리적 표시제
(2) 예시답안 상품의 품질, 명성, 특성 등이 해당 지역의 지리적 특성에서 비롯되고 우수성이 인정될 때 지역 생산품임을 증명하고 표시할 수 있다.

구분	채점 기준
상	지리적 표시 상품으로 등록되기 위한 조건 두 가지를 정확히 서술한 경우
하	지리적 표시 상품으로 등록되기 위한 조건을 한 가지만 서술한 경우

XII 더불어 사는 세계

100점 도전! 실전 문제 44~47쪽

01 ⑤	02 ①	03 ④	04 ④	05 ⑤	06 ④	07 ②	08 ①
09 ③	10 ③	11 ②	12 ①	13 ②	14 ③	15 ④	16 ④
17 ⑤	18 ②	19 ②					

01 지구상에는 기아, 생물 다양성 감소, 영역 분쟁 등 다양한 지리적 문제가 나타나고 있다. 최근에는 세계화로 인해 지역 간 교류가 활발해지고 국가 간 경쟁이 치열해지면서 분쟁과 갈등이 증가하고 있다.

02 기아 문제는 병충해, 자연재해 등의 자연적 요인과 잦은 분쟁, 식량 분배의 불균형 등 인위적 요인이 복합적으로 작용하여 발생한다.

03 기아 문제는 특히 아프리카와 일부 아시아 국가 등지에서 심각하게 나타나는데, 식량은 부족하지만 인구 증가율은 높아 그 상황이 더욱 악화되고 있다.

04 열대 우림의 파괴, 무분별한 남획, 환경 오염 등은 생물 다양성을 감소시키는 원인이 된다. 생물종이 감소하면 인간이 이용 가능한 생물 자원의 수 자체가 감소할 뿐만 아니라 먹이 사슬이 끊겨 생태계가 빠르게 파괴된다.

05 국제 연합(UN)에서는 생물종을 보호하고 생물 다양성을 유지하기 위해 1992년 생물 다양성 협약을 채택하였다.

06 (가)는 민족과 종교 등이 복잡하게 얽혀 분쟁이 발생한 지역이고, (나)는 석유나 천연가스 등의 자원을 확보하기 위해 주변 국가들 간에 분쟁이 발생한 지역이다.

07 (가)는 팔레스타인 지역이다. ② 제2차 세계 대전 이후 이슬람교도가 대부분인 팔레스타인 지역에 유대교도가 대부분인 이스라엘이 건국되면서 팔레스타인과 이스라엘 간에 영토 분쟁이 발생하였다.

08 A는 북극해, B는 에티오피아, C는 카슈미르 지역, D는 난사(스프래틀리) 군도, E는 포클랜드 제도이다. ① 북대서양과 태평양을 잇는 북극 항로의 중요 구간에 해당하는 지역은 북극해(A)이다.

09 ㉠은 난사(스프래틀리) 군도이다. 이 지역은 남중국해에 분포하는 원유, 천연가스 등의 개발 이익과 무역 항로 확보 등의 이유로 분쟁이 발생하고 있다.

10 A는 쿠릴 열도, B는 센카쿠 열도(댜오위다오)이다. 러시아가 실효 지배 중인 쿠릴 열도 남부의 4개 섬에 대해 일본이 영유권을 주장하고 있다. 센카쿠 열도는 1895년 청일 전쟁 이후 일본 영토로 편입되면서 현재까지 일본이 실효 지배를 하고 있으며, 중국과 타이완이 영유권을 주장하고 있다.

11 1인당 국내 총생산(GDP)이 높은 A는 선진국, 1인당 국내 총생산이 낮은 B는 개발 도상국이다. ② 선진국에서는 개발 도상국에 비해 의료 및 보건 수준이 높아 기대 수명이 길게 나타날 것이다.

12 인간 개발 지수(HDI)가 높은 A는 선진국, 인간 개발 지수가 낮은 B는 개발 도상국이다. 개발 도상국은 선진국에 비해 인구 증가율과 성 불평등 지수가 높게 나타나는 반면, 성인 문자 해독률과 1인당 국내 총생산(GDP)은 낮게 나타난다.

13 ㉠은 중부 아프리카의 내륙국인 르완다이다. 르완다는 세계적인 인종 분쟁으로 유명했던 나라로 현재는 교육 강화, 경제 활성화 정책을 실시하여 역사의 비극을 극복하고 아프리카에서 성장 잠재력이 큰 나라로 평가받고 있다.

14 ㉢ 저개발 국가에서 나타나는 식량 부족 문제는 식량 생산량이 인구 증가율에 미치지 못해 발생하는 경우가 많다. 이에 대부분의 저개발 국가에서는 출산 억제 정책을 추진하고 있다.

15 제시된 내용은 개발 도상국의 주민들에게 생활에 적합하게 설계된 재화와 서비스를 제공함으로써 그들의 삶을 개선하고 소득을 증대할 수 있는 기술인 적정 기술에 관한 것이다.

16 ㄱ. 우리나라는 과거 공적 개발 원조의 수혜국이었으나, 현재는 원조를 주는 참여국이 되었다. ㄷ. 라틴 아메리카에는 대부분 원조를 받는 수혜국이 분포한다.

17 (가)는 국제 연합 평화 유지군(PKF)에 대한 설명으로, 국제 연합(UN) 산하의 전문 기구에 해당한다. (나)는 국경 없는 의사회에 대한 설명으로, 민간단체가 중심이 되어 인도주의적 차원에서 구호 활동을 하는 국제 비정부 기구(NGO)에 해당한다.

18 세이브 더 칠드런은 아동 긴급 구호 사업을 펼치는 국제 비정부 기구(NGO)이며, 국제 연합 아동 기금(UNICEF)은 아동 구호와 아동 복지 향상을 위해 노력하는 국제 연합(UN) 산하의 전문 기구이다.

19 ㉡ 공정 무역은 유통 단계를 줄이고 생산자에게 일정한 이익을 보장함으로써 저개발 국가 생산자의 경제적 자립을 돕는 데 목적이 있다.

서술형 문제

1 예시답안 에티오피아의 국경선은 과거 유럽 강대국의 이해관계에 따라 설정되었는데 독립 이후 국경과 부족 경계가 달라서 분쟁과 내전, 그리고 난민 발생이 끊이지 않고 있다.

구분	채점 기준
상	에티오피아 국경선의 설정 배경과 국경과 부족 경계가 달라 나타나는 문제점을 모두 정확히 서술한 경우
하	에티오피아 국경선의 설정 배경과 이로 인해 나타나는 문제점 중 한 가지만 서술한 경우

2 예시답안 일반적으로 선진국(B)에서는 개발 도상국(A)에 비해 1인당 국내 총생산(GDP), 인간 개발 지수(HDI), 기대 수명 등의 지표가 높게 나타나는 반면, 영아 사망률, 교사 1인당 학생 수 등은 낮게 나타난다.

구분	채점 기준
상	개발 도상국과 비교하여 선진국에서 높게 나타나는 지표와 낮게 나타나는 지표를 모두 제시하여 서술한 경우
하	개발 도상국과 비교하여 선진국에서 높게 나타나는 지표와 낮게 나타나는 지표 중 한 가지만 서술한 경우

3 예시답안 공적 개발 원조는 개발 도상국의 빈곤 감소와 삶의 질 향상에 이바지할 수 있다. 한편 적절하지 못한 원조는 지역의 경제적 자립 토대를 무너뜨릴 수 있다.

구분	채점 기준
상	공적 개발 원조의 성과와 한계를 모두 정확히 서술한 경우
하	공적 개발 원조의 성과와 한계 중 한 가지만 서술한 경우

시험대비 문제집

MEMO

한·끝·시·리·즈 필수 개념과 시험 대비를 한 권으로 끝! 사회 공부의 진리입니다.

대표전화 1544-0554
주소 경기도 과천시 과천대로2길 54

비상 누리집에서 더 많은 정보를 확인해 보세요.

http://book.visang.com/

15개정 교육과정

한끝 시험 대비 문제집

중등 사회 2·2

책 속의 가접 별책 (특허 제 0557442호)
'시험 대비 문제집'은 본책에서 쉽게 분리할 수 있도록 제작되었으므로 유통 과정에서 분리될 수 있으나 파본이 아닌 정상제품입니다.

visang

ABOVE IMAGINATION

우리는 남다른 상상과 혁신으로
교육 문화의 새로운 전형을 만들어
모든 이의 행복한 경험과 성장에 기여한다

한끝

시험 대비 문제집

Ⅶ 인구 변화와 인구 문제 02

Ⅷ 사람이 만든 삶터, 도시 10

Ⅸ 글로벌 경제 활동과 지역 변화 18

Ⅹ 환경 문제와 지속 가능한 환경 26

Ⅺ 세계 속의 우리나라 34

Ⅻ 더불어 사는 세계 42

중등 사회 ②-2

VII 인구 변화와 인구 문제

01 인구 분포

세계의 인구 분포

1. 세계의 인구 분포

(1) **반구별:** 세계 인구의 90% 이상이 ❶□□□에 거주함

(2) **위도별:** 북위 20°~40° 지역은 인구 밀도가 높음, 적도 부근과 극지방은 인구 밀도가 낮음

(3) **지형별:** 해발 고도가 낮은 하천 주변의 평야나 해안 지역은 인구 밀집, 내륙 지역은 인구 희박

2. 인구 분포에 영향을 미치는 요인

(1) 자연적 요인: 기후, 지형, 식생, 토양 등

(2) 인문·사회적 요인: 산업, 교통, 정치, 문화 등

(3) 인구 밀집 지역과 인구 희박 지역

구분	인구 밀집 지역	인구 희박 지역
자연적 요인	기후가 온화한 지역, 평야가 넓은 지역, 물을 얻기 쉬운 지역 예 동아시아와 남아시아의 ❷□□□ 지역	건조한 지역, 너무 춥거나 더운 지역, 험준한 산지 지역 예 사하라 사막, 캐나다 북부, 아마존강 유역, 알프스산맥 등
인문·사회적 요인	2·3차 산업이 발달하여 일자리가 풍부하고 교통이 편리한 지역 예 서부 유럽, 미국 북동부, 일본 태평양 연안 등	교통이 불편한 지역, 각종 산업 시설과 일자리가 부족한 지역, 전쟁과 분쟁이 자주 발생하는 지역 등

우리나라의 인구 분포

1. 산업화 이전(1960년대 이전): 농업에 적합한 지형과 기후 등 자연적 요인이 인구 분포에 많은 영향을 줌

인구 밀집 지역	평야가 넓고 기후가 온화하여 벼농사에 유리한 ❸□□□ 지역
인구 희박 지역	산지나 고원이 많고 기온이 낮은 북동부 지역

2. 산업화 이후(1960년대 이후): 산업화가 진행되면서 인문·사회적 요인이 인구 분포에 많은 영향을 줌 → ❹□□ □□ 현상

인구 밀집 지역	수도권, 부산·인천·대구 등의 대도시, 울산·광양·여수 등의 남동 임해 공업 지역 등
인구 희박 지역	태백산맥과 소백산맥 일대의 산지 지역, 농어촌 지역

02 인구 이동

인구 이동의 요인과 유형

1. 인구 이동의 요인

❺□□ 요인	인구를 다른 지역으로 밀어내는 부정적인 요인 예 낮은 임금, 열악한 주거 환경, 종교 박해 등
흡인 요인	인구를 끌어들여 머무르게 하는 긍정적인 요인 예 높은 임금, 풍부한 일자리, 종교의 자유 등

2. 인구 이동의 유형

이동 범위에 따른 구분	국제 이동, 국내 이동
이동 동기에 따른 구분	자발적 이동, 강제적 이동

세계의 인구 이동

1. 세계 인구의 국제 이동

과거의 인구 이동	• 자발적 이동: 유럽인이 신항로(식민지) 개척을 위해 아메리카와 오스트레일리아로 이동, 중국인들이 일자리를 찾아 동남아시아로 이동 • ❻□□□ 이동: 노예 무역에 의해 아프리카인들이 아메리카로 강제 이주
오늘날의 인구 이동	• 경제적 이동: 개발 도상국에서 일자리를 찾아 ❼□□□으로 이동 • 정치적 이동: 내전, 분쟁 등에 따른 ❽□□의 이동 → 주로 이웃한 국가로 이동

2. 세계 인구의 국내 이동

개발 도상국	일자리를 찾아 촌락 인구가 도시로 이동 → 이촌 향도 현상 발생
선진국	쾌적한 환경을 찾아 도시 인구가 도시 주변 지역이나 촌락으로 이동 → ❾□□□□ 현상 발생

인구 이동에 따른 지역 변화

구분	인구 유입 지역	인구 유출 지역
긍정적 영향	저임금 노동력 확보 및 문화적 다양성 증가	이주민들이 본국으로 송금하는 ❿□□ 증가로 경제 활성화
부정적 영향	이주민과 현지인 간의 일자리 경쟁 및 문화적 차이로 갈등 발생	청장년층 인구 및 고급 기술 인력의 해외 유출로 산업 성장 둔화

우리나라의 인구 이동

1. 국내 이동

일제 강점기	일자리를 찾아 광공업이 발달한 ⑪□□ 지방으로 인구 이동
6·25 전쟁	월남한 동포들이 남부 지방으로 피난
1960~80년대	산업화에 따른 이촌 향도 현상으로 수도권, 대도시, 신흥 공업 도시로 인구 집중
1990년대 이후	대도시의 생활 환경 악화로 대도시의 일부 인구가 도시 주변 지역이나 촌락으로 이동

2. 외국인의 국내 유입

(1) 외국인 근로자: 일자리를 찾아 ⑫□□, 베트남·필리핀 등 동남아시아 등지에서 유입

(2) 결혼 이민자: 국제결혼의 증가로 다문화 가정이 증가함

03 인구 문제

세계의 인구 문제

1. 세계 인구의 성장: ⑬□□ □□ 이후 의료 기술 및 생활 수준의 향상 → 평균 수명 연장, 영아 사망률 감소로 세계 인구가 증가함

2. 개발 도상국의 인구 문제

인구 부양력 부족	인구 부양력이 인구 증가 속도를 따라가지 못하여 식량 부족, 기아, 빈곤 등의 문제 발생
도시 과밀화	촌락 인구의 도시 집중과 도시 자체의 인구 성장으로 주택 부족, 환경 오염 등의 문제 발생
출생 성비 불균형	⑭□□ 선호 사상이 있는 중국, 인도 등 아시아 일부 국가에서 남성이 결혼 적령기에 배우자를 구하기 어려운 문제 발생

3. 선진국의 인구 문제

저출산	• 원인: 여성의 사회 참여 증가, 결혼 및 출산에 대한 가치관 변화 • 대책: ⑮□□ 장려 정책, 육아 지원 강화 등
고령화	• 원인: 생활 수준 및 의료 기술의 향상에 따른 ⑯□□ □□ 연장 • 대책: 노인 복지 제도 정비, 정년 연장, 연금 제도 개선 등

우리나라의 인구 문제

1. 시기별 인구 문제와 인구 정책

6·25 전쟁 이후	사회의 안정화, 사망률의 감소 → 인구 급증
1960~1980년대	정부의 ⑰□□□□ 사업 추진 → 출생률 감소
1990년대 이후	출생률 감소, 출생 성비 불균형 및 저출산·고령화 문제 발생
오늘날	⑱□□ 사회 진입, 세계 최저 수준의 합계 출산율

2. 우리나라의 인구 문제

구분	⑲□□□	고령화
원인	여성의 사회 참여 증가, 결혼 연령 상승, 결혼 및 가족에 대한 가치관 변화 등	생활 수준의 향상과 의료 기술의 발달로 평균 수명 연장
문제	생산 가능 인구의 감소에 따른 세금 감소, 경제 성장 둔화 등	청장년층의 ⑳□□□ 부양 부담 증가, 연금과 보험 비용 증가 등
대책	출산 장려 정책 시행, 보육 시설 확충, 남성의 육아 참여 확대 등	노년층 취업 훈련 기회 제공, 사회 보장 제도 정비, 정년 연장 등

정답 확인하기

❶ 북반구	❷ 벼농사	❸ 남서부	❹ 이촌 향도
❺ 배출	❻ 강제적	❼ 선진국	❽ 난민
❾ 역도시화	❿ 외화	⓫ 북부	⓬ 중국
⓭ 산업 혁명	⓮ 남아	⓯ 출산	⓰ 평균 수명
⓱ 가족계획	⓲ 고령	⓳ 저출산	⓴ 노년층

스스로 점검하기

맞은 개수	이렇게 해봐
10개 이하	본책으로 돌아가 복습해봐!
11 ~ 15개	틀린 문제의 답을 다시 확인하고 **100점 도전 실전 문제**를 풀도록 해!
16 ~ 20개	자신감을 가지고 **100점 도전 실전 문제**를 풀어봐. 학교 시험 100점 도전!

100점 도전! 실전 문제

01 인구 분포

[01~03] 지도는 세계의 인구 분포를 나타낸 것이다. 이를 보고 물음에 답하시오.

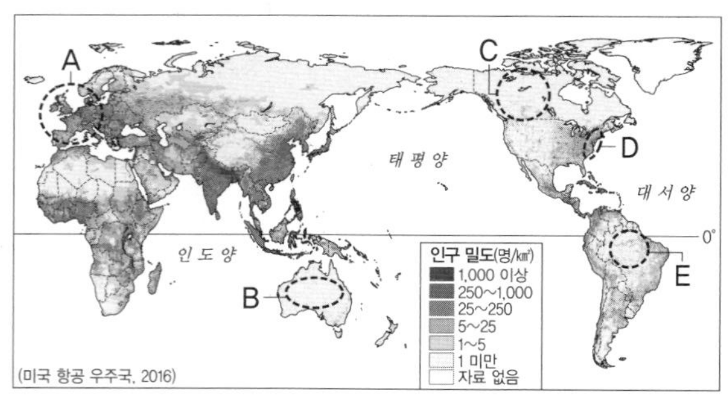

01 위 지도와 같은 인구 분포에 영향을 준 요인으로 보기 어려운 것은?

① 경도 ② 교통 ③ 기후
④ 산업 ⑤ 지형

02 위 지도에 나타난 세계의 인구 분포에 대한 옳은 설명을 〈보기〉에서 고른 것은?

보기
ㄱ. 남반구보다 북반구에 인구가 밀집하여 분포한다.
ㄴ. 세계 인구는 지구상에 불균등하게 분포하고 있다.
ㄷ. 해안 지역보다 내륙 지역에 인구가 밀집되어 있다.
ㄹ. 적도 부근이 북반구 중위도 지역보다 인구 밀도가 높다.

① ㄱ, ㄴ ② ㄱ, ㄷ ③ ㄴ, ㄷ
④ ㄴ, ㄹ ⑤ ㄷ, ㄹ

03 위 지도의 A~E 지역에 나타나는 인구 분포 특징에 대한 설명으로 옳지 않은 것은?

① A 지역은 혼합 농업과 공업, 서비스업이 발달하여 인구가 밀집해 있다.
② B 지역은 연 강수량이 매우 적어 농업과 목축이 불리하여 인구가 희박하다.
③ C 지역은 농업 활동에 불리한 기후가 나타나 인구가 희박하다.
④ D 지역은 벼농사에 유리한 계절풍 기후가 나타나 인구가 밀집해 있다.
⑤ E 지역은 연중 고온 다습한 기후가 나타나고 빽빽한 밀림이 있어 인구가 희박하다.

04 그래프는 대륙별 인구 분포를 나타낸 것이다. A, B에 해당하는 대륙을 옳게 연결한 것은?

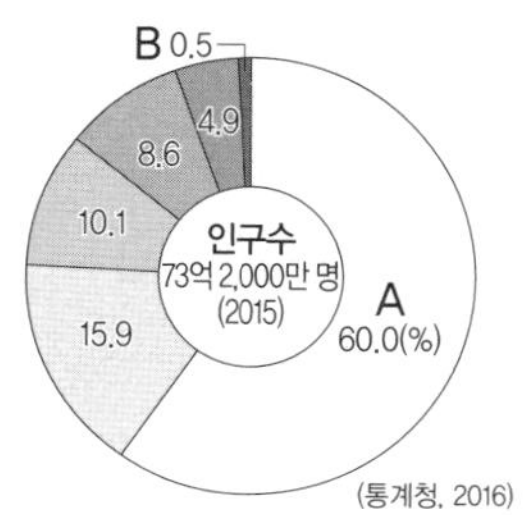

	A	B
①	유럽	남아메리카
②	아시아	아프리카
③	아시아	오세아니아
④	아프리카	북아메리카
⑤	아프리카	오세아니아

잘 나와!

05 인구가 밀집하기 유리한 조건을 갖춘 지역을 〈보기〉에서 고른 것은?

보기
ㄱ. 건조 기후 지역 ㄴ. 온대 기후 지역
ㄷ. 험준한 산지 지역 ㄹ. 평야가 발달한 지역

① ㄱ, ㄴ ② ㄱ, ㄷ ③ ㄴ, ㄷ
④ ㄴ, ㄹ ⑤ ㄷ, ㄹ

06 지도에 표시된 지역의 공통된 인구 분포 특징으로 옳은 것은?

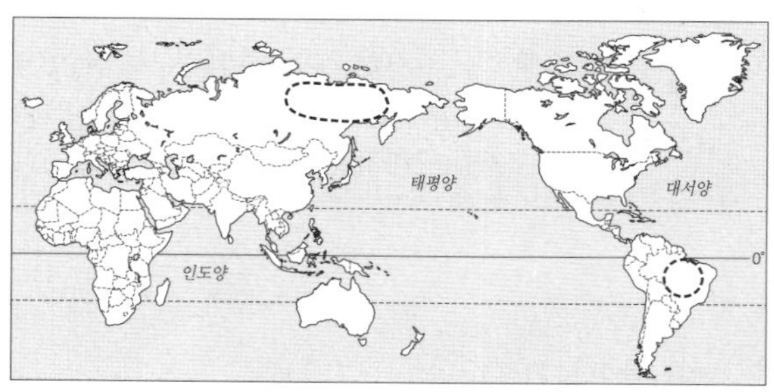

① 건조 기후 지역으로 인구 밀도가 낮다.
② 전쟁이나 분쟁이 자주 발생하여 인구가 희박하다.
③ 농업 활동에 불리한 기후가 나타나 인구가 희박하다.
④ 일자리가 풍부하고 생활이 편리해 인구가 밀집되어 있다.
⑤ 벼농사에 유리한 계절풍 기후 지역으로 인구 밀도가 높다.

07 자료는 몽골과 방글라데시를 비교한 것이다. 이에 대한 분석 및 추론으로 옳지 않은 것은?

구분	몽골	방글라데시
총인구	296만 명	16,100만 명
총면적	156만 4천㎢	14만 7천㎢
주요 경관		

(통계청, 2015)

① 몽골의 인구 밀도는 약 20명/㎢이다.
② 몽골은 방글라데시보다 인구 밀도가 낮다.
③ 총인구와 총면적은 비례하지 않음을 알 수 있다.
④ 방글라데시는 몽골보다 총면적은 좁지만 총인구가 많다.
⑤ 몽골과 방글라데시의 인구 밀도 차이가 나타나는 원인은 자연환경 때문이다.

08 (가), (나)에 해당하는 지역만을 지도의 A~E에서 있는 대로 골라 옳게 연결한 것은?

(가) 일찍이 산업화가 이루어졌으며 일자리가 풍부하고 생활 환경이 좋아 인구가 밀집하였다.
(나) 계절풍의 영향으로 강수량이 많고, 하천 유역에 넓은 평야가 발달해 있어 벼농사가 유리해 인구가 밀집하였다.

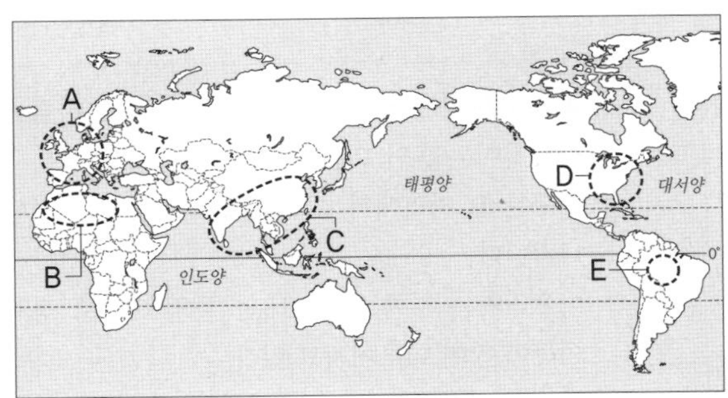

	(가)	(나)
①	A, B	D
②	A, C	E
③	A, D	C
④	B, E	C
⑤	C, D	E

[09~10] 지도는 우리나라의 인구 분포를 나타낸 것이다. 이를 보고 물음에 답하시오.

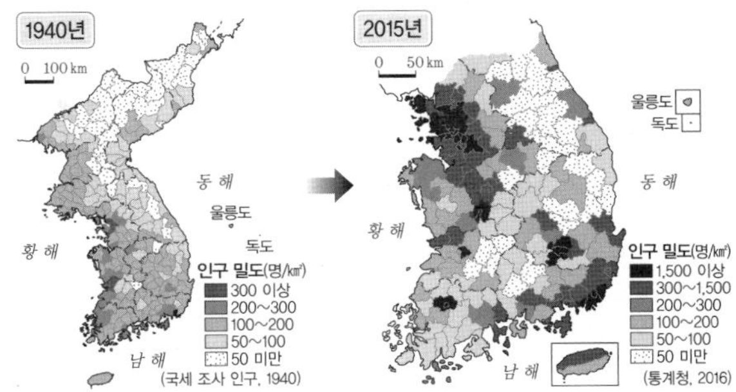

09 위 지도에 대한 설명 및 추론으로 옳은 것은?

① 1940년에는 지형 및 기후 조건이 유리한 북서부 지역에 인구가 밀집하였다.
② 1940년에는 태백산맥 일대의 산지 지역과 농어촌 지역에 인구가 밀집하였다.
③ 2015년에는 수도권, 대도시에 인구가 밀집하였다.
④ 2015년 수도권에서는 노동력 부족, 농어촌 지역에서는 인구 과밀화 문제가 나타날 것이다.
⑤ 2015년은 1940년에 비해 인구가 고르게 분포하고 있다.

10 위 지도와 같이 인구 분포가 변화하게 된 원인으로 옳은 것을 〈보기〉에서 고른 것은?

보기
ㄱ. 도시를 중심으로 산업화가 진행되었다.
ㄴ. 촌락의 인구가 일자리를 찾아 도시로 이동하였다.
ㄷ. 2000년대 이후 남서부 지역을 중심으로 벼농사 지역이 확대되었다.
ㄹ. 1960년대 이후 자연적 요인이 인구 분포에 많은 영향을 미치게 되었다.

① ㄱ, ㄴ　② ㄱ, ㄷ　③ ㄴ, ㄷ
④ ㄴ, ㄹ　⑤ ㄷ, ㄹ

02 인구 이동

11 인구 이동의 흡인 요인으로 보기 어려운 것은?

① 높은 임금　② 종교적 자유
③ 쾌적한 환경　④ 빈번한 자연재해
⑤ 풍부한 문화 시설

12 인구 이동에 대한 옳은 설명을 〈보기〉에서 고른 것은?

| 보기 |
ㄱ. 오늘날에는 과거에 비해 이동 원인이 단순하다.
ㄴ. 오늘날에는 여행 등 일시적 이동이 증가하고 있다.
ㄷ. 오늘날 인구 이동의 대부분은 정치적 목적의 이동이다.
ㄹ. 사람들이 원래 살던 지역을 떠나 다른 지역으로 옮겨가는 현상이다.

① ㄱ, ㄴ ② ㄱ, ㄷ ③ ㄴ, ㄷ
④ ㄴ, ㄹ ⑤ ㄷ, ㄹ

잘 나와!

13 다음 조건을 모두 만족시키는 인구 이동의 사례는?

• 국제 이동 • 일시적 이동 • 자발적 이동

① 부산에 사는 가영이는 어학연수를 위해 미국에 다녀왔다.
② 경기도에 사는 나영이네 가족들은 미국으로 이민을 떠났다.
③ 서울에 사는 다영이는 추석을 맞아 고향인 제주도에 다녀왔다.
④ 영국에 사는 제임스는 여름 방학에 남부 지방으로 여행을 떠났다.
⑤ 일본에 사는 마이클은 중대한 범죄를 저질러 고향인 캐나다로 추방되었다.

14 다음에서 인구 유입 지역과 인구 유출 지역을 찾아 옳게 연결한 것은?

아프리카에 있는 남수단은 오랜 내전 끝에 2011년 수단에서 독립하였다. 그러나 2013년 12월 정부군과 반군의 내전으로 남수단에서는 현재까지 200만 명 이상의 난민이 발생하였다. 난민의 대부분은 국경을 넘어 케냐, 에티오피아 등지의 난민촌으로 이동하여 보호받고 있다.

	인구 유입 지역	인구 유출 지역
①	케냐	남수단
②	케냐	에티오피아
③	남수단	케냐
④	남수단	에티오피아
⑤	에티오피아	케냐

15 (가), (나)에 해당하는 인구 이동을 지도의 A~C에서 골라 옳게 연결한 것은?

(가) 우리 아버지는 중국에서 태어나셨지만, 일자리를 구하기 위해 인도네시아로 오셨어요.
(나) 저희 조상들은 18세기에 아메리카의 부족한 노동력을 보충하려고 강제로 이주하게 되었습니다.

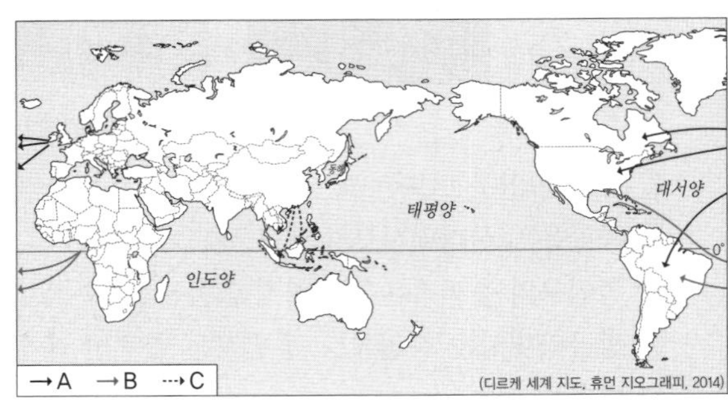

	(가)	(나)
①	A	B
②	A	C
③	B	A
④	C	A
⑤	C	B

16 지도는 오늘날 세계 인구의 이동을 나타낸 것이다. 이에 대한 옳은 설명을 〈보기〉에서 고른 것은?

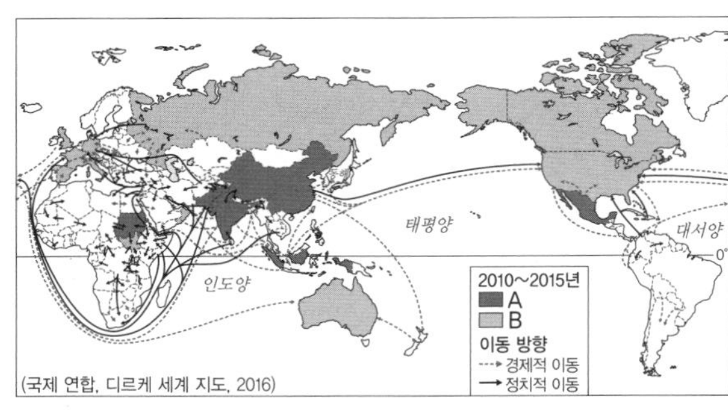

| 보기 |
ㄱ. A 지역은 풍부한 일자리, 쾌적한 환경 등 사람들을 끌어들이는 흡인 요인이 있다.
ㄴ. 인구는 B 지역에서 A 지역으로 이동하는 경향이 나타난다.
ㄷ. 아프리카는 부족 갈등, 내전 등의 이유로 정치적 이동이 많이 이루어지고 있다.
ㄹ. 경제적 이동은 주로 개발 도상국에서 미국, 유럽 등의 선진국으로 이루어지고 있다.

① ㄱ, ㄴ ② ㄱ, ㄷ ③ ㄴ, ㄷ
④ ㄴ, ㄹ ⑤ ㄷ, ㄹ

17 다음 자료에 대한 분석 및 추론으로 옳지 않은 것은?

> 미국에는 멕시코를 비롯한 라틴 아메리카 지역의 이주민들이 많다. 히스패닉이라고 불리는 이들은 일자리를 찾아 미국으로 이주한 경우들이 많은데 대부분 제조업과 식당 종업원, 청소부 등의 서비스업에 종사하고 있다. 현재 이들은 미국에서 유럽계 백인에 이어 2위의 인구 규모를 차지하고 있다.
>
> 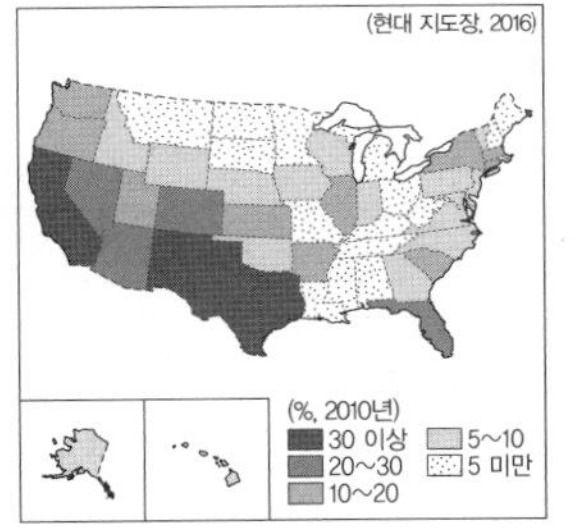
>
> ▲ 미국 내 히스패닉의 분포

① 히스패닉의 인구 이동은 주로 자발적, 경제적 이동이다.
② 미국은 히스패닉의 유입으로 저임금 노동력을 확보할 수 있다.
③ 멕시코와 지리적으로 가까운 지역에 히스패닉이 많이 분포하고 있다.
④ 히스패닉은 현재 미국 사회의 많은 부분에서 큰 영향력을 행사할 것이다.
⑤ 라틴 아메리카는 히스패닉의 이동으로 실업률이 높아져 사회적 문제가 될 수 있다.

18 우리나라 인구의 국내 이동에 대한 설명으로 옳지 않은 것은?

① 일제 강점기에는 광공업이 발달한 북부 지방으로 많은 사람들이 이동하였다.
② 6·25 전쟁 때에는 북한에서 월남한 동포들이 남부 지방으로 이동하였다.
③ 1960년대 이후에는 산업화로 경제가 빠르게 성장하면서 역도시화 현상이 뚜렷하게 나타났다.
④ 1960년대 이후에는 도시가 성장하면서 서울을 중심으로 한 수도권, 대도시에 인구가 밀집하였다.
⑤ 1990년대 이후에는 대도시 주변에 신도시가 건설되면서 도시 주변으로 인구가 이동하기도 한다.

19 다음에서 설명하는 시기의 인구 이동을 나타낸 지도로 옳은 것은?

> 산업화와 도시화에 따라 촌락의 인구가 일자리를 찾아 수도권과 남동 임해 공업 지역으로 이동하였다.

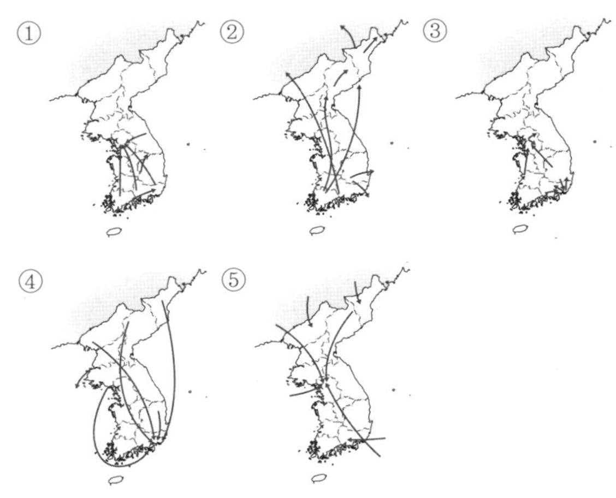

20 지도는 우리나라 등록 외국인의 주요 출신 국가를 나타낸 것이다. 이에 대한 옳은 분석 및 추론만을 〈보기〉에서 있는 대로 고른 것은?

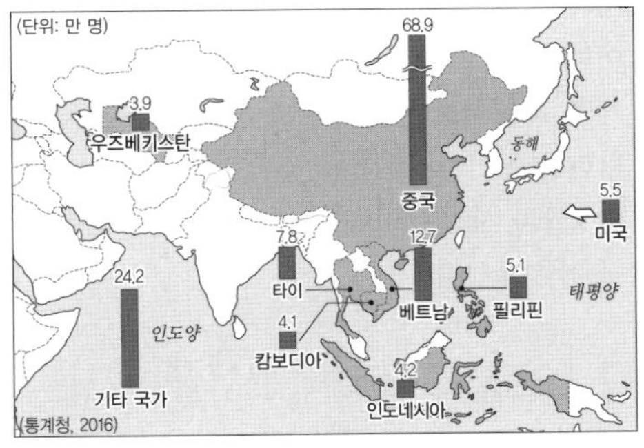

| 보기 |
ㄱ. 동남아시아와 중국 출신의 외국인 비율이 높다.
ㄴ. 국내 등록 외국인의 대부분은 정치적 목적으로 입국하였다.
ㄷ. 중소기업이나 농어촌의 노동력 부족 문제 해결에 도움이 될 수 있다.
ㄹ. 우리나라의 인구 흡인 요인은 높은 임금 수준과 풍부한 일자리 등이다.

① ㄱ, ㄴ ② ㄷ, ㄹ ③ ㄱ, ㄴ, ㄷ
④ ㄱ, ㄷ, ㄹ ⑤ ㄴ, ㄷ, ㄹ

03 인구 문제

21 세계의 인구 성장에 대한 설명으로 옳지 않은 것은?

① 오늘날 세계의 인구는 점점 감소하는 추세이다.
② 산업 혁명을 계기로 빠르게 증가하기 시작하였다.
③ 개발 도상국은 제2차 세계 대전 이후 인구가 급증하였다.
④ 선진국은 현재 인구 증가 속도가 완만하거나 정체되어 있다.
⑤ 의료·과학 기술의 발달로 생활 수준이 향상된 것과 관계 있다.

22 지도는 세계의 65세 이상 인구 비율을 나타낸 것이다. 이에 대한 옳은 설명을 〈보기〉에서 고른 것은?

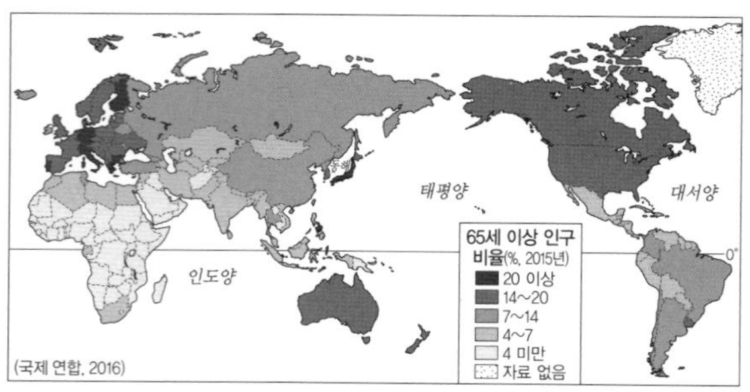

보기
ㄱ. 초고령 사회로 진입한 국가가 있다.
ㄴ. 65세 이상 인구 비율이 가장 높은 대륙은 아프리카이다.
ㄷ. 개발 도상국보다 선진국에서 고령화가 심각하게 나타난다.
ㄹ. 출생률과 사망률이 높은 국가일수록 65세 이상 인구 비율이 높다.

① ㄱ, ㄴ ② ㄱ, ㄷ ③ ㄴ, ㄷ
④ ㄴ, ㄹ ⑤ ㄷ, ㄹ

23 개발 도상국에서 주로 나타나는 인구 문제와 대책이 옳지 않게 연결된 것은?

① 고령화 – 고령 친화 산업의 육성
② 높은 출산율 – 가족계획 사업의 시행
③ 출생 성비 불균형 – 양성평등 문화 정착
④ 도시 과밀화 – 촌락 지역의 생활 환경 개선
⑤ 인구 부양력 부족 – 식량 증산 정책의 추진

24 표는 주요 국가의 65세 이상 인구 비율 변화를 나타낸 것이다. 이에 대한 분석 및 추론으로 옳은 것만을 〈보기〉에서 있는 대로 고른 것은?

(단위: %)

구분	1980년	2015년	2050년
대한민국	3.8	12.8	38.1
일본	8.9	26.4	36.4
미국	11.6	14.7	22.1
프랑스	13.9	18.7	26.7
스웨덴	16.3	19.6	24.4

* 2050년은 예상치임 (통계청, 2016)

보기
ㄱ. 우리나라는 1980년에 고령화 사회에 진입하였다.
ㄴ. 제시된 모든 국가들은 2050년 초고령 사회에 진입할 것이다.
ㄷ. 제시된 국가들은 앞으로 청장년층의 노인 인구 부양 부담이 더 커질 것이다.
ㄹ. 1980년 대비 2015년 65세 이상 인구 비율의 증가 폭이 가장 큰 국가는 일본이다.

① ㄱ, ㄹ ② ㄴ, ㄷ ③ ㄱ, ㄴ, ㄷ
④ ㄱ, ㄷ, ㄹ ⑤ ㄴ, ㄷ, ㄹ

100점이 코 앞!

25 표는 경제 발전 수준이 다른 (가), (나) 국가의 합계 출산율과 기대 수명을 나타낸 것이다. 이를 보고 추론한 내용으로 옳은 것은?

구분	(가) 국가	(나) 국가
합계 출산율	1.4명	5.4명
*기대 수명	84세	61세

* 기대 수명: 통계적으로 추정한 0세 출생자의 평균 생존 연수
(국제 부흥 개발 은행, 2016)

① (가)는 여아 선호 사상으로 출생 성비 불균형 문제를 겪고 있을 것이다.
② (가)는 청장년층의 인구 비율이 높아 노동력이 풍부할 것이다.
③ (나)는 저출산 현상이 나타날 것이다.
④ (나)는 인구 부양력이 부족하여 식량 부족 문제가 나타날 것이다.
⑤ (가)는 개발 도상국, (나)는 선진국일 것이다.

[26~27] 그래프는 우리나라의 합계 출산율 변화를 나타낸 것이다. 이를 보고 물음에 답하시오.

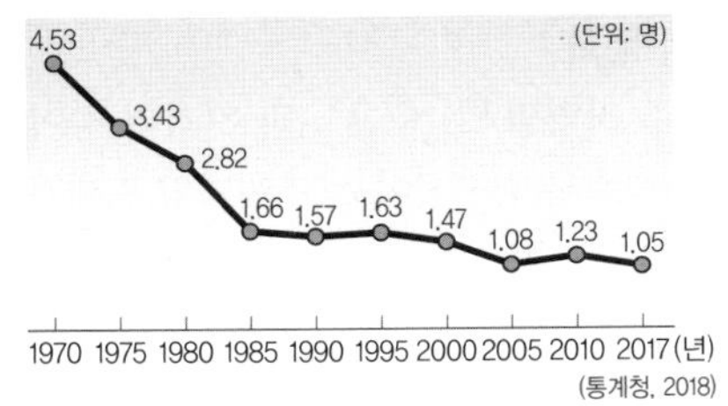

26 위 그래프를 보고 알 수 있는 1970년대의 인구 정책 표어로 가장 적절한 것은?

① 더 낳으면 더 나은 대한민국
② 잘 키운 딸 하나 열 아들 안 부럽다.
③ 딸·아들 구별 말고 둘만 낳아 잘 기르자.
④ 선생님, 착한 일 하면 여자 짝꿍 시켜 주나요?
⑤ 아빠! 혼자는 싫어요. 엄마! 저도 동생을 갖고 싶어요.

잘 나와!

27 위 그래프와 같은 변화가 나타나게 된 원인을 〈보기〉에서 고른 것은?

보기
ㄱ. 의료 기술의 발달 ㄴ. 결혼 연령의 상승
ㄷ. 생활 수준의 향상 ㄹ. 여성의 사회 참여 증가

① ㄱ, ㄴ ② ㄱ, ㄷ ③ ㄴ, ㄷ
④ ㄴ, ㄹ ⑤ ㄷ, ㄹ

28 그래프와 같은 현상으로 우리나라에서 나타나는 문제를 해결하기 위한 대책으로 옳은 것은?

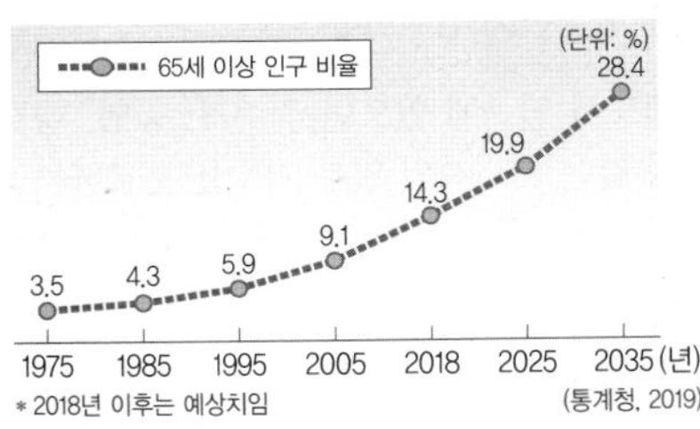

① 보육 시설 확충
② 고령 친화 산업 육성
③ 출산 및 육아 수당 지급
④ 적극적인 출산 장려 정책 실시
⑤ 여성의 사회 활동을 보장하는 법 제도 마련

서술형 문제

1 세계의 인구분포도를 보고, 위도별 인구 분포의 특징을 서술하시오.

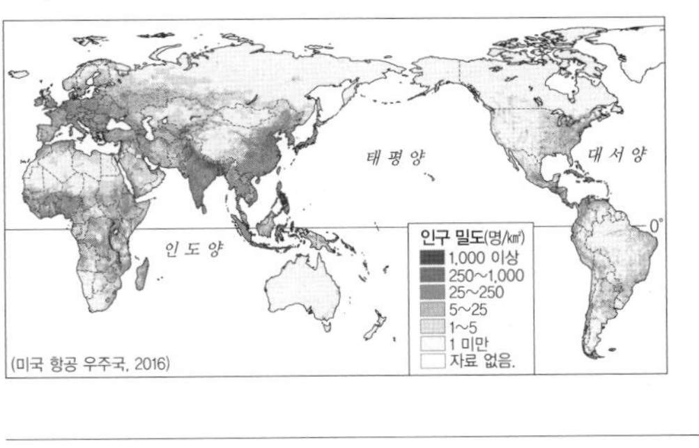

2 지도의 인구 이동이 나타난 시기의 인구 이동 특징을 발생 원인과 관련지어 서술하시오.

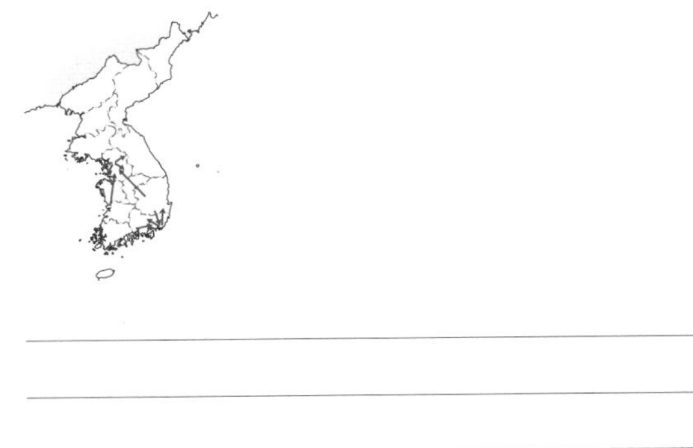

3 그래프는 주요 국가의 합계 출산율을 나타낸 것이다. 이를 보고 (나) 국가군에 비해 (가) 국가군에서 주로 나타나는 인구 문제를 쓰고, 그 대책을 두 가지 서술하시오.

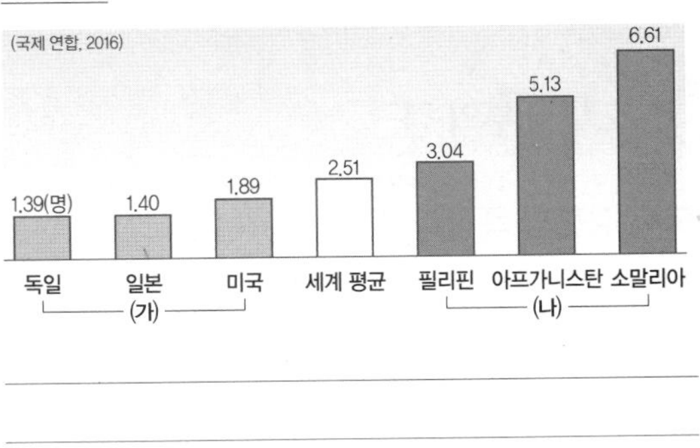

Ⅷ 사람이 만든 삶터, 도시

01 도시의 위치와 특징

도시의 특징과 형성

1. 도시의 특징과 기능

특징	인구 밀도가 높으며 인문 경관이 발달함, 토지 이용이 집약적임, 2·3차 산업에 종사하는 인구의 비율이 높음
기능	주변 지역의 ❶□□□ 역할을 수행함

2. 도시의 형성과 발달

고대	농업에 유리한 문명의 발상지에서 도시 발달
중세	교역이 활발한 ❷□□을 중심으로 상업 도시 발달
근대	❸□□ 산지를 중심으로 공업 도시 발달
20세기 이후	공업, 첨단 산업, 서비스업, 교육, 문화 등 다양한 기능을 수행하는 도시 발달

세계의 주요 도시

1. 세계 주요 도시의 기능적 구분

국제 금융·업무 도시	금융 시장을 기반으로 국제 자본의 연결망을 가진 도시 ⓔ 미국 뉴욕, 영국 런던, 일본 도쿄
산업·물류 도시	공업이 발달하거나 항만 등 물류 기능이 발달한 도시 ⓔ 중국 상하이, 네덜란드 로테르담 등
환경·생태 도시	인간과 자연이 공존할 수 있는 체계를 갖춘 도시 ⓔ 독일 프라이부르크, 브라질 쿠리치바 등
역사·문화 도시	역사 유적이 많고 문화가 발달한 도시 ⓔ 이탈리아 ❹□□, 그리스 아테네 등

2. ❺□□ □□: 세계 경제, 문화, 정치의 중심지로 다국적 기업의 본사가 입지하고 각종 국제기구의 활동이 활발히 이루어지는 도시

02 도시 내부의 경관

도시 경관의 특징과 변화

특징	일반적으로 도시 중심부에서 주변으로 갈수록 건물의 높이가 낮아짐
변화	소규모 도시는 상업·업무 기능, 주거 기능, 공업 기능 등이 뒤섞여 분포함 → 도시 규모가 커지면서 같은 종류의 기능은 모이고 다른 종류의 기능은 분리됨

도시 내부의 다양한 경관

1. 도시 내부의 지역 분화

(1) 원인: 도시 내부 지역별 ❻□□□과 지가의 차이 때문
→ 교통이 편리할수록 접근성이 높고 지가와 지대가 비쌈

(2) 과정

❼□□ 현상	비싼 땅값을 지불하고도 이익을 낼 수 있는 중심 업무 기능이나 상업 기능이 도시 중심부로 집중되는 현상 ⓔ 기업 본사, 관공서, 호텔, 백화점 등
이심 현상	비싼 땅값을 지불할 수 없거나 넓은 부지를 필요로 하는 ❽□□·공업 기능이 주변 지역으로 빠져나가는 현상 ⓔ 주택, 학교, 공장 등

2. 도시 내부 구조

도심	• 접근성과 지가가 높음 → 집약적 토지 이용(고층 빌딩 밀집) • 대기업 본사, 백화점, 관공서 등이 밀집하여 중심 업무 지구(CBD) 형성 → 상업·금융·서비스 기능 집중 • ❾□□ □□□ 현상: 주간에는 유동 인구가 많지만, 야간에 유동 인구가 주거 지역으로 빠져나가 주·야간의 인구 밀도 차이 발생
❿□□□	• 도심과 주변 지역을 연결하는 교통이 편리한 지역에 위치 • 도심에 집중된 상업·업무 기능을 분담하여 도심의 교통 혼잡을 완화함, 일부 주거 기능 혼재
중간 지역	도심과 주변 지역 사이에 오래된 주택, 상가, 공장 등이 혼재되어 분포함
⓫□□ □□	지가가 상대적으로 저렴하여 대규모 아파트 단지, 학교, 공업 지역 등이 입지함
개발 제한 구역	도시의 무질서한 팽창을 막고 녹지 공간을 보존하기 위해 설정하는 공간
위성 도시	대도시 인근에 있으면서 주거, 공업, 행정 등과 같은 대도시의 일부 기능을 분담하는 도시

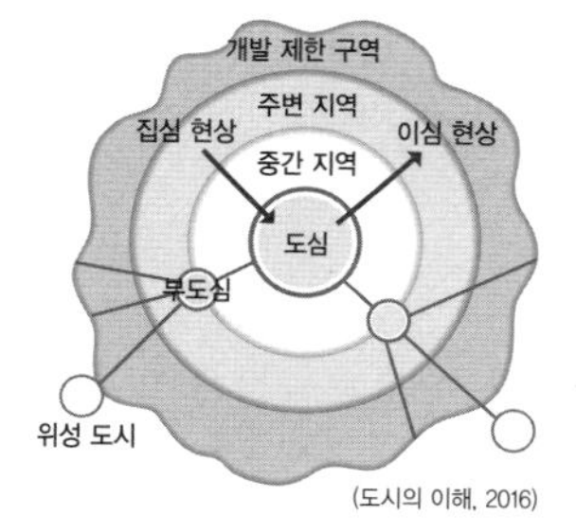

▲ 도시 내부 구조

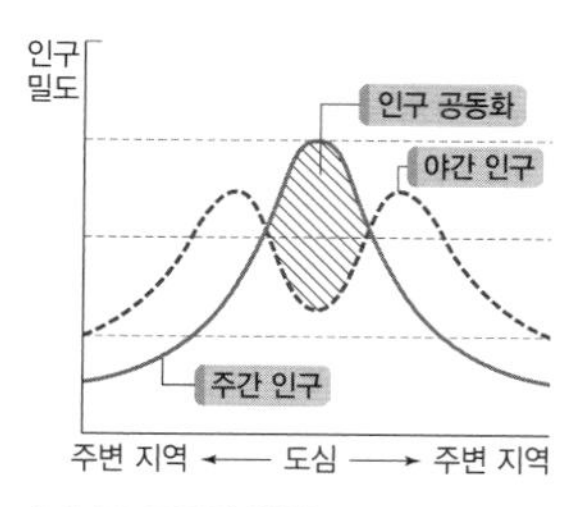

▲ 인구 공동화 현상

03 도시화와 도시 문제

도시화 과정

초기 단계	대부분의 인구가 1차 산업에 종사하며, 도시화율이 낮고 도시화의 진행 속도가 느림
가속화 단계	제조업과 서비스업이 발달하면서 ⑫□□ □□ 현상과 함께 도시화율이 급격히 상승함
종착 단계	도시화율이 80%를 넘어 도시 인구의 증가 속도가 느려짐, 도시 간 인구 이동이 활발하며, 일부 지역에서 역도시화 현상 발생

선진국과 개발 도상국의 도시화와 도시 문제

1. 선진국과 개발 도상국의 도시화와 도시 문제

구분	선진국의 도시화	개발 도상국의 도시화
과정	18세기 산업 혁명 이후 점진적으로 진행 → 대부분 ⑬□□ 단계	20세기 중반 이후 단기간에 급속히 진행 → 대부분 ⑭□□□ 단계
특징	도시화가 정체되거나 역도시화 현상이 나타남, 대도시의 영향력 확대로 대도시권이 형성됨	산업 기반을 갖추지 못한 상태에서 수위 도시로 인구가 집중하면서 ⑮□□□□ 현상 발생
도시 문제	시설 노후화 및 슬럼 형성, 주거 비용 상승에 따른 인구 유출 등	인구 급증에 따른 시설 및 일자리 부족, 불량 주거 지역 형성 등

2. 우리나라의 도시화

1960년대	대도시와 공업 도시 중심으로 빠른 도시화 진행
1970년대	인구의 절반 이상이 도시에 거주
1990년대	도시화 속도 둔화, 대도시 주변에 위성 도시 발달
현재	전체 인구의 약 90%가 도시에 거주

04 살기 좋은 도시

도시 문제 해결을 위한 노력

1. 도시 문제의 해결 방안

교통 문제	도로 환경 개선, 대중교통 이용 장려, 혼잡 통행료 부과
주택 문제	대도시 주변에 신도시 조성, 도시 재생 사업 추진
환경 문제	쓰레기 분리수거, 친환경 에너지 사용·재활용 정책 추진
지역 격차	지역 균형 발전 정책 추진

2. 도시 문제 해결을 위한 다양한 노력

⑯□□□□	교통 혼잡 문제를 해결하기 위해 굴절 버스, 버스 전용 차선 등을 도입하여 대중교통 이용률을 높임
울산	오염이 심했던 태화강 정비, 생태 공원 조성
빌바오	철강 산업 쇠퇴로 침체된 지역에 구겐하임 ⑰□□□을 유치하여 관광 도시로 발전함
⑱□□□□	일자리 부족, 빈곤 문제 해결을 위해 소프트웨어 산업 육성 정책 실시

살기 좋은 도시

⑲□□□	다양한 기반 시설 및 쾌적한 환경을 갖추고 있어 세계에서 가장 살기 좋은 도시로 선정
빈	문화·예술의 도시, 오페라 하우스 등 문화 시설 발달
밴쿠버	우수한 사회 보장 제도를 갖춘 다문화 도시
순천	순천만 정원을 조성하여 대표적인 ⑳□□ 도시로 인정받고 있음

정답 확인하기

❶ 중심지	❷ 시장	❸ 석탄	❹ 로마
❺ 세계 도시	❻ 접근성	❼ 집심	❽ 주거
❾ 인구 공동화	❿ 부도심	⓫ 주변 지역	⓬ 이촌 향도
⓭ 종착	⓮ 가속화	⓯ 과도시화	⓰ 쿠리치바
⓱ 미술관	⓲ 벵갈루루	⓳ 멜버른	⓴ 생태

스스로 점검하기

맞은 개수	이렇게 해봐
10개 이하	본책으로 돌아가 복습해봐!
11 ~ 15개	틀린 문제의 답을 다시 확인하고 **100점 도전 실전 문제**를 풀도록 해!
16 ~ 20개	자신감을 가지고 **100점 도전 실전 문제**를 풀어봐. 학교 시험 100점 도전!

100점 도전! 실전 문제

01 도시의 위치와 특징

01 (가), (나) 지역에 대한 옳은 설명을 〈보기〉에서 고른 것은?

(가)

(나)

보기

ㄱ. (가)는 주민의 대부분이 2·3차 산업에 종사한다.
ㄴ. (나)는 인구 밀도가 높고 토지 이용이 집약적이다.
ㄷ. (가)는 (나)에 비해 주민들의 직업 구성이 다양하다.
ㄹ. (나)는 (가)에 재화와 서비스를 제공하는 중심지 역할을 수행한다.

① ㄱ, ㄴ ② ㄱ, ㄷ ③ ㄴ, ㄷ
④ ㄴ, ㄹ ⑤ ㄷ, ㄹ

02 밑줄 친 ㉠~㉣에 대한 옳은 설명을 〈보기〉에서 고른 것은?

역사상 최초의 도시는 기원전 3,500년 무렵 오늘날 이라크의 ㉠ 티그리스강과 유프라테스강 유역의 문명 발상지에서 발달하였다. 중세에는 교역과 교환이 활발한 ㉡ 시장을 중심으로 도시가 발달하였으며, 근대에는 ㉢ 공업 도시가 발달하였다. ㉣ 20세기 이후에는 공업, 교육, 문화, 서비스업 등 다양한 기능을 수행하는 도시가 발달하였다.

보기

ㄱ. ㉠ – 농업에 유리한 조건을 갖춘 곳이다.
ㄴ. ㉡ – 18세기 후반 산업 혁명의 영향을 받아 발달하기 시작하였다.
ㄷ. ㉢ – 석탄 산지를 중심으로 도시가 발달하였다.
ㄹ. ㉣ – 교통과 통신의 발달로 도시의 기능이 단순해지고 있다.

① ㄱ, ㄴ ② ㄱ, ㄷ ③ ㄴ, ㄷ
④ ㄴ, ㄹ ⑤ ㄷ, ㄹ

03 (가), (나)에 해당하는 도시를 지도의 A~E에서 골라 옳게 연결한 것은?

(가) 영국의 식민지로 개발되기 시작하였으나, 현재는 아름다운 항구와 오페라 하우스로 더욱 유명한 도시이다.
(나) 세계의 환경 수도로 불릴 만큼 친환경 에너지 사용이 많은 생태 도시이다. 태양광 발전으로 에너지를 공급하고, 도시 내에 자전거 도로가 잘 갖추어져 있다.

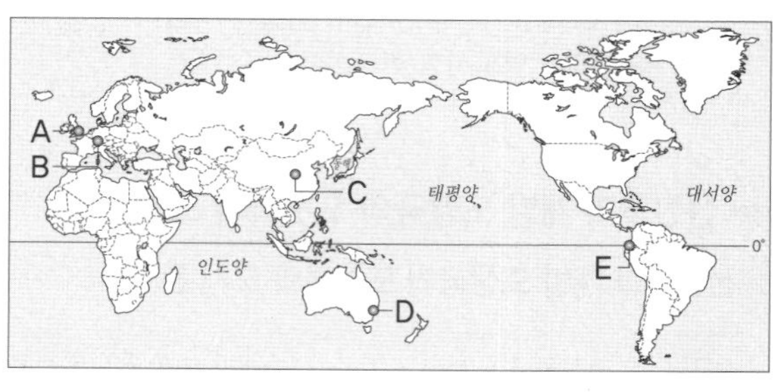

	(가)	(나)		(가)	(나)
①	A	B	②	C	E
③	D	A	④	D	B
⑤	E	C			

04 다음 대화의 ㉠에 해당하는 도시로 옳은 것은?

• 가현: 이번 방학에 (㉠)(으)로 여행을 갈 거야.
• 나현: 어머, 건축가를 꿈꾸는 네가 꼭 가봐야 할 도시구나.
• 가현: 응, 가우디가 설계한 사그라다 파밀리아 성당을 볼 수 있다니, 생각만으로도 너무 좋아.
• 나현: 구엘 공원도 가 볼거지? 사진 찍어서 보내줘.

① 키토 ② 뉴욕 ③ 파리
④ 아테네 ⑤ 바르셀로나

05 제시된 도시들의 공통점으로 가장 적절한 것은?

• 런던 • 뉴욕 • 도쿄

① 자연환경이 아름다운 관광 도시이다.
② 역사가 오래되어 역사 유적이 잘 보존되어 있다.
③ 인간과 자연이 공존하도록 개발된 생태 도시이다.
④ 대규모 항만 시설을 갖춘 국제 물류의 중심지이다.
⑤ 다국적 기업 본사가 많은 세계 경제의 중심지이다.

[06~07] 지도를 보고 물음에 답하시오.

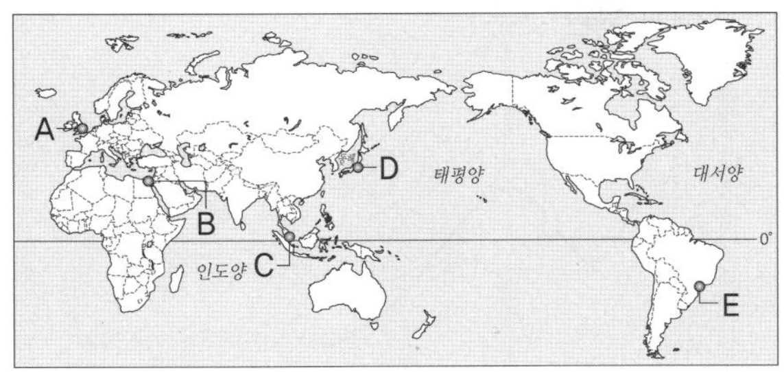

06 다음에서 설명하는 도시를 위 지도의 A~E에서 고른 것은?

> 인도양과 태평양을 잇는 해상 교통의 길목에 위치한 도시로, 위치적 장점을 이용하여 동남아시아의 금융 및 물류 중심지로 성장하였다.

① A ② B ③ C ④ D ⑤ E

07 그림과 같은 스카이라인과 랜드마크가 나타나는 도시를 위 지도의 A~E에서 고른 것은?

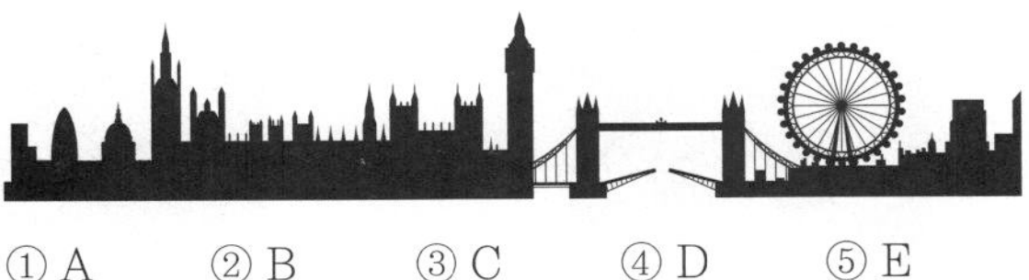

① A ② B ③ C ④ D ⑤ E

08 다음에서 설명하는 도시로 옳은 것은?

> 페르시아만 남동쪽 해안에 위치한 이 도시는 과거에 한적한 어촌이었으나 석유 산업을 기반으로 경제가 발달하기 시작하였다. 대규모 건설 프로젝트와 문화 콘텐츠의 개발로 현재 관광업과 항공, 부동산, 금융업이 발달하였으며, 초고층 빌딩과 독특하고 화려한 디자인의 현대식 건축물로 유명하다.
>
> 
> ↑ 부르즈 할리파

① 도쿄 ② 두바이 ③ 카이로
④ 싱가포르 ⑤ 암스테르담

02 도시 내부의 경관

09 도시 내부의 지역 분화에 대한 설명으로 옳지 않은 것은?

① 대체로 규모가 작은 도시일수록 뚜렷하게 나타난다.
② 도시 내부 지역별로 접근성과 지가의 차이로 발생한다.
③ 다양한 기능들의 입지 조건이 서로 다르기 때문에 발생한다.
④ 중심 업무·상업 기능은 접근성이 높은 도심으로 집중하는 집심 현상이 나타난다.
⑤ 주거·공업 기능은 지가가 저렴한 주변 지역으로 빠져나가는 이심 현상이 나타난다.

[10~11] 그림은 도시 내부 구조를 나타낸 것이다. 이를 보고 물음에 답하시오.

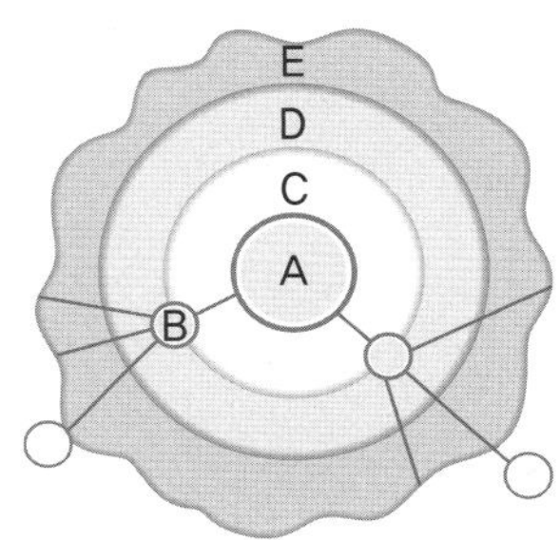

10 다음에서 설명하는 지역을 위 그림의 A~E에서 고른 것은?

> • 인구 공동화 현상이 나타난다.
> • 교통이 편리하고 고층 건물이 밀집해 있다.
> • 관공서, 백화점, 금융 기관, 대기업의 본사 등이 위치한다.

① A ② B ③ C ④ D ⑤ E

100점이 코 앞!

11 위 그림의 A~E에 대한 설명으로 옳은 것은?

① A는 C보다 상주인구가 많다.
② B는 C보다 시가지의 형성 시기가 늦다.
③ C는 A의 상업·업무 기능을 분담하는 역할을 한다.
④ D는 A보다 접근성과 지가가 높다.
⑤ E는 B보다 토지 이용이 집약적이다.

12 표는 도시 내부 구조의 특징 및 경관을 정리한 것이다. ㉠~㉢에 들어갈 내용을 옳게 연결한 것은?

구조	특징 및 경관
도심	• 접근성과 지가가 (㉠) • 토지 이용이 집약적이며 고층 건물이 밀집
(㉡)	• 도심에 집중된 기능을 분담 • 도심과 주변 지역을 연결하는 교통의 요지
주변 지역	• 도시와 농촌의 모습이 혼재함 • 대규모 (㉢)와 녹지 공간 조성

	㉠	㉡	㉢
①	낮음	부도심	중심 업무 지구
②	낮음	중간 지역	중심 업무 지구
③	높음	부도심	주거 단지
④	높음	위성 도시	주거 단지
⑤	높음	중간 지역	주거 단지

[13~14] 그래프를 보고 물음에 답하시오.

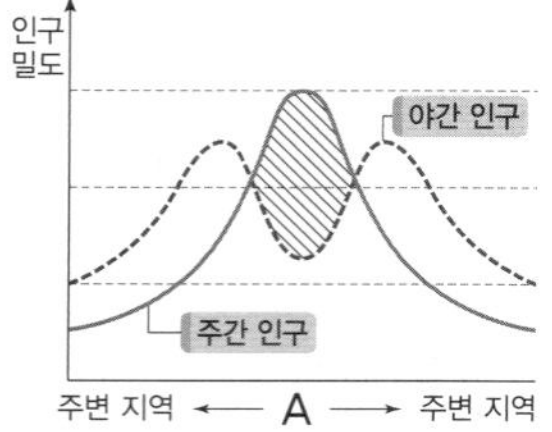

13 위 그래프가 나타내는 현상에 대한 설명으로 옳지 않은 것은?

① 도심의 주거 기능 약화로 인해 발생한다.
② 주변 지역은 낮보다 밤에 인구 밀도가 더 높다.
③ 도심의 지대와 접근성이 높기 때문에 나타난다.
④ 도심에서 출퇴근 시간에 교통 혼잡이 발생하는 원인이 된다.
⑤ 주간 인구 밀도는 도심에서 주변 지역으로 갈수록 높아진다.

14 위 그래프의 A 지역에서 보기 어려운 모습은?

① 도시의 행정 사무를 담당하는 관공서
② 대기업 본사로 출근하는 많은 사람들
③ 초고층으로 이루어진 은행 본사 건물
④ 주말이면 사람들로 붐비는 백화점 본점
⑤ 많은 사람들이 거주하는 대규모 아파트 단지

15 그래프의 A에 들어갈 항목으로 적절한 것을 〈보기〉에서 고른 것은?

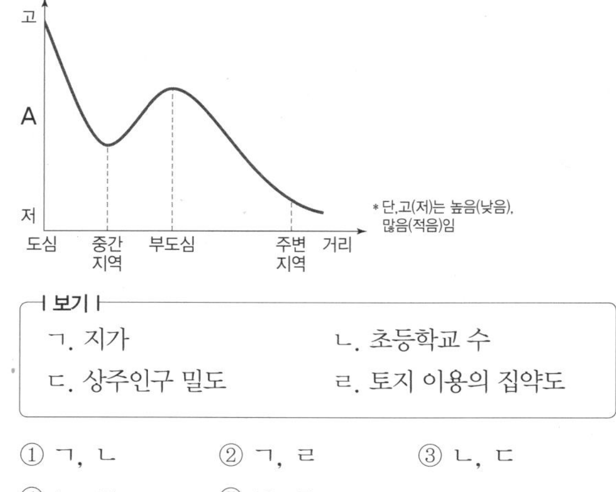

보기
ㄱ. 지가 ㄴ. 초등학교 수 ㄷ. 상주인구 밀도 ㄹ. 토지 이용의 집약도

① ㄱ, ㄴ ② ㄱ, ㄹ ③ ㄴ, ㄷ
④ ㄴ, ㄹ ⑤ ㄷ, ㄹ

100점이 코 앞!

16 자료는 서울의 도시 경관을 나타낸 것이다. (가) 지역과 비교한 (나) 지역의 상대적 특징으로 옳은 것은?

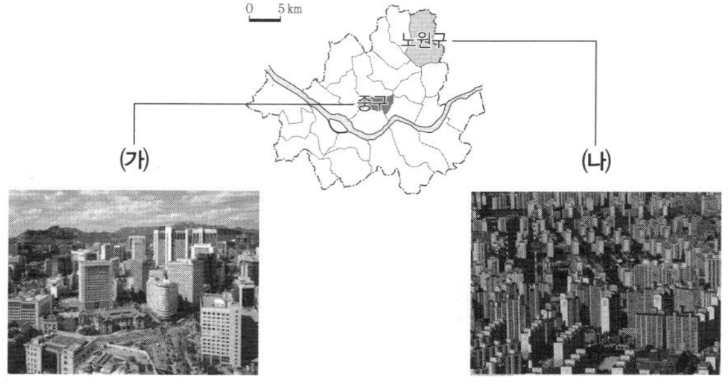

① 평균 지가가 높다.
② 초등학교 학생 수가 많다.
③ 업무 및 상업 기능의 밀집도가 높다.
④ 출근 시 유입 인구가 유출 인구보다 많다.
⑤ 주간 인구 밀도가 야간 인구 밀도보다 높다.

03 도시화와 도시 문제

17 도시화에 대한 설명으로 옳지 않은 것은?

① 도시에 거주하는 인구의 증가로 발생한다.
② 도시화로 인해 도시적 생활 양식이 확산한다.
③ 도시화의 진행 속도는 경제 성장 속도와 관계 깊다.
④ 유럽과 북아메리카의 선진국은 대부분 종착 단계에 해당한다.
⑤ 개발 도상국의 도시화는 오랜 시간 동안 점진적으로 진행 중이다.

[18~19] 그래프는 도시화 과정을 나타낸 것이다. 이를 보고 물음에 답하시오.

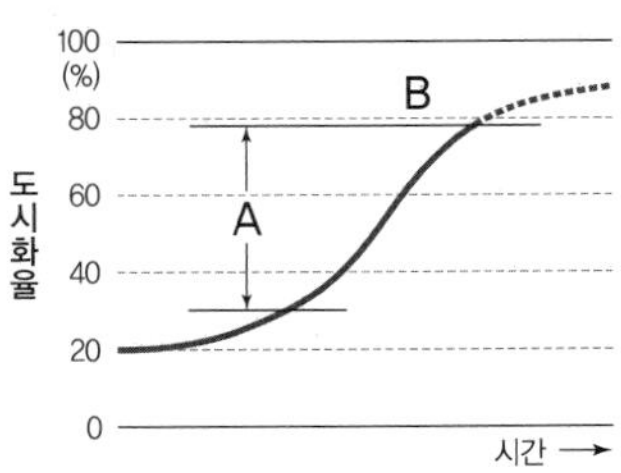

18 위 그래프의 A 단계에 대한 설명으로 옳은 것은?

① 도시화의 진행 속도가 느리다.
② 이촌 향도 현상이 활발하게 나타난다.
③ 대부분의 인구가 1차 산업에 종사한다.
④ 도시 인구수가 정체되거나 감소하기도 한다.
⑤ 오늘날 대부분의 선진국이 이 단계에 해당한다.

19 위 그래프의 B 단계에 대한 옳은 설명을 〈보기〉에서 고른 것은?

보기
ㄱ. 인구가 전 국토에 걸쳐 고르게 분포한다.
ㄴ. 촌락의 인구는 감소하고 도시 인구가 급증한다.
ㄷ. 전체 인구 중 도시에 사는 인구 비율이 높게 나타난다.
ㄹ. 도시화의 진행 속도가 둔화되고 역도시화 현상이 나타나기도 한다.

① ㄱ, ㄴ ② ㄱ, ㄹ ③ ㄴ, ㄷ
④ ㄴ, ㄹ ⑤ ㄷ, ㄹ

20 우리나라의 도시화 과정에 대한 설명으로 옳은 것은?

① 일제 강점기에 도시 인구가 급증하였다.
② 1960년대에는 대도시와 공업 도시로의 이촌 향도가 활발하였다.
③ 1970년대에는 도시화 속도가 둔화되기 시작하였다.
④ 1990년대에 가속화 단계에 진입하였다.
⑤ 현재는 전 국토에 걸쳐 인구가 고르게 분포한다.

21 지도는 대륙별·국가별 도시화율을 나타낸 것이다. 이에 대한 설명으로 옳지 않은 것은?

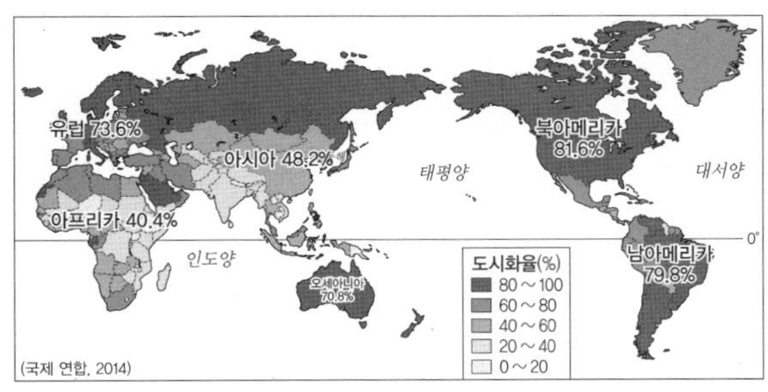

① 아시아는 유럽보다 도시화율이 낮다.
② 아프리카는 도시 인구보다 촌락 인구가 많다.
③ 일반적으로 경제 발전 수준이 높은 국가들의 도시화율이 높다.
④ 오늘날 세계에서 도시화율이 가장 높은 대륙은 북아메리카이다.
⑤ 현재 중국은 도시화의 초기 단계, 미국은 도시화의 종착 단계에 해당한다.

잘 나와!

22 그래프는 A, B 국가의 도시화 과정을 나타낸 것이다. 이에 대한 옳은 설명만을 〈보기〉에서 있는 대로 고른 것은? (단, A, B는 선진국 또는 개발 도상국에 각각 속한다.)

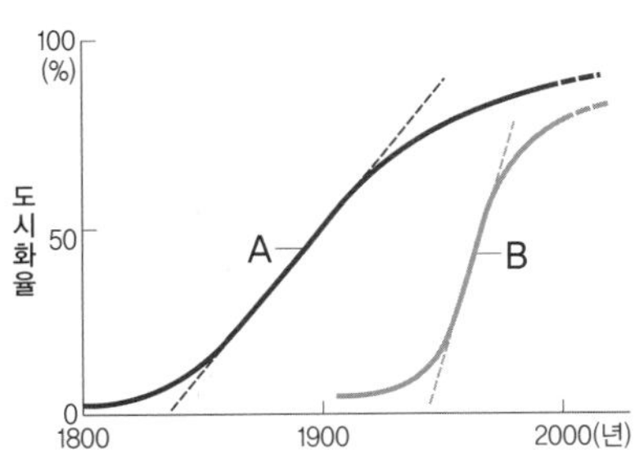

보기
ㄱ. 1900년대 초반 A 국가는 가속화 단계에 해당한다.
ㄴ. 우리나라의 도시화 과정은 B 국가와 비슷하게 나타난다.
ㄷ. B 국가와 비슷하게 도시화가 진행되는 국가들은 주로 유럽에 위치한다.
ㄹ. A 국가는 B 국가보다 종착 단계에 진입한 시기가 이르다.

① ㄱ, ㄴ ② ㄱ, ㄹ ③ ㄱ, ㄴ, ㄷ
④ ㄱ, ㄴ, ㄹ ⑤ ㄴ, ㄷ, ㄹ

23 그래프는 A~C 국가의 도시화율 변화를 나타낸 것이다. 이에 대한 분석 및 추론으로 옳지 않은 것은? (단, A~C는 영국, 중국, 니제르 중 하나이다.)

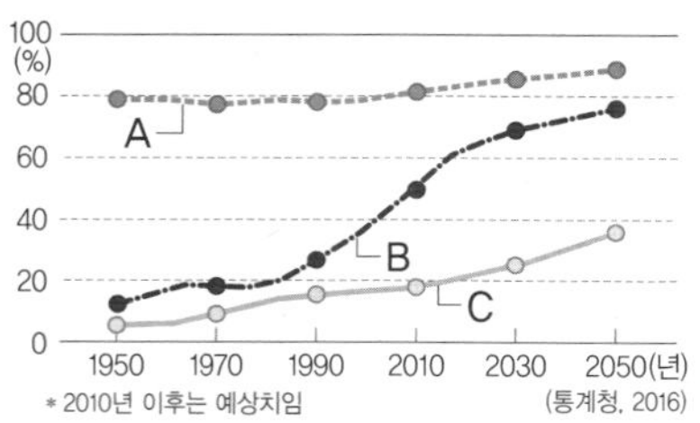

① 1인당 국내 총생산은 A가 가장 많을 것이다.
② A는 B에 비해 산업화 시기가 이르다.
③ 오늘날 도시화는 B보다 A에서 활발하게 진행된다.
④ 제조업과 서비스업 종사자 비율은 B가 C보다 높을 것이다.
⑤ A는 영국, B는 중국, C는 니제르이다.

24 오늘날 선진국에서 나타나는 도시 문제에 대한 옳은 설명만을 〈보기〉에서 있는 대로 고른 것은?

보기
ㄱ. 높은 지가로 주거 비용이 상승한다.
ㄴ. 주택, 상하수도 등 도시 기반 시설이 부족하다.
ㄷ. 도심 지역에 슬럼이 형성되어 범죄가 증가한다.
ㄹ. 도시 내에 제조업이 쇠퇴하여 실업률이 증가한다.

① ㄱ, ㄷ ② ㄴ, ㄹ ③ ㄱ, ㄴ, ㄷ
④ ㄱ, ㄷ, ㄹ ⑤ ㄴ, ㄷ, ㄹ

25 표는 국가별 도시화율 변화를 나타낸 것이다. (가), (나) 국가의 도시화 과정에서 오늘날 발생하는 도시 문제를 옳게 연결한 것은? (단, (가), (나)는 미국과 중국 중 하나이다.)

(단위: %)

구분	1975년	2000년	2017년
(가)	17.4	35.9	58.0
(나)	73.7	79.1	82.1

(국제 연합 세계 도시화 전망 보고서, 2018)

	(가)	(나)
①	인구 감소	도심 슬럼화
②	시설 노후화	인구 감소
③	도심 슬럼화	열악한 위생
④	열악한 위생	기반 시설 부족
⑤	기반 시설 부족	시설 노후화

26 다음과 같은 문제를 해결하기 위한 방법으로 가장 적절한 것은?

> ○○시는 오래된 건물과 노후화된 도시 시설로 다리 붕괴 사고, 도로 함몰 사건 등이 지속적으로 발생하고 있다. 또한, 한때 도시의 성장 동력이었던 공업 기능이 쇠퇴하면서 빈 창고와 운영을 멈춘 공장이 많아지면서 이에 따른 각종 문제가 발생하고 있다.

① 부족한 도시 기반 시설을 확충한다.
② 대규모 공장을 유치하여 일자리를 창출한다.
③ 도시 재개발 및 도심 재활성화 사업을 추진한다.
④ 도시 빈민층을 위한 사회 복지 제도를 확대한다.
⑤ 도시 교외 지역에 대규모 주거 단지를 조성한다.

04 살기 좋은 도시

27 다음과 같은 문제가 발생하는 근본적인 원인으로 옳은 것은?

> 브라질의 리우데자네이루에는 경사가 급한 산비탈 곳곳에 '파벨라'라고 불리는 무허가 불량 주택 지역이 형성되어 있다.

① 오랜 도시화의 역사
② 도심의 주거 기능 약화
③ 산업과 기능의 지방 분산
④ 인구와 기능의 지나친 도시 집중
⑤ 대도시 주변의 신도시와 위성 도시 건설

28 도시 문제를 해결하여 살기 좋은 도시가 된 사례로 옳지 않은 것은?

① 빌바오 – 세계적인 미술관 유치로 침체된 지역 경제 문제를 해결하였다.
② 쿠리치바 – 굴절 버스와 원통형 승강장 등을 도입하여 교통 문제를 해결하였다.
③ 벵갈루루 – 소프트웨어 산업을 육성하여 일자리 부족과 빈곤 문제를 완화하였다.
④ 그라츠 – 동서 지역을 연결하는 다리와 미술관 건설로 지역 격차를 완화하였다.
⑤ 울산 – 옥상 정원 조성 및 '바람길 만들기' 사업을 통해 대기 오염 문제를 해결하였다.

29 살기 좋은 도시의 조건으로 옳은 것만을 <보기>에서 있는 대로 고른 것은?

보기
ㄱ. 편의 시설이 풍부한 도시
ㄴ. 생태적으로 안정되어 있는 도시
ㄷ. 정치·경제 기능이 집중된 수위 도시
ㄹ. 주민 간 소통과 협력이 잘 이루어지는 도시

① ㄱ, ㄷ ② ㄴ, ㄹ ③ ㄱ, ㄴ, ㄷ
④ ㄱ, ㄴ, ㄹ ⑤ ㄴ, ㄷ, ㄹ

30 ㉠에 들어갈 도시로 옳은 것은?

(㉠)은/는 모차르트, 베토벤 등 세계적인 음악가의 도시로 유럽에서 가장 큰 국립 오페라 하우스가 있다. 도시의 절반 이상이 정원, 공원, 숲으로 이루어져 있어 도시민들의 여가 생활에 활용되고 있다.

① 캐나다 밴쿠버 ② 핀란드 헬싱키
③ 오스트리아 빈 ④ 브라질 쿠리치바
⑤ 오스트레일리아 멜버른

잘 나와!

31 (가), (나)에서 설명하는 도시를 <보기>에서 골라 옳게 연결한 것은?

(가) 갯벌과 철새들이 어우러진 생태 관광 도시이다. 갈대숲과 광활한 갯벌, 철새들이 어우러진 생태 관광지로 주목을 받고 있다.
(나) 비용이 많이 드는 지하철을 건설하는 대신 기존 도로망을 활용한 버스 교통 체계를 마련하고, 버스 승강대와 같은 높이로 원통형 승강장을 만들어 시민들의 승차 안전성을 고려하였다.

보기
ㄱ. 대한민국 순천 ㄴ. 인도 벵갈루루
ㄷ. 브라질 쿠리치바 ㄹ. 스웨덴 예테보리

	(가)	(나)
①	ㄱ	ㄴ
②	ㄱ	ㄷ
③	ㄴ	ㄷ
④	ㄴ	ㄹ
⑤	ㄷ	ㄹ

서술형 문제

1 그림은 도시 내부 구조를 나타낸 것이다. 이를 보고 물음에 답하시오.

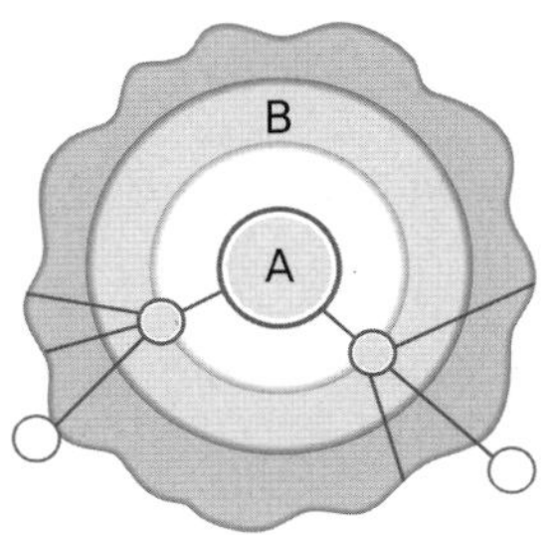

(1) A, B의 명칭을 각각 쓰시오.

(2) A에서 B로 이동할 때 나타나는 변화를 제시된 단어를 활용하여 서술하시오.

• 지가 • 접근성 • 상주인구

2 다음은 (가), (나) 도시의 도시화 과정을 나타낸 것이다. 이를 읽고 물음에 답하시오.

• (가)는 산업 혁명과 함께 증기 기관을 이용한 방직 기술이 발전하면서 급성장하였다. 1750년에 1만 5천 명의 소도시에서 1861년 50만 명, 1911년 230만 명의 인구를 가진 대도시가 되었다.
• (나)는 1979년 인구가 2만 5천 명의 소도시였다. 경제특구로 지정되고 대규모 사회 간접 자본이 확충되면서 외국 기업의 활동이 증가하였고, 2011년 인구 1,000만 명의 도시로 급성장하였다.

(1) (가), (나) 도시가 속하는 국가군을 각각 쓰시오. (단, (가), (나)는 선진국 또는 개발 도상국 중 하나이다.)

(2) (나) 지역에서 나타나는 도시 문제를 두 가지만 서술하시오.

Ⅸ 글로벌 경제 활동과 지역 변화

01 농업 생산의 기업화와 세계화

세계화에 따른 농업 생산의 변화

1. 농업 생산의 변화

과거	곡물을 소규모로 재배하여 농가에서 직접 소비하는 ❶□□□ 농업
현재	시장에 판매할 목적으로 작물을 재배하거나 가축을 기르는 ❷□□□ 농업

2. 농업 생산의 기업화

(1) 배경: 경제 활동의 세계화, 상업적 농업 발달

(2) 기업적 농업

특징	다국적 농업 기업이 농작물의 생산·가공·상품화의 전 과정을 담당 → 세계 농산물 가격 및 농작물 생산 구조와 소비 부문에 큰 영향을 끼침
농업 방식	• 기업적 곡물 농업, 기업적 목축: 미국, 캐나다, 오스트레일리아 등지에서 대규모로 이루어짐 • ❸□□□□□: 개발 도상국에 진출한 다국적 농업 기업이 열대작물을 생산하여 전 세계로 유통함

농업 생산의 기업화와 세계화로 인한 지역 변화

1. 농업 생산 구조와 토지 이용의 변화

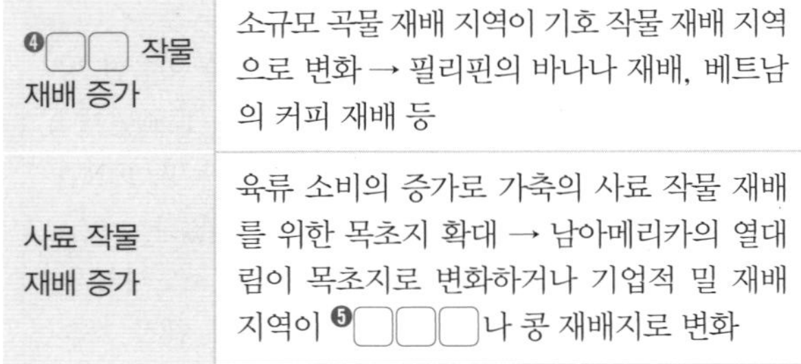

❹□□ 작물 재배 증가	소규모 곡물 재배 지역이 기호 작물 재배 지역으로 변화 → 필리핀의 바나나 재배, 베트남의 커피 재배 등
사료 작물 재배 증가	육류 소비의 증가로 가축의 사료 작물 재배를 위한 목초지 확대 → 남아메리카의 열대림이 목초지로 변화하거나 기업적 밀 재배 지역이 ❺□□□나 콩 재배지로 변화

베트남의 커피 생산량과 커피 재배 면적 변화

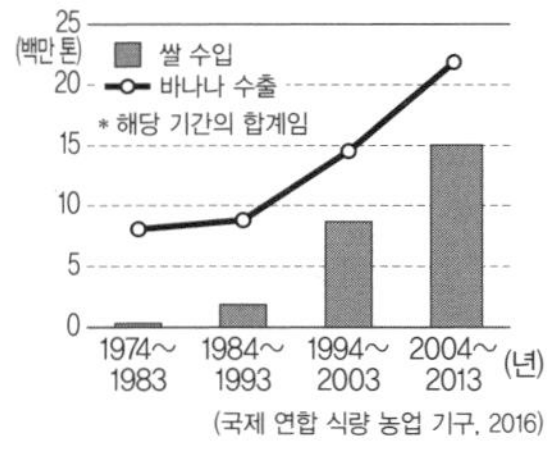

필리핀의 쌀 수입량과 바나나 수출량 변화

2. 농작물 소비 특성의 변화 및 영향

(1) 농작물 소비 특성의 변화: 채소·과일 및 육류 소비량 증가, 패스트푸드를 비롯한 식단의 서구화 → 식량 작물인 ❻□의 소비 비중 감소

(2) 농업의 세계화가 소비 지역에 미친 영향

긍정적 영향	세계 각지에서 생산된 농산물을 쉽고 저렴하게 구매할 수 있음
부정적 영향	수입 농산물에 사용한 방부제 등의 안전성 문제, 수입 농산물 소비 증가에 따른 식량 ❼□□□ 감소, 국내 농산물 수요 감소 등

02 다국적 기업과 생산 공간 변화

경제 활동의 세계화와 다국적 기업

1. 경제 활동의 세계화

배경	교통·통신의 발달로 국가 간 교류가 활발해짐
특징	• 전 세계를 대상으로 경제 활동이 이루어짐 • 상품·자본·노동·기술 등이 국경을 초월하여 자유롭게 이동 → 지역 간 경제적 상호 의존도 증가

2. ❽□□□ □□

의미	해외 여러 국가에 판매 지사, 생산 공장 등을 운영하면서 전 세계를 대상으로 생산과 판매 활동을 하는 기업
성장 배경	세계 무역 기구(WTO) 출범과 자유 무역 협정(FTA) 확대 → 국가 간 무역 장벽이 낮아지면서 다국적 기업의 수가 빠르게 증가함
최근 변화	제조업뿐만 아니라 농산물 생산과 가공, 광물·에너지 자원 개발, 유통·금융 서비스 제공에 이르기까지 역할과 활동 범위를 확대하고 있음

국내 대도시에 공장을 세우고 기업 활동 시작
↓
타 지역에 공장을 건설하여 생산 기능 분리
↓
해외에 판매 지사를 개설하여 시장 개척
↓
해외에 생산 공장을 건설하여 제품을 직접 공급

다국적 기업의 성장 과정

다국적 기업의 발달과 지역 변화

1. 다국적 기업의 ❾□□□ □□

(1) 의미: 경영의 효율성을 높이고 이윤을 극대화하기 위해 기업의 기능을 적합한 지역에 분리하여 배치하는 것

(2) 기능별 입지 조건

본사	• 회사의 경영, 기획 및 관리 기능 수행 • 의사 결정에 필요한 정보 수집과 자본 확보에 유리한 ⑩□□□에 주로 입지
⑪□□□	• 핵심 기술 및 디자인 개발 기능 수행 • 기술 수준이 높고 고급 인력이 풍부하며 우수한 교육 시설을 갖춘 선진국에 주로 입지
생산 공장	• 제품 생산 기능 수행 • 생산비 절감을 위해 지가가 낮고 저렴한 노동력이 풍부한 ⑫□□ □□□에 주로 입지 • 시장을 확대하고 ⑬□□ □□을 피하기 위해 선진국에 입지하기도 함

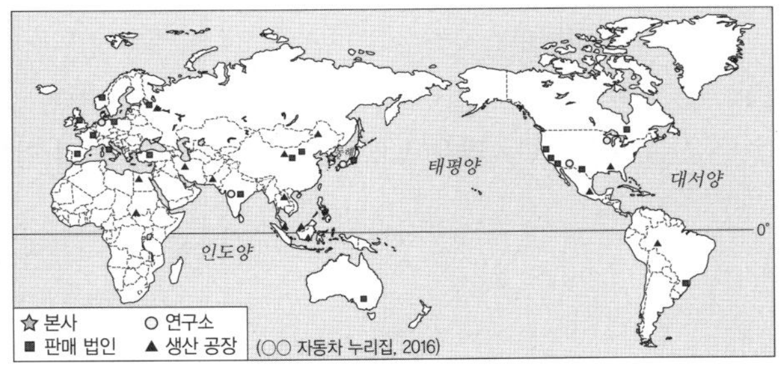

↑ ○○ 자동차 회사의 공간적 분업

2. 다국적 기업의 진출에 따른 지역 변화

(1) 생산 공장이 빠져나간 지역: ⑭□□ □□□ 현상이 나타나 실업자가 증가하고, 산업의 기반을 잃어 지역 경제가 침체되기도 함

(2) 생산 공장이 들어선 지역

긍정적 영향	• 새로운 산업 단지 조성, 일자리 확대, 자본 유입 → 인구 증가, 지역 경제 활성화, 도시 발달 • 기술 이전으로 관련 산업 발달
부정적 영향	• 유사 제품을 생산하는 국내 기업의 경쟁력 약화 • 이윤의 대부분이 다국적 기업의 ⑮□□로 흡수되면 경제 발전을 기대하기 어려움 • 생산 공장에서 배출되는 유해 물질로 인한 환경 오염 문제 발생

03 세계화에 따른 서비스업의 변화

서비스업의 세계화

1. 서비스업의 유형

⑯□□□ 서비스업	소비자에게 직접 제공하는 서비스
⑰□□□ 서비스업	기업 활동에 도움을 주는 서비스

2. 서비스업의 세계화

배경	정보 통신 기술의 발달로 시·공간적 제약 완화, 다국적 기업의 활동 확대
공간적 분업	선진국의 기업들은 비용을 절감하기 위해 업무의 일부를 개발 도상국으로 분산하여 운영함

서비스업의 세계화에 따른 변화

1. 유통의 세계화

배경	정보 통신 기술의 발달, 전자 상거래 확대
전자 상거래	• 특징: 시·공간의 제약 완화, 해외 상점에 쉽게 접속 가능 → 소비 활동 범위가 전 세계로 확대 • 영향: 택배업 등 ⑱□□ 산업 성장, 운송이 유리한 지역에 대규모 물류 창고 발달, 오프라인 상점이 쇠퇴하고 배달 위주의 매장 발달

2. ⑲□□의 세계화

배경	교통과 통신의 발달, 생활 수준 향상, 여가 시간 증대
영향	• 긍정적 영향: 일자리 창출 및 소득 증가, 기반 시설 개선, 지역 이미지 개선 및 홍보 효과 • 부정적 영향: 관광 시설 건설에 따른 자연환경 파괴, 지나친 상업화로 지역의 고유문화 쇠퇴 우려
최근 변화	⑳□□ 여행 증가, 음악·영화·드라마·축제 등을 이용한 체험 관광 발달

정답 확인하기

❶ 자급적	❷ 상업적	❸ 플랜테이션	❹ 상품
❺ 옥수수	❻ 쌀	❼ 자급률	❽ 다국적 기업
❾ 공간적 분업	❿ 선진국	⓫ 연구소	⓬ 개발 도상국
⓭ 무역 장벽	⓮ 산업 공동화	⓯ 본사	⓰ 소비자
⓱ 생산자	⓲ 유통	⓳ 관광	⓴ 공정

스스로 점검하기

맞은 개수	이렇게 해봐
10개 이하	본책으로 돌아가 복습해봐!
11 ~ 15개	틀린 문제의 답을 다시 확인하고 **100점 도전 실전 문제**를 풀도록 해!
16 ~ 20개	자신감을 가지고 **100점 도전 실전 문제**를 풀어봐. 학교 시험 100점 도전!

100점 도전! 실전 문제

01 농업 생산의 기업화와 세계화

01 오늘날 농업 생산의 변화 모습으로 옳지 않은 것은?

① 대규모 기업적 농업이 이루어지고 있다.
② 자유 무역의 확대로 농산물 교역량이 증가하였다.
③ 상업적 농업에서 자급적 농업으로 생산 방식이 바뀌었다.
④ 산업화와 도시화가 진행되면서 낙농업, 원예 산업 등이 발달하였다.
⑤ 생활 수준이 높아지면서 다양한 농산물에 대한 수요가 증가하고 있다.

02 다음은 학생이 농업 지대를 견학하면서 관리자와 나눈 대화이다. 밑줄 친 ㉠~㉤ 중 옳지 않은 것은?

- 학생: 농장이 정말 넓어요. 끝이 보이지 않네요.
- 관리자: 이곳은 ㉠ 넓은 농지에서 기계를 사용하여 농작물을 대량으로 생산하고 있어요. 그렇기 때문에 ㉡ 적은 노동력으로 많은 농작물을 생산할 수 있답니다. 따라서 ㉢ 곡물을 소규모로 재배하는 곳보다는 가격 경쟁력을 가질 수 있어요.
- 학생: 그럼 이렇게 넓은 농지를 누가 관리하나요?
- 관리자: 이곳은 큰 규모의 다국적 농업 기업이 관리하고 있어요. ㉣ 농업의 세계화로 다국적 농업 기업의 활동이 활발해지면서 국제 사회에 미치는 영향력도 커지고 있답니다. ㉤ 대부분의 농업 기업들은 농작물 생산만을 담당하고 가공 및 상품화 과정은 개입하지 않기 때문에 생산을 특화시킬 수 있어요.

① ㉠ ② ㉡ ③ ㉢ ④ ㉣ ⑤ ㉤

03 ㉠에 들어갈 내용으로 옳은 것은?

아프리카와 남아메리카 등지의 개발 도상국에 진출한 다국적 농업 기업들은 대규모 (㉠) 농장을 만들어 커피와 카카오, 바나나 등의 열대작물을 생산하여 전 세계로 유통한다.

① 낙농업 ② 원예 농업 ③ 플랜테이션
④ 이동식 화전 ⑤ 기업적 곡물

잘 나와!

04 지도는 세계의 기업적 농업 분포를 나타낸 것이다. A, B 농업에 대한 설명으로 옳은 것은?

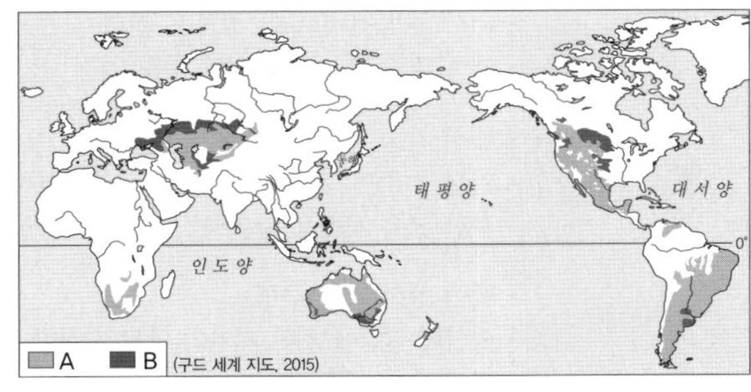

① A는 곡물을 소규모로 재배하는 방식이다.
② A는 육류 소비량이 증가하면서 확대되고 있다.
③ B 지역에서 생산된 식량 자원은 주로 그 지역 내에서 소비된다.
④ A는 자급적 농업, B는 상업적 농업에 해당한다.
⑤ A, B는 모두 많은 노동력을 필요로 하는 농업 방식이다.

05 지도는 어떤 농업 기업의 글로벌 네트워크와 제품 판매 국가를 나타낸 것이다. 이러한 기업의 특징으로 옳지 않은 것은?

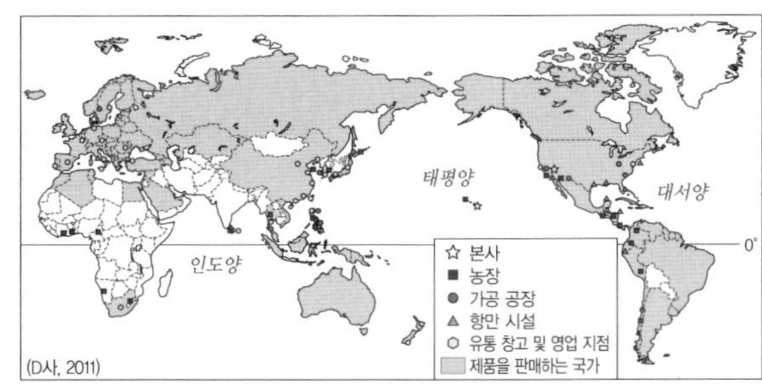

① 전 세계를 대상으로 농산물을 판매한다.
② 주로 개발 도상국에 진출하여 농장을 운영한다.
③ 농작물의 생산, 유통, 가공에 이르는 전 과정을 담당한다.
④ 공정 과정이 까다로워 생산된 작물의 가격이 비싼 편이다.
⑤ 세계 농산물의 가격이나 생산 구조 및 소비 부문에 많은 영향을 끼친다.

[06~08] 다음 자료를 보고 물음에 답하시오.

우리나라는 (㉠)을/를 제외한 주요 곡물을 대부분 수입에 의존하고 있다. 우리나라의 곡물 자급률은 2014년 24%로 경제 협력 개발 기구(OECD) 국가들 34개국 중 32번째로 낮았다.

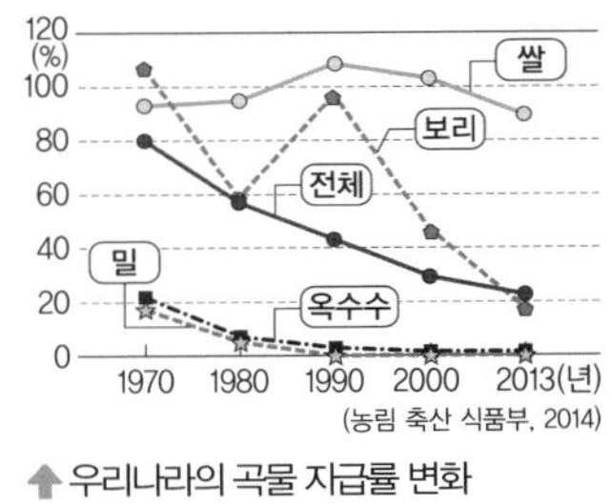

▲ 우리나라의 곡물 자급률 변화

06 ㉠에 들어갈 작물로 옳은 것은?

① 쌀 ② 콩 ③ 밀
④ 보리 ⑤ 옥수수

07 위 자료와 같은 상황이 나타나게 된 원인으로 옳은 것을 〈보기〉에서 고른 것은?

| 보기 |
ㄱ. 농산물 무역 장벽의 강화
ㄴ. 해외에서 생산된 값싼 농산물의 수입 증가
ㄷ. 대규모 농업 기업이 생산한 농작물의 수입 감소
ㄹ. 육류 소비 증가에 따른 가축 사료 작물의 수요 증가

① ㄱ, ㄴ ② ㄱ, ㄷ ③ ㄴ, ㄷ
④ ㄴ, ㄹ ⑤ ㄷ, ㄹ

08 위 자료와 같은 상황이 지속되었을 때 나타날 수 있는 현상으로 가장 적절한 것은?

① 식량 안보가 높아질 것이다.
② 쌀의 생산량이 증가할 것이다.
③ 국제 곡물 시장 변화에 큰 영향을 받지 않을 것이다.
④ 해외 농산물 가격이 국내 경제에 미치는 영향이 작아질 것이다.
⑤ 기후 변화 등 곡물 생산에 차질이 생기면 곡물 파동을 겪을 수 있다.

09 다음은 어떤 학생이 수업 시간에 학습한 내용을 정리한 것이다. 밑줄 친 ㉠~㉤ 중 옳지 않은 것은?

• 학습 주제: 오늘날 농업 생산 구조의 변화
1. 원인: ㉠ 기업적 농업의 발달 → 농작물이 대량 생산되어 저렴한 가격에 판매됨 → ㉡ 소규모 농작물 생산 국가의 타격 → 세계 여러 국가가 농업 경쟁력을 높이기 위해 노력함
2. 사례
– ㉢ 동남아시아 지역에서 커피, 바나나와 같은 상품 작물 재배가 증가함
– ㉣ 옥수수와 콩 재배가 줄고 기업적 밀 재배 지역이 확대되고 있음
– ㉤ 열대림이 가축 사료 작물 재배지로 바뀌고 있음

① ㉠ ② ㉡ ③ ㉢ ④ ㉣ ⑤ ㉤

100점이 코 앞!

10 그래프는 필리핀의 쌀 수출량과 바나나 수입량 변화를 나타낸 것이다. 이에 대한 옳은 분석을 〈보기〉에서 고른 것은?

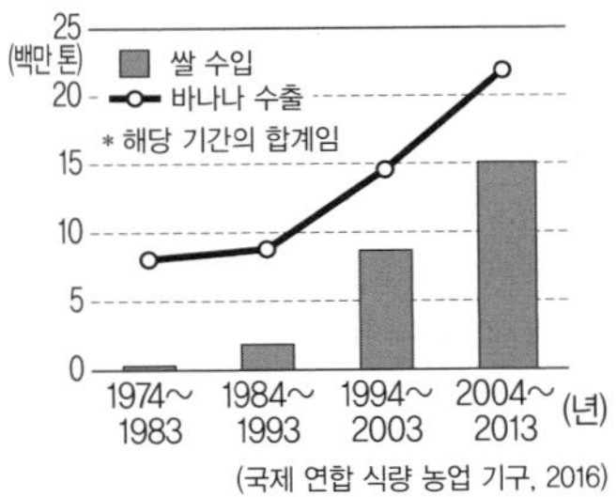

| 보기 |
ㄱ. 상품 작물 재배가 감소하고 있다.
ㄴ. 곡물 자급률이 지속적으로 높아지고 있다.
ㄷ. 바나나는 주로 다국적 기업이 플랜테이션 방식으로 생산한다.
ㄹ. 쌀의 국제 가격이 상승하면 식량 부족 문제가 발생할 수 있다.

① ㄱ, ㄴ ② ㄱ, ㄷ ③ ㄴ, ㄷ
④ ㄴ, ㄹ ⑤ ㄷ, ㄹ

11 최근 농작물 소비 특성의 변화 및 영향으로 옳지 않은 것은?

① 소비자들이 다양한 농산물을 구매할 수 있다.
② 식량 작물인 쌀의 소비 비중이 증가하고 있다.
③ 육류와 옥수수, 커피 등의 소비가 증가하고 있다.
④ 국내 농산물의 수요가 감소하여 피해 농가가 발생할 수 있다.
⑤ 농산물의 생산 및 유통 과정에서 농약과 방부제가 사용되어 안전성 문제가 제기된다.

02 다국적 기업과 생산 공간 변화

12 오늘날 경제 활동에 대한 옳은 설명을 〈보기〉에서 고른 것은?

보기
ㄱ. 국가 간 무역 장벽이 강화되었다.
ㄴ. 세계적 차원에서 경제적 상호 의존도가 높아졌다.
ㄷ. 생산, 소비와 같은 경제 활동의 범위가 축소되었다.
ㄹ. 과거에 비해 우리나라에서 만든 제품을 해외에서 쉽게 찾아볼 수 있다.

① ㄱ, ㄴ ② ㄱ, ㄷ ③ ㄴ, ㄷ
④ ㄴ, ㄹ ⑤ ㄷ, ㄹ

13 다음은 서술형 평가에 대한 학생 답안이다. 밑줄 친 ㉠~㉤ 중 옳지 않은 것은?

서술형 평가
- 문제: 단일 기업이 다국적 기업으로 성장하는 과정을 서술하시오.
- 학생 답안: 기업은 ㉠ 한 국가 내의 대도시에 공장을 세우고 기업 활동을 시작한다. 회사가 성장하면 ㉡ 타 지역에 공장을 건설하여 생산 기능을 분리하고, 사업 규모가 더 커지면 ㉢ 해외에 판매 지사를 개설하여 해외 시장을 개척한다. 이후 ㉣ 지가와 임금이 저렴한 선진국에 생산 공장을 건설하고, ㉤ 제품을 직접 공급하면서 세계적인 기업으로 성장한다.

① ㉠ ② ㉡ ③ ㉢ ④ ㉣ ⑤ ㉤

14 표는 다국적 기업의 공간적 분업을 정리한 것이다. ㉠~㉢에 들어갈 내용을 옳게 연결한 것은?

기능	입지 조건
본사	의사 결정에 필요한 정보 수집과 자본 확보에 유리한 (㉠)에 주로 입지
(㉡)	우수한 교육 시설과 전문 기술 인력이 풍부한 선진국에 주로 입지
생산 공장	(㉢) 절감을 위해 지가가 낮고 저렴한 노동력이 풍부한 개발 도상국에 주로 입지

	㉠	㉡	㉢
①	선진국	연구소	생산 비용
②	선진국	연구소	판매 비용
③	선진국	판매 지사	생산 비용
④	개발 도상국	연구소	판매 비용
⑤	개발 도상국	판매 지사	생산 비용

100점이 코 앞!

15 지도는 어떤 기업의 기능별 입지를 나타낸 것이다. 이에 대한 설명으로 옳은 것은?

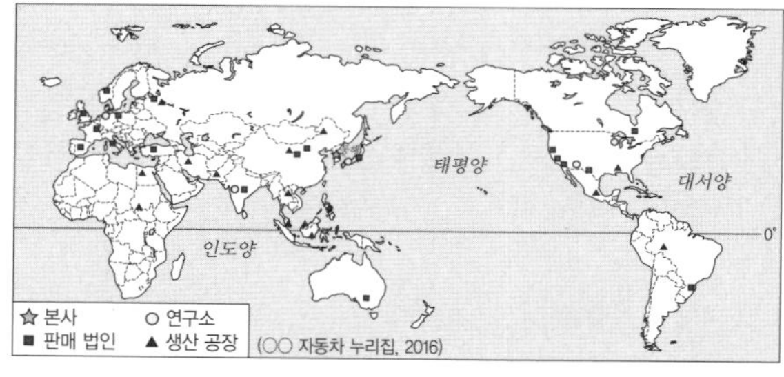

① 본사는 상대적으로 지가가 저렴한 개발 도상국에 입지한다.
② 경영의 효율성을 높이기 위해 한 공간에 여러 기능을 함께 둔다.
③ 연구소는 생산 공장과의 협업이 필요해 서로 가까운 곳에 입지한다.
④ 생산 공장은 저임금 노동력 확보가 유리한 곳이 중요한 입지 조건이 된다.
⑤ 생산 공장은 대부분 다양한 정보와 자본을 확보하기 유리한 선진국에 입지한다.

16 다음은 다국적 기업에 대한 OX 퀴즈이다. 최종 정답으로 옳은 것은?

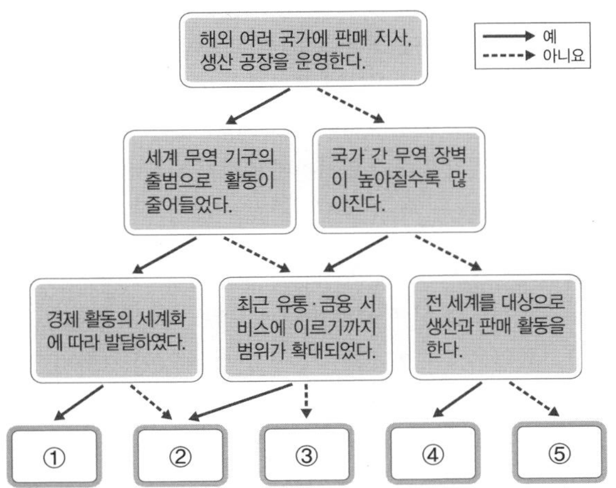

17 (가)에 들어갈 내용으로 적절한 것을 〈보기〉에서 고른 것은?

> 다국적 기업의 생산 공장은 상대적으로 지가가 낮고 저렴한 노동력이 풍부한 개발 도상국에 두는 경우가 많다. 하지만 일부는 ____(가)____ 선진국에 두기도 한다.

보기
ㄱ. 무역 장벽을 피하기 위해
ㄴ. 판매 시장을 확대하기 위해
ㄷ. 산업 공동화를 피하기 위해
ㄹ. 엄격한 환경 규제를 피하기 위해

① ㄱ, ㄴ ② ㄱ, ㄷ ③ ㄴ, ㄷ
④ ㄴ, ㄹ ⑤ ㄷ, ㄹ

18 산업 공동화 현상에 대한 설명으로 옳은 것은?

① 다국적 기업의 활동이 증가할수록 줄어들게 된다.
② 기술을 이전받아 관련 산업이 발달하는 현상을 말한다.
③ 다국적 기업의 생산 공장이 새로 들어선 지역에서 주로 나타난다.
④ 지역의 기반을 이루던 산업이 없어지거나 이전하면서 나타나는 현상이다.
⑤ 산업 공동화 현상이 나타나면 새로운 산업 단지가 조성되어 경제가 활성화된다.

[19~20] 다음 글을 읽고 물음에 답하시오.

> 미국에 본사를 두고 있는 세계적인 스포츠용품 기업 N사는 현재 판매되는 제품을 모두 해외에 있는 공장에서 생산하고 있다. 이 기업은 창업 초기에는 일본에 생산 공장을 설립하였으나 1970년대 후반 일본에서 (㉠) 등이 나타나면서 우리나라의 부산과 타이완으로 생산 공장을 이전하였다. 1980년대에는 일본의 사례와 같은 이유로 우리나라와 타이완의 생산 공장을 중국으로 이전하였으며, 1990년대에는 중국에 있는 공장을 타이, 베트남, 인도네시아 등의 동남아시아 지역으로 이전하였다.

19 ㉠에 들어갈 내용으로 옳은 것을 〈보기〉에서 고른 것은?

보기	
ㄱ. 임금 상승	ㄴ. 지대 하락
ㄷ. 생산비 증가	ㄹ. 고급 기술 인력 부족

① ㄱ, ㄴ ② ㄱ, ㄷ ③ ㄴ, ㄷ
④ ㄴ, ㄹ ⑤ ㄷ, ㄹ

100점이 코 앞!

20 윗글을 통해 파악할 수 있는 내용으로 적절하지 않은 것은?

① 생산 공장이 빠져나간 곳은 지역 경제가 침체될 우려가 있다.
② 1990년대에 베트남은 중국에 비해 인건비가 저렴하였을 것이다.
③ 다국적 기업의 생산 공장은 생산 조건이 더 나은 지역으로 이전하기도 한다.
④ 현재 생산 공장이 들어선 동남아시아 지역은 산업 공동화 현상이 나타나고 있을 것이다.
⑤ 1970~1980년 사이에 우리나라 부산과 타이완은 스포츠용품 관련 산업이 발달했을 것이다.

21 다국적 기업의 생산 공장이 들어선 지역에서 나타날 수 있는 변화로 옳은 것을 〈보기〉에서 고른 것은?

보기
ㄱ. 대규모 실업 사태가 나타난다.
ㄴ. 기술을 이전받아 관련 산업이 발달할 수 있다.
ㄷ. 유해 물질의 배출로 환경 오염이 발생할 수 있다.
ㄹ. 산업 공동화 현상이 나타나 지역 경제가 침체된다.

① ㄱ, ㄴ ② ㄱ, ㄷ ③ ㄴ, ㄷ
④ ㄴ, ㄹ ⑤ ㄷ, ㄹ

03 세계화에 따른 서비스업의 변화

22 다음은 서비스업의 특성과 유형에 대해 정리한 것이다. 밑줄 친 ㉠~㉤ 중 옳지 않은 것은?

• 주제: 서비스업의 특성과 유형
1. 의미: ㉠ 인간이 필요로 하는 재화나 용역을 공급하는 산업
2. 특성: ㉡ 기계화·표준화가 쉬움, ㉢ 고용 창출의 효과가 큼
3. 유형
– 소비자 서비스업: ㉣ 일반 소비자에게 직접 제공
– 생산자 서비스업: ㉤ 기업 활동에 도움을 제공

① ㉠ ② ㉡ ③ ㉢ ④ ㉣ ⑤ ㉤

잘 나와!

23 세계화에 따른 서비스업의 변화로 옳지 않은 것은?

① 소비자의 해외 직접 구매가 증가하고 있다.
② 배송 관련 업체가 다양한 형태로 발달하고 있다.
③ 선진국과 개발 도상국 간 분업이 증가하고 있다.
④ 교통·통신의 발달로 서비스업이 특정 공간에 집중되고 있다.
⑤ 생산, 판매, 사후 관리 등 단계를 나누어 서비스를 제공하는 서비스의 분화가 이루어지고 있다.

[24~25] 다음 글을 읽고 물음에 답하시오.

미국에 살고 있는 제이슨은 여행 상품을 알아보기 위해 여행사에 전화를 했다. 그런데 전화를 받은 콜센터 직원의 영어 억양이 달라서 알아보니 필리핀에서 전화를 받고 있었다. 미국에 본사가 있는 여행사의 콜센터가 멀리 떨어진 필리핀에 있다는 사실이 놀라웠다.

24 윗글과 관련된 내용으로 옳지 않은 것은?

① 정보 통신 기술의 발달로 나타난 현상이다.
② 업무 수행에 따른 시·공간적 제약이 완화되면서 나타난 현상이다.
③ 미국과 필리핀의 시차가 작은 점이 콜센터 입지의 가장 큰 요인이 되었다.
④ 선진국의 기업들이 비용을 절감하기 위해 업무의 일부를 분산시킨 사례이다.
⑤ 필리핀은 영어를 공용어로 사용한다는 이점이 있어 다국적 기업의 콜센터가 발달하였다.

25 필리핀의 콜센터가 입지한 지역에서 나타나게 될 변화로 옳은 것을 〈보기〉에서 고른 것은?

보기
ㄱ. 1차 산업에 종사하는 사람들이 늘어날 것이다.
ㄴ. 일자리가 늘어나고 지역 경제가 활성화될 것이다.
ㄷ. 음식, 숙박업 등 소비자 서비스업이 발달할 것이다.
ㄹ. 선진국의 기술 이전으로 첨단 산업이 성장할 것이다.

① ㄱ, ㄴ ② ㄱ, ㄷ ③ ㄴ, ㄷ
④ ㄴ, ㄹ ⑤ ㄷ, ㄹ

26 (가)에 들어갈 내용으로 가장 적절한 것은?

전자 상거래의 발달로 시장 환경이 변화하면서 유통 산업이 성장하게 되었다. 이로 인해 ___(가)___에 대규모 물류 창고가 들어서고 있다.

① 운송이 유리한 지역
② 자본 확보가 유리한 지역
③ 소규모 상점이 많은 지역
④ 고급 정보가 풍부한 지역
⑤ 영어를 공용어로 사용하는 지역

27 그림과 같은 거래 방식에 대한 옳은 설명을 〈보기〉에서 고른 것은?

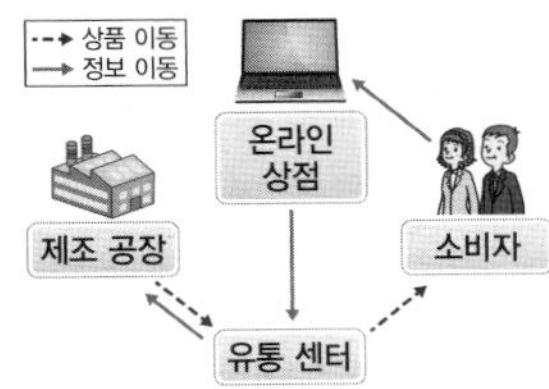

보기
ㄱ. 구매의 시간적 제약이 크다.
ㄴ. 유통 단계가 비교적 단순하다.
ㄷ. 구매를 위한 소비자의 이동 거리가 길다.
ㄹ. 소비 활동의 범위를 전 세계로 확대시켰다.

① ㄱ, ㄴ ② ㄱ, ㄷ ③ ㄴ, ㄷ
④ ㄴ, ㄹ ⑤ ㄷ, ㄹ

28 다음과 같은 변화가 관광 지역에 미치는 영향으로 옳지 않은 것은?

최근 교통과 정보 통신의 발달로 해외여행이 편리해지고 관광과 관련된 정보도 쉽게 얻을 수 있게 되었다. 이로 인해 전 세계적으로 관광에 대한 수요가 증가하고 관광객의 이동이 활발하게 일어나고 있다.

① 지역 경제 활성화에 도움을 준다.
② 지역 주민의 일자리가 줄어들 수 있다.
③ 지나친 상업화로 고유문화가 훼손될 수 있다.
④ 교통 및 숙박 등 관련 산업이 발달할 수 있다.
⑤ 관광 시설 건설로 자연환경이 파괴될 수 있다.

29 공정 여행에 대한 설명으로 옳지 않은 것은?
① 관광객과 현지 주민 모두의 요구를 충족시킨다.
② 현지의 생활 방식을 존중하며 문화를 체험한다.
③ 현지인이 운영하는 숙소나 음식점 등을 이용한다.
④ 현지의 동식물로 만든 기념품을 대량으로 구입한다.
⑤ 여행지에서 이동 시 도보나 자전거, 기차 등을 이용하여 환경에 미치는 영향을 최소화한다.

서술형 문제

1 다음과 같은 상황으로 나타나는 농작물 생산 구조의 변화를 두 가지만 서술하시오.

기업적 농업의 발달로 소규모로 농작물을 생산하는 국가는 큰 타격을 입게 되었다. 그 결과 세계 여러 국가가 농업 경쟁력을 높이기 위해 많은 노력을 하고 있다. 한편 전 세계적으로 육류 소비가 늘어남에 따라 토지 이용에도 많은 변화가 나타나고 있다.

2 다음 글을 읽고 물음에 답하시오.

미국 미시간주의 디트로이트시는 1950년대 자동차를 생산하는 세계적 규모의 다국적 기업 공장들이 들어서면서 인구가 180만 명에 달할 정도로 번창하였다. 하지만 20세기 후반부터 멕시코로 자동차 생산 공장이 이전하면서 실업률이 높아지고 산업 기반을 잃어 지역 경제가 침체되었다.

(1) 밑줄 친 현상을 나타내는 용어를 쓰시오.

(2) 디트로이트시의 자동차 생산 공장이 멕시코로 이전한 이유를 서술하시오.

3 전자 상거래가 발달하면서 나타나게 되는 변화를 두 가지 이상 서술하시오.

X 환경 문제와 지속 가능한 환경

01 전 지구적 차원의 기후 변화

기후 변화의 발생

1. 기후 변화의 의미와 요인

(1) 기후 변화: 기후의 평균적인 상태가 변화하는 것

(2) 기후 변화의 요인

자연적 요인	화산 활동에 따른 ❶□□□ 분출, 태양의 활동 변화, 태양과 지구의 상대적 위치 변화 등
인위적 요인	❷□□ □□ 사용에 따른 온실가스 배출량 증가, 도시화, 무분별한 토지 및 삼림 개발 등

2. ❸□□ □□□

의미	대기 중에 온실가스 농도가 높아져 지구의 평균 기온이 상승하는 현상
요인	화석 연료의 사용 증가와 무분별한 삼림 개발로 대기 중 ❹□□□ □□의 농도 증가 → 온실 효과의 심화로 지구의 평균 기온 상승

기후 변화의 영향

1. 빙하 감소와 해수면 상승

원인	지구 온난화의 영향으로 지표면의 온도가 상승하여 극지방과 고산 지역의 ❺□□가 녹아 해수면 상승
영향	• 해안 저지대에 위치한 국가의 범람 및 침수 피해 • 투발루와 몰디브 등 많은 섬나라의 침수 위기 • 북극해를 운항할 수 있는 북극 항로 개발

2. ❻□□ □□ 증가

원인	• 지구의 기온 상승에 따른 수분 증발량 증가 → 건조한 땅 증가, 물 부족 • 빙하가 녹은 물이 바다로 흘러들어 해수면 상승 → 바닷물의 염분 농도를 낮춰 해류 순환 방해
영향	• 태풍, 홍수, 폭우, 폭설, 가뭄 등 ❼□□□□의 발생 빈도 및 강도 증가 • 폭염 및 열대야와 같은 여름철 고온 현상 증가

3. 생태계 변화

(1) 해양 생태계 변화: 바닷물 온도 상승 → 수온 변화에 적응이 어려운 물고기가 죽거나 수온이 낮은 고위도 수역으로 이동함

(2) 식생 변화: ❽□□ □□의 분포 범위 축소, 아열대 과일의 재배 면적 확대 등

(3) 작물 재배 환경의 변화: 인류의 생존과 밀접한 관련이 있는 농작물의 재배 환경에 악영향

(4) 기타: 동식물의 서식지 변화, 생태계 교란, 해충 및 전염병 증가 등

기후 변화 해결을 위한 노력

1. 국제 협력의 필요성: 기후 변화는 전 세계 대부분에 영향을 미치므로 국제 사회의 협력과 공동 대응이 필요함

2. 기후 변화 해결을 위한 노력

(1) 국제적 차원의 노력: 기후 변화 해결을 위한 국제 협약

기후 변화 협약 (1992)	리우 환경 개발 회의에서 온실가스를 줄이기 위한 기후 변화 협약을 최초로 채택
교토 의정서 (1997)	온실가스 감축을 위한 구체적 이행 방안 제시, 주요 ❾□□□에 온실가스 감축 의무 부여
❿□□ □□ (2015)	2020년 이후 기후 변화 대응에 관한 논의, 선진국과 개발 도상국 모두에 온실가스 감축 의무 부여

(2) 국가적 차원의 노력: 기존의 화석 연료를 대체할 새로운 에너지 개발, 온실가스 감축을 위한 제도 도입 등

(3) 개인적 차원의 노력: 에너지 절약, 자원 재활용, 친환경 제품 사용 등

02 환경 문제 유발 산업의 이동

환경 문제 유발 산업의 국제적 이동

1. 공해 유발 산업의 이전

선진국	• 엄격한 환경 규제 • 공해 유발 산업을 개발 도상국으로 이전
개발 도상국	• 느슨한 환경 규제 • 환경보다 경제 성장을 우선시하여 공해 유발 산업 유치

2. 전자 쓰레기의 국제적 이동

선진국	• 대부분의 전자 쓰레기 배출 • 환경·경제적 부담을 줄이기 위해 개발 도상국으로 전자 쓰레기 수출
개발 도상국	⓫□□ □□을 채취하기 위해 선진국에서 전자 쓰레기 수입 → 유해 물질 배출에 따른 환경 오염과 생태계 파괴 발생

3. 농장과 농업 기술의 이전

(1) 농업의 이전: 선진국에서 탄소 배출 비용 및 ⑫□□□ 절감을 위해 개발 도상국으로 농장 이전

(2) 농업 이전의 영향

긍정적 영향	외화 수입 증가, 일자리 창출 등으로 지역 경제 활성화
부정적 영향	토양 황폐화, 관개용수 남용에 따른 물 부족, 농약 사용에 따른 토양 및 식수 오염, 식량 부족 등

환경 문제의 지역적 불평등

1. 환경 문제의 지역적 불평등

⑬□□□	⑭□□ □□□
• 환경 문제 유발 산업의 유출 지역 • 개발보다는 쾌적한 환경에 대한 요구가 높음 • 개발 도상국의 저임금 노동력을 활용함	• 환경 문제 유발 산업의 유입 지역 • 환경 보존보다는 경제 성장과 개발을 중요시함 • 환경 오염, 주민들의 건강 악화 등의 문제점이 나타남

2. 환경 문제의 지역적 불평등 해결을 위한 노력

(1) 선진국의 노력: 기업들은 환경 오염을 최소화하고 안전한 생산 환경을 만들기 위해 노력해야 함

(2) 개발 도상국의 노력: 경제 개발만 중요시하기보다는 기업에 대한 환경 규제와 감시를 강화해야 함

(3) 국제 사회의 노력: 유해 폐기물, 공해 산업 등의 불법적 확산에 공동으로 대처해야 함 → ⑮□□ □□ 체결

03 생활 속의 환경 이슈

우리 주변의 환경 관련 이슈

1. ⑯□□ □□: 환경 문제 중 원인과 해결 방안이 입장에 따라 서로 다른 것

2. 주요 환경 이슈

(1) ⑰□□ □□

원인	흙먼지와 식물 꽃가루, 화석 연료를 태울 때 생기는 ⑱□□, 자동차 배기가스, 쓰레기 소각, 건설 현장의 날림 먼지 등
영향	각종 호흡기 질환 및 뇌 질환 유발, 정밀 산업의 불량률 증가, 항공기 및 여객선 운항 차질 등

(2) 쓰레기 문제

원인	자원 소비 증가, 일회용품과 포장재 사용 증가 등
영향	쓰레기 처리를 둘러싼 갈등 발생

(3) 유전자 변형 식품(GMO)

의미	본래의 유전자를 변형시켜 새로운 성질의 유전자를 지니도록 개발된 식품이나 농산물
입장	• 긍정적 입장: 농작물의 장기 보관 및 대량 생산 용이, 병충해에 강한 품종 개발 • 부정적 입장: 인체 유해성 검증 미비

(4) ⑲□□ □□ 운동

의미	지역에서 생산된 농산물을 지역에서 소비하자는 운동
등장 배경	식품 운송 과정에서 많은 ⑳□□□□ 배출, 방부제 사용 → 식품의 안전성과 환경에 대한 관심 증대
효과	신선한 먹을거리 제공, 지역 경제 활성화 등

환경 이슈를 해결하기 위한 노력

1. **환경 이슈를 대하는 태도**: 지구촌의 지속 가능성을 최우선으로 하여 다양한 집단의 의견을 검토하고 대안을 협의하는 토의 과정이 필요함

2. **생활 속 환경 보전 활동**: 대중교통 이용, 일회용품 사용 자제, 저탄소 제품 사용, 에너지 효율이 높은 제품 사용 등

정답 확인하기

❶ 화산재	❷ 화석 연료	❸ 지구 온난화	❹ 이산화 탄소
❺ 빙하	❻ 기상 이변	❼ 자연재해	❽ 고산 식물
❾ 선진국	❿ 파리 협정	⓫ 금속 자원	⓬ 인건비
⓭ 선진국	⓮ 개발 도상국	⓯ 바젤 협약	⓰ 환경 이슈
⓱ 미세 먼지	⓲ 매연	⓳ 로컬 푸드	⓴ 온실가스

스스로 점검하기

맞은 개수	이렇게 해봐
10개 이하	본책으로 돌아가 복습해봐!
11 ~ 15개	틀린 문제의 답을 다시 확인하고 **100점 도전 실전 문제**를 풀도록 해!
16 ~ 20개	자신감을 가지고 **100점 도전 실전 문제**를 풀어봐. 학교 시험 100점 도전!

01 전 지구적 차원의 기후 변화

01 밑줄 친 ㉠, ㉡에 해당하는 내용을 〈보기〉에서 골라 옳게 연결한 것은?

> 기후는 지구의 역사가 시작된 이래 끊임없이 변화하고 있다. 이러한 기후 변화는 ㉠ 자연적 요인과 ㉡ 인위적 요인에 의해 나타난다.

보기
- ㄱ. 무분별한 토지 및 삼림 개발
- ㄴ. 화산 활동에 의한 화산재 분출
- ㄷ. 태양과 지구의 상대적 위치 변화
- ㄹ. 화석 연료 사용에 따른 온실가스 배출

	㉠	㉡		㉠	㉡
①	ㄱ, ㄴ	ㄷ, ㄹ	②	ㄱ, ㄷ	ㄴ, ㄹ
③	ㄴ, ㄷ	ㄱ, ㄹ	④	ㄴ, ㄹ	ㄱ, ㄷ
⑤	ㄷ, ㄹ	ㄱ, ㄴ			

02 (가), (나) 현상에 대한 설명으로 옳지 않은 것은?

(가)

(나)

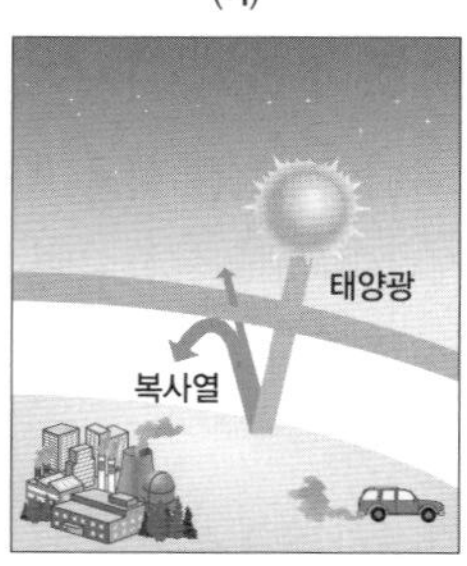

① (가)로 인해 지구가 적정 온도를 유지할 수 있다.
② (가)와 같은 상태는 자연적으로 늘 존재하던 것이다.
③ (나) 현상은 산업 혁명 이후 점차 심화하고 있다.
④ (나) 현상이 지속될 경우 기상 이변이 나타날 가능성이 높아진다.
⑤ (나) 상태보다 (가) 상태에서 지구 평균 기온이 더 높게 나타난다.

03 그림은 온실 효과를 일으키는 온실가스의 종류를 나타낸 것이다. ㉠에 들어갈 온실가스로 옳은 것은?

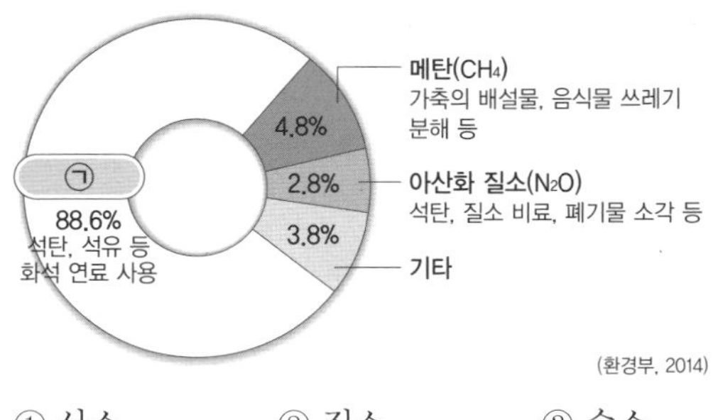

(환경부, 2014)

① 산소 ② 질소 ③ 수소
④ 염화수소 ⑤ 이산화 탄소

[04~05] 다음은 어느 여행사의 홍보 책자이다. 이를 보고 물음에 답하시오.

> **(㉠)로 미래에 사라질 수 있는 여행지**
> - 파타고니아는 안데스산맥, 대지, 빙하가 어우러져 멋진 곳이죠. 하지만 지금은 빙하가 녹아 호수로 변해버린 곳이 있답니다.
> - 물의 도시 베네치아는 약 400개의 다리가 섬과 섬 사이를 이어주는 아름다운 관광지이죠. 최근 땅이 꺼지고 바닷물에 잠기면서 2030년에는 아무도 없는 곳이 될 것이라고 합니다.

04 ㉠에 들어갈 내용으로 가장 적절한 것은?

① 산성비 ② 미세 먼지
③ 오존층 파괴 ④ 지구 온난화
⑤ 생물 다양성 감소

잘 나와!

05 ㉠이 나타나게 된 원인으로 적절하지 않은 것은?

① 화력 발전소 증가
② 자동차 사용 증가
③ 열대 우림 면적 증가
④ 가정용 난방 사용 증가
⑤ 제조업 발달과 공장 증가

06 그래프는 지구의 평균 기온 변화를 나타낸 것이다. 이와 같은 추세가 지속될 경우 나타날 수 있는 현상으로 옳지 않은 것은?

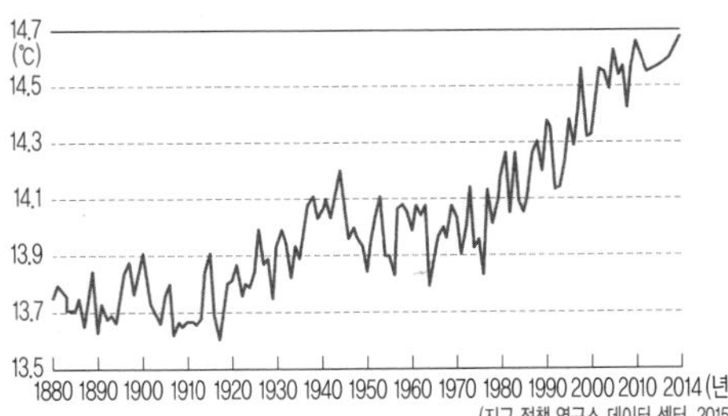

① 사막의 면적이 넓어진다.
② 만년설과 빙하가 확대된다.
③ 영구 동토층의 분포 면적이 줄어든다.
④ 해수면이 높아져 해안 저지대가 침수된다.
⑤ 가뭄, 홍수, 폭설, 태풍 등 자연재해로 인한 피해가 증가한다.

100점이 코 앞!

07 기후 변화로 인해 A~E 지역에서 나타나는 현상으로 적절하지 않은 것은?

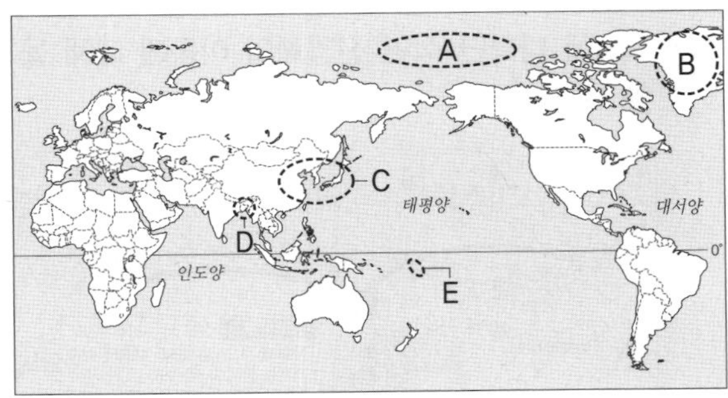

① A – 새로운 항로가 개척되었다.
② B – 추운 계절이 짧아져 농작물 경작 가능 기간이 줄어들었다.
③ C – 태풍이 자주 발생하고 그 위력이 점차 강해질 것으로 예상된다.
④ D – 하천 유량 증가로 인해 해안 저지대가 자주 침수된다.
⑤ E – 바닷물이 점점 차올라 국토 전체가 물에 잠길 위기에 처해 있다.

08 밑줄 친 ㉠~㉤ 중 옳지 않은 것은?

> 기후 변화는 기상 이변뿐만 아니라 생태계 변화에도 많은 영향을 미치고 있다. ㉠ 바닷물 온도가 올라가면서 수온 변화에 적응이 어려운 물고기들이 죽거나 고위도 수역으로 옮겨가고 있다. ㉡ 기온이 올라 날씨가 덥고 습해지면서 모기, 파리 등 전염병 매개체가 많아져 질병 전파의 우려도 제기되고 있다. 반면 ㉢ 아열대 과일의 재배 면적은 확대되고 있다. 우리나라에서 바나나 재배 지역들이 남부 지역을 중심으로 확대되고 있으며, ㉣ 고산 식물도 분포 범위가 확대되면서 품종이 늘어나고 있다. ㉤ 식물의 개화 시기는 빨라져 꽃 축제의 시기를 앞당겨야 한다는 의견도 제기되고 있다.

① ㉠ ② ㉡ ③ ㉢ ④ ㉣ ⑤ ㉤

09 다음과 같은 현상이 나타나게 된 원인으로 가장 적절한 것은?

> 오스트레일리아의 그레이트배리어리프는 400여 종의 산호초가 하늘에서도 보이는 곳이었지만, 최근 산호초가 하얗게 죽어가고 있다. 산호초가 완전 멸종 위기를 맞는 순간은 2050년으로 예측되고 있다.

① 오랜 가뭄
② 사막화 현상
③ 잦은 지각 변동
④ 오염 물질의 확산
⑤ 바닷물의 온도 상승

10 기후 변화로 나타나는 지역 변화의 사례로 옳지 않은 것은?

① 북극 항로의 운항 가능 일수가 줄어들고 있다.
② 알래스카에서는 언 땅이 녹아 집이 무너지고 있다.
③ 최근 우리나라에서는 열대야가 발생하는 날이 늘어나고 있다.
④ 아랄해, 차드호 등 세계적인 호수 면적이 감소하여 건조 지역이 확대되고 있다.
⑤ 볼리비아의 차칼타야에는 세계에서 가장 높은 활주로가 있었으나, 현재는 흔적만 남아 있다.

100점 도전!
실전 문제

11 다음과 같은 현상이 나타나게 된 원인으로 가장 적절한 것은?

> 파푸아 뉴기니의 카르테렛 군도에서는 기후 변화로 거세진 파도 때문에 해안이 계속 깎여 나가고 있다. 또한 땅 밑으로 스며든 바닷물이 코코넛과 바나나 나무의 생장을 방해해 먹을거리가 턱없이 부족해졌다.

① 오랜 가뭄으로 인한 사막화
② 해안 개발로 인한 지형 변화
③ 산성비로 인한 토양의 산성화
④ 기후 변화로 인한 해수면 상승
⑤ 허리케인으로 인한 강풍과 폭우

12 (가), (나)에 대한 설명으로 옳지 않은 것은?

> (가) 교토 의정서　　　　(나) 파리 협정

① (가)에서는 탄소 배출권 거래제를 도입하였다.
② (가)는 기후 변화 협약의 구체적인 이행 방안을 담고 있다.
③ (나)는 2020년 이후의 기후 변화 대응을 담고 있다.
④ (나)는 (가)와 달리 선진국에게만 온실가스 감축 의무를 부여하였다.
⑤ (가), (나) 모두 온실가스 감축을 목표로 한다.

13 다음 내용과 관련된 실천 방안으로 적절하지 않은 것은?

> 기후 변화가 지속되면 지구의 생태계가 위험해진다. 그러므로 우리는 기후 변화의 원인인 온실가스의 배출량을 줄이기 위해 노력해야 한다.

① 물을 아껴 쓴다.
② 재활용을 생활화한다.
③ 대중교통을 이용한다.
④ 고효율 전구를 사용한다.
⑤ 이용하기 편리한 일회용품을 사용한다.

02 환경 문제 유발 산업의 이동

14 밑줄 친 ㉠~㉢에 대한 옳은 설명을 〈보기〉에서 고른 것은?

> ㉠ 공해 유발 산업이 이전되면 생산 시설뿐만 아니라 환경 문제도 함께 옮겨가기 때문에 문제가 된다. 그렇기 때문에 공해 유발 산업의 ㉡ 유출 지역과 ㉢ 유입 지역이 함께 환경 문제를 해결하기 위해 노력해야 한다.

보기
ㄱ. 제철 및 석유 화학 공업, 의류 산업 등이 ㉠의 사례에 해당한다.
ㄴ. ㉡은 개발 도상국, ㉢은 선진국이다.
ㄷ. 주로 ㉡의 오래된 제조 설비가 ㉢으로 이전된다.
ㄹ. ㉢은 ㉡보다 환경 규제가 엄격하다.

① ㄱ, ㄴ　② ㄱ, ㄷ　③ ㄴ, ㄷ
④ ㄴ, ㄹ　⑤ ㄷ, ㄹ

잘나와!

15 지도에 나타난 석면 산업체의 이동에 대해 옳게 말한 사람은?

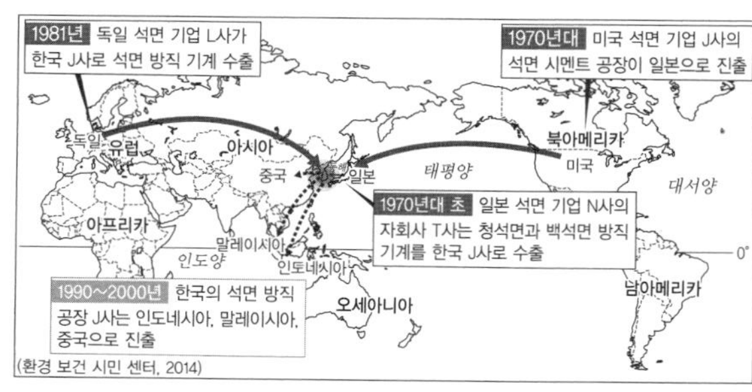

1981년 독일 석면 기업 L사가 한국 J사로 석면 방직 기계 수출
1970년대 미국 석면 기업 J사의 석면 시멘트 공장이 일본으로 진출
독일
유럽
아시아
중국
일본
태평양
북아메리카
미국
대서양
1970년대 초 일본 석면 기업 N사의 자회사 T사는 청석면과 백석면 방직 기계를 한국 J사로 수출
아프리카
말레이시아
인도양
인도네시아
0°
1990~2000년 한국의 석면 방직 공장 J사는 인도네시아, 말레이시아, 중국으로 진출
오세아니아
남아메리카

(환경 보건 시민 센터, 2014)

① 가연: 최근에는 주로 선진국으로 이동하고 있어.
② 나연: 환경 규제가 강한 지역으로 이동하고 있어.
③ 다연: 석면 생산 비용이 하락하여 나타난 현상이야.
④ 라연: 환경에 대한 인식이 낮은 지역으로 이동하고 있어.
⑤ 마연: 석면 산업을 유치하기 위한 경쟁이 치열해지고 있어.

16 환경 문제 유발 산업이 유입되는 지역의 특징으로 옳은 것을 〈보기〉에서 고른 것은?

| 보기 |
ㄱ. 인건비가 저렴한 편이다.
ㄴ. 환경 관련 규제가 엄격하다.
ㄷ. 환경보다 경제 성장을 우선시한다.
ㄹ. 환경 문제에 대한 주민들의 저항이 높다.

① ㄱ, ㄴ　② ㄱ, ㄷ　③ ㄴ, ㄷ
④ ㄴ, ㄹ　⑤ ㄷ, ㄹ

[17~18] 다음 글을 읽고 물음에 답하시오.

인도의 티루푸르는 인도 최대의 의류 생산지이다. 세계적인 의류 기업들은 ___(가)___ 등을 이유로 지난 20여 년 동안 인도로 생산 공장을 이전해왔다. 이로 인해 인도에서는 ___(나)___ 와/과 같은 문제점이 나타났다.

17 (가)에 들어갈 내용으로 가장 적절한 것은?

① 의류 수요의 감소
② 인도의 환경 규제 강화
③ 인도의 높은 기술력 활용
④ 인도의 저임금 노동력 활용
⑤ 환경 문제의 지역적 불평등 완화

18 (나)에 들어갈 내용으로 적절한 것을 〈보기〉에서 고른 것은?

| 보기 |
ㄱ. 심각한 실업 문제
ㄴ. 폐수로 인한 수질 오염
ㄷ. 주민들의 질병 발생 증가
ㄹ. 의류 산업에 대한 규제 강화

① ㄱ, ㄴ　② ㄱ, ㄷ　③ ㄴ, ㄷ
④ ㄴ, ㄹ　⑤ ㄷ, ㄹ

19 전자 쓰레기의 국제적 이동에 대한 설명으로 옳지 <u>않은</u> 것은?

① 전자 쓰레기는 선진국에서 개발 도상국으로 이동한다.
② 전자 쓰레기의 원활한 이동을 위해 수출 기준이 점차 완화되고 있다.
③ 일부 선진국들은 환경 규제를 피하기 위해 불법으로 전자 쓰레기를 수출하고 있다.
④ 전자 쓰레기를 수입하는 국가에서는 유해 물질 배출에 따른 피해가 발생할 수 있다.
⑤ 개발 도상국은 금속 자원을 채취하여 경제적 이익을 얻기 위해 전자 쓰레기를 수입하고 있다.

100점이 코 앞!

20 다음과 같은 농업의 이전에 대해 옳게 말하지 <u>못한</u> 사람은?

과거 유럽에서 소비되던 장미는 대부분 네덜란드에서 재배되었으나, 기후가 온화하고 인건비가 싼 남아메리카와 아프리카로 생산지가 이동하였다. 그중 케냐는 기후 조건이 장미 재배에 적합하며 나이바샤 호수의 풍부한 수자원도 이용할 수 있어 장미 재배 산업이 발달하였다.

① 어부: 예전보다 잡히는 물고기가 크게 줄어들어서 생활이 어려워졌어요.
② 환경 전문가: 장미 농장에서 사용되는 화학 물질과 농약 때문에 호수가 오염되었어요.
③ 장미 농장 경영자: 유럽보다 생산비는 비싸지만 기후 조건이 좋아 이곳에서 장미를 생산하죠.
④ 장미 농장 근로자: 장미 농장에서 일하면서 고정적인 수입이 생겨서 예전보다 생활이 좋아졌어요.
⑤ 호수 주변 거주자: 장미 농장에서 많은 양의 물을 뽑아가면서 나이바샤 호수의 물이 줄어들었어요.

21 ㉠에 들어갈 국제 협약으로 옳은 것은?

1989년 유해 화학 물질과 산업 폐기물의 유통을 규제하기 위한 (㉠)이/가 체결되었다. 기존의 협약들이 대부분 선진국이 주도하였던 것과 달리 이 협약은 개발 도상국이 주도적인 역할을 하였다.

① 바젤 협약　② 파리 협정　③ 교토 의정서
④ 람사르 협약　⑤ 기후 변화 협약

03 생활 속의 환경 이슈

22 환경 이슈에 대한 설명으로 옳지 않은 것은?

① 시대별로 다르게 나타난다.
② 원인에 대한 의견이 하나로 통일되어 있다.
③ 개인이나 단체의 이해관계가 달라 갈등이 발생하기도 한다.
④ 미세 먼지, 유전자 변형 식품 등을 둘러싼 논쟁이 대표적인 사례이다.
⑤ 지구촌의 지속 가능성을 최우선으로 하여 대안을 모색하는 토의 과정이 필요하다.

[23~24] 다음 신문 기사를 보고 물음에 답하시오.

> ○○ 신문
>
> **전국 (㉠) 주의보 발령!**
>
> 내일 오후부터 수도권을 비롯한 서쪽 지방을 중심으로 (㉠) 농도가 '나쁨' 수준을 보일 것으로 예상된다. 기상청에서는 장기간 실외 활동을 자제하고, 외출 시 마스크를 착용할 것을 당부하였다.

23 ㉠에 들어갈 내용으로 옳은 것은?

① 황사 ② 산성비 ③ 온실가스
④ 미세 먼지 ⑤ 프레온 가스

24 ㉠에 대한 설명으로 옳지 않은 것은?

① 각종 호흡기 질환 및 뇌 질환을 유발한다.
② 반도체와 같은 정밀 산업의 불량률을 높인다.
③ 대기가 안정되어 바람이 없는 날 피해가 더 크다.
④ 흙먼지나 식물 꽃가루 등 자연적 요인에 의하여 발생하기도 한다.
⑤ 문제 해결을 위해 화력 발전소를 증설하고 경유차에 대한 지원을 확대해야 한다.

25 다음 두 사람이 논쟁을 벌이고 있는 주제로 옳은 것은?

> • 기업가: 저희가 수출하는 농산물은 많은 연구와 투자를 통해 개발된 것으로 해충과 잡초에 강하기 때문에 따로 농약을 사용할 필요가 없습니다.
> • 환경 단체 회원: 새로운 생물체를 인위적으로 만들어 내는 것이므로 생물 다양성을 파괴하고 생태계를 교란할 위험이 있습니다.

① 로컬 푸드 ② 유기농 농산물
③ 공정 무역 식품 ④ 유전자 변형 식품
⑤ 플랜테이션 재배 작물

잘 나와!

26 유전자 변형 식품(GMO)에 대한 설명으로 옳지 않은 것은?

① 농작물의 부족한 영양분을 증대시킬 수 있다.
② 세계 식량 부족 문제 해결에 도움이 될 수 있다.
③ 대량 생산이 어렵고 값이 비싸 일반 소비자들이 접하기 쉽지 않다.
④ 환경 변화에 강한 작물을 생산하여 저장 기간이 늘어나 관리가 용이해진다.
⑤ 인간에게 어떤 영향을 미치는지에 대한 명확한 검증이 이루어지지 않아 불안감을 키울 수 있다.

27 푸드 마일리지에 대한 옳은 설명을 〈보기〉에서 고른 것은?

> 보기
>
> ㄱ. 푸드 마일리지가 낮을수록 식품 안전성이 낮아진다.
> ㄴ. 푸드 마일리지가 높을수록 온실가스 배출량이 많아진다.
> ㄷ. 식품의 신선도 및 방부제 사용 정도를 파악할 수 있다.
> ㄹ. 일반적으로 로컬 푸드는 수입 농산물에 비해 푸드 마일리지가 높다.

① ㄱ, ㄴ ② ㄱ, ㄷ ③ ㄴ, ㄷ
④ ㄴ, ㄹ ⑤ ㄷ, ㄹ

28 **다음과 같은 소비 운동이 등장하게 된 배경으로 가장 적절한 것은?**

> 소비자의 반경 50㎞ 이내에서 생산되어 장거리 운송을 거치지 않은 농산물을 소비하자는 운동이다.

① 수입 농산물의 가격이 상승했기 때문이다.
② 세계 식량 부족 문제를 해결하기 위해서이다.
③ 다국적 농업 기업의 영향력이 커졌기 때문이다.
④ 안전하고 건강한 먹을거리에 대한 관심이 커졌기 때문이다.
⑤ 계절이 다른 지역에서 생산된 농산물을 식재료로 사용하기 위해서이다.

29 **로컬 푸드 운동의 효과로 옳은 것을 〈보기〉에서 고른 것은?**

보기
ㄱ. 세계의 다양한 농산물을 접할 수 있다. ㄴ. 지역 농민들에게 더 많은 수익이 돌아갈 수 있다. ㄷ. 식품의 수송 과정에서 발생하는 온실가스를 줄일 수 있다. ㄹ. 병충해에 강하고 오래 보관할 수 있는 농산물을 이용할 수 있다.

① ㄱ, ㄴ　　② ㄱ, ㄷ　　③ ㄴ, ㄷ
④ ㄴ, ㄹ　　⑤ ㄷ, ㄹ

30 **다음 질문에 옳은 대답을 한 사람을 고른 것은?**

> ▶ 지식 Q&A
> 생활 속에서 환경 문제를 해결하기 위한 노력에는 어떤 것이 있을까요?
>
> ▶ 답변하기
> ↳ 가은: 저탄소 제품을 사용해야 합니다.
> ↳ 나은: 쓰레기 분리배출에 적극 참여해야 합니다.
> ↳ 다은: 푸드 마일리지가 높은 농산물을 구매해야 합니다.
> ↳ 라은: 에너지 효율 등급이 낮은 가전제품을 사용해야 합니다.

① 가은, 나은　　② 가은, 다은　　③ 나은, 다은
④ 나은, 라은　　⑤ 다은, 라은

서술형 문제

1 **다음 글을 읽고 물음에 답하시오.**

> 대기 중에 온실가스의 농도가 급격히 올라 지구의 에너지 균형이 무너지면서 지구의 평균 기온이 높아지는 현상을 (㉠)(이)라고 한다.

(1) ㉠에 들어갈 내용을 쓰시오.

(2) (1)의 긍정적 영향과 부정적 영향을 한 가지씩 서술하시오.

2 **지도는 전자 쓰레기의 국제적 이동을 나타낸 것이다. 전자 쓰레기의 발생 지역과 처리 지역의 특징을 서술하시오.**

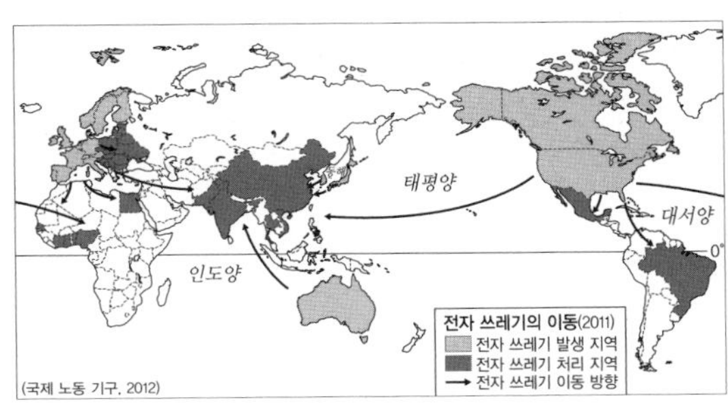

3 **유전자 변형 식품(GMO)에 대한 긍정적 입장과 부정적 입장을 각각 한 가지씩 서술하시오.**

XI 세계 속의 우리나라

01 우리나라의 영역과 독도

영역의 의미와 구성

1. ❶□□의 의미: 한 국가의 주권이 미치는 공간적 범위

2. 영역의 구성

❷□□	한 국가에 속한 육지의 범위, 국토 면적과 일치
영해	영토 주변의 바다 → 영해 기선에서부터 12해리까지의 바다
영공	영토와 영해의 수직 상공

우리나라의 영역과 배타적 경제 수역

1. 우리나라의 영역

(1) 영토

구성	❸□□□와 그 부속 도서
면적	총면적은 약 22.3만 ㎢, 남한 면적은 약 10만 ㎢

(2) 영해: 해안에 따라 영해 설정 기준이 다름

동해안, 제주도, 울릉도, 독도	해안선이 단조롭고 섬이 적음 → ❹□□ □□에서부터 12해리까지
서해안, 남해안	해안선이 복잡하고 섬이 많음 → 직선 기선에서부터 ❺□□해리까지
대한 해협	일본과 인접해 있음 → 직선 기선에서부터 3해리까지

(3) 영공: 우리나라 영토와 영해의 수직 상공

2. 배타적 경제 수역(EEZ)

의미	영해 기선에서부터 200해리에 이르는 수역 중 영해를 제외한 바다
특징	• 연안국은 어업 활동과 수산·광물·에너지 자원 등 해양 자원의 탐사 및 개발 등에 관한 경제적 권리가 보장됨 • 연안국은 인공 섬을 만들거나 바다에 시설물을 설치 및 활용할 수 있음 • 영역에는 포함되지 않아 다른 국가의 선박과 항공기가 자유롭게 통행할 수 있음
우리나라의 배타적 경제 수역	우리나라는 중국 및 일본과 배타적 경제 수역이 겹침 → 어업 협정을 각각 체결하여 겹치는 해역을 중간 수역으로 설정하여 어족 자원을 공동으로 관리함

다양한 가치를 지닌 독도

1. 독도의 지리적 특색

(1) 위치: 경상북도 울릉군 울릉읍 독도리 → 우리나라의 영토 중 가장 ❻□□에 위치

(2) 자연환경

형성	• 약 460만~250만 년 전에 동해의 해저에서 분출한 용암이 굳어져 형성된 화산섬 • 동도와 서도, 89개의 부속 도서로 이루어짐
지형	대부분의 해안이 급경사를 이루며, 서도가 동도보다 험난함
기후	• 난류의 영향을 받는 ❼□□□ 기후가 나타남 • 기온이 온화한 편이며 일 년 내내 강수가 고름

(3) 인문 환경

① 512년 ❽□□가 우산국(울릉도)을 편입하면서부터 우리나라의 영토가 됨

② 현재 우리나라 주민이 거주하고 있음

2. 독도의 가치

영역적 가치	영해와 배타적 경제 수역 설정의 기준점이 될 수 있음, 항공 기지 및 방어 기지로서 국가 안보에 필요한 역할을 수행할 수 있음
경제적 가치	• 조경 수역이 형성되어 수산 자원이 풍부함 • 주변 해저에 메탄 하이드레이트와 해양 심층수 등의 자원이 있음
환경 및 생태적 가치	• 여러 단계의 해저 화산 활동으로 형성되어 다양한 지형이 나타남 • 다양한 동식물이 서식함 → 1999년 섬 전체가 천연 보호 구역으로 지정됨

02 우리나라 여러 지역의 경쟁력

세계화 시대의 지역 경쟁력

1. 세계화 시대의 지역화

(1) ❾□□□: 특정 지역이 세계의 정치, 경제, 사회의 주체가 되는 현상

(2) 지역화의 등장 배경: 국경을 초월한 경제 활동과 사람들 간 교류가 증가하면서 지역 간 경쟁이 치열해짐

2. ❿□□□ □□: 지역의 경쟁력을 높이기 위해 경제적·문화적 측면에서 다른 지역과 차별화할 수 있는 계획을 마련하는 것

다양한 지역화 전략

1. 지역 브랜드

의미	지역 그 자체 또는 지역의 상품과 서비스 등을 소비자에게 특별한 ⑪□□□로 인식시키는 것 예 강원도 평창의 'HAPPY 700' 등
효과	지역 브랜드의 가치가 높아지면 그 지명을 붙인 상품의 판매량이 증가하고 서비스에 대한 신뢰도가 높아짐, 지역 이미지가 향상되고 지역 경제가 활성화됨

2. ⑫□□ □□□

의미	특정 장소가 가지고 있는 자연환경이나 역사적·문화적 특성 등을 이용하여 장소를 매력적인 상품으로 만들어 판매하는 활동
효과	관광객과 투자자 유치를 통해 지역 경제를 활성화하고, 지역 주민들의 소속감과 자긍심을 높일 수 있음

3. 지리적 표시제

의미	상품의 품질, 명성, 특성 등이 해당 지역의 지리적 특성에서 비롯되고 우수성이 인정될 때 지역 생산품임을 증명하고 표시하는 제도 예 보성 녹차 등
특징	다른 곳에서 임의로 ⑬□□□을 이용하지 못하도록 하는 법적 권리가 주어짐, 특산물의 보호·품질 향상 및 지역의 특화 산업으로의 육성을 도모함, 생산자에게 안정적인 생산 활동 지원, 소비자에게 신뢰 제공

4. 지역화 전략 개발하기

지역화 전략 개발 과정	다른 지역과 차별화되는 해당 지역의 다양한 특성 파악하기 → 핵심적인 지역 정체성을 요약하여 브랜드 개발하기 → 로고, 슬로건, 캐릭터 개발하기 → ⑭□□ □□□ 전개하기
지역화 전략 개발 시 주의 사항	다른 지역에 비해 가장 차별화되는 경쟁력을 파악해야 함, 지역 주민의 적극적인 참여와 협조가 필요함

03 국토 통일과 통일 한국의 미래

우리나라 위치와 국토 통일의 필요성

1. 우리나라 위치의 중요성

(1) 대륙과 해양을 이어 주는 지리적 요충지: 유라시아 대륙 동쪽에 있는 ⑮□□□으로, 유라시아 대륙과 태평양으로 진출하기에 유리함

(2) 동아시아 교통의 요지: 동아시아의 중심에 위치하여 동아시아 국가 간 경제적·문화적 흐름을 주도하여 세계의 중심지로 도약할 수 있음

2. 국토 통일의 필요성

국토 분단에 따른 문제	균형 있는 국토 발전이 어려워짐, 군사적 대립으로 과도한 ⑯□□□ 지출 및 국제 사회에서 한반도의 위상 약화, 이산가족과 실향민 발생, 남북 문화의 이질화 심화
국토 통일이 필요한 이유	반도국의 이점 활용 가능, 분단 비용 절감, 한반도의 위상 강화, ⑰□□□□과 실향민의 아픔 치유, 민족의 동질성 회복

통일 한국의 미래

국토 공간의 변화	• 매력적인 국토 공간을 조성할 수 있음 • ⑱□□의 자본과 기술, ⑲□□의 지하자원과 노동력이 결합하여 국토의 효율적인 이용이 가능함 • 끊겼던 ⑳□□□이 연결되면 물류의 중심지로 성장할 수 있음
생활 모습의 변화	• 자유 민주주의적 이념 확대로 개인의 생각과 가치를 존중받을 수 있음 • 생활권의 확대로 새로운 직업과 일자리가 증가함 • 분단 비용이 경제 개발과 복지 분야에 투입되면 삶의 질이 향상될 수 있음

정답 확인하기

❶ 영역	❷ 영토	❸ 한반도	❹ 통상 기선
❺ 12	❻ 동쪽	❼ 해양성	❽ 신라
❾ 지역화	❿ 지역화 전략	⓫ 브랜드	⓬ 장소 마케팅
⓭ 상표권	⓮ 장소 마케팅	⓯ 반도국	⓰ 군사비
⓱ 이산가족	⓲ 남한	⓳ 북한	⓴ 교통망

스스로 점검하기

맞은 개수	이렇게 해봐
10개 이하	본책으로 돌아가 복습해봐!
11 ~ 15개	틀린 문제의 답을 다시 확인하고 **100점 도전 실전 문제**를 풀도록 해!
16 ~ 20개	자신감을 가지고 **100점 도전 실전 문제**를 풀어봐. 학교 시험 100점 도전!

100점 도전! 실전 문제

01 우리나라의 영역과 독도

01 영역에 대한 설명으로 옳지 않은 것은?

① 영토는 영해와 영공 범위 설정의 기준이 된다.
② 국경선에 의해 영토의 면적과 형태가 결정된다.
③ 영해는 영해 기선에서부터 20해리까지의 바다이다.
④ 영공은 영토와 영해의 수직 상공으로 일반적으로 대기권에 한정된다.
⑤ 국제법상 한 국가가 다른 국가의 간섭을 받지 않고 지배할 수 있는 공간이다.

[02~03] 그림은 영역의 구성을 나타낸 것이다. 이를 보고 물음에 답하시오.

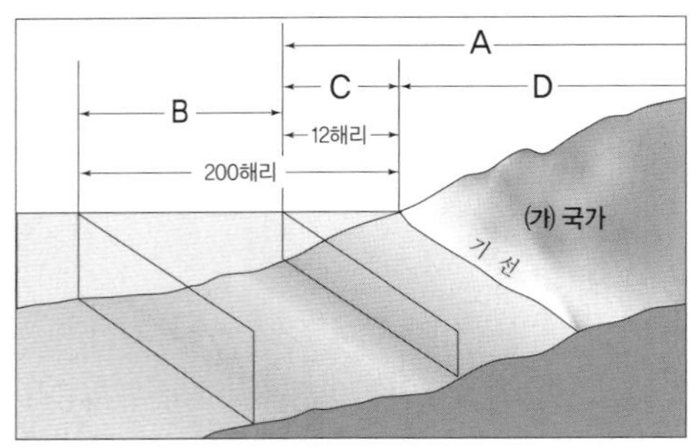

02 위 그림의 A~D에 대한 설명으로 옳은 것은?

① A는 내륙 국가에는 존재하지 않는다.
② A에서 (가) 국가의 허락 없이 다른 국가의 항공기는 통행할 수 없다.
③ B는 영해 기선에서부터 200해리까지의 수역 중 영해를 포함한 수역이다.
④ C의 설정 범위는 국가마다 마음대로 정할 수 있다.
⑤ D는 섬을 제외한 육지 면적만 포함된다.

03 밑줄 친 '이곳'에 해당하는 지역만을 위 그림의 A~D에서 있는 대로 고른 것은?

> 이곳에서 다른 국가의 어선이 어업 활동을 한다면 (가) 국가의 권리를 침해한 것으로 보고 (가) 국가의 해양 경찰이 제한할 수 있다. 그러나 경제적 목적이 없다면 다른 국가의 선박 항해나 케이블 설치 등은 가능하다.

① A ② B ③ C ④ D ⑤ B, C

04 우리나라의 영토에 대한 설명으로 옳지 않은 것은?

① 한반도와 부속 도서로 구성되어 있다.
② 반도국으로 삼면이 바다로 둘러싸여 있다.
③ 우리나라 영토의 총면적은 약 44.3만 ㎢이다.
④ 서·남해안 지역의 간척 사업으로 영토의 면적이 확대되고 있다.
⑤ 남북으로 긴 형태이기 때문에 남북 간 기후와 전통 생활 양식에 차이가 나타난다.

100점이 코 앞!

05 그림은 영해 설정 방법을 모식적으로 나타낸 것이다. (가)와 같은 방법이 적용되는 지역을 〈보기〉에서 고른 것은?

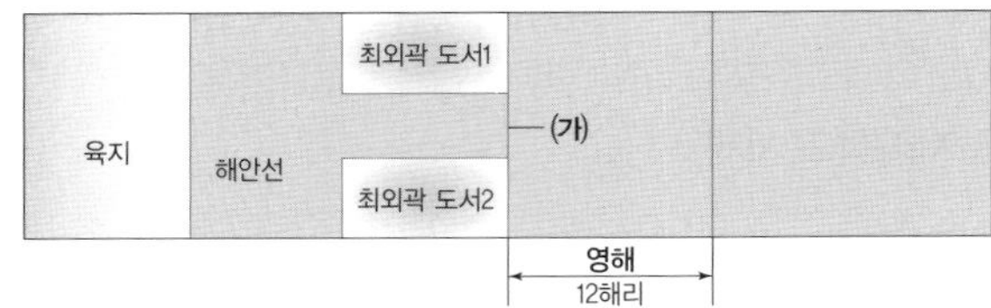

보기
ㄱ. 울릉도 ㄴ. 대한 해협
ㄷ. 서·남해안 ㄹ. 제주특별자치도

① ㄱ, ㄴ ② ㄱ, ㄷ ③ ㄴ, ㄷ
④ ㄴ, ㄹ ⑤ ㄷ, ㄹ

잘 나와!

06 지도는 우리나라 영해의 범위를 나타낸 것이다. 이에 대한 설명으로 옳지 않은 것은?

① 제주도는 통상 기선이 적용된다.
② 울릉도와 독도는 같은 기선이 적용된다.
③ 남해안은 섬이 많기 때문에 직선 기선이 적용된다.
④ 영해의 범위는 일반적으로 영해 기선에서부터 12해리까지이다.
⑤ 대한 해협에서는 통상 기선에서부터 3해리까지만을 영해로 설정하였다.

[07~08] 지도는 우리나라 주변의 수역을 나타낸 것이다. 이를 보고 물음에 답하시오.

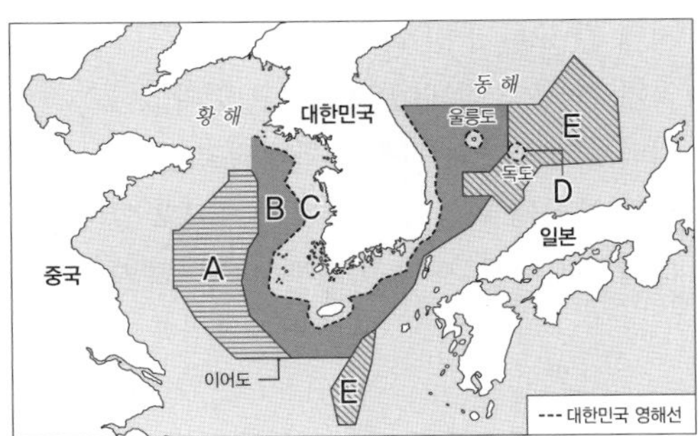

07 위 지도의 A~E 수역에 대한 설명으로 옳지 <u>않은</u> 것은?

① A – 우리나라와 중국이 수산 자원을 공동으로 관리한다.
② B – 영해 기선에서부터 200해리까지 설정할 수 있다.
③ C – 우리나라의 영해이다.
④ D – 한·일 중간 수역에 포함되었지만 독도 주변 12해리까지는 우리나라의 영해이다.
⑤ E – 미국 선박이 지나가기 위해서는 우리나라와 일본의 허락을 받아야 한다.

08 다음에서 설명하는 지역을 위 지도의 A~E에서 고른 것은?

> 우리나라와 중국의 배타적 경제 수역이 중복되어 한·중 어업 협정을 통해 설정한 수역이다.

① A ② B ③ C ④ D ⑤ E

09 지도의 A, B 지역에 대한 설명으로 옳은 것은?

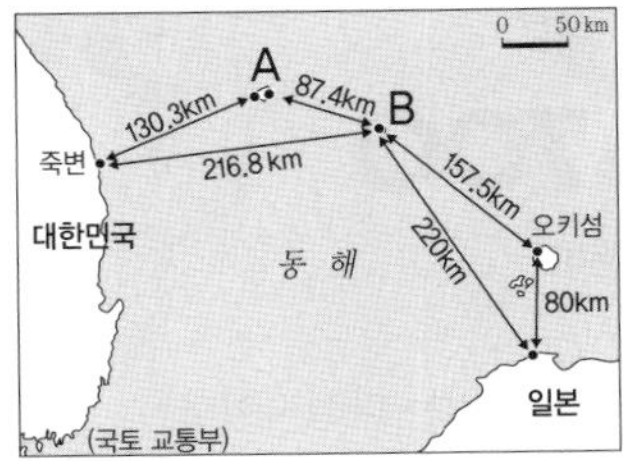

① A는 독도, B는 울릉도이다.
② B는 A보다 먼저 형성된 화산섬이다.
③ A–B보다 B–오키섬의 거리가 더 짧다.
④ 흐린 날에는 물론 맑은 날에도 A에서 B가 육안으로 보이지 않는다.
⑤ 고구려가 512년에 우산국을 편입하면서부터 B는 우리나라의 영토가 되었다.

잘 나와!

10 다음 내용에 해당하는 지역에 대한 옳은 설명을 〈보기〉에서 고른 것은?

> 동경 131° 52′, 북위 37° 14′에 위치한 섬으로, 두 개의 큰 섬과 수십 개의 부속 도서로 이루어져 있다. 총면적은 0.19㎢이며, 해안 지역은 전체적으로 급경사를 이룬다.

| 보기 |
ㄱ. 우리나라 서쪽 끝에 위치하고 있다.
ㄴ. 행정 구역상 경상북도 울릉군에 속한다.
ㄷ. 경치가 아름다워 해상 국립 공원으로 지정되었다.
ㄹ. 난류의 영향으로 해양성 기후가 나타나고 연 강수량이 많은 편이다.

① ㄱ, ㄴ ② ㄱ, ㄷ ③ ㄴ, ㄷ
④ ㄴ, ㄹ ⑤ ㄷ, ㄹ

11 ㉠, ㉡에 들어갈 내용을 옳게 연결한 것은?

> 독도 주변 바다는 난류와 한류가 교차하는 (㉠)으로 수산 자원이 풍부하다. 또한 천연가스가 깊은 바닷속에서 높은 온도와 압력을 받아 형성된 (㉡) 등의 자원이 있다.

	㉠	㉡
①	조경 수역	해양 심층수
②	조경 수역	메탄 하이드레이트
③	중간 수역	석탄
④	중간 수역	해양 심층수
⑤	잠정 조치 수역	메탄 하이드레이트

12 독도의 가치에 대한 설명으로 옳지 <u>않은</u> 것은?

① 토양이 척박하지만 다양한 동식물이 서식하고 있다.
② 황해에서 조업하는 어부들의 임시 대피소로 활용된다.
③ 위치상 기상 상황과 어장 상황을 관측하고 예보하기 적합하다.
④ 여러 단계의 화산 활동으로 형성된 화산섬으로 독특한 암석과 지질 경관이 나타난다.
⑤ 주변 강대국들의 세력을 견제하기 위한 전략적 요충지로 항공 및 방어 기지 역할을 담당한다.

13 독도 홍보 팸플릿의 제목으로 적절하지 않은 것은?

① 한류와 난류가 만나는 조경 수역!
② 해양성 기후가 나타나는 온화한 섬!
③ 천혜의 자연환경이 보존되어 있는 무인도!
④ 다양한 동식물이 서식하는 생태계의 보고!
⑤ 우리나라 동쪽 바다에 위치하는 군사적 요충지!

14 다음 고지도를 통해 알 수 있는 사실로 옳은 것은?

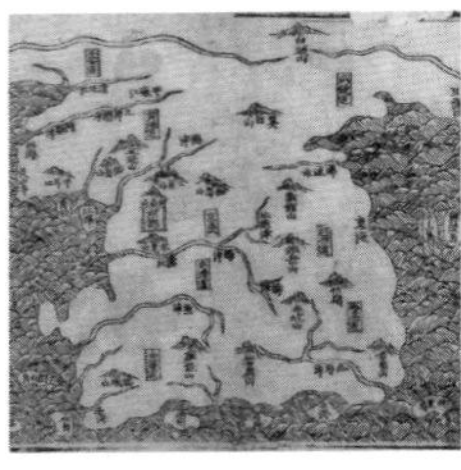
팔도총도(1531년)

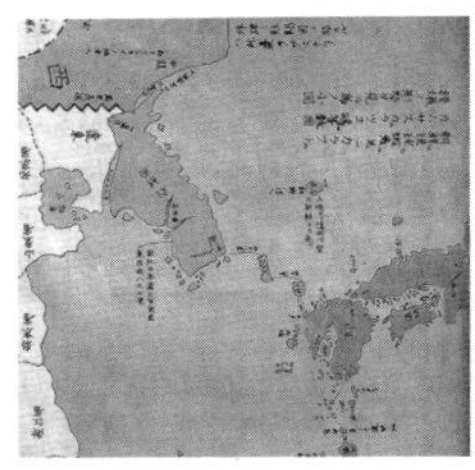
삼국접양지도(1785년)

① 독도는 우리나라 고유의 영토이다.
② 독도는 과거 주인이 없는 섬이었다.
③ 동해 주변 바다는 조경 수역을 형성하고 있다.
④ 독도는 일본 오키섬과 가까이에 위치하고 있다.
⑤ 과거 우리나라 사람들은 독도의 존재를 알지 못하였다.

02 우리나라 여러 지역의 경쟁력

15 선생님의 질문에 대한 학생의 대답으로 적절하지 않은 것은?

> • 선생님: 세계화 시대에 지역의 특성을 다른 지역과 차별화하기 위한 노력에는 어떤 것들이 있을까요?

① 가영: 랜드마크를 활용해 지역을 홍보해요.
② 나영: 지역의 역사적·문화적 특성을 이용한 축제를 개최해요.
③ 다영: 지역에서 생산되는 농산물과 임산물 등을 브랜드로 만들어요.
④ 라영: 효율성을 높이기 위해 중앙 정부의 획일적인 전략 계획을 채택해요.
⑤ 마영: 지역의 고유성이 잘 드러나고 친밀한 느낌을 주는 캐릭터를 개발해요.

16 세계화 시대에 지역화 전략이 필요한 배경으로 옳은 것은?

① 지역 간 교류가 감소하고 있다.
② 국가 간 무역 장벽이 강화되고 있다.
③ 지역보다 국가의 역할이 확대되고 있다.
④ 세계 문화의 획일화 현상이 심화되고 있다.
⑤ 세계화에 따른 지역 간 경쟁이 치열해지고 있다.

잘 나와!

17 지역 브랜드에 대한 옳은 설명을 〈보기〉에서 고른 것은?

> **보기**
> ㄱ. 우리나라에서는 보성 녹차가 최초로 지정되었다.
> ㄴ. 평창의 'HAPPY 700', 뉴욕의 'I♥NY'이 대표적이다.
> ㄷ. 지역을 상징하는 로고나 슬로건, 캐릭터 등을 활용한다.
> ㄹ. 소비자가 구매하기 원하는 장소로 만들어 장소를 판매하는 것이다.

① ㄱ, ㄴ ② ㄱ, ㄷ ③ ㄴ, ㄷ
④ ㄴ, ㄹ ⑤ ㄷ, ㄹ

18 다음과 같은 지역 브랜드를 보유하고 있는 지역의 특성으로 옳은 것을 〈보기〉에서 고른 것은?

지역 브랜드와 캐릭터 '눈동이'

> **보기**
> ㄱ. 겨울철에 눈이 많이 내리는 다설지이다.
> ㄴ. 철새 도래지로 청정 환경에서 자란 쌀이 유명하다.
> ㄷ. 한지, 비빔밥 등 다양한 문화 콘텐츠를 보유하고 있다.
> ㄹ. 태백산맥에 위치하며 해발 고도가 높아 여름철에도 서늘하다.

① ㄱ, ㄴ ② ㄱ, ㄹ ③ ㄴ, ㄷ
④ ㄴ, ㄹ ⑤ ㄷ, ㄹ

[19~20] 다음 글을 읽고 물음에 답하시오.

> (㉠)은/는 특정한 장소가 가진 유형, 무형의 자산을 기반으로 장소를 매력적인 상품으로 만들어 판매하는 활동이다. 심지어 지역의 이미지 개선을 위해 지명을 바꾸기도 하는데, 강원특별자치도 평창군 도암면은 '대관령면'으로, 강원특별자치도 영월군 하동면은 '김삿갓면'으로 바꾼 후 관광객이 증가하였다.

19 ㉠에 들어갈 용어로 옳은 것은?

① 지역화 전략 ② 장소 마케팅
③ 지역 브랜드 ④ 지역 캐릭터
⑤ 지리적 표시제

20 ㉠에 대한 설명으로 옳지 않은 것은?

① 장소의 경제적 가치를 높이는 활동이다
② 보령의 머드 축제 등이 대표적인 사례이다.
③ 쇠퇴하는 지역의 재생을 위한 개발 전략으로 이용되기도 한다.
④ 지역 주민들의 소속감을 높일 수는 있지만 경제적 효과는 거의 없다.
⑤ 지역의 긍정적인 이미지를 강화하거나 부정적 이미지에서 탈피하려는 노력이다.

21 (가), (나)와 관련 있는 지역을 지도에서 골라 옳게 연결한 것은?

> (가) 우리나라에서 가장 큰 한옥 밀집 구역이 있는 곳이다. 인류 무형 문화유산으로 지정된 판소리를 바탕으로 2001년부터 매년 소리 축제를 개최하며 많은 관광객이 방문하고 있다.
> (나) 산업화 이후 인구 감소, 고령화 등으로 어려움을 겪던 이 지역은 나비를 소재로 한 지역 축제를 기획하였다. 나비 축제가 국제적으로 알려지면서 이 지역은 '꽃피고 나비가 나는 친환경 지역'이라는 이미지를 얻게 되었다.

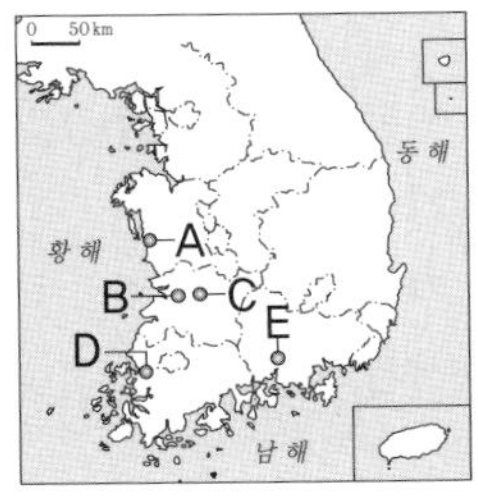

	(가)	(나)
①	A	B
②	B	E
③	C	A
④	C	D
⑤	D	E

22 그림이 나타내는 지역화 전략에 대한 설명으로 옳지 않은 것은?

① 상표권에 대한 법적 권리는 주어지지 않는다.
② 지역의 생산품임을 증명하고 표시하는 제도이다.
③ 우수한 지리적 특성을 가진 농산물과 가공품을 보호할 수 있다.
④ 보성 녹차, 순창 전통 고추장, 제주 돼지고기 등이 등록되어 있다.
⑤ 상품의 품질, 명성, 특성이 근본적으로 해당 지역에서 비롯된 경우에 사용할 수 있다.

23 A~E 지역의 지리적 표시 상품으로 옳은 것은?

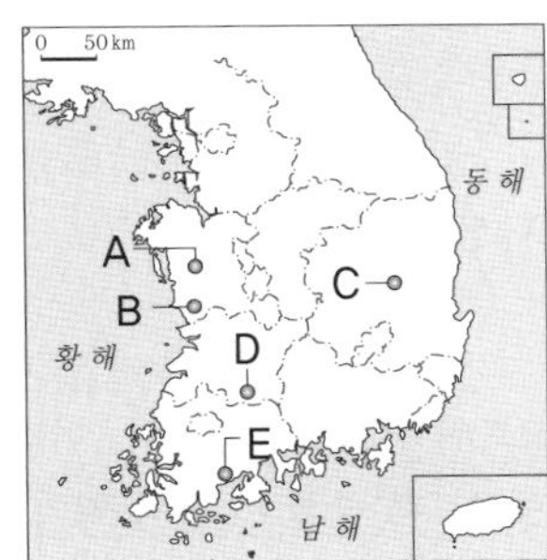

① A – 청양 고추
② B – 한산 복분자
③ C – 의성 포도
④ D – 순창 녹차
⑤ E – 보성 미나리

24 지역 브랜드 개발 시 주의 사항으로 옳은 것을 〈보기〉에서 고른 것은?

> 보기
> ㄱ. 핵심적인 지역 정체성을 파악해야 한다.
> ㄴ. 효율적인 개발을 위해 지역 주민들의 참여를 차단해야 한다.
> ㄷ. 지역 브랜드를 개발한 후에는 장소 마케팅에 적극적으로 활용한다.
> ㄹ. 슬로건, 로고, 캐릭터는 지역의 특색을 드러내지는 못하더라도 예쁘게 만들어야 한다.

① ㄱ, ㄴ ② ㄱ, ㄷ ③ ㄴ, ㄷ
④ ㄴ, ㄹ ⑤ ㄷ, ㄹ

03 국토 통일과 통일 한국의 미래

25 지도를 통해 알 수 있는 우리나라의 위치에 대한 옳은 설명을 〈보기〉에서 고른 것은?

보기
ㄱ. 동아시아 항공 교통의 요충지이다.
ㄴ. 분단으로 대륙으로의 진출이 제한된다.
ㄷ. 대륙과 해양으로 진출하기에 불리하다.
ㄹ. 동아시아의 경제 성장으로 위치적 중요성이 커지고 있다.

① ㄱ, ㄴ ② ㄱ, ㄹ ③ ㄴ, ㄷ
④ ㄴ, ㄹ ⑤ ㄷ, ㄹ

26 밑줄 친 ㉠~㉤ 중 옳지 않은 것은?

㉠ 우리나라는 유라시아 대륙 동쪽 끝에 있는 반도국으로 ㉡ 대륙과 해양으로의 진출에 불리하다. 이러한 특성을 이용하여 ㉢ 예로부터 중국, 일본 등지의 이웃 국가를 비롯한 세계 여러 국가와 활발하게 교류하였다. 그러나 ㉣ 국력이 약할 때는 주변국의 침입을 받기도 하였으나 ㉤ 6·25 전쟁 이후 위치적 이점을 살려 급속한 경제 성장을 이루었다.

① ㉠ ② ㉡ ③ ㉢ ④ ㉣ ⑤ ㉤

잘 나와!

27 국토가 분단되면서 발생한 문제로 옳은 것은?

① 민족의 동질성이 회복되었다.
② 남북한 간의 경제적 격차가 줄어들었다.
③ 국토 공간의 효율적인 이용이 가능해졌다.
④ 남북한을 잇는 주요 교통망이 연결되었다.
⑤ 남한은 육로를 통한 대륙으로의 진출이 어렵게 되었다.

28 국토 통일의 필요성으로 적절하지 않은 것은?

① 통일은 국토의 불균형을 해소해 줄 것이다.
② 동아시아 교역의 중심지로 성장할 수 있다.
③ 이산가족의 아픔과 북한 주민의 인권 문제를 해결할 수 있다.
④ 남한의 풍부한 지하자원과 북한의 노동력이 결합하여 경제가 성장할 것이다.
⑤ 남북한 간의 대치로 인한 과도한 군사비 지출을 경제, 교육, 복지 분야에 투자할 수 있다.

100점이 코 앞!

29 자료는 국토 통일 후 예상 지표를 나타낸 것이다. 이를 통해 추론할 수 있는 국토 통일의 영향으로 옳은 것을 〈보기〉에서 고른 것은?

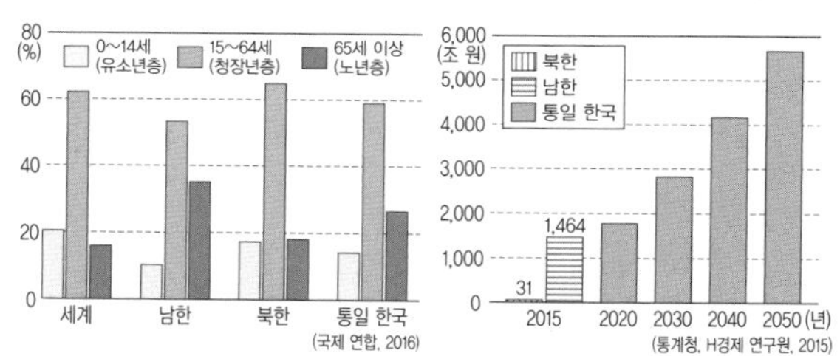

▲ 2050년의 예상 인구 구조 ▲ 남북한의 국내 총생산 예상치

보기
ㄱ. 인구의 평균 연령이 높아질 것이다.
ㄴ. 생활권이 확대되어 일자리가 늘어날 것이다.
ㄷ. 우리나라의 생산 가능 인구가 증가할 것이다.
ㄹ. 국내 총생산이 증가하여 경제적 편익이 감소할 것이다.

① ㄱ, ㄴ ② ㄱ, ㄷ ③ ㄴ, ㄷ
④ ㄴ, ㄹ ⑤ ㄷ, ㄹ

30 다음은 국토 통일의 기대 효과를 정리한 것이다. ㉠, ㉡에 들어갈 내용을 옳게 연결한 것은?

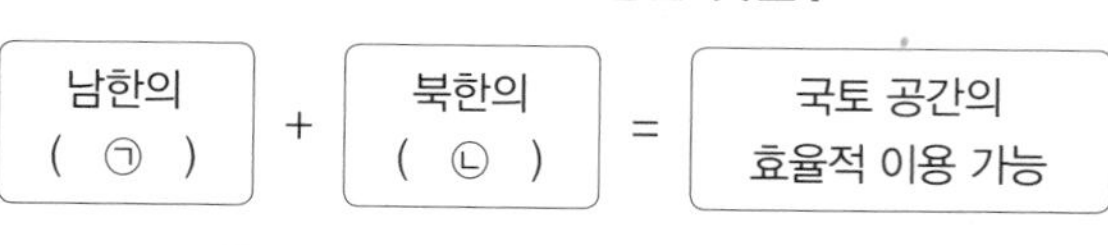

	㉠	㉡
①	자본, 기술	노동력, 지하자원
②	자본, 노동력	기술, 지하자원
③	자본, 지하자원	기술, 노동력
④	기술, 지하자원	자본, 노동력
⑤	노동력, 지하자원	기술, 자본

31 국토 통일 이후 얻을 수 있는 우리나라의 위치적 장점으로 옳지 않은 것은?

① 동북아시아 교통의 요충지
② 대륙과 해양을 연결하는 통로
③ 유라시아 대륙 진출의 중심지
④ 대서양을 통한 해양 진출의 교두보
⑤ 태평양과 유라시아 대륙을 연결하는 거점

32 지도와 같은 교통로가 연결되었을 때 통일 한국의 변화 모습으로 옳은 것을 〈보기〉에서 고른 것은?

보기
ㄱ. 중국 및 유럽과의 교역량이 증가할 것이다. ㄴ. 항공 교통을 이용한 화물 및 여객 수송이 증가할 것이다. ㄷ. 유럽 여러 국가와의 교역에 들어가는 물류비용이 증가할 것이다. ㄹ. 우리나라는 대륙과 해양을 연결하는 중계 무역을 통해 국가 경제 규모가 커질 것이다.

① ㄱ, ㄴ ② ㄱ, ㄹ ③ ㄴ, ㄷ
④ ㄴ, ㄹ ⑤ ㄷ, ㄹ

33 통일 이후의 한반도의 모습으로 보기 어려운 것은?

① 민족 간의 문화적 이질화가 심화될 것이다.
② 분단 비용의 부담을 해소할 수 있을 것이다.
③ 국제 사회에서 국가의 신용 평가가 높아질 것이다.
④ 군사적 긴장이 완화되어 세계 평화에 이바지할 것이다.
⑤ 생산 가능 인구가 증가하여 노동력 부족 문제가 완화될 것이다.

서술형 문제

1 다음은 우리나라의 주변 수역을 구분한 것이다. 이를 보고 물음에 답하시오.

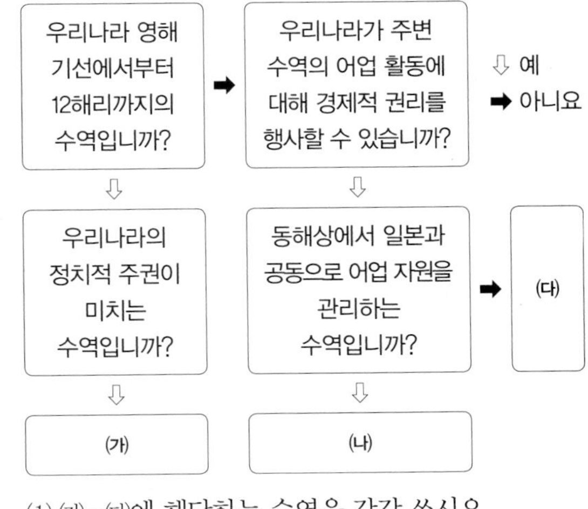

(1) (가)~(다)에 해당하는 수역을 각각 쓰시오.

(2) 해안선의 형태에 따른 (가)의 설정 방법을 서술하시오.

2 지도를 보고 물음에 답하시오.

(1) 지도와 관련 있는 지역화 전략을 쓰시오.

(2) (1)로 지정되기 위한 조건을 두 가지 서술하시오.

더불어 사는 세계

01 지구상의 지리적 문제

지구상의 지리적 문제

1. **지리적 문제**: 사람들이 살아가는 공간에서 발생하는 문제
2. **지리적 문제의 특징**: 어느 한 지역만이 아닌 지구 공통의 문제임 → 문제 해결을 위한 국가 간 공조와 협력 필요

기아 문제

1. ❶□□: 인간이 생존하는 데 필요한 물과 영양소를 충분히 섭취하지 못하는 상태
2. **기아 문제의 발생 원인**

자연적 요인	자연재해, 병충해에 따른 식량 생산량 감소
인위적 요인	• 개발 도상국의 인구 급증에 따른 식량 부족 • 잦은 분쟁에 따른 식량 생산 및 공급 차질 • 국제 곡물 대기업이 이윤 극대화를 위해 유통량을 조절하면서 저개발국의 곡물 수입 곤란 • 식량 작물이 가축 사료, 바이오 에너지 원료로 사용되면서 식량 작물의 가격 상승

3. **기아 문제가 심각한 지역**: 사하라 이남 ❷□□□□, 남부 아시아 지역, 남아메리카 일부 지역 등

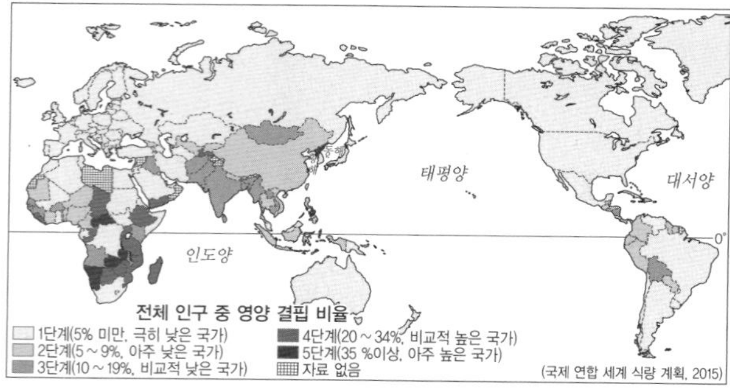

↑세계의 기아 현황

생물 다양성 감소

1. **생물 다양성**: 생물종의 다양성, 생물 유전자의 다양성, 서식하는 생태계의 다양성을 모두 포함함
2. **생물 다양성 감소**
   (1) **원인**: 기후 변화, 열대 우림의 파괴, 환경 오염, 동식물의 서식지 파괴, 무분별한 남획, 외래종의 침입 등
   (2) **영향**: 인간이 이용 가능한 생물 자원의 수 감소, 먹이 사슬 단절로 인한 생태계 파괴, 생태계의 자정 능력 감소 등 → 인간의 생존 위협
   (3) **해결 노력**: 국제 연합의 ❸□□ □□□ 협약 채택 → 생물종 보호 및 생물 다양성 유지를 위한 노력

영역을 둘러싼 분쟁

1. **영역 분쟁**: 영토 또는 영해의 주권을 두고 벌어지는 국가 간의 분쟁 → 역사적 배경, 민족과 종교의 차이, 자원을 둘러싼 경제적 이권 다툼 등이 복잡하게 얽혀 발생
2. **영역 분쟁 지역**
   (1) 영토를 둘러싼 분쟁 지역

아프리카	과거 유럽 강대국의 이해관계에 따라 국경선 설정 → 독립 이후 ❹□□과 부족 경계가 달라서 영역 갈등과 내전, 난민 문제 발생
팔레스타인 지역	제2차 세계 대전 이후 ❺□□□□를 믿는 팔레스타인에 유대교를 믿는 이스라엘이 건국되면서 분쟁 발생
카슈미르 지역	이슬람교도가 많은 카슈미르 지역이 인도에 속하게 되면서 이슬람교를 믿는 ❻□□□□과 힌두교를 믿는 인도 간에 갈등 발생

   (2) 영해를 둘러싼 분쟁 지역

❼□□ □□ (스프래틀리 군도)	인도양과 태평양을 잇는 해상 교통의 요충지, 주변 바다에 많은 양의 석유와 천연가스가 매장되어 있어 중국, 필리핀, 브루나이, 말레이시아 등이 영유권 주장
센카쿠 열도 (댜오위다오)	1895년 청일 전쟁 이후 일본 영토로 편입되었으나 ❽□□과 타이완이 영유권 주장, 인근 바다에 석유와 천연가스가 매장된 사실이 알려지면서 갈등 심화
쿠릴 열도	러시아가 실효 지배 중인 쿠릴 열도 남부의 4개 섬에 대한 ❾□□의 반환 요구
포클랜드 제도	남극 진출의 요지, 아르헨티나가 가까우나 영국이 실효 지배 중
카스피해	카스피해에 매장된 석유와 천연가스를 둘러싼 주변국들 간의 영유권 분쟁
북극해	❿□□ 항로와 자원 매장 지대를 둘러싼 주변국들 간의 영유권 분쟁

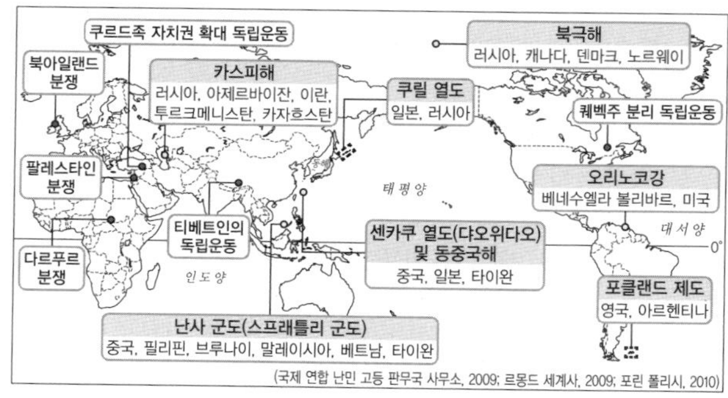

↑세계의 영토·영해 분쟁 지역

02 저개발 지역의 발전을 위한 노력

발전 수준의 지역 차

1. **지역마다 발전 수준이 다른 이유**: 지역마다 자연환경, 자원 보유량, 기술과 자본, 교육 수준 등이 다르기 때문

2. **발전 수준의 지역 차**

선진국	• 18세기 산업 혁명 이후 일찍이 산업화를 이룸 • 1인당 국내 총생산(GDP), 소득 수준, ⑪□□ □□ □□(HDI), 성인 문자 해독률, 기대 수명, 행복 지수 등의 지표가 높게 나타남 • 서부 ⑫□□, 앵글로아메리카의 국가 등
개발 도상국	• 20세기 이후부터 현재까지 산업화가 진행 중임 • 영아 사망률, 합계 출산율, 인구 증가율, 교사 1인당 학생 수 등의 지표가 높게 나타남 • 남아시아, ⑬□□ 아메리카, 사하라 사막 이남의 국가 등

저개발 지역의 빈곤 문제 해결을 위한 노력

1. **저개발 국가의 자체적 노력**

경제	• 관개 시설 확충, 수확량 많은 품종 개발 등을 통한 식량 생산량 증대 • 도로, 항만 등의 ⑭□□ □□ □□ 구축을 통해 경제 발전의 기반 마련 • 자원 개발 확대, 해외 자본과 기술 투자의 유치
교육	교육 지원 확대를 통한 인적 자원의 개발
정치	정치적 불안정, 부정부패 문제 등의 해결
기타	• ⑮□□ □□ 제품의 도입 • 위생 및 보건 환경 개선을 통한 질병 문제 해결

2. **자체적 노력의 한계**: 불평등한 세계 경제 체제 속에서 저개발 국가들의 노력만으로는 빈곤 해결이 어려움 → 경제 협력 및 국제적 지원 필요

03 지역 간 불평등 완화를 위한 노력

지역 간 불평등 완화를 위한 국제기구의 노력

1. **정부 간 국제기구**

국제 연합(UN)	• 국제 연합 평화 유지군(PKF): 분쟁 지역의 질서 유지 및 주민 안전 보장 • 국제 연합 ⑯□□ □□(UNHCR): 난민 보호 및 난민 문제 해결 • 세계 식량 계획(WFP): 기아와 빈곤으로 고통받는 지역에 ⑰□□ 지원 • 국제 연합 아동 기금(UNICEF): 아동 구호와 아동 복지 향상 • 세계 보건 기구(WHO): 세계의 질병 및 보건 위생 문제를 해결
기타	국제 부흥 개발 은행(IBRD), 경제 협력 개발 기구(OECD) 등의 국가 및 지역 간의 경제적 격차 해소를 위한 활동 등

2. ⑱□□ □□ □□: 선진국의 정부나 공공 기관들이 저개발 국가의 발전을 위해 제공하는 원조 → 경제 협력 개발 기구 산하의 개발 원조 위원회가 주도함

지역 간 불평등 완화를 위한 민간 차원의 노력

1. **국제 비정부 기구(NGO)**
   (1) **의미**: 범세계적인 문제를 해결하기 위해 활동하는 민간 단체
   (2) **특징**: 국가 간의 이해관계를 넘어 인도주의적 차원에서 구호 활동을 함

2. ⑲□□ □□
   (1) **의미**: 선진국과 저개발 국가 사이의 불공정한 무역을 개선하여 저개발 국가의 생산자에게 정당한 가격을 지급하는 무역 방식
   (2) **성과**: 생산 지역의 ⑳□□ 완화, 저개발 국가 생산자의 경제적 자립, 환경친화적으로 생산된 상품 구입 가능 등

정답 확인하기

❶ 기아	❷ 아프리카	❸ 생물 다양성	❹ 국경
❺ 이슬람교	❻ 파키스탄	❼ 난사 군도	❽ 중국
❾ 일본	❿ 북극	⓫ 인간 개발 지수	⓬ 유럽
⓭ 라틴	⓮ 사회 간접 자본	⓯ 적정 기술	⓰ 난민 기구
⓱ 식량	⓲ 공적 개발 원조	⓳ 공정 무역	⓴ 빈곤

스스로 점검하기

맞은 개수	이렇게 해봐
10개 이하	본책으로 돌아가 복습해봐!
11 ~ 15개	틀린 문제의 답을 다시 확인하고 **100점 도전 실전 문제**를 풀도록 해!
16 ~ 20개	자신감을 가지고 **100점 도전 실전 문제**를 풀어봐. 학교 시험 100점 도전!

100점 도전! 실전 문제

01 지구상의 지리적 문제

01 지구상의 지리적 문제에 대한 옳은 설명을 〈보기〉에서 고른 것은?

| 보기 |
ㄱ. 특정 대륙이나 지역에서만 발생한다.
ㄴ. 세계적으로 국가 간의 분쟁은 줄어들고 있다.
ㄷ. 식량 부족으로 인해 기아 문제가 발생하고 있다.
ㄹ. 기후 변화, 열대 우림 파괴 등으로 생물 다양성이 감소하고 있다.

① ㄱ, ㄴ ② ㄱ, ㄷ ③ ㄴ, ㄷ
④ ㄴ, ㄹ ⑤ ㄷ, ㄹ

잘 나와!

02 밑줄 친 ㉠, ㉡에 해당하는 내용을 〈보기〉에서 골라 옳게 연결한 것은?

지구상의 약 8억 명 정도가 기아 문제로 고통받고 있으며, 2015년 기준 세계 인구 9명 중 1명은 영양실조가 심각한 상태이다. 이러한 기아 문제는 ㉠ 자연적 요인과 ㉡ 인위적 요인이 복합적으로 작용하여 나타난다.

| 보기 |
ㄱ. 병충해 ㄴ. 자연재해
ㄷ. 잦은 분쟁 ㄹ. 식량 분배의 불균형

	㉠	㉡
①	ㄱ, ㄴ	ㄷ, ㄹ
②	ㄱ, ㄷ	ㄴ, ㄹ
③	ㄴ, ㄷ	ㄱ, ㄹ
④	ㄴ, ㄹ	ㄱ, ㄷ
⑤	ㄷ, ㄹ	ㄱ, ㄴ

03 기아 문제에 대한 설명으로 옳지 않은 것은?

① 주로 저개발국에서 심각하게 나타난다.
② 세계 곡물 가격이 상승하면 발생할 수 있다.
③ 식량 작물의 용도가 변화하면서 심화하고 있다.
④ 서부 유럽과 앵글로아메리카를 중심으로 나타난다.
⑤ 식량 생산량이 인구 증가율에 미치지 못할 때 발생할 수 있다.

04 다음과 같은 현상이 지속될 경우 나타날 수 있는 변화로 적절하지 않은 것은?

- 열대 우림의 파괴
- 남획으로 줄어드는 어족 자원
- 수질 오염에 따른 수상 생물의 죽음

① 생태계가 파괴될 수 있다.
② 멸종되는 생물종이 생긴다.
③ 먹이 사슬이 끊어질 수 있다.
④ 지구의 평균 기온이 낮아진다.
⑤ 인간이 이용 가능한 생물 자원의 수가 줄어든다.

05 ㉠에 들어갈 국제 협약으로 옳은 것은?

(㉠)은/는 생물 다양성 보전과 생물 자원의 지속 가능한 이용, 이를 이용하여 얻는 이익을 공정하고 공평하게 분배할 것을 목적으로 1992년 브라질 리우 국제 연합 환경 개발 회의에서 채택되었다.

① 바젤 협약 ② 파리 협정
③ 교토 의정서 ④ 기후 변화 협약
⑤ 생물 다양성 협약

06 표는 영역 갈등을 발생 원인에 따라 구분한 것이다. (가), (나)에 해당하는 분쟁의 발생 원인을 옳게 연결한 것은?

(가)	(나)
• 카슈미르 분쟁 • 북아일랜드 분쟁 • 팔레스타인 분쟁	• 북극해 분쟁 • 카스피해 분쟁 • 센카쿠 열도 분쟁

	(가)	(나)
①	국경 분쟁	자원 분쟁
②	국경 분쟁	민족·종교 분쟁
③	자원 분쟁	민족·종교 분쟁
④	민족·종교 분쟁	자원 분쟁
⑤	민족·종교 분쟁	국경 분쟁

[07~08] 지도는 세계의 분쟁 지역을 나타낸 것이다. 이를 보고 물음에 답하시오.

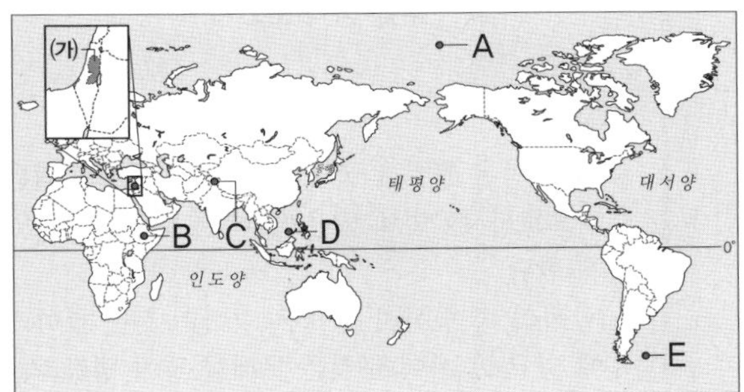

07 위 지도의 (가) 지역에 대한 설명으로 옳은 것은?

① 소수 민족이 독립운동을 벌이고 있다.
② 팔레스타인과 이스라엘의 영토 분쟁 지역이다.
③ 이슬람교도와 힌두교도 간에 갈등이 발생하였다.
④ 자원과 해상 교통로 확보를 둘러싼 분쟁 지역이다.
⑤ 과거 유럽 강대국이 정한 국경선과 부족의 경계가 달라 분쟁이 발생하였다.

08 다음과 같은 분쟁을 겪고 있는 지역을 위 지도의 A~E에서 고른 것은?

> 지구 온난화로 섬 주변의 빙하가 녹으며 가치가 상승한 지역이다. 북대서양과 태평양을 잇는 '북극 항로'의 중요 구간으로 급부상하여 러시아, 캐나다, 덴마크, 노르웨이 등 주변 국가들 간에 갈등이 발생하였다.

① A ② B ③ C ④ D ⑤ E

09 다음은 어떤 영역 분쟁 지역에 대해 정리한 것이다. ㉠에 들어갈 지역으로 옳은 것은?

> • 분쟁 지역: (㉠)
> • 분쟁 당사국: 중국, 필리핀, 브루나이, 말레이시아 등
> • 분쟁 현황: 인도양과 태평양을 잇는 중요한 길목으로 전략적 가치가 높으며, 많은 양의 석유와 천연가스가 매장되어 있어 주변 국가 사이에 분쟁이 발생하고 있다.

① 북극해 ② 카스피해 ③ 난사 군도
④ 쿠릴 열도 ⑤ 센카쿠 열도

100점이 코 앞!

10 지도의 A, B 지역에서 나타나는 분쟁에 대한 옳은 설명을 〈보기〉에서 고른 것은?

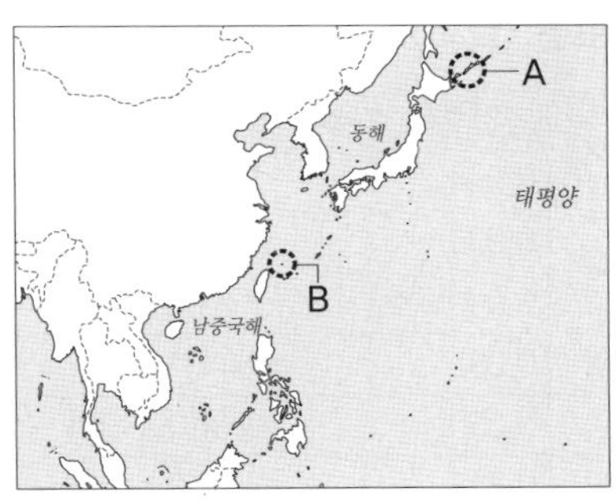

> **보기**
> ㄱ. A는 일본과 중국의 분쟁 지역이다.
> ㄴ. B는 현재 일본이 실효 지배 중이다.
> ㄷ. B는 최근 인근 바다에 석유와 천연가스가 매장된 사실이 알려지면서 갈등이 심화되었다.
> ㄹ. A, B의 공통적인 분쟁 당사국은 중국이다.

① ㄱ, ㄴ ② ㄱ, ㄷ ③ ㄴ, ㄷ
④ ㄴ, ㄹ ⑤ ㄷ, ㄹ

02 저개발 지역의 발전을 위한 노력

11 지도는 국가별 1인당 국내 총생산(GDP)을 나타낸 것이다. A, B 지역에 대한 설명으로 옳지 않은 것은?

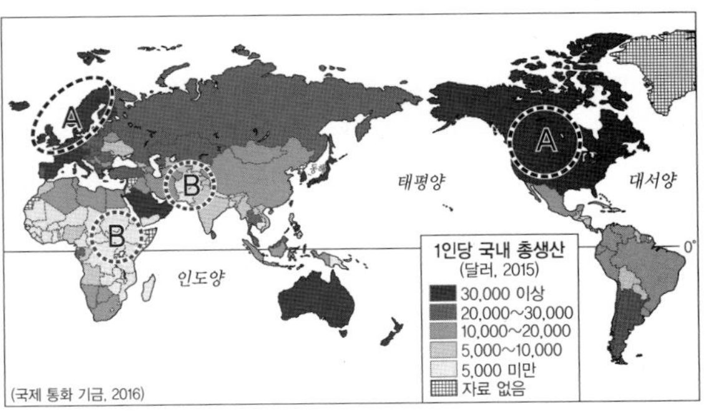

① A는 B보다 삶의 질 수준이 높을 것이다.
② A는 B보다 기대 수명이 짧을 것이다.
③ A는 B보다 기대 교육 연한이 높게 나타날 것이다.
④ B는 A보다 영아 사망률이 높게 나타날 것이다.
⑤ B는 A보다 교사 1인당 학생 수가 많을 것이다.

100점 도전! 실전 문제

100점이 코 앞!

12 표는 인간 개발 지수(HDI) 상·하위 3개국을 나타낸 것이다. A 국가들에 비해 B 국가들에서 수치가 높게 나타나는 지표를 <보기>에서 고른 것은?

구분	순위	인간 개발 지수	국가
A	1위	0.944	노르웨이
	2위	0.935	오스트레일리아
	3위	0.930	스위스
B	186위	0.391	에리트레아
	187위	0.350	중앙아프리카 공화국
	188위	0.348	니제르

(국제 연합 개발 계획, 2015)

보기
ㄱ. 인구 증가율　ㄴ. 성 불평등 지수
ㄷ. 성인 문자 해독률　ㄹ. 1인당 국내 총생산

① ㄱ, ㄴ　② ㄱ, ㄷ　③ ㄴ, ㄷ
④ ㄴ, ㄹ　⑤ ㄷ, ㄹ

13 ㉠에 들어갈 나라로 옳은 것은?

(㉠)는 과거 인종 간의 분쟁 과정에서 대학살을 행하였으며, 석유 같은 자원도 없고 산악 지역이 많아 농사에 불리했다. 하지만 같은 비극을 반복하지 말자며 역사 교육을 강화하고 사회를 통합하는 한편, 인재 육성에 집중적으로 투자하여 연평균 8%의 경제 성장률을 기록함으로써 아프리카의 신흥 강국이 되었다.

① 이집트　② 르완다　③ 보츠와나
④ 볼리비아　⑤ 에티오피아

14 밑줄 친 ㉠~㉤ 중 옳지 않은 것은?

저개발 국가들은 빈곤 문제를 해결하기 위해 다양한 노력을 기울이고 있다. 특히 ㉠ 도로나 항만 등의 사회 기반 시설에 국가의 공공 지출을 확대하고 있으며, ㉡ 외국 자본의 유치를 적극적으로 추진하고 있다. 또한 교육을 강화하여 인적 자원 개발에도 힘쓰고 있으며, ㉢ 인구 성장을 위해 출산 장려 정책을 펴고 있다. 한편, ㉣ 식량 생산량을 늘리기 위해 관개 시설을 확충하고 수확량이 많은 품종을 개발하고 있으며, ㉤ 위생 및 보건 환경을 개선하여 질병 문제를 해결하고 있다.

① ㉠　② ㉡　③ ㉢　④ ㉣　⑤ ㉤

15 (가)에 들어갈 내용으로 가장 적절한 것은?

수행 평가 보고서
- 주제: (가)
- 사례
  - '큐 드럼'은 물통을 굴려서 이동시킴으로써 적은 힘으로도 한 번에 많은 양의 물을 옮길 수 있게 한다.
  - '항아리 속 항아리'는 작은 항아리를 큰 항아리에 넣고 그 사이에 젖은 모래를 넣어 냉장고를 만든 것으로, 냉장고가 없어도 음식을 2~3일간 보관할 수 있다.

① 친환경 농법의 활용
② 자원 주권 운동을 통한 경제 발전
③ 공정 무역을 통한 불평등 완화 노력
④ 빈곤 문제 해결을 위한 적정 기술의 도입
⑤ 기후 변화에 대응하기 위한 국가 간 협력

03 지역 간 불평등 완화를 위한 노력

16 지도는 공적 개발 원조의 참여국과 수혜국을 나타낸 것이다. 이에 대한 옳은 분석을 <보기>에서 고른 것은?

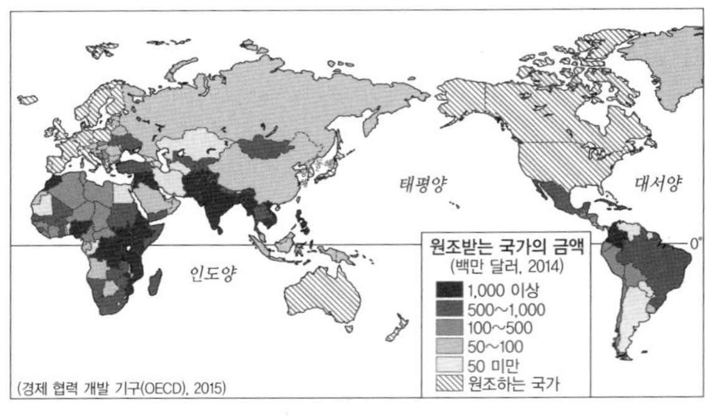

(경제 협력 개발 기구(OECD), 2015)

보기
ㄱ. 2015년 기준 우리나라는 수혜국이다.
ㄴ. 수혜국이 가장 많은 대륙은 아프리카이다.
ㄷ. 라틴 아메리카는 수혜국보다 참여국이 많다.
ㄹ. 참여국은 주로 서부 유럽과 앵글로아메리카에 위치한다.

① ㄱ, ㄴ　② ㄱ, ㄷ　③ ㄴ, ㄷ
④ ㄴ, ㄹ　⑤ ㄷ, ㄹ

17 (가), (나)에서 설명하는 국제기구를 옳게 연결한 것은?

> (가) 분쟁 지역에 파견되어 질서를 유지하고, 주민의 안전을 지키며, 분쟁의 재발을 방지하기 위해 노력한다.
> (나) 국제 민간 인도주의 의료 구호 단체로, 소외된 지역에서 독립적으로 중립적인 의료 지원 활동을 한다.

	(가)	(나)
①	세계 식량 기구	국경 없는 의사회
②	세계 보건 기구	국제 연합 난민 기구
③	국경 없는 의사회	세계 보건 기구
④	국제 연합 난민 기구	국제 연합 평화 유지군
⑤	국제 연합 평화 유지군	국경 없는 의사회

18 다음 두 단체의 공통적인 활동 목표로 가장 적절한 것은?

> • 세이브 더 칠드런
> • 국제 연합 아동 기금(UNICEF)

① 저개발국에 대한 기술 원조
② 아동 구호와 아동 복지 향상
③ 난민 보호 및 난민 문제 해결
④ 기아와 빈곤 지역에 식량 지원
⑤ 세계의 질병 및 보건 위생 문제 해결

잘 나와!

19 다음은 수업 시간에 학생이 정리한 노트 필기 중 일부이다. 밑줄 친 ㉠~㉤ 중 옳지 않은 것은?

학습 주제	공정 무역
의미	㉠ 생산자의 노동에 정당한 대가를 지급하는 무역 방식
특징	㉡ 많은 유통 단계를 거쳐 소비자에게 전달
주요 상품	㉢ 커피, 카카오, 바나나 등의 농산물
성과	• ㉣ 생산 지역의 빈곤 완화, 삶의 질 개선 • ㉤ 환경친화적으로 생산된 제품 소비 가능

① ㉠ ② ㉡ ③ ㉢ ④ ㉣ ⑤ ㉤

서술형 문제

1 지도는 에티오피아의 국경선과 부족 경계선을 나타낸 것이다. 이와 같이 국경선이 설정된 배경을 쓰고, 이로 인해 나타난 문제점을 서술하시오.

2 그래프는 국가별 기대 교육 연한을 나타낸 것이다. A 국가들과 비교한 B 국가들의 특성을 주요 지표를 활용하여 서술하시오.

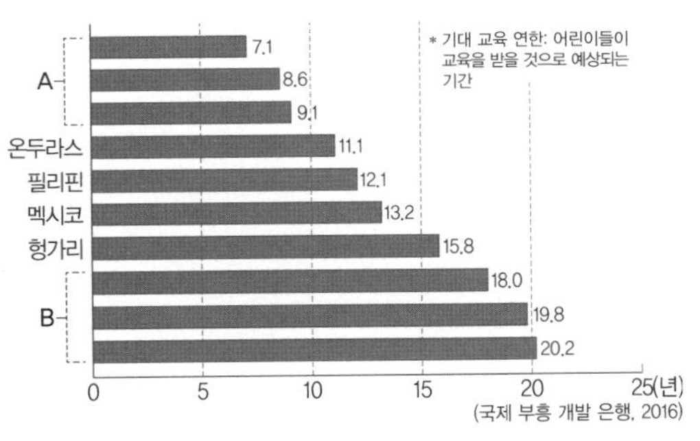

3 공적 개발 원조의 성과와 한계를 각각 서술하시오.

MEMO

23년 출간 교재　24년 출간 교재　25년 출간 교재

영역	과목	교재	예비 초등	1-2학년	3-4학년	5-6학년	예비중등
쓰기력	국어	한글 바로 쓰기	P1 P2 P3 P1~3_활동 모음집				
쓰기력	국어	맞춤법 바로 쓰기		[illegible]			
어휘력	전 과목	어휘		[illegible] 2B	3A 3B 4A 4B	5A 5B 6A 6B	
어휘력	전 과목	한자 어휘		1A 1B 2A 2B	3A 3B 4A 4B	5A 5B 6A 6B	
어휘력	영어	파닉스		1 2			
어휘력	영어	영단어			3A 3B 4A 4B	5A 5B 6A 6B	
독해력	국어	독해	P1 P2	1A 1B 2A 2B	3A 3B 4A 4B	5A 5B 6A 6B	
독해력	한국사	독해 인물편			1 2	3 4	
독해력	한국사	독해 시대편			1 2	3 4	
계산력	수학	계산		1A 1B 2A 2B	3A 3B 4A 4B	5A 5B 6A 6B	7A 7B

영역	과목	교재	예비 초등	1-2학년	3-4학년	5-6학년	예비중등
교과서 문해력	전 과목	교과서가 술술 읽히는 서술어		1A 1B 2A 2B	3A 3B 4A 4B	5A 5B 6A 6B	
교과서 문해력	사회	교과서 독해			3A 3B 4A 4B	5A 5B 6A 6B	
교과서 문해력	과학	교과서 독해			3A 3B 4A 4B	5A 5B 6A 6B	
교과서 문해력	수학	문장제 기본		1A 1B 2A 2B	3A 3B 4A 4B	5A 5B 6A 6B	
교과서 문해력	수학	문장제 발전		1A 1B 2A 2B	3A 3B 4A 4B	5A 5B 6A 6B	
창의·사고력	전 과목	교과서 놀이 활동북	1 2 3 4 (예비 초등 ~ 초등 2학년)				
⁝							

* 완자 공부력 신간은 계속해서 출간됩니다.

공부로 이끄는 힘

완자

공부력

예비 중등 수학

계산 7A

수학 계산
단계별 구성

1A	1B	2A	2B	3A	3B	4A
9까지의 수	100까지의 수	세 자리 수	네 자리 수	세 자리 수의 덧셈	곱하는 수가 한·두 자리 수인 곱셈	큰 수
9까지의 수 모으기, 가르기	받아올림이 없는 두 자리 수의 덧셈	받아올림이 있는 두 자리 수의 덧셈	곱셈구구	세 자리 수의 뺄셈	나누는 수가 한 자리 수인 나눗셈	각도의 합과 차, 삼각형·사각형의 각도의 합
한 자리 수의 덧셈	받아내림이 없는 두 자리 수의 뺄셈	받아내림이 있는 두 자리 수의 뺄셈	길이 (m, cm)의 합과 차	나눗셈의 의미	분수로 나타내기, 분수의 종류	세 자리 수와 두 자리 수의 곱셈
한 자리 수의 뺄셈	10이 되는 더하기, 10에서 빼기	세 수의 덧셈과 뺄셈	시각과 시간	곱하는 수가 한 자리 수인 곱셈	들이·무게의 합과 차	나누는 수가 두 자리 수인 나눗셈
50까지의 수	받아올림이 있는 (몇)+(몇), 받아내림이 있는 (십몇)-(몇)	곱셈의 의미		길이(cm와 mm, km와 m)·시간의 합과 차		
				분수와 소수의 의미		

수, 연산, 측정, 자료와 가능성, 변화와 관계 영역에서
핵심 개념을 쉽게 이해하고, 다양한 계산 문제로 계산력을 키워요!

4B	5A	5B	6A	6B	7A	7B
분모가 같은 분수의 덧셈	자연수의 혼합 계산	수 어림하기	나누는 수가 자연수인 분수의 나눗셈	나누는 수가 분수인 분수의 나눗셈	소인수분해	문자의 사용과 식
분모가 같은 분수의 뺄셈	약수와 배수	분수의 곱셈	나누는 수가 자연수인 소수의 나눗셈	나누는 수가 소수인 소수의 나눗셈	정수와 유리수	일차식과 그 계산
소수 사이의 관계	약분과 통분	소수의 곱셈	비와 비율	비례식과 비례배분	정수와 유리수의 덧셈과 뺄셈	등식과 방정식
소수의 덧셈	분모가 다른 분수의 덧셈	평균	직육면체의 부피	원주, 원의 넓이	정수와 유리수의 곱셈과 나눗셈	일차방정식의 풀이
소수의 뺄셈	분모가 다른 분수의 뺄셈		직육면체의 겉넓이			일차방정식의 활용
	다각형의 둘레와 넓이					

특징과 활용법

누가 공부할까요?

- ☑ 현재 초등학교 5~6학년이에요.
- ○ 완자공부력 수학 계산 1A~6B까지 모두 풀었어요.
- ○ 중학생이 되기 전에 중등 수학의 기초를 공부하고 싶어요.
- ○ 중등 수학 선행을 하려고 하는데, 중등 개념서가 너무 어려워요.

질문 중 하나라도 해당되면
완자공부력 수학 계산 7A, 7B로 공부하자.

무엇을 공부할까요?

- ○ 중등 수학의 기본이 되는 중1 수와 연산, 문자와 식에 대해 배워요.
- ○ 7A 수와 연산에서는 소인수분해를 하는 방법과 정수와 유리수에 대해 배워요.
- ○ 7B 문자와 식에서는 문자를 사용하여 식을 계산하는 방법과 일차방정식에 대해서 배워요.

어떻게 공부할까요?

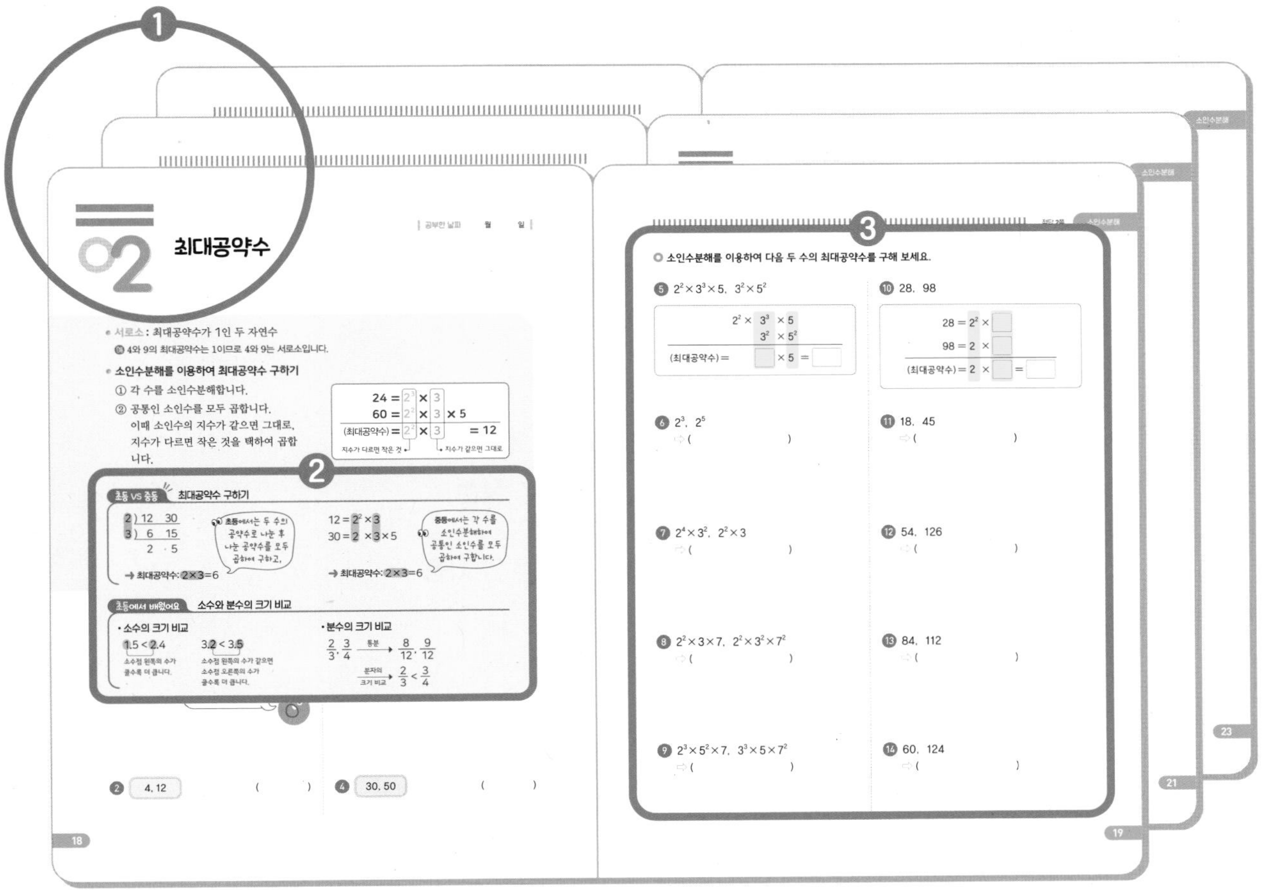

1. 하루에 6쪽씩 20일 동안 공부해요.

2. **초등 VS 중등** 같은 개념이 초등과 중등에서 어떻게 다르게 표현되는지 비교해요.
   초등에서 배웠어요 초등에서 배운 내용이 중등 과정과 어떻게 연계되는지 살펴봐요.

3. 문제를 풀면서 배운 개념을 익혀요.

✚ 20일 공부를 마친 후에는 성취도 평가로 내 실력을 점검해요.

차례

	일차	교과 내용	쪽수	공부 확인
1 소인수분해	01	소수와 합성수 / 거듭제곱 / 소인수분해	12	○
	02	최대공약수 / 최소공배수	18	○
	03	**소인수분해 평가**	24	○
2 정수와 유리수	04	양수와 음수 / 정수와 유리수 / 수직선	30	○
	05	절댓값 / 수의 대소 관계 / 부등호의 사용	36	○
	06	**정수와 유리수 평가**	42	○
3 정수와 유리수의 덧셈과 뺄셈	07	부호가 같은 두 수의 덧셈	48	○
	08	부호가 다른 두 수의 덧셈	54	○
	09	덧셈의 계산 법칙	60	○
	10	두 수의 뺄셈	66	○
	11	덧셈과 뺄셈의 혼합 계산 / 부호가 생략된 수의 덧셈과 뺄셈	72	○
	12	**정수와 유리수의 덧셈과 뺄셈 평가**	78	○

4

정수와 유리수의 곱셈과 나눗셈

일차	교과 내용	쪽수	공부 확인
13	부호가 같은 두 수의 곱셈	84	◯
14	부호가 다른 두 수의 곱셈	90	◯
15	곱셈의 계산 법칙	96	◯
16	세 수 이상의 곱셈 / 거듭제곱의 계산 / 분배법칙	102	◯
17	부호가 같은 두 수의 나눗셈 / 부호가 다른 두 수의 나눗셈	108	◯
18	역수 / 역수를 이용한 수의 나눗셈	114	◯
19	곱셈과 나눗셈의 혼합 계산 / 덧셈, 뺄셈, 곱셈, 나눗셈의 혼합 계산	120	◯
20	**정수와 유리수의 곱셈과 나눗셈 평가**	126	◯
	성취도 평가 1회, 2회	130	◯

2022개정 교육과정 초등, 중등 수학 계통도

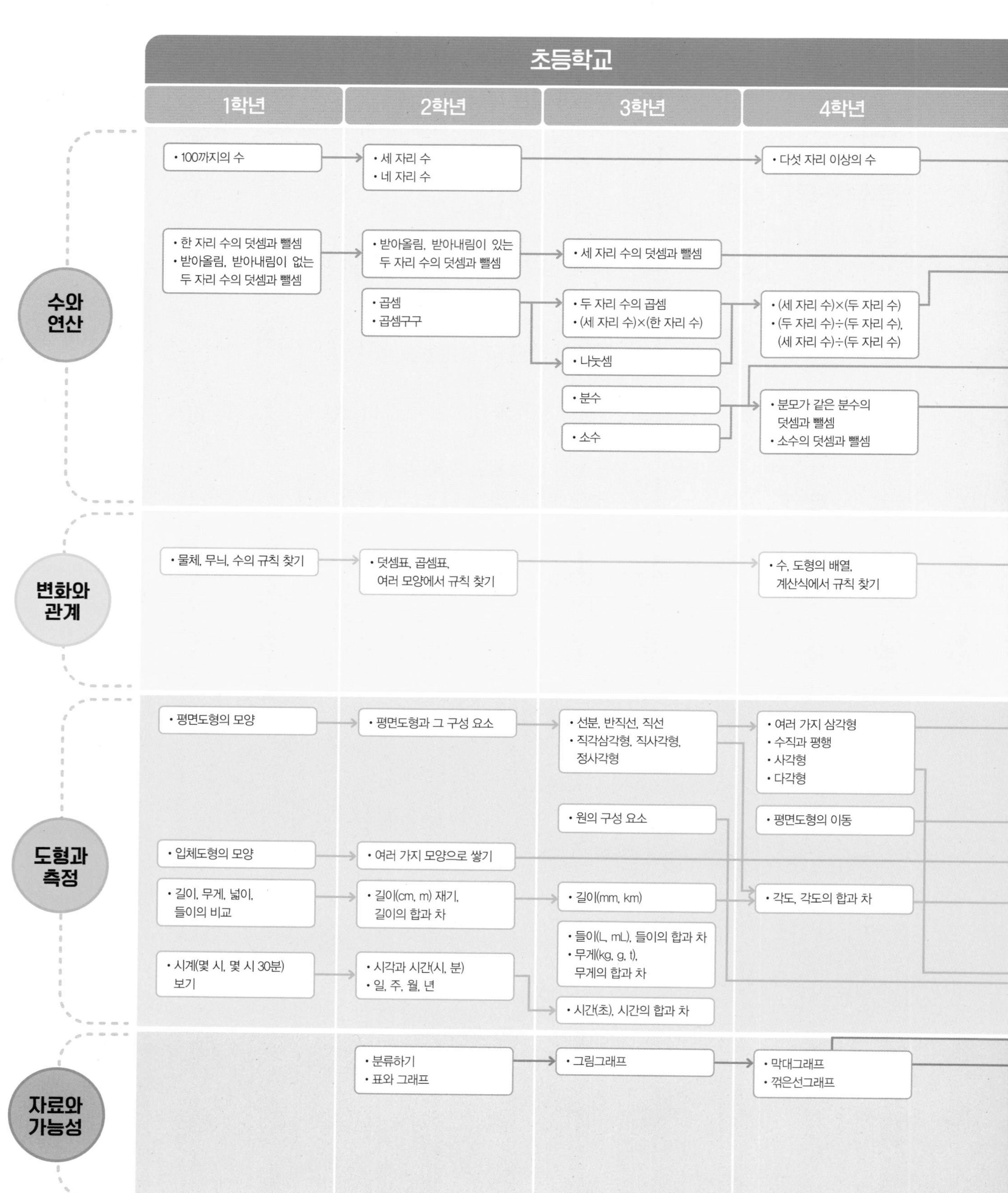

초등학교
1학년
2학년
3학년
4학년
수와 연산
• 100까지의 수
• 세 자리 수
• 네 자리 수
• 다섯 자리 이상의 수
• 한 자리 수의 덧셈과 뺄셈
• 받아올림, 받아내림이 없는 두 자리 수의 덧셈과 뺄셈
• 받아올림, 받아내림이 있는 두 자리 수의 덧셈과 뺄셈
• 세 자리 수의 덧셈과 뺄셈
• 곱셈
• 곱셈구구
• 두 자리 수의 곱셈
• (세 자리 수)×(한 자리 수)
• (세 자리 수)×(두 자리 수)
• (두 자리 수)÷(두 자리 수),
(세 자리 수)÷(두 자리 수)
• 나눗셈
• 분수
• 소수
• 분모가 같은 분수의 덧셈과 뺄셈
• 소수의 덧셈과 뺄셈
변화와 관계
• 물체, 무늬, 수의 규칙 찾기
• 덧셈표, 곱셈표, 여러 모양에서 규칙 찾기
• 수, 도형의 배열, 계산식에서 규칙 찾기
도형과 측정
• 평면도형의 모양
• 평면도형과 그 구성 요소
• 선분, 반직선, 직선
• 직각삼각형, 직사각형, 정사각형
• 여러 가지 삼각형
• 수직과 평행
• 사각형
• 다각형
• 원의 구성 요소
• 평면도형의 이동
• 입체도형의 모양
• 여러 가지 모양으로 쌓기
• 길이, 무게, 넓이, 들이의 비교
• 길이(cm, m) 재기, 길이의 합과 차
• 길이(mm, km)
• 각도, 각도의 합과 차
• 들이(L, mL), 들이의 합과 차
• 무게(kg, g, t), 무게의 합과 차
• 시계(몇 시, 몇 시 30분) 보기
• 시각과 시간(시, 분)
• 일, 주, 월, 년
• 시간(초), 시간의 합과 차
자료와 가능성
• 분류하기
• 표와 그래프
• 그림그래프
• 막대그래프
• 꺾은선그래프

2022 개정 교육과정 적용 시기				
	2024년	2025년	2026년	2027년
초등학교	1, 2학년	3, 4학년	5, 6학년	
중학교		1학년	2학년	3학년
고등학교		1학년	2학년	3학년

중학교

5학년
- 수의 범위
- 어림하기 (올림, 버림, 반올림)
- 자연수의 혼합 계산
- 약수와 배수
- 약분과 통분
- 분모가 다른 분수의 덧셈과 뺄셈
- 분수의 곱셈
- 소수의 곱셈
- 규칙과 대응
- 합동과 대칭
- 직육면체
- 다각형의 둘레와 넓이
- 평균
- 일이 일어날 가능성

6학년
- 분수의 나눗셈
- 소수의 나눗셈
- 비와 비율
- 비례식과 비례배분
- 각기둥, 각뿔
- 원기둥, 원뿔, 구
- 쌓기나무
- 원의 넓이
- 직육면체의 부피와 겉넓이
- 띠그래프
- 원그래프

1학년
- 소인수분해
- 최대공약수와 최소공배수
- 정수와 유리수
- 문자의 사용과 식
- 일차방정식
- 좌표와 그래프
- 정비례와 반비례
- 기본 도형
- 작도와 합동
- 평면도형의 성질
- 입체도형의 성질
- 대푯값
- 도수분포표와 상대도수

2학년
- 유리수와 순환소수
- 식의 계산
- 일차부등식
- 연립일차방정식
- 일차함수와 그 그래프
- 일차함수와 일차방정식의 관계
- 삼각형의 성질
- 사각형의 성질
- 도형의 닮음
- 피타고라스 정리
- 경우의 수
- 확률

3학년
- 제곱근과 실수
- 근호를 포함한 식의 계산
- 다항식의 곱셈과 인수분해
- 이차방정식
- 이차함수와 그 그래프
- 삼각비
- 원의 성질
- 산포도
- 상자그림과 산점도

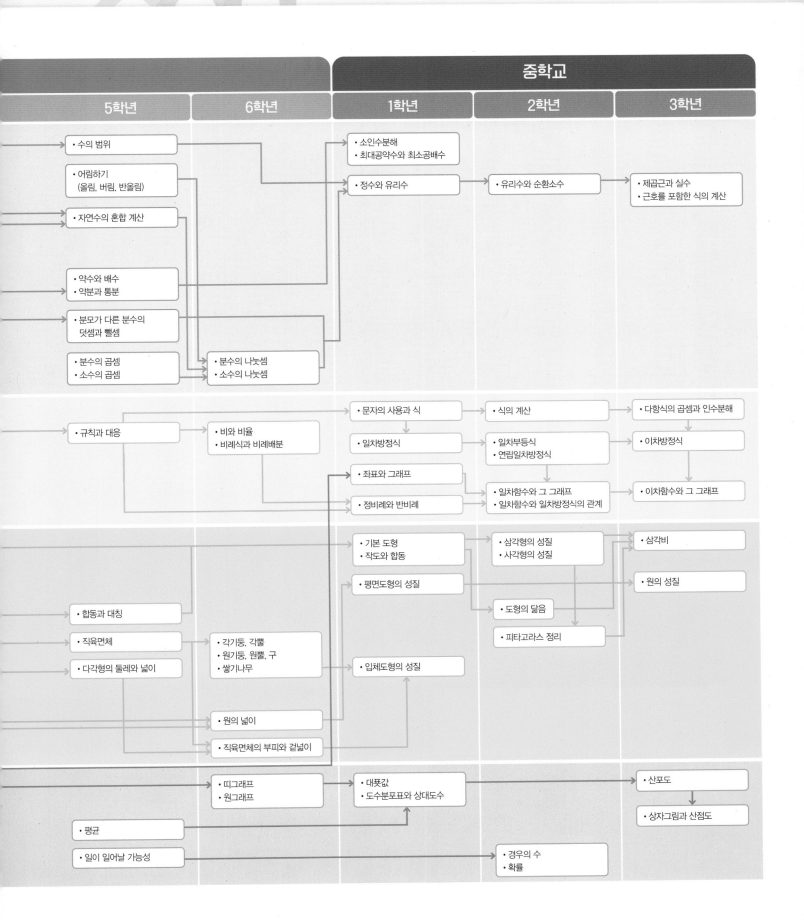

1 소인수분해

01 소수와 합성수 / 거듭제곱 / 소인수분해

02 최대공약수 / 최소공배수

03 소인수분해 평가

01 소수와 합성수

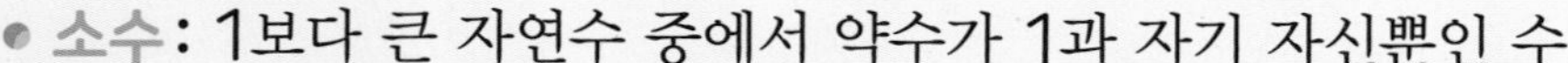

- **소수**: 1보다 큰 자연수 중에서 약수가 1과 자기 자신뿐인 수

예 3 (약수가 1, 3), 11 (약수가 1, 11), 23 (약수가 1, 23), 43 (약수가 1, 43) → 약수가 1과 자기 자신뿐이므로 소수입니다.

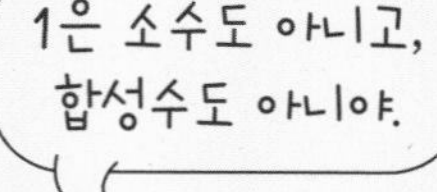

- **합성수**: 1보다 큰 자연수 중에서 소수가 아닌 수

예 8 (약수가 1, 2, 4, 8), 10 (약수가 1, 2, 5, 10), 12 (약수가 1, 2, 3, 4, 6, 12), 21 (약수가 1, 3, 7, 21) → 1보다 크고 소수가 아니므로 합성수입니다.

초등에서 배웠어요 약수

- **약수**: 어떤 수를 나누어떨어지게 하는 수, 1과 자기 자신이 포함됩니다.
- **12의 약수 구하기**

  1×12=12, 2×6=12, 3×4=12

  → 12의 약수: 1, 2, 3, 4, 6, 12

○ 다음 수의 약수를 모두 구하고, 소수와 합성수 중 알맞은 것에 ○표 하세요.

1 2

⇨ 약수: ______________________

⇨ (소수 , 합성수)

2 9

⇨ 약수: ______________________

⇨ (소수 , 합성수)

3 13

⇨ 약수: ______________________

⇨ (소수 , 합성수)

4 25

⇨ 약수: ______________________

⇨ (소수 , 합성수)

◎ 소수인 것에 모두 ○표 하세요.

5 1, 17, 20, 31, 53

약수가 1과 자기 자신, 즉 2개면 소수야.

6 5, 24, 33, 37, 50

7 10, 19, 27, 40, 45

8 8, 22, 29, 34, 41

9 7, 14, 21, 28, 35

◎ 합성수인 것에 모두 ○표 하세요.

10 3, 16, 23, 32, 46

11 4, 26, 30, 39, 47

12 6, 36, 49, 59, 60

13 2, 18, 42, 43, 52

14 11, 22, 33, 44, 55

거듭제곱

- **거듭제곱**: 같은 수나 문자를 여러 번 곱한 것을 간단히 나타낸 것

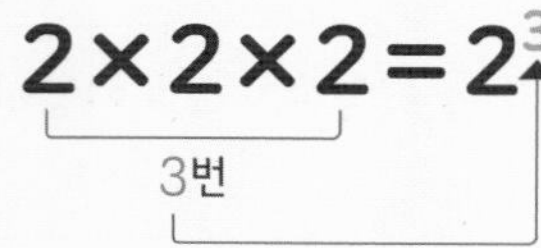

읽기 2의 세제곱

- **밑**: 거듭제곱에서 여러 번 곱하는 수나 문자
- **지수**: 거듭제곱에서 밑을 곱한 횟수

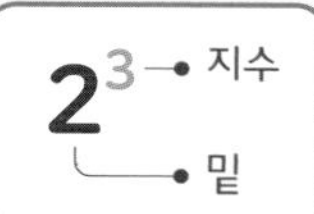

◎ 밑과 지수를 각각 구해 보세요.

⑮ 2^5

⇨ 밑 (　　　　), 지수 (　　　　)

⑯ 100^2

⇨ 밑 (　　　　), 지수 (　　　　)

밑이 분수일 때는
밑을 (　) 안에 넣어서
나타낼 수 있어.

⑰ $\left(\frac{1}{2}\right)^3$

⇨ 밑 (　　　　), 지수 (　　　　)

◎ □ 안에 알맞은 수를 써넣으세요.

⑱ $4\times4\times4=4^{\square}$

⑲ $7\times7\times7\times7\times7=\square^5$

⑳ $\frac{1}{3}\times\frac{1}{3}\times\frac{1}{3}\times\frac{1}{3}=\left(\square\right)^4$

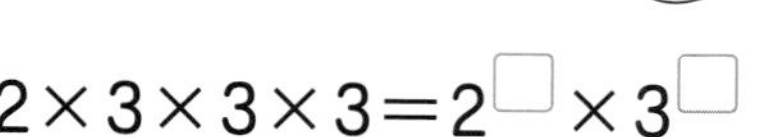

밑이 같은 것끼리
거듭제곱으로 나타낼 수 있어.

㉑ $2\times2\times3\times3\times3=2^{\square}\times3^{\square}$

거듭제곱을 사용하여 나타내어 보세요.

㉒ $3 \times 3 =$

㉓ $5 \times 5 \times 5 \times 5 \times 5 \times 5 =$

㉔ $10 \times 10 \times 10 =$

㉕ $13 \times 13 \times 13 \times 13 =$

㉖ $\frac{1}{7} \times \frac{1}{7} \times \frac{1}{7} \times \frac{1}{7} \times \frac{1}{7} =$

㉗ $\frac{2}{9} \times \frac{2}{9} \times \frac{2}{9} \times \frac{2}{9} =$

㉘ $\frac{1}{11 \times 11 \times 11 \times 11} =$

㉙ $3 \times 3 \times 3 \times 4 \times 4 \times 4 =$

㉚ $2 \times 2 \times 5 \times 5 \times 7 \times 7 \times 7 =$

㉛ $\frac{1}{2} \times \frac{1}{2} \times \frac{1}{3} \times \frac{1}{3} =$

㉜ $\frac{1}{8} \times \frac{1}{8} \times \frac{1}{8} \times \frac{3}{5} \times \frac{3}{5} =$

㉝ $\frac{1}{6 \times 6 \times 17 \times 17 \times 17} =$

소인수분해

- **소인수**: 소수인 인수
  - 약수를 인수라고도 합니다.

예 6의 인수는 1, 2, 3, 6이고, 이 중에서 소인수는 2, 3입니다.

- **소인수분해**: 1보다 큰 자연수를 소인수만의 곱으로 나타내는 것

예 12를 소인수분해하기

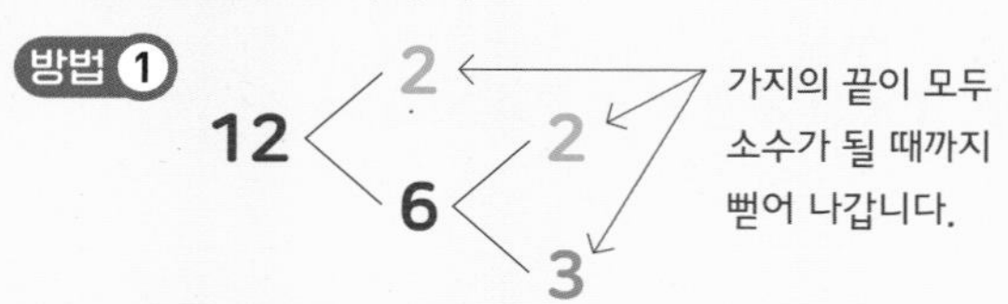

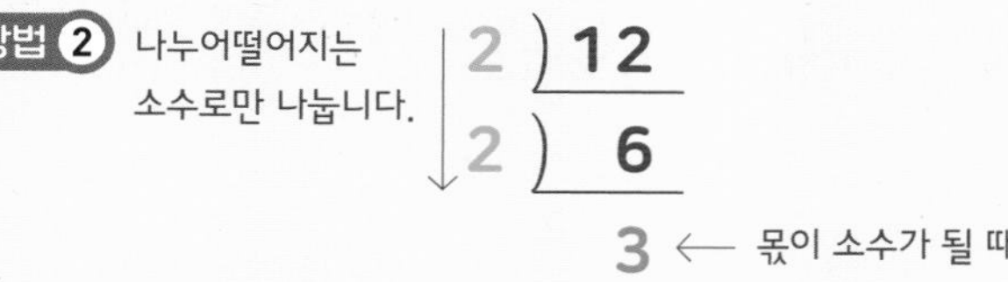

소인수분해 결과 $12=2\times2\times3=2^2\times3$

같은 소인수의 곱은 거듭제곱으로 나타냅니다.

○ 다음은 두 가지 방법으로 주어진 수를 소인수분해하는 과정입니다.
□ 안에 알맞은 수를 써넣고, 주어진 수를 소인수분해하세요.

34 28

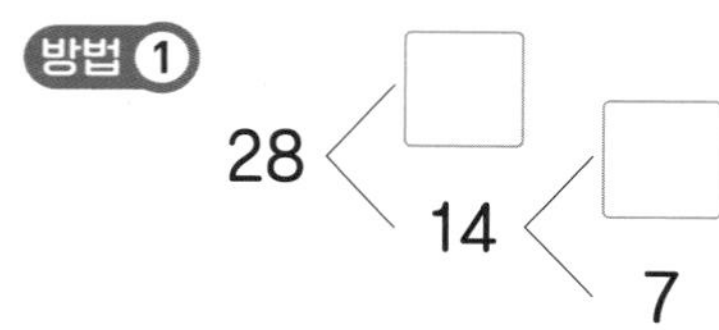

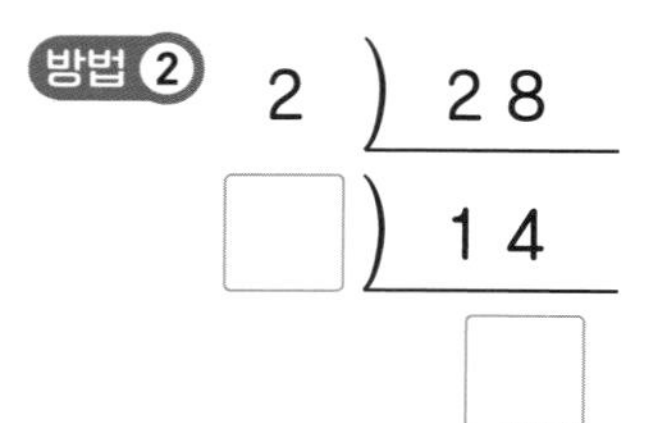

따라서 28을 소인수분해하면

28＝ ______________________

35 36

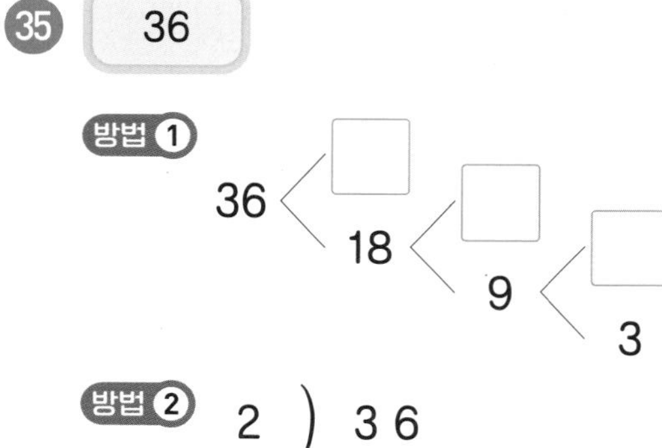

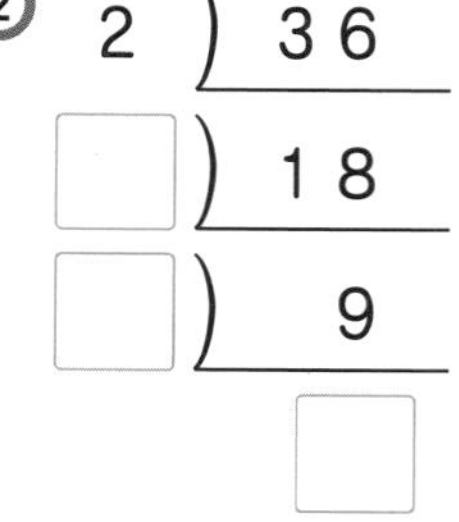

따라서 36을 소인수분해하면

36＝ ______________________

주어진 수를 소인수분해하고, 소인수를 모두 구해 보세요.

36 8

⇨ 8= ______

소인수: ______

37 10

⇨ 10= ______

소인수: ______

38 21

⇨ 21= ______

소인수: ______

39 18

⇨ 18= ______

소인수: ______

40 24

⇨ 24= ______

소인수: ______

41 50

⇨ 50= ______

소인수: ______

42 56

⇨ 56= ______

소인수: ______

43 66

⇨ 66= ______

소인수: ______

44 234

⇨ 234= ______

소인수: ______

45 280

⇨ 280= ______

소인수: ______

최대공약수

- **서로소**: 최대공약수가 1인 두 자연수

  예 4와 9의 최대공약수는 1이므로 4와 9는 서로소입니다.

- **소인수분해를 이용하여 최대공약수 구하기**

  ① 각 수를 소인수분해합니다.

  ② 공통인 소인수를 모두 곱합니다.
  이때 소인수의 지수가 같으면 그대로, 지수가 다르면 작은 것을 택하여 곱합니다.

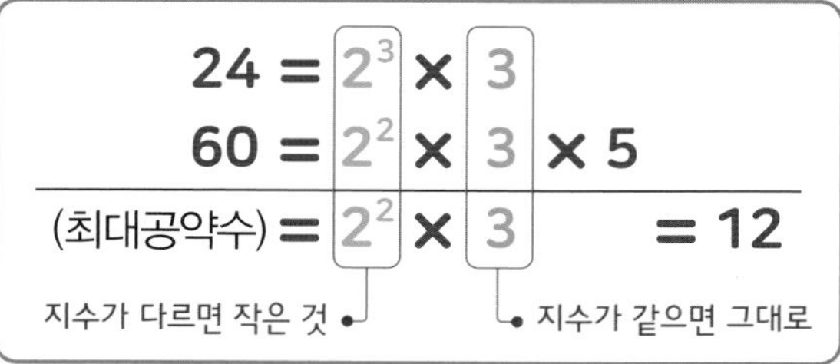

초등 VS 중등 최대공약수 구하기

2) 12 30
3) 6 15
　　2 5

→ 최대공약수: 2×3=6

초등에서는 두 수의 공약수로 나눈 후 나눈 공약수를 모두 곱하여 구하고,

$12 = 2^2 \times 3$
$30 = 2 \times 3 \times 5$

→ 최대공약수: 2×3=6

중등에서는 각 수를 소인수분해하여 공통인 소인수를 모두 곱하여 구합니다.

두 수가 서로소인 것에 ○표, 서로소가 아닌 것에 ×표 하세요.

❶ 1, 10 (　　)

1은 모든 자연수와의 최대공약수가 1이야.

❷ 4, 12 (　　)

❸ 7, 13 (　　)

❹ 30, 50 (　　)

○ **소인수분해를 이용하여 다음 두 수의 최대공약수를 구해 보세요.**

5 $2^2\times3^3\times5$, $3^2\times5^2$

$$\begin{array}{rcccc} & 2^2\times & 3^3 & \times 5 & \\ & & 3^2 & \times 5^2 & \\ \hline (\text{최대공약수})= & & \square & \times 5 & = \square \end{array}$$

6 2^3, 2^5

⇨ (   )

7 $2^4\times3^2$, $2^2\times3$

⇨ (   )

8 $2^2\times3\times7$, $2^2\times3^2\times7^2$

⇨ (   )

9 $2^3\times5^2\times7$, $3^3\times5\times7^2$

⇨ (   )

10 28, 98

$$\begin{array}{rcl} 28 = & 2^2 \times & \square \\ 98 = & 2\ \times & \square \\ \hline (\text{최대공약수}) = & 2\ \times & \square = \square \end{array}$$

11 18, 45

⇨ (   )

12 54, 126

⇨ (   )

13 84, 112

⇨ (   )

14 60, 124

⇨ (   )

소인수분해를 이용하여 다음 세 수의 최대공약수를 구해 보세요.

15 $2^2\times3$, $2^2\times3^2\times5$, $2^3\times3\times5^2$

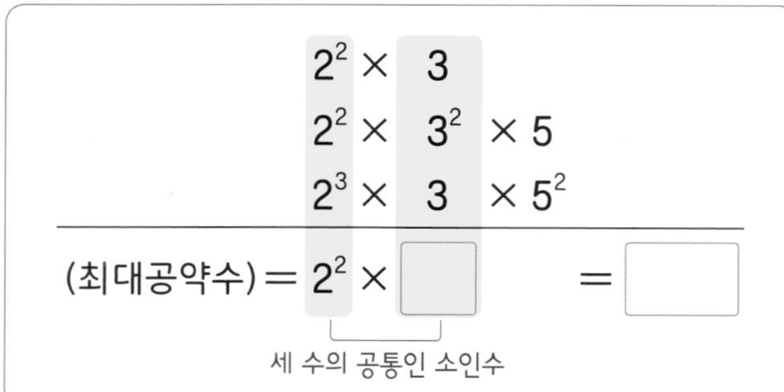

20 18, 24, 42

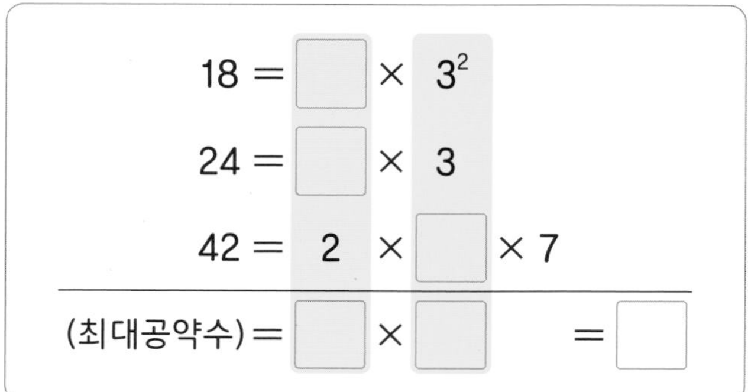

16 $2^3\times3^2\times5^4$, $2^2\times3\times5^2$, $2^2\times3^2\times5$

⇨ (　　　　　　　　)

21 8, 12, 60

⇨ (　　　　　　　　)

17 $2^3\times3^2\times7$, 3^4, $2^3\times3^4\times7$

⇨ (　　　　　　　　)

22 15, 75, 315

⇨ (　　　　　　　　)

18 $2^2\times3^2\times5$, $3\times5^2\times7$, $2^2\times3^2\times5\times7$

⇨ (　　　　　　　　)

23 20, 28, 44

⇨ (　　　　　　　　)

19 $2^4\times5^2$, $2^2\times3^2\times11$, $2^2\times3^2\times5$

⇨ (　　　　　　　　)

24 45, 54, 81

⇨ (　　　　　　　　)

최소공배수

- **소인수분해를 이용하여 최소공배수 구하기**

① 각 수를 소인수분해합니다.

② 공통인 소인수와 공통이 아닌 소인수를 모두 곱합니다.
이때 소인수의 지수가 같으면 그대로, 지수가 다르면 큰 것을 택하여 곱합니다.

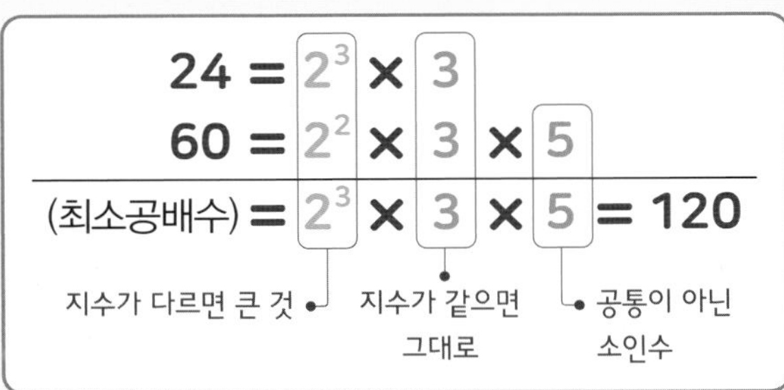

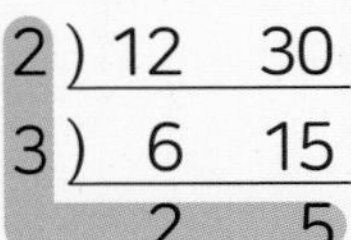

최소공배수 구하기

2) 12 30
3) 6 15
2 5

초등에서는 두 수의 공약수로 나눈 후 나눈 공약수와 몫을 모두 곱하여 구하고,

→ 최소공배수: $2\times3\times2\times5=60$

$12 = 2^2 \times 3$
$30 = 2 \times 3 \times 5$

중등에서는 각 수를 소인수분해하여 공통인 소인수와 공통이 아닌 소인수를 모두 곱하여 구합니다.

→ 최소공배수: $2^2\times3\times5=60$

◎ **다음은 소인수분해를 이용하여 두 수의 최소공배수를 구하는 과정입니다. ☐ 안에 알맞은 수를 써넣으세요.**

25 $2^2\times3,\ 2^3\times3^2$

$2^2 \times 3$
$2^3 \times 3^2$
(최소공배수) $= 2^3 \times$ ☐ $=$ ☐

26 $3^2\times5,\ 2^2\times3\times5$

$3^2 \times 5$
$2^2 \times 3 \times 5$
(최소공배수) $=$ ☐ $\times$ ☐ $\times 5 =$ ☐

27 8, 20

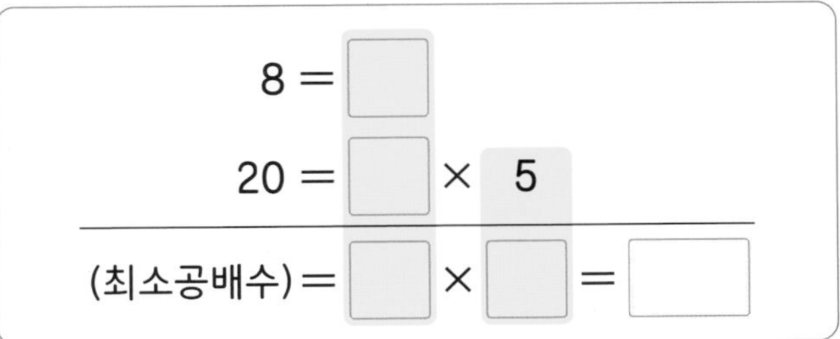

28 63, 105

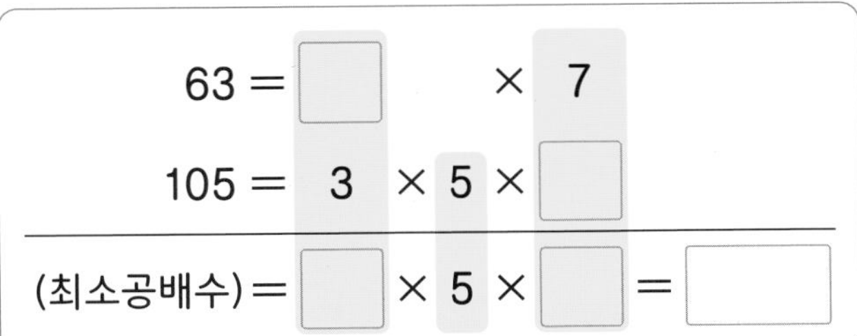

◎ 소인수분해를 이용하여 다음 두 수의 최소공배수를 소인수의 곱으로 나타내어 보세요.

㉙ $2^3\times5$, $2^2\times5^3$

⇨ ($2^{\square}\times5^{\square}$)

㉚ $2^2\times3$, $2^2\times3^2\times11$

⇨ ( )

㉛ $3^3\times13$, $3^2\times5^3$

⇨ ( )

㉜ $2\times3^3\times7$, $2^4\times3^2\times5^2$

⇨ ( )

㉝ $2^3\times5^2\times7$, $3^3\times5\times7^2$

⇨ ( )

㉞ 18, 42

⇨ ($2\times3^{\square}\times\square$)

㉟ 27, 84

⇨ ( )

㊱ 54, 72

⇨ ( )

㊲ 35, 150

⇨ ( )

㊳ 225, 375

⇨ ( )

◯ 소인수분해를 이용하여 다음 세 수의 최소공배수를 소인수의 곱으로 나타내어 보세요.

39 $2^2\times3^2$, 2×3^3, $2^4\times3$

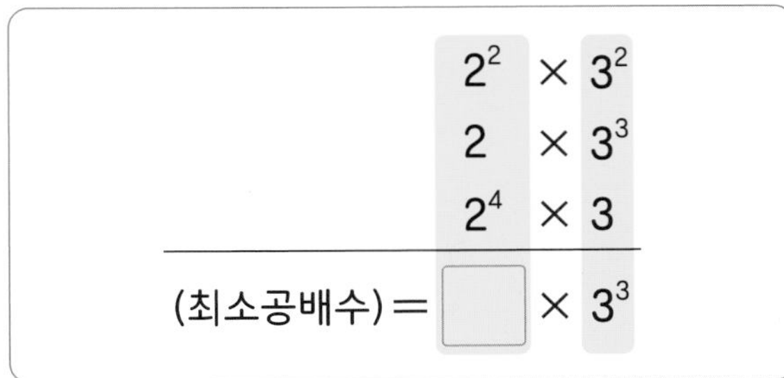

44 20, 30, 45

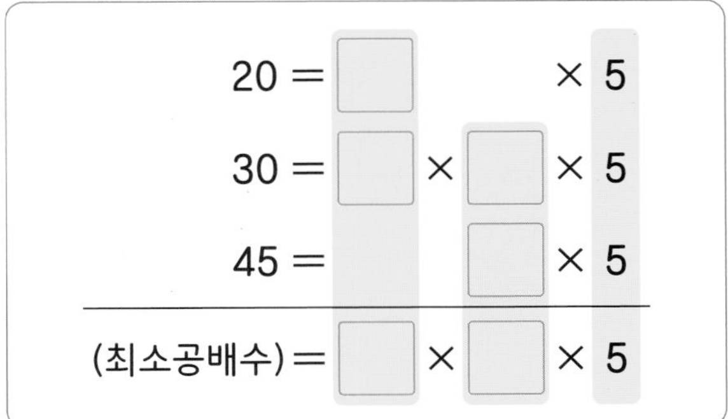

40 2^5, $2^3\times5^2$, $2^4\times5\times7$

⇨ (   )

45 12, 48, 72

⇨ (   )

41 $3^2\times5^2\times11$, $3^2\times5^3\times11^2$, $3^3\times5\times11^2$

⇨ (   )

46 56, 84, 98

⇨ (   )

42 $2^3\times5^3$, $2^4\times3^2\times5^2$, $2\times3^4\times5^3$

⇨ (   )

47 24, 100, 135

⇨ (   )

43 $3^4\times5^2\times11$, $2^2\times3^3\times5^3$, $2\times5\times11^2$

⇨ (   )

48 28, 140, 275

⇨ (   )

소인수분해 평가

소수와 합성수 중 알맞은 것에 ○표 하세요.

1. 4 ⇨ (소수 , 합성수)

2. 19 ⇨ (소수 , 합성수)

3. 22 ⇨ (소수 , 합성수)

4. 31 ⇨ (소수 , 합성수)

5. 45 ⇨ (소수 , 합성수)

밑과 지수를 각각 구해 보세요.

6. 7^4

⇨ 밑 ( ), 지수 ( )

7. 3^{10}

⇨ 밑 ( ), 지수 ( )

8. 11^5

⇨ 밑 ( ), 지수 ( )

9. $\left(\frac{1}{4}\right)^4$

⇨ 밑 ( ), 지수 ( )

10. $\left(\frac{5}{3}\right)^3$

⇨ 밑 ( ), 지수 ( )

소수인 것에 모두 ◯표 하세요.

⑪ 2, 10, 15, 29, 47

⑫ 3, 21, 30, 43, 53

⑬ 8, 11, 25, 37, 49

합성수인 것에 모두 ◯표 하세요.

⑭ 1, 13, 27, 33, 51

⑮ 9, 23, 35, 41, 69

거듭제곱을 사용하여 나타내어 보세요.

⑯ $3\times3\times3\times3\times3=$

⑰ $100\times100\times100\times100=$

⑱ $\frac{3}{4}\times\frac{3}{4}\times\frac{3}{4}=$

⑲ $5\times5\times11\times11\times11\times11=$

⑳ $\frac{1}{2\times2\times3\times3\times5\times5}=$

소인수분해 평가

○ 주어진 수를 소인수분해하고, 소인수를 모두 구해 보세요.

21 27

⇨ 27＝ ____________________

소인수: ____________________

22 45

⇨ 45＝ ____________________

소인수: ____________________

23 88

⇨ 88＝ ____________________

소인수: ____________________

24 120

⇨ 120＝ ____________________

소인수: ____________________

25 252

⇨ 252＝ ____________________

소인수: ____________________

○ 두 수가 서로소인 것에 ○표, 서로소가 아닌 것에 ×표 하세요.

26 3, 5 (　　　)

27 9, 21 (　　　)

28 10, 11 (　　　)

29 16, 22 (　　　)

30 17, 20 (　　　)

○ **소인수분해를 이용하여 다음 두 수 또는 세 수의 최대공약수를 구해 보세요.**

31 2^4, $2^2\times 11$

⇨ ( )

32 $2\times 3^2\times 5^2$, $3^3\times 5$

⇨ ( )

33 $2^2\times 3^3\times 5$, $2\times 5^2\times 7$, $2^2\times 3^3\times 7^2$

⇨ ( )

34 52, 78

⇨ ( )

35 12, 16, 28

⇨ ( )

○ **소인수분해를 이용하여 다음 두 수 또는 세 수의 최소공배수를 소인수의 곱으로 나타내어 보세요.**

36 3^3, 3^6

⇨ ( )

37 $2^2\times 3^3\times 11$, $2\times 3^2\times 11$

⇨ ( )

38 $2^3\times 3^2\times 7^2$, $2^2\times 3^5\times 5$, $3^3\times 5^2\times 7$

⇨ ( )

39 15, 18

⇨ ( )

40 40, 50, 72

⇨ ( )

2 정수와 유리수

04 양수와 음수 / 정수와 유리수 / 수직선

05 절댓값 / 수의 대소 관계 / 부등호의 사용

06 정수와 유리수 평가

공부한 날짜 월 일

양수와 음수

- **양의 부호와 음의 부호**

서로 반대되는 성질을 가지는 양을 수로 나타낼 때, 어떤 기준을 중심으로 한쪽 수량에는 +를, 다른 쪽 수량에는 −를 붙여서 나타낼 수 있습니다.

➜ **+ : 양의 부호, − : 음의 부호**

예 200원 이익 ➜ +200원, 300원 손해 ➜ −300원
(+: 양의 부호) (−: 음의 부호)

- **양수**: 0보다 큰 수로, 양의 부호 +를 붙인 수 예 0보다 2만큼 큰 수: +2
- **음수**: 0보다 작은 수로, 음의 부호 −를 붙인 수 예 0보다 3만큼 작은 수: −3

참고 0은 양수도 아니고, 음수도 아닙니다.

초등 VS 중등 수

- 초등에서는 0과 0보다 큰 자연수, 소수, 분수를 배웁니다.
- 중등에서는 초등에서 배운 수에 부호를 붙여 0과 0보다 큰 수, 0보다 작은 수를 배웁니다.

○ 부호 + 또는 −를 사용하여 나타내어 보세요.

1. 5000원 이익 ⇨ +5000원
   2000원 손해 ⇨ (   )

2. 영하 25 °C ⇨ −25 °C
   영상 7 °C ⇨ (   )

3. 지상 21층 ⇨ +21층
   지하 2층 ⇨ (   )

4. 10 % 하락 ⇨ −10 %
   20 % 상승 ⇨ (   )

부호 + 또는 −를 사용하여 나타내어 보세요.

5 0보다 1만큼 큰 수
⇨ (　　　　　　　　)

6 0보다 6만큼 작은 수
⇨ (　　　　　　　　)

7 0보다 1.4만큼 큰 수
⇨ (　　　　　　　　)

8 0보다 3.9만큼 작은 수
⇨ (　　　　　　　　)

9 0보다 $\frac{1}{2}$만큼 큰 수
⇨ (　　　　　　　　)

10 0보다 $\frac{4}{3}$만큼 작은 수
⇨ (　　　　　　　　)

양수이면 '양', 음수이면 '음'을 써 보세요.

11 -5 (　　　　　　　　)

12 $+\frac{1}{7}$ (　　　　　　　　)

13 $+3.2$ (　　　　　　　　)

14 $+6$ (　　　　　　　　)

15 $-\frac{10}{9}$ (　　　　　　　　)

16 -0.9 (　　　　　　　　)

정수와 유리수

- **정수**: 양의 정수, 0, 음의 정수를 통틀어 정수라고 합니다.
  - **양의 정수**: +(자연수) 꼴의 수 예 $+1, +2, +3, \cdots$
  - **음의 정수**: −(자연수) 꼴의 수 예 $-1, -2, -3, \cdots$
- **유리수**: 양의 유리수, 0, 음의 유리수를 통틀어 유리수라고 합니다.
  - **양의 유리수**: +(분수) 꼴의 수 예 $+\frac{1}{2}, +\frac{4}{3}, \cdots$
  - **음의 유리수**: −(분수) 꼴의 수 예 $-\frac{1}{2}, -\frac{5}{7}, \cdots$

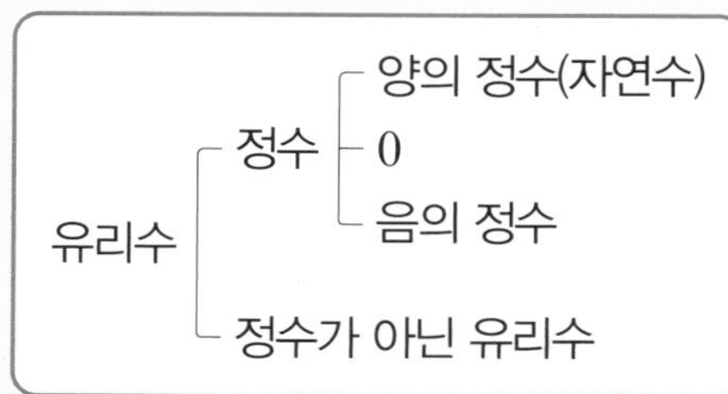

참고 양의 정수와 양의 유리수는 + 부호를 생략하고 나타낼 수 있습니다.

초등에서 배웠어요 **자연수와 분수**

- **자연수**: 1부터 시작하여 2, 3, 4, …로 이어지는 수
- **분수**: $\frac{▲}{■}$ ➜ 전체를 똑같이 ■로 나눈 것 중의 ▲

◎ **양의 정수를 모두 찾아 ○표 하세요.**

17 +4, −11, 0, −1, +7

0은 양의 정수도,
음의 정수도 아니야.

18 −5, +12, 2, −6, +10

2는 +2와 같아.

◎ **음의 정수를 모두 찾아 ○표 하세요.**

19 −7, 5, −4, +15, −9

20 0, −8, +6, −22, 13

○ 다음 수를 | 보기 |에서 모두 골라 써 보세요.

| 보기 |

-1.7, $+2$, $2\frac{1}{3}$, 0, $+8$, -6

21 양의 정수

⇨ (　　　　　　　　　　　　　)

22 음의 정수

⇨ (　　　　　　　　　　　　　)

23 정수

⇨ (　　　　　　　　　　　　　)

24 양의 유리수

⇨ (　　　　　　　　　　　　　)

25 음의 유리수

⇨ (　　　　　　　　　　　　　)

○ 다음 수를 | 보기 |에서 모두 골라 써 보세요.

| 보기 |

4, -15, $+\frac{6}{2}$, 3.14, $-\frac{1}{5}$, $+0.1$

26 자연수

⇨ (　　　　　　　　　　　　　)

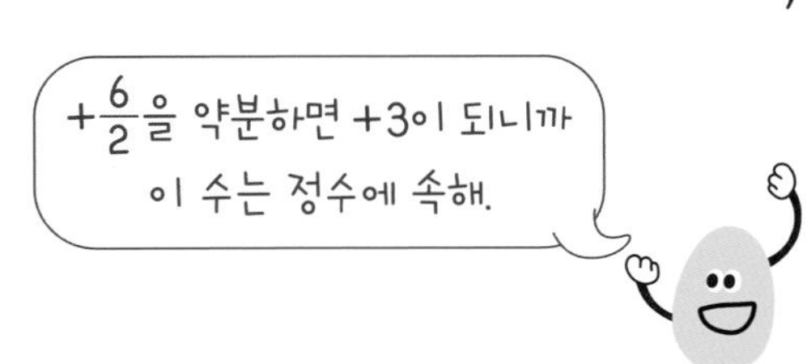

$+\frac{6}{2}$을 약분하면 +3이 되니까
이 수는 정수에 속해.

27 양의 정수

⇨ (　　　　　　　　　　　　　)

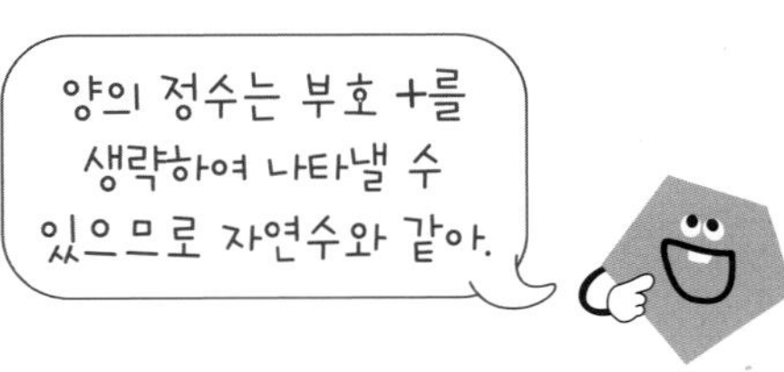

양의 정수는 부호 +를
생략하여 나타낼 수
있으므로 자연수와 같아.

28 양의 유리수

⇨ (　　　　　　　　　　　　　)

29 유리수

⇨ (　　　　　　　　　　　　　)

30 정수가 아닌 유리수

⇨ (　　　　　　　　　　　　　)

수직선

- **수직선**: 직선 위에 기준이 되는 점을 잡아 그 점에 수 0을 대응시키고, 그 점의 오른쪽에는 양수를, 왼쪽에는 음수를 다음 그림과 같이 대응시킨 직선

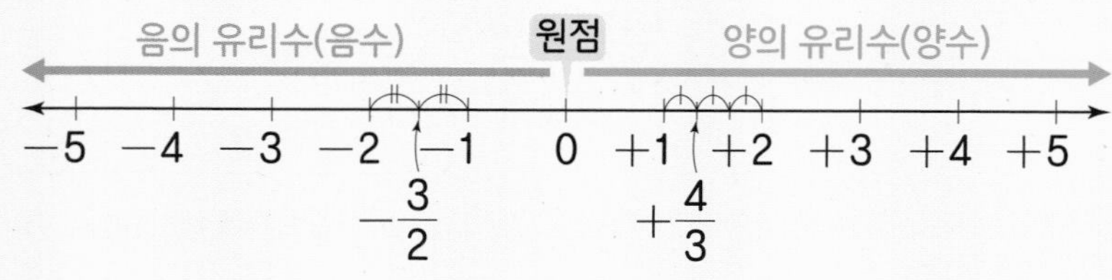

모든 유리수는 수직선 위의 점에 대응시킬 수 있어.

참고 수직선에서 0에 대응되는 점을 원점이라고 합니다.

○ 수직선 위의 세 점 A, B, C에 대응하는 수를 각각 써 보세요.

31

A, B, C
−5 −4 −3 −2 −1 0 +1 +2 +3 +4

⇨ A: ( ), B: ( ), C: ( )

32

A, B, C
−2 −1 0 +1 +2 +3 +4 +5 +6 +7

⇨ A: ( ), B: ( ), C: ( )

33

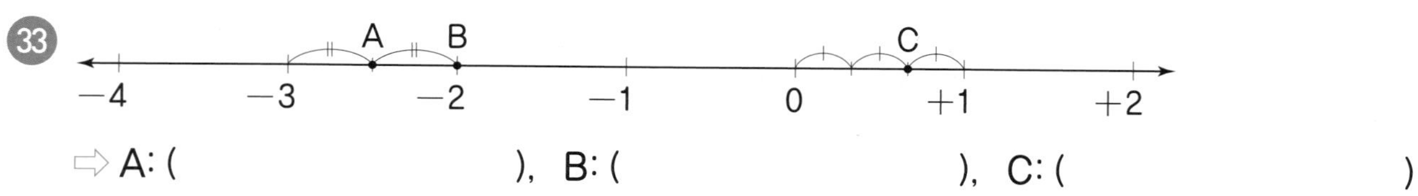

⇨ A: ( ), B: ( ), C: ( )

◎ 수에 대응하는 점을 각각 수직선 위에 나타내어 보세요.

34 A: -3, B: $+2$

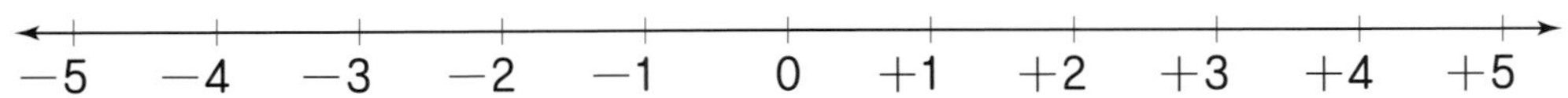

35 A: -4, B: $+5$

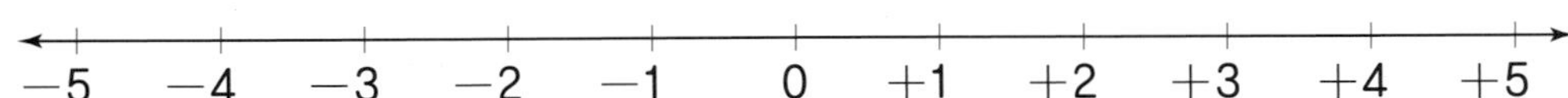

36 A: $-\frac{1}{2}$, B: $+4$

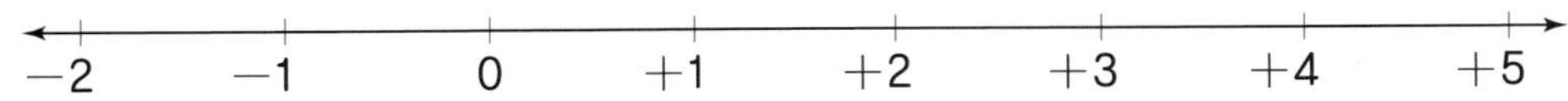

37 A: $-\frac{9}{4}$, B: $+\frac{1}{3}$

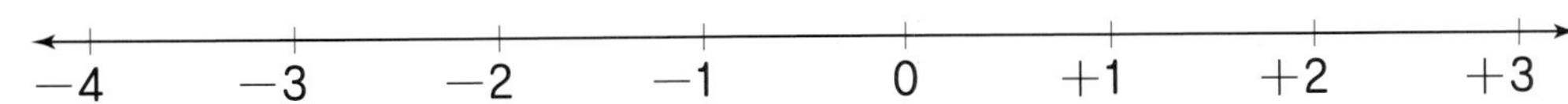

소수를 분수로 바꾸어 생각해 봐!

38 A: -1.5, B: $+0.25$

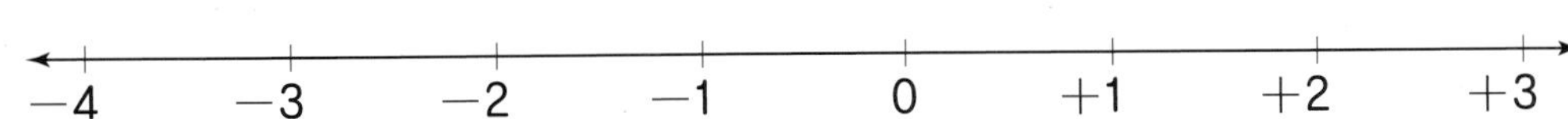

절댓값

| 공부한 날짜 월 일 |

- **절댓값**: 수직선 위에서 원점과 어떤 수에 대응하는 점 사이의 거리
- 절댓값은 기호 | |를 사용하여 나타냅니다.

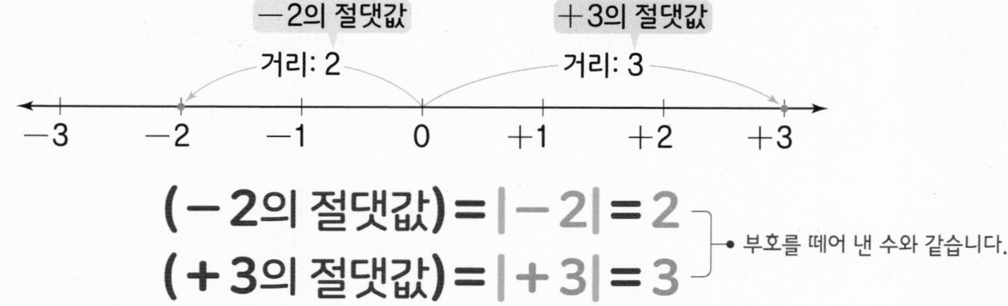

(−2의 절댓값)$=|-2|=2$

(+3의 절댓값)$=|+3|=3$

부호를 떼어 낸 수와 같습니다.

참고 0의 절댓값은 0입니다. ➜ $|0|=0$

○ 수의 절댓값을 기호를 사용하여 나타내고, 그 값을 구해 보세요.

1. $+6$

⇨ 기호 ( ), 값 ( )

2. -7

⇨ 기호 ( ), 값 ( )

3. 0

⇨ 기호 ( ), 값 ( )

4. $+4.6$

⇨ 기호 ( ), 값 ( )

5. $-\frac{1}{2}$

⇨ 기호 ( ), 값 ( )

6. $+\frac{6}{5}$

⇨ 기호 ( ), 값 ( )

다음을 모두 구해 보세요.

7 절댓값이 5인 수

수직선 위에서 원점과의 거리가 5인 점을 모두 나타내면

거리: 5 거리: 5

[ ] 0 [ ]

따라서 절댓값이 5인 수는 [ ], [ ]입니다.

11 절댓값이 2인 양수

수직선 위에서 원점과의 거리가 2인 점을 모두 나타내면

거리: 2 거리: 2

[ ] 0 [ ]

따라서 절댓값이 2인 양수는 [ ]입니다.

8 절댓값이 1인 수

⇨ (　　　　　　　　　　)

12 절댓값이 4인 음수

⇨ (　　　　　　　　　　)

9 절댓값이 $\frac{3}{4}$인 수

⇨ (　　　　　　　　　　)

13 절댓값이 $\frac{9}{5}$인 양수

⇨ (　　　　　　　　　　)

10 절댓값이 0인 수

⇨ (　　　　　　　　　　)

14 절댓값이 3.5인 음수

⇨ (　　　　　　　　　　)

수의 대소 관계

- 수직선 위에서 수는 오른쪽으로 갈수록 커지고, 왼쪽으로 갈수록 작아집니다.

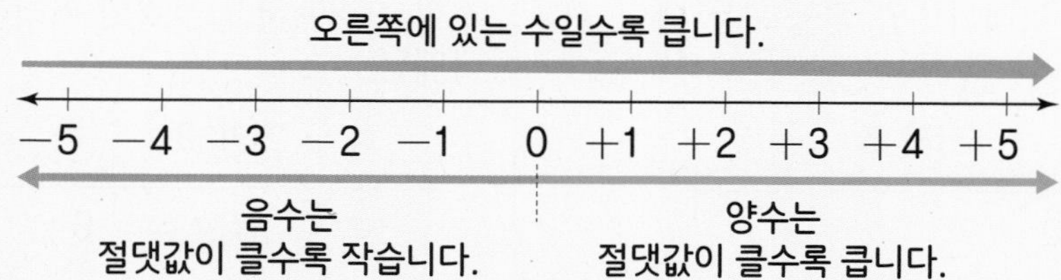

오른쪽에 있는 수일수록 큽니다.
−5 −4 −3 −2 −1 0 +1 +2 +3 +4 +5
음수는
절댓값이 클수록 작습니다.
양수는
절댓값이 클수록 큽니다.

참고 (음수) $<0<$ (양수)

초등에서 배웠어요 소수와 분수의 크기 비교

- **소수의 크기 비교**

$1.5<2.4$ 소수점 왼쪽의 수가 클수록 더 큽니다.

$3.2<3.5$ 소수점 왼쪽의 수가 같으면 소수점 오른쪽의 수가 클수록 더 큽니다.

- **분수의 크기 비교**

$\frac{2}{3}, \frac{3}{4}$ —통분→ $\frac{8}{12}, \frac{9}{12}$ —분자의 크기 비교→ $\frac{2}{3}<\frac{3}{4}$

○ 안에 부등호 >, < 중에서 알맞은 것을 써넣으세요.

15 -3 ○ $+2$

16 $+1$ ○ 0

17 0 ○ -5

18 -5.5 ○ $+1.6$

19 $+\frac{7}{2}$ ○ -2.8

20 -4 ○ $|-7|$

○ ◯ 안에 부등호 $>$, $<$ 중에서 알맞은 것을 써넣으세요.

21 

$+5$ ◯ $+4$

22 $+\frac{4}{3}$ ◯ $+\frac{3}{2}$

23 $+\frac{10}{7}$ ◯ $+1.6$

소수를 분수로 바꾸어 통분하면 크기를 비교할 수 있어.

24 -5 ◯ -8

25 $-\frac{11}{6}$ ◯ $-\frac{15}{8}$

26 $-\frac{5}{2}$ ◯ -2.4

○ 수를 작은 것부터 차례대로 써 보세요.

27 $+1$, -2, 3, -6

⇨ 양수끼리 크기를 비교하면

□ $<$ □

음수끼리 크기를 비교하면

□ $<$ □

따라서 수를 작은 것부터 차례대로 쓰면

□, □, □, □

28 -11, $+4$, -10, $+8$

⇨ (　　　　　　　　　　)

29 $-\frac{1}{5}$, $+2$, 0, $+\frac{1}{3}$, -3

⇨ (　　　　　　　　　　)

30 $+3$, $-\frac{37}{10}$, $\frac{5}{2}$, $-\frac{18}{5}$, $+2$

⇨ (　　　　　　　　　　)

부등호의 사용

$a>2$	• a는 2보다 크다. • a는 2 초과이다.	$a<2$	• a는 2보다 작다. • a는 2 미만이다.
$a\geq 2$	• a는 2보다 크거나 같다. • a는 2보다 작지 않다. • a는 2 이상이다.	$a\leq 2$	• a는 2보다 작거나 같다. • a는 2보다 크지 않다. • a는 2 이하이다.

참고 • 부등호 ≥는 '> 또는 ='를 나타내고 부등호 ≤는 '< 또는 ='를 나타냅니다.
• 세 수 이상의 대소 관계도 부등호를 사용하여 나타낼 수 있습니다.
예 a는 3보다 크고 4 이하이다. ➜ $3<a\leq 4$

◎ ◯ 안에 부등호 >, ≥, <, ≤ 중에서 알맞은 것을 써넣으세요.

31 a는 4 이상이다.

⇨ a ◯ 4

32 a는 -2 미만이다.

⇨ a ◯ -2

33 a는 $-\frac{2}{3}$보다 크지 않다.

⇨ a ◯ $-\frac{2}{3}$

34 a는 -5보다 크고/ 1보다 작거나 같다.

⇨ -5 ◯ a ◯ 1

35 a는 -0.6보다 크거나 같고/ 7 이하이다.

⇨ -0.6 ◯ a ◯ 7

36 a는 $\frac{1}{2}$보다 작지 않고/ $\frac{3}{4}$ 미만이다.

⇨ $\frac{1}{2}$ ◯ a ◯ $\frac{3}{4}$

○ **부등호를 사용하여 나타내어 보세요.**

37 a는 -10보다 크다.

⇨ (   )

38 a는 3보다 작거나 같다.

⇨ (   )

39 a는 -8 이하이다.

⇨ (   )

40 a는 $-\frac{1}{5}$ 초과이다.

⇨ (   )

41 a는 9보다 작지 않다.

⇨ (   )

42 a는 1보다 크고 2보다 작다.

⇨ (   )

43 a는 -4 이상이고 1 이하이다.

⇨ (   )

44 a는 -1 초과이고 15 미만이다.

⇨ (   )

45 a는 0보다 크거나 같고 $\frac{5}{6}$보다 크지 않다.

⇨ (   )

46 a는 1.8보다 작지 않고 2.3보다 작거나 같다.

⇨ (   )

정수와 유리수 평가

○ 부호 + 또는 −를 사용하여 나타내어 보세요.

1. 5일 전 ⇨ −5일
   2일 후 ⇨ ( )

2. 해발 400 m ⇨ +400 m
   해저 800 m ⇨ ( )

○ 부호 + 또는 −를 사용하여 나타내어 보세요.

3. 0보다 7만큼 큰 수
   ⇨ ( )

4. 0보다 $1\frac{2}{5}$만큼 작은 수
   ⇨ ( )

○ 양의 정수를 모두 찾아 ○표 하세요.

5. 0, +1, −2, +3, −4

6. −1, 4, +2, −5, 13

○ 수직선 위의 두 점 A, B에 대응하는 수를 각각 써 보세요.

7.
   ⇨ A: ( ), B: ( )

8.
   ⇨ A: ( ), B: ( )

수에 대응하는 점을 각각 수직선 위에 나타내어 보세요.

9 A: -1, B: $+3$

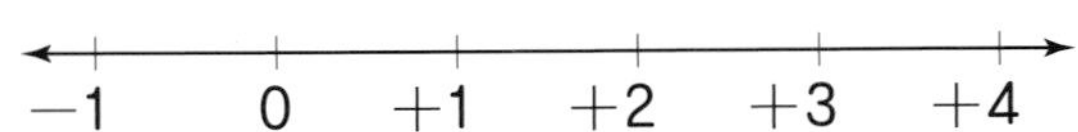

10 A: $-\frac{2}{3}$, B: $+2.5$

−2 −1 0 +1 +2 +3

다음을 구해 보세요.

11 -9의 절댓값

⇨ (   )

12 $+1.2$의 절댓값

⇨ (   )

다음 수를 | 보기 |에서 모두 골라 써 보세요.

| 보기 |

$\frac{8}{4}$, $+0.25$, -5, 0, $+9$, -12, $-\frac{3}{4}$

13 음의 정수

⇨ (   )

14 정수

⇨ (   )

15 양의 유리수

⇨ (   )

16 정수가 아닌 유리수

⇨ (   )

정수와 유리수 평가

다음을 모두 구해 보세요.

17 절댓값이 3인 수

⇨ (   )

18 절댓값이 4.7인 수

⇨ (   )

19 절댓값이 $\frac{1}{8}$인 수

⇨ (   )

20 절댓값이 5인 양수

⇨ (   )

21 절댓값이 0.2인 음수

⇨ (   )

◯ 안에 부등호 >, < 중에서 알맞은 것을 써넣으세요.

22 -1 ◯ $+0.1$

23 $-\frac{2}{7}$ ◯ 0

24 $\left|-\frac{4}{3}\right|$ ◯ $+1$

25 $+\frac{3}{2}$ ◯ $+\frac{14}{9}$

26 $-\frac{7}{5}$ ◯ -1.5

수를 큰 것부터 차례대로 써 보세요.

27
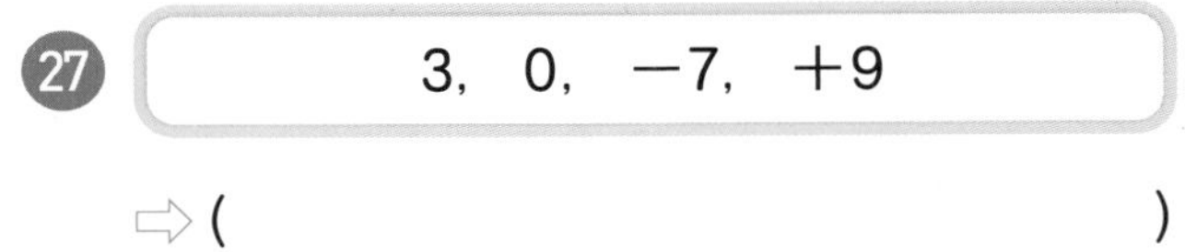

⇨ (　　　　　　　　　　)

28 −1, 1, 4, −2.6, 2.6

⇨ (　　　　　　　　　　)

수를 작은 것부터 차례대로 써 보세요.

29 +5.8, −1, 5, −4.1

⇨ (　　　　　　　　　　)

30 $-\frac{8}{3}$, 3, +3.5, $-\frac{9}{5}$, −2

⇨ (　　　　　　　　　　)

부등호를 사용하여 나타내어 보세요.

31 a는 3 이하이다.

⇨ (　　　　　　　　　　)

32 a는 $-\frac{1}{2}$보다 작지 않다.

⇨ (　　　　　　　　　　)

33 a는 4 초과이고 7 미만이다.

⇨ (　　　　　　　　　　)

34 a는 $\frac{4}{9}$보다 크거나 같고 $\frac{2}{3}$보다 작다.

⇨ (　　　　　　　　　　)

35 a는 1.7 이상이고 6.9보다 크지 않다.

⇨ (　　　　　　　　　　)

3 정수와 유리수의 덧셈과 뺄셈

07 부호가 같은 두 수의 덧셈

08 부호가 다른 두 수의 덧셈

09 덧셈의 계산 법칙

10 두 수의 뺄셈

11 덧셈과 뺄셈의 혼합 계산 / 부호가 생략된 수의 덧셈과 뺄셈

12 정수와 유리수의 덧셈과 뺄셈 평가

07 부호가 같은 두 수의 덧셈

부호가 같은 두 수를 더할 때는 두 수의 **절댓값의 합에 공통인 부호**를 붙입니다.

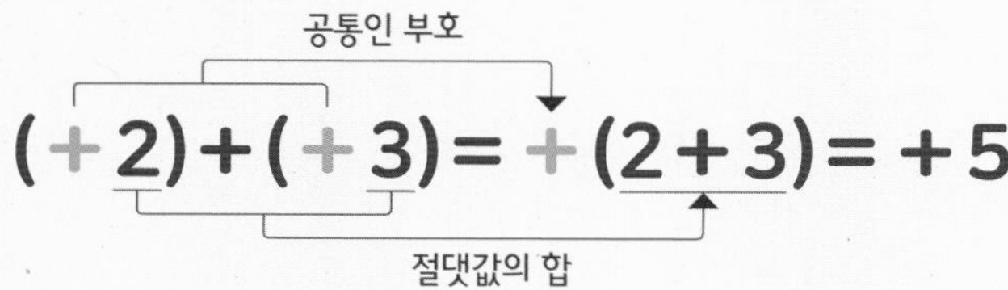

공통인 부호

$(-2)+(-3)=-(2+3)=-5$

절댓값의 합

초등에서 배웠어요 분수의 덧셈과 소수의 덧셈

• **분수의 덧셈**
분모를 통분한 후 분자끼리 더합니다.

$\frac{3}{5}+\frac{1}{3}=\frac{9}{15}+\frac{5}{15}=\frac{14}{15}$

• **소수의 덧셈**
소수점끼리 자리를 맞추어 세로로 쓰고,
같은 자리 수끼리 더합니다.

$$\begin{array}{r} \overset{1}{0.45} \\ +\,0.19 \\ \hline 0.64 \end{array}$$

◎ **수직선을 보고 □ 안에 알맞은 수를 써넣으세요.**

1

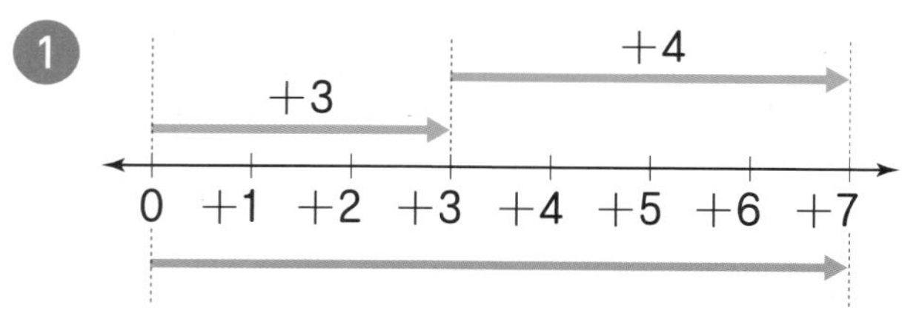

⇨ (+3)+(+4)=□

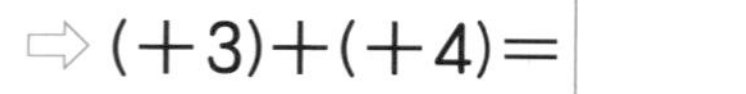

수직선에서 오른쪽으로 가는 것을 +,
왼쪽으로 가는 것을 −로 생각해.

2

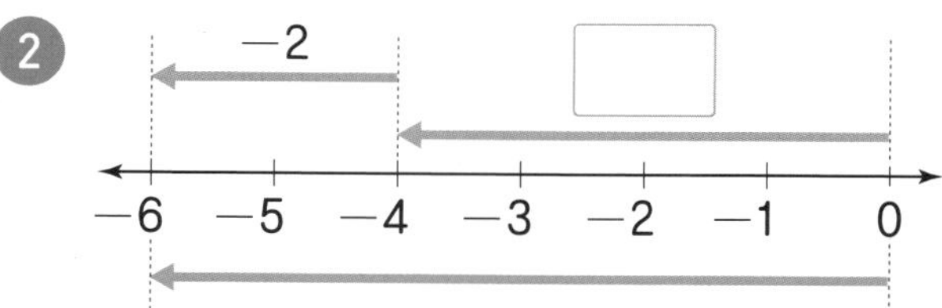

⇨ (−4)+(−2)=□

○ **계산해 보세요.**

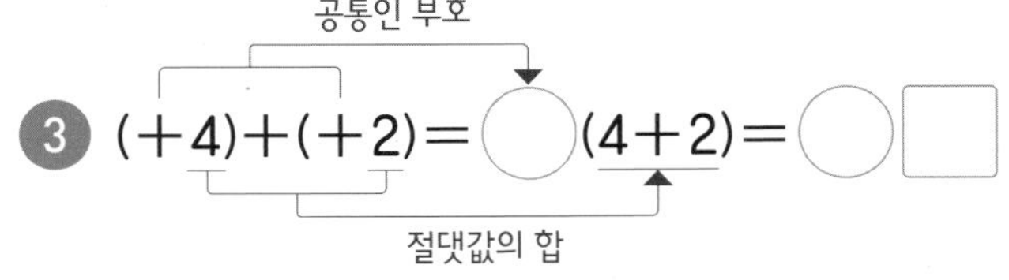

4 $(+1)+(+1)=$

5 $(+7)+(+1)=$

6 $(+3)+(+2)=$

7 $(+2)+(+5)=$

8 $(+3)+(+3)=$

9 $(+6)+(+3)=$

10 $(+4)+(+6)=$

11 $(+5)+(+8)=$

12 $(+9)+(+7)=$

13 $(+16)+(+8)=$

14 $(+11)+(+15)=$

- 계산해 보세요.

⑮ $(-4)+(-5)=\bigcirc(4+5)=\bigcirc\square$

(공통인 부호 / 절댓값의 합)

⑯ $(-2)+(-1)=$

⑰ $(-1)+(-7)=$

⑱ $(-3)+(-4)=$

⑲ $(-5)+(-5)=$

⑳ $(-2)+(-7)=$

㉑ $(-6)+(-3)=$

㉒ $(-8)+(-4)=$

㉓ $(-7)+(-5)=$

㉔ $(-9)+(-6)=$

㉕ $(-13)+(-3)=$

㉖ $(-12)+(-17)=$

27 $\left(+\frac{4}{3}\right)+\left(+\frac{1}{3}\right)=\bigcirc\left(\frac{4}{3}+\frac{1}{3}\right)$

$=\bigcirc\square$

중학교에서는 대분수보다 가분수 형태로 많이 나타내.

28 $\left(+\frac{1}{2}\right)+\left(+\frac{7}{2}\right)=$

29 $\left(+\frac{4}{9}\right)+\left(+\frac{2}{9}\right)=$

30 $\left(-\frac{3}{5}\right)+\left(-\frac{1}{5}\right)=$

31 $\left(-\frac{9}{4}\right)+\left(-\frac{3}{4}\right)=$

32 $(-1)+\left(-\frac{1}{2}\right)=\bigcirc\left(1+\frac{1}{2}\right)$

$=\bigcirc\left(\frac{\square}{2}+\frac{1}{2}\right)$

$=\bigcirc\square$

33 $(+2)+\left(+\frac{1}{5}\right)=$

34 $\left(+\frac{5}{6}\right)+(+3)=$

35 $(-4)+\left(-\frac{1}{3}\right)=$

36 $\left(-\frac{3}{2}\right)+(-6)=$

○ 계산해 보세요.

37 $\left(-\frac{1}{4}\right)+\left(-\frac{1}{5}\right)$

$=\bigcirc\left(\frac{1}{4}+\frac{1}{5}\right)$

$=\bigcirc\left(\frac{\square}{20}+\frac{\square}{20}\right)$

$=\bigcirc\square$

38 $\left(+\frac{3}{8}\right)+\left(+\frac{1}{2}\right)=$

39 $\left(+\frac{1}{5}\right)+\left(+\frac{1}{3}\right)=$

40 $\left(-\frac{2}{3}\right)+\left(-\frac{3}{4}\right)=$

41 $\left(-\frac{5}{2}\right)+\left(-\frac{1}{9}\right)=$

42 $(+2)+(+1.6)=\bigcirc(2+1.6)$

$=\bigcirc\square$

43 $(+0.8)+(+1)=$

44 $(+3)+(+1.4)=$

45 $(-5)+(-2.7)=$

46 $(-1.2)+(-4)=$

47 $0+(-1.8)=$

48 $(+0.7)+(+0.4)=$

49 $(+1.5)+(+0.6)=$

50 $(-3.2)+(-1.1)=$

51 $(-6.3)+(-2.7)=$

52 $(+1.25)+(+0.05)=$

53 $(-3.14)+(-1.9)=$

54 $\left(+\frac{5}{6}\right)+(+2.5)$

$=\bigcirc\left(\frac{5}{6}+2.5\right)$

$=\bigcirc\left(\frac{5}{6}+\frac{\square}{2}\right)$

$=\bigcirc\left(\frac{5}{6}+\frac{\square}{6}\right)$

$=\bigcirc\square$

소수와 분수의 덧셈은 소수를 분수로 고쳐서 계산해.

55 $(+0.7)+\left(+\frac{9}{10}\right)=$

56 $(+3.3)+\left(+\frac{3}{2}\right)=$

57 $\left(-\frac{1}{5}\right)+(-5.1)=$

58 $(-1.4)+\left(-\frac{1}{3}\right)=$

부호가 다른 두 수의 덧셈

부호가 다른 두 수를 더할 때는 두 수의 **절댓값의 차에 절댓값이 큰 수의 부호**를 붙입니다.

절댓값이 큰 수의 부호

$$(+2)+(-3)=-(3-2)=-1$$

절댓값의 차

절댓값이 큰 수의 부호

$$(-2)+(+3)=+(3-2)=+1$$

절댓값의 차

참고 절댓값이 같고 부호가 다른 두 수의 합은 0입니다. 예 $(+2)+(-2)=0$

◎ 수직선을 보고 □ 안에 알맞은 수를 써넣으세요.

1

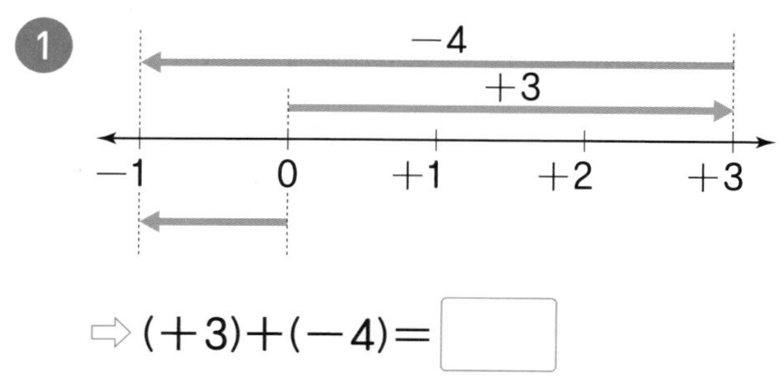

⇨ $(+3)+(-4)=$ □

2

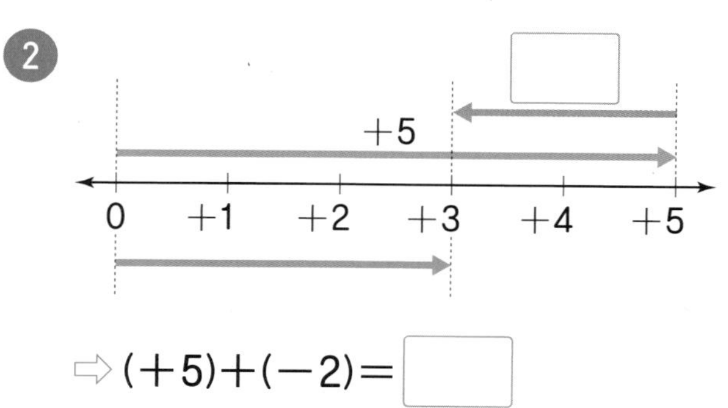

⇨ $(+5)+(-2)=$ □

3

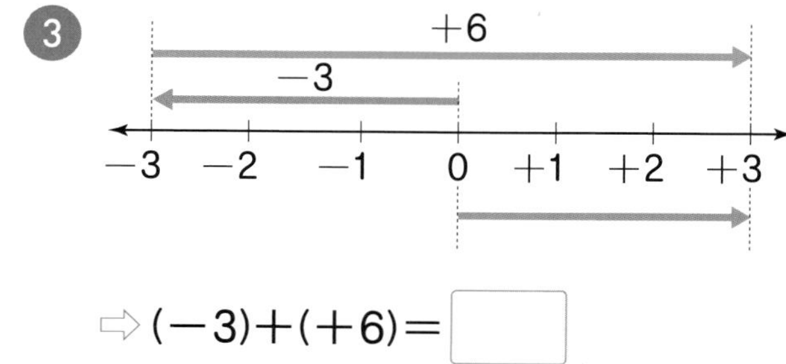

⇨ $(-3)+(+6)=$ □

4

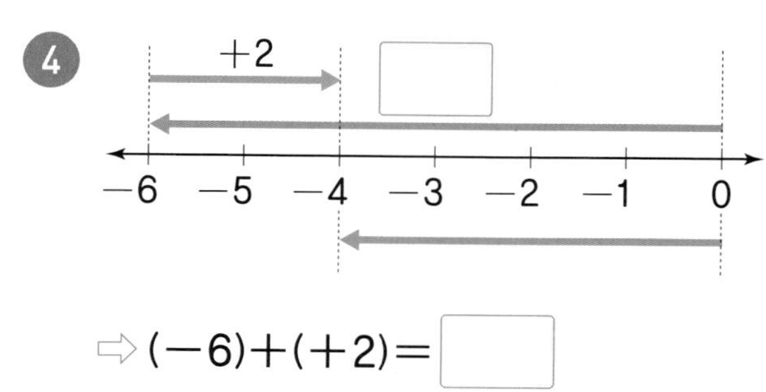

⇨ $(-6)+(+2)=$ □

계산해 보세요.

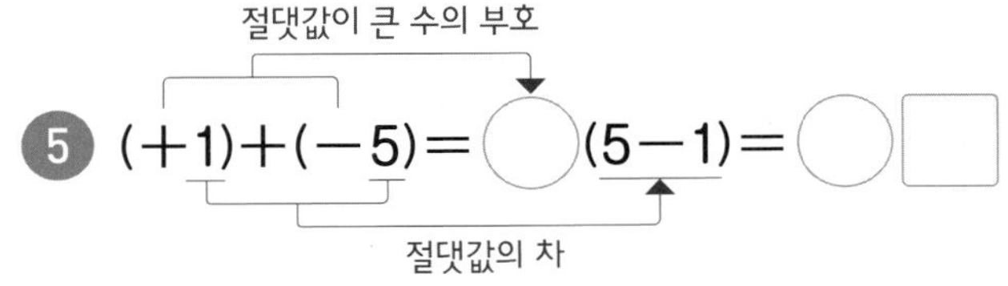

11 $(+9)+(-3)=$

6 $(+6)+(-2)=$

12 $(+7)+(-6)=$

7 $(+4)+(-1)=$

13 $(+8)+(-9)=$

8 $(+3)+(-7)=$

14 $(+4)+(-4)=$

9 $(+2)+(-9)=$

15 $(+12)+(-7)=$

10 $(+5)+(-4)=$

16 $(+11)+(-13)=$

◎ **계산해 보세요.**

⑰ $(-1)+(+7)=$

⑱ $(-5)+(+4)=$

⑲ $(-2)+(+5)=$

⑳ $(-9)+(+6)=$

㉑ $(-7)+(+8)=$

㉒ $(-4)+(+9)=$

㉓ $(-8)+(+5)=$

㉔ $(-6)+(+4)=$

㉕ $(-3)+(+8)=$

㉖ $(-5)+(+5)=$

㉗ $(-15)+(+7)=$

㉘ $(-21)+(+14)=$

29 $\left(+\frac{3}{7}\right)+\left(-\frac{5}{7}\right)=\bigcirc\left(\frac{\square}{7}-\frac{3}{7}\right)$

$=\bigcirc\square$

30 $\left(+\frac{3}{4}\right)+\left(-\frac{1}{4}\right)=$

31 $\left(+\frac{2}{3}\right)+\left(-\frac{7}{3}\right)=$

32 $\left(-\frac{5}{2}\right)+\left(+\frac{1}{2}\right)=$

33 $\left(-\frac{7}{11}\right)+\left(+\frac{4}{11}\right)=$

34 $\left(+\frac{1}{3}\right)+(-1)=\left(+\frac{1}{3}\right)+\left(-\frac{\square}{3}\right)$

$=\bigcirc\left(\frac{\square}{3}-\frac{1}{3}\right)$

$=\bigcirc\square$

절댓값의 크기를 비교하기 위해
먼저 정수를 분수의 형태로 나타내.

35 $(+3)+\left(-\frac{3}{2}\right)=$

36 $\left(+\frac{6}{5}\right)+(-4)=$

37 $\left(-\frac{1}{6}\right)+(+2)=$

38 $(-5)+\left(+\frac{19}{4}\right)=$

◎ 계산해 보세요.

39 $\left(-\frac{1}{9}\right)+\left(+\frac{1}{2}\right)$

$=\left(-\frac{\square}{18}\right)+\left(+\frac{\square}{18}\right)$

$=\bigcirc\left(\frac{\square}{18}-\frac{\square}{18}\right)$

$=\bigcirc\square$

44 $(+1)+(-2.3)=\bigcirc(2.3-\square)$

$=\bigcirc\square$

45 $(+5.4)+(-3)=$

40 $\left(+\frac{1}{6}\right)+\left(-\frac{1}{2}\right)=$

46 $(+4)+(-1.7)=$

41 $\left(+\frac{5}{3}\right)+\left(-\frac{4}{7}\right)=$

47 $(-3.8)+(+2)=$

42 $\left(-\frac{2}{3}\right)+\left(+\frac{11}{12}\right)=$

48 $(-6)+(+9.2)=$

43 $\left(-\frac{13}{6}\right)+\left(+\frac{15}{8}\right)=$

49 $(-2.64)+(+3)=$

50 $(+0.2)+(-0.6)=$

51 $(+0.9)+(-0.3)=$

52 $(+1.4)+(-2.5)=$

53 $(-0.5)+(+0.7)=$

54 $(-2.1)+(+0.3)=$

55 $(-9.8)+(+6.9)=$

56 $(+0.4)+\left(-\frac{1}{3}\right)$

$=\left(+\frac{\square}{5}\right)+\left(-\frac{1}{3}\right)$

$=\left(+\frac{\square}{15}\right)+\left(-\frac{\square}{15}\right)$

$=\bigcirc\left(\frac{\square}{15}-\frac{\square}{15}\right)$

$=\bigcirc\square$

57 $\left(+\frac{9}{10}\right)+(-0.2)=$

58 $(+1.2)+\left(-\frac{5}{4}\right)=$

59 $\left(-\frac{7}{10}\right)+(+0.3)=$

60 $(-1.6)+\left(+\frac{11}{8}\right)=$

덧셈의 계산 법칙

- **덧셈의 교환법칙** : $a+b=b+a$

$$(+1)+(-2)=-1$$
$$(-2)+(+1)=-1$$

두 수의 순서를 바꾸어 더해도 결과는 같습니다.

- **덧셈의 결합법칙** : $(a+b)+c=a+(b+c)$

$$\{(+1)+(-2)\}+(-3)=-4$$
$$(+1)+\{(-2)+(-3)\}=-4$$

앞의 두 수와 뒤의 두 수 중에서 어느 것을 먼저 더해도 결과는 같습니다.

초등에서 배웠어요 두 수를 바꾸어 더하기

두 수의 순서를 바꾸어 더해도 결과는 같습니다.

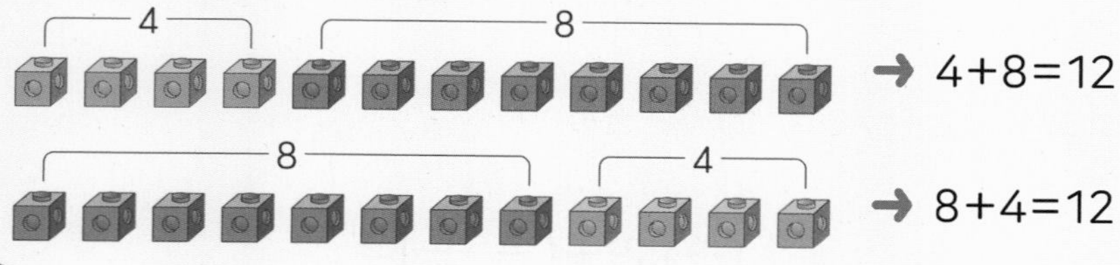

→ 4+8=12

→ 8+4=12

계산해 보세요.

❶ $(+4)+(+3)=$

$(+3)+(+4)=$

❷ $(-2)+(+5)=$

$(+5)+(-2)=$

❸ $\left(-\frac{1}{5}\right)+\left(-\frac{2}{3}\right)=$

$\left(-\frac{2}{3}\right)+\left(-\frac{1}{5}\right)=$

❹ $(+0.7)+(-1.5)=$

$(-1.5)+(+0.7)=$

다음 계산 과정에서 □ 안에 알맞은 수를 써넣고,
(가), (나)에 이용된 덧셈의 계산 법칙을 각각 써 보세요.

5 $(+2)+(-6)+(+8)$

$=(-6)+(\square)+(+8)$ (가)

$=(-6)+\{(\square)+(+8)\}$ (나)

$=(-6)+(\square)$

$=\square$

⇨ (가): 덧셈의 ________ 법칙

(나): 덧셈의 ________ 법칙

6 $(-3)+(+5)+(-2)$

$=(+5)+(\square)+(-2)$ (가)

$=(+5)+\{(\square)+(-2)\}$ (나)

$=(+5)+(\square)$

$=\square$

⇨ (가): ________________

(나): ________________

7 $\left(-\frac{1}{3}\right)+\left(-\frac{1}{2}\right)+\left(-\frac{4}{3}\right)$

$=\left(-\frac{1}{3}\right)+(\square)+\left(-\frac{1}{2}\right)$ (가)

$=\left\{\left(-\frac{1}{3}\right)+(\square)\right\}+\left(-\frac{1}{2}\right)$ (나)

$=(\square)+\left(-\frac{1}{2}\right)$

$=\square$

⇨ (가): ________________

(나): ________________

분모가 같은 수끼리
먼저 계산하면 편리해.

8 $(+3.5)+(-1.7)+(+1.5)$

$=(+3.5)+(\square)+(-1.7)$ (가)

$=\{(+3.5)+(\square)\}+(-1.7)$ (나)

$=(\square)+(-1.7)$

$=\square$

⇨ (가): ________________

(나): ________________

◎ 덧셈의 계산 법칙을 이용하여 계산해 보세요.

9 $(+1)+(-4)+(+3)=$

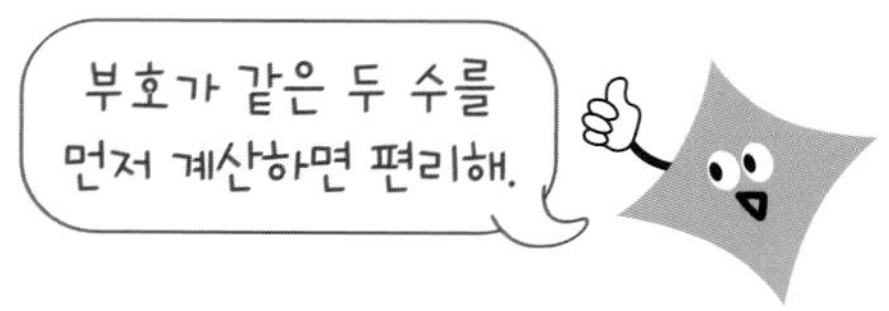

부호가 같은 두 수를
먼저 계산하면 편리해.

10 $(-2)+(+5)+(-8)=$

11 $(+4)+(-3)+(+6)=$

12 $(+3)+(-6)+(+3)=$

13 $(-7)+(+13)+(-6)=$

14 $(+9)+(-6)+(+11)=$

15 $(-12)+(+4)+(-8)=$

16 $(+23)+(-5)+(+7)=$

17 $(-6)+(+17)+(-34)=$

18 $(-5)+(+2)+(+5)=$

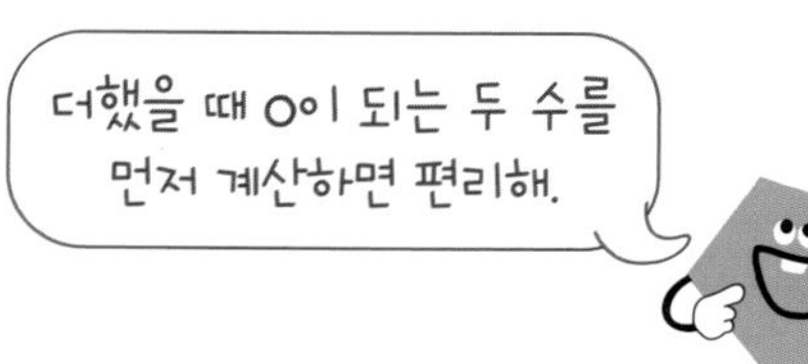

더했을 때 0이 되는 두 수를
먼저 계산하면 편리해.

19 $(+7)+(+9)+(-7)=$

20 $(-8)+(-15)+(+8)=$

21 $(-1)+\left(+\frac{1}{2}\right)+(-2)=$

정수와 분수 또는 정수와 소수의 계산은 정수끼리, 분수끼리, 소수끼리 먼저 계산하면 편리해.

22 $(+3)+\left(-\frac{4}{3}\right)+(-1)=$

23 $\left(-\frac{3}{4}\right)+(+1)+\left(-\frac{1}{4}\right)=$

24 $\left(+\frac{5}{7}\right)+(-2)+\left(-\frac{5}{7}\right)=$

25 $\left(+\frac{2}{3}\right)+(+5)+\left(+\frac{1}{3}\right)=$

26 $(+2)+(-3.2)+(+3)=$

27 $(-4)+(+2.5)+(+4)=$

28 $(+3)+(-4.2)+(+7)=$

29 $(+1.5)+(-7)+(+0.5)=$

30 $(-7.5)+(+11)+(-2.5)=$

31 $(+1.9)+(+19)+(-0.9)=$

◎ 덧셈의 계산 법칙을 이용하여 계산해 보세요.

32 $\left(+\frac{1}{2}\right)+\left(-\frac{1}{3}\right)+\left(-\frac{1}{2}\right)=$

분모가 같은 두 수를 먼저 계산하면 편리해.

33 $\left(-\frac{2}{3}\right)+\left(+\frac{1}{5}\right)+\left(-\frac{1}{3}\right)=$

34 $\left(+\frac{5}{6}\right)+\left(-\frac{2}{3}\right)+\left(+\frac{7}{6}\right)=$

35 $\left(+\frac{5}{4}\right)+\left(+\frac{1}{2}\right)+\left(+\frac{1}{4}\right)=$

36 $\left(+\frac{3}{8}\right)+\left(-\frac{1}{4}\right)+\left(-\frac{1}{8}\right)=$

37 $\left(-\frac{9}{7}\right)+\left(+\frac{3}{4}\right)+\left(+\frac{2}{7}\right)=$

38 $\left(-\frac{13}{10}\right)+\left(-\frac{2}{7}\right)+\left(-\frac{17}{10}\right)=$

39 $\left(+\frac{5}{3}\right)+\left(+\frac{1}{5}\right)+\left(+\frac{2}{3}\right)=$

40 $\left(-\frac{4}{5}\right)+\left(+\frac{3}{2}\right)+\left(-\frac{3}{5}\right)=$

41 $\left(+\frac{2}{9}\right)+\left(-\frac{3}{4}\right)+\left(+\frac{4}{9}\right)=$

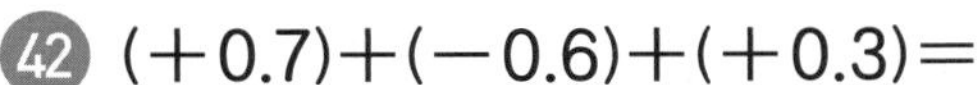

42 $(+0.7)+(-0.6)+(+0.3)=$

부호가 같은 두 소수 또는
더했을 때 정수가 되는 두 소수를
먼저 계산하면 편리해.

43 $(-0.6)+(+0.9)+(-1.4)=$

44 $(+2.5)+(-0.8)+(+0.5)=$

45 $(-0.4)+(+1.1)+(-1.6)=$

46 $(+1.7)+(-0.9)+(-0.7)=$

47 $(+3.3)+(-1.4)+(-0.3)=$

48 $(-2.2)+(+0.5)+(-1.3)=$

49 $(-0.1)+(+0.7)+(-3.1)=$

50 $(+3.6)+(-1.6)+(-3.6)=$

51 $(-0.9)+(+7.2)+(+0.9)=$

52 $(+4.5)+(-5.7)+(+1.5)=$

53 $(-7.8)+(+11.4)+(-2.2)=$

| 공부한 날짜 월 일 |

10 두 수의 뺄셈

두 수의 뺄셈은 **빼는 수의 부호를 바꾸어 덧셈으로 고쳐서** 계산합니다.

부호를 반대로

$$(+2)-(+3)=(+2)+(-3)=-1$$

뺄셈을 덧셈으로

부호를 반대로

$$(+2)-(-3)=(+2)+(+3)=+5$$

뺄셈을 덧셈으로

초등에서 배웠어요 분수의 뺄셈과 소수의 뺄셈

• **분수의 뺄셈**

분모를 통분한 후 분자끼리 뺍니다.

$$\frac{3}{4}-\frac{2}{3}=\frac{9}{12}-\frac{8}{12}=\frac{1}{12}$$

• **소수의 뺄셈**

소수점끼리 자리를 맞추어 세로로 쓰고,
같은 자리 수끼리 뺍니다.

$$\begin{array}{r} \scriptstyle 2\ 10 \\ 0.32 \\ -\ 0.17 \\ \hline 0.15 \end{array}$$

◎ ◯ 안에는 부호 +, − 중에서 알맞은 것을, ☐ 안에는 알맞은 수를 써넣으세요.

1 $(+7)-(+5)=(+7)+(◯☐)$
$=◯☐$

2 $(-4)-(+6)=(-4)+(◯☐)$
$=◯☐$

3 $(+3)-(-8)=(+3)+(◯☐)$
$=◯☐$

4 $(-9)-(-1)=(-9)+(◯☐)$
$=◯☐$

◎ **계산해 보세요.**

5 $(+1)-(+7)=$

6 $(+5)-(+10)=$

7 $0-(+6)=$

8 $(-3)-(+4)=$

9 $(-6)-(+9)=$

10 $(-11)-(+14)=$

11 $(+2)-(-1)=$

12 $(+8)-(-5)=$

13 $0-(-4)=$

14 $(-4)-(-2)=$

15 $(-7)-(-3)=$

16 $(-15)-(-12)=$

○ 계산해 보세요.

⑰ $\left(+\frac{2}{5}\right)-\left(+\frac{1}{4}\right)$

$=\left(+\frac{2}{5}\right)+\left(\bigcirc\square\right)$

$=\left(+\frac{\square}{20}\right)+\left(\bigcirc\frac{\square}{20}\right)$

$=\bigcirc\square$

⑱ $\left(+\frac{2}{3}\right)-\left(+\frac{1}{3}\right)=$

⑲ $\left(+\frac{1}{6}\right)-\left(+\frac{4}{3}\right)=$

⑳ $\left(+\frac{3}{2}\right)-\left(+\frac{5}{13}\right)=$

㉑ $\left(-\frac{2}{7}\right)-\left(+\frac{5}{7}\right)=$

㉒ $\left(-\frac{5}{4}\right)-\left(+\frac{1}{8}\right)=$

㉓ $\left(-\frac{7}{6}\right)-\left(+\frac{5}{12}\right)=$

㉔ $\left(-\frac{8}{3}\right)-\left(+\frac{5}{2}\right)=$

㉕ $\left(-\frac{1}{9}\right)-\left(+\frac{3}{5}\right)=$

㉖ $\left(+\frac{3}{4}\right)-\left(-\frac{2}{3}\right)$

$=\left(+\frac{3}{4}\right)+\left(\bigcirc\square\right)$

$=\left(+\frac{\square}{12}\right)+\left(\bigcirc\frac{\square}{12}\right)$

$=\bigcirc\square$

빼는 수의 부호에 항상 주의해!

㉗ $\left(+\frac{1}{5}\right)-\left(-\frac{4}{5}\right)=$

㉘ $\left(+\frac{1}{4}\right)-\left(-\frac{1}{8}\right)=$

㉙ $\left(+\frac{5}{6}\right)-\left(-\frac{1}{2}\right)=$

㉚ $\left(-\frac{1}{3}\right)-\left(-\frac{7}{3}\right)=$

㉛ $\left(-\frac{5}{9}\right)-\left(-\frac{2}{9}\right)=$

㉜ $\left(-\frac{1}{2}\right)-\left(-\frac{1}{4}\right)=$

㉝ $\left(-\frac{7}{12}\right)-\left(-\frac{4}{3}\right)=$

㉞ $\left(-\frac{3}{4}\right)-\left(-\frac{7}{6}\right)=$

○ **계산해 보세요.**

35 $(+0.3)-(+0.1)$

$=(+0.3)+(\bigcirc\square)$

$=\bigcirc\square$

40 $(+0.5)-(-0.1)$

$=(+0.5)+(\bigcirc\square)$

$=\bigcirc\square$

36 $(+0.6)-(+1.5)=$

41 $(+0.9)-(-0.4)=$

37 $(+3.6)-(+2.8)=$

42 $(+1.7)-(-1.3)=$

38 $(-0.7)-(+0.8)=$

43 $(-1.1)-(-6.2)=$

39 $(-2.9)-(+1.2)=$

44 $(-10.5)-(-4.3)=$

45 $(+2.4)-\left(+\frac{1}{3}\right)$

$=(+2.4)+\left(\bigcirc\square\right)$

$=\left(+\frac{\square}{5}\right)+\left(\bigcirc\square\right)$

$=\left(+\frac{\square}{15}\right)+\left(\bigcirc\frac{\square}{15}\right)$

$=\bigcirc\square$

49 $(+1.3)-\left(-\frac{1}{2}\right)$

$=(+1.3)+\left(\bigcirc\square\right)$

$=\left(+\frac{\square}{10}\right)+\left(\bigcirc\square\right)$

$=\left(+\frac{\square}{10}\right)+\left(\bigcirc\frac{\square}{10}\right)$

$=\bigcirc\square$

46 $\left(+\frac{3}{5}\right)-(+1.6)=$

47 $\left(-\frac{5}{2}\right)-(+4.5)=$

48 $(-1.4)-\left(+\frac{7}{6}\right)=$

50 $\left(+\frac{1}{4}\right)-(-1.5)=$

51 $(-3.3)-\left(-\frac{9}{10}\right)=$

52 $\left(-\frac{3}{2}\right)-(-2.7)=$

공부한 날짜 월 일

11 덧셈과 뺄셈의 혼합 계산

❶ 뺄셈은 모두 덧셈으로 고칩니다.

❷ 덧셈의 계산 법칙을 이용하여 더하기 쉬운 수끼리 모아서 계산합니다.

$$\begin{aligned}&(+3)-(-6)+(+7)\\=&(+3)+(+6)+(+7)\\=&(+3)+(+7)+(+6)\\=&\{(+3)+(+7)\}+(+6)\\=&(+10)+(+6)\\=&+16\end{aligned}$$

뺄셈은 덧셈으로

덧셈의 교환법칙

덧셈의 결합법칙

초등에서 배웠어요 자연수의 덧셈과 뺄셈의 혼합 계산

• $35+13-4=48-4=44$ (❶ $35+13$, ❷ $48-4$)

→ 앞에서부터 차례로 계산

• $21-(7+12)=21-19=2$ (❶ $7+12$, ❷ $21-19$)

→ 괄호 안을 먼저 계산

◎ ◯ 안에는 부호 +, − 중에서 알맞은 것을, ▢ 안에는 알맞은 수를 써넣으세요.

1 $(-5)+(+2)-(+6)$

$=(-5)+(+2)+(\bigcirc\square)$ ← 뺄셈은 덧셈으로

$=(-5)+(\bigcirc\square)+(+2)$ ← 덧셈의 교환법칙

$=\{(-5)+(\bigcirc\square)\}+(+2)$ ← 덧셈의 결합법칙

$=(\bigcirc\square)+(+2)$

$=\bigcirc\square$

2 $\left(+\frac{9}{4}\right)-\left(-\frac{1}{2}\right)-\left(+\frac{3}{4}\right)$

$=\left(+\frac{9}{4}\right)+\left(\bigcirc\frac{1}{2}\right)+\left(\bigcirc\frac{3}{4}\right)$

$=\left(+\frac{9}{4}\right)+\left(\bigcirc\frac{3}{4}\right)+\left(\bigcirc\frac{1}{2}\right)$

$=\left\{\left(+\frac{9}{4}\right)+\left(\bigcirc\frac{3}{4}\right)\right\}+\left(\bigcirc\frac{1}{2}\right)$

$=(\bigcirc\square)+\left(\bigcirc\frac{1}{2}\right)$

$=\bigcirc\square$

○ **계산해 보세요.**

3 $(+2)+(+4)-(+3)=$

4 $(-1)-(+5)+(+4)=$

5 $(+3)+(-7)-(+6)=$

6 $(+9)-(-4)+(-8)=$

7 $(+4)-(+7)+(+6)=$

8 $(-5)+(+1)-(+3)=$

9 $(+3)+(-2)-(-3)=$

10 $(-6)-(-1)+(-8)=$

11 $(+8)-(+5)-(+2)=$

12 $(-7)-(-6)-(-9)=$

13 $(+1)-(-3)-(+12)=$

14 $(-2)-(-10)-(+5)=$

○ 계산해 보세요.

⑮ $(+5)-(-1)+\left(+\frac{1}{2}\right)=$

⑯ $(-2)-\left(-\frac{4}{5}\right)+(-3)=$

⑰ $\left(-\frac{4}{3}\right)-(-7)-(+4)=$

⑱ $(+2)+\left(+\frac{1}{4}\right)-\left(+\frac{5}{4}\right)=$

⑲ $\left(+\frac{3}{2}\right)-(-5)-\left(+\frac{2}{3}\right)=$

⑳ $(-6)+(-3)-(+0.7)=$

㉑ $(+4)-(-2.2)+(+7)=$

㉒ $(-5)+(-1.9)-(-6.1)=$

㉓ $(+3.5)-(-0.5)-(+1)=$

㉔ $(-4.6)+(+9)-(+5.4)=$

㉕ $(+10.7)-(+21)-(-1.3)=$

26 $\left(+\frac{1}{2}\right)-\left(-\frac{7}{2}\right)+\left(-\frac{3}{2}\right)=$

27 $\left(+\frac{2}{7}\right)+\left(-\frac{1}{3}\right)-\left(+\frac{1}{3}\right)=$

28 $\left(-\frac{1}{6}\right)+\left(-\frac{7}{3}\right)-\left(-\frac{5}{6}\right)=$

29 $\left(+\frac{4}{5}\right)+\left(-\frac{5}{4}\right)-\left(-\frac{1}{5}\right)=$

30 $\left(+\frac{2}{3}\right)-\left(+\frac{7}{6}\right)-\left(+\frac{4}{3}\right)=$

31 $(+0.7)-(+0.3)+(-0.5)=$

32 $(-1.2)+(+0.9)-(+2.7)=$

33 $(-3.6)-(-1.5)-(+0.3)=$

34 $(+0.8)-(-0.2)+\left(-\frac{2}{5}\right)=$

35 $(-4.4)-\left(+\frac{9}{2}\right)-(+2.1)=$

부호가 생략된 수의 덧셈과 뺄셈

부호가 생략된 수의 덧셈과 뺄셈은 **생략된 양의 부호 +와 괄호를 살려서** 계산합니다.

$$-3+6-7$$
$$=(-3)+(+6)-(+7)$$ (+ 부호와 괄호 살리기)
$$=(-3)+(+6)+(-7)$$ (뺄셈은 덧셈으로)
$$=\{(-3)+(-7)\}+(+6)$$ (덧셈의 교환법칙, 결합법칙)
$$=(-10)+(+6)$$
$$=-4$$

계산해 보세요.

36 $5-3+4$

$=(+5)-(\bigcirc 3)+(\bigcirc 4)$ (+ 부호와 괄호 살리기)

$=(+5)+(\bigcirc 3)+(\bigcirc 4)$ (뺄셈은 덧셈으로)

$=\{(+5)+(\bigcirc 4)\}+(\bigcirc 3)$ (덧셈의 교환법칙, 결합법칙)

$=(\bigcirc \square)+(\bigcirc 3)$

$=\bigcirc \square$

37 $2-9=$

38 $-12+21=$

39 $7+1-10=$

40 $4-3-6=$

41 $-1+4-3=$

42 $-9-5+13=$

43 $-\frac{3}{5}+\frac{7}{5}=$

44 $1-\frac{4}{3}=$

45 $5-\frac{9}{2}-3=$

46 $-2-\frac{1}{5}+\frac{1}{2}=$

47 $-\frac{7}{6}+\frac{11}{12}-\frac{1}{4}=$

48 $-1.4+0.8=$

49 $4-0.4-3.1=$

50 $0.7-9+2.3=$

51 $-2.1-4.2+3.5=$

52 $1.9-\frac{7}{2}=$

53 $-0.2+\frac{2}{3}-0.3=$

12 정수와 유리수의 덧셈과 뺄셈 평가

공부한 날짜 월 일

● 다음 수직선을 보고 □ 안에 알맞은 수를 써넣으세요.

❶

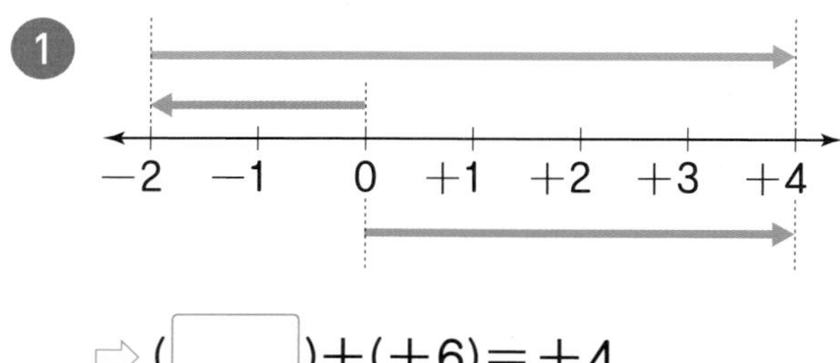

⇨ (□)+(+6)=+4

❷

−6 −5 −4 −3 −2 −1 0

⇨ (−2)+(−4)= □

❸

0 +1 +2 +3 +4 +5 +6

⇨ (+6)+(□)=+2

● 계산해 보세요.

❹ $(+3)+(+5)=$

❺ $(-7)+(-4)=$

❻ $(-6)+(+11)=$

❼ $(+2)+(-5)=$

❽ $\left(+\frac{4}{5}\right)+\left(+\frac{2}{5}\right)=$

9 $\left(+\frac{5}{4}\right)+(-2)=$

10 $\left(-\frac{5}{6}\right)+\left(-\frac{1}{4}\right)=$

11 $(-5)+(+3.2)=$

12 $(-0.8)+(-1.5)=$

13 $(+3.2)+\left(-\frac{15}{4}\right)=$

○ 다음 계산 과정에서 □ 안에 알맞은 수를 써 넣고, (가)~(라) 중에서 덧셈의 교환법칙과 덧셈의 결합법칙이 이용된 곳을 찾아 각각 기호를 써 보세요.

14 $(+3)+(-4)+(+9)$

$=(+3)+(+9)+(\square)$ (가)

$=\{(+3)+(+9)\}+(\square)$ (나)

$=(\square)+(\square)$ (다)

$=\square$ (라)

⇨ 덧셈의 교환법칙: ______

덧셈의 결합법칙: ______

15 $\left(-\frac{3}{4}\right)+\left(+\frac{3}{2}\right)+\left(-\frac{11}{4}\right)$

$=\left(+\frac{3}{2}\right)+(\square)+\left(-\frac{11}{4}\right)$ (가)

$=\left(+\frac{3}{2}\right)+\left\{(\square)+\left(-\frac{11}{4}\right)\right\}$ (나)

$=\left(+\frac{3}{2}\right)+(\square)$ (다)

$=\square$ (라)

⇨ 덧셈의 교환법칙: ______

덧셈의 결합법칙: ______

정수와 유리수의 덧셈과 뺄셈 평가

○ 계산해 보세요.

16 $(+4)-(+2)=$

17 $(-8)-(+9)=$

18 $(+20)-(-15)=$

19 $\left(-\frac{5}{9}\right)-\left(-\frac{8}{9}\right)=$

20 $\left(+\frac{1}{6}\right)-\left(+\frac{1}{3}\right)=$

21 $\left(-\frac{2}{11}\right)-\left(-\frac{3}{2}\right)=$

22 $(+3.8)-(+4.5)=$

23 $(+2.5)-(-0.9)=$

24 $(-2)-\left(+\frac{4}{7}\right)=$

25 $\left(+\frac{1}{3}\right)-(-1.2)=$

26 $(+5)+(-3)-(+7)=$

27 $\left(-\frac{3}{4}\right)-(-2)+\left(-\frac{7}{4}\right)=$

28 $(+2.5)-(-1.6)-(+2)=$

29 $\left(-\frac{2}{3}\right)+\left(+\frac{1}{6}\right)-\left(+\frac{5}{12}\right)=$

30 $\left(+\frac{7}{2}\right)-(+2.4)-\left(-\frac{9}{2}\right)=$

31 $8-12=$

32 $-\frac{5}{8}+\frac{1}{3}=$

33 $-5+16-7=$

34 $-1.4-2.6+5.3=$

35 $\frac{10}{9}-0.9-\frac{1}{3}=$

4 정수와 유리수의 곱셈과 나눗셈

13 부호가 같은 두 수의 곱셈

14 부호가 다른 두 수의 곱셈

15 곱셈의 계산 법칙

16 세 수 이상의 곱셈 / 거듭제곱의 계산 / 분배법칙

17 부호가 같은 두 수의 나눗셈 / 부호가 다른 두 수의 나눗셈

18 역수 / 역수를 이용한 수의 나눗셈

19 곱셈과 나눗셈의 혼합 계산 / 덧셈, 뺄셈, 곱셈, 나눗셈의 혼합 계산

20 정수와 유리수의 곱셈과 나눗셈 평가

13 부호가 같은 두 수의 곱셈

부호가 같은 두 수를 곱할 때는 두 수의 **절댓값의 곱에 양의 부호 +**를 붙입니다.

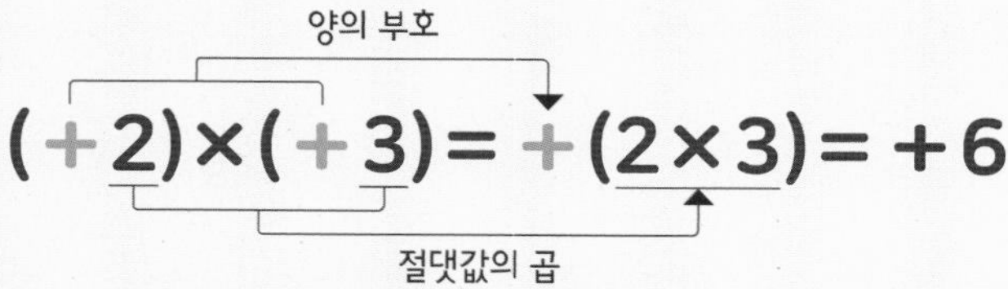

양의 부호

$(-2)\times(-3)=+(2\times3)=+6$

절댓값의 곱

초등에서 배웠어요 분수의 곱셈과 소수의 곱셈

• **분수의 곱셈**

분모는 분모끼리, 분자는 분자끼리 곱합니다.

$$\frac{4}{5}\times\frac{3}{8}=\frac{4\times3}{5\times8}=\frac{12}{40}=\frac{3}{10}$$

(분자)×(분자), (분모)×(분모)

• **소수의 곱셈**

소수를 자연수로 생각하여 곱을 구한 후 소수점을 찍습니다.

0.1 2	← 소수 두 자리 수	⊕
× 0.8	← 소수 한 자리 수	
0.0 9 6	← 소수 세 자리 수	

● **계산해 보세요.**

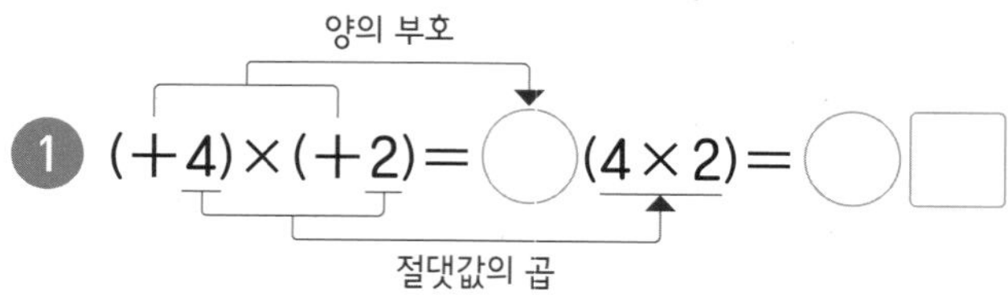

② $(+5)\times(+3)=$

양의 부호

③ $(-1)\times(-7)=$ ◯ $(1\times7)=$ ◯ □

절댓값의 곱

④ $(-2)\times(-4)=$

5 $(+1)\times(+8)=$

6 $(+6)\times(+2)=$

7 $(+7)\times(+4)=$

8 $(+5)\times(+5)=$

9 $(+3)\times(+12)=$

10 $(+20)\times(+11)=$

11 $(-5)\times(-1)=$

12 $(-4)\times(-3)=$

13 $(-9)\times(-6)=$

14 $(-7)\times(-7)=$

15 $(-6)\times(-15)=$

16 $(-12)\times(-21)=$

○ 계산해 보세요.

⑰ $\left(+\frac{2}{15}\right)\times(+10)=\bigcirc\left(\frac{2}{15}\times10\right)$
$=\bigcirc\square$

⑱ $\left(+\frac{1}{3}\right)\times(+6)=$

⑲ $(+4)\times\left(+\frac{3}{2}\right)=$

⑳ $\left(+\frac{2}{3}\right)\times(+14)=$

㉑ $(+3)\times\left(+\frac{7}{12}\right)=$

㉒ $(+1.5)\times(+5)=\bigcirc(1.5\times5)$
$=\bigcirc\square$

㉓ $(+0.2)\times(+7)=$

㉔ $(+4)\times(+0.8)=$

㉕ $(+1.6)\times(+2)=$

㉖ $(+11)\times(+0.3)=$

㉗ $(+0.23)\times(+7)=$

28 $(-12)\times\left(-\frac{3}{8}\right)=\bigcirc\left(12\times\frac{3}{8}\right)$

$=\bigcirc\square$

29 $(-7)\times\left(-\frac{6}{7}\right)=$

30 $\left(-\frac{11}{6}\right)\times(-10)=$

31 $(-9)\times\left(-\frac{13}{27}\right)=$

32 $\left(-\frac{7}{10}\right)\times(-3)=$

33 $(-4)\times(-1.2)=\bigcirc(4\times1.2)$

$=\bigcirc\square$

34 $(-0.5)\times(-9)=$

35 $(-5)\times(-0.4)=$

36 $(-6.8)\times(-2)=$

37 $(-7)\times(-1.7)=$

38 $(-0.26)\times(-4)=$

○ 계산해 보세요.

㊴ $\left(+\frac{7}{8}\right)\times\left(+\frac{4}{5}\right)=\bigcirc\left(\frac{7}{8}\times\frac{4}{5}\right)$

$=\bigcirc\square$

㊵ $\left(+\frac{1}{2}\right)\times\left(+\frac{1}{5}\right)=$

㊶ $\left(+\frac{6}{5}\right)\times\left(+\frac{1}{6}\right)=$

㊷ $\left(+\frac{2}{3}\right)\times\left(+\frac{5}{12}\right)=$

㊸ $\left(+\frac{15}{4}\right)\times\left(+\frac{16}{5}\right)=$

㊹ $(+0.8)\times(+2.3)=\bigcirc(0.8\times2.3)$

$=\bigcirc\square$

㊺ $(+0.9)\times(+0.4)=$

㊻ $(+1.5)\times(+1.2)=$

㊼ $(+0.12)\times(+0.2)=$

㊽ $(+0.7)\times\left(+\frac{2}{3}\right)=$

㊾ $(+2.4)\times\left(+\frac{8}{3}\right)=$

50 $\left(-\frac{3}{4}\right)\times\left(-\frac{8}{5}\right)=\bigcirc\left(\frac{3}{4}\times\frac{8}{5}\right)$
$=\bigcirc\square$

51 $\left(-\frac{1}{6}\right)\times\left(-\frac{1}{2}\right)=$

52 $\left(-\frac{4}{3}\right)\times\left(-\frac{1}{4}\right)=$

53 $\left(-\frac{1}{3}\right)\times\left(-\frac{4}{5}\right)=$

54 $\left(-\frac{9}{8}\right)\times\left(-\frac{4}{3}\right)=$

55 $(-6.4)\times(-0.2)=\bigcirc(6.4\times0.2)$
$=\bigcirc\square$

56 $(-0.7)\times(-0.5)=$

57 $(-3.8)\times(-1.4)=$

58 $(-2.1)\times(-0.04)=$

59 $(-1.2)\times\left(-\frac{5}{2}\right)=$

60 $\left(-\frac{11}{6}\right)\times(-1.8)=$

14 부호가 다른 두 수의 곱셈

공부한 날짜 월 일

부호가 다른 두 수를 곱할 때는 두 수의 절댓값의 곱에 음의 부호 −를 붙입니다.

음의 부호

$$(+2)\times(-3)=-(2\times3)=-6$$

절댓값의 곱

음의 부호

$$(-2)\times(+3)=-(2\times3)=-6$$

절댓값의 곱

참고 어떤 수와 0의 곱은 항상 0입니다. 예 $(+2)\times0=0$

○ 계산해 보세요.

음의 부호

1 $(+3)\times(-3)=\bigcirc(3\times3)=\bigcirc\square$

절댓값의 곱

2 $(+1)\times(-2)=$

3 $(+6)\times(-3)=$

음의 부호

4 $(-5)\times(+1)=\bigcirc(5\times1)=\bigcirc\square$

절댓값의 곱

5 $(-3)\times(+4)=$

6 $(-2)\times(+8)=$

⑦ $(+5)\times(-2)=$

⑧ $(+4)\times(-6)=$

⑨ $(+7)\times(-2)=$

⑩ $(+3)\times(-5)=$

⑪ $(+12)\times(-4)=$

⑫ $0\times(-8)=$

⑬ $(-4)\times(+8)=$

⑭ $(-7)\times(+4)=$

⑮ $(-8)\times(+8)=$

⑯ $(-6)\times(+13)=$

⑰ $(-23)\times(+10)=$

⑱ $0\times(+5)=$

○ 계산해 보세요.

⑲ $(+12)\times\left(-\frac{5}{16}\right)=\bigcirc\left(12\times\frac{5}{16}\right)$

$=\bigcirc\square$

⑳ $\left(+\frac{1}{2}\right)\times(-7)=$

㉑ $(+3)\times\left(-\frac{5}{3}\right)=$

㉒ $\left(+\frac{9}{14}\right)\times(-7)=$

㉓ $0\times\left(-\frac{3}{11}\right)=$

㉔ $(+4)\times(-1.6)=\bigcirc(4\times1.6)$

$=\bigcirc\square$

㉕ $(+0.3)\times(-5)=$

㉖ $(+2)\times(-0.9)=$

㉗ $(+6)\times(-2.1)=$

㉘ $(+2.12)\times(-4)=$

㉙ $(+2.7)\times0=$

㉚ $\left(-\frac{5}{8}\right)\times(+10)=\bigcirc\left(\frac{5}{8}\times 10\right)$

$=\bigcirc\square$

㉛ $(-8)\times\left(+\frac{1}{7}\right)=$

㉜ $\left(-\frac{1}{4}\right)\times(+2)=$

㉝ $\left(-\frac{2}{9}\right)\times(+6)=$

㉞ $0\times\left(+\frac{11}{10}\right)=$

㉟ $(-3.5)\times(+4)=\bigcirc(3.5\times 4)$

$=\bigcirc\square$

㊱ $(-0.5)\times(+7)=$

㊲ $(-3)\times(+0.2)=$

㊳ $(-6.9)\times(+8)=$

㊴ $(-2)\times(+5.41)=$

㊵ $(-3.2)\times 0=$

○ **계산해 보세요.**

41 $\left(+\frac{9}{2}\right)\times\left(-\frac{7}{3}\right)=\bigcirc\left(\frac{9}{2}\times\frac{7}{3}\right)$
$=\bigcirc\square$

42 $\left(+\frac{1}{3}\right)\times\left(-\frac{1}{2}\right)=$

43 $\left(+\frac{1}{5}\right)\times\left(-\frac{5}{4}\right)=$

44 $\left(+\frac{7}{6}\right)\times\left(-\frac{3}{7}\right)=$

45 $\left(+\frac{4}{27}\right)\times\left(-\frac{9}{2}\right)=$

46 $(+3.7)\times(-0.9)=\bigcirc(3.7\times0.9)$
$=\bigcirc\square$

47 $(+0.4)\times(-0.4)=$

48 $(+7.7)\times(-3.2)=$

49 $(+0.23)\times(-1.1)=$

50 $\left(+\frac{2}{5}\right)\times(-0.5)=$

51 $(+3.1)\times\left(-\frac{10}{9}\right)=$

52 $\left(-\frac{6}{7}\right)\times\left(+\frac{7}{2}\right)=\bigcirc\left(\frac{6}{7}\times\frac{7}{2}\right)$

$=\bigcirc\square$

53 $\left(-\frac{7}{9}\right)\times\left(+\frac{1}{2}\right)=$

54 $\left(-\frac{8}{3}\right)\times\left(+\frac{5}{8}\right)=$

55 $\left(-\frac{16}{5}\right)\times\left(+\frac{15}{14}\right)=$

56 $\left(-\frac{12}{19}\right)\times 0=$

57 $(-0.7)\times(+2.9)=\bigcirc(0.7\times 2.9)$

$=\bigcirc\square$

58 $(-4.1)\times(+0.2)=$

59 $(-0.08)\times(+0.6)=$

60 $0\times(+2.5)=$

61 $(-0.1)\times\left(+\frac{1}{3}\right)=$

62 $\left(-\frac{3}{4}\right)\times(+0.8)=$

15 곱셈의 계산 법칙

• 곱셈의 교환법칙 : $a\times b=b\times a$

$(+1)\times(-2)=-2$

$(-2)\times(+1)=-2$

→ 두 수의 순서를 바꾸어 곱해도 결과는 같습니다.

• 곱셈의 결합법칙 : $(a\times b)\times c=a\times(b\times c)$

$\{(+1)\times(-2)\}\times(-3)=+6$

$(+1)\times\{(-2)\times(-3)\}=+6$

→ 앞의 두 수와 뒤의 두 수 중에서 어느 것을 먼저 곱해도 결과는 같습니다.

초등에서 배웠어요 두 수를 바꾸어 곱하기

두 수의 순서를 바꾸어 곱해도 결과는 같습니다.

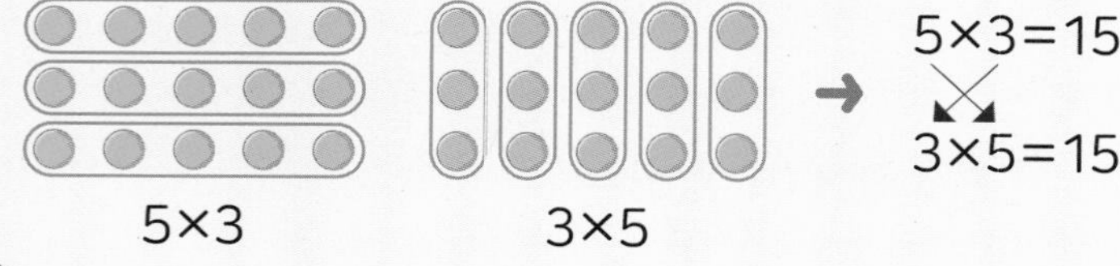

→ 5×3=15

3×5=15

○ 계산해 보세요.

1 $(-2)\times(+4)=$

$(+4)\times(-2)=$

2 $(-6)\times(-5)=$

$(-5)\times(-6)=$

3 $\left(+\frac{4}{9}\right)\times\left(+\frac{3}{2}\right)=$

$\left(+\frac{3}{2}\right)\times\left(+\frac{4}{9}\right)=$

4 $(+0.5)\times(-2.1)=$

$(-2.1)\times(+0.5)=$

○ 다음 계산 과정에서 □ 안에 알맞은 수를 써넣고,
(가), (나)에 이용된 곱셈의 계산 법칙을 각각 써 보세요.

5 $(+3)\times(-7)\times(+5)$

$=(-7)\times(\square)\times(+5)$ (가)

$=(-7)\times\{(\square)\times(+5)\}$ (나)

$=(-7)\times(\square)$

$=\square$

⇨ (가): 곱셈의 ______ 법칙

(나): 곱셈의 ______ 법칙

6 $(-5)\times(+2)\times(-4)$

$=(+2)\times(\square)\times(-4)$ (가)

$=(+2)\times\{(\square)\times(-4)\}$ (나)

$=(+2)\times(\square)$

$=\square$

⇨ (가): ______

(나): ______

7 $\left(+\frac{3}{5}\right)\times\left(-\frac{1}{4}\right)\times\left(+\frac{5}{3}\right)$

$=\left(+\frac{3}{5}\right)\times(\square)\times\left(-\frac{1}{4}\right)$ (가)

$=\left\{\left(+\frac{3}{5}\right)\times(\square)\right\}\times\left(-\frac{1}{4}\right)$ (나)

$=(\square)\times\left(-\frac{1}{4}\right)$

$=\square$

⇨ (가): ______

(나): ______

8 $(+2)\times(-0.1)\times(+5)$

$=(\square)\times(+5)\times(-0.1)$ (가)

$=\{(\square)\times(+5)\}\times(-0.1)$ (나)

$=(\square)\times(-0.1)$

$=\square$

⇨ (가): ______

(나): ______

곱셈의 계산 법칙을 이용하여 계산해 보세요.

9 $(+4)\times(-7)\times(+5)=$

계산이 간단해지는 두 수 또는 부호가 같은 두 수를 먼저 계산하면 편리해.

10 $(+1)\times(-9)\times(+2)=$

11 $(-3)\times(+2)\times(-2)=$

12 $(-2)\times(+8)\times(-4)=$

13 $(-8)\times(+3)\times(-5)=$

14 $(+15)\times(-3)\times(+2)=$

15 $(+3)\times(-9)\times(+3)=$

16 $(-5)\times(+17)\times(-2)=$

17 $(+2)\times(-9)\times(+15)=$

18 $(+25)\times(-7)\times(+2)=$

×3은 ×(+3)에서 + 부호가 생략된 거야.

19 $(-5)\times3\times(-7)=$

20 $8\times(-1)\times3=$

㉑ $(-2)\times\left(-\frac{1}{4}\right)\times(-6)=$

㉒ $(+3)\times\left(+\frac{3}{2}\right)\times(-5)=$

㉓ $\left(+\frac{5}{7}\right)\times\left(-\frac{5}{3}\right)\times(+14)=$

약분할 수 있는 두 수를
먼저 계산하면 편리해.

㉔ $(-5)\times\left(+\frac{1}{3}\right)\times\left(+\frac{11}{5}\right)=$

㉕ $\left(-\frac{3}{10}\right)\times(-7)\times\left(+\frac{5}{6}\right)=$

㉖ $(-0.2)\times(+13)\times(-5)=$

㉗ $(+0.5)\times(+1.4)\times(-2)=$

㉘ $(+4)\times(-0.9)\times(-1)=$

㉙ $(-15)\times(+0.7)\times(-2)=$

㉚ $(-2)\times(+12.2)\times(-2)=$

㉛ $(+2.6)\times(-0.02)\times(+10)=$

○ 곱셈의 계산 법칙을 이용하여 계산해 보세요.

32 $\left(+\frac{1}{2}\right)\times\left(-\frac{1}{3}\right)\times\left(+\frac{2}{7}\right)=$

33 $\left(-\frac{1}{6}\right)\times\left(-\frac{1}{5}\right)\times\left(+\frac{6}{7}\right)=$

34 $\left(+\frac{3}{8}\right)\times\left(-\frac{1}{11}\right)\times\left(-\frac{8}{3}\right)=$

35 $\left(-\frac{4}{5}\right)\times\left(+\frac{3}{2}\right)\times\left(+\frac{5}{4}\right)=$

36 $\left(+\frac{2}{5}\right)\times\left(-\frac{1}{3}\right)\times\left(+\frac{5}{6}\right)=$

37 $\left(+\frac{3}{4}\right)\times\left(+\frac{1}{5}\right)\times\left(-\frac{4}{9}\right)=$

38 $\left(+\frac{9}{4}\right)\times\left(+\frac{5}{13}\right)\times\left(+\frac{8}{3}\right)=$

39 $\left(-\frac{7}{8}\right)\times\left(+\frac{1}{5}\right)\times\left(-\frac{4}{7}\right)=$

40 $\left(+\frac{9}{2}\right)\times\left(-\frac{5}{7}\right)\times\left(+\frac{4}{27}\right)=$

41 $\left(-\frac{7}{9}\right)\times\left(-\frac{12}{19}\right)\times\left(-\frac{3}{7}\right)=$

42 $(-0.5)\times(+1.1)\times(-0.2)=$

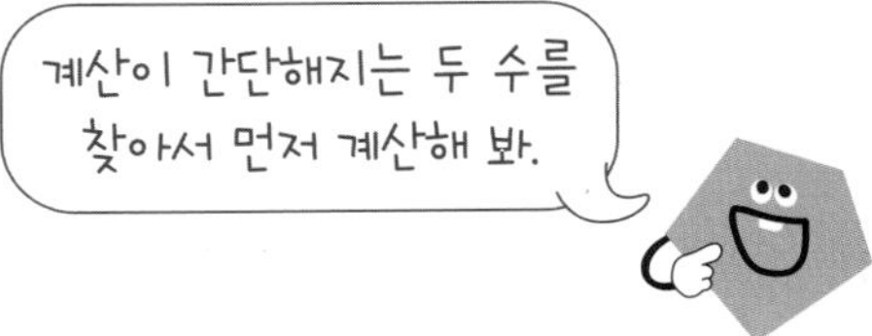

계산이 간단해지는 두 수를
찾아서 먼저 계산해 봐.

43 $(+1.5)\times(-0.7)\times(+0.2)=$

44 $(-0.4)\times(+5.2)\times(-0.1)=$

45 $(+0.8)\times(+2.1)\times(-0.5)=$

46 $(-2.5)\times(+1.23)\times(-0.8)=$

47 $(+0.4)\times(-10.7)\times(+0.05)=$

48 $(+3)\times(-1.6)\times\left(+\frac{2}{3}\right)=$

49 $\left(-\frac{1}{7}\right)\times(+0.3)\times(+42)=$

50 $(+10)\times\left(-\frac{5}{3}\right)\times(-0.6)=$

51 $(-1.2)\times\left(-\frac{1}{6}\right)\times(+5)=$

52 $(-0.6)\times\left(-\frac{5}{18}\right)\times(-15)=$

53 $(+20)\times\left(-\frac{2}{9}\right)\times(+0.25)=$

세 수 이상의 곱셈

세 수 이상의 곱셈에서는 곱해지는 음수의 개수에 따라 부호가 결정됩니다.

- 곱해지는 음수가 **짝수 개** → $+$(절댓값의 곱)

$$(-2)\times(+3)\times(-1)=+(2\times3\times1)=+6$$

음수가 짝수 개

- 곱해지는 음수가 **홀수 개** → $-$(절댓값의 곱)

$$(-2)\times(-3)\times(-1)=-(2\times3\times1)=-6$$

음수가 홀수 개

초등에서 배웠어요 **세 분수의 곱셈**

방법 ① 앞에서부터 차례로 두 분수씩 곱해서 계산하거나

$$\frac{2}{3}\times\frac{1}{4}\times\frac{3}{5}=\left(\frac{\cancel{2}^{1}}{3}\times\frac{1}{\cancel{4}_{2}}\right)\times\frac{3}{5}=\frac{1}{\cancel{6}_{2}}\times\frac{\cancel{3}^{1}}{5}=\frac{1}{10}$$

방법 ② 세 분수를 한꺼번에 계산합니다.

$$\frac{2}{3}\times\frac{1}{4}\times\frac{3}{5}=\frac{\cancel{2}^{1}\times1\times\cancel{3}^{1}}{\cancel{3}_{1}\times\cancel{4}_{2}\times5}=\frac{1}{10}$$

○ 계산해 보세요.

1. $(+4)\times(-5)\times(-3)=\bigcirc(4\times5\times3)$
   음수가 짝수 개
   $=\bigcirc\square$

2. $(-1)\times(+3)\times(+9)=$

3. $(-7)\times(+2)\times(-5)=$

4. $(+2)\times(-4)\times(-2)\times(-6)=$

5 $(+3)\times\left(-\frac{5}{6}\right)\times\left(+\frac{4}{3}\right)$

$=\bigcirc\left(3\times\frac{5}{6}\times\frac{4}{3}\right)$

$=\bigcirc\square$

6 $(-4)\times\left(+\frac{8}{3}\right)\times(-6)=$

7 $(+6)\times(-1.5)\times(-2)=$

8 $(-0.3)\times(-10)\times(-1.3)=$

9 $(-12)\times\left(+\frac{1}{4}\right)\times(-4)\times\left(-\frac{3}{2}\right)$

$=$

10 $\left(-\frac{1}{2}\right)\times\left(-\frac{2}{3}\right)\times\left(+\frac{1}{5}\right)=$

11 $\left(+\frac{3}{5}\right)\times\left(+\frac{1}{4}\right)\times\left(-\frac{10}{3}\right)=$

12 $\left(-\frac{2}{7}\right)\times\left(+\frac{35}{12}\right)\times\left(+\frac{3}{5}\right)=$

13 $(-1.4)\times(-0.2)\times(-0.5)=$

14 $(+2.1)\times(-1.5)\times(-0.4)=$

15 $\left(+\frac{2}{9}\right)\times\left(-\frac{7}{3}\right)\times\left(-\frac{18}{7}\right)\times\left(+\frac{6}{5}\right)$

$=$

거듭제곱의 계산

- 양수의 거듭제곱의 부호

$(+2)^2=(+2)\times(+2)=+4$

$(+2)^3=(+2)\times(+2)\times(+2)=+8$ → 항상 +

- 음수의 거듭제곱의 부호

$(-2)^2=(-2)\times(-2)=+4$ → 지수가 짝수이면 +

$(-2)^3=(-2)\times(-2)\times(-2)=-8$ → 지수가 홀수이면 −

○ 계산해 보세요.

16 $(-3)^3=(-3)\times(-3)\times(-3)$

$=\bigcirc(3\times3\times3)$

$=\bigcirc\square$

17 $(+2)^6=$

18 $(-4)^4=$

19 $\left(-\frac{1}{2}\right)^5=$

20 $-3^4=-(3\times3\times3\times3)=\bigcirc\square$

$(-3)^3$은 −3을 3번 곱한 것이고,
-3^4은 3을 4번 곱한 후
− 부호를 붙인 거야.

21 $-5^2=$

22 $(-1)^{99}=$

23 $-1^{100}=$

24 $2\times(-7)^2=$

25 $-6\times(-2)^5=$

26 $(+3)^3\times(-2)^2=$

27 $-2^2\times(-3)^2=$

28 $(-1)^8\times(-4)^3=$

29 $(-5)^2\times(-1)^{49}=$

30 $(+3)^2\times\left(-\frac{1}{6}\right)^3=$

31 $\left(-\frac{2}{3}\right)^2\times(-9^2)=$

32 $(-4)^2\times(-1)^3\times(-2)=$

33 $-5^2\times\left(-\frac{3}{5}\right)^2\times(+3)=$

34 $\left(-\frac{3}{4}\right)^2\times(-2)^3\times\left(+\frac{2}{3}\right)^3=$

35 $(-1)^3\times(-1^{50})\times(-1)^{48}\times(-1^2)=$

분배법칙

- **분배법칙**: 세 수 a, b, c에 대하여

$$a\times(b+c)=a\times b+a\times c,\quad (a+b)\times c=a\times c+b\times c$$

$$a\times b+a\times c=a\times(b+c),\quad a\times c+b\times c=(a+b)\times c$$

예 $5\times(100+2)=5\times100+5\times2$ ←괄호 풀기
$3\times25+3\times15=3\times(25+15)$ ←괄호 묶기

○ **분배법칙을 이용하여 계산해 보세요.**

36 $12\times(100+3)$
$=12\times\square+12\times\square$
$=\square$

37 $25\times(100+1)=$

38 $(100-2)\times16=$

39 $(50+4)\times(-4)=$

40 $6\times33+6\times7$
$=\square\times(33+7)$
$=\square$

41 $(-27)\times98+(-27)\times2=$

42 $22\times4+28\times4=$

43 $76\times8-26\times8=$

44 $6\times\left(\frac{1}{3}+\frac{1}{6}\right)=$

45 $8\times\left(\frac{3}{2}-\frac{5}{4}\right)=$

46 $(-20)\times\left\{\frac{7}{4}+\left(-\frac{6}{5}\right)\right\}=$

47 $\left(\frac{2}{3}+\frac{1}{2}\right)\times(-12)=$

48 $\left\{\left(-\frac{1}{2}\right)+\frac{3}{7}\right\}\times 14=$

49 $\left(\frac{1}{8}-0.6\right)\times 40=$

50 $1.78\times 32+1.78\times 68=$

51 $\left(-\frac{2}{5}\right)\times 21+\left(-\frac{2}{5}\right)\times 29=$

52 $5.2\times\frac{21}{2}-5.2\times\frac{1}{2}=$

53 $105\times 0.98-5\times 0.98=$

54 $(-31)\times\frac{5}{6}+(-5)\times\frac{5}{6}=$

55 $4.6\times\frac{2}{3}-1.6\times\frac{2}{3}=$

부호가 같은 두 수의 나눗셈

부호가 같은 두 수의 나눗셈에서는 두 수의 절댓값의 나눗셈의 몫에 양의 부호 +를 붙입니다.

양의 부호

$$(+6)\div(+3)=+(6\div3)=+2$$

절댓값의 나눗셈의 몫

양의 부호

$$(-6)\div(-3)=+(6\div3)=+2$$

절댓값의 나눗셈의 몫

초등에서 배웠어요 나눗셈의 몫 구하기

• 자연수의 나눗셈

```
    17
 2)34
   2    ← 2×1=2
   14
   14   ← 2×7=14
    0
```

• 소수의 나눗셈

```
0.3)0.48  →    1.6
             3)4.8
               3
               18
               18
                0
```

나누는 수가 자연수가 되도록 소수점을 오른쪽으로 똑같이 한 자리씩 옮깁니다.

나누어지는 수의 소수점 위치에 맞춰 결괏값에 소수점을 올려 찍습니다.

○ 계산해 보세요.

1 $(+4)\div(+2)=\bigcirc(4\div2)=\bigcirc\square$ (양의 부호 / 절댓값의 나눗셈의 몫)

2 $(+12)\div(+3)=$

3 $(-9)\div(-3)=\bigcirc(9\div3)=\bigcirc\square$ (양의 부호 / 절댓값의 나눗셈의 몫)

4 $(-8)\div(-2)=$

5 $(+6)\div(+2)=$

6 $(+14)\div(+7)=$

7 $(+20)\div(+4)=$

8 $(+24)\div(+3)=$

9 $(+27)\div(+9)=$

10 $(+80)\div(+16)=$

11 $(-12)\div(-2)=$

12 $(-15)\div(-5)=$

13 $(-16)\div(-8)=$

14 $(-30)\div(-6)=$

15 $(-39)\div(-3)=$

16 $(-42)\div(-21)=$

○ 계산해 보세요.

⑰ $(+0.8)\div(+2)=$

⑱ $(+2.1)\div(+7)=$

⑲ $(+16.5)\div(+5)=$

⑳ $(+1.68)\div(+6)=$

㉑ $(+2.2)\div(+0.2)=$

㉒ $(+84)\div(+2.1)=$

㉓ $(-3.2)\div(-4)=$

㉔ $(-4.8)\div(-6)=$

㉕ $(-14.4)\div(-12)=$

㉖ $(-0.98)\div(-14)=$

㉗ $(-3.6)\div(-0.6)=$

㉘ $(-72)\div(-1.2)=$

부호가 다른 두 수의 나눗셈

부호가 다른 두 수의 나눗셈에서는 두 수의 **절댓값의 나눗셈의 몫에 음의 부호 −를 붙입니다.**

음의 부호

$$(+6)\div(-3)=-(6\div3)=-2$$

절댓값의 나눗셈의 몫

음의 부호

$$(-6)\div(+3)=-(6\div3)=-2$$

절댓값의 나눗셈의 몫

참고 0을 0이 아닌 수로 나누면 그 몫은 항상 0입니다.

예 $0\div2=0$, $0\div(-2)=0$

○ 계산해 보세요.

음의 부호

29 $(+8)\div(-4)=\bigcirc(8\div4)=\bigcirc\square$

절댓값의 나눗셈의 몫

30 $(+18)\div(-6)=$

31 $0\div(-7)=$

음의 부호

32 $(-6)\div(+2)=\bigcirc(6\div2)=\bigcirc\square$

절댓값의 나눗셈의 몫

33 $(-24)\div(+4)=$

34 $0\div(+9)=$

◎ 계산해 보세요.

35 $(+9)\div(-1)=$

36 $(+16)\div(-4)=$

37 $(+35)\div(-7)=$

38 $(+32)\div(-8)=$

39 $(+45)\div(-15)=$

40 $(+70)\div(-10)=$

41 $(-10)\div(+2)=$

42 $(-12)\div(+4)=$

43 $(-24)\div(+3)=$

44 $(-36)\div(+9)=$

45 $(-78)\div(+6)=$

46 $(-88)\div(+22)=$

47 $(+0.4) \div (-2) =$

48 $(+5.6) \div (-8) =$

49 $(+12.1) \div (-11) =$

50 $(+7.4) \div (-3.7) =$

51 $(+21.6) \div (-1.8) =$

52 $0 \div (-2.6) =$

53 $(-0.9) \div (+3) =$

54 $(-2.6) \div (+2) =$

55 $(-19.6) \div (+8) =$

56 $(-6.3) \div (+0.7) =$

57 $(-3.15) \div (+1.5) =$

58 $(-49) \div (+0.7) =$

| 공부한 날짜 월 일 |

18 역수

- **역수**: 두 수의 곱이 1이 될 때, 한 수를 다른 수의 역수라고 합니다.

$$\frac{2}{3}\times\frac{3}{2}=1 \rightarrow \frac{2}{3}\text{의 역수는 }\frac{3}{2}$$

분모와 분자를 바꾸기

$$\left(-\frac{2}{3}\right)\times\left(-\frac{3}{2}\right)=1 \rightarrow -\frac{2}{3}\text{의 역수는 }-\frac{3}{2}$$

부호는 그대로

참고 0에 어떤 수를 곱하여도 1이 될 수 없으므로 0의 역수는 없습니다.

○ □ 안에 알맞은 수를 써넣으세요.

1 $\frac{5}{6}$의 역수: □

분모와 분자를 바꾸기

2 4의 역수

4 —분모를 1로→ $\frac{4}{1}$ —4의 역수→ □

분모와 분자를 바꾸기

3 $-\frac{3}{11}$의 역수: □

분모와 분자를 바꾸고, 부호는 그대로

4 -1.3의 역수

-1.3 —소수를 분수로→ $-\frac{13}{10}$ —-1.3의 역수→ □

분모와 분자를 바꾸고, 부호는 그대로

○ **다음 수의 역수를 구해 보세요.**

5 $\frac{3}{7}$ (　　　　　　　　)

6 $-\frac{5}{4}$ (　　　　　　　　)

7 $\frac{1}{5}$ (　　　　　　　　)

8 $-\frac{1}{3}$ (　　　　　　　　)

9 9 (　　　　　　　　)

10 16 (　　　　　　　　)

11 -8 (　　　　　　　　)

12 -17 (　　　　　　　　)

13 2.5 (　　　　　　　　)

14 -3.7 (　　　　　　　　)

15 $2\frac{1}{4}$ (　　　　　　　　)

대분수는 가분수로 고친 후 역수를 구해.

16 $1\frac{7}{8}$ (　　　　　　　　)

역수를 이용한 수의 나눗셈

나눗셈은 곱셈으로, 나누는 수는 그 수의 역수로 바꾸어 계산합니다.

■ ÷ ▲/● = ■ × ●/▲

나눗셈은 곱셈으로

$$(+8)\div\left(-\frac{2}{5}\right)=(+8)\times\left(-\frac{5}{2}\right)=-\left(8\times\frac{5}{2}\right)=-20$$

나누는 수는 역수로

초등에서 배웠어요 분수의 나눗셈

- $\frac{5}{6}\div3=\frac{5}{6}\times\frac{1}{3}=\frac{5}{18}$

  $\div3$을 $\times\frac{1}{3}$로 바꾸기

- $\frac{1}{5}\div\frac{2}{3}=\frac{1}{5}\times\frac{3}{2}=\frac{3}{10}$

  $\div\frac{2}{3}$를 $\times\frac{3}{2}$으로 바꾸기

○ 계산해 보세요.

17 $(-2)\div\left(-\frac{3}{4}\right)$

$=(-2)\times(○\square)$ ← 나눗셈은 곱셈으로, 나누는 수는 역수로

$=○(2\times\square)$

$=○\square$

19 $\left(-\frac{1}{3}\right)\div(+3)$

$=\left(-\frac{1}{3}\right)\times(○\square)$

$=○\left(\frac{1}{3}\times\square\right)$

$=○\square$

18 $(+4)\div\left(+\frac{8}{5}\right)=$

20 $\left(+\frac{4}{5}\right)\div(-6)=$

21 $\left(+\frac{1}{4}\right)\div(+3)=$

22 $\left(-\frac{8}{7}\right)\div(-6)=$

23 $\left(+\frac{5}{9}\right)\div(+10)=$

24 $(-3)\div\left(-\frac{1}{2}\right)=$

25 $(-5)\div\left(-\frac{2}{3}\right)=$

26 $(+16)\div\left(+\frac{8}{9}\right)=$

27 $\left(+\frac{5}{6}\right)\div(-2)=$

28 $\left(-\frac{2}{5}\right)\div(+4)=$

29 $\left(-\frac{9}{4}\right)\div(+18)=$

30 $(+6)\div\left(-\frac{1}{8}\right)=$

31 $(+7)\div\left(-\frac{14}{3}\right)=$

32 $(-20)\div\left(+\frac{5}{7}\right)=$

◎ 계산해 보세요.

㉝ $\left(+\frac{1}{4}\right)\div\left(+\frac{1}{2}\right)=$

㉞ $\left(-\frac{1}{3}\right)\div\left(-\frac{1}{9}\right)=$

㉟ $\left(+\frac{5}{6}\right)\div\left(+\frac{5}{6}\right)=$

㊱ $\left(-\frac{2}{9}\right)\div\left(-\frac{1}{27}\right)=$

㊲ $\left(+\frac{3}{5}\right)\div\left(+\frac{3}{4}\right)=$

㊳ $\left(+\frac{4}{7}\right)\div\left(+\frac{8}{3}\right)=$

㊴ $\left(-\frac{7}{10}\right)\div\left(-\frac{6}{5}\right)=$

㊵ $\left(-\frac{3}{11}\right)\div\left(-\frac{2}{7}\right)=$

㊶ $\left(+\frac{5}{3}\right)\div\left(+\frac{7}{4}\right)=$

㊷ $\left(-\frac{5}{12}\right)\div\left(-\frac{10}{3}\right)=$

43 $\left(+\frac{1}{7}\right)\div\left(-\frac{1}{14}\right)=$

48 $\left(+\frac{3}{2}\right)\div\left(-\frac{7}{11}\right)=$

44 $\left(-\frac{1}{6}\right)\div\left(+\frac{1}{3}\right)=$

49 $\left(-\frac{1}{8}\right)\div\left(+\frac{2}{13}\right)=$

45 $\left(+\frac{5}{4}\right)\div\left(-\frac{1}{2}\right)=$

50 $\left(-\frac{3}{4}\right)\div\left(+\frac{2}{9}\right)=$

46 $\left(-\frac{1}{9}\right)\div\left(+\frac{2}{3}\right)=$

51 $\left(+\frac{5}{6}\right)\div\left(-\frac{10}{9}\right)=$

47 $\left(-\frac{4}{3}\right)\div\left(+\frac{2}{5}\right)=$

52 $\left(-\frac{2}{15}\right)\div\left(+\frac{8}{5}\right)=$

19 곱셈과 나눗셈의 혼합 계산

| 공부한 날짜 월 일 |

❶ 거듭제곱이 있으면 거듭제곱을 먼저 계산합니다.
❷ 나눗셈은 역수를 이용하여 곱셈으로 바꿉니다.
❸ 부호를 결정하고, 각 수의 절댓값의 곱에 결정된 부호를 붙입니다.

$$(+6)\div\left(-\frac{2}{3}\right)\times(-1)^5 \overset{❶}{=} (+6)\div\left(-\frac{2}{3}\right)\times(-1)$$
$$\overset{❷}{=} (+6)\times\left(-\frac{3}{2}\right)\times(-1)$$
$$\overset{❸}{=} +\left(6\times\frac{3}{2}\times1\right)$$
$$= +9$$

○ 계산해 보세요.

1. $(+4)\times(-3)^3\div(+6)$
$=(+4)\times(\square)\div(+6)$
$=(+4)\times(\square)\times(\square)$
$=\bigcirc(4\times\square\times\square)$
$=\square$

2. $(-9)\times(+8)\div(-6)=$

3. $(+5)\div(-4)\times(-12)=$

4. $(-24)\times(-1)^{10}\div(+4)=$

5. $(-2)^5\div(-8)\times(-3)=$

6 $(-4)\times(-5)\div\left(+\frac{1}{2}\right)=$

7 $\left(-\frac{14}{5}\right)\div(-2)\times(+7)=$

8 $(+3)\times\left(+\frac{5}{4}\right)\div(+6)=$

9 $(+15)\div\left(-\frac{10}{3}\right)\times(+4)=$

10 $(-12)\times(+3)\div\left(+\frac{4}{5}\right)=$

11 $(-1)\times\left(-\frac{5}{2}\right)\div\left(+\frac{3}{4}\right)=$

12 $\left(-\frac{6}{11}\right)\div(-18)\times\left(-\frac{1}{2}\right)=$

13 $(-3)\div\left(+\frac{3}{8}\right)\times\left(-\frac{1}{2}\right)=$

14 $\left(+\frac{1}{3}\right)\times(-6)\div\left(+\frac{2}{9}\right)=$

15 $\left(+\frac{5}{3}\right)\times\left(+\frac{7}{10}\right)\div(+14)=$

○ 계산해 보세요.

⑯ $\left(+\frac{1}{3}\right)\times\left(-\frac{1}{2}\right)\div\left(-\frac{5}{12}\right)=$

⑰ $\left(-\frac{1}{4}\right)\div\left(+\frac{2}{3}\right)\times\left(-\frac{4}{9}\right)=$

⑱ $\left(+\frac{7}{10}\right)\times\left(-\frac{5}{3}\right)\div\left(+\frac{1}{6}\right)=$

⑲ $\left(+\frac{3}{2}\right)\div\left(+\frac{3}{5}\right)\times\left(-\frac{2}{5}\right)=$

⑳ $\left(-\frac{6}{5}\right)\div\left(-\frac{2}{15}\right)\times\left(-\frac{4}{3}\right)=$

㉑ $\left(+\frac{5}{6}\right)\div(-2)\times(-3)^2=$

㉒ $\left(-\frac{3}{7}\right)\div(-1)^7\times\left(+\frac{10}{9}\right)=$

㉓ $\left(+\frac{8}{5}\right)\times\left(-\frac{1}{2}\right)^4\div\left(+\frac{1}{4}\right)=$

㉔ $\left(-\frac{1}{6}\right)^2\div\left(+\frac{7}{12}\right)\times\left(-\frac{14}{5}\right)=$

㉕ $\left(-\frac{3}{2}\right)^2\times\left(-\frac{4}{3}\right)\div\left(-\frac{2}{3}\right)^2=$

덧셈, 뺄셈, 곱셈, 나눗셈의 혼합 계산

❶ 거듭제곱이 있으면 거듭제곱을 먼저 계산합니다.
❷ 괄호가 있으면 괄호 안을 먼저 계산합니다. 이때 괄호는 (소괄호) ➜ {중괄호} ➜ [대괄호]의 순서로 풉니다.
❸ 곱셈과 나눗셈을 합니다.
❹ 덧셈과 뺄셈을 합니다.

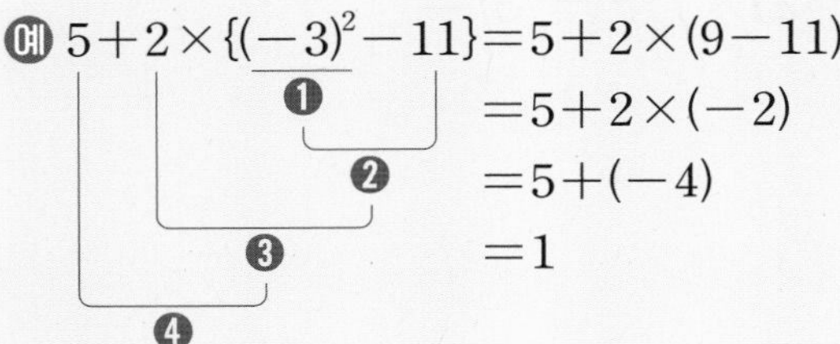

예 $5+2\times\{(-3)^2-11\}=5+2\times(9-11)$
$=5+2\times(-2)$
$=5+(-4)$
$=1$

참고 계산 결과가 양수인 경우 양의 부호 +를 생략하고 나타낼 수 있습니다.

초등에서 배웠어요 자연수의 혼합 계산

덧셈, 뺄셈, 곱셈, 나눗셈이 섞여 있는 식은 덧셈과 뺄셈보다 곱셈과 나눗셈을 먼저 계산하고, ( )가 있으면 ( ) 안을 가장 먼저 계산합니다.

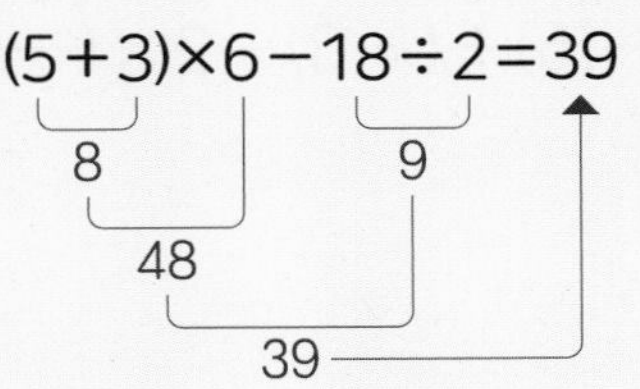

○ 다음 계산 과정에서 ☐ 안에 알맞은 수를 써넣으세요.

㉖ $16\div(-4)+(-3)=$ ☐

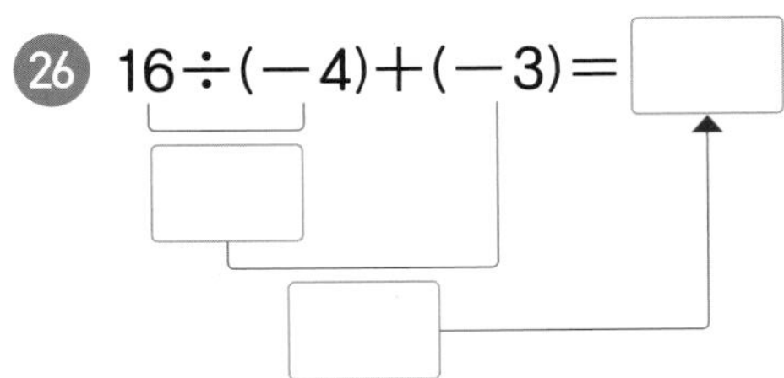

㉗ $\left(-\frac{4}{9}\right)\times\frac{27}{2}-(-8)=$ ☐

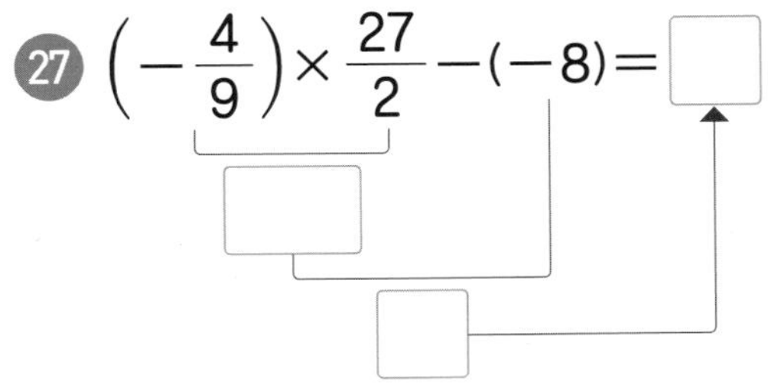

㉘ $(-8)\div\left(-\frac{1}{2}\right)+7\times(-1)=$ ☐

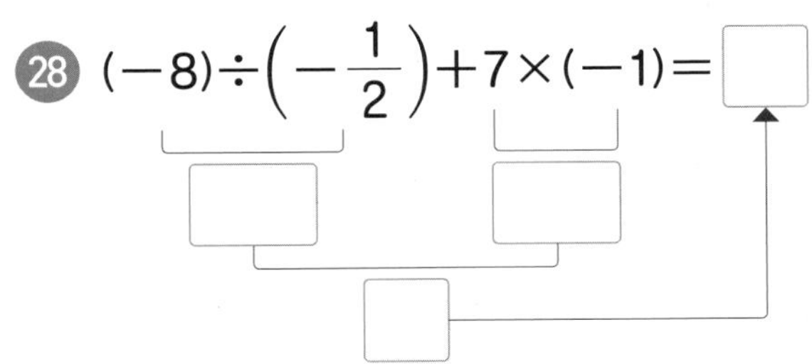

㉙ $(-7)+(-2)^3\div\left(-\frac{1}{6}\right)=$ ☐

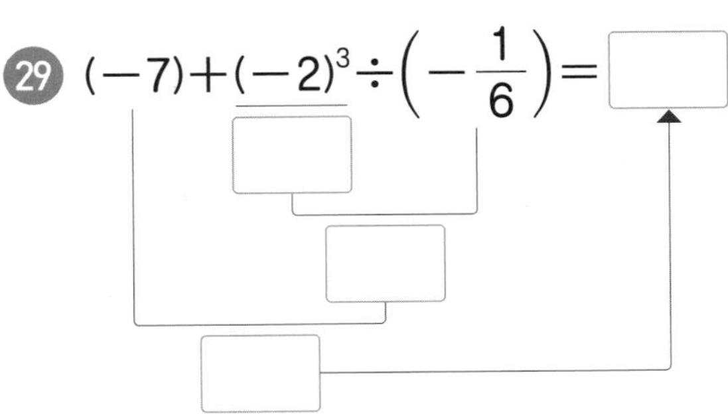

○ **계산해 보세요.**

30 $(-2)\times7+(-3)=$

31 $9-(-12)\div(-4)=$

32 $(+15)\div(-3)-2\times(-6)=$

33 $(-8)+(-3)^2\times2=$

34 $(-5)\div\frac{5}{6}+(-1)=$

35 $8-\left(-\frac{3}{7}\right)\times(-14)=$

36 $\frac{2}{9}\div\left(-\frac{4}{3}\right)+2=$

37 $(-3)-\left(-\frac{3}{4}\right)\times\left(-\frac{8}{3}\right)=$

38 $\left(-\frac{4}{5}\right)-\frac{5}{2}\times\left(-\frac{4}{25}\right)=$

39 $\left(-\frac{1}{3}\right)\times(-9)\div\frac{3}{8}-(-2)=$

40 $\left(-\frac{1}{2}\right)^3\times(-6)\div\frac{3}{10}-3=$

41 $2+\{(-7)+3\}\times(-5)=$ □

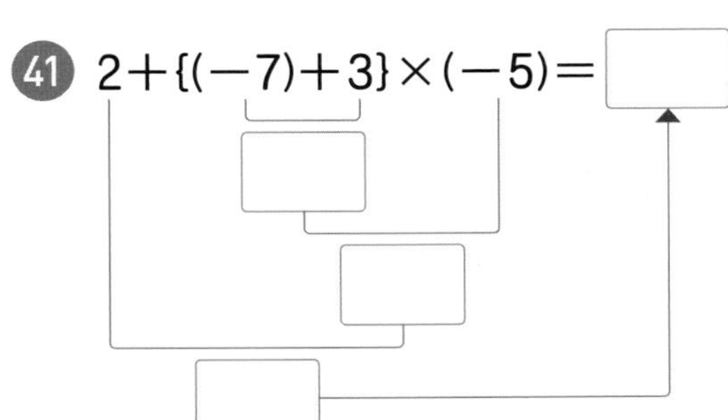

42 $13-3\times\{4-(-9)\}=$

43 $\{7-(-5)\}\div(-2)+4=$

44 $(-25)\div\{(-5)\times3+10\}=$

45 $\{6+12\times(-1)^{29}\}\times(-3)=$

46 $(-2)\times\left(6-\frac{1}{2}\right)\div22=$

47 $2\times\left\{\frac{2}{3}-\left(-\frac{1}{2}\right)\right\}\div7=$

48 $\left\{3-8\div\left(-\frac{2}{3}\right)\right\}\times2=$

49 $(-7)\div\left\{16-(21-13)\times\frac{1}{4}\right\}=$

50 $(-2)+3\times\left\{(-2)^3+8\div\frac{4}{3}\right\}=$

정수와 유리수의 곱셈과 나눗셈 평가

공부한 날짜 월 일

계산해 보세요.

1. $(+4)\times(+5)=$

2. $(-7)\times(-6)=$

3. $(+6)\times(-12)=$

4. $\left(+\frac{7}{8}\right)\times(+4)=$

5. $(-15)\times\left(+\frac{1}{4}\right)=$

6. $(-5)\times(+1.7)=$

7. $\left(+\frac{1}{2}\right)\times\left(-\frac{1}{3}\right)=$

8. $\left(+\frac{6}{5}\right)\times\left(+\frac{7}{3}\right)=$

9. $(-2.6)\times(+0.3)=$

10. $\left(-\frac{7}{6}\right)\times(-1.5)=$

11. $\left(+\frac{4}{5}\right)\times(-0.5)=$

12. $\left(-\frac{2}{13}\right)\times 0=$

○ 다음 계산 과정에서 □ 안에 알맞은 수를 써넣고, (가)~(라) 중에서 곱셈의 교환법칙과 곱셈의 결합법칙이 이용된 곳을 각각 찾아 기호를 써 보세요.

13 $(+5)\times(-19)\times(+2)$

$=(+5)\times(\square)\times(-19)$ (가)

$=\{(+5)\times(\square)\}+(-19)$ (나)

$=(\square)\times(-19)$ (다)

$=\square$ (라)

⇨ 곱셈의 교환법칙: ________

곱셈의 결합법칙: ________

14 $\left(-\frac{2}{9}\right)\times\left(+\frac{7}{5}\right)\times\left(-\frac{3}{2}\right)$

$=\left(+\frac{7}{5}\right)\times(\square)\times\left(-\frac{3}{2}\right)$ (가)

$=\left(+\frac{7}{5}\right)\times\left\{(\square)\times\left(-\frac{3}{2}\right)\right\}$ (나)

$=\left(+\frac{7}{5}\right)\times(\square)$ (다)

$=\square$ (라)

⇨ 곱셈의 교환법칙: ________

곱셈의 결합법칙: ________

○ 계산해 보세요.

15 $(-3)\times(+6)\times(+2)=$

16 $(-8)\times\left(+\frac{7}{12}\right)\times(-3)=$

17 $(-0.4)\times(-5)\times(-2.7)=$

18 $\left(+\frac{4}{7}\right)\times\left(+\frac{5}{6}\right)\times\left(-\frac{9}{4}\right)=$

19 $\left(+\frac{4}{9}\right)\times(-18)\times\left(+\frac{3}{8}\right)\times\left(-\frac{1}{6}\right)$

$=$

정수와 유리수의 곱셈과 나눗셈 평가

○ 계산해 보세요.

⑳ $(-3)^4=$

㉑ $-5^2\times(-1)^{11}=$

㉒ $\left(-\frac{1}{3}\right)^2\times\left(+\frac{3}{2}\right)^3\times(-2)^5=$

○ 분배법칙을 이용하여 계산해 보세요.

㉓ $(-15)\times\left\{\left(-\frac{2}{3}\right)+\left(-\frac{1}{5}\right)\right\}=$

㉔ $13\times4.2-3\times4.2=$

○ 계산해 보세요.

㉕ $(+8)\div(+2)=$

㉖ $(-35)\div(-5)=$

㉗ $(+18)\div(-3)=$

㉘ $(-4.9)\div(+7)=$

㉙ $(-7.5)\div(-1.5)=$

㉚ $0\div(-26)=$

31 $\left(+\frac{2}{5}\right)\div(+2)=$

32 $(+7)\div\left(-\frac{1}{2}\right)=$

33 $\left(-\frac{1}{8}\right)\div\left(-\frac{1}{4}\right)=$

34 $\left(+\frac{3}{5}\right)\div\left(-\frac{3}{7}\right)=$

35 $\left(-\frac{9}{4}\right)\div\left(+\frac{6}{5}\right)=$

36 $(-2)\times(-3)\div\frac{2}{7}=$

37 $\left(-\frac{18}{5}\right)\div\left(-\frac{3}{4}\right)^2\times\left(-\frac{5}{3}\right)=$

38 $(-6)-20\div(-10)=$

39 $3\times\{7-(-8)\}\div(-9)=$

40 $\left\{1+(8-23)\times\frac{1}{5}\right\}\div\left(-\frac{2}{3}\right)=$

성취도 평가 1회

공부한 날짜 월 일

1 소수인 것에 모두 ○표 하세요.

1, 2, 4, 7, 12, 15,
19, 21, 26, 27, 31, 35,
39, 43, 44, 47, 48, 52

○ 다음 수의 소인수를 모두 구해 보세요. [2~5]

2 16

⇨ 소인수: ______________

3 22

⇨ 소인수: ______________

4 36

⇨ 소인수: ______________

5 60

⇨ 소인수: ______________

○ 다음 수를 |보기|에서 모두 골라 써 보세요. [6~8]

|보기|

-3.14, $\frac{6}{3}$, 1, -4, $+\frac{1}{2}$, -27

6 양의 정수

⇨ (   )

7 음의 유리수

⇨ (   )

8 정수가 아닌 유리수

⇨ (   )

○ 다음을 모두 구해 보세요. [9~10]

9 절댓값이 10인 수

⇨ (   )

10 절댓값이 $\frac{1}{6}$인 음수

⇨ (   )

○ ◯ 안에 부등호 >, < 중에서 알맞은 것을 써넣으세요. [⑪~⑬]

⑪ -6 ◯ $+4$

⑫ $+3$ ◯ $+\frac{8}{3}$

⑬ -1.3 ◯ $-\frac{19}{15}$

○ 부등호를 사용하여 나타내어 보세요. [⑭~⑮]

⑭ a는 0.2보다 크지 않다.

⇨ (   )

⑮ a는 1보다 작지 않고 $\frac{5}{3}$ 미만이다.

⇨ (   )

○ 소인수분해를 이용하여 다음 수들의 최대공약수와 최소공배수를 각각 구해 보세요. [⑯~⑳]

⑯ 2^2, 2^3

⇨ 최대공약수 (   )
최소공배수 (   )

⑰ 2×3^2, $2\times3\times5$

⇨ 최대공약수 (   )
최소공배수 (   )

⑱ $2^2\times5$, $2^3\times3^2$, $2\times3^2\times5$

⇨ 최대공약수 (   )
최소공배수 (   )

⑲ 18, 20

⇨ 최대공약수 (   )
최소공배수 (   )

⑳ 28, 30, 50

⇨ 최대공약수 (   )
최소공배수 (   )

계산해 보세요. [㉑~㉚]

㉑ $(+17)-(-12)=$

㉒ $\left(-\frac{5}{3}\right)+\left(-\frac{2}{5}\right)=$

㉓ $(+4.6)+(-1.9)=$

㉔ $\left(+\frac{5}{7}\right)+(-3)-\left(-\frac{9}{14}\right)=$

㉕ $\frac{4}{3}-1.7-\frac{1}{6}=$

㉖ $(+9)\times(+3)=$

㉗ $(-25)\div(-5)=$

㉘ $(-12)\times(+0.4)\times(-5)=$

㉙ $\left(-\frac{1}{3}\right)\div\left(+\frac{5}{2}\right)\times\left(+\frac{9}{8}\right)=$

㉚ $2+\left\{(-6)\times\left(-\frac{1}{3}\right)^3-1\right\}\div\frac{7}{3}=$

성취도 평가 2회

공부한 날짜 월 일

○ 소수이면 '소', 합성수이면 '합'을 써 보세요. [1~2]

1 17 (　　　　)

2 33 (　　　　)

○ 거듭제곱을 사용하여 나타내어 보세요. [3~4]

3 $\frac{1}{5}\times\frac{1}{5}\times\frac{1}{5}\times\frac{1}{5}=$

4 $3\times3\times3\times7\times7=$

○ 다음 수를 |보기|에서 모두 골라 써 보세요. [5~6]

| 보기 |

$-11,\ +1,\ -\frac{1}{3},\ 2.22,\ -\frac{10}{5}$

5 음의 정수

⇨ (　　　　)

6 유리수

⇨ (　　　　)

○ 수직선 위의 두 점 A, B에 대응하는 수를 각각 써 보세요. [7~8]

7 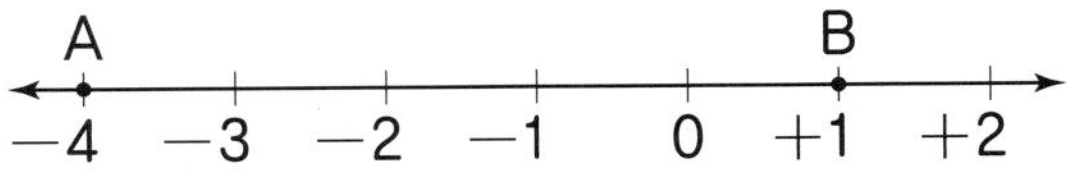

⇨ A: (　　　　), B: (　　　　)

8 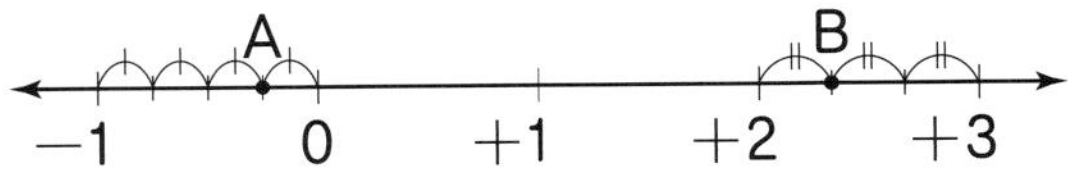

⇨ A: (　　　　), B: (　　　　)

○ 소인수분해를 이용하여 다음 수의 최대공약수와 최소공배수를 각각 구해 보세요. [9~12]

9 $2^3\times3\times5$, $2^2\times3\times5^2$

⇨ 최대공약수 ( )
최소공배수 ( )

10 $2\times3^2\times5$, $2^2\times3\times5$, $2^2\times3^2\times7$

⇨ 최대공약수 ( )
최소공배수 ( )

11 44, 242

⇨ 최대공약수 ( )
최소공배수 ( )

12 27, 42, 63

⇨ 최대공약수 ( )
최소공배수 ( )

○ 수를 작은 것부터 차례대로 써 보세요. [13~14]

13 -5, $+\frac{1}{2}$, -3.2, 0, 8

⇨ ( )

14 $+\frac{19}{6}$, $-\frac{12}{5}$, 1.4, $-\frac{5}{2}$, $+3$

⇨ ( )

15 다음 계산 과정에서 □ 안에 알맞은 수를 써넣으세요.

$$\left(-\frac{5}{4}\right)\times\left(+\frac{7}{3}\right)\times\left(-\frac{2}{15}\right)$$
$$=\left(+\frac{7}{3}\right)\times\left(\square\right)\times\left(-\frac{2}{15}\right)$$
$$=\left(+\frac{7}{3}\right)\times\left\{\left(\square\right)\times\left(-\frac{2}{15}\right)\right\}$$
$$=\left(+\frac{7}{3}\right)\times\left(\square\right)$$
$$=\square$$

계산해 보세요. [⑯~㉕]

⑯ $(+4)+(+11)=$

⑰ $(-2)+\left(-\frac{3}{2}\right)=$

⑱ $(+2.6)-(-5.8)=$

⑲ $\left(+\frac{8}{3}\right)-(+0.8)-\left(-\frac{2}{3}\right)=$

⑳ $-9+23-14=$

㉑ $(+9)\times(-12)=$

㉒ $(-9.8)\div(-1.4)=$

㉓ $(-5)\times\left(+\frac{9}{20}\right)\times(-2)=$

㉔ $(-24)\times\left\{\left(-\frac{5}{6}\right)+\left(-\frac{3}{8}\right)\right\}=$

㉕ $\left\{-1+(12-15)\times\frac{7}{9}\right\}\div\left(-\frac{1}{3}\right)^3=$

memo

예비 중등 수학 계산 7A

정답

1 소인수분해 2

2 정수와 유리수 6

3 정수와 유리수의 덧셈과 뺄셈 9

4 정수와 유리수의 곱셈과 나눗셈 28

• **성취도 평가** 51

01 소수와 합성수 / 거듭제곱 / 소인수분해

12쪽

❶ 1, 2 / 소수
❷ 1, 3, 9 / 합성수
❸ 1, 13 / 소수
❹ 1, 5, 25 / 합성수

13쪽

❺ 17, 31, 53
❻ 5, 37
❼ 19
❽ 29, 41
❾ 7
❿ 16, 32, 46
⓫ 4, 26, 30, 39
⓬ 6, 36, 49, 60
⓭ 18, 42, 52
⓮ 22, 33, 44, 55

14쪽

⓯ 2, 5
⓰ 100, 2
⓱ $\frac{1}{2}$, 3
⓲ 3
⓳ 7
⓴ $\frac{1}{3}$
㉑ 2, 3

15쪽

㉒ 3^2
㉓ 5^6
㉔ 10^3
㉕ 13^4
㉖ $\left(\frac{1}{7}\right)^5$
㉗ $\left(\frac{2}{9}\right)^4$
㉘ $\frac{1}{11^4}$
㉙ $3^3\times4^3$
㉚ $2^2\times5^2\times7^3$
㉛ $\left(\frac{1}{2}\right)^2\times\left(\frac{1}{3}\right)^2$
㉜ $\left(\frac{1}{8}\right)^3\times\left(\frac{3}{5}\right)^2$
㉝ $\frac{1}{6^2\times17^3}$

16쪽

㉞ (위에서부터) 2, 2 / 2, 7 / $2^2\times7$
㉟ (위에서부터) 2, 2, 3 / 2, 3, 3 / $2^2\times3^2$

17쪽

㊱ 2^3 / 2
㊲ 2×5 / 2, 5
㊳ 3×7 / 3, 7
㊴ 2×3^2 / 2, 3
㊵ $2^3\times3$ / 2, 3
㊶ 2×5^2 / 2, 5
㊷ $2^3\times7$ / 2, 7
㊸ $2\times3\times11$ / 2, 3, 11
㊹ $2\times3^2\times13$ / 2, 3, 13
㊺ $2^3\times5\times7$ / 2, 5, 7

02 최대공약수 / 최소공배수

18쪽

❶ ○
❷ ×
❸ ○
❹ ×

19쪽

❗최대공약수를 소인수의 곱으로 나타내어도 정답으로 인정합니다.

❺ 3^2, 45
❻ 8
❼ 12
❽ 84
❾ 35
❿ (위에서부터) 7, 7^2, 7, 14
⓫ 9
⓬ 18
⓭ 28
⓮ 4

20쪽

❗최대공약수를 소인수의 곱으로 나타내어도 정답으로 인정합니다.

⓯ 3, 12
⓰ 60
⓱ 9
⓲ 15
⓳ 4
⓴ (위에서부터) 2, 2^3, 3, 2, 3, 6
㉑ 4
㉒ 15
㉓ 4
㉔ 9

21쪽

㉕ 3^2, 72
㉖ 2^2, 3^2, 180
㉗ (위에서부터) 2^3, 2^2, 2^3, 5, 40
㉘ (위에서부터) 3^2, 7, 3^2, 7, 315

22쪽

㉙ 3, 3
㉚ $2^2\times3^2\times11$
㉛ $3^3\times5^3\times13$
㉜ $2^4\times3^3\times5^2\times7$
㉝ $2^3\times3^3\times5^2\times7^2$
㉞ 2, 7
㉟ $2^2\times3^3\times7$
㊱ $2^3\times3^3$
㊲ $2\times3\times5^2\times7$
㊳ $3^2\times5^3$

23쪽

㊴ 2^4
㊵ $2^5\times5^2\times7$
㊶ $3^3\times5^3\times11^2$
㊷ $2^4\times3^4\times5^3$
㊸ $2^2\times3^4\times5^3\times11^2$
㊹ (위에서부터) 2^2, 2, 3, 3^2, 2^2, 3^2
㊺ $2^4\times3^2$
㊻ $2^3\times3\times7^2$
㊼ $2^3\times3^3\times5^2$
㊽ $2^2\times5^2\times7\times11$

❶ 1과 10의 최대공약수는 1이므로 두 수는 서로소입니다.
참고 1은 모든 자연수와 서로소입니다.

❷ 4와 12의 최대공약수는 4이므로 두 수는 서로소가 아닙니다.

❸ 7과 13의 최대공약수는 1이므로 두 수는 서로소입니다.
참고 서로 다른 두 소수는 항상 서로소입니다.

❹ 30과 50의 최대공약수는 10이므로 두 수는 서로소가 아닙니다.

❻
$$\begin{array}{l} 2^3 \\ 2^5 \\ \hline (\text{최대공약수})=2^3=8 \end{array}$$

❼
$$\begin{array}{l} 2^4\times3^2 \\ 2^2\times3 \\ \hline (\text{최대공약수})=2^2\times3=12 \end{array}$$

❽
$$\begin{array}{l} 2^2\times3\times7 \\ 2^2\times3^2\times7^2 \\ \hline (\text{최대공약수})=2^2\times3\times7=84 \end{array}$$

❾
$$\begin{array}{l} 2^3\times5^2\times7 \\ 3^3\times5\times7^2 \\ \hline (\text{최대공약수})=5\times7=35 \end{array}$$

⓫
$$\begin{array}{l} 18=2\times3^2 \\ 45=3^2\times5 \\ \hline (\text{최대공약수})=3^2=9 \end{array}$$

⓬
$$\begin{array}{l} 54=2\times3^3 \\ 126=2\times3^2\times7 \\ \hline (\text{최대공약수})=2\times3^2=18 \end{array}$$

⓭
$$\begin{array}{l} 84=2^2\times3\times7 \\ 112=2^4\times7 \\ \hline (\text{최대공약수})=2^2\times7=28 \end{array}$$

⓮
$$\begin{array}{l} 60=2^2\times3\times5 \\ 124=2^2\times31 \\ \hline (\text{최대공약수})=2^2=4 \end{array}$$

⓰
$$\begin{array}{l} 2^3\times3^2\times5^4 \\ 2^2\times3\times5^2 \\ 2^2\times3^2\times5 \\ \hline (\text{최대공약수})=2^2\times3\times5=60 \end{array}$$

⓱
$$\begin{array}{l} 2^3\times3^2\times7 \\ 3^4 \\ 2^3\times3^4\times7 \\ \hline (\text{최대공약수})=3^2=9 \end{array}$$

⓲
$$\begin{array}{l} 2^2\times3^2\times5 \\ 3\times5^2\times7 \\ 2^2\times3^2\times5\times7 \\ \hline (\text{최대공약수})=3\times5=15 \end{array}$$

⓳
$$\begin{array}{l} 2^4\times5^2 \\ 2^2\times3^2\times11 \\ 2^2\times3^2\times5 \\ \hline (\text{최대공약수})=2^2=4 \end{array}$$

㉑
$$\begin{array}{l} 8=2^3 \\ 12=2^2\times3 \\ 60=2^2\times3\times5 \\ \hline (\text{최대공약수})=2^2=4 \end{array}$$

㉒
$$\begin{array}{l} 15=3\times5 \\ 75=3\times5^2 \\ 315=3^2\times5\times7 \\ \hline (\text{최대공약수})=3\times5=15 \end{array}$$

㉓
$$\begin{array}{r}
20 = 2^2 \times 5 \\
28 = 2^2 \times 7 \\
44 = 2^2 \times 11 \\
\hline
(\text{최대공약수}) = 2^2 = 4
\end{array}$$

㉔
$$\begin{array}{r}
45 = 3^2 \times 5 \\
54 = 2 \times 3^3 \\
81 = 3^4 \\
\hline
(\text{최대공약수}) = 3^2 = 9
\end{array}$$

㉙
$$\begin{array}{r}
2^3 \times 5 \\
2^2 \times 5^3 \\
\hline
(\text{최소공배수}) = 2^3 \times 5^3
\end{array}$$

㉚
$$\begin{array}{r}
2^2 \times 3 \\
2^2 \times 3^2 \times 11 \\
\hline
(\text{최소공배수}) = 2^2 \times 3^2 \times 11
\end{array}$$

㉛
$$\begin{array}{r}
3^3 \times 13 \\
3^2 \times 5^3 \\
\hline
(\text{최소공배수}) = 3^3 \times 5^3 \times 13
\end{array}$$

㉜
$$\begin{array}{r}
2 \times 3^3 \times 7 \\
2^4 \times 3^2 \times 5^2 \\
\hline
(\text{최소공배수}) = 2^4 \times 3^3 \times 5^2 \times 7
\end{array}$$

㉝
$$\begin{array}{r}
2^3 \times 5^2 \times 7 \\
3^3 \times 5 \times 7^2 \\
\hline
(\text{최소공배수}) = 2^3 \times 3^3 \times 5^2 \times 7^2
\end{array}$$

㉞
$$\begin{array}{r}
18 = 2 \times 3^2 \\
42 = 2 \times 3 \times 7 \\
\hline
(\text{최소공배수}) = 2 \times 3^2 \times 7
\end{array}$$

㉟
$$\begin{array}{r}
27 = 3^3 \\
84 = 2^2 \times 3 \times 7 \\
\hline
(\text{최소공배수}) = 2^2 \times 3^3 \times 7
\end{array}$$

㊱
$$\begin{array}{r}
54 = 2 \times 3^3 \\
72 = 2^3 \times 3^2 \\
\hline
(\text{최소공배수}) = 2^3 \times 3^3
\end{array}$$

㊲
$$\begin{array}{r}
35 = 5 \times 7 \\
150 = 2 \times 3 \times 5^2 \\
\hline
(\text{최소공배수}) = 2 \times 3 \times 5^2 \times 7
\end{array}$$

㊳
$$\begin{array}{r}
225 = 3^2 \times 5^2 \\
375 = 3 \times 5^3 \\
\hline
(\text{최소공배수}) = 3^2 \times 5^3
\end{array}$$

㊵
$$\begin{array}{r}
2^5 \\
2^3 \times 5^2 \\
2^4 \times 5 \times 7 \\
\hline
(\text{최소공배수}) = 2^5 \times 5^2 \times 7
\end{array}$$

㊶
$$\begin{array}{r}
3^2 \times 5^2 \times 11 \\
3^2 \times 5^3 \times 11^2 \\
3^3 \times 5 \times 11^2 \\
\hline
(\text{최소공배수}) = 3^3 \times 5^3 \times 11^2
\end{array}$$

㊷
$$\begin{array}{r}
2^3 \times 5^3 \\
2^4 \times 3^2 \times 5^2 \\
2 \times 3^4 \times 5^3 \\
\hline
(\text{최소공배수}) = 2^4 \times 3^4 \times 5^3
\end{array}$$

㊸
$$\begin{array}{r}
3^4 \times 5^2 \times 11 \\
2^2 \times 3^3 \times 5^3 \\
2 \times 5 \times 11^2 \\
\hline
(\text{최소공배수}) = 2^2 \times 3^4 \times 5^3 \times 11^2
\end{array}$$

㊺
$$\begin{array}{r}
12 = 2^2 \times 3 \\
48 = 2^4 \times 3 \\
72 = 2^3 \times 3^2 \\
\hline
(\text{최소공배수}) = 2^4 \times 3^2
\end{array}$$

㊻
$$\begin{array}{r}
56 = 2^3 \times 7 \\
84 = 2^2 \times 3 \times 7 \\
98 = 2 \times 7^2 \\
\hline
(\text{최소공배수}) = 2^3 \times 3 \times 7^2
\end{array}$$

㊼
$$\begin{array}{r}
24 = 2^3 \times 3 \\
100 = 2^2 \times 5^2 \\
135 = 3^3 \times 5 \\
\hline
(\text{최소공배수}) = 2^3 \times 3^3 \times 5^2
\end{array}$$

㊽
$$\begin{array}{r}
28 = 2^2 \times 7 \\
140 = 2^2 \times 5 \times 7 \\
275 = 5^2 \times 11 \\
\hline
(\text{최소공배수}) = 2^2 \times 5^2 \times 7 \times 11
\end{array}$$

03 소인수분해 평가

24쪽

1 합성수
2 소수
3 합성수
4 소수
5 합성수
6 7, 4
7 3, 10
8 11, 5
9 $\frac{1}{4}$, 4
10 $\frac{5}{3}$, 3

25쪽

11 2, 29, 47
12 3, 43, 53
13 11, 37
14 27, 33, 51
15 9, 35, 69
16 3^5
17 100^4
18 $\left(\frac{3}{4}\right)^3$
19 $5^2\times11^4$
20 $\frac{1}{2^2\times3^2\times5^2}$

26쪽

21 3^3 / 3
22 $3^2\times5$ / 3, 5
23 $2^3\times11$ / 2, 11
24 $2^3\times3\times5$ / 2, 3, 5
25 $2^2\times3^2\times7$ / 2, 3, 7
26 ○
27 ×
28 ○
29 ×
30 ○

27쪽

❶ 최대공약수를 소인수의 곱으로 나타내어도 정답으로 인정합니다.

31 4
32 45
33 2
34 26
35 4
36 3^6
37 $2^2\times3^3\times11$
38 $2^3\times3^5\times5^2\times7^2$
39 $2\times3^2\times5$
40 $2^3\times3^2\times5^2$

31
$$\begin{array}{rl} & 2^4 \\ & 2^2\times11 \\ \hline (\text{최대공약수})= & 2^2 \quad =4 \end{array}$$

32
$$\begin{array}{rl} & 2\times3^2\times5^2 \\ & 3^3\times5 \\ \hline (\text{최대공약수})= & 3^2\times5=45 \end{array}$$

33
$$\begin{array}{rl} & 2^2\times3^3\times5 \\ & 2\times5^2\times7 \\ & 2^2\times3^3\times7^2 \\ \hline (\text{최대공약수})= & 2 \end{array}$$

34
$$\begin{array}{rl} 52= & 2^2\times13 \\ 78= & 2\times3\times13 \\ \hline (\text{최대공약수})= & 2\times13=26 \end{array}$$

35
$$\begin{array}{rl} 12= & 2^2\times3 \\ 16= & 2^4 \\ 28= & 2^2\times7 \\ \hline (\text{최대공약수})= & 2^2 \quad =4 \end{array}$$

36
$$\begin{array}{rl} & 3^3 \\ & 3^6 \\ \hline (\text{최소공배수})= & 3^6 \end{array}$$

37
$$\begin{array}{rl} & 2^2\times3^3\times11 \\ & 2\times3^2\times11 \\ \hline (\text{최소공배수})= & 2^2\times3^3\times11 \end{array}$$

38
$$\begin{array}{rl} & 2^3\times3^2\times7^2 \\ & 2^2\times3^5\times5 \\ & 3^3\times5^2\times7 \\ \hline (\text{최소공배수})= & 2^3\times3^5\times5^2\times7^2 \end{array}$$

39
$$\begin{array}{rl} 15= & 3\times5 \\ 18= & 2\times3^2 \\ \hline (\text{최소공배수})= & 2\times3^2\times5 \end{array}$$

40
$$\begin{array}{rl} 40= & 2^3\times5 \\ 50= & 2\times5^2 \\ 72= & 2^3\times3^2 \\ \hline (\text{최소공배수})= & 2^3\times3^2\times5^2 \end{array}$$

2 정수와 유리수

04 양수와 음수 / 정수와 유리수 / 수직선

30쪽

1 -2000원
2 $+7\ ^\circ\mathrm{C}$
3 -2층
4 $+20\ \%$

31쪽

5 $+1$
6 -6
7 $+1.4$
8 -3.9
9 $+\frac{1}{2}$
10 $-\frac{4}{3}$
11 음
12 양
13 양
14 양
15 음
16 음

32쪽

17 $+4$, $+7$
18 $+12$, 2, $+10$
19 -7, -4, -9
20 -8, -22

33쪽

21 $+2$, $+8$
22 -6
23 $+2$, 0, $+8$, -6
24 $+2$, $2\frac{1}{3}$, $+8$
25 -1.7, -6
26 4, $+\frac{6}{2}$
27 4, $+\frac{6}{2}$
28 4, $+\frac{6}{2}$, 3.14, $+0.1$
29 4, -15, $+\frac{6}{2}$, 3.14, $-\frac{1}{5}$, $+0.1$
30 3.14, $-\frac{1}{5}$, $+0.1$

34쪽

31 -5, 0, $+3$
32 -1, $+1$, $+6$
33 $-\frac{5}{2}$, -2, $+\frac{2}{3}$

35쪽

34 A, B
-5 -4 -3 -2 -1 0 $+1$ $+2$ $+3$ $+4$ $+5$

35 A, B
-5 -4 -3 -2 -1 0 $+1$ $+2$ $+3$ $+4$ $+5$

36 A, B
-2 -1 0 $+1$ $+2$ $+3$ $+4$ $+5$

37 A, B
-4 -3 -2 -1 0 $+1$ $+2$ $+3$

38 A, B
-4 -3 -2 -1 0 $+1$ $+2$ $+3$

05 절댓값 / 수의 대소 관계 / 부등호의 사용

36쪽

1 $|+6|$, 6
2 $|-7|$, 7
3 $|0|$, 0
4 $|+4.6|$, 4.6
5 $\left|-\frac{1}{2}\right|$, $\frac{1}{2}$
6 $\left|+\frac{6}{5}\right|$, $\frac{6}{5}$

37쪽

7 -5, $+5$ / -5, $+5$
8 -1, $+1$
9 $-\frac{3}{4}$, $+\frac{3}{4}$
10 0
11 -2, $+2$ / $+2$
12 -4
13 $+\frac{9}{5}$
14 -3.5

38쪽

15 $<$
16 $>$
17 $>$
18 $<$
19 $>$
20 $<$

39쪽

㉑ $>$

㉒ $<$

㉓ $<$

㉔ $>$

㉕ $>$

㉖ $<$

㉗ $+1, 3$ / $-6, -2$ / $-6, -2, +1, 3$

㉘ $-11, -10, +4, +8$

㉙ $-3, -\frac{1}{5}, 0, +\frac{1}{3}, +2$

㉚ $-\frac{37}{10}, -\frac{18}{5}, +2, \frac{5}{2}, +3$

40쪽

㉛ $\geq$

㉜ $<$

㉝ $\leq$

㉞ $<, \leq$

㉟ $\leq, \leq$

㊱ $\leq, <$

41쪽

㊲ $a>-10$

㊳ $a\leq 3$

㊴ $a\leq -8$

㊵ $a>-\frac{1}{5}$

㊶ $a\geq 9$

㊷ $1<a<2$

㊸ $-4\leq a\leq 1$

㊹ $-1<a<15$

㊺ $0\leq a\leq \frac{5}{6}$

㊻ $1.8\leq a\leq 2.3$

⑳ $|-7|=7$ ⇨ $-4<7$ ⇨ $-4<|-7|$

㉒ $+\frac{4}{3}=+\frac{8}{6}$, $+\frac{3}{2}=+\frac{9}{6}$

⇨ $+\frac{4}{3}<+\frac{3}{2}$

㉓ $+\frac{10}{7}=+\frac{50}{35}$, $+1.6=+\frac{8}{5}=+\frac{56}{35}$

⇨ $+\frac{10}{7}<+1.6$

㉕ $-\frac{11}{6}=-\frac{44}{24}$, $-\frac{15}{8}=-\frac{45}{24}$

⇨ $-\frac{11}{6}>-\frac{15}{8}$

㉖ $-\frac{5}{2}=-\frac{25}{10}$, $-2.4=-\frac{24}{10}$

⇨ $-\frac{5}{2}<-2.4$

㉘ 양수끼리 크기를 비교하면 $+4<+8$
음수끼리 크기를 비교하면 $-11<-10$
따라서 수를 작은 것부터 차례대로 쓰면
-11, -10, $+4$, $+8$입니다.

㉙ 양수끼리 크기를 비교하면 $+\frac{1}{3}<+2$
음수끼리 크기를 비교하면 $-3<-\frac{1}{5}$
따라서 수를 작은 것부터 차례대로 쓰면
-3, $-\frac{1}{5}$, 0, $+\frac{1}{3}$, $+2$입니다.

㉚ 양수끼리 크기를 비교하면 $+2<\frac{5}{2}<+3$
$-\frac{18}{5}=-\frac{36}{10}$이므로 음수끼리 크기를 비교하면
$-\frac{37}{10}<-\frac{18}{5}$
따라서 수를 작은 것부터 차례대로 쓰면
$-\frac{37}{10}$, $-\frac{18}{5}$, $+2$, $\frac{5}{2}$, $+3$입니다.

06 정수와 유리수 평가

42쪽

❶ $+2$일

❷ -800 m

❸ $+7$

❹ $-1\frac{2}{5}$

❺ $+1, +3$

❻ $4, +2, 13$

❼ $-2, +1$

❽ $-\frac{7}{3}, +\frac{1}{2}$

43쪽

9 (수직선: A는 -1, B는 $+3$ 위치 / 눈금 -1, 0, $+1$, $+2$, $+3$, $+4$)

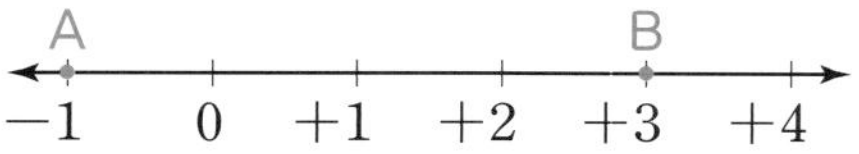

10 (수직선: A, B 표시 / 눈금 -2, -1, 0, $+1$, $+2$, $+3$)

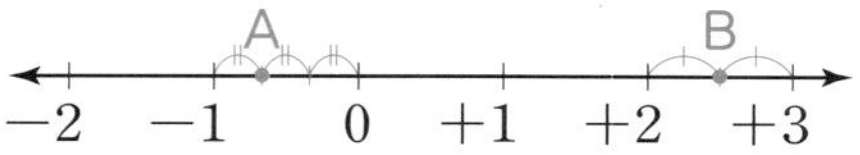

11 9

12 1.2

13 -5, -12

14 $\frac{8}{4}$, -5, 0, $+9$, -12

15 $\frac{8}{4}$, $+0.25$, $+9$

16 $+0.25$, $-\frac{3}{4}$

44쪽

17 -3, $+3$

18 -4.7, $+4.7$

19 $-\frac{1}{8}$, $+\frac{1}{8}$

20 $+5$

21 -0.2

22 $<$

23 $<$

24 $>$

25 $<$

26 $>$

45쪽

27 $+9$, 3, 0, -7

28 4, 2.6, 1, -1, -2.6

29 -4.1, -1, 5, $+5.8$

30 $-\frac{8}{3}$, -2, $-\frac{9}{5}$, 3, $+3.5$

31 $a\le 3$

32 $a\ge -\frac{1}{2}$

33 $4<a<7$

34 $\frac{4}{9}\le a<\frac{2}{3}$

35 $1.7\le a\le 6.9$

24 $\left|-\frac{4}{3}\right|=\frac{4}{3}$ ⇨ $\left|-\frac{4}{3}\right|>+1$

25 $+\frac{3}{2}=+\frac{27}{18}$, $+\frac{14}{9}=+\frac{28}{18}$

⇨ $+\frac{3}{2}<+\frac{14}{9}$

26 $-\frac{7}{5}=-\frac{14}{10}$, $-1.5=-\frac{15}{10}$

⇨ $-\frac{7}{5}>-1.5$

27 양수끼리 크기를 비교하면 $+9>3$
따라서 수를 큰 것부터 차례대로 쓰면
$+9$, 3, 0, -7입니다.

28 양수끼리 크기를 비교하면 $4>2.6>1$
음수끼리 크기를 비교하면 $-1>-2.6$
따라서 수를 큰 것부터 차례대로 쓰면
4, 2.6, 1, -1, -2.6입니다.

29 양수끼리 크기를 비교하면 $5<+5.8$
음수끼리 크기를 비교하면 $-4.1<-1$
따라서 수를 작은 것부터 차례대로 쓰면
-4.1, -1, 5, $+5.8$입니다.

30 양수끼리 크기를 비교하면 $3<+3.5$
$-\frac{8}{3}=-2\frac{2}{3}$, $-\frac{9}{5}=-1\frac{4}{5}$이므로
음수끼리 크기를 비교하면 $-\frac{8}{3}<-2<-\frac{9}{5}$
따라서 수를 작은 것부터 차례대로 쓰면
$-\frac{8}{3}$, -2, $-\frac{9}{5}$, 3, $+3.5$입니다.

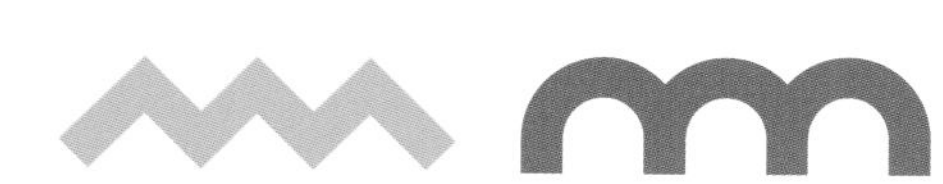

07 부호가 같은 두 수의 덧셈

48쪽

❶ $+7$
❷ -4 / -6

49쪽

❸ $+$, $+$, 6
❹ $+2$
❺ $+8$
❻ $+5$
❼ $+7$
❽ $+6$
❾ $+9$
❿ $+10$
⓫ $+13$
⓬ $+16$
⓭ $+24$
⓮ $+26$

50쪽

⓯ $-$, $-$, 9
⓰ -3
⓱ -8
⓲ -7
⓳ -10
⓴ -9
㉑ -9
㉒ -12
㉓ -12
㉔ -15
㉕ -16
㉖ -29

51쪽

❗계산 결과를 가분수 또는 기약분수로 나타내지 않아도 정답으로 인정합니다.

㉗ $+$, $+$, $\frac{5}{3}$
㉘ $+4$
㉙ $+\frac{2}{3}$
㉚ $-\frac{4}{5}$
㉛ -3
㉜ $-$, $-$, 2, $-$, $\frac{3}{2}$
㉝ $+\frac{11}{5}$
㉞ $+\frac{23}{6}$
㉟ $-\frac{13}{3}$
㊱ $-\frac{15}{2}$

52쪽

❗계산 결과를 가분수 또는 기약분수로 나타내지 않아도 정답으로 인정합니다.

㊲ $-$, $-$, 5, 4, $-$, $\frac{9}{20}$
㊳ $+\frac{7}{8}$
㊴ $+\frac{8}{15}$
㊵ $-\frac{17}{12}$
㊶ $-\frac{47}{18}$
㊷ $+$, $+$, 3.6
㊸ $+1.8$
㊹ $+4.4$
㊺ -7.7
㊻ -5.2
㊼ -1.8

53쪽

❗계산 결과를 가분수 또는 기약분수로 나타내지 않아도 정답으로 인정합니다.

㊽ $+1.1$
㊾ $+2.1$
㊿ -4.3
51 -9
52 $+1.3$
53 -5.04
54 $+$, $+$, 5, $+$, 15, $+$, $\frac{10}{3}$
55 $+\frac{8}{5}$
56 $+\frac{24}{5}$
57 $-\frac{53}{10}$
58 $-\frac{26}{15}$

---

❹ $(+1)+(+1)=+(1+1)=+2$

❺ $(+7)+(+1)=+(7+1)=+8$

❻ $(+3)+(+2)=+(3+2)=+5$

❼ $(+2)+(+5)=+(2+5)=+7$

❽ $(+3)+(+3)=+(3+3)=+6$

❾ $(+6)+(+3)=+(6+3)=+9$

❿ $(+4)+(+6)=+(4+6)=+10$

⓫ $(+5)+(+8)=+(5+8)=+13$

⓬ $(+9)+(+7)=+(9+7)=+16$

⓭ $(+16)+(+8)=+(16+8)=+24$

⓮ $(+11)+(+15)=+(11+15)=+26$

⑯ $(-2)+(-1)=-(2+1)=-3$

⑰ $(-1)+(-7)=-(1+7)=-8$

⑱ $(-3)+(-4)=-(3+4)=-7$

⑲ $(-5)+(-5)=-(5+5)=-10$

⑳ $(-2)+(-7)=-(2+7)=-9$

㉑ $(-6)+(-3)=-(6+3)=-9$

㉒ $(-8)+(-4)=-(8+4)=-12$

㉓ $(-7)+(-5)=-(7+5)=-12$

㉔ $(-9)+(-6)=-(9+6)=-15$

㉕ $(-13)+(-3)=-(13+3)=-16$

㉖ $(-12)+(-17)=-(12+17)=-29$

㉘ $\left(+\frac{1}{2}\right)+\left(+\frac{7}{2}\right)=+\left(\frac{1}{2}+\frac{7}{2}\right)$
$=+\frac{8}{2}=+4$

㉙ $\left(+\frac{4}{9}\right)+\left(+\frac{2}{9}\right)=+\left(\frac{4}{9}+\frac{2}{9}\right)$
$=+\frac{6}{9}=+\frac{2}{3}$

㉚ $\left(-\frac{3}{5}\right)+\left(-\frac{1}{5}\right)=-\left(\frac{3}{5}+\frac{1}{5}\right)=-\frac{4}{5}$

㉛ $\left(-\frac{9}{4}\right)+\left(-\frac{3}{4}\right)=-\left(\frac{9}{4}+\frac{3}{4}\right)$
$=-\frac{12}{4}=-3$

㉝ $(+2)+\left(+\frac{1}{5}\right)=+\left(2+\frac{1}{5}\right)$
$=+\left(\frac{10}{5}+\frac{1}{5}\right)$
$=+\frac{11}{5}$

㉞ $\left(+\frac{5}{6}\right)+(+3)=+\left(\frac{5}{6}+3\right)$
$=+\left(\frac{5}{6}+\frac{18}{6}\right)$
$=+\frac{23}{6}$

㉟ $(-4)+\left(-\frac{1}{3}\right)=-\left(4+\frac{1}{3}\right)$
$=-\left(\frac{12}{3}+\frac{1}{3}\right)$
$=-\frac{13}{3}$

㊱ $\left(-\frac{3}{2}\right)+(-6)=-\left(\frac{3}{2}+6\right)$
$=-\left(\frac{3}{2}+\frac{12}{2}\right)$
$=-\frac{15}{2}$

㊳ $\left(+\frac{3}{8}\right)+\left(+\frac{1}{2}\right)=+\left(\frac{3}{8}+\frac{1}{2}\right)$
$=+\left(\frac{3}{8}+\frac{4}{8}\right)$
$=+\frac{7}{8}$

㊴ $\left(+\frac{1}{5}\right)+\left(+\frac{1}{3}\right)=+\left(\frac{1}{5}+\frac{1}{3}\right)$
$=+\left(\frac{3}{15}+\frac{5}{15}\right)$
$=+\frac{8}{15}$

㊵ $\left(-\frac{2}{3}\right)+\left(-\frac{3}{4}\right)=-\left(\frac{2}{3}+\frac{3}{4}\right)$
$=-\left(\frac{8}{12}+\frac{9}{12}\right)$
$=-\frac{17}{12}$

㊶ $\left(-\frac{5}{2}\right)+\left(-\frac{1}{9}\right)=-\left(\frac{5}{2}+\frac{1}{9}\right)$
$=-\left(\frac{45}{18}+\frac{2}{18}\right)$
$=-\frac{47}{18}$

㊸ $(+0.8)+(+1)=+(0.8+1)=+1.8$

㊹ $(+3)+(+1.4)=+(3+1.4)=+4.4$

㊺ $(-5)+(-2.7)=-(5+2.7)=-7.7$

㊻ $(-1.2)+(-4)=-(1.2+4)=-5.2$

㊼ $0+(-1.8)=-1.8$

㊽ $(+0.7)+(+0.4)=+(0.7+0.4)=+1.1$

㊾ $(+1.5)+(+0.6)=+(1.5+0.6)=+2.1$

㊿ $(-3.2)+(-1.1)=-(3.2+1.1)=-4.3$

51 $(-6.3)+(-2.7)=-(6.3+2.7)=-9$

52 $(+1.25)+(+0.05)=+(1.25+0.05)=+1.3$

53 $(-3.14)+(-1.9)=-(3.14+1.9)=-5.04$

55 $(+0.7)+\left(+\frac{9}{10}\right)=+\left(0.7+\frac{9}{10}\right)$
$=+\left(\frac{7}{10}+\frac{9}{10}\right)$
$=+\frac{16}{10}=+\frac{8}{5}$

56 $(+3.3)+\left(+\frac{3}{2}\right)=+\left(3.3+\frac{3}{2}\right)$
$=+\left(\frac{33}{10}+\frac{3}{2}\right)$
$=+\left(\frac{33}{10}+\frac{15}{10}\right)$
$=+\frac{48}{10}=+\frac{24}{5}$

57 $\left(-\frac{1}{5}\right)+(-5.1)=-\left(\frac{1}{5}+5.1\right)$
$=-\left(\frac{1}{5}+\frac{51}{10}\right)$
$=-\left(\frac{2}{10}+\frac{51}{10}\right)$
$=-\frac{53}{10}$

58 $(-1.4)+\left(-\frac{1}{3}\right)=-\left(1.4+\frac{1}{3}\right)$
$=-\left(\frac{7}{5}+\frac{1}{3}\right)$
$=-\left(\frac{21}{15}+\frac{5}{15}\right)$
$=-\frac{26}{15}$

08 부호가 다른 두 수의 덧셈

54쪽

❶ -1
❷ -2 / $+3$
❸ $+3$
❹ -6 / -4

55쪽

❺ $-$, $-$, 4
❻ $+4$
❼ $+3$
❽ -4
❾ -7
❿ $+1$
⓫ $+6$
⓬ $+1$
⓭ -1
⓮ 0
⓯ $+5$
⓰ -2

56쪽

⓱ $+6$
⓲ -1
⓳ $+3$
⓴ -3
21 $+1$
22 $+5$
23 -3
24 -2
25 $+5$
26 0
27 -8
28 -7

57쪽

❗계산 결과를 가분수 또는 기약분수로 나타내지 않아도 정답으로 인정합니다.

29 $-$, 5, $-$, $\frac{2}{7}$
30 $+\frac{1}{2}$
31 $-\frac{5}{3}$
32 -2
33 $-\frac{3}{11}$
34 3, $-$, 3, $-$, $\frac{2}{3}$
35 $+\frac{3}{2}$
36 $-\frac{14}{5}$
37 $+\frac{11}{6}$
38 $-\frac{1}{4}$

58쪽 ❶ 계산 결과를 가분수 또는 기약분수로 나타내지 않아도 정답으로 인정합니다.

39 2, 9, +, 9, 2, +, $\frac{7}{18}$

40 $-\frac{1}{3}$

41 $+\frac{23}{21}$

42 $+\frac{1}{4}$

43 $-\frac{7}{24}$

44 −, 1, −, 1.3

45 +2.4

46 +2.3

47 −1.8

48 +3.2

49 +0.36

59쪽 ❶ 계산 결과를 가분수 또는 기약분수로 나타내지 않아도 정답으로 인정합니다.

50 −0.4

51 +0.6

52 −1.1

53 +0.2

54 −1.8

55 −2.9

56 2, 6, 5, +, 6, 5, +, $\frac{1}{15}$

57 $+\frac{7}{10}$

58 $-\frac{1}{20}$

59 $-\frac{2}{5}$

60 $-\frac{9}{40}$

6 $(+6)+(-2)=+(6-2)=+4$

7 $(+4)+(-1)=+(4-1)=+3$

8 $(+3)+(-7)=-(7-3)=-4$

9 $(+2)+(-9)=-(9-2)=-7$

10 $(+5)+(-4)=+(5-4)=+1$

11 $(+9)+(-3)=+(9-3)=+6$

12 $(+7)+(-6)=+(7-6)=+1$

13 $(+8)+(-9)=-(9-8)=-1$

14 $(+4)+(-4)=0$

15 $(+12)+(-7)=+(12-7)=+5$

16 $(+11)+(-13)=-(13-11)=-2$

17 $(-1)+(+7)=+(7-1)=+6$

18 $(-5)+(+4)=-(5-4)=-1$

19 $(-2)+(+5)=+(5-2)=+3$

20 $(-9)+(+6)=-(9-6)=-3$

21 $(-7)+(+8)=+(8-7)=+1$

22 $(-4)+(+9)=+(9-4)=+5$

23 $(-8)+(+5)=-(8-5)=-3$

24 $(-6)+(+4)=-(6-4)=-2$

25 $(-3)+(+8)=+(8-3)=+5$

26 $(-5)+(+5)=0$

27 $(-15)+(+7)=-(15-7)=-8$

28 $(-21)+(+14)=-(21-14)=-7$

30 $\left(+\frac{3}{4}\right)+\left(-\frac{1}{4}\right)=+\left(\frac{3}{4}-\frac{1}{4}\right)$
$=+\frac{2}{4}=+\frac{1}{2}$

31 $\left(+\frac{2}{3}\right)+\left(-\frac{7}{3}\right)=-\left(\frac{7}{3}-\frac{2}{3}\right)=-\frac{5}{3}$

32 $\left(-\frac{5}{2}\right)+\left(+\frac{1}{2}\right)=-\left(\frac{5}{2}-\frac{1}{2}\right)$
$=-\frac{4}{2}=-2$

33 $\left(-\frac{7}{11}\right)+\left(+\frac{4}{11}\right)=-\left(\frac{7}{11}-\frac{4}{11}\right)=-\frac{3}{11}$

35 $(+3)+\left(-\frac{3}{2}\right)=\left(+\frac{6}{2}\right)+\left(-\frac{3}{2}\right)$
$=+\left(\frac{6}{2}-\frac{3}{2}\right)$
$=+\frac{3}{2}$

36 $\left(+\frac{6}{5}\right)+(-4)=\left(+\frac{6}{5}\right)+\left(-\frac{20}{5}\right)$
$=-\left(\frac{20}{5}-\frac{6}{5}\right)$
$=-\frac{14}{5}$

37 $\left(-\frac{1}{6}\right)+(+2)=\left(-\frac{1}{6}\right)+\left(+\frac{12}{6}\right)$
$=+\left(\frac{12}{6}-\frac{1}{6}\right)$
$=+\frac{11}{6}$

38 $(-5)+\left(+\frac{19}{4}\right)=\left(-\frac{20}{4}\right)+\left(+\frac{19}{4}\right)$
$=-\left(\frac{20}{4}-\frac{19}{4}\right)$
$=-\frac{1}{4}$

40 $\left(+\frac{1}{6}\right)+\left(-\frac{1}{2}\right)=\left(+\frac{1}{6}\right)+\left(-\frac{3}{6}\right)$
$=-\left(\frac{3}{6}-\frac{1}{6}\right)$
$=-\frac{2}{6}=-\frac{1}{3}$

41 $\left(+\frac{5}{3}\right)+\left(-\frac{4}{7}\right)=\left(+\frac{35}{21}\right)+\left(-\frac{12}{21}\right)$
$=+\left(\frac{35}{21}-\frac{12}{21}\right)$
$=+\frac{23}{21}$

42 $\left(-\frac{2}{3}\right)+\left(+\frac{11}{12}\right)=\left(-\frac{8}{12}\right)+\left(+\frac{11}{12}\right)$
$=+\left(\frac{11}{12}-\frac{8}{12}\right)$
$=+\frac{3}{12}=+\frac{1}{4}$

43 $\left(-\frac{13}{6}\right)+\left(+\frac{15}{8}\right)=\left(-\frac{52}{24}\right)+\left(+\frac{45}{24}\right)$
$=-\left(\frac{52}{24}-\frac{45}{24}\right)$
$=-\frac{7}{24}$

45 $(+5.4)+(-3)=+(5.4-3)=+2.4$

46 $(+4)+(-1.7)=+(4-1.7)=+2.3$

47 $(-3.8)+(+2)=-(3.8-2)=-1.8$

48 $(-6)+(+9.2)=+(9.2-6)=+3.2$

49 $(-2.64)+(+3)=+(3-2.64)=+0.36$

50 $(+0.2)+(-0.6)=-(0.6-0.2)=-0.4$

51 $(+0.9)+(-0.3)=+(0.9-0.3)=+0.6$

52 $(+1.4)+(-2.5)=-(2.5-1.4)=-1.1$

53 $(-0.5)+(+0.7)=+(0.7-0.5)=+0.2$

54 $(-2.1)+(+0.3)=-(2.1-0.3)=-1.8$

55 $(-9.8)+(+6.9)=-(9.8-6.9)=-2.9$

57 $\left(+\frac{9}{10}\right)+(-0.2)=\left(+\frac{9}{10}\right)+\left(-\frac{2}{10}\right)$
$=+\left(\frac{9}{10}-\frac{2}{10}\right)$
$=+\frac{7}{10}$

58 $(+1.2)+\left(-\frac{5}{4}\right)=\left(+\frac{6}{5}\right)+\left(-\frac{5}{4}\right)$
$=\left(+\frac{24}{20}\right)+\left(-\frac{25}{20}\right)$
$=-\left(\frac{25}{20}-\frac{24}{20}\right)$
$=-\frac{1}{20}$

59 $\left(-\frac{7}{10}\right)+(+0.3)=\left(-\frac{7}{10}\right)+\left(+\frac{3}{10}\right)$
$=-\left(\frac{7}{10}-\frac{3}{10}\right)$
$=-\frac{4}{10}=-\frac{2}{5}$

60 $(-1.6)+\left(+\frac{11}{8}\right)=\left(-\frac{8}{5}\right)+\left(+\frac{11}{8}\right)$
$=\left(-\frac{64}{40}\right)+\left(+\frac{55}{40}\right)$
$=-\left(\frac{64}{40}-\frac{55}{40}\right)$
$=-\frac{9}{40}$

09 덧셈의 계산 법칙

60쪽

❗계산 결과를 가분수 또는 기약분수로 나타내지 않아도 정답으로 인정합니다.

❶ $+7$ / $+7$
❷ $+3$ / $+3$
❸ $-\frac{13}{15}$ / $-\frac{13}{15}$
❹ -0.8 / -0.8

61쪽

❗계산 결과를 가분수 또는 기약분수로 나타내지 않아도 정답으로 인정합니다.

❺ $+2$, $+2$, $+10$, $+4$ / 교환, 결합
❻ -3, -3, -5, 0 / 덧셈의 교환법칙, 덧셈의 결합법칙
❼ $-\frac{4}{3}$, $-\frac{4}{3}$, $-\frac{5}{3}$, $-\frac{13}{6}$ / 덧셈의 교환법칙, 덧셈의 결합법칙
❽ $+1.5$, $+1.5$, $+5$, $+3.3$ / 덧셈의 교환법칙, 덧셈의 결합법칙

62쪽

❾ 0
❿ -5
⓫ $+7$
⓬ 0
⓭ 0
⓮ $+14$
⓯ -16
⓰ $+25$
⓱ -23
⓲ $+2$
⓳ $+9$
⓴ -15

63쪽

❗계산 결과를 가분수 또는 기약분수로 나타내지 않아도 정답으로 인정합니다.

㉑ $-\frac{5}{2}$
㉒ $+\frac{2}{3}$
㉓ 0
㉔ -2
㉕ $+6$
㉖ $+1.8$
㉗ $+2.5$
㉘ $+5.8$
㉙ -5
㉚ $+1$
㉛ $+20$

64쪽

❗계산 결과를 가분수 또는 기약분수로 나타내지 않아도 정답으로 인정합니다.

㉜ $-\frac{1}{3}$
㉝ $-\frac{4}{5}$
㉞ $+\frac{4}{3}$
㉟ $+2$
㊱ 0
㊲ $-\frac{1}{4}$
㊳ $-\frac{23}{7}$
㊴ $+\frac{38}{15}$
㊵ $+\frac{1}{10}$
㊶ $-\frac{1}{12}$

65쪽

㊷ $+0.4$
㊸ -1.1
㊹ $+2.2$
㊺ -0.9
㊻ $+0.1$
㊼ $+1.6$
㊽ -3
㊾ -2.5
㊿ -1.6
51 $+7.2$
52 $+0.3$
53 $+1.4$

❶ $(+4)+(+3)=+(4+3)=+7$
덧셈의 교환법칙에 의하여
$(+3)+(+4)=(+4)+(+3)=+7$

❷ $(-2)+(+5)=+(5-2)=+3$
덧셈의 교환법칙에 의하여
$(+5)+(-2)=(-2)+(+5)=+3$

❸ $$\left(-\frac{1}{5}\right)+\left(-\frac{2}{3}\right)=-\left(\frac{1}{5}+\frac{2}{3}\right)=-\left(\frac{3}{15}+\frac{10}{15}\right)=-\frac{13}{15}$$
덧셈의 교환법칙에 의하여
$$\left(-\frac{2}{3}\right)+\left(-\frac{1}{5}\right)=\left(-\frac{1}{5}\right)+\left(-\frac{2}{3}\right)=-\frac{13}{15}$$

❹ $(+0.7)+(-1.5)=-(1.5-0.7)=-0.8$
덧셈의 교환법칙에 의하여
$(-1.5)+(+0.7)=(+0.7)+(-1.5)=-0.8$

❾ $(+1)+(-4)+(+3)=(+1)+(+3)+(-4)$
$=\{(+1)+(+3)\}+(-4)$
$=(+4)+(-4)$
$=0$

❿ $(-2)+(+5)+(-8)=(-2)+(-8)+(+5)$
$=\{(-2)+(-8)\}+(+5)$
$=(-10)+(+5)$
$=-5$

⓫ $(+4)+(-3)+(+6)=(+4)+(+6)+(-3)$
$=\{(+4)+(+6)\}+(-3)$
$=(+10)+(-3)$
$=+7$

⓬ $(+3)+(-6)+(+3)=(+3)+(+3)+(-6)$
$=\{(+3)+(+3)\}+(-6)$
$=(+6)+(-6)$
$=0$

⓭ $(-7)+(+13)+(-6)=(-7)+(-6)+(+13)$
$=\{(-7)+(-6)\}+(+13)$
$=(-13)+(+13)$
$=0$

⓮ $(+9)+(-6)+(+11)=(+9)+(+11)+(-6)$
$=\{(+9)+(+11)\}+(-6)$
$=(+20)+(-6)$
$=+14$

⓯ $(-12)+(+4)+(-8)=(-12)+(-8)+(+4)$
$=\{(-12)+(-8)\}+(+4)$
$=(-20)+(+4)$
$=-16$

⓰ $(+23)+(-5)+(+7)$
$=(+23)+(+7)+(-5)$
$=\{(+23)+(+7)\}+(-5)$
$=(+30)+(-5)$
$=+25$

⓱ $(-6)+(+17)+(-34)$
$=(-6)+(-34)+(+17)$
$=\{(-6)+(-34)\}+(+17)$
$=(-40)+(+17)$
$=-23$

⓲ $(-5)+(+2)+(+5)=(-5)+(+5)+(+2)$
$=\{(-5)+(+5)\}+(+2)$
$=0+(+2)$
$=+2$

⓳ $(+7)+(+9)+(-7)=(+7)+(-7)+(+9)$
$=\{(+7)+(-7)\}+(+9)$
$=0+(+9)$
$=+9$

⓴ $(-8)+(-15)+(+8)=(-8)+(+8)+(-15)$
$=\{(-8)+(+8)\}+(-15)$
$=0+(-15)$
$=-15$

㉑ $(-1)+\left(+\frac{1}{2}\right)+(-2)=(-1)+(-2)+\left(+\frac{1}{2}\right)$
$=\{(-1)+(-2)\}+\left(+\frac{1}{2}\right)$
$=(-3)+\left(+\frac{1}{2}\right)$
$=\left(-\frac{6}{2}\right)+\left(+\frac{1}{2}\right)$
$=-\frac{5}{2}$

㉒ $(+3)+\left(-\frac{4}{3}\right)+(-1)=(+3)+(-1)+\left(-\frac{4}{3}\right)$
$=\{(+3)+(-1)\}+\left(-\frac{4}{3}\right)$
$=(+2)+\left(-\frac{4}{3}\right)$
$=\left(+\frac{6}{3}\right)+\left(-\frac{4}{3}\right)$
$=+\frac{2}{3}$

㉓ $\left(-\frac{3}{4}\right)+(+1)+\left(-\frac{1}{4}\right)$
$=\left(-\frac{3}{4}\right)+\left(-\frac{1}{4}\right)+(+1)$
$=\left\{\left(-\frac{3}{4}\right)+\left(-\frac{1}{4}\right)\right\}+(+1)$
$=(-1)+(+1)$
$=0$

㉔ $\left(+\frac{5}{7}\right)+(-2)+\left(-\frac{5}{7}\right)$
$=\left(+\frac{5}{7}\right)+\left(-\frac{5}{7}\right)+(-2)$
$=\left\{\left(+\frac{5}{7}\right)+\left(-\frac{5}{7}\right)\right\}+(-2)$
$=0+(-2)$
$=-2$

㉕ $\left(+\frac{2}{3}\right)+(+5)+\left(+\frac{1}{3}\right)$
$=\left(+\frac{2}{3}\right)+\left(+\frac{1}{3}\right)+(+5)$
$=\left\{\left(+\frac{2}{3}\right)+\left(+\frac{1}{3}\right)\right\}+(+5)$
$=(+1)+(+5)$
$=+6$

㉖ $(+2)+(-3.2)+(+3)$
$=(+2)+(+3)+(-3.2)$
$=\{(+2)+(+3)\}+(-3.2)$
$=(+5)+(-3.2)$
$=+1.8$

㉗ $(-4)+(+2.5)+(+4)$
$=(-4)+(+4)+(+2.5)$
$=\{(-4)+(+4)\}+(+2.5)$
$=0+(+2.5)$
$=+2.5$

㉘ $(+3)+(-4.2)+(+7)$
$=(+3)+(+7)+(-4.2)$
$=\{(+3)+(+7)\}+(-4.2)$
$=(+10)+(-4.2)$
$=+5.8$

㉙ $(+1.5)+(-7)+(+0.5)$
$=(+1.5)+(+0.5)+(-7)$
$=\{(+1.5)+(+0.5)\}+(-7)$
$=(+2)+(-7)$
$=-5$

㉚ $(-7.5)+(+11)+(-2.5)$
$=(-7.5)+(-2.5)+(+11)$
$=\{(-7.5)+(-2.5)\}+(+11)$
$=(-10)+(+11)$
$=+1$

㉛ $(+1.9)+(+19)+(-0.9)$
$=(+1.9)+(-0.9)+(+19)$
$=\{(+1.9)+(-0.9)\}+(+19)$
$=(+1)+(+19)$
$=+20$

㉜ $\left(+\frac{1}{2}\right)+\left(-\frac{1}{3}\right)+\left(-\frac{1}{2}\right)$
$=\left(+\frac{1}{2}\right)+\left(-\frac{1}{2}\right)+\left(-\frac{1}{3}\right)$
$=\left\{\left(+\frac{1}{2}\right)+\left(-\frac{1}{2}\right)\right\}+\left(-\frac{1}{3}\right)$
$=0+\left(-\frac{1}{3}\right)=-\frac{1}{3}$

㉝ $\left(-\frac{2}{3}\right)+\left(+\frac{1}{5}\right)+\left(-\frac{1}{3}\right)$
$=\left(-\frac{2}{3}\right)+\left(-\frac{1}{3}\right)+\left(+\frac{1}{5}\right)$
$=\left\{\left(-\frac{2}{3}\right)+\left(-\frac{1}{3}\right)\right\}+\left(+\frac{1}{5}\right)$
$=(-1)+\left(+\frac{1}{5}\right)$
$=\left(-\frac{5}{5}\right)+\left(+\frac{1}{5}\right)=-\frac{4}{5}$

㉞ $\left(+\frac{5}{6}\right)+\left(-\frac{2}{3}\right)+\left(+\frac{7}{6}\right)$
$=\left(+\frac{5}{6}\right)+\left(+\frac{7}{6}\right)+\left(-\frac{2}{3}\right)$
$=\left\{\left(+\frac{5}{6}\right)+\left(+\frac{7}{6}\right)\right\}+\left(-\frac{2}{3}\right)$
$=(+2)+\left(-\frac{2}{3}\right)$
$=\left(+\frac{6}{3}\right)+\left(-\frac{2}{3}\right)=+\frac{4}{3}$

㉟ $\left(+\frac{5}{4}\right)+\left(+\frac{1}{2}\right)+\left(+\frac{1}{4}\right)$
$=\left(+\frac{5}{4}\right)+\left(+\frac{1}{4}\right)+\left(+\frac{1}{2}\right)$
$=\left\{\left(+\frac{5}{4}\right)+\left(+\frac{1}{4}\right)\right\}+\left(+\frac{1}{2}\right)$
$=\left(+\frac{3}{2}\right)+\left(+\frac{1}{2}\right)$
$=+\frac{4}{2}=+2$

36 $\left(+\frac{3}{8}\right)+\left(-\frac{1}{4}\right)+\left(-\frac{1}{8}\right)$
$=\left(+\frac{3}{8}\right)+\left(-\frac{1}{8}\right)+\left(-\frac{1}{4}\right)$
$=\left\{\left(+\frac{3}{8}\right)+\left(-\frac{1}{8}\right)\right\}+\left(-\frac{1}{4}\right)$
$=\left(+\frac{1}{4}\right)+\left(-\frac{1}{4}\right)$
$=0$

37 $\left(-\frac{9}{7}\right)+\left(+\frac{3}{4}\right)+\left(+\frac{2}{7}\right)$
$=\left(-\frac{9}{7}\right)+\left(+\frac{2}{7}\right)+\left(+\frac{3}{4}\right)$
$=\left\{\left(-\frac{9}{7}\right)+\left(+\frac{2}{7}\right)\right\}+\left(+\frac{3}{4}\right)$
$=(-1)+\left(+\frac{3}{4}\right)$
$=\left(-\frac{4}{4}\right)+\left(+\frac{3}{4}\right)$
$=-\frac{1}{4}$

38 $\left(-\frac{13}{10}\right)+\left(-\frac{2}{7}\right)+\left(-\frac{17}{10}\right)$
$=\left(-\frac{13}{10}\right)+\left(-\frac{17}{10}\right)+\left(-\frac{2}{7}\right)$
$=\left\{\left(-\frac{13}{10}\right)+\left(-\frac{17}{10}\right)\right\}+\left(-\frac{2}{7}\right)$
$=(-3)+\left(-\frac{2}{7}\right)$
$=\left(-\frac{21}{7}\right)+\left(-\frac{2}{7}\right)$
$=-\frac{23}{7}$

39 $\left(+\frac{5}{3}\right)+\left(+\frac{1}{5}\right)+\left(+\frac{2}{3}\right)$
$=\left(+\frac{5}{3}\right)+\left(+\frac{2}{3}\right)+\left(+\frac{1}{5}\right)$
$=\left\{\left(+\frac{5}{3}\right)+\left(+\frac{2}{3}\right)\right\}+\left(+\frac{1}{5}\right)$
$=\left(+\frac{7}{3}\right)+\left(+\frac{1}{5}\right)$
$=\left(+\frac{35}{15}\right)+\left(+\frac{3}{15}\right)$
$=+\frac{38}{15}$

40 $\left(-\frac{4}{5}\right)+\left(+\frac{3}{2}\right)+\left(-\frac{3}{5}\right)$
$=\left(-\frac{4}{5}\right)+\left(-\frac{3}{5}\right)+\left(+\frac{3}{2}\right)$
$=\left\{\left(-\frac{4}{5}\right)+\left(-\frac{3}{5}\right)\right\}+\left(+\frac{3}{2}\right)$
$=\left(-\frac{7}{5}\right)+\left(+\frac{3}{2}\right)$
$=\left(-\frac{14}{10}\right)+\left(+\frac{15}{10}\right)=+\frac{1}{10}$

41 $\left(+\frac{2}{9}\right)+\left(-\frac{3}{4}\right)+\left(+\frac{4}{9}\right)$
$=\left(+\frac{2}{9}\right)+\left(+\frac{4}{9}\right)+\left(-\frac{3}{4}\right)$
$=\left\{\left(+\frac{2}{9}\right)+\left(+\frac{4}{9}\right)\right\}+\left(-\frac{3}{4}\right)$
$=\left(+\frac{2}{3}\right)+\left(-\frac{3}{4}\right)$
$=\left(+\frac{8}{12}\right)+\left(-\frac{9}{12}\right)=-\frac{1}{12}$

42 $(+0.7)+(-0.6)+(+0.3)$
$=(+0.7)+(+0.3)+(-0.6)$
$=\{(+0.7)+(+0.3)\}+(-0.6)$
$=(+1)+(-0.6)$
$=+0.4$

43 $(-0.6)+(+0.9)+(-1.4)$
$=(-0.6)+(-1.4)+(+0.9)$
$=\{(-0.6)+(-1.4)\}+(+0.9)$
$=(-2)+(+0.9)$
$=-1.1$

44 $(+2.5)+(-0.8)+(+0.5)$
$=(+2.5)+(+0.5)+(-0.8)$
$=\{(+2.5)+(+0.5)\}+(-0.8)$
$=(+3)+(-0.8)$
$=+2.2$

45 $(-0.4)+(+1.1)+(-1.6)$
$=(-0.4)+(-1.6)+(+1.1)$
$=\{(-0.4)+(-1.6)\}+(+1.1)$
$=(-2)+(+1.1)$
$=-0.9$

㊻ $(+1.7)+(-0.9)+(-0.7)$
$=(+1.7)+(-0.7)+(-0.9)$
$=\{(+1.7)+(-0.7)\}+(-0.9)$
$=(+1)+(-0.9)$
$=+0.1$

㊼ $(+3.3)+(-1.4)+(-0.3)$
$=(+3.3)+(-0.3)+(-1.4)$
$=\{(+3.3)+(-0.3)\}+(-1.4)$
$=(+3)+(-1.4)$
$=+1.6$

㊽ $(-2.2)+(+0.5)+(-1.3)$
$=(-2.2)+(-1.3)+(+0.5)$
$=\{(-2.2)+(-1.3)\}+(+0.5)$
$=(-3.5)+(+0.5)$
$=-3$

㊾ $(-0.1)+(+0.7)+(-3.1)$
$=(-0.1)+(-3.1)+(+0.7)$
$=\{(-0.1)+(-3.1)\}+(+0.7)$
$=(-3.2)+(+0.7)$
$=-2.5$

㊿ $(+3.6)+(-1.6)+(-3.6)$
$=(+3.6)+(-3.6)+(-1.6)$
$=\{(+3.6)+(-3.6)\}+(-1.6)$
$=0+(-1.6)$
$=-1.6$

51 $(-0.9)+(+7.2)+(+0.9)$
$=(-0.9)+(+0.9)+(+7.2)$
$=\{(-0.9)+(+0.9)\}+(+7.2)$
$=0+(+7.2)$
$=+7.2$

52 $(+4.5)+(-5.7)+(+1.5)$
$=(+4.5)+(+1.5)+(-5.7)$
$=\{(+4.5)+(+1.5)\}+(-5.7)$
$=(+6)+(-5.7)$
$=+0.3$

53 $(-7.8)+(+11.4)+(-2.2)$
$=(-7.8)+(-2.2)+(+11.4)$
$=\{(-7.8)+(-2.2)\}+(+11.4)$
$=(-10)+(+11.4)$
$=+1.4$

10 두 수의 뺄셈

66쪽

❶ −, 5, +, 2
❷ −, 6, −, 10
❸ +, 8, +, 11
❹ +, 1, −, 8

67쪽

❺ -6
❻ -5
❼ -6
❽ -7
❾ -15
❿ -25
⓫ $+3$
⓬ $+13$
⓭ $+4$
⓮ -2
⓯ -4
⓰ -3

68쪽

❗계산 결과를 가분수 또는 기약분수로 나타내지 않아도 정답으로 인정합니다.

⓱ −, $\frac{1}{4}$, 8, −, 5, +, $\frac{3}{20}$
⓲ $+\frac{1}{3}$
⓳ $-\frac{7}{6}$
⓴ $+\frac{29}{26}$
㉑ -1
㉒ $-\frac{11}{8}$
㉓ $-\frac{19}{12}$
㉔ $-\frac{31}{6}$
㉕ $-\frac{32}{45}$

69쪽

❗계산 결과를 가분수 또는 기약분수로 나타내지 않아도 정답으로 인정합니다.

㉖ +, $\frac{2}{3}$, 9, +, 8, +, $\frac{17}{12}$
㉗ $+1$
㉘ $+\frac{3}{8}$
㉙ $+\frac{4}{3}$
㉚ $+2$
㉛ $-\frac{1}{3}$
㉜ $-\frac{1}{4}$
㉝ $+\frac{3}{4}$
㉞ $+\frac{5}{12}$

70쪽

㉟ $-$, 0.1, $+$, 0.2

㊱ -0.9

㊲ $+0.8$

㊳ -1.5

㊴ -4.1

㊵ $+$, 0.1, $+$, 0.6

㊶ $+1.3$

㊷ $+3$

㊸ $+5.1$

㊹ -6.2

71쪽

❗ 계산 결과를 가분수 또는 기약분수로 나타내지 않아도 정답으로 인정합니다.

㊺ $-$, $\frac{1}{3}$, 12, $-$, $\frac{1}{3}$, 36, $-$, 5, $+$, $\frac{31}{15}$

㊻ -1

㊼ -7

㊽ $-\frac{77}{30}$

㊾ $+$, $\frac{1}{2}$, 13, $+$, $\frac{1}{2}$, 13, $+$, 5, $+$, $\frac{9}{5}$

㊿ $+\frac{7}{4}$

51 $-\frac{12}{5}$

52 $+\frac{6}{5}$

---

❺ $(+1)-(+7)=(+1)+(-7)=-6$

❻ $(+5)-(+10)=(+5)+(-10)=-5$

❼ $0-(+6)=0+(-6)=-6$

❽ $(-3)-(+4)=(-3)+(-4)=-7$

❾ $(-6)-(+9)=(-6)+(-9)=-15$

❿ $(-11)-(+14)=(-11)+(-14)=-25$

⓫ $(+2)-(-1)=(+2)+(+1)=+3$

⓬ $(+8)-(-5)=(+8)+(+5)=+13$

⓭ $0-(-4)=0+(+4)=+4$

⓮ $(-4)-(-2)=(-4)+(+2)=-2$

⓯ $(-7)-(-3)=(-7)+(+3)=-4$

⓰ $(-15)-(-12)=(-15)+(+12)=-3$

⓲ $\left(+\frac{2}{3}\right)-\left(+\frac{1}{3}\right)=\left(+\frac{2}{3}\right)+\left(-\frac{1}{3}\right)=+\frac{1}{3}$

⓳ $\left(+\frac{1}{6}\right)-\left(+\frac{4}{3}\right)=\left(+\frac{1}{6}\right)+\left(-\frac{4}{3}\right)$
$=\left(+\frac{1}{6}\right)+\left(-\frac{8}{6}\right)$
$=-\frac{7}{6}$

⓴ $\left(+\frac{3}{2}\right)-\left(+\frac{5}{13}\right)=\left(+\frac{3}{2}\right)+\left(-\frac{5}{13}\right)$
$=\left(+\frac{39}{26}\right)+\left(-\frac{10}{26}\right)$
$=+\frac{29}{26}$

㉑ $\left(-\frac{2}{7}\right)-\left(+\frac{5}{7}\right)=\left(-\frac{2}{7}\right)+\left(-\frac{5}{7}\right)$
$=-\frac{7}{7}=-1$

㉒ $\left(-\frac{5}{4}\right)-\left(+\frac{1}{8}\right)=\left(-\frac{5}{4}\right)+\left(-\frac{1}{8}\right)$
$=\left(-\frac{10}{8}\right)+\left(-\frac{1}{8}\right)$
$=-\frac{11}{8}$

㉓ $\left(-\frac{7}{6}\right)-\left(+\frac{5}{12}\right)=\left(-\frac{7}{6}\right)+\left(-\frac{5}{12}\right)$
$=\left(-\frac{14}{12}\right)+\left(-\frac{5}{12}\right)$
$=-\frac{19}{12}$

㉔ $\left(-\frac{8}{3}\right)-\left(+\frac{5}{2}\right)=\left(-\frac{8}{3}\right)+\left(-\frac{5}{2}\right)$
$=\left(-\frac{16}{6}\right)+\left(-\frac{15}{6}\right)$
$=-\frac{31}{6}$

㉕ $\left(-\frac{1}{9}\right)-\left(+\frac{3}{5}\right)=\left(-\frac{1}{9}\right)+\left(-\frac{3}{5}\right)$
$=\left(-\frac{5}{45}\right)+\left(-\frac{27}{45}\right)$
$=-\frac{32}{45}$

㉗ $\left(+\frac{1}{5}\right)-\left(-\frac{4}{5}\right)=\left(+\frac{1}{5}\right)+\left(+\frac{4}{5}\right)$
$=+\frac{5}{5}=+1$

㉘ $$\left(+\frac{1}{4}\right)-\left(-\frac{1}{8}\right)=\left(+\frac{1}{4}\right)+\left(+\frac{1}{8}\right)=\left(+\frac{2}{8}\right)+\left(+\frac{1}{8}\right)=+\frac{3}{8}$$

㉙ $$\left(+\frac{5}{6}\right)-\left(-\frac{1}{2}\right)=\left(+\frac{5}{6}\right)+\left(+\frac{1}{2}\right)=\left(+\frac{5}{6}\right)+\left(+\frac{3}{6}\right)=+\frac{8}{6}=+\frac{4}{3}$$

㉚ $$\left(-\frac{1}{3}\right)-\left(-\frac{7}{3}\right)=\left(-\frac{1}{3}\right)+\left(+\frac{7}{3}\right)=+\frac{6}{3}=+2$$

㉛ $$\left(-\frac{5}{9}\right)-\left(-\frac{2}{9}\right)=\left(-\frac{5}{9}\right)+\left(+\frac{2}{9}\right)=-\frac{3}{9}=-\frac{1}{3}$$

㉜ $$\left(-\frac{1}{2}\right)-\left(-\frac{1}{4}\right)=\left(-\frac{1}{2}\right)+\left(+\frac{1}{4}\right)=\left(-\frac{2}{4}\right)+\left(+\frac{1}{4}\right)=-\frac{1}{4}$$

㉝ $$\left(-\frac{7}{12}\right)-\left(-\frac{4}{3}\right)=\left(-\frac{7}{12}\right)+\left(+\frac{4}{3}\right)=\left(-\frac{7}{12}\right)+\left(+\frac{16}{12}\right)=+\frac{9}{12}=+\frac{3}{4}$$

㉞ $$\left(-\frac{3}{4}\right)-\left(-\frac{7}{6}\right)=\left(-\frac{3}{4}\right)+\left(+\frac{7}{6}\right)=\left(-\frac{9}{12}\right)+\left(+\frac{14}{12}\right)=+\frac{5}{12}$$

㊱ $(+0.6)-(+1.5)=(+0.6)+(-1.5)=-0.9$

㊲ $(+3.6)-(+2.8)=(+3.6)+(-2.8)=+0.8$

㊳ $(-0.7)-(+0.8)=(-0.7)+(-0.8)=-1.5$

㊴ $(-2.9)-(+1.2)=(-2.9)+(-1.2)=-4.1$

㊶ $(+0.9)-(-0.4)=(+0.9)+(+0.4)=+1.3$

㊷ $(+1.7)-(-1.3)=(+1.7)+(+1.3)=+3$

㊸ $(-1.1)-(-6.2)=(-1.1)+(+6.2)=+5.1$

㊹ $(-10.5)-(-4.3)=(-10.5)+(+4.3)=-6.2$

㊻ $$\left(+\frac{3}{5}\right)-(+1.6)=\left(+\frac{3}{5}\right)+(-1.6)=\left(+\frac{3}{5}\right)+\left(-\frac{8}{5}\right)=-\frac{5}{5}=-1$$

㊼ $$\left(-\frac{5}{2}\right)-(+4.5)=\left(-\frac{5}{2}\right)+(-4.5)=\left(-\frac{5}{2}\right)+\left(-\frac{9}{2}\right)=-\frac{14}{2}=-7$$

㊽ $$(-1.4)-\left(+\frac{7}{6}\right)=(-1.4)+\left(-\frac{7}{6}\right)=\left(-\frac{7}{5}\right)+\left(-\frac{7}{6}\right)=\left(-\frac{42}{30}\right)+\left(-\frac{35}{30}\right)=-\frac{77}{30}$$

㊿ $$\left(+\frac{1}{4}\right)-(-1.5)=\left(+\frac{1}{4}\right)+(+1.5)=\left(+\frac{1}{4}\right)+\left(+\frac{3}{2}\right)=\left(+\frac{1}{4}\right)+\left(+\frac{6}{4}\right)=+\frac{7}{4}$$

51 $$(-3.3)-\left(-\frac{9}{10}\right)=(-3.3)+\left(+\frac{9}{10}\right)=\left(-\frac{33}{10}\right)+\left(+\frac{9}{10}\right)=-\frac{24}{10}=-\frac{12}{5}$$

52 $$\left(-\frac{3}{2}\right)-(-2.7)=\left(-\frac{3}{2}\right)+(+2.7)=\left(-\frac{3}{2}\right)+\left(+\frac{27}{10}\right)=\left(-\frac{15}{10}\right)+\left(+\frac{27}{10}\right)=+\frac{12}{10}=+\frac{6}{5}$$

11 덧셈과 뺄셈의 혼합 계산 / 부호가 생략된 수의 덧셈과 뺄셈

72쪽

❶ $-$, 6, $-$, 6, $-$, 6, $-$, 11, $-$, 9

❷ $+$, $-$, $-$, $+$, $-$, $+$, $+$, $\frac{3}{2}$, $+$, $+$, 2

73쪽

❸ $+3$
❹ -2
❺ -10
❻ $+5$
❼ $+3$
❽ -7
❾ $+4$
❿ -13
⓫ $+1$
⓬ $+8$
⓭ -8
⓮ $+3$

74쪽

❗ 계산 결과를 가분수 또는 기약분수로 나타내지 않아도 정답으로 인정합니다.

⓯ $+\frac{13}{2}$
⓰ $-\frac{21}{5}$
⓱ $+\frac{5}{3}$
⓲ $+1$
⓳ $+\frac{35}{6}$
⓴ -9.7
㉑ $+13.2$
㉒ -0.8
㉓ $+3$
㉔ -1
㉕ -9

75쪽

❗ 계산 결과를 가분수 또는 기약분수로 나타내지 않아도 정답으로 인정합니다.

㉖ $+\frac{5}{2}$
㉗ $-\frac{8}{21}$
㉘ $-\frac{5}{3}$
㉙ $-\frac{1}{4}$
㉚ $-\frac{11}{6}$
㉛ -0.1
㉜ -3
㉝ -2.4
㉞ $+\frac{3}{5}$
㉟ -11

76쪽

㊱ $+$, $+$, $-$, $+$, $+$, $-$, $+$, 9, $-$, $+$, 6
㊲ -7
㊳ $+9$
㊴ -2
㊵ -5
㊶ 0
㊷ -1

77쪽

❗ 계산 결과를 가분수 또는 기약분수로 나타내지 않아도 정답으로 인정합니다.

㊸ $+\frac{4}{5}$
㊹ $-\frac{1}{3}$
㊺ $-\frac{5}{2}$
㊻ $-\frac{17}{10}$
㊼ $-\frac{1}{2}$
㊽ -0.6
㊾ $+0.5$
㊿ -6
51 -2.8
52 $-\frac{8}{5}$
53 $+\frac{1}{6}$

❸ $(+2)+(+4)-(+3)=(+2)+(+4)+(-3)$
$=\{(+2)+(+4)\}+(-3)$
$=(+6)+(-3)$
$=+3$

❹ $(-1)-(+5)+(+4)=(-1)+(-5)+(+4)$
$=\{(-1)+(-5)\}+(+4)$
$=(-6)+(+4)$
$=-2$

❺ $(+3)+(-7)-(+6)=(+3)+(-7)+(-6)$
$=(+3)+\{(-7)+(-6)\}$
$=(+3)+(-13)$
$=-10$

❻ $(+9)-(-4)+(-8)=(+9)+(+4)+(-8)$
$=\{(+9)+(+4)\}+(-8)$
$=(+13)+(-8)$
$=+5$

❼ $(+4)-(+7)+(+6)=(+4)+(-7)+(+6)$
$=\{(+4)+(+6)\}+(-7)$
$=(+10)+(-7)$
$=+3$

❽ $(-5)+(+1)-(+3)=(-5)+(+1)+(-3)$
$=\{(-5)+(-3)\}+(+1)$
$=(-8)+(+1)$
$=-7$

❾ $(+3)+(-2)-(-3)=(+3)+(-2)+(+3)$
$=\{(+3)+(+3)\}+(-2)$
$=(+6)+(-2)$
$=+4$

❿ $(-6)-(-1)+(-8)=(-6)+(+1)+(-8)$
$=\{(-6)+(-8)\}+(+1)$
$=(-14)+(+1)$
$=-13$

⓫ $(+8)-(+5)-(+2)=(+8)+(-5)+(-2)$
$=(+8)+\{(-5)+(-2)\}$
$=(+8)+(-7)$
$=+1$

⓬ $(-7)-(-6)-(-9)=(-7)+(+6)+(+9)$
$=(-7)+\{(+6)+(+9)\}$
$=(-7)+(+15)$
$=+8$

⓭ $(+1)-(-3)-(+12)=(+1)+(+3)+(-12)$
$=\{(+1)+(+3)\}+(-12)$
$=(+4)+(-12)$
$=-8$

⓮ $(-2)-(-10)-(+5)=(-2)+(+10)+(-5)$
$=\{(-2)+(-5)\}+(+10)$
$=(-7)+(+10)$
$=+3$

⓯ $(+5)-(-1)+\left(+\frac{1}{2}\right)$
$=(+5)+(+1)+\left(+\frac{1}{2}\right)$
$=\{(+5)+(+1)\}+\left(+\frac{1}{2}\right)$
$=(+6)+\left(+\frac{1}{2}\right)$
$=\left(+\frac{12}{2}\right)+\left(+\frac{1}{2}\right)$
$=+\frac{13}{2}$

⓰ $(-2)-\left(-\frac{4}{5}\right)+(-3)$
$=(-2)+\left(+\frac{4}{5}\right)+(-3)$
$=\{(-2)+(-3)\}+\left(+\frac{4}{5}\right)$
$=(-5)+\left(+\frac{4}{5}\right)$
$=\left(-\frac{25}{5}\right)+\left(+\frac{4}{5}\right)$
$=-\frac{21}{5}$

⓱ $\left(-\frac{4}{3}\right)-(-7)-(+4)$
$=\left(-\frac{4}{3}\right)+(+7)+(-4)$
$=\left(-\frac{4}{3}\right)+\{(+7)+(-4)\}$
$=\left(-\frac{4}{3}\right)+(+3)$
$=\left(-\frac{4}{3}\right)+\left(+\frac{9}{3}\right)$
$=+\frac{5}{3}$

⓲ $(+2)+\left(+\frac{1}{4}\right)-\left(+\frac{5}{4}\right)$
$=(+2)+\left(+\frac{1}{4}\right)+\left(-\frac{5}{4}\right)$
$=(+2)+\left\{\left(+\frac{1}{4}\right)+\left(-\frac{5}{4}\right)\right\}$
$=(+2)+(-1)$
$=+1$

⓳ $\left(+\frac{3}{2}\right)-(-5)-\left(+\frac{2}{3}\right)$
$=\left(+\frac{3}{2}\right)+(+5)+\left(-\frac{2}{3}\right)$
$=\left\{\left(+\frac{3}{2}\right)+\left(-\frac{2}{3}\right)\right\}+(+5)$
$=\left\{\left(+\frac{9}{6}\right)+\left(-\frac{4}{6}\right)\right\}+(+5)$
$=\left(+\frac{5}{6}\right)+\left(+\frac{30}{6}\right)$
$=+\frac{35}{6}$

⑳ $(-6)+(-3)-(+0.7)$
$=(-6)+(-3)+(-0.7)$
$=\{(-6)+(-3)\}+(-0.7)$
$=(-9)+(-0.7)$
$=-9.7$

㉑ $(+4)-(-2.2)+(+7)$
$=(+4)+(+2.2)+(+7)$
$=\{(+4)+(+7)\}+(+2.2)$
$=(+11)+(+2.2)$
$=+13.2$

㉒ $(-5)+(-1.9)-(-6.1)$
$=(-5)+(-1.9)+(+6.1)$
$=(-5)+\{(-1.9)+(+6.1)\}$
$=(-5)+(+4.2)$
$=-0.8$

㉓ $(+3.5)-(-0.5)-(+1)$
$=(+3.5)+(+0.5)+(-1)$
$=\{(+3.5)+(+0.5)\}+(-1)$
$=(+4)+(-1)$
$=+3$

㉔ $(-4.6)+(+9)-(+5.4)$
$=(-4.6)+(+9)+(-5.4)$
$=\{(-4.6)+(-5.4)\}+(+9)$
$=(-10)+(+9)$
$=-1$

㉕ $(+10.7)-(+21)-(-1.3)$
$=(+10.7)+(-21)+(+1.3)$
$=\{(+10.7)+(+1.3)\}+(-21)$
$=(+12)+(-21)$
$=-9$

㉖ $\left(+\frac{1}{2}\right)-\left(-\frac{7}{2}\right)+\left(-\frac{3}{2}\right)$
$=\left(+\frac{1}{2}\right)+\left(+\frac{7}{2}\right)+\left(-\frac{3}{2}\right)$
$=\left\{\left(+\frac{1}{2}\right)+\left(+\frac{7}{2}\right)\right\}+\left(-\frac{3}{2}\right)$
$=\left(+\frac{8}{2}\right)+\left(-\frac{3}{2}\right)$
$=+\frac{5}{2}$

㉗ $\left(+\frac{2}{7}\right)+\left(-\frac{1}{3}\right)-\left(+\frac{1}{3}\right)$
$=\left(+\frac{2}{7}\right)+\left(-\frac{1}{3}\right)+\left(-\frac{1}{3}\right)$
$=\left(+\frac{2}{7}\right)+\left\{\left(-\frac{1}{3}\right)+\left(-\frac{1}{3}\right)\right\}$
$=\left(+\frac{2}{7}\right)+\left(-\frac{2}{3}\right)$
$=\left(+\frac{6}{21}\right)+\left(-\frac{14}{21}\right)$
$=-\frac{8}{21}$

㉘ $\left(-\frac{1}{6}\right)+\left(-\frac{7}{3}\right)-\left(-\frac{5}{6}\right)$
$=\left(-\frac{1}{6}\right)+\left(-\frac{7}{3}\right)+\left(+\frac{5}{6}\right)$
$=\left\{\left(-\frac{1}{6}\right)+\left(+\frac{5}{6}\right)\right\}+\left(-\frac{7}{3}\right)$
$=\left(+\frac{2}{3}\right)+\left(-\frac{7}{3}\right)$
$=-\frac{5}{3}$

㉙ $\left(+\frac{4}{5}\right)+\left(-\frac{5}{4}\right)-\left(-\frac{1}{5}\right)$
$=\left(+\frac{4}{5}\right)+\left(-\frac{5}{4}\right)+\left(+\frac{1}{5}\right)$
$=\left\{\left(+\frac{4}{5}\right)+\left(+\frac{1}{5}\right)\right\}+\left(-\frac{5}{4}\right)$
$=(+1)+\left(-\frac{5}{4}\right)$
$=\left(+\frac{4}{4}\right)+\left(-\frac{5}{4}\right)$
$=-\frac{1}{4}$

㉚ $\left(+\frac{2}{3}\right)-\left(+\frac{7}{6}\right)-\left(+\frac{4}{3}\right)$
$=\left(+\frac{2}{3}\right)+\left(-\frac{7}{6}\right)+\left(-\frac{4}{3}\right)$
$=\left\{\left(+\frac{2}{3}\right)+\left(-\frac{4}{3}\right)\right\}+\left(-\frac{7}{6}\right)$
$=\left(-\frac{2}{3}\right)+\left(-\frac{7}{6}\right)$
$=\left(-\frac{4}{6}\right)+\left(-\frac{7}{6}\right)$
$=-\frac{11}{6}$

㉛ $(+0.7)-(+0.3)+(-0.5)$
$=(+0.7)+(-0.3)+(-0.5)$
$=(+0.7)+\{(-0.3)+(-0.5)\}$
$=(+0.7)+(-0.8)$
$=-0.1$

㉜ $(-1.2)+(+0.9)-(+2.7)$
$=(-1.2)+(+0.9)+(-2.7)$
$=\{(-1.2)+(-2.7)\}+(+0.9)$
$=(-3.9)+(+0.9)$
$=-3$

㉝ $(-3.6)-(-1.5)-(+0.3)$
$=(-3.6)+(+1.5)+(-0.3)$
$=\{(-3.6)+(-0.3)\}+(+1.5)$
$=(-3.9)+(+1.5)$
$=-2.4$

㉞ $(+0.8)-(-0.2)+\left(-\frac{2}{5}\right)$
$=(+0.8)+(+0.2)+\left(-\frac{2}{5}\right)$
$=\{(+0.8)+(+0.2)\}+\left(-\frac{2}{5}\right)$
$=(+1)+\left(-\frac{2}{5}\right)$
$=\left(+\frac{5}{5}\right)+\left(-\frac{2}{5}\right)$
$=+\frac{3}{5}$

㉟ $(-4.4)-\left(+\frac{9}{2}\right)-(+2.1)$
$=(-4.4)+\left(-\frac{9}{2}\right)+(-2.1)$
$=\{(-4.4)+(-2.1)\}+\left(-\frac{9}{2}\right)$
$=(-6.5)+\left(-\frac{9}{2}\right)$
$=\left(-\frac{13}{2}\right)+\left(-\frac{9}{2}\right)$
$=-\frac{22}{2}=-11$

㊲ $2-9=(+2)-(+9)=(+2)+(-9)=-7$

㊳ $-12+21=(-12)+(+21)=+9$

㊴ $7+1-10=(+7)+(+1)-(+10)$
$=(+7)+(+1)+(-10)$
$=\{(+7)+(+1)\}+(-10)$
$=(+8)+(-10)$
$=-2$

㊵ $4-3-6=(+4)-(+3)-(+6)$
$=(+4)+(-3)+(-6)$
$=(+4)+\{(-3)+(-6)\}$
$=(+4)+(-9)$
$=-5$

㊶ $-1+4-3=(-1)+(+4)-(+3)$
$=(-1)+(+4)+(-3)$
$=\{(-1)+(-3)\}+(+4)$
$=(-4)+(+4)$
$=0$

㊷ $-9-5+13=(-9)-(+5)+(+13)$
$=(-9)+(-5)+(+13)$
$=\{(-9)+(-5)\}+(+13)$
$=(-14)+(+13)$
$=-1$

㊸ $-\frac{3}{5}+\frac{7}{5}=\left(-\frac{3}{5}\right)+\left(+\frac{7}{5}\right)=+\frac{4}{5}$

㊹ $1-\frac{4}{3}=(+1)-\left(+\frac{4}{3}\right)$
$=(+1)+\left(-\frac{4}{3}\right)$
$=\left(+\frac{3}{3}\right)+\left(-\frac{4}{3}\right)=-\frac{1}{3}$

㊺ $5-\frac{9}{2}-3=(+5)-\left(+\frac{9}{2}\right)-(+3)$
$=(+5)+\left(-\frac{9}{2}\right)+(-3)$
$=\{(+5)+(-3)\}+\left(-\frac{9}{2}\right)$
$=(+2)+\left(-\frac{9}{2}\right)$
$=\left(+\frac{4}{2}\right)+\left(-\frac{9}{2}\right)$
$=-\frac{5}{2}$

46 $-2-\frac{1}{5}+\frac{1}{2}=(-2)-\left(+\frac{1}{5}\right)+\left(+\frac{1}{2}\right)$
$=(-2)+\left(-\frac{1}{5}\right)+\left(+\frac{1}{2}\right)$
$=(-2)+\left\{\left(-\frac{1}{5}\right)+\left(+\frac{1}{2}\right)\right\}$
$=(-2)+\left\{\left(-\frac{2}{10}\right)+\left(+\frac{5}{10}\right)\right\}$
$=\left(-\frac{20}{10}\right)+\left(+\frac{3}{10}\right)$
$=-\frac{17}{10}$

47 $-\frac{7}{6}+\frac{11}{12}-\frac{1}{4}$
$=\left(-\frac{7}{6}\right)+\left(+\frac{11}{12}\right)-\left(+\frac{1}{4}\right)$
$=\left(-\frac{7}{6}\right)+\left(+\frac{11}{12}\right)+\left(-\frac{1}{4}\right)$
$=\left\{\left(-\frac{7}{6}\right)+\left(-\frac{1}{4}\right)\right\}+\left(+\frac{11}{12}\right)$
$=\left\{\left(-\frac{14}{12}\right)+\left(-\frac{3}{12}\right)\right\}+\left(+\frac{11}{12}\right)$
$=\left(-\frac{17}{12}\right)+\left(+\frac{11}{12}\right)$
$=-\frac{6}{12}=-\frac{1}{2}$

48 $-1.4+0.8=(-1.4)+(+0.8)=-0.6$

49 $4-0.4-3.1=(+4)-(+0.4)-(+3.1)$
$=(+4)+(-0.4)+(-3.1)$
$=(+4)+\{(-0.4)+(-3.1)\}$
$=(+4)+(-3.5)$
$=+0.5$

50 $0.7-9+2.3=(+0.7)-(+9)+(+2.3)$
$=(+0.7)+(-9)+(+2.3)$
$=\{(+0.7)+(+2.3)\}+(-9)$
$=(+3)+(-9)$
$=-6$

51 $-2.1-4.2+3.5=(-2.1)-(+4.2)+(+3.5)$
$=(-2.1)+(-4.2)+(+3.5)$
$=\{(-2.1)+(-4.2)\}+(+3.5)$
$=(-6.3)+(+3.5)$
$=-2.8$

52 $1.9-\frac{7}{2}=(+1.9)-\left(+\frac{7}{2}\right)$
$=(+1.9)+\left(-\frac{7}{2}\right)$
$=\left(+\frac{19}{10}\right)+\left(-\frac{35}{10}\right)$
$=-\frac{16}{10}=-\frac{8}{5}$

53 $-0.2+\frac{2}{3}-0.3=(-0.2)+\left(+\frac{2}{3}\right)-(+0.3)$
$=(-0.2)+\left(+\frac{2}{3}\right)+(-0.3)$
$=\{(-0.2)+(-0.3)\}+\left(+\frac{2}{3}\right)$
$=(-0.5)+\left(+\frac{2}{3}\right)$
$=\left(-\frac{1}{2}\right)+\left(+\frac{2}{3}\right)$
$=\left(-\frac{3}{6}\right)+\left(+\frac{4}{6}\right)$
$=+\frac{1}{6}$

12 정수와 유리수의 덧셈과 뺄셈 평가

78쪽 ❶ 계산 결과를 가분수 또는 기약분수로 나타내지 않아도 정답으로 인정합니다.

1 -2
2 -6
3 -4
4 $+8$
5 -11
6 $+5$
7 -3
8 $+\frac{6}{5}$

79쪽 ❗계산 결과를 가분수 또는 기약분수로 나타내지 않아도 정답으로 인정합니다.

⑨ $-\frac{3}{4}$

⑩ $-\frac{13}{12}$

⑪ -1.8

⑫ -2.3

⑬ $-\frac{11}{20}$

⑭ -4, -4, $+12$, -4, $+8$ / (가), (나)

⑮ $-\frac{3}{4}$, $-\frac{3}{4}$, $-\frac{7}{2}$, -2 / (가), (나)

80쪽 ❗계산 결과를 가분수 또는 기약분수로 나타내지 않아도 정답으로 인정합니다.

⑯ $+2$

⑰ -17

⑱ $+35$

⑲ $+\frac{1}{3}$

⑳ $-\frac{1}{6}$

㉑ $+\frac{29}{22}$

㉒ -0.7

㉓ $+3.4$

㉔ $-\frac{18}{7}$

㉕ $+\frac{23}{15}$

81쪽

㉖ -5

㉗ $-\frac{1}{2}$

㉘ $+2.1$

㉙ $-\frac{11}{12}$

㉚ $+5.6$

㉛ -4

㉜ $-\frac{7}{24}$

㉝ $+4$

㉞ $+1.3$

㉟ $-\frac{11}{90}$

❹ $(+3)+(+5)=+(3+5)=+8$

❺ $(-7)+(-4)=-(7+4)=-11$

❻ $(-6)+(+11)=+(11-6)=+5$

❼ $(+2)+(-5)=-(5-2)=-3$

❽ $\left(+\frac{4}{5}\right)+\left(+\frac{2}{5}\right)=+\left(\frac{4}{5}+\frac{2}{5}\right)=+\frac{6}{5}$

❾ $\left(+\frac{5}{4}\right)+(-2)=\left(+\frac{5}{4}\right)+\left(-\frac{8}{4}\right)$
$=-\left(\frac{8}{4}-\frac{5}{4}\right)$
$=-\frac{3}{4}$

❿ $\left(-\frac{5}{6}\right)+\left(-\frac{1}{4}\right)=-\left(\frac{5}{6}+\frac{1}{4}\right)$
$=-\left(\frac{10}{12}+\frac{3}{12}\right)$
$=-\frac{13}{12}$

⓫ $(-5)+(+3.2)=-(5-3.2)=-1.8$

⓬ $(-0.8)+(-1.5)=-(0.8+1.5)=-2.3$

⓭ $(+3.2)+\left(-\frac{15}{4}\right)=\left(+\frac{16}{5}\right)+\left(-\frac{15}{4}\right)$
$=\left(+\frac{64}{20}\right)+\left(-\frac{75}{20}\right)$
$=-\left(\frac{75}{20}-\frac{64}{20}\right)$
$=-\frac{11}{20}$

⓰ $(+4)-(+2)=(+4)+(-2)=+2$

⓱ $(-8)-(+9)=(-8)+(-9)$
$=-(8+9)=-17$

⓲ $(+20)-(-15)=(+20)+(+15)$
$=+(20+15)$
$=+35$

⓳ $\left(-\frac{5}{9}\right)-\left(-\frac{8}{9}\right)=\left(-\frac{5}{9}\right)+\left(+\frac{8}{9}\right)$
$=+\frac{3}{9}=+\frac{1}{3}$

⓴ $\left(+\frac{1}{6}\right)-\left(+\frac{1}{3}\right)=\left(+\frac{1}{6}\right)+\left(-\frac{1}{3}\right)$
$=\left(+\frac{1}{6}\right)+\left(-\frac{2}{6}\right)$
$=-\frac{1}{6}$

㉑ $\left(-\frac{2}{11}\right)-\left(-\frac{3}{2}\right)=\left(-\frac{2}{11}\right)+\left(+\frac{3}{2}\right)$
$=\left(-\frac{4}{22}\right)+\left(+\frac{33}{22}\right)$
$=+\frac{29}{22}$

㉒ $(+3.8)-(+4.5)=(+3.8)+(-4.5)=-0.7$

㉓ $(+2.5)-(-0.9)=(+2.5)+(+0.9)=+3.4$

㉔ $(-2)-\left(+\frac{4}{7}\right)=(-2)+\left(-\frac{4}{7}\right)$
$=\left(-\frac{14}{7}\right)+\left(-\frac{4}{7}\right)$
$=-\frac{18}{7}$

㉕ $\left(+\frac{1}{3}\right)-(-1.2)=\left(+\frac{1}{3}\right)+(+1.2)$
$=\left(+\frac{1}{3}\right)+\left(+\frac{6}{5}\right)$
$=\left(+\frac{5}{15}\right)+\left(+\frac{18}{15}\right)$
$=+\frac{23}{15}$

㉖ $(+5)+(-3)-(+7)=(+5)+(-3)+(-7)$
$=(+5)+\{(-3)+(-7)\}$
$=(+5)+(-10)$
$=-5$

㉗ $\left(-\frac{3}{4}\right)-(-2)+\left(-\frac{7}{4}\right)$
$=\left(-\frac{3}{4}\right)+(+2)+\left(-\frac{7}{4}\right)$
$=\left\{\left(-\frac{3}{4}\right)+\left(-\frac{7}{4}\right)\right\}+(+2)$
$=\left(-\frac{5}{2}\right)+(+2)$
$=\left(-\frac{5}{2}\right)+\left(+\frac{4}{2}\right)$
$=-\frac{1}{2}$

㉘ $(+2.5)-(-1.6)-(+2)$
$=(+2.5)+(+1.6)+(-2)$
$=\{(+2.5)+(+1.6)\}+(-2)$
$=(+4.1)+(-2)$
$=+2.1$

㉙ $\left(-\frac{2}{3}\right)+\left(+\frac{1}{6}\right)-\left(+\frac{5}{12}\right)$
$=\left(-\frac{2}{3}\right)+\left(+\frac{1}{6}\right)+\left(-\frac{5}{12}\right)$
$=\left\{\left(-\frac{2}{3}\right)+\left(-\frac{5}{12}\right)\right\}+\left(+\frac{1}{6}\right)$
$=\left\{\left(-\frac{8}{12}\right)+\left(-\frac{5}{12}\right)\right\}+\left(+\frac{1}{6}\right)$
$=\left(-\frac{13}{12}\right)+\left(+\frac{2}{12}\right)=-\frac{11}{12}$

㉚ $\left(+\frac{7}{2}\right)-(+2.4)-\left(-\frac{9}{2}\right)$
$=\left(+\frac{7}{2}\right)+(-2.4)+\left(+\frac{9}{2}\right)$
$=\left\{\left(+\frac{7}{2}\right)+\left(+\frac{9}{2}\right)\right\}+(-2.4)$
$=(+8)+(-2.4)=+5.6$

㉛ $8-12=(+8)-(+12)=(+8)+(-12)=-4$

㉜ $-\frac{5}{8}+\frac{1}{3}=\left(-\frac{5}{8}\right)+\left(+\frac{1}{3}\right)$
$=\left(-\frac{15}{24}\right)+\left(+\frac{8}{24}\right)=-\frac{7}{24}$

㉝ $-5+16-7=(-5)+(+16)-(+7)$
$=(-5)+(+16)+(-7)$
$=\{(-5)+(-7)\}+(+16)$
$=(-12)+(+16)=+4$

㉞ $-1.4-2.6+5.3=(-1.4)-(+2.6)+(+5.3)$
$=(-1.4)+(-2.6)+(+5.3)$
$=\{(-1.4)+(-2.6)\}+(+5.3)$
$=(-4)+(+5.3)=+1.3$

㉟ $\frac{10}{9}-0.9-\frac{1}{3}=\left(+\frac{10}{9}\right)-(+0.9)-\left(+\frac{1}{3}\right)$
$=\left(+\frac{10}{9}\right)+(-0.9)+\left(-\frac{1}{3}\right)$
$=\left\{\left(+\frac{10}{9}\right)+\left(-\frac{1}{3}\right)\right\}+(-0.9)$
$=\left\{\left(+\frac{10}{9}\right)+\left(-\frac{3}{9}\right)\right\}+(-0.9)$
$=\left(+\frac{7}{9}\right)+\left(-\frac{9}{10}\right)$
$=\left(+\frac{70}{90}\right)+\left(-\frac{81}{90}\right)=-\frac{11}{90}$

13 부호가 같은 두 수의 곱셈

84쪽

❶ +, +, 8
❷ +15
❸ +, +, 7
❹ +8

85쪽

❺ +8
❻ +12
❼ +28
❽ +25
❾ +36
❿ +220
⓫ +5
⓬ +12
⓭ +54
⓮ +49
⓯ +90
⓰ +252

86쪽

❶ 계산 결과를 가분수 또는 기약분수로 나타내지 않아도 정답으로 인정합니다.

⓱ +, +, $\frac{4}{3}$
⓲ +2
⓳ +6
⓴ $+\frac{28}{3}$
㉑ $+\frac{7}{4}$
㉒ +, +, 7.5
㉓ +1.4
㉔ +3.2
㉕ +3.2
㉖ +3.3
㉗ +1.61

87쪽

❶ 계산 결과를 가분수 또는 기약분수로 나타내지 않아도 정답으로 인정합니다.

㉘ +, +, $\frac{9}{2}$
㉙ +6
㉚ $+\frac{55}{3}$
㉛ $+\frac{13}{3}$
㉜ $+\frac{21}{10}$
㉝ +, +, 4.8
㉞ +4.5
㉟ +2
㊱ +13.6
㊲ +11.9
㊳ +1.04

88쪽

❶ 계산 결과를 가분수 또는 기약분수로 나타내지 않아도 정답으로 인정합니다.

㊴ +, +, $\frac{7}{10}$
㊵ $+\frac{1}{10}$
㊶ $+\frac{1}{5}$
㊷ $+\frac{5}{18}$
㊸ +12
㊹ +, +, 1.84
㊺ +0.36
㊻ +1.8
㊼ +0.024
㊽ $+\frac{7}{15}$
㊾ $+\frac{32}{5}$

89쪽

❶ 계산 결과를 가분수 또는 기약분수로 나타내지 않아도 정답으로 인정합니다.

㊿ +, +, $\frac{6}{5}$
51 $+\frac{1}{12}$
52 $+\frac{1}{3}$
53 $+\frac{4}{15}$
54 $+\frac{3}{2}$
55 +, +, 1.28
56 +0.35
57 +5.32
58 +0.084
59 +3
60 $+\frac{33}{10}$

❷ $(+5)\times(+3)=+(5\times3)=+15$

❹ $(-2)\times(-4)=+(2\times4)=+8$

❺ $(+1)\times(+8)=+(1\times8)=+8$

❻ $(+6)\times(+2)=+(6\times2)=+12$

❼ $(+7)\times(+4)=+(7\times4)=+28$

❽ $(+5)\times(+5)=+(5\times5)=+25$

❾ $(+3)\times(+12)=+(3\times12)=+36$

❿ $(+20)\times(+11)=+(20\times11)=+220$

⓫ $(-5)\times(-1)=+(5\times1)=+5$

⓬ $(-4)\times(-3)=+(4\times3)=+12$

⓭ $(-9)\times(-6)=+(9\times6)=+54$

⓮ $(-7)\times(-7)=+(7\times7)=+49$

⑮ $(-6)\times(-15)=+(6\times15)=+90$

⑯ $(-12)\times(-21)=+(12\times21)=+252$

⑱ $\left(+\frac{1}{3}\right)\times(+6)=+\left(\frac{1}{3}\times6\right)=+2$

⑲ $(+4)\times\left(+\frac{3}{2}\right)=+\left(4\times\frac{3}{2}\right)=+6$

⑳ $\left(+\frac{2}{3}\right)\times(+14)=+\left(\frac{2}{3}\times14\right)=+\frac{28}{3}$

㉑ $(+3)\times\left(+\frac{7}{12}\right)=+\left(3\times\frac{7}{12}\right)=+\frac{7}{4}$

㉓ $(+0.2)\times(+7)=+(0.2\times7)=+1.4$

㉔ $(+4)\times(+0.8)=+(4\times0.8)=+3.2$

㉕ $(+1.6)\times(+2)=+(1.6\times2)=+3.2$

㉖ $(+11)\times(+0.3)=+(11\times0.3)=+3.3$

㉗ $(+0.23)\times(+7)=+(0.23\times7)=+1.61$

㉙ $(-7)\times\left(-\frac{6}{7}\right)=+\left(7\times\frac{6}{7}\right)=+6$

㉚ $\left(-\frac{11}{6}\right)\times(-10)=+\left(\frac{11}{6}\times10\right)=+\frac{55}{3}$

㉛ $(-9)\times\left(-\frac{13}{27}\right)=+\left(9\times\frac{13}{27}\right)=+\frac{13}{3}$

㉜ $\left(-\frac{7}{10}\right)\times(-3)=+\left(\frac{7}{10}\times3\right)=+\frac{21}{10}$

㉞ $(-0.5)\times(-9)=+(0.5\times9)=+4.5$

㉟ $(-5)\times(-0.4)=+(5\times0.4)=+2$

㊱ $(-6.8)\times(-2)=+(6.8\times2)=+13.6$

㊲ $(-7)\times(-1.7)=+(7\times1.7)=+11.9$

㊳ $(-0.26)\times(-4)=+(0.26\times4)=+1.04$

㊵ $\left(+\frac{1}{2}\right)\times\left(+\frac{1}{5}\right)=+\left(\frac{1}{2}\times\frac{1}{5}\right)=+\frac{1}{10}$

㊶ $\left(+\frac{6}{5}\right)\times\left(+\frac{1}{6}\right)=+\left(\frac{6}{5}\times\frac{1}{6}\right)=+\frac{1}{5}$

㊷ $\left(+\frac{2}{3}\right)\times\left(+\frac{5}{12}\right)=+\left(\frac{2}{3}\times\frac{5}{12}\right)=+\frac{5}{18}$

㊸ $\left(+\frac{15}{4}\right)\times\left(+\frac{16}{5}\right)=+\left(\frac{15}{4}\times\frac{16}{5}\right)=+12$

㊺ $(+0.9)\times(+0.4)=+(0.9\times0.4)=+0.36$

㊻ $(+1.5)\times(+1.2)=+(1.5\times1.2)=+1.8$

㊼ $(+0.12)\times(+0.2)=+(0.12\times0.2)=+0.024$

㊽ $(+0.7)\times\left(+\frac{2}{3}\right)=+\left(0.7\times\frac{2}{3}\right)$
$=+\left(\frac{7}{10}\times\frac{2}{3}\right)$
$=+\frac{7}{15}$

㊾ $(+2.4)\times\left(+\frac{8}{3}\right)=+\left(2.4\times\frac{8}{3}\right)$
$=+\left(\frac{12}{5}\times\frac{8}{3}\right)$
$=+\frac{32}{5}$

51 $\left(-\frac{1}{6}\right)\times\left(-\frac{1}{2}\right)=+\left(\frac{1}{6}\times\frac{1}{2}\right)=+\frac{1}{12}$

52 $\left(-\frac{4}{3}\right)\times\left(-\frac{1}{4}\right)=+\left(\frac{4}{3}\times\frac{1}{4}\right)=+\frac{1}{3}$

53 $\left(-\frac{1}{3}\right)\times\left(-\frac{4}{5}\right)=+\left(\frac{1}{3}\times\frac{4}{5}\right)=+\frac{4}{15}$

54 $\left(-\frac{9}{8}\right)\times\left(-\frac{4}{3}\right)=+\left(\frac{9}{8}\times\frac{4}{3}\right)=+\frac{3}{2}$

56 $(-0.7)\times(-0.5)=+(0.7\times0.5)=+0.35$

57 $(-3.8)\times(-1.4)=+(3.8\times1.4)=+5.32$

58 $(-2.1)\times(-0.04)=+(2.1\times0.04)=+0.084$

59 $(-1.2)\times\left(-\frac{5}{2}\right)=+\left(1.2\times\frac{5}{2}\right)$
$=+\left(\frac{6}{5}\times\frac{5}{2}\right)$
$=+3$

60 $\left(-\frac{11}{6}\right)\times(-1.8)=+\left(\frac{11}{6}\times1.8\right)$
$=+\left(\frac{11}{6}\times\frac{9}{5}\right)$
$=+\frac{33}{10}$

14 부호가 다른 두 수의 곱셈

90쪽

① −, −, 9
② −2
③ −18
④ −, −, 5
⑤ −12
⑥ −16

91쪽

⑦ −10
⑧ −24
⑨ −14
⑩ −15
⑪ −48
⑫ 0
⑬ −32
⑭ −28
⑮ −64
⑯ −78
⑰ −230
⑱ 0

92쪽

❶ 계산 결과를 가분수 또는 기약분수로 나타내지 않아도 정답으로 인정합니다.

⑲ −, −, $\frac{15}{4}$
⑳ $-\frac{7}{2}$
㉑ −5
㉒ $-\frac{9}{2}$
㉓ 0
㉔ −, −, 6.4
㉕ −1.5
㉖ −1.8
㉗ −12.6
㉘ −8.48
㉙ 0

93쪽

❶ 계산 결과를 가분수 또는 기약분수로 나타내지 않아도 정답으로 인정합니다.

㉚ −, −, $\frac{25}{4}$
㉛ $-\frac{8}{7}$
㉜ $-\frac{1}{2}$
㉝ $-\frac{4}{3}$
㉞ 0
㉟ −, −, 14
㊱ −3.5
㊲ −0.6
㊳ −55.2
㊴ −10.82
㊵ 0

94쪽

❶ 계산 결과를 가분수 또는 기약분수로 나타내지 않아도 정답으로 인정합니다.

㊶ −, −, $\frac{21}{2}$
㊷ $-\frac{1}{6}$
㊸ $-\frac{1}{4}$
㊹ $-\frac{1}{2}$
㊺ $-\frac{2}{3}$
㊻ −, −, 3.33
㊼ −0.16
㊽ −24.64
㊾ −0.253
㊿ $-\frac{1}{5}$
(51) $-\frac{31}{9}$

95쪽

❶ 계산 결과를 가분수 또는 기약분수로 나타내지 않아도 정답으로 인정합니다.

(52) −, −, 3
(53) $-\frac{7}{18}$
(54) $-\frac{5}{3}$
(55) $-\frac{24}{7}$
(56) 0
(57) −, −, 2.03
(58) −0.82
(59) −0.048
(60) 0
(61) $-\frac{1}{30}$
(62) $-\frac{3}{5}$

② $(+1)\times(-2)=-(1\times2)=-2$

③ $(+6)\times(-3)=-(6\times3)=-18$

⑤ $(-3)\times(+4)=-(3\times4)=-12$

⑥ $(-2)\times(+8)=-(2\times8)=-16$

⑦ $(+5)\times(-2)=-(5\times2)=-10$

⑧ $(+4)\times(-6)=-(4\times6)=-24$

⑨ $(+7)\times(-2)=-(7\times2)=-14$

⑩ $(+3)\times(-5)=-(3\times5)=-15$

⑪ $(+12)\times(-4)=-(12\times4)=-48$

⑬ $(-4)\times(+8)=-(4\times8)=-32$

⑭ $(-7)\times(+4)=-(7\times4)=-28$

⑮ $(-8)\times(+8)=-(8\times8)=-64$

⑯ $(-6)\times(+13)=-(6\times13)=-78$

⑰ $(-23)\times(+10)=-(23\times10)=-230$

⑳ $\left(+\frac{1}{2}\right)\times(-7)=-\left(\frac{1}{2}\times7\right)=-\frac{7}{2}$

㉑ $(+3)\times\left(-\frac{5}{3}\right)=-\left(3\times\frac{5}{3}\right)=-5$

㉒ $\left(+\frac{9}{14}\right)\times(-7)=-\left(\frac{9}{14}\times7\right)=-\frac{9}{2}$

㉕ $(+0.3)\times(-5)=-(0.3\times5)=-1.5$

㉖ $(+2)\times(-0.9)=-(2\times0.9)=-1.8$

㉗ $(+6)\times(-2.1)=-(6\times2.1)=-12.6$

㉘ $(+2.12)\times(-4)=-(2.12\times4)=-8.48$

㉛ $(-8)\times\left(+\frac{1}{7}\right)=-\left(8\times\frac{1}{7}\right)=-\frac{8}{7}$

㉜ $\left(-\frac{1}{4}\right)\times(+2)=-\left(\frac{1}{4}\times2\right)=-\frac{1}{2}$

㉝ $\left(-\frac{2}{9}\right)\times(+6)=-\left(\frac{2}{9}\times6\right)=-\frac{4}{3}$

㊱ $(-0.5)\times(+7)=-(0.5\times7)=-3.5$

㊲ $(-3)\times(+0.2)=-(3\times0.2)=-0.6$

㊳ $(-6.9)\times(+8)=-(6.9\times8)=-55.2$

㊴ $(-2)\times(+5.41)=-(2\times5.41)=-10.82$

㊷ $\left(+\frac{1}{3}\right)\times\left(-\frac{1}{2}\right)=-\left(\frac{1}{3}\times\frac{1}{2}\right)=-\frac{1}{6}$

㊸ $\left(+\frac{1}{5}\right)\times\left(-\frac{5}{4}\right)=-\left(\frac{1}{5}\times\frac{5}{4}\right)=-\frac{1}{4}$

㊹ $\left(+\frac{7}{6}\right)\times\left(-\frac{3}{7}\right)=-\left(\frac{7}{6}\times\frac{3}{7}\right)=-\frac{1}{2}$

㊺ $\left(+\frac{4}{27}\right)\times\left(-\frac{9}{2}\right)=-\left(\frac{4}{27}\times\frac{9}{2}\right)=-\frac{2}{3}$

㊼ $(+0.4)\times(-0.4)=-(0.4\times0.4)=-0.16$

㊽ $(+7.7)\times(-3.2)=-(7.7\times3.2)=-24.64$

㊾ $(+0.23)\times(-1.1)=-(0.23\times1.1)=-0.253$

㊿ $\left(+\frac{2}{5}\right)\times(-0.5)=-\left(\frac{2}{5}\times0.5\right)$

$=-\left(\frac{2}{5}\times\frac{1}{2}\right)$

$=-\frac{1}{5}$

51 $(+3.1)\times\left(-\frac{10}{9}\right)=-\left(3.1\times\frac{10}{9}\right)$

$=-\left(\frac{31}{10}\times\frac{10}{9}\right)$

$=-\frac{31}{9}$

53 $\left(-\frac{7}{9}\right)\times\left(+\frac{1}{2}\right)=-\left(\frac{7}{9}\times\frac{1}{2}\right)=-\frac{7}{18}$

54 $\left(-\frac{8}{3}\right)\times\left(+\frac{5}{8}\right)=-\left(\frac{8}{3}\times\frac{5}{8}\right)=-\frac{5}{3}$

55 $\left(-\frac{16}{5}\right)\times\left(+\frac{15}{14}\right)=-\left(\frac{16}{5}\times\frac{15}{14}\right)=-\frac{24}{7}$

58 $(-4.1)\times(+0.2)=-(4.1\times0.2)=-0.82$

59 $(-0.08)\times(+0.6)=-(0.08\times0.6)=-0.048$

61 $(-0.1)\times\left(+\frac{1}{3}\right)=-\left(0.1\times\frac{1}{3}\right)$

$=-\left(\frac{1}{10}\times\frac{1}{3}\right)$

$=-\frac{1}{30}$

62 $\left(-\frac{3}{4}\right)\times(+0.8)=-\left(\frac{3}{4}\times0.8\right)$

$=-\left(\frac{3}{4}\times\frac{4}{5}\right)$

$=-\frac{3}{5}$

15 곱셈의 계산 법칙

96쪽

❶ -8 / -8
❷ $+30$ / $+30$
❸ $+\frac{2}{3}$ / $+\frac{2}{3}$
❹ -1.05 / -1.05

97쪽

❺ $+3$, $+3$, $+15$, -105 / 교환, 결합
❻ -5, -5, $+20$, $+40$ / 곱셈의 교환법칙, 곱셈의 결합법칙
❼ $+\frac{5}{3}$, $+\frac{5}{3}$, $+1$, $-\frac{1}{4}$ / 곱셈의 교환법칙, 곱셈의 결합법칙
❽ $+2$, $+2$, $+10$, -1 / 곱셈의 교환법칙, 곱셈의 결합법칙

98쪽

❾ -140
❿ -18
⓫ $+12$
⓬ $+64$
⓭ $+120$
⓮ -90
⓯ -81
⓰ $+170$
⓱ -270
⓲ -350
⓳ $+105$
⓴ -24

99쪽

❶ 계산 결과를 가분수 또는 기약분수로 나타내지 않아도 정답으로 인정합니다.

㉑ -3
㉒ $-\frac{45}{2}$
㉓ $-\frac{50}{3}$
㉔ $-\frac{11}{3}$
㉕ $+\frac{7}{4}$
㉖ $+13$
㉗ -1.4
㉘ $+3.6$
㉙ $+21$
㉚ $+48.8$
㉛ -0.52

100쪽

❶ 계산 결과를 가분수 또는 기약분수로 나타내지 않아도 정답으로 인정합니다.

㉜ $-\frac{1}{21}$
㉝ $+\frac{1}{35}$
㉞ $+\frac{1}{11}$
㉟ $-\frac{3}{2}$
㊱ $-\frac{1}{9}$
㊲ $-\frac{1}{15}$
㊳ $+\frac{30}{13}$
㊴ $+\frac{1}{10}$
㊵ $-\frac{10}{21}$
㊶ $-\frac{4}{19}$

101쪽

❶ 계산 결과를 가분수 또는 기약분수로 나타내지 않아도 정답으로 인정합니다.

㊷ $+0.11$
㊸ -0.21
㊹ $+0.208$
㊺ -0.84
㊻ $+2.46$
㊼ -0.214
㊽ -3.2
㊾ -1.8
㊿ $+10$
51 $+1$
52 $-\frac{5}{2}$
53 $-\frac{10}{9}$

❶ $(-2)\times(+4)=-(2\times4)=-8$
곱셈의 교환법칙에 의하여
$(+4)\times(-2)=(-2)\times(+4)=-8$

❷ $(-6)\times(-5)=+(6\times5)=+30$
곱셈의 교환법칙에 의하여
$(-5)\times(-6)=(-6)\times(-5)=+30$

❸ $\left(+\frac{4}{9}\right)\times\left(+\frac{3}{2}\right)=+\left(\frac{4}{9}\times\frac{3}{2}\right)=+\frac{2}{3}$
곱셈의 교환법칙에 의하여
$\left(+\frac{3}{2}\right)\times\left(+\frac{4}{9}\right)=\left(+\frac{4}{9}\right)\times\left(+\frac{3}{2}\right)=+\frac{2}{3}$

❹ $(+0.5)\times(-2.1)=-(0.5\times2.1)=-1.05$
곱셈의 교환법칙에 의하여
$(-2.1)\times(+0.5)=(+0.5)\times(-2.1)=-1.05$

❾ $(+4)\times(-7)\times(+5)=(+4)\times(+5)\times(-7)$
$=\{(+4)\times(+5)\}\times(-7)$
$=(+20)\times(-7)$
$=-140$

⑩ $(+1)\times(-9)\times(+2)=(+1)\times(+2)\times(-9)$
$=\{(+1)\times(+2)\}\times(-9)$
$=(+2)\times(-9)$
$=-18$

⑪ $(-3)\times(+2)\times(-2)=(-3)\times(-2)\times(+2)$
$=\{(-3)\times(-2)\}\times(+2)$
$=(+6)\times(+2)$
$=+12$

⑫ $(-2)\times(+8)\times(-4)=(-2)\times(-4)\times(+8)$
$=\{(-2)\times(-4)\}\times(+8)$
$=(+8)\times(+8)$
$=+64$

⑬ $(-8)\times(+3)\times(-5)=(-8)\times(-5)\times(+3)$
$=\{(-8)\times(-5)\}\times(+3)$
$=(+40)\times(+3)$
$=+120$

⑭ $(+15)\times(-3)\times(+2)=(+15)\times(+2)\times(-3)$
$=\{(+15)\times(+2)\}\times(-3)$
$=(+30)\times(-3)$
$=-90$

⑮ $(+3)\times(-9)\times(+3)=(+3)\times(+3)\times(-9)$
$=\{(+3)\times(+3)\}\times(-9)$
$=(+9)\times(-9)$
$=-81$

⑯ $(-5)\times(+17)\times(-2)=(-5)\times(-2)\times(+17)$
$=\{(-5)\times(-2)\}\times(+17)$
$=(+10)\times(+17)$
$=+170$

⑰ $(+2)\times(-9)\times(+15)=(+2)\times(+15)\times(-9)$
$=\{(+2)\times(+15)\}\times(-9)$
$=(+30)\times(-9)$
$=-270$

⑱ $(+25)\times(-7)\times(+2)=(+25)\times(+2)\times(-7)$
$=\{(+25)\times(+2)\}\times(-7)$
$=(+50)\times(-7)$
$=-350$

⑲ $(-5)\times3\times(-7)=(-5)\times(-7)\times3$
$=\{(-5)\times(-7)\}\times3$
$=(+35)\times3=+105$

⑳ $8\times(-1)\times3=8\times3\times(-1)$
$=(8\times3)\times(-1)$
$=24\times(-1)=-24$

㉑ $(-2)\times\left(-\frac{1}{4}\right)\times(-6)$
$=(-2)\times(-6)\times\left(-\frac{1}{4}\right)$
$=\{(-2)\times(-6)\}\times\left(-\frac{1}{4}\right)$
$=(+12)\times\left(-\frac{1}{4}\right)$
$=-3$

㉒ $(+3)\times\left(+\frac{3}{2}\right)\times(-5)$
$=(+3)\times(-5)\times\left(+\frac{3}{2}\right)$
$=\{(+3)\times(-5)\}\times\left(+\frac{3}{2}\right)$
$=(-15)\times\left(+\frac{3}{2}\right)$
$=-\frac{45}{2}$

㉓ $\left(+\frac{5}{7}\right)\times\left(-\frac{5}{3}\right)\times(+14)$
$=\left(+\frac{5}{7}\right)\times(+14)\times\left(-\frac{5}{3}\right)$
$=\left\{\left(+\frac{5}{7}\right)\times(+14)\right\}\times\left(-\frac{5}{3}\right)$
$=(+10)\times\left(-\frac{5}{3}\right)$
$=-\frac{50}{3}$

㉔ $(-5)\times\left(+\frac{1}{3}\right)\times\left(+\frac{11}{5}\right)$
$=(-5)\times\left(+\frac{11}{5}\right)\times\left(+\frac{1}{3}\right)$
$=\left\{(-5)\times\left(+\frac{11}{5}\right)\right\}\times\left(+\frac{1}{3}\right)$
$=(-11)\times\left(+\frac{1}{3}\right)$
$=-\frac{11}{3}$

㉕ $\left(-\frac{3}{10}\right)\times(-7)\times\left(+\frac{5}{6}\right)$
$=\left(-\frac{3}{10}\right)\times\left(+\frac{5}{6}\right)\times(-7)$
$=\left\{\left(-\frac{3}{10}\right)\times\left(+\frac{5}{6}\right)\right\}\times(-7)$
$=\left(-\frac{1}{4}\right)\times(-7)$
$=+\frac{7}{4}$

㉖ $(-0.2)\times(+13)\times(-5)$
$=(-0.2)\times(-5)\times(+13)$
$=\{(-0.2)\times(-5)\}\times(+13)$
$=(+1)\times(+13)$
$=+13$

㉗ $(+0.5)\times(+1.4)\times(-2)$
$=(+0.5)\times(-2)\times(+1.4)$
$=\{(+0.5)\times(-2)\}\times(+1.4)$
$=(-1)\times(+1.4)$
$=-1.4$

㉘ $(+4)\times(-0.9)\times(-1)$
$=(+4)\times(-1)\times(-0.9)$
$=\{(+4)\times(-1)\}\times(-0.9)$
$=(-4)\times(-0.9)$
$=+3.6$

㉙ $(-15)\times(+0.7)\times(-2)$
$=(-15)\times(-2)\times(+0.7)$
$=\{(-15)\times(-2)\}\times(+0.7)$
$=(+30)\times(+0.7)$
$=+21$

㉚ $(-2)\times(+12.2)\times(-2)$
$=(-2)\times(-2)\times(+12.2)$
$=\{(-2)\times(-2)\}\times(+12.2)$
$=(+4)\times(+12.2)$
$=+48.8$

㉛ $(+2.6)\times(-0.02)\times(+10)$
$=(+2.6)\times(+10)\times(-0.02)$
$=\{(+2.6)\times(+10)\}\times(-0.02)$
$=(+26)\times(-0.02)$
$=-0.52$

㉜ $\left(+\frac{1}{2}\right)\times\left(-\frac{1}{3}\right)\times\left(+\frac{2}{7}\right)$
$=\left(+\frac{1}{2}\right)\times\left(+\frac{2}{7}\right)\times\left(-\frac{1}{3}\right)$
$=\left\{\left(+\frac{1}{2}\right)\times\left(+\frac{2}{7}\right)\right\}\times\left(-\frac{1}{3}\right)$
$=\left(+\frac{1}{7}\right)\times\left(-\frac{1}{3}\right)=-\frac{1}{21}$

㉝ $\left(-\frac{1}{6}\right)\times\left(-\frac{1}{5}\right)\times\left(+\frac{6}{7}\right)$
$=\left(-\frac{1}{6}\right)\times\left(+\frac{6}{7}\right)\times\left(-\frac{1}{5}\right)$
$=\left\{\left(-\frac{1}{6}\right)\times\left(+\frac{6}{7}\right)\right\}\times\left(-\frac{1}{5}\right)$
$=\left(-\frac{1}{7}\right)\times\left(-\frac{1}{5}\right)=+\frac{1}{35}$

㉞ $\left(+\frac{3}{8}\right)\times\left(-\frac{1}{11}\right)\times\left(-\frac{8}{3}\right)$
$=\left(+\frac{3}{8}\right)\times\left(-\frac{8}{3}\right)\times\left(-\frac{1}{11}\right)$
$=\left\{\left(+\frac{3}{8}\right)\times\left(-\frac{8}{3}\right)\right\}\times\left(-\frac{1}{11}\right)$
$=(-1)\times\left(-\frac{1}{11}\right)=+\frac{1}{11}$

㉟ $\left(-\frac{4}{5}\right)\times\left(+\frac{3}{2}\right)\times\left(+\frac{5}{4}\right)$
$=\left(-\frac{4}{5}\right)\times\left(+\frac{5}{4}\right)\times\left(+\frac{3}{2}\right)$
$=\left\{\left(-\frac{4}{5}\right)\times\left(+\frac{5}{4}\right)\right\}\times\left(+\frac{3}{2}\right)$
$=(-1)\times\left(+\frac{3}{2}\right)=-\frac{3}{2}$

㊱ $\left(+\frac{2}{5}\right)\times\left(-\frac{1}{3}\right)\times\left(+\frac{5}{6}\right)$
$=\left(+\frac{2}{5}\right)\times\left(+\frac{5}{6}\right)\times\left(-\frac{1}{3}\right)$
$=\left\{\left(+\frac{2}{5}\right)\times\left(+\frac{5}{6}\right)\right\}\times\left(-\frac{1}{3}\right)$
$=\left(+\frac{1}{3}\right)\times\left(-\frac{1}{3}\right)=-\frac{1}{9}$

❸⓻ $\left(+\frac{3}{4}\right)\times\left(+\frac{1}{5}\right)\times\left(-\frac{4}{9}\right)$

$=\left(+\frac{3}{4}\right)\times\left(-\frac{4}{9}\right)\times\left(+\frac{1}{5}\right)$

$=\left\{\left(+\frac{3}{4}\right)\times\left(-\frac{4}{9}\right)\right\}\times\left(+\frac{1}{5}\right)$

$=\left(-\frac{1}{3}\right)\times\left(+\frac{1}{5}\right)=-\frac{1}{15}$

38 $\left(+\frac{9}{4}\right)\times\left(+\frac{5}{13}\right)\times\left(+\frac{8}{3}\right)$

$=\left(+\frac{9}{4}\right)\times\left(+\frac{8}{3}\right)\times\left(+\frac{5}{13}\right)$

$=\left\{\left(+\frac{9}{4}\right)\times\left(+\frac{8}{3}\right)\right\}\times\left(+\frac{5}{13}\right)$

$=(+6)\times\left(+\frac{5}{13}\right)=+\frac{30}{13}$

39 $\left(-\frac{7}{8}\right)\times\left(+\frac{1}{5}\right)\times\left(-\frac{4}{7}\right)$

$=\left(-\frac{7}{8}\right)\times\left(-\frac{4}{7}\right)\times\left(+\frac{1}{5}\right)$

$=\left\{\left(-\frac{7}{8}\right)\times\left(-\frac{4}{7}\right)\right\}\times\left(+\frac{1}{5}\right)$

$=\left(+\frac{1}{2}\right)\times\left(+\frac{1}{5}\right)=+\frac{1}{10}$

40 $\left(+\frac{9}{2}\right)\times\left(-\frac{5}{7}\right)\times\left(+\frac{4}{27}\right)$

$=\left(+\frac{9}{2}\right)\times\left(+\frac{4}{27}\right)\times\left(-\frac{5}{7}\right)$

$=\left\{\left(+\frac{9}{2}\right)\times\left(+\frac{4}{27}\right)\right\}\times\left(-\frac{5}{7}\right)$

$=\left(+\frac{2}{3}\right)\times\left(-\frac{5}{7}\right)=-\frac{10}{21}$

41 $\left(-\frac{7}{9}\right)\times\left(-\frac{12}{19}\right)\times\left(-\frac{3}{7}\right)$

$=\left(-\frac{7}{9}\right)\times\left(-\frac{3}{7}\right)\times\left(-\frac{12}{19}\right)$

$=\left\{\left(-\frac{7}{9}\right)\times\left(-\frac{3}{7}\right)\right\}\times\left(-\frac{12}{19}\right)$

$=\left(+\frac{1}{3}\right)\times\left(-\frac{12}{19}\right)=-\frac{4}{19}$

42 $(-0.5)\times(+1.1)\times(-0.2)$

$=(-0.5)\times(-0.2)\times(+1.1)$

$=\{(-0.5)\times(-0.2)\}\times(+1.1)$

$=(+0.1)\times(+1.1)$

$=+0.11$

43 $(+1.5)\times(-0.7)\times(+0.2)$

$=(+1.5)\times(+0.2)\times(-0.7)$

$=\{(+1.5)\times(+0.2)\}\times(-0.7)$

$=(+0.3)\times(-0.7)$

$=-0.21$

44 $(-0.4)\times(+5.2)\times(-0.1)$

$=(-0.4)\times(-0.1)\times(+5.2)$

$=\{(-0.4)\times(-0.1)\}\times(+5.2)$

$=(+0.04)\times(+5.2)$

$=+0.208$

45 $(+0.8)\times(+2.1)\times(-0.5)$

$=(+0.8)\times(-0.5)\times(+2.1)$

$=\{(+0.8)\times(-0.5)\}\times(+2.1)$

$=(-0.4)\times(+2.1)$

$=-0.84$

46 $(-2.5)\times(+1.23)\times(-0.8)$

$=(-2.5)\times(-0.8)\times(+1.23)$

$=\{(-2.5)\times(-0.8)\}\times(+1.23)$

$=(+2)\times(+1.23)$

$=+2.46$

47 $(+0.4)\times(-10.7)\times(+0.05)$

$=(+0.4)\times(+0.05)\times(-10.7)$

$=\{(+0.4)\times(+0.05)\}\times(-10.7)$

$=(+0.02)\times(-10.7)$

$=-0.214$

48 $(+3)\times(-1.6)\times\left(+\frac{2}{3}\right)$

$=(+3)\times\left(+\frac{2}{3}\right)\times(-1.6)$

$=\left\{(+3)\times\left(+\frac{2}{3}\right)\right\}\times(-1.6)$

$=(+2)\times(-1.6)$

$=-3.2$

㊾ $\left(-\frac{1}{7}\right)\times(+0.3)\times(+42)$
$=\left(-\frac{1}{7}\right)\times(+42)\times(+0.3)$
$=\left\{\left(-\frac{1}{7}\right)\times(+42)\right\}\times(+0.3)$
$=(-6)\times(+0.3)$
$=-1.8$

㊿ $(+10)\times\left(-\frac{5}{3}\right)\times(-0.6)$
$=(+10)\times(-0.6)\times\left(-\frac{5}{3}\right)$
$=\{(+10)\times(-0.6)\}\times\left(-\frac{5}{3}\right)$
$=(-6)\times\left(-\frac{5}{3}\right)$
$=+10$

51 $(-1.2)\times\left(-\frac{1}{6}\right)\times(+5)$
$=(-1.2)\times(+5)\times\left(-\frac{1}{6}\right)$
$=\{(-1.2)\times(+5)\}\times\left(-\frac{1}{6}\right)$
$=(-6)\times\left(-\frac{1}{6}\right)$
$=+1$

52 $(-0.6)\times\left(-\frac{5}{18}\right)\times(-15)$
$=(-0.6)\times(-15)\times\left(-\frac{5}{18}\right)$
$=\{(-0.6)\times(-15)\}\times\left(-\frac{5}{18}\right)$
$=(+9)\times\left(-\frac{5}{18}\right)$
$=-\frac{5}{2}$

53 $(+20)\times\left(-\frac{2}{9}\right)\times(+0.25)$
$=(+20)\times(+0.25)\times\left(-\frac{2}{9}\right)$
$=\{(+20)\times(+0.25)\}\times\left(-\frac{2}{9}\right)$
$=(+5)\times\left(-\frac{2}{9}\right)$
$=-\frac{10}{9}$

16 세 수 이상의 곱셈 / 거듭제곱의 계산 / 분배법칙

102쪽

❶ +, +, 60
❷ −27
❸ +70
❹ −96

103쪽

❗계산 결과를 가분수 또는 기약분수로 나타내지 않아도 정답으로 인정합니다.

❺ −, −, $\frac{10}{3}$
❻ +64
❼ +18
❽ −3.9
❾ −18
❿ $+\frac{1}{15}$
⓫ $-\frac{1}{2}$
⓬ $-\frac{1}{2}$
⓭ −0.14
⓮ +1.26
⓯ $+\frac{8}{5}$

104쪽

⓰ −, −, 27
⓱ +64
⓲ +256
⓳ $-\frac{1}{32}$
⓴ −, 81
㉑ −25
㉒ −1
㉓ −1

105쪽

❗계산 결과를 가분수 또는 기약분수로 나타내지 않아도 정답으로 인정합니다.

㉔ +98
㉕ +192
㉖ +108
㉗ −36
㉘ −64
㉙ −25
㉚ $-\frac{1}{24}$
㉛ −36
㉜ +32
㉝ −27
㉞ $-\frac{4}{3}$
㉟ −1

106쪽

36 100, 3, 1236
37 2525
38 1568
39 -216
40 6, 240
41 -2700
42 200
43 400

107쪽

44 3
45 2
46 -11
47 -14
48 -1
49 -19
50 178
51 -20
52 52
53 98
54 -30
55 2

2 $(-1)\times(+3)\times(+9)=-(1\times3\times9)=-27$

3 $(-7)\times(+2)\times(-5)=+(7\times2\times5)=+70$

4 $(+2)\times(-4)\times(-2)\times(-6)$
$=-(2\times4\times2\times6)$
$=-96$

6 $(-4)\times\left(+\frac{8}{3}\right)\times(-6)=+\left(4\times\frac{8}{3}\times6\right)=+64$

7 $(+6)\times(-1.5)\times(-2)=+(6\times1.5\times2)=+18$

8 $(-0.3)\times(-10)\times(-1.3)=-(0.3\times10\times1.3)$
$=-3.9$

9 $(-12)\times\left(+\frac{1}{4}\right)\times(-4)\times\left(-\frac{3}{2}\right)$
$=-\left(12\times\frac{1}{4}\times4\times\frac{3}{2}\right)$
$=-18$

10 $\left(-\frac{1}{2}\right)\times\left(-\frac{2}{3}\right)\times\left(+\frac{1}{5}\right)=+\left(\frac{1}{2}\times\frac{2}{3}\times\frac{1}{5}\right)$
$=+\frac{1}{15}$

11 $\left(+\frac{3}{5}\right)\times\left(+\frac{1}{4}\right)\times\left(-\frac{10}{3}\right)=-\left(\frac{3}{5}\times\frac{1}{4}\times\frac{10}{3}\right)$
$=-\frac{1}{2}$

12 $\left(-\frac{2}{7}\right)\times\left(+\frac{35}{12}\right)\times\left(+\frac{3}{5}\right)=-\left(\frac{2}{7}\times\frac{35}{12}\times\frac{3}{5}\right)$
$=-\frac{1}{2}$

13 $(-1.4)\times(-0.2)\times(-0.5)=-(1.4\times0.2\times0.5)$
$=-0.14$

14 $(+2.1)\times(-1.5)\times(-0.4)=+(2.1\times1.5\times0.4)$
$=+1.26$

15 $\left(+\frac{2}{9}\right)\times\left(-\frac{7}{3}\right)\times\left(-\frac{18}{7}\right)\times\left(+\frac{6}{5}\right)$
$=+\left(\frac{2}{9}\times\frac{7}{3}\times\frac{18}{7}\times\frac{6}{5}\right)$
$=+\frac{8}{5}$

17 $(+2)^6=+(2\times2\times2\times2\times2\times2)=+64$

18 $(-4)^4=+(4\times4\times4\times4)=+256$

19 $\left(-\frac{1}{2}\right)^5=-\left(\frac{1}{2}\times\frac{1}{2}\times\frac{1}{2}\times\frac{1}{2}\times\frac{1}{2}\right)=-\frac{1}{32}$

21 $-5^2=-(5\times5)=-25$

22 $(-1)^{99}=-(\underbrace{1\times1\times\cdots\times1}_{1\text{이 }99\text{개}})=-1$

23 $-1^{100}=-(\underbrace{1\times1\times\cdots\times1}_{1\text{이 }100\text{개}})=-1$

24 $2\times(-7)^2=2\times(+49)=+98$

25 $-6\times(-2)^5=-6\times(-32)=+192$

26 $(+3)^3\times(-2)^2=(+27)\times(+4)=+108$

27 $-2^2\times(-3)^2=-4\times(+9)=-36$

28 $(-1)^8\times(-4)^3=(+1)\times(-64)=-64$

29 $(-5)^2\times(-1)^{49}=(+25)\times(-1)=-25$

30 $(+3)^2\times\left(-\frac{1}{6}\right)^3=(+9)\times\left(-\frac{1}{216}\right)=-\frac{1}{24}$

㉛ $\left(-\frac{2}{3}\right)^2\times(-9^2)=\left(+\frac{4}{9}\right)\times(-81)=-36$

㉜ $(-4)^2\times(-1)^3\times(-2)=(+16)\times(-1)\times(-2)$
$=+32$

㉝ $-5^2\times\left(-\frac{3}{5}\right)^2\times(+3)=-25\times\left(+\frac{9}{25}\right)\times(+3)$
$=-27$

㉞ $\left(-\frac{3}{4}\right)^2\times(-2)^3\times\left(+\frac{2}{3}\right)^3$
$=\left(+\frac{9}{16}\right)\times(-8)\times\left(+\frac{8}{27}\right)$
$=-\frac{4}{3}$

㉟ $(-1)^3\times(-1^{50})\times(-1)^{48}\times(-1^2)$
$=(-1)\times(-1)\times(+1)\times(-1)$
$=-1$

㊲ $25\times(100+1)=25\times100+25\times1$
$=2500+25$
$=2525$

㊳ $(100-2)\times16=100\times16-2\times16$
$=1600-32$
$=1568$

㊴ $(50+4)\times(-4)=50\times(-4)+4\times(-4)$
$=(-200)+(-16)$
$=-216$

㊶ $(-27)\times98+(-27)\times2=(-27)\times(98+2)$
$=(-27)\times100$
$=-2700$

㊷ $22\times4+28\times4=(22+28)\times4=50\times4=200$

㊸ $76\times8-26\times8=(76-26)\times8=50\times8=400$

㊹ $6\times\left(\frac{1}{3}+\frac{1}{6}\right)=6\times\frac{1}{3}+6\times\frac{1}{6}=2+1=3$

㊺ $8\times\left(\frac{3}{2}-\frac{5}{4}\right)=8\times\frac{3}{2}-8\times\frac{5}{4}=12-10=2$

㊻ $(-20)\times\left\{\frac{7}{4}+\left(-\frac{6}{5}\right)\right\}$
$=(-20)\times\frac{7}{4}+(-20)\times\left(-\frac{6}{5}\right)$
$=(-35)+(+24)$
$=-11$

㊼ $\left(\frac{2}{3}+\frac{1}{2}\right)\times(-12)=\frac{2}{3}\times(-12)+\frac{1}{2}\times(-12)$
$=(-8)+(-6)$
$=-14$

㊽ $\left\{\left(-\frac{1}{2}\right)+\frac{3}{7}\right\}\times14=\left(-\frac{1}{2}\right)\times14+\frac{3}{7}\times14$
$=(-7)+6$
$=-1$

㊾ $\left(\frac{1}{8}-0.6\right)\times40=\frac{1}{8}\times40-0.6\times40$
$=5-24$
$=-19$

㊿ $1.78\times32+1.78\times68=1.78\times(32+68)$
$=1.78\times100$
$=178$

51 $\left(-\frac{2}{5}\right)\times21+\left(-\frac{2}{5}\right)\times29=\left(-\frac{2}{5}\right)\times(21+29)$
$=\left(-\frac{2}{5}\right)\times50$
$=-20$

52 $5.2\times\frac{21}{2}-5.2\times\frac{1}{2}=5.2\times\left(\frac{21}{2}-\frac{1}{2}\right)$
$=5.2\times10$
$=52$

53 $105\times0.98-5\times0.98=(105-5)\times0.98$
$=100\times0.98$
$=98$

54 $(-31)\times\frac{5}{6}+(-5)\times\frac{5}{6}=\{(-31)+(-5)\}\times\frac{5}{6}$
$=(-36)\times\frac{5}{6}$
$=-30$

55 $4.6\times\frac{2}{3}-1.6\times\frac{2}{3}=(4.6-1.6)\times\frac{2}{3}$
$=3\times\frac{2}{3}$
$=2$

17 부호가 같은 두 수의 나눗셈 / 부호가 다른 두 수의 나눗셈

108쪽

❶ +, +, 2
❷ +4
❸ +, +, 3
❹ +4

109쪽

❺ +3
❻ +2
❼ +5
❽ +8
❾ +3
❿ +5
⓫ +6
⓬ +3
⓭ +2
⓮ +5
⓯ +13
⓰ +2

110쪽

⓱ +0.4
⓲ +0.3
⓳ +3.3
⓴ +0.28
㉑ +11
㉒ +40
㉓ +0.8
㉔ +0.8
㉕ +1.2
㉖ +0.07
㉗ +6
㉘ +60

111쪽

㉙ −, −, 2
㉚ −3
㉛ 0
㉜ −, −, 3
㉝ −6
㉞ 0

112쪽

㉟ −9
㊱ −4
㊲ −5
㊳ −4
㊴ −3
㊵ −7
㊶ −5
㊷ −3
㊸ −8
㊹ −4
㊺ −13
㊻ −4

113쪽

㊼ −0.2
㊽ −0.7
㊾ −1.1
㊿ −2
51 −12
52 0
53 −0.3
54 −1.3
55 −2.45
56 −9
57 −2.1
58 −70

❷ $(+12)\div(+3)=+(12\div3)=+4$

❹ $(-8)\div(-2)=+(8\div2)=+4$

❺ $(+6)\div(+2)=+(6\div2)=+3$

❻ $(+14)\div(+7)=+(14\div7)=+2$

❼ $(+20)\div(+4)=+(20\div4)=+5$

❽ $(+24)\div(+3)=+(24\div3)=+8$

❾ $(+27)\div(+9)=+(27\div9)=+3$

❿ $(+80)\div(+16)=+(80\div16)=+5$

⓫ $(-12)\div(-2)=+(12\div2)=+6$

⓬ $(-15)\div(-5)=+(15\div5)=+3$

⓭ $(-16)\div(-8)=+(16\div8)=+2$

⓮ $(-30)\div(-6)=+(30\div6)=+5$

⓯ $(-39)\div(-3)=+(39\div3)=+13$

⓰ $(-42)\div(-21)=+(42\div21)=+2$

⓱ $(+0.8)\div(+2)=+(0.8\div2)=+0.4$

⓲ $(+2.1)\div(+7)=+(2.1\div7)=+0.3$

⓳ $(+16.5)\div(+5)=+(16.5\div5)=+3.3$

⓴ $(+1.68)\div(+6)=+(1.68\div6)=+0.28$

㉑ $(+2.2)\div(+0.2)=+(2.2\div0.2)$
$=+(22\div2)$
$=+11$

㉒ $(+84)\div(+2.1)=+(84\div2.1)$
$=+(840\div21)$
$=+40$

㉓ $(-3.2)\div(-4)=+(3.2\div4)=+0.8$

㉔ $(-4.8)\div(-6)=+(4.8\div6)=+0.8$

㉕ $(-14.4)\div(-12)=+(14.4\div12)=+1.2$

㉖ $(-0.98)\div(-14)=+(0.98\div14)=+0.07$

㉗ $(-3.6)\div(-0.6)=+(3.6\div0.6)$
$=+(36\div6)$
$=+6$

㉘ $(-72)\div(-1.2)=+(72\div1.2)$
$=+(720\div12)$
$=+60$

㉚ $(+18)\div(-6)=-(18\div6)=-3$

㉝ $(-24)\div(+4)=-(24\div4)=-6$

㉟ $(+9)\div(-1)=-(9\div1)=-9$

㊱ $(+16)\div(-4)=-(16\div4)=-4$

㊲ $(+35)\div(-7)=-(35\div7)=-5$

㊳ $(+32)\div(-8)=-(32\div8)=-4$

㊴ $(+45)\div(-15)=-(45\div15)=-3$

㊵ $(+70)\div(-10)=-(70\div10)=-7$

㊶ $(-10)\div(+2)=-(10\div2)=-5$

㊷ $(-12)\div(+4)=-(12\div4)=-3$

㊸ $(-24)\div(+3)=-(24\div3)=-8$

㊹ $(-36)\div(+9)=-(36\div9)=-4$

㊺ $(-78)\div(+6)=-(78\div6)=-13$

㊻ $(-88)\div(+22)=-(88\div22)=-4$

㊼ $(+0.4)\div(-2)=-(0.4\div2)=-0.2$

㊽ $(+5.6)\div(-8)=-(5.6\div8)=-0.7$

㊾ $(+12.1)\div(-11)=-(12.1\div11)=-1.1$

㊿ $(+7.4)\div(-3.7)=-(7.4\div3.7)$
$=-(74\div37)$
$=-2$

51 $(+21.6)\div(-1.8)=-(21.6\div1.8)$
$=-(216\div18)$
$=-12$

53 $(-0.9)\div(+3)=-(0.9\div3)=-0.3$

54 $(-2.6)\div(+2)=-(2.6\div2)=-1.3$

55 $(-19.6)\div(+8)=-(19.6\div8)=-2.45$

56 $(-6.3)\div(+0.7)=-(6.3\div0.7)$
$=-(63\div7)$
$=-9$

57 $(-3.15)\div(+1.5)=-(3.15\div1.5)$
$=-(31.5\div15)$
$=-2.1$

58 $(-49)\div(+0.7)=-(49\div0.7)$
$=-(490\div7)$
$=-70$

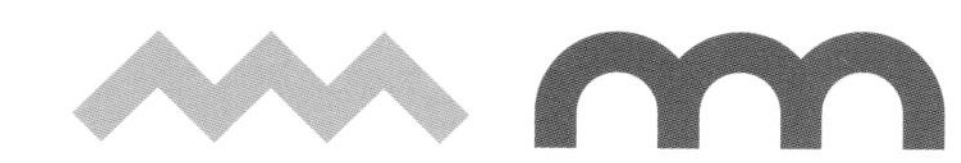

18 역수 / 역수를 이용한 수의 나눗셈

114쪽

❶ $\frac{6}{5}$
❷ $\frac{1}{4}$
❸ $-\frac{11}{3}$
❹ $-\frac{10}{13}$

115쪽

❺ $\frac{7}{3}$
❻ $-\frac{4}{5}$
❼ 5
❽ -3
❾ $\frac{1}{9}$
❿ $\frac{1}{16}$
⓫ $-\frac{1}{8}$
⓬ $-\frac{1}{17}$
⓭ $\frac{2}{5}$
⓮ $-\frac{10}{37}$
⓯ $\frac{4}{9}$
⓰ $\frac{8}{15}$

116쪽

❗계산 결과를 가분수 또는 기약분수로 나타내지 않아도 정답으로 인정합니다.

⓱ $-$, $\frac{4}{3}$, $+$, $\frac{4}{3}$, $+$, $\frac{8}{3}$
⓲ $+\frac{5}{2}$
⓳ $+$, $\frac{1}{3}$, $-$, $\frac{1}{3}$, $-$, $\frac{1}{9}$
⓴ $-\frac{2}{15}$

117쪽

❗계산 결과를 가분수 또는 기약분수로 나타내지 않아도 정답으로 인정합니다.

㉑ $+\frac{1}{12}$
㉒ $+\frac{4}{21}$
㉓ $+\frac{1}{18}$
㉔ $+6$
㉕ $+\frac{15}{2}$
㉖ $+18$
㉗ $-\frac{5}{12}$
㉘ $-\frac{1}{10}$
㉙ $-\frac{1}{8}$
㉚ -48
㉛ $-\frac{3}{2}$
㉜ -28

118쪽

㉝ $+\frac{1}{2}$
㉞ $+3$
㉟ $+1$
㊱ $+6$
㊲ $+\frac{4}{5}$
㊳ $+\frac{3}{14}$
㊴ $+\frac{7}{12}$
㊵ $+\frac{21}{22}$
㊶ $+\frac{20}{21}$
㊷ $+\frac{1}{8}$

119쪽

❗계산 결과를 가분수 또는 기약분수로 나타내지 않아도 정답으로 인정합니다.

㊸ -2
㊹ $-\frac{1}{2}$
㊺ $-\frac{5}{2}$
㊻ $-\frac{1}{6}$
㊼ $-\frac{10}{3}$
㊽ $-\frac{33}{14}$
㊾ $-\frac{13}{16}$
㊿ $-\frac{27}{8}$
51 $-\frac{3}{4}$
52 $-\frac{1}{12}$

⓭ $2.5=\frac{5}{2}$이므로 2.5의 역수는 $\frac{2}{5}$입니다.

⓮ $-3.7=-\frac{37}{10}$이므로 -3.7의 역수는 $-\frac{10}{37}$입니다.

⓯ $2\frac{1}{4}=\frac{9}{4}$이므로 $2\frac{1}{4}$의 역수는 $\frac{4}{9}$입니다.

⓰ $1\frac{7}{8}=\frac{15}{8}$이므로 $1\frac{7}{8}$의 역수는 $\frac{8}{15}$입니다.

⓲ $(+4)\div\left(+\frac{8}{5}\right)=(+4)\times\left(+\frac{5}{8}\right)$
$=+\left(4\times\frac{5}{8}\right)=+\frac{5}{2}$

⓴ $\left(+\frac{4}{5}\right)\div(-6)=\left(+\frac{4}{5}\right)\times\left(-\frac{1}{6}\right)$
$=-\left(\frac{4}{5}\times\frac{1}{6}\right)=-\frac{2}{15}$

㉑ $\left(+\frac{1}{4}\right)\div(+3)=\left(+\frac{1}{4}\right)\times\left(+\frac{1}{3}\right)$
$=+\left(\frac{1}{4}\times\frac{1}{3}\right)$
$=+\frac{1}{12}$

㉒ $\left(-\frac{8}{7}\right)\div(-6)=\left(-\frac{8}{7}\right)\times\left(-\frac{1}{6}\right)$
$=+\left(\frac{8}{7}\times\frac{1}{6}\right)$
$=+\frac{4}{21}$

㉓ $\left(+\frac{5}{9}\right)\div(+10)=\left(+\frac{5}{9}\right)\times\left(+\frac{1}{10}\right)$
$=+\left(\frac{5}{9}\times\frac{1}{10}\right)$
$=+\frac{1}{18}$

㉔ $(-3)\div\left(-\frac{1}{2}\right)=(-3)\times(-2)$
$=+(3\times2)$
$=+6$

㉕ $(-5)\div\left(-\frac{2}{3}\right)=(-5)\times\left(-\frac{3}{2}\right)$
$=+\left(5\times\frac{3}{2}\right)$
$=+\frac{15}{2}$

㉖ $(+16)\div\left(+\frac{8}{9}\right)=(+16)\times\left(+\frac{9}{8}\right)$
$=+\left(16\times\frac{9}{8}\right)$
$=+18$

㉗ $\left(+\frac{5}{6}\right)\div(-2)=\left(+\frac{5}{6}\right)\times\left(-\frac{1}{2}\right)$
$=-\left(\frac{5}{6}\times\frac{1}{2}\right)$
$=-\frac{5}{12}$

㉘ $\left(-\frac{2}{5}\right)\div(+4)=\left(-\frac{2}{5}\right)\times\left(+\frac{1}{4}\right)$
$=-\left(\frac{2}{5}\times\frac{1}{4}\right)$
$=-\frac{1}{10}$

㉙ $\left(-\frac{9}{4}\right)\div(+18)=\left(-\frac{9}{4}\right)\times\left(+\frac{1}{18}\right)$
$=-\left(\frac{9}{4}\times\frac{1}{18}\right)$
$=-\frac{1}{8}$

㉚ $(+6)\div\left(-\frac{1}{8}\right)=(+6)\times(-8)$
$=-(6\times8)$
$=-48$

㉛ $(+7)\div\left(-\frac{14}{3}\right)=(+7)\times\left(-\frac{3}{14}\right)$
$=-\left(7\times\frac{3}{14}\right)$
$=-\frac{3}{2}$

㉜ $(-20)\div\left(+\frac{5}{7}\right)=(-20)\times\left(+\frac{7}{5}\right)$
$=-\left(20\times\frac{7}{5}\right)$
$=-28$

㉝ $\left(+\frac{1}{4}\right)\div\left(+\frac{1}{2}\right)=\left(+\frac{1}{4}\right)\times(+2)$
$=+\left(\frac{1}{4}\times2\right)$
$=+\frac{1}{2}$

㉞ $\left(-\frac{1}{3}\right)\div\left(-\frac{1}{9}\right)=\left(-\frac{1}{3}\right)\times(-9)$
$=+\left(\frac{1}{3}\times9\right)$
$=+3$

㉟ $\left(+\frac{5}{6}\right)\div\left(+\frac{5}{6}\right)=\left(+\frac{5}{6}\right)\times\left(+\frac{6}{5}\right)$
$=+\left(\frac{5}{6}\times\frac{6}{5}\right)$
$=+1$

㊱ $\left(-\frac{2}{9}\right)\div\left(-\frac{1}{27}\right)=\left(-\frac{2}{9}\right)\times(-27)$
$=+\left(\frac{2}{9}\times27\right)$
$=+6$

37 $\left(+\frac{3}{5}\right)\div\left(+\frac{3}{4}\right)=\left(+\frac{3}{5}\right)\times\left(+\frac{4}{3}\right)$

$=+\left(\frac{3}{5}\times\frac{4}{3}\right)$

$=+\frac{4}{5}$

38 $\left(+\frac{4}{7}\right)\div\left(+\frac{8}{3}\right)=\left(+\frac{4}{7}\right)\times\left(+\frac{3}{8}\right)$

$=+\left(\frac{4}{7}\times\frac{3}{8}\right)$

$=+\frac{3}{14}$

39 $\left(-\frac{7}{10}\right)\div\left(-\frac{6}{5}\right)=\left(-\frac{7}{10}\right)\times\left(-\frac{5}{6}\right)$

$=+\left(\frac{7}{10}\times\frac{5}{6}\right)$

$=+\frac{7}{12}$

40 $\left(-\frac{3}{11}\right)\div\left(-\frac{2}{7}\right)=\left(-\frac{3}{11}\right)\times\left(-\frac{7}{2}\right)$

$=+\left(\frac{3}{11}\times\frac{7}{2}\right)$

$=+\frac{21}{22}$

41 $\left(+\frac{5}{3}\right)\div\left(+\frac{7}{4}\right)=\left(+\frac{5}{3}\right)\times\left(+\frac{4}{7}\right)$

$=+\left(\frac{5}{3}\times\frac{4}{7}\right)$

$=+\frac{20}{21}$

42 $\left(-\frac{5}{12}\right)\div\left(-\frac{10}{3}\right)=\left(-\frac{5}{12}\right)\times\left(-\frac{3}{10}\right)$

$=+\left(\frac{5}{12}\times\frac{3}{10}\right)$

$=+\frac{1}{8}$

43 $\left(+\frac{1}{7}\right)\div\left(-\frac{1}{14}\right)=\left(+\frac{1}{7}\right)\times(-14)$

$=-\left(\frac{1}{7}\times 14\right)$

$=-2$

44 $\left(-\frac{1}{6}\right)\div\left(+\frac{1}{3}\right)=\left(-\frac{1}{6}\right)\times(+3)$

$=-\left(\frac{1}{6}\times 3\right)$

$=-\frac{1}{2}$

45 $\left(+\frac{5}{4}\right)\div\left(-\frac{1}{2}\right)=\left(+\frac{5}{4}\right)\times(-2)$

$=-\left(\frac{5}{4}\times 2\right)$

$=-\frac{5}{2}$

46 $\left(-\frac{1}{9}\right)\div\left(+\frac{2}{3}\right)=\left(-\frac{1}{9}\right)\times\left(+\frac{3}{2}\right)$

$=-\left(\frac{1}{9}\times\frac{3}{2}\right)$

$=-\frac{1}{6}$

47 $\left(-\frac{4}{3}\right)\div\left(+\frac{2}{5}\right)=\left(-\frac{4}{3}\right)\times\left(+\frac{5}{2}\right)$

$=-\left(\frac{4}{3}\times\frac{5}{2}\right)$

$=-\frac{10}{3}$

48 $\left(+\frac{3}{2}\right)\div\left(-\frac{7}{11}\right)=\left(+\frac{3}{2}\right)\times\left(-\frac{11}{7}\right)$

$=-\left(\frac{3}{2}\times\frac{11}{7}\right)$

$=-\frac{33}{14}$

49 $\left(-\frac{1}{8}\right)\div\left(+\frac{2}{13}\right)=\left(-\frac{1}{8}\right)\times\left(+\frac{13}{2}\right)$

$=-\left(\frac{1}{8}\times\frac{13}{2}\right)$

$=-\frac{13}{16}$

50 $\left(-\frac{3}{4}\right)\div\left(+\frac{2}{9}\right)=\left(-\frac{3}{4}\right)\times\left(+\frac{9}{2}\right)$

$=-\left(\frac{3}{4}\times\frac{9}{2}\right)$

$=-\frac{27}{8}$

51 $\left(+\frac{5}{6}\right)\div\left(-\frac{10}{9}\right)=\left(+\frac{5}{6}\right)\times\left(-\frac{9}{10}\right)$
$=-\left(\frac{5}{6}\times\frac{9}{10}\right)=-\frac{3}{4}$

52 $\left(-\frac{2}{15}\right)\div\left(+\frac{8}{5}\right)=\left(-\frac{2}{15}\right)\times\left(+\frac{5}{8}\right)$
$=-\left(\frac{2}{15}\times\frac{5}{8}\right)=-\frac{1}{12}$

19 곱셈과 나눗셈의 혼합 계산 / 덧셈, 뺄셈, 곱셈, 나눗셈의 혼합 계산

120쪽

1 -27, -27, $+\frac{1}{6}$, $-$, 27, $\frac{1}{6}$, -18
2 $+12$
3 $+15$
4 -6
5 -12

121쪽

❶ 계산 결과를 가분수 또는 기약분수로 나타내지 않아도 정답으로 인정합니다.

6 $+40$
7 $+\frac{49}{5}$
8 $+\frac{5}{8}$
9 -18
10 -45
11 $+\frac{10}{3}$
12 $-\frac{1}{66}$
13 $+4$
14 -9
15 $+\frac{1}{12}$

122쪽

❶ 계산 결과를 가분수 또는 기약분수로 나타내지 않아도 정답으로 인정합니다.

16 $+\frac{2}{5}$
17 $+\frac{1}{6}$
18 -7
19 -1
20 -12
21 $-\frac{15}{4}$
22 $+\frac{10}{21}$
23 $+\frac{2}{5}$
24 $-\frac{2}{15}$
25 $-\frac{27}{4}$

123쪽

26 (계산 순서대로) -4, -7, -7
27 (계산 순서대로) -6, 2, 2
28 (계산 순서대로) 16, -7, 9, 9
29 (계산 순서대로) -8, 48, 41, 41

124쪽

❶ 계산 결과를 가분수 또는 기약분수로 나타내지 않아도 정답으로 인정합니다.

30 -17
31 6
32 7
33 10
34 -7
35 2
36 $\frac{11}{6}$
37 -5
38 $-\frac{2}{5}$
39 10
40 $-\frac{1}{2}$

125쪽

41 (계산 순서대로) -4, 20, 22, 22
42 -26
43 -2
44 5
45 18
46 $-\frac{1}{2}$
47 $\frac{1}{3}$
48 30
49 $-\frac{1}{2}$
50 -8

2 $(-9)\times(+8)\div(-6)$
$=(-9)\times(+8)\times\left(-\frac{1}{6}\right)$
$=+\left(9\times8\times\frac{1}{6}\right)$
$=+12$

3 $(+5)\div(-4)\times(-12)$
$=(+5)\times\left(-\frac{1}{4}\right)\times(-12)$
$=+\left(5\times\frac{1}{4}\times12\right)$
$=+15$

❹ $(-24)\times(-1)^{10}\div(+4)$

$=(-24)\times(+1)\div(+4)$

$=(-24)\times(+1)\times\left(+\frac{1}{4}\right)$

$=-\left(24\times1\times\frac{1}{4}\right)=-6$

❺ $(-2)^5\div(-8)\times(-3)$

$=(-32)\div(-8)\times(-3)$

$=(-32)\times\left(-\frac{1}{8}\right)\times(-3)$

$=-\left(32\times\frac{1}{8}\times3\right)=-12$

❻ $(-4)\times(-5)\div\left(+\frac{1}{2}\right)$

$=(-4)\times(-5)\times(+2)$

$=+(4\times5\times2)=+40$

❼ $\left(-\frac{14}{5}\right)\div(-2)\times(+7)$

$=\left(-\frac{14}{5}\right)\times\left(-\frac{1}{2}\right)\times(+7)$

$=+\left(\frac{14}{5}\times\frac{1}{2}\times7\right)$

$=+\frac{49}{5}$

❽ $(+3)\times\left(+\frac{5}{4}\right)\div(+6)$

$=(+3)\times\left(+\frac{5}{4}\right)\times\left(+\frac{1}{6}\right)$

$=+\left(3\times\frac{5}{4}\times\frac{1}{6}\right)=+\frac{5}{8}$

❾ $(+15)\div\left(-\frac{10}{3}\right)\times(+4)$

$=(+15)\times\left(-\frac{3}{10}\right)\times(+4)$

$=-\left(15\times\frac{3}{10}\times4\right)$

$=-18$

❿ $(-12)\times(+3)\div\left(+\frac{4}{5}\right)$

$=(-12)\times(+3)\times\left(+\frac{5}{4}\right)$

$=-\left(12\times3\times\frac{5}{4}\right)$

$=-45$

⓫ $(-1)\times\left(-\frac{5}{2}\right)\div\left(+\frac{3}{4}\right)$

$=(-1)\times\left(-\frac{5}{2}\right)\times\left(+\frac{4}{3}\right)$

$=+\left(1\times\frac{5}{2}\times\frac{4}{3}\right)$

$=+\frac{10}{3}$

⓬ $\left(-\frac{6}{11}\right)\div(-18)\times\left(-\frac{1}{2}\right)$

$=\left(-\frac{6}{11}\right)\times\left(-\frac{1}{18}\right)\times\left(-\frac{1}{2}\right)$

$=-\left(\frac{6}{11}\times\frac{1}{18}\times\frac{1}{2}\right)$

$=-\frac{1}{66}$

⓭ $(-3)\div\left(+\frac{3}{8}\right)\times\left(-\frac{1}{2}\right)$

$=(-3)\times\left(+\frac{8}{3}\right)\times\left(-\frac{1}{2}\right)$

$=+\left(3\times\frac{8}{3}\times\frac{1}{2}\right)$

$=+4$

⓮ $\left(+\frac{1}{3}\right)\times(-6)\div\left(+\frac{2}{9}\right)$

$=\left(+\frac{1}{3}\right)\times(-6)\times\left(+\frac{9}{2}\right)$

$=-\left(\frac{1}{3}\times6\times\frac{9}{2}\right)$

$=-9$

⓯ $\left(+\frac{5}{3}\right)\times\left(+\frac{7}{10}\right)\div(+14)$

$=\left(+\frac{5}{3}\right)\times\left(+\frac{7}{10}\right)\times\left(+\frac{1}{14}\right)$

$=+\left(\frac{5}{3}\times\frac{7}{10}\times\frac{1}{14}\right)$

$=+\frac{1}{12}$

⓰ $\left(+\frac{1}{3}\right)\times\left(-\frac{1}{2}\right)\div\left(-\frac{5}{12}\right)$

$=\left(+\frac{1}{3}\right)\times\left(-\frac{1}{2}\right)\times\left(-\frac{12}{5}\right)$

$=+\left(\frac{1}{3}\times\frac{1}{2}\times\frac{12}{5}\right)$

$=+\frac{2}{5}$

⑰ $\left(-\frac{1}{4}\right)\div\left(+\frac{2}{3}\right)\times\left(-\frac{4}{9}\right)$
$=\left(-\frac{1}{4}\right)\times\left(+\frac{3}{2}\right)\times\left(-\frac{4}{9}\right)$
$=+\left(\frac{1}{4}\times\frac{3}{2}\times\frac{4}{9}\right)$
$=+\frac{1}{6}$

⑱ $\left(+\frac{7}{10}\right)\times\left(-\frac{5}{3}\right)\div\left(+\frac{1}{6}\right)$
$=\left(+\frac{7}{10}\right)\times\left(-\frac{5}{3}\right)\times(+6)$
$=-\left(\frac{7}{10}\times\frac{5}{3}\times6\right)$
$=-7$

⑲ $\left(+\frac{3}{2}\right)\div\left(+\frac{3}{5}\right)\times\left(-\frac{2}{5}\right)$
$=\left(+\frac{3}{2}\right)\times\left(+\frac{5}{3}\right)\times\left(-\frac{2}{5}\right)$
$=-\left(\frac{3}{2}\times\frac{5}{3}\times\frac{2}{5}\right)$
$=-1$

⑳ $\left(-\frac{6}{5}\right)\div\left(-\frac{2}{15}\right)\times\left(-\frac{4}{3}\right)$
$=\left(-\frac{6}{5}\right)\times\left(-\frac{15}{2}\right)\times\left(-\frac{4}{3}\right)$
$=-\left(\frac{6}{5}\times\frac{15}{2}\times\frac{4}{3}\right)$
$=-12$

㉑ $\left(+\frac{5}{6}\right)\div(-2)\times(-3)^2$
$=\left(+\frac{5}{6}\right)\div(-2)\times(+9)$
$=\left(+\frac{5}{6}\right)\times\left(-\frac{1}{2}\right)\times(+9)$
$=-\left(\frac{5}{6}\times\frac{1}{2}\times9\right)$
$=-\frac{15}{4}$

㉒ $\left(-\frac{3}{7}\right)\div(-1)^7\times\left(+\frac{10}{9}\right)$
$=\left(-\frac{3}{7}\right)\div(-1)\times\left(+\frac{10}{9}\right)$
$=\left(-\frac{3}{7}\right)\times(-1)\times\left(+\frac{10}{9}\right)$
$=+\left(\frac{3}{7}\times1\times\frac{10}{9}\right)$
$=+\frac{10}{21}$

참고 $(-1)\times(-1)=1$이므로 -1의 역수는 -1입니다.

㉓ $\left(+\frac{8}{5}\right)\times\left(-\frac{1}{2}\right)^4\div\left(+\frac{1}{4}\right)$
$=\left(+\frac{8}{5}\right)\times\left(+\frac{1}{16}\right)\div\left(+\frac{1}{4}\right)$
$=\left(+\frac{8}{5}\right)\times\left(+\frac{1}{16}\right)\times(+4)$
$=+\left(\frac{8}{5}\times\frac{1}{16}\times4\right)$
$=+\frac{2}{5}$

㉔ $\left(-\frac{1}{6}\right)^2\div\left(+\frac{7}{12}\right)\times\left(-\frac{14}{5}\right)$
$=\left(+\frac{1}{36}\right)\div\left(+\frac{7}{12}\right)\times\left(-\frac{14}{5}\right)$
$=\left(+\frac{1}{36}\right)\times\left(+\frac{12}{7}\right)\times\left(-\frac{14}{5}\right)$
$=-\left(\frac{1}{36}\times\frac{12}{7}\times\frac{14}{5}\right)$
$=-\frac{2}{15}$

㉕ $\left(-\frac{3}{2}\right)^2\times\left(-\frac{4}{3}\right)\div\left(-\frac{2}{3}\right)^2$
$=\left(+\frac{9}{4}\right)\times\left(-\frac{4}{3}\right)\div\left(+\frac{4}{9}\right)$
$=\left(+\frac{9}{4}\right)\times\left(-\frac{4}{3}\right)\times\left(+\frac{9}{4}\right)$
$=-\left(\frac{9}{4}\times\frac{4}{3}\times\frac{9}{4}\right)$
$=-\frac{27}{4}$

㉚ $(-2)\times7+(-3)=(-14)+(-3)=-17$

㉛ $9-(-12)\div(-4)=9-3=6$

32 $(+15)\div(-3)-2\times(-6)=(-5)-(-12)$
$=(-5)+(+12)$
$=7$

33 $(-8)+(-3)^2\times2=(-8)+9\times2$
$=(-8)+18$
$=10$

34 $(-5)\div\frac{5}{6}+(-1)=(-5)\times\frac{6}{5}+(-1)$
$=(-6)+(-1)$
$=-7$

35 $8-\left(-\frac{3}{7}\right)\times(-14)=8-6=2$

36 $\frac{2}{9}\div\left(-\frac{4}{3}\right)+2=\frac{2}{9}\times\left(-\frac{3}{4}\right)+2$
$=\left(-\frac{1}{6}\right)+2$
$=\left(-\frac{1}{6}\right)+\frac{12}{6}$
$=\frac{11}{6}$

37 $(-3)-\left(-\frac{3}{4}\right)\times\left(-\frac{8}{3}\right)=(-3)-2=-5$

38 $\left(-\frac{4}{5}\right)-\frac{5}{2}\times\left(-\frac{4}{25}\right)=\left(-\frac{4}{5}\right)-\left(-\frac{2}{5}\right)$
$=\left(-\frac{4}{5}\right)+\left(+\frac{2}{5}\right)$
$=-\frac{2}{5}$

39 $\left(-\frac{1}{3}\right)\times(-9)\div\frac{3}{8}-(-2)$
$=\left(-\frac{1}{3}\right)\times(-9)\times\frac{8}{3}-(-2)$
$=+\left(\frac{1}{3}\times9\times\frac{8}{3}\right)+(+2)$
$=8+(+2)$
$=10$

40 $\left(-\frac{1}{2}\right)^3\times(-6)\div\frac{3}{10}-3$
$=\left(-\frac{1}{8}\right)\times(-6)\times\frac{10}{3}-3$
$=+\left(\frac{1}{8}\times6\times\frac{10}{3}\right)-3$
$=\frac{5}{2}-3=\frac{5}{2}-\frac{6}{2}=-\frac{1}{2}$

42 $13-3\times\{4-(-9)\}$
$=13-3\times\{4+(+9)\}$
$=13-3\times13$
$=13-39$
$=-26$

43 $\{7-(-5)\}\div(-2)+4$
$=\{7+(+5)\}\div(-2)+4$
$=12\div(-2)+4$
$=(-6)+4$
$=-2$

44 $(-25)\div\{(-5)\times3+10\}$
$=(-25)\div\{(-15)+10\}$
$=(-25)\div(-5)$
$=5$

45 $\{6+12\times(-1)^{29}\}\times(-3)$
$=\{6+12\times(-1)\}\times(-3)$
$=\{6+(-12)\}\times(-3)$
$=(-6)\times(-3)$
$=18$

46 $(-2)\times\left(6-\frac{1}{2}\right)\div22$
$=(-2)\times\left(\frac{12}{2}-\frac{1}{2}\right)\div22$
$=(-2)\times\frac{11}{2}\div22$
$=(-2)\times\frac{11}{2}\times\frac{1}{22}$
$=-\left(2\times\frac{11}{2}\times\frac{1}{22}\right)$
$=-\frac{1}{2}$

47 $2\times\left\{\frac{2}{3}-\left(-\frac{1}{2}\right)\right\}\div7$
$=2\times\left\{\frac{4}{6}+\left(+\frac{3}{6}\right)\right\}\div7$
$=2\times\frac{7}{6}\div7$
$=2\times\frac{7}{6}\times\frac{1}{7}$
$=\frac{1}{3}$

㊽ $\left\{3-8\div\left(-\frac{2}{3}\right)\right\}\times2=\left\{3-8\times\left(-\frac{3}{2}\right)\right\}\times2$
$=\{3-(-12)\}\times2$
$=\{3+(+12)\}\times2$
$=15\times2$
$=30$

㊾ $(-7)\div\left\{16-(21-13)\times\frac{1}{4}\right\}$
$=(-7)\div\left(16-8\times\frac{1}{4}\right)$
$=(-7)\div(16-2)$
$=(-7)\div14$
$=(-7)\times\frac{1}{14}$
$=-\frac{1}{2}$

㊿ $(-2)+3\times\left\{(-2)^3+8\div\frac{4}{3}\right\}$
$=(-2)+3\times\left\{(-8)+8\times\frac{3}{4}\right\}$
$=(-2)+3\times\{(-8)+6\}$
$=(-2)+3\times(-2)$
$=(-2)+(-6)$
$=-8$

20 정수와 유리수의 곱셈과 나눗셈 평가

126쪽 ❗계산 결과를 가분수 또는 기약분수로 나타내지 않아도 정답으로 인정합니다.

❶ $+20$
❷ $+42$
❸ -72
❹ $+\frac{7}{2}$
❺ $-\frac{15}{4}$
❻ -8.5
❼ $-\frac{1}{6}$
❽ $+\frac{14}{5}$
❾ -0.78
❿ $+\frac{7}{4}$
⓫ $-\frac{2}{5}$
⓬ 0

127쪽 ❗계산 결과를 가분수 또는 기약분수로 나타내지 않아도 정답으로 인정합니다.

⓭ $+2$, $+2$, $+10$, -190 / (가), (나)
⓮ $-\frac{2}{9}$, $-\frac{2}{9}$, $+\frac{1}{3}$, $+\frac{7}{15}$ / (가), (나)
⓯ -36
⓰ $+14$
⓱ -5.4
⓲ $-\frac{15}{14}$
⓳ $+\frac{1}{2}$

128쪽

⓴ $+81$
㉑ $+25$
㉒ -12
㉓ 13
㉔ 42
㉕ $+4$
㉖ $+7$
㉗ -6
㉘ -0.7
㉙ $+5$
㉚ 0

129쪽 ❗계산 결과를 가분수 또는 기약분수로 나타내지 않아도 정답으로 인정합니다.

㉛ $+\frac{1}{5}$
㉜ -14
㉝ $+\frac{1}{2}$
㉞ $-\frac{7}{5}$
㉟ $-\frac{15}{8}$
㊱ $+21$
㊲ $+\frac{32}{3}$
㊳ -4
㊴ -5
㊵ 3

❶ $(+4)\times(+5)=+(4\times5)=+20$

❷ $(-7)\times(-6)=+(7\times6)=+42$

❸ $(+6)\times(-12)=-(6\times12)=-72$

❹ $\left(+\frac{7}{8}\right)\times(+4)=+\left(\frac{7}{8}\times4\right)=+\frac{7}{2}$

❺ $(-15)\times\left(+\frac{1}{4}\right)=-\left(15\times\frac{1}{4}\right)=-\frac{15}{4}$

❻ $(-5)\times(+1.7)=-(5\times1.7)=-8.5$

❼ $\left(+\frac{1}{2}\right)\times\left(-\frac{1}{3}\right)=-\left(\frac{1}{2}\times\frac{1}{3}\right)=-\frac{1}{6}$

❽ $\left(+\frac{6}{5}\right)\times\left(+\frac{7}{3}\right)=+\left(\frac{6}{5}\times\frac{7}{3}\right)=+\frac{14}{5}$

❾ $(-2.6)\times(+0.3)=-(2.6\times0.3)=-0.78$

❿ $\left(-\frac{7}{6}\right)\times(-1.5)=+\left(\frac{7}{6}\times1.5\right)$
$=+\left(\frac{7}{6}\times\frac{3}{2}\right)$
$=+\frac{7}{4}$

⓫ $\left(+\frac{4}{5}\right)\times(-0.5)=-\left(\frac{4}{5}\times0.5\right)$
$=-\left(\frac{4}{5}\times\frac{1}{2}\right)$
$=-\frac{2}{5}$

⓯ $(-3)\times(+6)\times(+2)=-(3\times6\times2)$
$=-36$

⓰ $(-8)\times\left(+\frac{7}{12}\right)\times(-3)=+\left(8\times\frac{7}{12}\times3\right)$
$=+14$

⓱ $(-0.4)\times(-5)\times(-2.7)=-(0.4\times5\times2.7)$
$=-5.4$

⓲ $\left(+\frac{4}{7}\right)\times\left(+\frac{5}{6}\right)\times\left(-\frac{9}{4}\right)=-\left(\frac{4}{7}\times\frac{5}{6}\times\frac{9}{4}\right)$
$=-\frac{15}{14}$

⓳ $\left(+\frac{4}{9}\right)\times(-18)\times\left(+\frac{3}{8}\right)\times\left(-\frac{1}{6}\right)$
$=+\left(\frac{4}{9}\times18\times\frac{3}{8}\times\frac{1}{6}\right)$
$=+\frac{1}{2}$

⓴ $(-3)^4=+(3\times3\times3\times3)=+81$

㉑ $-5^2\times(-1)^{11}=-25\times(-1)=+25$

㉒ $\left(-\frac{1}{3}\right)^2\times\left(+\frac{3}{2}\right)^3\times(-2)^5$
$=\left(+\frac{1}{9}\right)\times\left(+\frac{27}{8}\right)\times(-32)$
$=-\left(\frac{1}{9}\times\frac{27}{8}\times32\right)$
$=-12$

㉓ $(-15)\times\left\{\left(-\frac{2}{3}\right)+\left(-\frac{1}{5}\right)\right\}$
$=(-15)\times\left(-\frac{2}{3}\right)+(-15)\times\left(-\frac{1}{5}\right)$
$=10+3$
$=13$

㉔ $13\times4.2-3\times4.2=(13-3)\times4.2$
$=10\times4.2$
$=42$

㉕ $(+8)\div(+2)=+(8\div2)=+4$

㉖ $(-35)\div(-5)=+(35\div5)=+7$

㉗ $(+18)\div(-3)=-(18\div3)=-6$

㉘ $(-4.9)\div(+7)=-(4.9\div7)=-0.7$

㉙ $(-7.5)\div(-1.5)=+(7.5\div1.5)$
$=+(75\div15)$
$=+5$

㉛ $\left(+\frac{2}{5}\right)\div(+2)=\left(+\frac{2}{5}\right)\times\left(+\frac{1}{2}\right)$
$=+\left(\frac{2}{5}\times\frac{1}{2}\right)$
$=+\frac{1}{5}$

㉜ $(+7)\div\left(-\frac{1}{2}\right)=(+7)\times(-2)$
$=-(7\times2)$
$=-14$

㉝ $\left(-\frac{1}{8}\right)\div\left(-\frac{1}{4}\right)=\left(-\frac{1}{8}\right)\times(-4)$
$=+\left(\frac{1}{8}\times4\right)$
$=+\frac{1}{2}$

㉞ $\left(+\frac{3}{5}\right)\div\left(-\frac{3}{7}\right)=\left(+\frac{3}{5}\right)\times\left(-\frac{7}{3}\right)$
$=-\left(\frac{3}{5}\times\frac{7}{3}\right)$
$=-\frac{7}{5}$

㉟ $\left(-\frac{9}{4}\right)\div\left(+\frac{6}{5}\right)=\left(-\frac{9}{4}\right)\times\left(+\frac{5}{6}\right)$
$=-\left(\frac{9}{4}\times\frac{5}{6}\right)$
$=-\frac{15}{8}$

㊱ $(-2)\times(-3)\div\frac{2}{7}=(-2)\times(-3)\times\frac{7}{2}$
$=+\left(2\times3\times\frac{7}{2}\right)$
$=+21$

㊲ $\left(-\frac{18}{5}\right)\div\left(-\frac{3}{4}\right)^2\times\left(-\frac{5}{3}\right)$
$=\left(-\frac{18}{5}\right)\div\left(+\frac{9}{16}\right)\times\left(-\frac{5}{3}\right)$
$=\left(-\frac{18}{5}\right)\times\left(+\frac{16}{9}\right)\times\left(-\frac{5}{3}\right)$
$=+\left(\frac{18}{5}\times\frac{16}{9}\times\frac{5}{3}\right)$
$=+\frac{32}{3}$

㊳ $(-6)-20\div(-10)=(-6)-(-2)$
$=-6+(+2)$
$=-4$

㊴ $3\times\{7-(-8)\}\div(-9)$
$=3\times\{7+(+8)\}\div(-9)$
$=3\times15\div(-9)$
$=3\times15\times\left(-\frac{1}{9}\right)$
$=-\left(3\times15\times\frac{1}{9}\right)$
$=-5$

㊵ $\left\{1+(8-23)\times\frac{1}{5}\right\}\div\left(-\frac{2}{3}\right)$
$=\left\{1+(-15)\times\frac{1}{5}\right\}\div\left(-\frac{2}{3}\right)$
$=\{1+(-3)\}\div\left(-\frac{2}{3}\right)$
$=(-2)\div\left(-\frac{2}{3}\right)$
$=(-2)\times\left(-\frac{3}{2}\right)$
$=3$

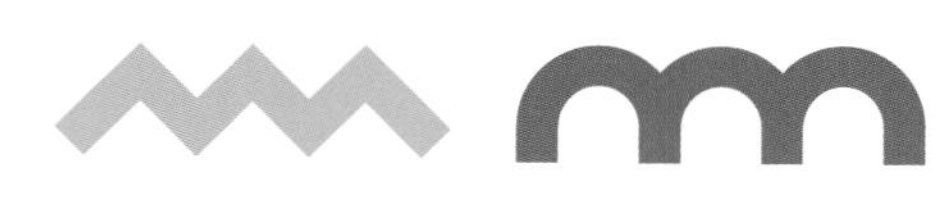

성취도 평가 1회

130쪽

❶ 2, 7, 19, 31, 43, 47
❷ 2
❸ 2, 11
❹ 2, 3
❺ 2, 3, 5
❻ $\frac{6}{3}$, 1
❼ −3.14, −4, −27
❽ −3.14, $+\frac{1}{2}$
❾ 10, −10
❿ $-\frac{1}{6}$

131쪽

⓫ <
⓬ >
⓭ <
⓮ $a \leq 0.2$
⓯ $1 \leq a < \frac{5}{3}$
⓰ 4 / 8
⓱ 6 / 90
⓲ 2 / 360
⓳ 2 / 180
⓴ 2 / 2100

132쪽

❶ 계산 결과를 가분수 또는 기약분수로 나타내지 않아도 정답으로 인정합니다.

㉑ +29
㉒ $-\frac{31}{15}$
㉓ +2.7
㉔ $-\frac{23}{14}$
㉕ $-\frac{8}{15}$
㉖ +27
㉗ +5
㉘ +24
㉙ $-\frac{3}{20}$
㉚ $\frac{5}{3}$

❷ $16=2^4$이므로 16의 소인수는 2입니다.

❸ $22=2\times11$이므로 22의 소인수는 2, 11입니다.

❹ $36=2^2\times3^2$이므로 36의 소인수는 2, 3입니다.

❺ $60=2^2\times3\times5$이므로 60의 소인수는 2, 3, 5입니다.

⓬ $+3=+\frac{9}{3}$ ⇨ $+\frac{9}{3}>+\frac{8}{3}$ ⇨ $+3>+\frac{8}{3}$

⓭ $-1.3=-\frac{13}{10}=-\frac{39}{30}$, $-\frac{19}{15}=-\frac{38}{30}$이고,
$-\frac{39}{30}<-\frac{38}{30}$이므로 $-1.3<-\frac{19}{15}$입니다.

⓰
$$\begin{array}{l} 2^2 \\ 2^3 \\ \hline \end{array}$$
(최대공약수) $=2^2=4$
(최소공배수) $=2^3=8$

⓱
$$\begin{array}{l} 2\times3^2 \\ 2\times3\times5 \\ \hline \end{array}$$
(최대공약수) $=2\times3=6$
(최소공배수) $=2\times3^2\times5=90$

⓲
$$\begin{array}{l} 2^2\times5 \\ 2^3\times3^2 \\ 2\times3^2\times5 \\ \hline \end{array}$$
(최대공약수) $=2$
(최소공배수) $=2^3\times3^2\times5=360$

⓳
$$\begin{array}{l} 18=2\times3^2 \\ 20=2^2\times5 \\ \hline \end{array}$$
(최대공약수) $=2$
(최소공배수) $=2^2\times3^2\times5=180$

⓴
$$\begin{array}{l} 28=2^2\times7 \\ 30=2\times3\times5 \\ 50=2\times5^2 \\ \hline \end{array}$$
(최대공약수) $=2$
(최소공배수) $=2^2\times3\times5^2\times7=2100$

㉑ $(+17)-(-12)=(+17)+(+12)$
$=+(17+12)$
$=+29$

㉒ $\left(-\frac{5}{3}\right)+\left(-\frac{2}{5}\right)=-\left(\frac{5}{3}+\frac{2}{5}\right)$
$=-\left(\frac{25}{15}+\frac{6}{15}\right)$
$=-\frac{31}{15}$

㉓ $(+4.6)+(-1.9)=+(4.6-1.9)=+2.7$

㉔ $\left(+\frac{5}{7}\right)+(-3)-\left(-\frac{9}{14}\right)$
$=\left(+\frac{5}{7}\right)+(-3)+\left(+\frac{9}{14}\right)$
$=\left(+\frac{5}{7}\right)+\left(+\frac{9}{14}\right)+(-3)$
$=\left\{\left(+\frac{10}{14}\right)+\left(+\frac{9}{14}\right)\right\}+(-3)$
$=\left(+\frac{19}{14}\right)+\left(-\frac{42}{14}\right)=-\frac{23}{14}$

㉕ $\frac{4}{3}-1.7-\frac{1}{6}=\left(+\frac{4}{3}\right)-(+1.7)-\left(+\frac{1}{6}\right)$
$=\left(+\frac{4}{3}\right)+(-1.7)+\left(-\frac{1}{6}\right)$
$=\left\{\left(+\frac{4}{3}\right)+\left(-\frac{1}{6}\right)\right\}+(-1.7)$
$=\left\{\left(+\frac{8}{6}\right)+\left(-\frac{1}{6}\right)\right\}+(-1.7)$
$=\left(+\frac{7}{6}\right)+\left(-\frac{17}{10}\right)$
$=\left(+\frac{35}{30}\right)+\left(-\frac{51}{30}\right)$
$=-\frac{16}{30}=-\frac{8}{15}$

㉖ $(+9)\times(+3)=+(9\times3)=+27$

㉗ $(-25)\div(-5)=+(25\div5)=+5$

㉘ $(-12)\times(+0.4)\times(-5)=+(12\times0.4\times5)$
$=+24$

㉙ $\left(-\frac{1}{3}\right)\div\left(+\frac{5}{2}\right)\times\left(+\frac{9}{8}\right)$
$=\left(-\frac{1}{3}\right)\times\left(+\frac{2}{5}\right)\times\left(+\frac{9}{8}\right)$
$=-\left(\frac{1}{3}\times\frac{2}{5}\times\frac{9}{8}\right)$
$=-\frac{3}{20}$

㉚ $2+\left\{(-6)\times\left(-\frac{1}{3}\right)^3-1\right\}\div\frac{7}{3}$
$=2+\left\{(-6)\times\left(-\frac{1}{27}\right)-1\right\}\div\frac{7}{3}$
$=2+\left(\frac{2}{9}-1\right)\div\frac{7}{3}$
$=2+\left(\frac{2}{9}-\frac{9}{9}\right)\div\frac{7}{3}$
$=2+\left(-\frac{7}{9}\right)\div\frac{7}{3}$
$=2+\left(-\frac{7}{9}\right)\times\frac{3}{7}$
$=2+\left(-\frac{1}{3}\right)$
$=\frac{6}{3}+\left(-\frac{1}{3}\right)$
$=\frac{5}{3}$

성취도 평가 2회

133쪽

❶ 소
❷ 합
❸ $\left(\frac{1}{5}\right)^4$
❹ $3^3\times7^2$
❺ -11, $-\frac{10}{5}$
❻ -11, $+1$, $-\frac{1}{3}$, 2.22, $-\frac{10}{5}$
❼ -4, $+1$
❽ $-\frac{1}{4}$, $+\frac{7}{3}$

134쪽

❾ 60 / 600
❿ 6 / 1260
⓫ 22 / 484
⓬ 3 / 378
⓭ -5, -3.2, 0, $+\frac{1}{2}$, 8
⓮ $-\frac{5}{2}$, $-\frac{12}{5}$, 1.4, $+3$, $+\frac{19}{6}$
⓯ $-\frac{5}{4}$, $-\frac{5}{4}$, $+\frac{1}{6}$, $+\frac{7}{18}$

135쪽

❗ 계산 결과를 가분수 또는 기약분수로 나타내지 않아도 정답으로 인정합니다.

⓰ $+15$
⓱ $-\frac{7}{2}$
⓲ $+8.4$
⓳ $+\frac{38}{15}$
⓴ 0
㉑ -108
㉒ $+7$
㉓ $+\frac{9}{2}$
㉔ 29
㉕ 90

❾
$2^3\times3\times5$
$2^2\times3\times5^2$
(최대공약수) $=2^2\times3\times5=60$
(최소공배수) $=2^3\times3\times5^2=600$

⑩

$$\begin{array}{rl} & 2 \times 3^2 \times 5 \\ & 2^2 \times 3 \times 5 \\ & 2^2 \times 3^2 \qquad \times 7 \\ \hline \end{array}$$

(최대공약수) $= 2 \times 3 = 6$

(최소공배수) $= 2^2 \times 3^2 \times 5 \times 7 = 1260$

⑪

$$\begin{array}{rl} 44 &= 2^2 \times 11 \\ 242 &= 2 \times 11^2 \\ \hline \end{array}$$

(최대공약수) $= 2 \times 11 = 22$

(최소공배수) $= 2^2 \times 11^2 = 484$

⑫

$$\begin{array}{rl} 27 &= 3^3 \\ 42 &= 2 \times 3 \times 7 \\ 63 &= 3^2 \times 7 \\ \hline \end{array}$$

(최대공약수) $= 3$

(최소공배수) $= 2 \times 3^3 \times 7 = 378$

⑬ 양수끼리 크기를 비교하면 $+\frac{1}{2} < 8$

음수끼리 크기를 비교하면 $-5 < -3.2$

따라서 수를 작은 것부터 차례대로 쓰면

-5, -3.2, 0, $+\frac{1}{2}$, 8입니다.

⑭ 양수끼리 크기를 비교하면 $1.4 < +3 < +\frac{19}{6}$

$-\frac{12}{5} = -\frac{24}{10}$, $-\frac{5}{2} = -\frac{25}{10}$이므로

음수끼리 크기를 비교하면 $-\frac{5}{2} < -\frac{12}{5}$입니다.

따라서 수를 작은 것부터 차례대로 쓰면

$-\frac{5}{2}$, $-\frac{12}{5}$, 1.4, $+3$, $+\frac{19}{6}$입니다.

⑯ $(+4)+(+11)=+(4+11)=+15$

⑰ $(-2)+\left(-\frac{3}{2}\right)=-\left(2+\frac{3}{2}\right)$

$=-\left(\frac{4}{2}+\frac{3}{2}\right)$

$=-\frac{7}{2}$

⑱ $(+2.6)-(-5.8)=(+2.6)+(+5.8)$

$=+(2.6+5.8)$

$=+8.4$

⑲ $\left(+\frac{8}{3}\right)-(+0.8)-\left(-\frac{2}{3}\right)$

$=\left(+\frac{8}{3}\right)+(-0.8)+\left(+\frac{2}{3}\right)$

$=\left\{\left(+\frac{8}{3}\right)+\left(+\frac{2}{3}\right)\right\}+(-0.8)$

$=\left(+\frac{10}{3}\right)+\left(-\frac{4}{5}\right)$

$=\left(+\frac{50}{15}\right)+\left(-\frac{12}{15}\right)$

$=+\frac{38}{15}$

⑳ $-9+23-14=(-9)+(+23)-(+14)$

$=(-9)+(+23)+(-14)$

$=(+23)+\{(-9)+(-14)\}$

$=(+23)+(-23)$

$=0$

㉑ $(+9)\times(-12)=-(9\times12)=-108$

㉒ $(-9.8)\div(-1.4)=+(9.8\div1.4)$

$=+(98\div14)$

$=+7$

㉓ $(-5)\times\left(+\frac{9}{20}\right)\times(-2)=+\left(5\times\frac{9}{20}\times2\right)$

$=+\frac{9}{2}$

㉔ $(-24)\times\left\{\left(-\frac{5}{6}\right)+\left(-\frac{3}{8}\right)\right\}$

$=(-24)\times\left(-\frac{5}{6}\right)+(-24)\times\left(-\frac{3}{8}\right)$

$=20+9$

$=29$

㉕ $\left\{-1+(12-15)\times\frac{7}{9}\right\}\div\left(-\frac{1}{3}\right)^3$

$=\left\{-1+(12-15)\times\frac{7}{9}\right\}\div\left(-\frac{1}{27}\right)$

$=\left\{-1+(-3)\times\frac{7}{9}\right\}\div\left(-\frac{1}{27}\right)$

$=\left\{-1+\left(-\frac{7}{3}\right)\right\}\div\left(-\frac{1}{27}\right)$

$=\left(-\frac{10}{3}\right)\div\left(-\frac{1}{27}\right)$

$=\left(-\frac{10}{3}\right)\times(-27)=90$

memo

memo

memo